आर. गुप्ता® कृत

पॉपुलर मास्टर गाइड

RBI

भारतीय रिजर्व बैंक

ऑफिस अटेंडेंट

भर्ती परीक्षा

- परीक्षा के नवीनतम पाठ्यक्रमानुसार
- विशेषज्ञों द्वारा रचित उत्कृष्ट अध्ययन सामग्री

RPH संपादक मंडल
द्वारा संपादित

2027
EDITION

रमेश पब्लिशिंग हाउस, नई दिल्ली

प्रकाशक

ओ॰पी॰ गुप्ता, **रमेश पब्लिशिंग हाउस**

प्रशासनिक कार्यालय

12-H, न्यू दरियागंज रोड, आफिसर्स मेस के सामने,
नई दिल्ली-110002 ✆ 23275224, 23245124

E-mail: info@rameshpublishinghouse.com
For Online Shopping: www.rameshpublishinghouse.com

विक्रय केन्द्र

● बालाजी मार्किट, नई सड़क, दिल्ली-110006 ✆ 23282525 📱 9354373464
● 4457, नई सड़क, दिल्ली-110006

Book Code: R-1941

ISBN: 978-93-86845-81-8

मूल्य: ₹ 395

मुद्रक: दीपक ऑफसैट, दिल्ली

अनुक्रमणिका

SCHEME OF SELECTION

Selection will be through Online Test and Language Proficiency Test (LPT).

ONLINE TEST (MULTIPLE CHOICE)

S. No.	Name of Tests (Objective)	No. of Questions	Maximum Marks	Composite Time
1.	Reasoning	30	30	90 Minutes
2.	General English	30	30	
3.	General Awareness	30	30	
4.	Numerical Ability	30	30	
	Total	120	120	

Language Proficiency Test (LPT): The candidates provisionally shortlisted from the online test will have to undergo a language proficiency test (LPT). LPT will be of qualifying nature and will be conducted in the Official / Local Language/s of the State concerned as detailed in Annex V. Candidates not proficient in the Official / Local Language as per LPT shall be disqualified.

Note:
1. The above online test/s except the Test of General English Language will be available in English, Hindi and certain other Regional Languages. The list of regional languages for online test is given in Annex VI.
2. There will be negative marks for wrong answers in the Online Test. 1/4th marks will be deducted for each wrong answer.
3. Candidates will have to qualify in each part of the online test separately.

पिछले प्रश्न-पत्र (हल सहित)

भारतीय रिजर्व बैंक (RBI)

ऑफिस अटेंडेंट

भर्ती परीक्षा, 2021*

ENGLISH LANGUAGE

Directions (Qs. 1 to 10): *Read the following passage carefully and answer the questions given below it. Certain words are given in bold to help you locate them while answering some of the questions.*

The effects of the worst economic **downturn** since the Great Depression are forcing changes on state governments and the US economy that could linger for decades. By one Federal Reserve estimate, the country lost almost an entire year's worth of economic activity—nearly $14 trillion—during the recession from 2007 to 2009. The deep and **persistent** losses of the recession forced states to make broad cuts in spending and public workforces. For businesses, the recession led to changes in expansion plans and worker compensation. And for individual Americans, it has meant a future postponed, as fewer buy houses and start families. Five years after the financial crash, the country is still struggling to recover. "In the aftermath of [previous] recessions there were strong recoveries. That is not true this time around," said Gary Burtless, a senior fellow at the Brookings Institution. "This is more like the pace getting out of the Great Depression." For years, housing served as the backbone of economic growth and as an investment opportunity that propelled generations of Americans into the middle class.

But the financial crisis burst the housing bubble and devastated the real estate market, leaving millions facing **foreclosure**, millions more underwater, and generally stripping Americans of years' worth of accumulated wealth. Anthony B. Sanders, a professor of real estate finance at George Mason University, said even the nascent housing recovery can't escape the effects of the recession. Home values may have rebounded, he said, but the factors driving that recovery are very different than those that drove the growth in the market in the 1990s and 2000s. Sanders said more than half of recent home purchases have been made in cash, which signals investors and hedge funds are taking advantage of cheap properties. That could freeze out average buyers and also means little real economic growth underpins those sales. Those effects are clear in home ownership rates, which continue to decline. In the second quarter of this year, the US homeownership rate was 65.1%, according to Census Bureau data, the lowest since 1995. In the mid-2000s, it topped 69%, capping a steady pace of growth that began after the early 1990s recession. Reversing that will be a challenge, in part because credit has tightened and lending rules have been toughened in an effort to avoid the mistakes that inflated the housing bubble in the first place.

"Credit expanded, and now contracted, and it's going to be tight like this as far as the eye can see," Sanders said. "We so destroyed so many households when the bubble burst, there's just not the groundswell to fill the demand again." Some are **skeptical** that the tight credit market and new efforts to regulate the financial markets, like the Dodd-Frank law, will prove lasting. Americans have often responded with calls for regulation after financial sector-driven crises and accusations of mismanagement, according to Brookings' Burtless. "But eventually, those fires cool down," he said. "It's not as though this memory of what can go wrong sticks with us very long." That can be seen in the intense efforts to water down Dodd-Frank's regulations, Burtless said. Federal regulators have already made moves to relax requirements for some potential homeowners who were victims of the recent housing crisis. Even those steps and an unlikely return to easy credit might not fuel a full housing recovery without economic growth to back it up. As Sanders, referring to the growth in low-wage and part-time employment, put it: "At those wages, it's tough to scramble together down payments and mortgages."

Turmoil in the housing market has already reshaped the makeup of households nationwide. Homeownership rates among people with children under 18 fell sharply during the recession, declining 15% between 2005 and 2011, according to Census Bureau data. In some states it was far worse. For Michigan, the decline in home ownership was 23%, and

* *Based on Memory.*

in Arizona and California it was 22%. Lackluster job growth has outlived the downturn. A study by the Economic Policy Institute showed wages for all workers, when adjusted for inflation, grew just 1.5% between 2000 and 2007. But the last five years wiped out even those modest gains—the study found wages declined for the bottom 70% of all workers since the recession began. However, some areas have seen manufacturing jobs climb back from recessionary lows, and the energy sector has been a boon for some Midwestern states. One hopeful sign for workers is the shift away from manufacturing growth in the typically low-wage South back toward the Rust Belt states, reversing a movement that was taking hold before the downturn. That trend is documented in a 2012 report from the Brookings Institution, "Locating American Manufacturing: Trends in the Geography of Production."

From 2000 to 2010, both the Midwest and South lost manufacturing jobs at about the national rate of 34%. But the Midwest has seen nearly half of all manufacturing jobs gained since 2010, almost double the increase in the South. For Michigan, the growth was 19%; in Indiana, 12%. Even with that growth, there are caveats. Autoworker unions have ceded ground with companies on wages and benefits. For example, allowing new hires to work for lower pay and fewer benefits than those who've held their jobs longer. Unemployment remains **stubbornly** high in some states, and the jobs created have leaned heavily toward part-time and low-pay work. A study from the San Francisco Federal Reserve found the proportion of US jobs that are part-time is high, as many of the jobs lost during the recession have not returned.

1. How, according to the passage, plunge in the economy devastated the life of the Americans?
   A. it has led to huge loss of revenues amounting almost $14 trillion
   B. due to degrading economy there has been voluminous cuts in spending
   C. it has led to a wide scale increase in the number of people buying homes.
   D. both (A) and (B)
   E. All of the above

2. What can be sighted as the prime cause of this economic slump?
   A. changes in expansion plans and worker compensation.
   B. the expansion in the Credit which has upheld the investment in manufacturing sector
   C. the tight credit market which has resulted in the decline of real estate business
   D. deregulation of the financial markets which has slowed down the economy
   E. mismanagement of funds has led to huge confusion among the citizens

3. Why have been the employers preferring part time jobs to regular full time jobs since the downfall in economy?
   I. to downslide the debt curtailed over the organizations
   II. so that more number of jobs can be raised from a single job
   III. because lots of jobs lost during the recession have not returned yet
   A. Only I
   B. Only III
   C. Both II and III
   D. Both I and III
   E. None is true

4. Home ownership has drastically decreased since the economic downturn. Explain.
   A. because of the changes made in the Credit laws
   B. due to the sudden shift in the nature of the federal towards the middle class Americans
   C. due to sudden loss incurred in the real estate business of a large number of people
   D. because people are making broad cuts in their spending
   E. None of these

5. Which of the following statements is/are NOT TRUE in the context of the passage?
   A. federals are tightening the lending rules to avoid mistakes which inflated housing bubble lately
   B. the U.S. economy could linger for decades due to this economic recession
   C. there has been steep increase in low pay work to reduce unemployment slowly but steadily
   D. even after a decade of the financial crash, the country is still struggling to recover
   E. None of these

6. Which of the following is the most suitable title for the passage?
   A. The economic downturn
   B. The economic paralysis
   C. 2008 financial crisis impact still hurting states
   D. The upsurge in unemployment
   E. The declining economy

Directions (Qs. 7 and 8): *Choose the word/group of words which is most similar in meaning to the word/group of words printed in bold as used in passage.*

7. Downturn
   A. operose
   B. aeonian
   C. abetment
   D. descent
   E. procurement

8. Persistent
   A. merciful
   B. tenacious
   C. intermittent
   D. relenting
   E. yielding

Directions (Qs. 9 and 10): *Choose the word/group of words which is most opposite in meaning to the word/group of words printed in bold as used in passage.*

9. Foreclosure

A. preclude B. legalize
C. deprive D. allow
E. prevent

10. Skeptical

A. dubious B. dissenting
C. convinced D. cynical
E. doubted

Directions (Qs. 11 to 20): *Which of the following phrases (I), (II) and (III) given below each sentence should replace the phrase printed in bold letters to make the sentence grammatically correct? Choose the best option among the five given alternatives that reflect the correct use of phrase in the context of the grammatically correct sentence. If the sentence is correct as it is, mark (e) i.e., "No correction required" as the answer.*

11. Every Open House we held since 2013 reaffirmed our belief that there is a need for human intervention **to retain its trust and credibility over the age of** anonymous communication.

I. to retain trust and credibility in this age of
II. to retaining trust and credibility ageing
III. for retention of trust and credible age of

A. Only I is correct
B. Only III is correct
C. Both I and II are correct
D. Both II and III are correct
E. No correction required

12. How it is possible for a multi-edition newspaper to produce completely different newspapers for various cities?

I. Is it possible for
II. Does it possible to
III. How is it possible for

A. Only I is correct
B. Only II is correct
C. Only III is correct
D. Both I and III are correct
E. No correction required

13. It is a process where continuity and change **are in consonance with each other**, where the introduction of a new segment does not subsume the importance of the existing segments.

I. is in consonance with one another
II. are in consonant to one another
III. is in consonance at each other

A. Only I is correct
B. Only II is correct
C. Both I and III are correct
D. Both II and III are correct
E. No correction required

14. With cyberspace giving an opportunity to many to express themselves, the question that remains unanswered is whether their voices are heard?

I. As cyberspace might be giving
II. While cyberspace may have given
III. Although cyberspace has given

A. Only I is correct
B. Only II is correct
C. Both I and III are correct
D. Both II and III are correct
E. No correction required

15. The "Hermit Kingdom" is increasingly **isolating itself because of its** nuclear ambition that threatens its neighbourhood and the world at large.

I. isolated because of
II. isolating themselves because of
III. isolated themselves because of their

A. Only I is correct
B. Only II is correct
C. Only III is correct
D. Both I and II are correct
E. No correction required

16. Pointing out the benefits of the GST within a month of its implementation, Modi said that goods are being transported much faster, highways have become clutter-free and pollution levels **had gone down and increased** speed of trucks.

I. are being lowered with the decreased
II. have come down with the increased
III. have been lowered because of decreasing

A. Only I is correct
B. Only II is correct
C. Only III is correct
D. Both I and II are correct
E. No correction required

17. Washing your hands at regular intervals **could be the most effective method to staying** healthy and protecting yourself from various ailments.

I. is the most effective way of staying
II. can be the most effective way to stay
III. has the effective effect to stay

A. Only I is correct
B. Only II is correct
C. Both I and III are correct
D. All are correct
E. No correction required

18. Quite a few research institutes **are growing in free India bearing the names of** scientists winning recognition of Western countries, mainly Europe.

I. has grown in free India which bears the names of

II. have grown up in free India that bears the names of
III. grew up in free India bearing the names of
A. Only I is correct
B. Only II is correct
C. Only III is correct
D. Both II and III are correct
E. No correction required

19. Southeast Asian countries today are far more integrated than they have ever been in the modern history of the region, **but ASEAN has some way to go** before it can call itself a real community.
I. though ASEAN has something to do
II. as ASEAN has some places to go
III. while ASEAN has to go some other way
A. Only I is correct
B. Both I and II are correct
C. Both II and III are correct
D. All are correct
E. No correction required

20. The success of Mithali's squad has generated fresh interest in the women's game in India, and **as various goodies have been dangled** many are calling for a female equivalent of the IPL.
I. besides various goodies being dangled
II. various goodies are being dangled
III. apart from various goodies being dangled
A. Only I is correct
B. Both I and II are correct
C. Both (I) and (III) are correct
D. All are correct
E. No correction required

Directions (Qs. 21 to 30): *Below in each questions some sentences are given, find the sentence which is not really contributing to the main theme and the idea of the passage or find the odd sentence out and rearrange the remaining sentences to make a coherent paragraph. If the given sentence is correct as it is then choose option (E). If the sequence is the one which is not given, then choose option (D) as your choice.*

21. (A) Keep their inner life / (B) Tightly under control / (C) Educational institutions seldom serve as precise mirrors / (D) Of historical change because pedagogic and administrative rituals / (E) That have nicely preserved an empty shell of a special inherited identity
A. CEDB
B. CDEB
C. CDAB
D. None of these
E. No correction required

22. (A) Most importantly the labour market' / (B) We can expect to see continued spillovers / (C) Into other areas of the economy, / (D) Combined with a 'broader unravelling of credit markets, / (E) Parliament should act quickly to keep the economy from stalling
A. DBCA
B. DEAC
C. ECBD
D. None of these
E. No correction required

23. (A) And act judiciously to bring the economy back on track / (B) The start-up ecosystem cannot progress in a disturbed business cycle/ (C) The economy appears to be in a shambles/ (D) Leaders in the government are failing to recognise the pessimism / (E) And despite the gloomy forecasts for the future,
A. DAEB
B. BEDA
C. CEDA
D. None of these
E. No correction required

24. (A) Even at the risk of reducing an appraisal/ (B) It strove to make this evident, / (C) Of a great writer such as Ishiguro to a trite high school essay / (D) While announcing the name,/ (E) That came its way last year
A. DBAC
B. ACBE
C. DCBE
D. None of these
E. No correction required

25. (A) But laws do have the utility value / (B) To heed the line between religious traditions and superstitious practices / (C) Of curbing the prevalence of inhuman rituals and practices / (D) To eradicate superstition from society, / (E) Mere legislation is not enough
A. EBAC
B. DEBA
C. EDAC
D. None of these
E. No correction required

26. (A) As the LTTE displaced the other Tamil militias and became dominant, / (B) To its ambition of a separate state / (C) The abuses perpetrated by the warring actors / (D) They boldly challenged its political choices, / (E) Which, they felt, subordinated the well-being of the Tamil people
A. CEDB
B. DABE
C. ADEB
D. None of these
E. No correction required

27. (A) Are expected to bring their regional expertise / (B) Are in the exclusive domain of the Union government, / (C) The successful outcome of a request made by the

Kerala Chief Minister / (D) Has been widely applauded / (E) Although traditionalists may argue that foreign affairs

A. EBCD
B. CDEA
C. EACD
D. None of these
E. No correction required

28. (A) It is this crucial human health angle / (B) That has spawned a mushrooming body of science centred / (C) On understanding the linkages between sleep and normal metabolic activity, / (D) And the potentially deleterious effect of sleep deprivation / (E) That helped complete the jigsaw puzzle

A. CABD
B. ABCD
C. AEBC
D. None of these
E. No correction required

29. (A) Has to give way to / (B) Avert accidents / (C) At the cost of maintenance and safety / (D) The present system of running trains on a congested network / (E) Safety consciousness in operations

A. DCAE
B. EABC
C. DCAB
D. None of these
E. No correction required

30. (A) It is increasingly manifested in their converging interests / (B) To invest in greater coordination security cooperation / (C) to ensure Eurasian connectivity plans / (D) that are truly multilateral, / (E) and also financially and environmentally sustainable.

A. ACDE
B. ADCE
C. BACE
D. None of these
E. No correction required

संख्यात्मक योग्यता

निर्देश (प्रश्न संख्या 31 से 35 तक) : *निम्नलिखित सारणी का ध्यानपूर्वक अध्ययन करें और दिए गए प्रश्नों के उत्तर दें।*

राज्य	गरीबी रेखा के नीचे जनसंख्या का प्रतिशत	पुरुषों एवं महिलाओं का प्रतिशत	
		गरीबी रेखा से नीचे	गरीबी रेखा से ऊपर
		M : F	M : F
P	35	5 : 6	6 : 7
Q	25	3 : 5	4 : 5
R	24	1 : 2	2 : 3
S	29	3 : 2	4 : 3
T	15	5 : 3	3 : 2

31. यदि राज्य R के लिए गरीबी रेखा से ऊपर पुरुष 1.9 मिलियन है, तो राज्य R की कुल जनसंख्या कितनी होगी?

A. 4.5 मिलियन
B. 4.85 मिलियन
C. 5.35 मिलियन
D. 6.25 मिलियन
E. 6 मिलियन

32. राज्य S में गरीबी रेखा से ऊपर महिलाओं की संख्या कितनी होगी, यदि यह ज्ञातव्य हो कि गरीबी रेखा से ऊपर राज्य S में जनसंख्या 7 मिलियन है?

A. 3 मिलियन
B. 2.43 मिलियन
C. 1.33 मिलियन
D. 5.7 मिलियन
E. 4 मिलियन

33. राज्य P के लिए गरीबी रेखा से ऊपर पुरुषों की जनसंख्या क्या है, यदि गरीबी रेखा से नीचे राज्य P के लिए महिलाओं की जनसंख्या 2.1 मिलियन है?

A. 2.1 मिलियन
B. 2.7 मिलियन
C. 3.3 मिलियन
D. 2.3 मिलियन
E. 3 मिलियन

34. यदि राज्य R के लिए गरीबी रेखा से नीचे पुरुषों की जनसंख्या 2.4 मिलियन है और T राज्य के लिए 6 मिलियन, तो राज्य Q और T की कुल जनसंख्या का सापेक्ष अनुपात क्या होगा?

A. 1 : 3
B. 2 : 5
C. 3 : 7
D. 4 : 9
E. 3 : 9

35. राज्य P में गरीबी रेखा से नीचे महिलाओं की जनसंख्या और राज्य P में गरीबी रेखा से ऊपर पुरुषों की जनसंख्या का अनुपात क्या है?

A. 4 : 7
B. 6 : 11
C. 7 : 11
D. 4 : 9
E. इनमें से कोई नहीं

36. संख्या 1 से 300 तक 3 अथवा 7 से विभाजित होने वाली संख्याओं की प्रायिकता ज्ञात करें।

A. $\frac{37}{75}$
B. $\frac{32}{75}$
C. $\frac{36}{75}$
D. $\frac{28}{75}$
E. $\frac{26}{75}$

37. 14 आदमी एक काम को 18 दिनों में कर सकते हैं, 15 औरतें एक कार्य को 24 दिनों में कर सकते हैं। यदि 14 आदमी प्रथम तीन दिनों तक काम करते हैं और 10 औरतें उसके बाद तीन दिनों तक काम करती हैं, तो उसके बाद शेष बचे काम ज्ञात करें।

A. 3/4
B. 1/4
C. 1/2
D. 1/6
E. 1/5

38. एक आयत की परिमिति x और एक वृत्त की परिधि, आयत की परिमिति से 8 ज्यादा है। वृत्त की त्रिज्या और आयत की लम्बाई का अनुपात 1 : 2 है और आयत की लम्बाई और चौड़ाई का अनुपात 7 : 3 है। आयत की लम्बाई ज्ञात करें।

A. 14 B. 21
C. 28 D. 35
E. 7

39. A कुछ स्कीम में दो वर्षों के लिए 5% पर और B, 3% पर निवेश करता है। यदि A और B द्वारा निवेशित कुल राशि 4000 है और दोनों द्वारा प्राप्त साधारण ब्याज समान है, तो A द्वारा निवेशित राशि ज्ञात करें।

A. 1300 B. 1500
C. 2500 D. 2700
E. 2100

40. दो रेलगाड़ियाँ एक-दूसरे को 14 सेकेंड में पार करती हैं जब वे प्रतिकूल दिशा में जा रही हैं, और जब वे एक ही दिशा में जा रही हों, तो एक-दूसरे को 3 मिनट 2 सेकेंड में पार करती हैं। तेज चलने वाली रेलगाड़ी की गति मालूम करें कि धीमी चलने वाली रेलगाड़ी की गति से कितना प्रतिशत ज्यादा है?

A. 16.67%
B. 17.33%
C. 16.33%
D. 17.67%
E. 18.33%

निर्देश (प्रश्न संख्या 41 से 45 तक) : *निम्नलिखित संख्या श्रेणी में प्रश्नवाचक चिह्न (?) के स्थान पर क्या आएगा?*

41. 11 20 38 74 ?

A. 146 B. 154
C. 128 D. 132
E. 136

42. 15 21 38 65 101 ?

A. 124 B. 145
C. 136 D. 158
E. 162

43. 24 28 19 35 10 ?

A. 26 B. 36
C. 16 D. 46
E. 15

44. 7 16 45 184 915 ?

A. 2092 B. 5496
C. 1048 D. 4038
E. 3268

45. 12 19 35 59 90 ?

A. 134 B. 127
C. 132 D. 98
E. 114

निर्देश (प्रश्न संख्या 46 से 50 तक) : *निम्नलिखित सारणी का अध्ययन करें और दिए गए प्रश्नों के उत्तर दें।*

वर्ष 2006 से 2011 तक दो कंपनियों द्वारा अर्जित लाभ प्रतिशत

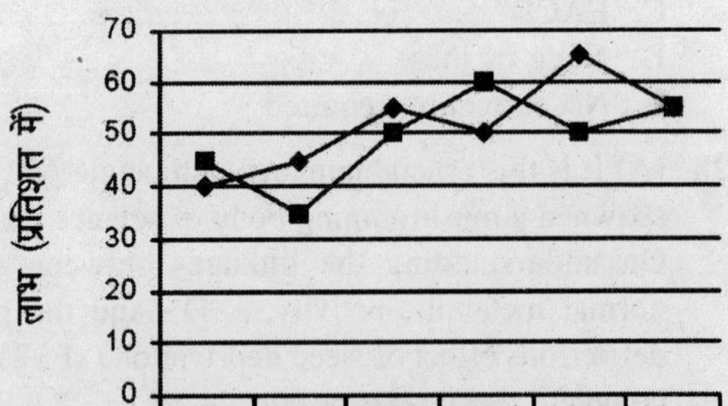

	2006	2007	2008	2009	2010	2011
कंपनी X	40	45	55	50	65	55
कंपनी Y	45	35	50	60	50	55

46. वर्ष 2000 में कंपनी X और Y की आय का अनुपात क्रमशः 3 : 4 था। वर्ष 2010 में उनके व्यय का सापेक्ष अनुपात क्या था?

A. 7 : 22 B. 14 : 19
C. 15 : 22 D. 27 : 35
E. 35 : 49

47. यदि वर्ष 2007 में कंपनी Y का व्यय ₹ 220 करोड़ था, तो वर्ष 2007 में इसकी आय कितनी थी?

A. ₹ 312 करोड़ B. ₹ 297 करोड़
C. ₹ 283 करोड़ D. ₹ 275 करोड़
E. ₹ 250 करोड़

48. यदि वर्ष 2006 में कंपनी X और Y के व्यय समान थे और 2006 में कुल कंपनियों के कुल व्यय ₹ 342 करोड़ थे, दो कंपनियों के 2006 में सम्मिलित कुल लाभ कितने थे? (लाभ = आय – व्यय)

A. ₹ 240 करोड़ B. ₹ 171 करोड़
C. ₹ 120 करोड़ D. ₹ 102 करोड़
E. ₹ 150 करोड़

49. वर्ष 2008 में कंपनी X का व्यय ₹ 200 करोड़ और 2008 में कंपनी X की आय, वर्ष 2009 में इसके व्यय के समान थी। 2009 में कंपनी X की आय क्या है?

A. ₹ 385 करोड़
B. ₹ 465 करोड़
C. ₹ 335 करोड़
D. ₹ 295 करोड़
E. ₹ 250 करोड़

50. यदि 2009 में दो कंपनियों की आय समान थी, तो कंपनी X की कंपनी Y की तुलना में 2009 में क्या अनुपात था?

A. 6 : 5 B. 5 : 6
C. 11 : 6 D. 16 : 15
E. 20 : 11

निर्देश (प्रश्न संख्या 51 से 55 तक) *: इन प्रश्नों में से प्रत्येक में, दो समीकरण (I) और (II) दिए गए हैं। आपको दोनों समीकरणों को हल करते हुए उत्तर देना है।*

A. यदि $x > y$
B. यदि $x \geq y$
C. यदि $x < y$
D. यदि $x \leq y$
E. यदि $x = y$ अथवा x और y के बीच संबंध स्थापित नहीं किया जा सकता है।

51. I. $3x^2 - 22x + 7 = 0$
II. $y^2 - 15y + 56 = 0$

52. I. $2x^2 - 17x + 36 = 0$
II. $2y^2 - 19y + 44 = 0$

53. I. $x - \sqrt{169} = 0$
II. $y^2 - 169 = 0$

54. I. $3x^2 + 20x + 25 = 0$
II. $3y^2 + 14y + 8 = 0$

55. I. $3x^2 + 5x + 2 = 0$
II. $3y^2 + 18y + 24 = 0$

56. एक विक्रेता क्रय मूल्य से 50% ज्यादा मूल्य अंकित करता है और एक वस्तु पर 10% छूट देता है। बेचने के क्रम में वह ग्राहक को वजन में 20% कम देकर ठगता है। उसका संपूर्ण लाभ प्रतिशत (लगभग) ज्ञात करें।
A. 26% B. 65%
C. 68% D. 72%
E. 76%

57. एक बर्तन में 81 लीटर शुद्ध दूध है। बर्तन में रखे एक-तिहाई दूध को पानी द्वारा बदल दिया जाता है। पुनः एक-तिहाई मिश्रण निकाल लिया जाता है और उसी मात्रा का पानी डाल दिया जाता है। नए मिश्रण में दूध और जल का अनुपात क्या है?
A. 1 : 2 B. 1 : 1
C. 2 : 1 D. 4 : 5
E. इनमें से कोई नहीं

58. A, B से दो साल बड़ा है जबकि B, C से 3 साल छोटा है। इस प्रकार 2 वर्ष पूर्व A और B की आयु का अनुपात 5 : 3 है। तो 6 वर्ष पूर्व C की उम्र क्या थी?
A. 12 वर्ष B. 19 वर्ष
C. 15 वर्ष D. 14 वर्ष
E. 21 वर्ष

59. A, B और C अपने निवेशों के अनुपात 1 : 2 : 4 के साथ एक व्यापार शुरू करते हैं। 6 माह के बाद, A पूर्व की तुलना में आधी रकम निवेश करता है और B पूर्व के समान ही निवेश करता है जबकि C अपने निवेश का 1/4वां भाग वापस ले लेता है। वर्ष के अंत में उनके लाभों का प्रतिशत ज्ञात करें।
A. 5 : 12 : 13 B. 5 : 11 : 14
C. 5 : 12 : 14 D. 5 : 12 : 10
E. इनमें से कोई नहीं

60. एक कक्षा में 20 विद्यार्थियों के विज्ञान का औसत अंक 68 है। यदि दो विद्यार्थियों के वास्तविक अंक 72 और 61 को क्रमशः 48 और 65 के रूप में गलत पढ़ा गया, तो सही औसत क्या होगा?
A. 68.5 B. 69
C. 69.5 D. 70
E. 66

तार्किक योग्यता

निर्देश (प्र.सं. 61 एवं 62): *निम्नलिखित सूचनाओं को पढ़कर नीचे दिए गए प्रश्नों को हल करें :*

R की शादी U से हुई है। U, L की माँ है। L, D की बहन है। U को केवल एक बेटी है। D की शादी J से हुई है। K, J का बेटा है। F, J की माँ है।

61. D, F से किस प्रकार संबंधित है?
A. ज्ञात नहीं किया जा सकता B. बेटी
C. बहू D. दामाद
E. बेटा

62. R, K से किस प्रकार संबंधित है?
A. ज्ञात नहीं किया जा सकता B. दादा
C. दादी D. पिता
E. चाचा/मामा

निर्देश (प्र.सं. 63-65): *निम्नलिखित सूचनाओं को पढ़कर नीचे दिए गए प्रश्नों को हल करें :*

छः भवनों P, Q, R, S, T तथा U में स्थित कार्यालयों की संख्या भिन्न-भिन्न है। S में स्थित कार्यालयों की संख्या केवल T तथा R से अधिक है। Q में स्थित कार्यालयों की संख्या P से अधिक लेकिन U से कम है। R में स्थित कार्यालयों की संख्या सबसे कम नहीं है। भवन में सबसे कम कार्यालयों की संख्या 5 है। भवन में दूसरी सबसे अधिक कार्यालयों की संख्या 23 है। S में स्थित कार्यालयों की संख्या Q से 11 कम है।

63. इनमें से किस भवन में कार्यालयों की संख्या दूसरा सबसे कम है?
A. Q B. U
C. R D. P
E. T

64. P में स्थित कार्यालयों की संख्या, सम संख्या है जो 2 और 3 दोनों से विभाज्य है, तो P के पास कितने कार्यालय हैं?
A. 20 B. 24
C. 16 D. 18
E. 12

65. निम्नलिखित में से कार्यालयों की कौन-सी संख्या भवन R में है?
A. 25 B. 12
C. 13 D. 14
E. 11

निर्देश (प्र.सं. 66-70): *निम्नलिखित सूचनाओं को पढ़कर नीचे दिए गए प्रश्नों को हल करें :*

सात व्यक्तियों P, Q, R, S, T, U और V का सेमिनार सात विभिन्न महीनों (उसी वर्ष) जनवरी, फरवरी, मार्च, जून, अगस्त, अक्तूबर और दिसम्बर में है, लेकिन आवश्यक नहीं कि इसी क्रम में हो। उनमें से प्रत्येक व्यक्ति अलग-अलग फलों केला, अंगूर, पपीता, संतरा, आम, लीची और सेब पसंद करता है, लेकिन आवश्यक नहीं कि इसी क्रम में। R का सेमिनार 31 दिन से कम पहले वाले माह में है। R और S के बीच केवल दो लोगों के सेमिनार हैं। वह जो केला पसंद करता है, का सेमिनार T के ठीक पहले है। केवल एक व्यक्ति का सेमिनार उस व्यक्ति से पहले है जो पपीता पसंद करता है। Q का सेमिनार उस व्यक्ति के ठीक बाद है जो पपीता पसंद करता है। केवल तीन व्यक्तियों के सेमिनार Q और उसके बीच है जो आम पसंद करता है। T न तो आम न ही पपीता पसंद करता है। P का सेमिनार T के ठीक पहले है। V सेब पसंद करता है। वह जो अंगूर पसंद करता है, का सेमिनार 31 दिन से कम वाले माह में है। जिसका सेमिनार मार्च में है, संतरा पसंद नहीं करता है।

66. निम्नलिखित में से कौन-सा महीना S के सेमिनार को प्रदर्शित करता है?

A. जनवरी
B. निर्धारित नहीं किया जा सकता
C. अक्तूबर
D. दिसम्बर
E. जून

67. निम्नलिखित में से कौन उन लोगों को प्रदर्शित करता है जिनके सेमिनार क्रमशः जनवरी और जून में हैं?

A. V, S B. U, S
C. Q, T D. U, R
E. V, R

68. कितने व्यक्तियों के सेमिनार V और R के सेमिनार के बीच के महीनों में हैं?

A. कोई नहीं B. तीन
C. दो D. एक
E. तीन से अधिक

69. दी गई व्यवस्था के अनुसार किसी निश्चित क्रम में R केले से संबंधित है तथा P संतरे से संबंधित है। तो इसी क्रम में निम्नलिखित में से कौन U से संबंधित है?

A. आम B. लीची
C. सेब D. पपीता
E. अंगूर

70. निम्नलिखित में से कौन-सा फल U पसंद करता है?

A. पपीता B. आम
C. केला D. अंगूर
E. संतरा

निर्देश (प्र.सं. 71-75): *निम्नलिखित सूचनाओं को पढ़कर नीचे दिए गए प्रश्नों को हल करें।*

दस व्यक्ति दो समानान्तर पंक्तियों में, जिनमें 5 व्यक्ति प्रत्येक पंक्ति में इस प्रकार बैठे हैं कि दो व्यक्तियों के बीच समान दूरी हो। J, K, L, M और N (आवश्यक नहीं कि इसी क्रम में) पंक्ति 1 में दक्षिण की ओर मुँह करके बैठे हैं। पंक्ति 2 में V, W, X, Y और Z (आवश्यक नहीं कि इसी क्रम में) उत्तर की ओर मुँह करके बैठे हैं। इस प्रकार, दी गई बैठने की व्यवस्था में प्रत्येक सदस्य जो पंक्ति में बैठे हैं अन्य सदस्य जो अन्य पंक्ति में बैठे हैं, के आमने-सामने हैं।

Z, W के दाएं तीसरे स्थान पर बैठता है। V, Z के बाएं दूसरे स्थान पर बैठता है। वह व्यक्ति जो V के सामने है, K के ठीक दाएं बैठता है। K और M के बीच केवल एक व्यक्ति बैठता है। J, K का निकटतम पड़ोसी नहीं है। J और L के बीच केवल दो व्यक्ति बैठते हैं। न तो K न ही J, Y के सामने है।

71. निम्न में से N के सामने कौन है?

A. Y B. V
C. X D. W
E. Z

72. M के संदर्भ में कौन-सा कथन सत्य है?

A. M, X के पड़ोसियों में से एक के सामने है
B. K, M के निकटतम पड़ोसियों में से एक है
C. दिया गया कोई भी कथन सत्य नहीं है
D. L, M के ठीक दाएं बैठता है
E. M और N के बीच केवल एक व्यक्ति बैठता है

73. निम्न में से कौन X के सामने है?

A. K B. L
C. M D. J
E. N

74. Y के सापेक्ष Z की स्थिति क्या है?

A. दाएं से तीसरा B. दाएं से दूसरा
C. ठीक बाएं D. ठीक दाएं
E. बाएं से दूसरा

75. दी गई व्यवस्था के अनुसार किसी निश्चित क्रम में पाँच में से चार समरूप हैं और इस प्रकार एक समूह का निर्माण करते हैं। उनमें से कौन उस समूह का नहीं है?

A. M B. J
C. Y D. W
E. N

निर्देश (प्र.सं. 76-80): *नीचे दिए गए प्रत्येक प्रश्न में दो/तीन कथन दो निष्कर्षों I और II द्वारा अनुगामित होते हैं। आपको दिए गए दो/तीन कथनों को सत्य मानते हुए यद्यपि वे सामान्य ज्ञात तथ्यों से भिन्नता रखते हों, तय करना है कि कौन-से निष्कर्ष दिए गए कथनों का अनुगमन करते हैं।*

उत्तर दीजिए–

A. यदि केवल निष्कर्ष II अनुगमन करता है।
B. यदि केवल निष्कर्ष I अनुगमन करता है।

C. यदि दोनों निष्कर्ष I और II अनुगमन करते हैं।

D. यदि या तो निष्कर्ष I या निष्कर्ष II अनुगमन करते हैं।

E. यदि न तो निष्कर्ष I न ही निष्कर्ष II अनुगमन करता है।

76. कथन : सभी दौड़ स्प्रिंट हैं।
कुछ दौड़ प्रतिस्पर्धाएं हैं।

निष्कर्ष : I. कुछ प्रतिस्पर्धाएं स्प्रिंट हैं।
II. सभी प्रतिस्पर्धाएं स्प्रिंट हैं।

77. कथन : कोई बैंक लॉकर नहीं है।
सभी बैंक स्टोर्स हैं।
कोई स्टोर पैनल नहीं है।

निष्कर्ष : I. कोई स्टोर लॉकर नहीं है।
II. कोई पैनल बैंक नहीं है।

प्रश्न सं. 78-79 के लिए

कथन : कुछ स्ट्राइक्स हिट्स हैं।
कोई स्ट्राइक रेड नहीं है।
सभी आक्रमण रेड्स हैं।

78. निष्कर्ष : I. कुछ हिट्स निश्चित रूप से रेड्स नहीं हैं।
II. सभी हिट्स के स्ट्राइक्स होने की एक संभावना है।

79. निष्कर्ष : I. कोई आक्रमण स्ट्राइक नहीं है।
II. सभी आक्रमणों के हिट्स होने की संभावना है।

80. कथन : कुछ समीकरण सूत्र हैं।
सभी समीकरण पद हैं।
सभी पद संकेत हैं।

निष्कर्ष : I. सभी समीकरण संकेत हैं।
II. कोई संकेत सूत्र नहीं है।

निर्देश (प्र.सं. 81-85): *निम्नलिखित सूचनाओं को पढ़कर नीचे दिए गए प्रश्नों को हल करें।*

किसी निश्चित कूट भाषा में,

'festival for woman only' को 'pa ge bo xu' लिखा जाता है।
'provide peace to women' को 'wr dl nj ge' लिखा जाता है।
'women like to celebrate' को 'ge ct fx wr' लिखा जाता है।
'celebrate peace in festival' को 'dl bo sv ct' लिखा जाता है।

[सभी कूट केवल दो अक्षरों के कूट हैं।]

81. दी गई कूट भाषा में 'provide idea' का संभावित कूट क्या हो सकता है?

A. fx hy B. xu bo
C. hy nj D. nj xu
E. wr fx

82. दी गई कूट भाषा में 'celebrate' का कूट क्या है?

A. ct B. wt
C. sv D. dl
E. fx

83. दी गई कूट भाषा में 'pa' का प्रयोग किसके लिए होता है?

A. peace
B. या तो 'for' या 'only'
C. या तो 'women' या 'to'
D. celebrate
E. festival

84. दी गई कूट भाषा में 'women' के लिए कूट क्या है?

A. bo
B. xu
C. ct
D. दिए गए विकल्प के अलावा अन्य
E. ge

85. यदि कूट भाषा में 'peace to mind' को 'zg wr dl' के रूप में कूटबद्ध किया गया हो, तो 'mind in festival' के लिए कूट क्या होगा?

A. zg bo dl B. dl zg sv
C. zg nj wr D. bo sv zg
E. sv wr bo

निर्देश (प्र.सं. 86-90): *प्रत्येक प्रश्न में विभिन्न तत्वों के बीच के संबंध कथनों में प्रदर्शित किए गए हैं। दो निष्कर्षों I और II द्वारा कथन अनुगमित होते हैं। दिए गए कथनों पर आधारित निष्कर्षों का अध्ययन करें और उपयुक्त उत्तर चुनें।*

उत्तर दीजिए–

A. यदि केवल निष्कर्ष II सत्य है।
B. यदि केवल निष्कर्ष I सत्य है।
C. यदि दोनों निष्कर्ष I और II सत्य हैं।
D. यदि या तो निष्कर्ष I या फिर निष्कर्ष II सत्य है।
E. यदि न तो निष्कर्ष I न ही निष्कर्ष II सत्य है।

86. कथन : $S \leq L \leq I = P \geq E > R; L > Q$

निष्कर्ष : I. $P \geq S$
II. $I > R$

87. कथन : $S \leq L \leq I = P \geq E > R; L > Q$

निष्कर्ष : I. $L < R$
II. $E \geq Q$

88. कथन : $G > R \geq E = A \leq T \leq S; D \leq A \leq K$

निष्कर्ष : I. $T \geq D$
II. $R > S$

89. कथन : $G > R \geq E = A \leq T \leq S; D \leq A \leq K$

निष्कर्ष : I. $J < E$
II. $J = E$

90. कथन : $A \geq B > C \leq D \leq E < F$

निष्कर्ष : I. $A \geq E$
II. $C < F$

सामान्य सचेतता

91. निम्नलिखित में से कौन-सा दूरसंचार ऑपरेटर 5G सेवाओं को सफलतापूर्वक प्रदर्शित और व्यवस्थित करने वाला भारत का पहला दूरसंचार ऑपरेटर बन गया है?
A. एयरटेल B. जियो
C. वीआई D. बीएसएनएल
E. इनमें से कोई नहीं

92. शहीद दिवस (Martyr's Day) हर वर्ष महात्मा गाँधी की स्मृति में _______ को मनाया जाता है।
A. 26 जनवरी B. 27 जनवरी
C. 28 जनवरी D. 30 जनवरी
E. 24 जनवरी

93. 2021 में 'एशिया-पैसिफिक पर्सनलाइज्ड हेल्थ इंडेक्स' में भारत का रैंक क्या है?
A. 6वाँ B. 7वाँ
C. 10वाँ D. 9वाँ
E. 12वाँ

94. प्रधानमंत्री नरेन्द्र मोदी ने किस दिन को 'विभाजन भयावह स्मृति दिवस' के रूप में मनाने की घोषणा की है?
A. 14 अगस्त B. 15 अगस्त
C. 16 अगस्त D. 13 अगस्त
E. 12 अगस्त

95. आनंध कन्नन का हाल ही में निधन हो गया। वह एक _______ था।
A. राजनीतिज्ञ B. पत्रकार
C. अभिनेता D. पर्यावरणविद्
E. इनमें से कोई नहीं

96. निम्नलिखित में से कौन-सा शहर 100 प्रतिशत कोविड-19 टीकाकरण प्राप्त करने वाला पहला भारतीय शहर बन गया है?
A. इम्फाल B. भुवनेश्वर
C. इंदौर D. सूरत
E. रांची

97. 2021 फॉर्च्यून की ग्लोबल 500 सूची में कितनी भारतीय कंपनियाँ शामिल हैं?
A. 11 B. 5
C. 3 D. 7
E. 8

98. भाषाई आधार पर बनने वाला पहला राज्य कौन-सा था?
A. मद्रास B. पंजाब
C. आंध्र प्रदेश D. गुजरात
E. मणिपुर

99. निम्नलिखित में से किस तारीख को भगत सिंह को फांसी दी गई थी?
A. 10 मार्च, 1931 B. 23 अप्रैल, 1931
C. 23 मार्च, 1931 D. 14 मार्च, 1931
E. 28 मार्च, 1931

100. नियोजित 'बेदाबहल अल्ट्रा मेगा पॉवर प्रोजेक्ट' निम्नलिखित में से किस राज्य में है?
A. झारखंड B. ओडिशा
C. पश्चिम बंगाल D. तमिलनाडु
E. असम

101. संसद के दो सत्रों के बीच अधिकतम रिक्त/अन्तराल क्या है?
A. 30 दिन B. 50 दिन
C. 6 माह D. 12 माह
E. 42 दिन

102. भारतीय संविधान का कौन-सा अनुच्छेद कहता है कि निदेशक सिद्धांत किसी भी अदालत द्वारा लागू **नहीं** किए जा सकते हैं?
A. अनुच्छेद 36 B. अनुच्छेद 37
C. अनुच्छेद 38 D. अनुच्छेद 39
E. अनुच्छेद 40

103. भारत के संविधान निर्माताओं ने निम्नलिखित में से किस देश में प्रचलित भारतीय संघ की योजना को चुना?
A. संयुक्त राज्य अमेरिका B. यूनाइटेड किंगडम
C. ऑस्ट्रेलिया D. कनाडा
E. जापान

104. किस संगठन ने डिजिटल भुगतान सूचकांक तैयार करने का निर्णय लिया है?
A. नीति आयोग B. आरबीआई
C. एनपीसीआई D. एसबीआई
E. एनएसएसओ

105. दिसंबर 2020 से चौबीसों घंटे उपलब्ध कराने के लिए कौन-सी भुगतान प्रणाली निर्धारित की गई थी?
A. एनइएफटी B. आरटीजीएस
C. भारत बिल भुगतान प्रणाली D. आधार सक्षम भुगतान प्रणाली
E. इनमें से कोई नहीं

106. RAISE 2020 वैश्विक शिखर सम्मेलन का आयोजन किस निकाय के साथ इलेक्ट्रॉनिक्स और सूचना प्रौद्योगिकी मंत्रालय द्वारा किया गया था?
A. विज्ञान और प्रौद्योगिकी विभाग
B. भारत का चुनाव आयोग
C. राष्ट्रीय महिला आयोग
D. नीति आयोग
E. इनमें से कोई नहीं

107. टाइम्स हायर एजुकेशन (टीएचई) वर्ल्ड यूनिवर्सिटी रैंकिंग (डब्ल्यूयूआर) 2021 के अनुसार, शीर्ष 350 विश्वविद्यालयों की सूची में शामिल होने वाला एकमात्र भारतीय संस्थान कौन-सा है?
A. आईआईटी बॉम्बे B. आईआईएम अहमदाबाद
C. एम्स D. आईआईएससी बेंगलुरु
E. आईआईटी दिल्ली

108. नोबेल शांति पुरस्कार 2020 किस व्यक्तित्व/संस्था ने जीता?
A. जैसिंडा अर्डेन
B. ग्रेटा थुनबर्ग
C. विश्व स्वास्थ्य संगठन
D. संयुक्त राष्ट्र विश्व खाद्य कार्यक्रम
E. इनमें से कोई नहीं

109. निम्नलिखित में से कौन एक बैंक दर है?
A. वह दर जिस पर एक वाणिज्यिक बैंक अपने ग्राहकों को उधार देता है
B. वह दर जिस पर एक वाणिज्यिक बैंक अपने सर्वोत्तम ग्राहकों को उधार देता है
C. वह दर जिस पर एक केंद्रीय बैंक वाणिज्यिक बैंकों को उधार देता है
D. वह दर जिस पर एक वाणिज्यिक बैंक केंद्रीय बैंक को उधार देता है
E. इनमें से कोई नहीं

110. स्वतंत्र भारत के इतिहास में उच्चतम मूल्य का एक नोट किसका रहा है?
A. ₹ 5,000 B. ₹ 1,000
C. ₹ 2,000 D. ₹ 10,000
E. ₹ 20,000

111. त्रिपुरा का पहला विशेष आर्थिक क्षेत्र (SEZ) कहाँ बनाया जा रहा है?
A. अगरतला B. सबरूम
C. धर्मनगर D. कैलाशहर
E. मेलाघर

112. किस भारतीय सामाजिक कार्यकर्ता को यूएस एंटी-करप्शन चैंपियन्स अवार्ड 2021 से सम्मानित किया गया?
A. दिशा रवि B. अंजलि भारद्वाज
C. सुनीता कृष्णन D. प्रशांत भूषण
E. इनमें से कोई नहीं

113. निम्नलिखित में से कौन-सा राजवंश मगध पर शासन कर रहा था, जब सिकंदर ने भारत पर आक्रमण किया था?
A. शिशुनाग B. नन्द
C. मौर्य D. कोसल
E. कुरु

114. तमिलनाडु के निम्नलिखित त्योहारों में से कौन-सा भगवान मुरुगन को समर्पित है?
A. ओणम B. आड़ी पेरुकु
C. पोंगल D. थाई पूसम
E. उपर्युक्त में से कोई नहीं

115. 'बर्डी, ईगल और अल्बाट्रॉस' शब्दों का उपयोग _____ में किया जाता है।
A. गोल्फ B. पोलो
C. बेसबॉल D. फुटबॉल
E. टेनिस

116. निम्नलिखित में से किस बैंक ने दिसंबर 2020 में, NPCI (नेशनल पेमेंट कॉर्पोरेशन ऑफ इंडिया) के साथ मिलकर संपर्क रहित 'रूपे सिलेक्ट (RuPay Select)' डेबिट कार्ड लॉन्च किया है?
A. एच.डी.एफ.सी. B. भारतीय स्टेट बैंक
C. आई.सी.आई.सी.आई. D. सेंट्रल बैंक ऑफ इंडिया
E. यस बैंक

117. 'पाथवे टू गॉड' नामक पुस्तक के लेखक कौन हैं?
A. जवाहरलाल नेहरू B. सरदार वल्लभभाई पटेल
C. महात्मा गांधी D. श्री अरबिंदो
E. डॉ. राजेंद्र प्रसाद

118. सितंबर 2020 में, सामाजिक न्याय और अधिकारिता मंत्रालय ने किस हेल्पलाइन की शुरुआत की है?
A. किरण (KIRAN) B. उम्मीद (UMMID)
C. आशा (ASHA) D. सुबह (SUBAH)
E. सहज (SAHAJ)

119. स्वामी विवेकानंद ने वर्ष ____ में रामकृष्ण मिशन की स्थापना की थी।
A. 1897 B. 1899
C. 1882 D. 1876
E. 1879

120. नवम्बर 2020 में, महाराष्ट्र की निम्नलिखित झीलों में से किसे रामसर साइट की सूची में शामिल किया गया है?
A. वेन्ना B. विहार
C. लोनार D. रंकला
E. वुलर

उत्तरमाला

1. (D) **2.** (D) **3.** (B)
4. (E) **5.** (D) **6.** (C)
7. (D) **8.** (B) **9.** (D)
10. (C) **11.** (A) **12.** (D)
13. (E) **14.** (D) **15.** (E)
16. (B) **17.** (A) **18.** (C)
19. (E) **20.** (C) **21.** (C)
22. (A) **23.** (C) **24.** (A)
25. (C) **26.** (C) **27.** (A)
28. (B) **29.** (A) **30.** (A)

31. (D): माना कि, राज्य R की कुल जनसंख्या = x
गरीबी रेखा से ऊपर की जनसंख्या

$$x \times \frac{76}{100} = 0.76x$$

$\Rightarrow \quad 0.76x \times \frac{2}{5} = 1.9$

$\Rightarrow \quad x = \frac{5 \times 1.9}{2 \times 0.76} = 6.25$ मिलियन

32. (A): $4x + 3x = 7$

$\Rightarrow \quad 7x = 7$

$\therefore \quad x = 1$

$4x = 4 \times 1 = 4$ मिलियन

$3x = 3 \times 1 = 3$ मिलियन

अतः गरीबी रेखा से ऊपर महिलाओं की राज्य S में संख्या = 3 मिलियन

33. (C): माना कि कुल जनसंख्या = x

$\frac{6}{11}x = 2.1$

$\Rightarrow \quad x = \frac{11 \times 2.1}{6} = \frac{23.1}{6} = 3.85$ मिलियन

अब, $\frac{6}{7} \times 3.85 = 6 \times .55 = 3.3$ मिलियन

अतः P राज्य के लिए गरीबी रेखा से ऊपर पुरुषों की जनसंख्या = 3.3 मिलियन।

34. (B): माना कि राज्य Q की कुल जनसंख्या x है, तब गरीबी रेखा से नीचे पुरुषों की जनसंख्या

$= x \times \frac{25}{100} \times \frac{3}{(3+5)}$

प्रश्न से, $\frac{3x}{32} = 2.4$

$\Rightarrow \quad x = \frac{2.4 \times 32}{3} = 25.6$

पुनः, माना कि राज्य T की कुल जनसंख्या y है।

तब, गरीबी रेखा से नीचे पुरुषों की जनसंख्या

$= y \times \frac{15}{100} \times \frac{5}{(5+3)}$

प्रश्न से, $\frac{3y}{32} = 6$

$\Rightarrow \quad y = \frac{6 \times 32}{3} = 64$

$\therefore$ अभीष्ट अनुपात $\frac{x}{y} = \frac{25.6}{64} = \frac{2}{5}$.

35. (C)

36. (B): 1 से 300 के बीच 3 से विभाजित होने वाली संख्याओं की संख्या = 100

1 से 300 के बीच 7 से विभाजित होने वाली संख्याओं की संख्या = 42

1 से 300 के बीच 3 और 7 दोनों से विभाजित होने वाली संख्याओं की संख्या, अर्थात् 21 = 14

1 से 300 के बीच 3 अथवा 7 से विभाजित होने वाली संख्याओं की संख्या

$= 100 + 42 - 14 = 128$

$\therefore$ अभीष्ट प्रायिकता $= \frac{128}{300} = \frac{32}{75}$.

37. (A): 3 दिनों में 14 लोगों द्वारा किए गए आंशिक कार्य

$= \frac{3}{18} = \frac{1}{6}$

1 दिन में 1 औरत द्वारा किए गए आंशिक कार्य

$= \frac{1}{15 \times 24}$

3 दिनों में 10 औरतों द्वारा किए गए आंशिक कार्य

$= \frac{10 \times 3}{15 \times 24} = \frac{1}{12}$

पूरित आंशिक कार्य $= \frac{1}{6} + \frac{1}{12} = \frac{2+1}{12}$

$= \frac{3}{12} = \frac{1}{4}$.

बचे हुए शेष कार्य $= 1 - \frac{1}{4} = \frac{3}{4}$ कार्य

38. (C): माना कि आयत की लम्बाई = 7 मी.

और आयत की चौड़ाई = 3 मी.

2(7 मी. + 3 मी.) = x

$\Rightarrow \quad x = 20$ मी.

$\frac{r}{l} = \frac{1}{2}$

$\Rightarrow \quad 2r = l = 7$ मी.

$C = 2\pi r$

$x + 8 = 2\pi r$

$= (2r) \times \pi$

$\Rightarrow$ 20 मी. + 8 = 7 मी. $\times \frac{22}{7}$ = 22 मी.

$\Rightarrow$ 2 मी. = 8

$\Rightarrow \quad m = 4$

$\therefore$ आयत की लम्बाई $= 7 \times 4 = 28$

39. (B): माना कि A द्वारा निवेशित राशि = ₹ x

$\therefore \quad \frac{x \times 5 \times 2}{100} = \frac{(4000 - x) \times 3 \times 2}{100}$

$\Rightarrow \quad 10x = 24000 - 6x$

$\Rightarrow \quad 16x = 24000$

$\Rightarrow \quad x = \frac{24000}{16} = 1500$

अतः A द्वारा निवेशित राशि = ₹ 1500

40. (A): $S_1 = \dfrac{t_1 + t_2}{t_1 \times t_2} = \dfrac{14+182}{14\times182} = \dfrac{196}{14\times182}$ m/s

$$S_2 = \frac{t_2 - t_1}{t_1 \times t_2}$$

$$= \frac{182-14}{14\times182} = \frac{168}{14\times182} \text{ m/s}$$

$$\text{अंतर} = \frac{196}{14\times182} - \frac{168}{14\times182}$$

$$= \frac{28}{14\times182} = \frac{1}{91} \text{ m/s}$$

$$\text{अभीष्ट \%} = \frac{\frac{1}{91}\times100}{\frac{168}{14\times182}}$$

$$= \frac{1}{91}\times\frac{100\times14\times182}{168} = \frac{50}{3}\%$$

$$= 16.666\% \cong 16.67\%$$

41. (A): 11 → 20 → 38 → 74 → [146]

+ 9, + 18, + 36, + 72

× 2, × 2, × 2

अतः प्रश्नवाचक चिह्न के स्थान पर 146 आएगा।

42. (B): 15 → 21 → 38 → 65 → 101 → [145]

+ 6, + 17, + 27, + 36, + 44

+ 11, + 10, + 9, + 8

अतः प्रश्नवाचक चिह्न के स्थान पर 145 आएगा।

43. (D): 24 → 28 → 19 → 35 → 10 → [46]

$+(2)^2$, $-(3)^2$, $+(4)^2$, $-(5)^2$, $+(6)^2$

अतः प्रश्नवाचक चिह्न के स्थान पर 46 आएगा।

44. (B): 7 → 16 → 45 → 184 → 915 → [5496]

× 2 + 2, × 3 − 3, × 4 + 4, × 5 − 5, × 6 + 6

अतः प्रश्नवाचक चिह्न के स्थान पर 5496 आएगा।

45. (B): 12 → 19 → 35 → 59 → 90 → [127]

+ 7, + 16, + 24, + 31, + 37

+ 9, + 8, + 7, + 6

अतः प्रश्नवाचक चिह्न के स्थान पर 127 आएगा।

46. (C): माना कि कंपनी X की आय = $3x$

और कंपनी Y की आय = $4x$

$$\text{कंपनी X का व्यय} = \frac{100}{165}\times3x$$

$$\text{कंपनी Y का व्यय} = \frac{100}{150}\times4x$$

$$\text{अभीष्ट अनुपात} = \frac{\frac{100\times3x}{165}}{\frac{100\times4x}{150}}$$

$$= \frac{300x}{165}\times\frac{150}{400x} = 15 : 22.$$

47. (B): माना कि 2007 में कंपनी Y की आय = ₹ x

$$\because \quad \text{व्यय} = \frac{100}{135}\times x$$

$$\Rightarrow \quad 220 = \frac{100x}{135}$$

$$\Rightarrow \quad x = \frac{220\times135}{100}$$

= 27 × 11 = ₹ 297 करोड़

48. (D): माना कि कंपनी X और Y के खर्च ₹ P करोड़ के बराबर हैं

$$\text{कंपनी X का लाभ} = P\times\frac{40}{100} = 0.4P$$

$$\text{कंपनी Y का लाभ} = P\times\frac{45}{100} = 0.45P$$

दोनों कंपनियों की कुल आय

P + 0.4 P + P + 0.45 P = 342

2.85 P = 342

$$\Rightarrow \quad P = \frac{342}{2.85} = 120 \text{ करोड़}$$

$$\text{दोनों कंपनियों का कुल लाभ} = P\times\left(\frac{40}{100}+\frac{45}{100}\right)$$

= 0.85 P = 0.85 × 120

= ₹ 102 करोड़

49. (B): 2008 में कंपनी X का लाभ

$$= 200\times\frac{55}{100} = 110$$

2008 में कंपनी X की आय

= 200 + 110 = ₹ 310

प्रश्न से,

2008 में कंपनी X की आय

= 2009 में कंपनी X का खर्च = 310

और, 2009 में कंपनी X का लाभ

$$= 310\times\frac{50}{100} = 155$$

∴ 2009 में कंपनी X की आय

= 310 + 155 = ₹ 465 करोड़

50. (D): वर्ष 2009 में कंपनी X और Y के खर्च का अनुपात, जब उनकी आय P के बराबर हो

$$\frac{P\times\frac{100}{150}}{P\times\frac{100}{160}}=\frac{160}{150}=\frac{16}{15}.$$

51. (D): I. $3x^2-22x+7=0$

$3x^2-21x-x+7=0$

$\Rightarrow 3x(x-7)-1(x-7)=0$

$\Rightarrow (x-7)(3x-1)=0$

$\Rightarrow x=7$

अथवा $x=\frac{1}{3}$

II. $y^2-15y+56=0$

$y^2-8y-7y+56=0$

$\Rightarrow y(y-8)-7(y-8)=0$

$\Rightarrow (y-8)(y-7)=0$

$\Rightarrow y=8$

अथवा $y=7$

स्पष्टतः $x\le y$

52. (E): I. $2x^2-17x+36=0$

$2x^2-8x-9x+36=0$

$\Rightarrow 2x(x-4)-9(x-4)=0$

$\Rightarrow (x-4)(2x-9)=0$

$\Rightarrow x=4$

अथवा $x=\frac{9}{2}$

II. $2y^2-19y+44=0$

$2y^2-11y-8y+44=0$

$\Rightarrow y(2y-11)-4(2y-11)=0$

$\Rightarrow (2y-11)(y-4)=0$

$\Rightarrow y=\frac{11}{2}$

अथवा $y=4$

स्पष्टतः x और y में कोई संबंध नहीं है।

53. (E): I. $x-\sqrt{169}=0$

$\Rightarrow x=\sqrt{169}$

$\Rightarrow x=\pm 13$

II. $y^2-169=0$

$\Rightarrow y^2=169$

$\Rightarrow y=\sqrt{169}=\pm 13$

स्पष्टतः $x=y$ अथवा x और y के बीच संबंध स्थापित नहीं किया जा सकता है।

54. (E): I. $3x^2+20x+25=0$

$3x^2+15x+5x+25=0$

$\Rightarrow 3x(x+5)+5(x+5)=0$

$\Rightarrow (x+5)(3x+5)=0$

$\Rightarrow x=-5$

अथवा $x=-\frac{5}{3}$

II. $3y^2+14y+8=0$

$3y^2+12y+2y+8=0$

$\Rightarrow 3y(y+4)+2(y+4)=0$

$\Rightarrow (y+4)(3y+2)=0$

$\Rightarrow y=-4$

अथवा $y=-\frac{2}{3}$

स्पष्टतः x और y में संबंध स्थापित नहीं किया जा सकता है।

55. (E): I. $13x^2+5x+2=0$

$\Rightarrow D=b^2-4ac$

$=25-4\times13\times2$

$=25-104$

$=-79$

$D<0$

$\therefore$ मूल वास्तविक नहीं हैं।

II. $3y^2+18y+24=0$

$\Rightarrow 3y^2+6y+12y+24=0$

$\Rightarrow 3y(y+2)+12(y+2)=0$

$\Rightarrow (y+2)(3y+12)=0$

$\Rightarrow y=-2$

अथवा $y=-4$

स्पष्टतया x और y के बीच संबंध स्थापित नहीं किया जा सकता है।

56. (C): माना कि 1 किग्रा. की वस्तु का क्रय मूल्य ₹ 100 है।

वस्तु का विक्रय मूल्य $=100\times\frac{150}{100}$

= ₹ 150

10% की छूट के बाद विक्रय मूल्य

$=150\times\frac{90}{100}$

$=135$

प्रश्न से, विक्रेता एक 800 ग्राम की वस्तु ₹ 135 में बेचता है

$\therefore$ 100 ग्राम की वस्तु का विक्रय मूल्य

$=₹\frac{135}{8}$

= ₹ 16.875

पुनः, 1000 ग्राम की वस्तु का क्रय मूल्य = ₹ 100

$\therefore$ 100 ग्राम की वस्तु का क्रय मूल्य

$$= \frac{100}{10} = ₹\ 10$$

$$\text{लाभ} = 16.875 - 10$$
$$= ₹\ 6.875$$

$$\therefore \quad \text{लाभ प्रतिशत} = \frac{6.875}{10} \times 100$$
$$= 68.75\%.$$

57. (D): दूध की मात्रा

$$= x\left(1-\frac{y}{x}\right)^n = 81\left(1-\frac{27}{81}\right)^2 \qquad \left[\because \frac{1}{3}\times 81 = 27l\right]$$

$$= 81\left(1-\frac{1}{3}\right)^2$$

$$= 81\times\frac{2}{3}\times\frac{2}{3} = 36\ l$$

पानी की मात्रा = 81 – 36 = 45 l

$$\text{दूध से पानी का अभीष्ट अनुपात} = \frac{36}{45} = 4:5$$

58. (D): माना कि B की वर्तमान आयु = x वर्ष

A की आयु = (x + 2) वर्ष, C की आयु = (x + 3) वर्ष

प्रश्न के अनुसार, $\frac{x+8}{x-2} = \frac{5}{3}$

$\Rightarrow \quad 5x - 10 = 3x + 24$

$\Rightarrow \quad 2x = 34$

$\Rightarrow \quad x = 17$

$\therefore$ C की आयु = $x + 3$

= 17 + 3

= 20 वर्ष

6 वर्ष पूर्व C की आयु = 20 – 6 = 14 वर्ष

59. (C): A, B और C द्वारा निवेशित राशि क्रमशः x, $2x$ और $4x$ हैं।

6 वर्ष बाद A, B और C द्वारा निवेशित राशि

क्रमशः $\left(x+\frac{x}{2}\right)$, $(2x + 4x)$ और $(4x + 3x)$

वर्ष के अंत में लाभ का अनुपात

$$\left(x\times 6+\frac{3x}{2}\times 6\right) : (2x \times 6 + 4x \times 6) : (4x \times 6 + 3x \times 6)$$

$$= \frac{5}{2} : 6 : 7 = 5 : 12 : 14.$$

60. (B): 20 विद्यार्थियों के कुल अंक = 20 × 68 = 1360

अंकों में बढ़ोतरी = (72 + 61) – (48 + 65)

= 133 – 113 = 20

नए कुल अंक = 1360 + 20

= 1380

$$\text{सही औसत} = \frac{1380}{20} = 69$$

प्रश्न संख्या 61-62 के लिए

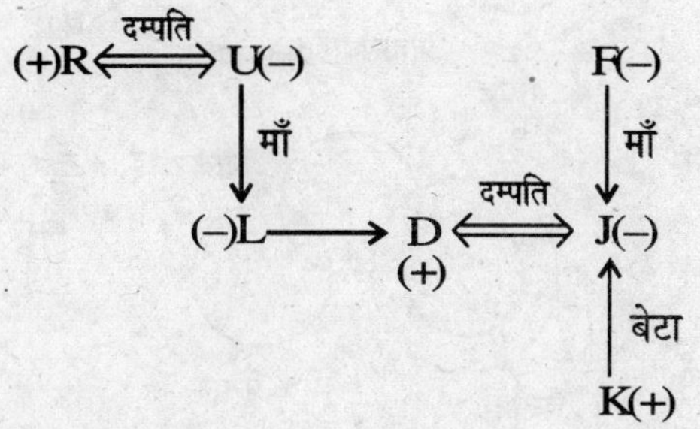

61. (D) **62. (B)**

प्रश्न संख्या 63-65 के लिए

छः मकानों में स्थित कार्यालयों की संख्या की घटते क्रम में व्यवस्थाः

U > Q > P > S > R > T

↓ ↓ ↓

कार्यालय की संख्या 23 12 5

63. (C): 'R' में स्थित कार्यालयों की संख्या अंतिम से दूसरी है।

64. (D): 12 और 23 के बीच की सम संख्या जो 2 तथा 3 से पूर्णतः विभाजित होती है, 18 है।

65. (E): 'R' में स्थित कार्यालयों की संख्या 5 से अधिक लेकिन 12 से कम होनी चाहिए।

प्रश्न संख्या 66-70 के लिए

दिए गए प्रश्न के आधार पर, हम पाते हैं कि,

माह	फल	व्यक्ति
जनवरी	सेब	V
फरवरी	पपीता	U
मार्च	लीची	Q
जून	अंगूर	R
अगस्त	केला	P
अक्टूबर	संतरा	T
दिसम्बर	आम	S

66. (D) **67. (E)** **68. (C)**

69. (B) **70. (A)**

प्रश्न संख्या 71-75 के लिए

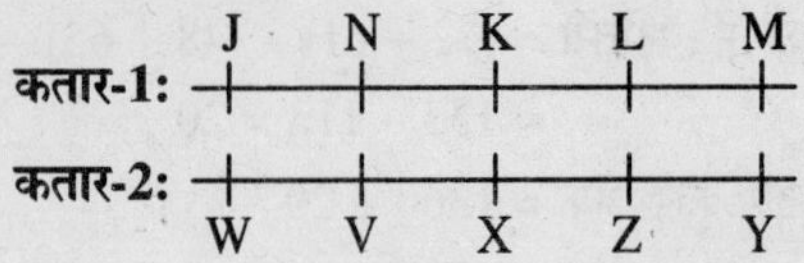

71. (B) **72. (D)** **73. (A)**

74. (C) **75. (E)**

76. (B):

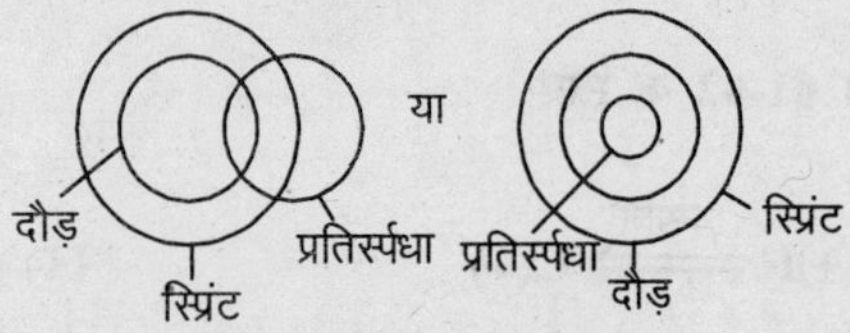

77. (A):

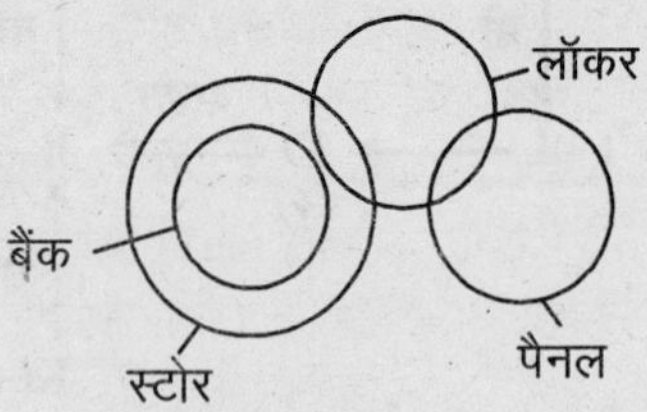

78. (C):

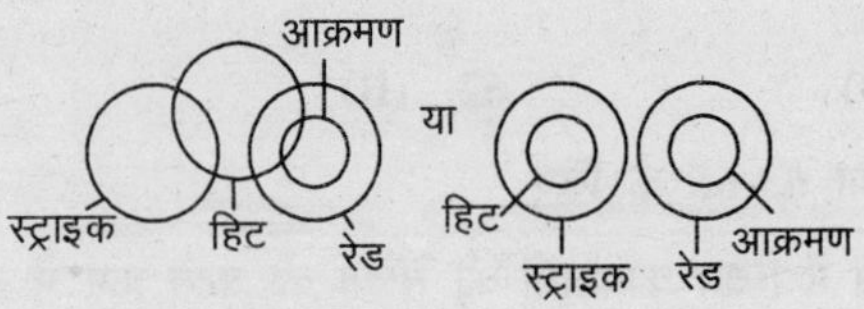

79. (C):

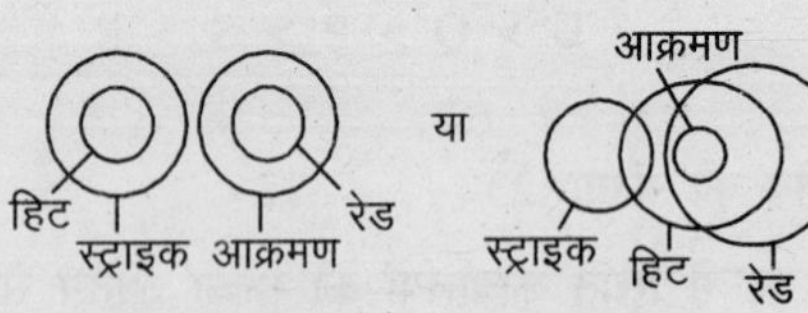

80. (B):

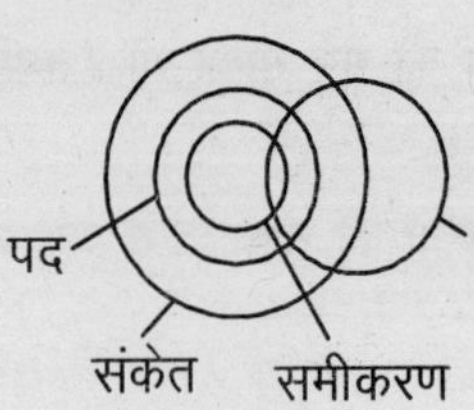

प्रश्न संख्या 81-85 के लिए

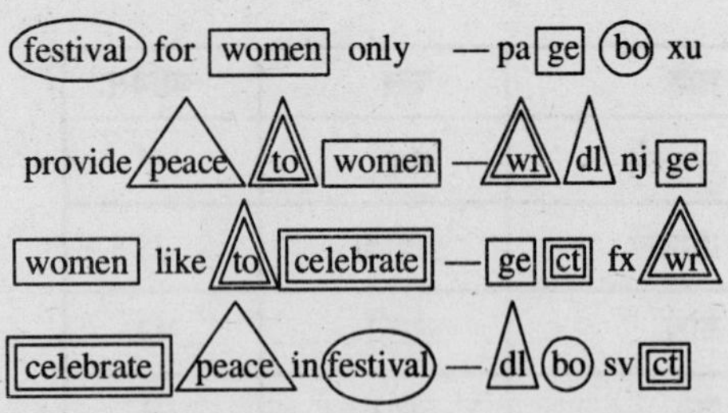

81. (C): कूट 'hy' का प्रयोग प्रश्न में दिए गए किसी शब्द के लिए नहीं हुआ है। इसलिए शब्द 'idea' का कूट 'hy' है।

82. (A) **83. (B)** **84. (E)**

85. (D)

86. (C): I. $P = I \geq L \geq S$

$\Rightarrow$ $P \geq S$ (सही)।

II. $I = P \geq E > R$

$\Rightarrow$ $I > R$ (सही)।

87. (E): I. $L \leq I = P \geq E > R$

$\Rightarrow$ L और R में कोई संबंध नहीं है।

$\therefore$ $L < R$ (गलत)

II. $Q < L \leq I = P \geq E$

$\Rightarrow$ Q और E में कोई संबंध नहीं है।

$\therefore$ $E \geq Q$ (गलत)

88. (B): $E = A \leq T$ और $D \leq A$

$\Rightarrow$ $D \leq E = A \leq T$

$\Rightarrow$ $D \leq T$ (सही)

$R \geq E = A \leq T \leq S$

$\Rightarrow$ R और S में कोई संबंध नहीं है।

$\therefore$ $R > S$ (गलत)

89. (D): I और II: $E = A \leq J$

$\Rightarrow$ या तो $J > E$

या $J = E$ (सही)।

90. (A): I. $A \geq B > C \leq D \leq E$

$\Rightarrow$ A तथा E में कोई संबंध नहीं है।

$\therefore$ $A \geq E$ (गलत)

II. $C \leq D \leq E < F \Rightarrow F > C$ (सही)।

91. (A)	**92. (D)**	**93. (C)**
94. (A)	**95. (C)**	**96. (B)**
97. (D)	**98. (C)**	**99. (C)**
100. (B)	**101. (C)**	**102. (B)**
103. (B)	**104. (B)**	**105. (B)**
106. (D)	**107. (D)**	**108. (D)**
109. (C)	**110. (D)**	**111. (B)**
112. (B)	**113. (B)**	**114. (D)**
115. (A)	**116. (D)**	**117. (C)**
118. (A)	**119. (A)**	**120. (C)**

पिछले प्रश्न-पत्र (हल सहित)

भारतीय रिजर्व बैंक (RBI)

ऑफिस अटेंडेंट

भर्ती परीक्षा, 2018*

तार्किक योग्यता

निर्देश (प्र. सं. 1-3): *दी गई जानकारी का ध्यानपूर्वक अध्ययन करें और निम्नलिखित प्रश्नों के उत्तर दें:*

तीन पीढ़ी के एक परिवार में सात सदस्य हैं। A, P की माँ है। P, G का भाई है। K की शादी G से हुई है। S, M की चाची है। K, L की संतान है। S, K की बहन है।

1. यदि L की शादी J से हुई है, तो J, G से कैसे संबंधित है?

A. दादा
B. पोता
C. दामाद
D. वधू
E. निर्धारित नहीं किया जा सकता है

2. यदि A, R से विवाहित है, तो R, M से कैसे संबंधित है?

A. दादा
B. ब्रदर-इन-लॉ
C. चाचा
D. इनमें से कोई नहीं
E. निर्धारित नहीं किया जा सकता है

3. S, G से किस प्रकार संबंधित है?

A. बहन
B. सिस्टर-इन-लॉ
C. चाची
D. मदर-इन-लॉ
E. इनमें से कोई नहीं

4. यदि 'TRANSLATION' शब्द के दूसरे, पांचवें, आठवें और नौवें अक्षरों के साथ केवल एक सार्थक शब्द बनाना संभव है, तो बाएं से शब्द का दूसरा अक्षर कौन-सा होगा। यदि इस तरह के एक से अधिक शब्द बन सकते हैं तो उत्तर के रूप में 'Y' दें। यदि ऐसा कोई शब्द नहीं बनाया जा सकता है, तो अपने उत्तर के रूप में 'Z' दें।

A. Y
B. S
C. T
D. Z
E. R

5. यदि संख्या 485794362 में, प्रत्येक अंक में 1 जोड़ा जाता है जो कि सम स्थान पर रखा जाता है और प्रत्येक अंक में से 1 घटाया जाता है जिसे विषम स्थान पर रखा जाता है तो इस प्रकार गठित संख्या में कितने अंक दोहरा रहे हैं?

A. केवल 5
B. 1 और 2 दोनों
C. केवल 8
D. 1 और 7 दोनों
E. इनमें से कोई नहीं

निर्देश (प्र.सं. 6 से 10 तक) : *निम्नलिखित सूचनाओं का ध्यानपूर्वक अध्ययन करें और नीचे दिए गए प्रश्नों के उत्तर दें।*

आठ लोग S, T, U, V, W, X, Y और Z आठ अलग-अलग तलों एक से आठ पर रहते हैं। भूतल की संख्या 1 है और सबसे ऊपरी तल की संख्या 8 है, लेकिन आवश्यक नहीं कि इसी क्रम में हों। X विषम संख्या वाले तल पर रहता है लेकिन तीसरे तल पर नहीं रहता है। Z, X के ठीक नीचे रहता है। Z और Y के बीच दो से अधिक लोग रहते हैं। S और Y के बीच छह लोग रहते हैं। V, W के ठीक ऊपर रहता है लेकिन T के नीचे रहता है। U, X के ऊपर नहीं रहता है। W, Y के ठीक ऊपर नहीं रहता है।

6. तल संख्या 5 पर कौन रहता है?

A. U
B. S
C. Z
D. T
E. इनमें से कोई नहीं

7. V और X के बीच कितने लोग रहते हैं?

A. एक
B. तीन
C. पाँच
D. दो
E. इनमें से कोई नहीं

8. V के ठीक ऊपर कौन रहता है?

A. Z
B. T
C. Y
D. W
E. इनमें से कोई नहीं

9. दी गई व्यवस्था के आधार पर पाँच में से चार किसी निश्चित तरीके से समान हैं और इस प्रकार एक समूह का निर्माण करते हैं। उनमें से वह कौन है जो उस समूह से संबद्ध नहीं है?

A. Y
B. V
C. T
D. X
E. W

10. दूसरे तल पर कौन रहता है?

A. X
B. S
C. U
D. Z
E. इनमें से कोई नहीं

निर्देश (प्र.सं. 11 से 15 तक) : *निम्नलिखित सूचनाओं का सावधानीपूर्वक अध्ययन करें और नीचे दिए गए प्रश्नों के उत्तर दें।*

आठ मित्र A, B, C, D, P, Q, R और S सीधी पंक्ति में बैठे हैं (लेकिन आवश्यक नहीं कि इसी क्रम में) उनमें से कुछ दक्षिण की ओर जबकि कुछ उत्तर की ओर मुँह किए हैं। (नोट–एक ही दिशा में मुँह करने का अर्थ है कि यदि एक उत्तर की ओर मुँह किए है तो दूसरा भी उत्तर की ओर ही मुँह करता है और विलोमतः। विपरीत दिशा में मुँह

* *Based on Memory.*

करने का अर्थ है कि यदि एक उत्तर की ओर मुँह करता है तो दूसरा दक्षिण की ओर मुँह करता है तथा विलोमतः।

Q पंक्ति के बिल्कुल अंतिम छोर पर बैठा है। C, Q के बायीं ओर से तीसरे स्थान पर बैठा है। B, Q का निकट पड़ोसी नहीं है। P, C के दायीं ओर से तीसरे स्थान पर बैठा है। A का मुँह उत्तर की ओर है। D, P के ठीक दायीं ओर बैठा है। D किसी भी पंक्ति के बिल्कुल अंतिम छोर पर नहीं बैठा है। R और B के बीच केवल एक व्यक्ति बैठा है। P, R के बायीं ओर दूसरे स्थान पर बैठा है। S, D के दायीं ओर दूसरे स्थान पर बैठा है। P के दोनों निकट पड़ोसी एक ही दिशा में मुँह किए हैं। C के दोनों निकट पड़ोसी एक-दूसरे के विपरीत दिशा में मुँह किए हैं। R की तरह S उसी दिशा में मुँह किए है जैसे कि D और A मुँह किए हैं।

11. D और A के बीच कितने लोग बैठे हैं?
A. एक B. कोई नहीं C. तीन D. दो
E. इनमें से कोई नहीं

12. निम्नलिखित युग्मों में से कौन-सा जोड़ा बिल्कुल अंतिम छोर पर बैठा है?
A. S, Q B. D, Q C. Q, R D. S, R
E. इनमें से कोई नहीं

13. कौन D के बायीं ओर तीसरे स्थान पर बैठा है?
A. R B. B C. Q D. C
E. इनमें से कोई नहीं

14. कौन B के ठीक दायीं ओर बैठा है?
A. A B. C C. R D. S
E. इनमें से कोई नहीं

15. दी गई बैठने की व्यवस्था के आधार पर पाँच में से चार किसी निश्चित तरीके से समान हैं और इस प्रकार एक समूह का निर्माण करते हैं। उनमें से कौन है जो इस समूह से संबद्ध नहीं है?
A. A B. C C. S D. B
E. D

निर्देश (प्र.सं. 16 एवं 17) : *इन प्रश्नों में, विभिन्न तत्वों के बीच के संबंधों को दर्शाया गया है। इन कथनों का अनुसरण दो निष्कर्ष करते हैं :*

A. यदि केवल निष्कर्ष I अनुसरण करता है
B. यदि केवल निष्कर्ष II अनुसरण करता है
C. यदि या तो निष्कर्ष I अथवा II अनुसरण करता है
D. यदि न तो निष्कर्ष I न ही II अनुसरण करता है
E. यदि दोनों निष्कर्ष I और II अनुसरण करते हैं

16. कथन : $Z > W > V = K < L < I$
निष्कर्ष : I. $W > K$ II. $I > K$

17. कथन : $Q > B, K < E < B, J \geq E, R < Q$
निष्कर्ष : I. $Q > K$ II. $Q = E$

18. यदि संख्या 5827936 में प्रत्येक सम अंकों के स्थान से 1 घटाया जाता है और प्रत्येक विषम अंकों के स्थान से 2 घटाया जाता है, तो कितने अंक प्राप्त नई संख्या में दो बार शामिल होंगे?
A. केवल 7 B. केवल 5 और 7
C. 1, 5 और 7 D. 4, 5 और 9
E. इनमें से कोई नहीं

19. 'SURFACE' शब्द में कितने अक्षर उसी स्थिति में यथावत् रहेंगे, जब उन्हें बायें से दाएँ वर्णमाला क्रम में व्यवस्थित किया जाता है?
A. चार B. तीन
C. एक D. दो
E. इनमें से कोई नहीं

20. एक विशिष्ट कोड भाषा में 'NIGHT' को 'ODDGM' लिखा जाता है तथा 'DARK' को 'GOYC' लिखा जाता है। इस कोड भाषा में 'GREEN' को किस प्रकार लिखा जाएगा?
A. MCBNB B. OGHVL
C. FPBAI D. IABPF
E. इनमें से कोई नहीं

21. 'SENATOR' शब्द में अक्षरों के कितने युग्म हैं जिनके बीच में उतने अक्षर हैं जितने कि वर्णमाला शृंखला में?
A. कोई नहीं B. एक
C. दो D. तीन
E. चार

निर्देश (प्र.सं. 22 से 26 तक) : *निम्नलिखित अक्षरों, संख्याओं और संकेतों की व्यवस्था का सावधानीपूर्वक अध्ययन करें और दिए गए प्रश्नों के उत्तर दें।*

N A 3 K 2 W 8 G 4 @ Z * D % 9 H 7 $ 5 U Ω 1 L & S R = Y 6 © E

22. दी गई व्यवस्था के अनुसार, निम्नलिखित पाँच में से चार किसी निश्चित तरीके से समान हैं और इस प्रकार एक समूह का निर्माण करते हैं। निम्नलिखित में से कौन उस समूह से संबंधित नहीं है?
A. U H & B. 9 D 7
C. @ G * D. & 1 R
E. Y R ©

23. निम्नलिखित में से कौन दी गई व्यवस्था के दायीं ओर से 13वें तत्व का दाये से सातवां होगा?
A. R B. V
C. L D. 6
E. &

24. दी गई व्यवस्था में बायें से सातवें तत्व और दायें से चौदहवें तत्व के बीच कितने अक्षर हैं?
A. चार B. दस
C. सात D. छह
E. पाँच

25. दी गई व्यवस्था में बायें से 10वें तत्व और दायें से 8वें तत्व के बीच की सभी संख्याओं का योग कितना होगा?
A. 22 B. 15
C. 17 D. 20
E. 19

26. यदि दी गई व्यवस्था से सभी अक्षरों को विलुप्त कर दिया जाता है, तो निम्नलिखित में से कौन 4 के बायें तीसरे तत्व और Ω के दायें पाँचवें तत्वों को क्रमशः प्रदर्शित करेंगे?
A. 2, # B. B, #
C. 3, © D. 3, 6
E. 2, ©

27. यदि FRACTION शब्द में, पहले सभी व्यंजनों को वर्णमाला क्रम में बाएं से दाएं व्यवस्थित किया जाता है और तब सभी स्वरों को वर्णमाला क्रम में बाएं से दाएं व्यवस्थित किया जाता है, तो निम्नलिखित में से कौन दाएं से पाँचवां अक्षर होगा?

A. F B. N
C. T D. R
E. A

28. यदि सभी अंकों की संख्या '6379452' को बाएं से दाएं बढ़ते क्रम में व्यवस्थित किया जाता है, तो बाएं से चौथे अंक का योग और पुनर्व्यवस्था के बाद दाएं से दूसरा अंक क्या होगा?

A. 10 B. 12
C. 15 D. 13
E. 11

29. HERITAGE शब्द के पहले और पाँचवें अक्षरों की स्थिति को आपस में बदल दी जाती है, उसी प्रकार, दूसरे तथा छठे अक्षरों एवं तीसरे तथा सातवें अक्षरों की स्थिति को आपस में बदल जाती है। इस प्रकार, नयी व्यवस्था बनती है, तो बाएं से चौथे और दाएं से पहले अक्षरों के बीच अंग्रेजी वर्णमाला क्रम में कितने अक्षर हैं?

A. दो B. कोई नहीं
C. तीन से अधिक D. तीन
E. एक

30. बिन्दु D, बिन्दु R से 7 मीटर पश्चिम है। आनंद बिन्दु R से पूर्व की ओर चलता है। वह 3 मीटर चलता है और दायीं ओर मुड़ जाता है। वह आगे 4 मीटर चलता है और पुनः दायीं ओर मुड़ जाता है। वह 5 मीटर चलता है और अपने दायीं ओर मुड़ जाता है। वह आगे 4 मीटर चलता है और बिन्दु T पर रुक जाता है। बिन्दु D की तुलना में बिन्दु T किस दिशा में है?

A. दक्षिण B. पश्चिम
C. पूर्व D. निर्धारित नहीं किया जा सकता
E. उत्तर

संख्यात्मक योग्यता

31. $\sqrt{124+?+169}=18$

A. 34 B. 31
C. 33 D. 35
E. 32

32. $136 \div 2^2 \times ? =$ 500 का $17\% \div 10$

A. 0.75 B. 1.33
C. 0.25 D. 1.66
E. 0.5

33. $115 \div 5 + 12 \times 6 = ? + 64 \div 4 - 35$

A. 114 B. 118
C. 108 D. 116
E. 111

34. 600 का 41% – 250 = ? – 900 का 77%

A. 693 B. 675
C. 684 D. 679
E. 689

35. $\frac{360}{?} = 73 + 3^3$

A. 3.4 B. 4.3
C. 3.1 D. 3.6
E. 3.9

निर्देश (प्र.सं. 36 से 40): *निम्नलिखित संख्या शृंखला में गलत संख्या ज्ञात कीजिए।*

36. 2, 3, 6, 15, 45, 156.5, 630

A. 2 B. 15
C. 3 D. 156.5
E. 630

37. 36, 20, 12, 8, 6, 5.5, 4.5

A. 8 B. 36
C. 5.5 D. 4.5
E. 6

38. 1, 3, 9, 31, 128, 651, 3913

A. 31 B. 3
C. 1 D. 3913
E. 128

39. 2, 3, 10, 40, 172, 885, 5346

A. 40 B. 885
C. 172 D. 3
E. 10

40. 5, 8, 16, 26, 50, 98, 194

A. 5 B. 194
C. 8 D. 16
E. 98

निर्देश (प्र.सं. 41 से 45 तक) : *नीचे एक सारणी दी गई है जो यह दर्शाती है कि पाँच दिनों में पाँच स्टोरों से कितनी पुस्तकें बिक्री की गई हैं। सारणी का अध्ययन कीजिए तथा दिए गए प्रश्नों के उत्तर दीजिए।*

स्टोर	रविवार	सोमवार	मंगलवार	बुधवार	गुरुवार
A	77	80	49	93	58
B	89	57	55	85	54
C	56	36	82	90	40
D	68	74	78	70	95
E	82	65	90	86	84

41. स्टोर D से रविवार, सोमवार तथा मंगलवार को एक साथ बेची गई कुल पुस्तकों की संख्या तथा स्टोर E से मंगलवार, बुधवार तथा गुरुवार को एक साथ बेची गई कुल पुस्तकों की संख्या का अनुपात कितना है?

A. 13 : 11 B. 11 : 15
C. 11 : 13 D. 13 : 15
E. 11 : 17

42. स्टोर C तथा D से शुक्रवार को बेची गई पुस्तकों की संख्या पिछले दिन बेची गई पुस्तकों की संख्या से 15% तथा 20% की वृद्धि हुई हो, तो स्टोर C तथा D से शुक्रवार को कितनी पुस्तकों की बिक्री की गई थी?

A. 162 B. 158
C. 150 D. 160
E. 168

43. स्टोर B से मंगलवार तथा बुधवार को बेची गई कुल पुस्तकों की संख्या सोमवार को स्टोर C तथा D से बेची गई कुल पुस्तकों की संख्या से कितना प्रतिशत ज्यादा या कम है?

A. $27\frac{3}{13}\%$ B. $27\frac{3}{11}\%$
C. $25\frac{2}{11}\%$ D. $24\frac{3}{11}\%$
E. इनमें से कोई नहीं

44. स्टोर B से रविवार को, स्टोर C से मंगलवार को तथा स्टोर E से गुरुवार को बेची गई पुस्तकों की संख्या का औसत कितना होगा?

A. 82 B. 80
C. 88 D. 75
E. 85

45. मंगलवार को स्टोर C तथा E से बेची गई पुस्तकों की संख्या तथा स्टोर B से सोमवार और गुरुवार को बेची गई पुस्तकों की संख्या में कितना अन्तर है?

A. 61 B. 65
C. 59 D. 60
E. 63

46. दो वर्ष पहले A और B की आयु का औसत 26 वर्ष था। यदि 5 वर्ष के बाद A की आयु 40 वर्ष हो तथा B, C से 5 वर्ष छोटा हो, तो A तथा C की आयु में कितने वर्ष का अन्तर है?

A. 8 B. 10
C. 9 D. 12
E. इनमें से कोई नहीं

47. दो वस्तुओं का क्रय मूल्य समान है। पहली वस्तु पर व्यापारी को 40% का लाभ होता है। दूसरी वस्तु का विक्रय मूल्य पहली वस्तु से 25% कम है, तो पूरे सौदे पर कितना प्रतिशत लाभ हुआ?

A. 23% B. $12\frac{1}{2}\%$
C. 25% D. $22\frac{1}{2}\%$
E. इनमें से कोई नहीं

48. एक आयत की लम्बाई एक वर्ग के क्षेत्रफल 1225 के विकर्ण का 80% है। यदि आयत की परिमिति $94\sqrt{2}$ हो, तो आयत का क्षेत्रफल कितना होगा?

A. 1016 B. 500
C. 1604 D. 1064
E. 625

49. अरुण का वार्षिक वेतन ₹ 7.68 लाख है। यदि एक माह में, वह अपने बच्चों पर ₹ 12000 खर्च करता है, शेष का 1/13वाँ भोजन पर तथा ₹ 8000 म्यूचुअल फंड में अपनी मासिक वेतन से खर्च करता है। उसकी मासिक बचत कितनी होगी?

A. ₹ 40,000 B. ₹ 45,000
C. ₹ 50,000 D. ₹ 36,000
E. इनमें से कोई नहीं

50. A किसी काम को 24 दिनों में पूरा कर सकता है। B, A से 20% ज्यादा काम करता है। यदि C, B से 10 दिन ज्यादा दिनों में काम करता है, तो A तथा C दोनों मिलकर कितने दिनों में पूरा करेंगे?

A. $\frac{20}{3}$ दिन B. $\frac{44}{3}$ दिन
C. $\frac{40}{3}$ दिन D. 6 दिन
E. इनमें से कोई नहीं

51. दूध और पानी का अनुपात 5 : 4 है। यदि 2 लीटर पानी डाला जाए, तो उनका अनुपात 10 : 9 हो जाता है, तो मिश्रण में पानी की मात्रा कितनी होगी?

A. 14 ली. B. 16 ली.
C. 18 ली. D. 20 ली.
E. 22 ली.

52. जिम 3 वर्षों के लिए स्कीम A तथा स्कीम B में ₹ 1700 तथा ₹ 2300 निवेश किया। यदि स्कीम A में प्रस्तावित ब्याज दर 6% तथा स्कीम B में प्रस्तावित ब्याज दर 9% हो, तो जिम को दोनों स्कीमों से 3 वर्षों के बाद कुल ब्याज कितना होगा?

A. ₹ 927 B. ₹ 933
C. ₹ 949 D. ₹ 935
E. ₹ 945

53. वर्ष 2003 में एक गाँव की कुल जनसंख्या 4800 थी जिसमें 40% महिलाओं की संख्या थी। वर्ष 2004 में पिछले वर्ष की तुलना में 10% की वृद्धि हुई। यदि महिलाओं की संख्या 2004 में भी पिछले वर्ष के बराबर रही हो, तो 2003 की तुलना में 2004 में पुरुषों की संख्या में कितने प्रतिशत की वृद्धि हुई?

A. $18\frac{1}{5}$ B. 20
C. 15 D. $16\frac{2}{3}$
E. $12\frac{1}{3}$

54. एक नाव धारा की अनुकूल दिशा में 14.4 किलोमीटर की दूरी 32 मिनट में तय करती है। यदि धारा की गति 3 किमी./घंटा हो, तो नाव को धारा की प्रतिकूल दिशा में 84 किमी. की दूरी तय करने में कितना समय लगेगा?

A. 12 घंटे B. 8 घंटे
C. 4 घंटे D. 3 घंटे 30 मिनट
E. 7 घंटे

55. A और B एक व्यापार में अपनी पूँजी 4 : 5 के अनुपात में लगाई। 3 माह के बाद A ने अपनी पूँजी का 1/4 भाग निकाल लिया तथा B ने अपनी पूँजी का 1/5 भाग निकाल लिया। 10 माह के बाद ₹ 760 का लाभ हुआ। इस लाभ में A का हिस्सा कितना है?

A. ₹ 430 B. ₹ 380
C. ₹ 360 D. ₹ 330
E. ₹ 500

56. एक टंकी (धारिता 160 लीटर की) में A तथा B दो नलके लगे हैं। नल A खाली टंकी को 6 घंटे में भर सकता है तथा निकासी नल B उस भरी टंकी को 24 घंटे में खाली कर सकता है। जब

दोनों नलके एक साथ खोल दिए जाएं, तो नल A टंकी में 16 लीटर पानी कितने घंटे में भर देगा?

A. 1
B. $\frac{4}{5}$
C. $\frac{11}{5}$
D. $1\frac{1}{2}$
E. $\frac{1}{5}$

57. किसी आयत की लम्बाई तथा चौड़ाई का अनुपात 8 : 5 है तथा आयत की परिमिति 208 सेमी. है। यदि वर्ग की भुजा आयत की चौड़ाई से 40% कम हो, तो वर्ग का परिमाप (सेमी. में) क्या होगा?

A. 54
B. 68
C. 88
D. 96
E. 92

58. A तथा B दो वस्तुओं के क्रय मूल्य का अनुपात 7 : 9 है। वस्तु A को 40% के लाभ पर तथा वस्तु B को 10% के लाभ पर बेचा गया। यदि दोनों वस्तुओं को बेचने पर कुल लाभ ₹ 148 का हुआ हो, तो दोनों वस्तुओं के क्रय मूल्यों में कितने का अन्तर होगा?

A. ₹ 120
B. ₹ 160
C. ₹ 200
D. ₹ 80
E. ₹ 40

59. दो वर्ष के बाद A तथा B की आयु का अनुपात 6 : 5 हो जाएगा। 13 वर्ष पहले A की आयु B की वर्तमान आयु की आधी थी। A की वर्तमान आयु (वर्षों में) कितनी है?

A. 16
B. 40
C. 28
D. 22
E. 34

60. रानू का मासिक वेतन अली के मासिक वेतन का 4/5 है। रानू अपने वेतन का 1/4 भाग बचाती है तथा अली अपने वेतन का 2/5 भाग बचाता है। यदि दोनों की बचत की राशि का अन्तर ₹ 7,000 हो, तो रानू का मासिक वेतन कितना है?

A. ₹ 30,000
B. ₹ 35,600
C. ₹ 35,000
D. ₹ 28,000
E. ₹ 21,000

GENERAL ENGLISH

Directions (Qs. No. 61-65): *In the following passage there are blanks, each of which has been numbered. These numbers are printed below the passage and against each, five options are given. Find out the appropriate word which fits the blank appropriately to make a grammatically and contextually correct sentence.*

Two decades have passed since the mid-day meal became a part of the daily routine in government schools nationwide. In this long passage of time, procedures have ___ **(61)**___ but accidents continue to occur. Funds from the Centre flow smoothly though procurement of food items faces hurdles of different kinds. The latest ___ **(62)**___ in mid-meal stories concerns milk. Government norms entitle every child to receive 150 ml of milk as part of the mid-day meal. However, a video revealed recently how one litre of milk was mixed in a bucketful of water so that it would ___ **(63)**___ for the more than 80 children present that day in a school in rural Uttar Pradesh (U.P.). This was somewhat similar to the one reported from U.P. a couple of months ago. In the earlier incident, a video showed plain chapatis being served with salt. The two videos made it to the national media; they also proved useful for the officers who ___ **(64)**___ the mid-day meal scheme since they also depend on unauthorised videographers to learn about the reality in schools. Each such revelation leads to the same ___ **(65)**___ official statement: punish the guilty, locate the video-maker and deal with him/her. In the latest mid-meal story narrated above, authorities in U.P. have reportedly done the Customary needful, *i.e.* they have fired the apparent culprit who is a para-teacher.

61. A. Balances
B. Stabilized
C. Persistent
D. Stabilizing
E. None of these

62. A. Stained
B. Retaliate
C. Accusations
D. Blunder
E. None of these

63. A. Suffice
B. Assent
C. Patriotism
D. Benefit
E. None of these

64. A. React
B. Negate
C. Supervise
D. Unify
E. None of these

65. A. Amalgamate
B. Reflexive
C. Applicable
D. Unlikely
E. None of these

Directions (Qs. No. 66-70): *Read the following passage carefully and answer the questions given below it.*

When Hurricane Harvey loomed off the coast of my home state of Texas, it seemed to fill the entire Gulf of Mexico. When it roared on land, it pummeled the towns of Rockport and Port Aransas, whose tawny beaches I've walked with my kids, pointing out the indigo sails of Portuguese man o' war jellyfish. Harvey's eye took direct aim at the University of Texas' Marine Science Institute, flattening not just the facility itself, but priceless samples awaiting analysis. After Harvey left Port Aransas, it spun back into the Gulf of Mexico over record sea temperatures as great as 4 degrees Fahrenheit above normal. Thermodynamic laws require that warmer air holds more water vapour. The heat armed the storm with a mighty arsenal of water vapour. Then Harvey returned to land, dumping a catastrophic amount of rain on Houston. My Facebook feed filled with pleas for rescue from the rising waters. Friends' houses flooded — houses that had always been on dry land before. A chemical plant blew up, twice. Toxic chemicals oozed from Superfund sites. Dozens died in the deluge, mostly by drowning. And all the while, alongside the heartbreak and horror, I kept thinking about a strange harbinger: jellyfish. Play Video Diaphanous in form yet menacing in sting, jellyfish have a powerful capacity to capture our imagination. They undulate in a primal rhythm, blinking open and closed like eyes that can peer into the soul of the sea. And what they are seeing are changes produced by us here on land. Because we burn fossil fuels, which release greenhouse gasses, not just the atmosphere but ocean waters are warming. At the same time, our ship traffic transports animals to new places, and sometimes these exotics find home-like conditions where in the past those conditions would have been unsuitable. That's what happened in the eastern Mediterranean, where a jellyfish from the tropical Indian Ocean has found warm, homey waters and now forms huge aggregations called blooms that stretch for tens of miles every summer. The fierce stings of these animals chase beach-goers out of the water. Their gooey bodies clog machinery at power plants, halting operations. Rampant coastal development provides new habitat for a jellyfish stage called a polyp that looks like a sea anemone. When it finds a hard surface like a dock or a jetty to grow on, a single polyp can proliferate into a dozen or even more medusae. And fields of polyps grow on those hard structures. That's likely what happened off the coast of Italy, where gas platforms are thought to be the home for a new invasion of jellyfish. In the twentieth century in the Adriatic Sea, moon jellies, pinkish with their characteristic four-leafed clover on top, were a rarity. Now they are ubiquitous. And as we wash pollution into our waters, we create low-oxygen environments. Some jellyfish, with their low metabolic rate due to their a-cellular jelly insides, can survive more easily there than fish, with their oxygen-guzzling muscled tissues. That is part of what happened in the Yellow Sea, where pollution is unchecked. It is the birthplace of a maroon jellyfish that reaches a weight of 500 pounds. Blooms of the creature were a once-a-generation event before 2000 — the kind of thing fishermen mentioned to their sons. But jellyzillas swept from China in the Tsushima Current, have plagued Japan's coast almost every year of the 21st century. In 2009, a fishing boat caught so many that their weight capsized the vessel. (Fortunately, the crewmembers were rescued.) And our lack of oversight of the fishing industry, which has removed more than 90% of the large fish from the seas, has depleted the predators of jellyfish as well as their competitors. Jellyfish are eaten by some fish, and jellyfish eat the same small zooplankton that fish do. The ecological vacuum left by unrestrained fishing can allow jellyfish to expand their influence in marine ecosystems. That's what happened off the coast of Namibia, once one of the world.

66. How is jellyfish able to survive in polluted water more than the other fishes?

(I) Jellyfish has oxygen guzzling muscled tissues.

(II) Due to low metabolic rate.

(III) Jellyfish eat small zooplankton to survive.

A. Only (I)
B. Only (II)
C. Both (I) and (II)
D. Both (II) and (III)
E. All are correct

67. How Hurricane Harvey can be termed as devastating with reference to the passage?

A. Many people died by drowning.
B. Hurricane blew up the Chemical plants.
C. Toxic chemicals got exuded from superfund sites.
D. Hurricane flooded many houses.
E. All of the above

68. What is the author's main idea regarding the passage?

A. How to ameliorate ecological imbalance.
B. The author gave his opinion regarding jellyfish that what they know humans don't.
C. Water pollution creating a low oxygen environment affecting aquatic life.
D. Hurricane Harvey destroyed many lives.
E. Endangered condition of Jellyfish

69. Which of the following statement (s) is/ are true in context of the given passage?

A. Maroon Jellyfish is found in Yellow sea where pollution is unchecked.
B. Hurricane Harvey with strong winds battered the entire Gulf of Mexico.
C. Jellyzillas sweeping from China have afflicted Japan's coast.
D. Jellyfish survive more than other fishes in low oxygen environment.
E. All of the above

70. Which of the following statement regarding jellyfish is related to the country Namibia?

A. The attenuation in the number of jellyfish is due to the low oxygen environment.
B. The predators of Jellyfish are depleting because of uncontrolled fishing.
C. Jellyfish can proliferate their population in the situation of ecological imbalance.
D. Both (B) and (C)
E. All are correct

Directions (Qs. No. 71-75): *In each of the questions given below a sentence is given with one blank. Below each sentence FOUR words are given out of which two can fit the sentence. Five options are given with various combinations of these words. You have to choose the combination with the correct set of words which can fit in the given sentence.*

71. Would you like to have __________ coffee?

(*a*) much (*b*) more
(*c*) some (*d*) many

A. (*a*)-(*b*) B. (*a*)-(*d*)
C. (*b*)-(*c*) D. (*c*)-(*d*)
E. (*a*)-(*c*)

72. The Dysart Unified School District says they are investigating threats made ____________ the district and Dysart High School.

(*a*) Towards (*b*) Against
(*c*) For (*d*) After
A. (*a*)-(*b*) B. (*a*)-(*d*)
C. (*b*)-(*c*) D. (*c*)-(*d*)
E. (*a*)-(*c*)

73. I was going __________ to say hello when I realised that I couldn't remember his name.

(*a*) Beyond (*b*) Over
(*c*) Through (*d*) Across
A. (*a*)-(*b*) B. (*a*)-(*d*)
C. (*b*)-(*c*) D. (*c*)-(*d*)
E. (*b*)-(*d*)

74. In 1997, the sales tax was lowered to 4%, then in 2001 it was abolished ____________.

(*a*) Together (*b*) Laterally
(*c*) Completely (*d*) Altogether
A. (*a*)-(*b*) B. (*a*)-(*d*)
C. (*b*)-(*c*) D. (*c*)-(*d*)
E. (*b*)-(*d*)

75. Children ____________ their parents' authority far more nowadays than they did in the past.

(*a*) Dispute (*b*) Question
(*c*) Confront (*d*) Challenge
A. (*a*)-(*b*) B. (*a*)-(*d*)
C. (*b*)-(*c*) D. (*c*)-(*d*)
E. (*b*)-(*d*)

Directions (Qs. No. 76-80): *In each of the questions given below a/an idiom/phrase is given in* **bold** *which is then followed by five options which then tries to decipher its meaning as used in the sentence. Choose the option which gives the meaning of the phrase most appropriately in context of the given sentence.*

76. She **comes across** really well on television.

A. Discover B. Express
C. Behave D. Offers
E. Provide

77. The deal was completely open and **above board.**

A. Mislead B. Profitable
C. Dupe D. Respect
E. Honest

78. For most businessmen, the central questions will **turn on** taxation.

A. Matter B. Consider
C. Attack D. Concern
E. Unsettle

79. They sought a controlling interest rather than a **takeover.**

A. Spend B. Partnership
C. Endorse D. Approve
E. Buyout

80. I think he was just **putting on** an act to get sympathy.

A. Tolerate B. Assume
C. Perform D. Deceive
E. Effect

Directions (Qs. No. 81-85): *In each of the questions given below a sentence is given which is then divided into five parts out of which last part is correct. There is an error in three part of the sentence and only one part is correct. You have to choose the part as your answer.*

81. After he had read (A)/ the first two chapters (B)/ to the novel, (C)/ he had felt like (D)/**reading the book in one sitting.** (E)

A. After he had read B. the first two chapters
C. to the novel D. he had felt like
E. All are incorrect

82. Since most of the urban people (A) / have been lived (B)/ at polluted areas (C) / they suffers from severe (D)/ **diseases caused by pollution.** (E)

A. Since most of the urban people
B. have been lived
C. at polluted areas
D. they suffers from severe
E. All are incorrect

83. Broadly speaking of a (A)/ layman language disability (B)/ could be (C) / classified in two groups (D) / **namely mental and physical.** (E)

A. Broadly speaking of a
B. layman language disability
C. could be
D. classified in two groups
E. All are incorrect

84. Although there are some (A)/ similarities at the qualification (B)/ of both the candidate (C)/ the differences among them (D)/ **are considerably pronounced.** (E)

A. Although there are some
B. similarities at the qualification
C. of both the candidate
D. the differences among them
E. All are incorrect

85. When the group of teenagers (A)/ visits the entertainment centre (B)/ little did they knows (C)/ that its outing (D)/ **would lead them to a hospital.** (E)

A. When the group of teenagers
B. visits the entertainment centre
C. little did they knows
D. that its outing
E. All are incorrect

Directions (Qs. 86-90) : *In each question below four words which are numbered A, B, C, and D have been printed, of which, one word may be wrongly spelt. The number of that word is the answer. If all the four words are correctly spelt, mark E i.e. 'All correct' as the answer.*

86. A. Consenses B. Methodical
C. Ledger D. Luxury
E. All correct

87. A. Courier B. Compress
C. Accept D. Venture
E. All correct

88. A. Essential B. Priority
C. Abundance D. Happiness
E. All correct

89. A. Discretion B. Expensive
C. Cancelled D. Unsucessful
E. All correct

90. A. Beautiful B. Obedient
C. Knowlege D. Dimension
E. All correct

सामान्य सचेतता

91. निम्न में से किस दिन भारत में राष्ट्रीय सांख्यिकी दिवस (NSD) मनाया जाता है?
A. 15 मई B. 10 जून
C. 27 जून D. 29 जून
E. इनमें से कोई नहीं

92. निम्न में से किस भारतीय भुगतान तथा वाणिज्य कम्पनी ने पहले धन प्रबंधन उत्पाद 'डिजीटल गोल्ड' का शुभारंभ किया है?
A. डारेकपे (DirecPay) B. भीम (BHIM)
C. पेयू इंडिया (PayU India) D. पेटीएम (Paytm)
E. इनमें से कोई नहीं

93. जून 2018 में, अनुभवी पत्रकार शुजात बुखारी का निधन हो गया। वह किस समाचार-पत्र के संपादक थे?
A. झेलम पोस्ट B. कश्मीर ऑब्जर्वर
C. कश्मीर लाइफ D. राइजिंग कश्मीर
E. इनमें से कोई नहीं

94. एशियन इन्फ्रास्ट्रक्चर इन्वेस्टमेंट बैंक (AIIB) का मुख्यालय कहां स्थित है?
A. बीजिंग B. शंघाई
C. जिनिजियांग D. हांगकांग
E. जियान

95. 2018 आसियान इंडिया फिल्म फेस्टिवल किस शहर में आयोजित किया गया था?
A. लखनऊ B. नई दिल्ली
C. पुणे D. गुरुग्राम
E. मुंबई

96. निम्न में से कौन-सा दूरसंचार सभी सात सर्किलों में एक अज्ञात राशि के द्वारा भारत के टेलीनॉर व्यापार का अधिग्रहण करेगी?
A. बीएसएनएल B. टाटा डोकोमो
C. भारती एयरटेल D. एमटीएस इंडिया
E. इनमें से कोई नहीं

97. WWF-भारत के साथ किस राज्य सरकार ने अपनी जनसंख्या पर सिंधु डॉल्फिन के संरक्षण के लिए पहली संगठित जनगणना आयोजित की है?
A. महाराष्ट्र B. केरल
C. पंजाब D. ओडिशा
E. राजस्थान

98. निम्न में कौन भारत में सभी खुदरा भुगतान प्रणाली के लिए एक मुख्य संगठन है?
A. भारतीय रिजर्व बैंक B. एनपीसीआई
C. सेबी D. नीति आयोग
E. इनमें से कोई नहीं

99. आर्थिक सहयोग तथा विकास संगठन (OECD) का मुख्यालय कहाँ पर है?
A. लंदन, यू.के. B. वियना, ऑस्ट्रिया
C. पेरिस, फ्रांस D. बीजिंग, चीन
E. रोम, इटली

100. निम्नलिखित में से किस राज्य में पतरातू थर्मल पावर प्लान्ट की स्थापना प्रस्तावित है?
A. मध्य प्रदेश B. बिहार
C. झारखंड D. पश्चिम बंगाल
E. केरल

101. अंतर्राष्ट्रीय योग दिवस 2018 का विषय क्या है?
A. शांति के लिए योग (Yoga for Peace)
B. युवाओं को जोड़ें (Connect the Youth)
C. स्वास्थ्य के लिए योग (Yoga For Health)
D. पर्यावरण के लिए योग (Yoga For Environment)
E. इनमें से कोई नहीं

102. दुधवा राष्ट्रीय उद्यान निम्न में से किस राज्य में स्थित है?
A. अरुणाचल प्रदेश B. मध्य प्रदेश
C. उत्तर प्रदेश D. आंध्र प्रदेश
E. इनमें से कोई नहीं

103. उस देश का क्या नाम है जिसकी राजधानी लुसाका है और मुद्रा क्वाचा (Kwacha) है?
A. यमन B. युगांडा
C. जाम्बिया D. सोमालिया
E. इनमें से कोई नहीं

104. बीमा विपणन फर्मों (IMF) को नियंत्रित करने वाले नियमों की समीक्षा हेतु बीमा नियामक और विकास प्राधिकरण (IRDAI) द्वारा निम्न में से कौन-सी समिति गठित की गई है?
A. बलवंत राय मेहता समिति B. वीरप्पा मोइली समिति
C. अशोक चव्हाण समिति D. सच्चर समिति
E. सुरेश माथुर समिति

105. स्कोच (SKOCH) समूह ने निम्न में से किस मंत्रालय को सर्वश्रेष्ठ सामाजिक क्षेत्र प्रदर्शन मंत्रालय पुरस्कार प्रदान किया है?
A. महिला एवं बाल विकास मंत्रालय
B. स्वास्थ्य और परिवार कल्याण मंत्रालय
C. पर्यावरण, वन और जलवायु परिवर्तन मंत्रालय
D. सामाजिक न्याय और सशक्तिकरण मंत्रालय
E. इनमें से कोई नहीं

106. कौन-सा देश ICC महिला विश्व टी-20 टूर्नामेंट 2018 की मेजबानी करेगा?
A. न्यूजीलैंड B. भारत
C. श्रीलंका D. इंग्लैंड
E. वेस्टइंडीज

107. 105वीं भारतीय विज्ञान कांग्रेस बैठक कहां आयोजित की गई थी?
A. IIM, अहमदाबाद
B. मणिपुर विश्वविद्यालय, इम्फाल
C. IIT, बॉम्बे
D. जवाहर लाल नेहरू विश्वविद्यालय, दिल्ली
E. उपरोक्त में से कोई नहीं

108. सार्क विकास निधि मुख्यालय किस देश में स्थित है?
A. काठमांडू, नेपाल B. इस्लामाबाद, पाकिस्तान
C. थिंपू, भूटान D. नई दिल्ली, भारत
E. माले, मालदीव

109. एक गैर-व्यापारिक कंपनी विभिन्न वित्तीय चालकों के लिए वाहन के रूप में उपयोग की जाती है या भविष्य में किसी अन्य क्षमता में भविष्य के उपयोग के लिए निष्क्रिय रहती है?
A. चिट फंड B. शैल कंपनी
C. निधि कंपनियां D. स्वदेशी बैंकरों
E. असंरचित NBFC

110. एसम्शन द्वीप किस देश में स्थित है?
A. सेशेल्स B. मालदीव
C. मॉरिशस D. श्रीलंका
E. मोनाको

111. उत्तर प्रदेश में दो दिवसीय कबीर महोत्सव किस मंत्रालय द्वारा आयोजित किया गया था?
A. जनजाति कार्य मंत्रालय B. सांस्कृतिक मंत्रालय
C. मानव संसाधन विकास मंत्रालय D. गृह मंत्रालय
E. पर्यटन मंत्रालय

112. भारत समावेशी पहल किस संस्थान ने शुरू की है?
A. IIT बॉम्बे B. IIM अहमदाबाद
C. IIT खड़गपुर D. IIM कलकत्ता
E. IIT हैदराबाद

113. CBLO में 'C' का अर्थ क्या है, एक मनी मार्केट इंस्ट्रूमेंट जो उधारकर्ता और ऋणदाता के बीच ऋण के नियमों और शर्तों के बीच एक दायित्व का प्रतिनिधित्व करता है?
A. Clearing B. Culminative
C. Collateralized D. Credit
E. Call

114. प्रधानमंत्री वय वंदना योजना (PMVVY) पेंशन सीमा किस समय सीमा तक बढ़ा दी गई है?
A. मार्च, 2021 B. मार्च, 2019
C. मार्च, 2022 D. मार्च, 2020
E. मई, 2019

115. भारत और अमेरिका के विदेश एवं रक्षा मंत्रियों के मध्य होने वाली संचार अनुकूलता एवं सुरक्षा प्रबंधन समझौता वार्ता निम्नलिखित में से किस स्थान पर आयोजित होगी?
A. नई दिल्ली B. मुंबई
C. वाशिंगटन D. जेनेवा
E. पेरिस

116. अंतर्राष्ट्रीय पलायन संगठन का मुख्यालय किस शहर में स्थित है?
A. रोम B. लंदन
C. वाशिंगटन D. जेनेवा
E. ब्रुसेल्स

117. अनौपचारिक वार्ता किस शहर में आयोजित हुई थी?
A. मास्को B. सोची
C. नई दिल्ली D. सेंट पिट्सबर्ग
E. हैदराबाद

118. योग में मानव प्रवीणता पर पांचवां अंतर्राष्ट्रीय सम्मेलन (2019) का आयोजन कहां होगा?
A. उत्तर प्रदेश B. चंडीगढ़
C. नई दिल्ली D. उत्तराखंड
E. मध्य प्रदेश

119. प्रधानमंत्री की अध्यक्षता वाली कैबिनेट समिति ने किस शहर में राष्ट्रीय मानसिक स्वास्थ्य पुनर्वास संस्थान (NIMHR) की स्थापना को अनुमति दे दी?
A. ग्वालियर B. भोपाल
C. जम्मू D. नई दिल्ली
E. बंगलुरू

120. SAWEN में 'E' का क्या अर्थ है?
A. Economic B. Enforcement
C. Elephant D. Enactment
E. Effective

उत्तरमाला

1	2	3	4	5	6	7	8	9	10
E	A	B	C	C	D	D	B	B	C
11	12	13	14	15	16	17	18	19	20
C	A	B	B	A	E	A	A	C	D
21	22	23	24	25	26	27	28	29	30
C	A	A	B	A	C	D	B	D	C
31	32	33	34	35	36	37	38	39	40
B	C	A	E	D	D	C	E	A	D
41	42	43	44	45	46	47	48	49	50
C	D	B	E	A	C	D	D	A	C

51	52	53	54	55	56	57	58	59	60
C	A	D	C	D	B	D	D	D	D
61	62	63	64	65	66	67	68	69	70
B	D	A	C	B	C	E	B	E	D
71	72	73	74	75	76	77	78	79	80
C	A	E	D	E	C	E	D	E	D
81	82	83	84	85	86	87	88	89	90
A	A	D	A	E	A	E	E	D	C
91	92	93	94	95	96	97	98	99	100
D	D	D	A	B	C	C	B	C	C
101	102	103	104	105	106	107	108	109	110
A	C	C	E	A	E	B	C	B	A
111	112	113	114	115	116	117	118	119	120
B	B	C	D	C	D	B	D	B	B

व्याख्यात्मक उत्तर

प्रश्न संख्या 1 से 3 तक :

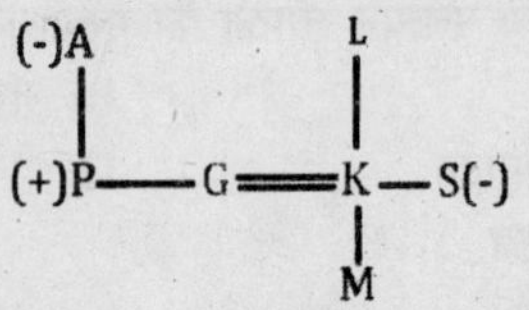

5. 4 8 5 7 9 4 3 6 2
3 9 4 8 8 5 2 7 1

प्रश्न संख्या 6 से 10 तक :

तल	व्यक्ति
8	S
7	X
6	Z
5	T
4	V
3	W
2	U
1	Y

प्रश्न संख्या 11 से 15 तक

18. दिया गया है,

5 8 2 7 9 3 6
−2 ↓ −1 ↓ −2 ↓ −1 ↓ −2 ↓ −1 ↓ −2 ↓
3 7 0 6 7 2 4

केवल '7' दो बार आया है। अतः विकल्प A सही है।

19. दिया गया शब्द → S U R F A C E

वर्णानुक्रम द्वारा व्यवस्थित करने पर → A C E F R S U

अतः केवल एक अक्षर 'F' यथावत् स्थान पर रहेगा।
अतः विकल्प C सही है।

21. 19 5 14 1 20 15 18
S E N A T O R

अतः यहाँ दो अक्षर हैं। अतः विकल्प C सही है।

22. 'U H &' में प्रथम पद 'U', 'H' के 4 पदों से आगे है और अंतिम पद, प्रथम पद के 4 पदों से आगे है। शेष अन्य विकल्पों में दो पदों के बीच 2 रिक्त स्थान है।

25. संख्याओं का अभीष्ट योग = 9 + 7 + 5 + 1 = 22.

26. यदि सभी अक्षर विलुप्त कर दिए जाते हैं, तो 4 के बायीं ओर का तीसरा तत्व 3 है और Ω के दायीं ओर का पाँचवां तत्व © है।

27. FRACTION
व्यंजन : F, R, C, T और N; स्वर : A, I, O
प्रश्नानुसार व्यवस्था,
C F N R T A I O
↑
5th पाँचवां अक्षर

28. 6 3 7 9 4 5 2
बढ़ते हुए क्रम में व्यवस्था : 2 3 4 5 6 7 9
बायीं तरफ से चौथे अंक तथा दायीं ओर से दूसरे अंक का योग।

29. दिया गया शब्द : H E R I T A G E
परिवर्तन के बाद शब्द : T A G E H E R I
E और I के बीच अक्षरों की संख्या 3 है।

30.

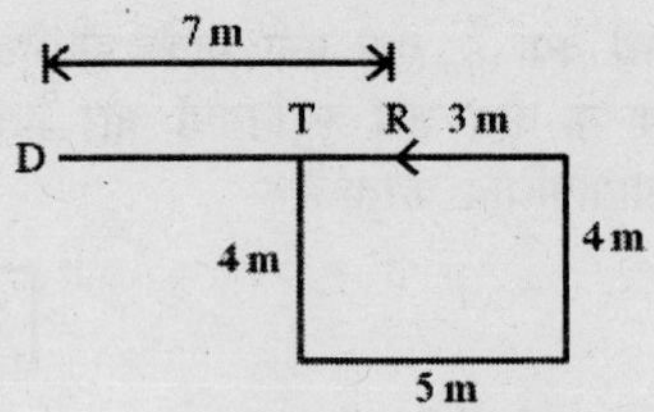

31. $293 + ? = 324$
$? = 31$

32. $34 \times ? = \frac{17}{100} \times 500 \times \frac{1}{10}$

$? = \frac{8.5}{34} = 0.25$

33. $23 + 72 = ? + 16 - 35$
$? = 114$

34. $246 - 250 = ? - 693$

$? = 689$

35. $\dfrac{360}{?} = 73 + 27$

$? = 3.6$

36. गलत संख्या = 156.5; शृंखला की पद्धति

2, 3, 6, 15, 45, [157.5], 630

×1.5, ×2, ×2.5, ×3, ×3.5, ×4

अतः 156.5 के स्थान पर 157.5 होना चाहिए।

37. गलत संख्या = 5.5; शृंखला की पद्धति

36, 20, 12, 8, 6, 5.5 [5], 4.5

−16, −8, −4, −2, −1, −0.5

÷2, ÷2, ÷2, ÷2, ÷2

अतः 5.5 के स्थान पर 5 होना चाहिए।

38. गलत संख्या = 128

शृंखला की पद्धति

1, 3, 9, 31, [129], 651, 3913

×1+2, ×2+3, ×3+4, ×4+5, ×5+6, ×6+7

अतः 128 के स्थान पर 129 होना चाहिए।

39. गलत संख्या = 40

शृंखला की पद्धति

2, 3, 10, [39], 172, 885, 5346

$\times1+1^2$, $\times2+2^2$, $\times3+3^2$, $\times4+4^2$, $\times5+5^2$, $\times6+6^2$

अतः 40 के स्थान पर 39 होना चाहिए।

40. गलत संख्या = 16

शृंखला की पद्धति

5, 8, [14], 26, 50, 98, 194

×2-2, ×2-2, ×2-2, ×2-2, ×2-2, ×2-2

अतः 16 के स्थान पर 14 होना चाहिए।

41. अभीष्ट अनुपात = $\dfrac{68+74+78}{90+86+84} = \dfrac{220}{260} = \dfrac{11}{13} = 11:13.$

42. स्टोर C तथा D से शुक्रवार को कुल बिक्री की गई पुस्तकों की संख्या = $\dfrac{115}{100}\times 40 + \dfrac{120}{100}\times 95 = 46 + 114 = 160.$

43. अभीष्ट प्रतिशत = $\dfrac{(85+55)-(36+74)}{(36+74)}\times 100$

$= \dfrac{30}{110}\times 100 = 27\dfrac{3}{11}\%.$

44. अभीष्ट औसत = $\dfrac{89+82+84}{3} = \dfrac{255}{3} = 85.$

45. अभीष्ट अन्तर = $(82 + 90) - (57 + 54)$

$= 172 - 111 = 61.$

46. 2 वर्ष पहले A और B की औसत आयु = 26 वर्ष

वर्तमान औसत आयु = $\dfrac{A+B}{2}$ = 28 वर्ष

$\therefore$ A + B की वर्तमान आयु = 56 वर्ष

5 वर्ष के बाद A की आयु = 40 वर्ष

A की वर्तमान आयु = 40 − 5 = 35 वर्ष

B की वर्तमान आयु = 56 − 35 = 21 वर्ष

C की आयु = 21 + 5 = 26 वर्ष

अभीष्ट अन्तर = 35 − 26 = 9 वर्ष

47. माना कि दोनों वस्तुओं का क्रय मूल्य = $100x$

पहली वस्तु को बेचने पर लाभ = $100x$ का 40%

$= 100x \times \dfrac{40}{100} = 40x$

पहली वस्तु का विक्रय मूल्य = $140x$

दूसरी वस्तु का विक्रय मूल्य = $140x - \dfrac{140\times 25}{100} = 105x$

दूसरी वस्तु पर लाभ = $105x - 100x = 5x$

कुल प्रतिशत लाभ = $\dfrac{45x}{200x}\times 100 = 22\dfrac{1}{2}\%.$

48. वर्ग का क्षेत्रफल = 1225

$a^2 = 1225 \Rightarrow a = 35$

वर्ग का विकर्ण = $a\sqrt{2} = 35\sqrt{2}$

आयत की लम्बाई = $35\sqrt{2}$ का 80%

$= 35\sqrt{2}\times\dfrac{80}{100} = 28\sqrt{2}$

आयत की परिमिति = $94\sqrt{2}$

$\Rightarrow \quad 2(l + b) = 94\sqrt{2}$

$\Rightarrow \quad l + b = 47\sqrt{2}$

$\Rightarrow \quad 28\sqrt{2} + b = 47\sqrt{2}$

$\therefore \quad b = 47\sqrt{2} - 28\sqrt{2} = 19\sqrt{2}$

आयत का क्षेत्रफल = $l \times b = 28\sqrt{2}\times 19\sqrt{2} = 1064.$

49. मासिक वेतन = $\dfrac{7.68}{12}$ लाख = 64000

बचत = आय − खर्च

= 64000 − 12000 − 4000 − 8000

= 64000 − 24000 = 40,000.

50. A किसी काम को 24 दिनों में पूरा कर सकता है

B, 20% ज्यादा तेज काम करता है

अतः B इसी काम को 20 दिनों में पूरा कर सकता है

C इसी काम को (20 + 10) = 30 दिनों में पूरा कर सकता है

(A + C) का 1 दिन का काम

$= \dfrac{1}{24} + \dfrac{1}{30} = \dfrac{5+4}{120} = \dfrac{9}{120} = \dfrac{3}{40}$

अतः A और C दोनों मिलकर पूरा काम $\dfrac{40}{3}$ दिनों में समाप्त करेंगे।

51. $\frac{\text{दूध}}{\text{पानी}} = \frac{5x}{4x}$ प्रश्नानुसार, $\frac{5x}{4x+2} = \frac{10}{9}$

$\Rightarrow \quad 45x = 40x + 20$

$\Rightarrow \quad 5x = 20 \Rightarrow x = 4$

अतः मिश्रण में पानी की मात्रा = $4x + 2 = 16 + 2 = 18$ लीटर।

52. साधारण ब्याज = $\frac{1700 \times 6 \times 3}{100} = 306$

पुनः साधारण ब्याज = $\frac{2300 \times 9 \times 3}{100} = 621$

दोनों स्कीमों से जिम द्वारा कुल प्राप्त ब्याज

= ₹ (306 + 621) = ₹ 927.

53. 2003 में कुल जनसंख्या = 4800

महिलाओं की संख्या = $\frac{40}{100} \times 4800 = 1920$

पुरुषों की संख्या = 2880

वर्ष 2004 में कुल जनसंख्या

= $4800 + \frac{10}{100} \times 4800 = 4800 + 480 = 5280$

$\therefore$ 2004 में पुरुषों की संख्या = 5280 – 1920 = 3360

पुरुषों की संख्या में वृद्धि = 3360 – 2880 = 480

प्रतिशत वृद्धि = $\frac{480}{2880} \times 100 = \frac{50}{3}\% = 16\frac{2}{3}\%.$

54. माना कि नाव की गति = x किमी./घंटा

प्रश्नानुसार, $\frac{144}{(x+3) \times 10} = \frac{32}{60}$

$\Rightarrow \quad \frac{9}{x+3} = \frac{1}{3}$

$\Rightarrow \quad x + 3 = 27 \Rightarrow x = 24$

नाव की गति = 24 किमी./घंटा

धारा के विपरीत दिशा में लिया गया समय

$= \frac{84}{24-3} = \frac{84}{21}$ = 4 घंटे

अतः अभीष्ट समय = 4 घंटे

55. उनके पूँजियों का अनुपात

$= \left[4 \times 3 + \left(4 - \frac{1}{4} \times 4\right) \times 7\right] : \left[5 \times 3 + \left(5 - \frac{1}{5} \times 5\right) \times 7\right]$

= 33 : 43

अतः A का लाभ = $\frac{33}{76} \times 760$ = ₹ 330.

56. $\frac{1}{6} - \frac{1}{24} = \frac{4-1}{24} = \frac{3}{24} = \frac{1}{8}$

$\frac{1}{8}$ भाग भरता है 1 घंटा में

$\frac{1}{10}$ भाग भरता है = $8 \times \frac{1}{10} = \frac{4}{5}$ घंटे में

57. माना कि आयत की लम्बाई = $8x$ मी.

तथा आयत की चौड़ाई = $5x$ मी.

$2(8x + 5x) = 208$

$13x = 104 \Rightarrow x = 8$

आयत की लम्बाई = 8 × 8 = 64 मी.

आयत की चौड़ाई = 5 × 8 = 40 मी.

वर्ग की भुजा = $40 - \frac{40}{100} \times 40$

= 40 – 16 = 24 मी.

वर्ग का परिमाप = 4 × भुजा = 4 × 24 = 96 मी.

58.

A	B
CP = ₹ $7x$	CP = ₹ $9x$
SP = $7x + \frac{40}{100} \times 7x$	SP = $9x + \frac{10}{100} \times 9x$
$= \frac{49x}{5}$	$= \frac{99x}{10}$
लाभ = $\frac{49x}{5} - 7x = \frac{14x}{5}$	लाभ = $\frac{99x}{10} - 9x = \frac{9x}{10}$

लाभ = $\frac{14x}{5} + \frac{9x}{10} = \frac{37x}{10}$

$\frac{37x}{10} = 148 \Rightarrow x = 40$

$\therefore$ A का क्रय मूल्य = 280 तथा B का क्रय मूल्य = 360

अन्तर = 360 – 280 = ₹ 80.

59. माना कि A की वर्तमान आयु = x वर्ष

तथा B की वर्तमान आयु = y वर्ष

प्रश्नानुसार, $\frac{x+2}{y+2} = \frac{6}{5}$

$\Rightarrow \quad 5x + 10 = 6y + 12$

$\Rightarrow \quad 5x - 6y = 2 \quad \ldots(i)$

$x - 13 = \frac{1}{2}y$

$\Rightarrow \quad 2x - 26 = y$

$\Rightarrow \quad 5x - 6(2x - 26) = 2$

$\Rightarrow \quad 5x - 12x + 156 = 2$

$\Rightarrow \quad 7x = 154 \Rightarrow x = \frac{154}{7} = 22$

अतः A की वर्तमान आयु = 22 वर्ष

60. माना कि अली का मासिक वेतन = ₹ x

$\therefore$ रानू का मासिक वेतन = ₹ $\frac{4}{5}x$

रानू की बचत = $\frac{1}{4} \times \frac{4x}{5} = \frac{x}{5}$

अली की बचत = $\frac{2}{5} \times x = \frac{2x}{5}$

$\frac{2x}{5} - \frac{x}{5} = 7000$

$\Rightarrow \quad \frac{x}{5} = 7000 \Rightarrow x = 35000$

$\therefore$ रानू का मासिक वेतन = ₹ $\frac{4}{5} \times 35000$ = ₹ 28000.

तार्किक योग्यता
(Reasoning Ability)

1 पूर्वानुमान व्यक्त करना (Drawing Assumptions)

इस प्रकार के तर्कशक्ति परीक्षण में एक कथन दिया गया होता है जिसमें से पूर्वानुमान निकालना होता है। एक पूर्वानुमान किसी चीज को मान लेना या अंगीकृत करना है। दो मान्यताओं की व्यावहारिकता प्रश्न में तलाशनी होती है। निहितार्थ का अर्थ छिपा हुआ अर्थ होता है। यह कुछ ऐसा होता है जिसे कथन के आधार पर उसमें से निकाला जाए।

उदाहरण : *नीचे दिए गए प्रश्नों के लिए उत्तर इस प्रकार से दें:*

A. यदि केवल पूर्वानुमान I निहित हो
B. यदि केवल पूर्वानुमान II निहित हो
C. यदि I अथवा II निहित हो
D. यदि I और II दोनों में कोई भी निहित न हो
E. यदि I और II दोनों निहित हों

कथन : शिक्षा और सामाजिक परिवर्तन अनुपूरक हैं जो लोगों के मन में बैठी परंपराओं को स्थायी रूप से समाप्त करता है।

पूर्वानुमान I : शिक्षा और सामाजिक परिवर्तन के बीच सीधा संबंध है तथा लोगों के मन में बैठी परंपराओं को कम करने में सहायक होती है।

II : परंपराएं समाज को अमूल्य योगदान दे सकती हैं।

व्याख्या A : केवल पूर्वानुमान I ही दिए गए कथन में निहित है। पूर्वानुमान II सामान्यीकृत निष्कर्ष है।

वस्तुनिष्ठ प्रश्न

निर्देश : *नीचे दिए गए प्रत्येक प्रश्न में एक कथन तथा दो पूर्वानुमान I और II दिए गए हैं। एक पूर्वानुमान कुछ ऐसा है जिसे मान लिया गया हो। आपको कथन और पूर्वानुमानों पर गौर करना है और इस बात का निर्णय करना है कौन-सा/कौन-से अनुमान कथन में निहित हैं। अपना उत्तर दें :*

A. यदि केवल पूर्वानुमान I निहित है
B. यदि केवल पूर्वानुमान II निहित है
C. यदि I अथवा II निहित हो
D. यदि I और II दोनों निहित न हों
E. यदि I और II दोनों निहित हों

1. *कथन* : आम इतने सस्ते हैं कि लगता नहीं कि वे अच्छे होंगे।
पूर्वानुमान I : जब आम की फसल भरपूर होती है तो मूल्य गिर जाते हैं।
II : किसी वस्तु का दाम जितना कम होगा उसकी गुणवत्ता भी उसी तरह कम होगी।

2. *कथन* : अगर आपके पास विशेषज्ञता है तो हमारे पास आपके लिए नौकरी है।
पूर्वानुमान I : आप में विशेषज्ञता है।
II : हमें विशेषज्ञता रखने वाले व्यक्ति की आवश्यकता है।

3. *कथन* : 10 साल की गारंटी वाला टीवी खरीदिए।
पूर्वानुमान I : लोग लंबी अवधि वाली गारंटी से आकर्षित होंगे।
II : लोग टीवी खरीदना चाहते हैं।

4. *कथन* : जब मानव सभ्यता चरमोत्कर्ष प्राप्त कर लेगी तभी हम यह उम्मीद कर सकते हैं कि लोग अपने अवकाश का बुद्धिमत्तापूर्ण तरीके से उपयोग करेंगे।
पूर्वानुमान I : जैसे-जैसे सभ्यता की प्रगति होगी अधिक लोगों के लिए अधिक अवकाश उपलब्ध होगा।
II : अधिकांश लोग यह बात पसंद करेंगे कि उन्हें बताया जाए कि क्या करना है।

5. *कथन* : मुंबई से बंगलौर जल्दी जाना हो तो विमान से जाओ।
पूर्वानुमान I : मुंबई और बंगलौर वायुयान सेवा से जुड़े हैं।
II : मुंबई से बंगलौर जाने के लिए और कोई माध्यम नहीं है।

6. *कथन* : अवकाश प्राप्त आईएएस अधिकारी श्री राय ने अखिल भारतीय परमाणु अनुसंधान संस्थान के नए निदेशक का पदभार संभाल लिया है। अब यह उम्मीद की जा सकती है कि संस्थान के प्रशासन में सुधार आएगा।

पूर्वानुमान I : श्री राय से पहले संस्थान में कोई निदेशक नहीं था।

II : ऐसा माना जाता है कि निदेशक संस्थान के प्रशासन का दायित्व संभालेगा।

7. *कथन* : संस्थान की बदली हुई वित्तीय प्राथमिकताओं के संदर्भ में अतिरिक्त प्राध्यापक नियुक्त करने के उद्देश्य से कोई बजटीय प्रावधान नहीं किया जाएगा।

पूर्वानुमान I : फैकल्टी की नियुक्ति करने के लिए निधि की आवश्यकता होती है।

II : फैकल्टी की नियुक्ति के अलावा कई अन्य क्षेत्र हैं जहां वित्तीय तौर पर अधिक ध्यान दिए जाने की आवश्यकता है।

8. *कथन* : कार्यालय के भवन को तुरंत मरम्मत की आवश्यकता है क्योंकि इसे बाहर के साथ-साथ अंदर भी पेंट किए जाने की जरूरत है।

पूर्वानुमान I : जब तक कार्यालय भवन की मरम्मत नहीं हो जाती इसमें कार्य करने वाले लोगों की कार्यक्षमता नहीं बढ़ायी जा सकती।

II : कार्यालय भवन की मरम्मत और रंग-रोगन के लिए निधि की आवश्यकता है।

9. *कथन* : सभी कर्मचारियों को अधिसूचित किया गया है कि केवल ऐसे लोगों को छोड़कर जिन्हें यात्रा भत्ता प्रदान किया गया है सभी कर्मचारियों को संगठन आधे शुल्क पर नजदीकी रेलवे स्टेशन से परिवहन सुविधा उपलब्ध कराएगा।

पूर्वानुमान I : अधिकांश कर्मचारी कार्यालय की परिवहन सुविधा का उपयोग करेंगे।

II : जिन लोगों को यात्रा भत्ता दिया गया है वे ऐसी अधिसूचना को नहीं पढ़ेंगे।

10. *कथन* : भारी वर्षा के बावजूद यातायात बाधित नहीं हुआ।

पूर्वानुमान I : वर्षा यातायात की गतिविधि को प्रभावित नहीं करती।

II : वर्षा ऋतु में यातायात प्रबंधन के लिए पर्याप्त सावधानियां बरती गईं।

11. *कथन* : नौकरी के लिए लोगों का चयन करने हेतु साक्षात्कार में अभ्यार्थियों के व्यक्तित्वपरक चारित्रिक गुणों का मूल्यांकन किया जाना चाहिए।

पूर्वानुमान I : नौकरी में कार्य निष्पादन व्यक्तित्व के गुणों पर निर्भर होता है।

II : व्यक्तित्व के गुणों को साक्षात्कार में आंका जा सकता है।

12. *कथन* अनेक इतिहासकारों ने सत्य को तोड़-मरोड़कर अच्छा करने की बजाय अधिक बुरा किया है।

पूर्वानुमान I : लोग इतिहासकारों द्वारा दिए गए तथ्यों पर भरोसा करते हैं।

II : इतिहासकारों से कभी-कभार ही उम्मीद की जा सकती है कि वे सत्य को उद्‌भाषित करेंगे।

13. *कथन* : राज्य में अधिकतम औद्योगिक विकास के लिए राज्य सरकार को उद्यमियों को बुनियादी सुविधाएं उपलब्ध करानी चाहिए।

पूर्वानुमान I : उद्यमियों को बुनियादी अवसंरचना की दरकार है।

II : राज्य सरकार पूर्व में ऐसी सुविधाएं उपलब्ध कराने में विफल रही है।

14. *कथन* : प्रभात ने अपने दोस्त के जन्मदिन पर उसे उपहार देने हेतु एक किताब खरीदी है।

पूर्वानुमान I : प्रभात अपने दोस्त द्वारा जन्मदिन मनाने हेतु आमंत्रित किया जाएगा।

II : प्रभात के मित्र के पास वह खास किताब नहीं हो सकती है।

15. *कथन* : यह हमेशा सत्य नहीं होता कि कृत्रिम तकनीक अपना लेने से उत्पादन क्षमता बढ़ जाती है।

पूर्वानुमान I : कृत्रिम तकनीक को अपनाना कोई मुश्किल काम नहीं है।

II : कृत्रिम तकनीक से छुटकारा पाकर उत्पादकता और क्षमता बढ़ायी जा सकती है।

निर्देश (प्र.सं. 16-20): *प्रत्येक प्रश्न में एक या अधिक कथन दिए गए हैं जिसके साथ अनेक अनुमान-सिद्ध निष्कर्ष दिए गए हैं। जो अनुमान-सिद्ध निष्कर्ष दी गई सूचना के अतिरिक्त और कुछ भी गृहीत न करके केवल कथन में वर्णित तथ्यों के आधार पर निश्चित रूप से निकाला जा सकता है वही आपका सही उत्तर है।*

16. फोटो कॉपी करने की मशीन प्रतिलिपिकरण के क्षेत्र में विकसित एक आधुनिकतम मशीन है।

A. इसमें मूल सामग्री को छोटा या बड़ा करने की क्षमता नहीं होती।

B. यह एक विद्युतचालित मशीन है जो मूल सामग्री का प्रतिबिंब निर्मित करती है।

C. प्रत्येक प्रतिलिपि मूल प्रति, प्रभावोत्पादक और आकर्षक प्रतीत होती है।

D. यह त्वरित, आसानी से प्रचालित किए जाने वाला, सस्ता और सही कार्य करने वाली मशीन है।

E. एजेंसियों और संगठनों के सभी महत्त्वपूर्ण दस्तावेज सुरक्षित रखे जा सकते हैं।

17. बड़े शहरों की जनसंख्या दिनानुदिन बढ़ रही है। किंतु नागरिक सुविधाएं और अन्य सहायक सुविधाएं पूर्ववत् बनी हुई हैं और उनमें कोई विस्तार नहीं हुआ है।

A. शहरों में गांवों की तुलना में जन्मदर अधिक है।

B. शहर नष्ट हो रहे हैं।

C. यदि नागरिक सुविधाओं में सुधार किया जाए, तो जनसंख्या वृद्धि की दर में और वृद्धि होगी।

D. सीमित मात्रा में उपलब्ध सुविधाओं का उपयोग अधिकाधिक लोगों द्वारा किया जा रहा है।

E. शहर में नए आने वाले लोगों को ये सुविधाएं उपलब्ध नहीं करवाई जातीं जिससे बिना विस्तार किए ही ये सुविधाएं पर्याप्त सिद्ध हो रही हैं।

18. चूंकि महिलाएं अल्पशिक्षित हैं, अत: देश की संसद और विधान सभाओं में महिलाओं को 33% आरक्षण देने का अर्थ होगा सुशिक्षित व्यक्तियों पर अल्पशिक्षितों द्वारा शासन।

A. अशिक्षित महिलाओं द्वारा अशिक्षित महिलाओं का चुनाव किया जाता है।

B. चुनी गई महिलाओं में 33 प्रतिशत अशिक्षित होंगी।

C. विधायिकाओं में अशिक्षित व्यक्तियों की संख्या काफी बढ़ जाएगी।

D. विधायिकाओं में शिक्षित व्यक्तियों की आवाज दब कर रह जाएगी।

E. देश में महिला सशक्तिकरण की आवश्यकता है।

19. फैक्स मशीनें किसी भी प्रकार की लिखित या मुद्रित सामग्री, रेखाचित्रों, छायाचित्रों आदि को एक स्थान से दूसरे स्थान पर संप्रेषित करने के लिए टेलीफोन लाइनों का उपयोग करती हैं।

A. यह किसी दस्तावेज के संपादन, संशोधन और मुद्रण की एक विधि है।

B. प्राप्ति और प्रेषण दोनों सिरों पर उपकरणों का चालू होना आवश्यक है।

C. इस मशीन को प्रतिचित्रण (फैक्सीमाइल) टेलीग्राफी कहते हैं।

D. यह टेलीफोन की गति और कार्यालय की कॉपियर मशीन की पुनरुत्पादन क्षमता के संयोजन द्वारा दस्तावेज की प्रतिलिपि लंबी दूरियों तक भेज सकता है।

E. उपर्युक्त में से कोई नहीं

20. कार्यालयों में परिकलन, दैनिक बिलिंग लेखांकन आदि के लिए अनेक प्रकार के कैलकुलेटरों का प्रयोग किया जाता है।

A. कैलकुलेटरों का अंकगणितीय प्रक्रमों के लिए उपयोग किया जा सकता है।

B. इलेक्ट्रॉनिक कैलकुलेटरों का बहुत से कार्यों के लिए उपयोग किया जा सकता है।

C. इसका बहुत अधिक संख्या में लोगों को भुगतान करने के लिए उपयोग किया जा सकता है।

D. इसकी सहायता से हम जोड़, घटा, गुणा, भाग, प्रतिशत और वर्गमूल परिकलन आदि जैसी संक्रियाएं कर सकते हैं।

E. कैलकुलेटर अब आवश्यकता की चीज बन गया है।

उत्तरमाला

1	2	3	4	5	6	7	8	9	10
B	B	A	E	A	B	E	D	D	B
11	**12**	**13**	**14**	**15**	**16**	**17**	**18**	**19**	**20**
E	A	E	E	D	A	D	D	A	C

व्याख्यात्मक उत्तर

1. पूर्वानुमान I कथन में निहित नहीं है क्योंकि यह आपूर्ति और मूल्य के सिद्धांत का वर्णन करता है। केवल II निहित है जो मूल्य और गुणवत्ता की समानता के सिद्धांत बताता है।

2. केवल पूर्वानुमान II निहित है।

3. केवल पूर्वानुमान I निहित है। लंबी अवधि वाली गारंटी स्वाभाविक रूप से आकर्षण की चीज है।

4. I और II दोनों पूर्वानुमान निहित हैं क्योंकि दोनों सभ्यता की तरक्की को अंतरसंबंधित करते हैं।

5. केवल पूर्वानुमान I निहित है। कोई भी मुंबई से बंगलौर नहीं जा सकता जब तक दोनों शहरों को जोड़ने वाली वायु सेवा उपलब्ध न हो पूर्वानुमान II निहित नहीं है क्योंकि दोनों शहरों के मध्य यातायात के अन्य साधन अधिक समय लगाएंगे।

6. पूर्वानुमान II निहित है। पूर्वानुमान I निहित नहीं है क्योंकि श्री रॉय ने नए निदेशक का पदभार संभाला है।

7. I और II दोनों पूर्वानुमान निहित हैं।

8. न तो पूर्वानुमान I निहित है और न ही पूर्वानुमान II.

9. न तो पूर्वानुमान I कथन में निहित है न ही II.

10. पूर्वानुमान I निहित नहीं है क्योंकि वर्षा यातायात की गतिविधियों को बाधित करती है। केवल पूर्वानुमान II ही कथन में निहित है।

11. I और II दोनों पूर्वानुमान निहित हैं क्योंकि एक साक्षात्कार में व्यक्तित्व और गुणों का मूल्यांकन किया जाना चाहिए।

12. केवल पूर्वानुमान I निहित है क्योंकि इतिहासकारों ने लोगों को यह विश्वास करने को मजबूर किया है कि उन्होंने जो कुछ लिखा है वह ठीक है। पूर्वानुमान II कथन में निहित नहीं है।

13. I और II दोनों पूर्वानुमान कथन में निहित हैं।

14. I और II दोनों पूर्वानुमान कथन में निहित हैं। प्रभात वह किताब लाया है जो उसके मित्र के पास नहीं है, और वह पार्टी के लिए आमंत्रित किए जाने पर उसे वह किताब देगा।

15. न तो पूर्वानुमान I निहित है न ही II. दोनों कथन में दी गई जानकारी से अलग ही किसी बात पर रोशनी डालते हैं।

❍❍❍

2 क्रियाविधि (Course of Action)

इस प्रकार के प्रश्नों में एक स्थिति दी जाती है और उस स्थिति के संदर्भ में कुछ क्रियाविधियां सुझायी जाती हैं। अभ्यर्थी को यह निर्णय करना पड़ता है कि कौन-सी क्रियाविधि बिना अपना प्रभाव जताए या निर्णय को प्रभावित किए कथन का अनुसरण करती है।

उदाहरण: नीचे दिए गए प्रत्येक प्रश्न में एक कथन और तत्पश्चात दो क्रियाविधियां I और II दी गई हैं। एक क्रियाविधि एक कदम या प्रशासनिक निर्णय है जिसे समस्या या नीति आदि के संदर्भ में सुधार, अनुसरण या आगामी क्रियाविधि अपनाए जाने के मामले में लिया जाना है। यह कथन में दी गई सूचना पर आधारित होता है। कथन में निहित सभी चीजों को सत्य मान लिया जाता है और फिर यह निर्णय लिया जाता है कि सुझाई गई दोनों में से कौन-सी क्रियाविधि अनुसरण करती है।

उत्तर इस प्रकार दिया जाता है—

A. यदि केवल I अनुसरण करता हो
B. यदि केवल II अनुसरण करता हो
C. यदि I या II में से कोई भी लागू होता हो
D. यदि I और II दोनों लागू नहीं होते हों
E. यदि I और II दोनों लागू होते हों

कथन : संगठन के लेखा विभाग में गंभीर भूल का पता चला है।

क्रियाविधि:

I. लेखा की जांच के लिए लेखा-परीक्षकों के एक सक्षम दल को नियुक्त किए जाने की आवश्यकता है।
II. जो भी कर्मचारी इस अनियमितता में शामिल हैं उन्हें कारण बताओ नोटिस जारी किया जाना चाहिए।

व्याख्या E : कथन के अनुसार कुछ गंभीर भूलों का पता लगा है, अत: क्रियाविधि I लागू होती है। यह भी स्पष्ट किया जाना चाहिए कि गंभीर भूलें जानबूझकर की गईं या वे यूं ही लापरवाही से हो गईं। अत: क्रियाविधि II भी लागू होती है।

वस्तुनिष्ठ प्रश्न

निर्देश (प्रश्न 1 से 5): *नीचे दिए गए प्रत्येक प्रश्न में एक कथन दिया गया है तथा दो क्रियाविधियां दी गई हैं I और II। एक क्रियाविधि सुधार, अनुसरण या आगे की कार्रवाई के संबंध में लिया गया प्रशासनिक निर्णय है, जिसे कथन में दी गई सूचना के आधार पर समस्याओं को हल करने या नीति विकसित करने के संदर्भ में लिया जाना है। आप कथन में निहित सभी बातों को सत्य मानते हुए इस बात का निर्णय कीजिए कि इस बारे में कौन-सी सुझाई गई क्रियाविधि लागू होती है।*

अपना उत्तर दें: A जब केवल क्रियाविधि I लागू होती हो, B जब केवल क्रियाविधि II लागू होती हो, C जब या तो I या II लागू होती हो; D जब I और II कोई भी लागू न होता हो और E जब I और II दोनों लागू होते हों:

1. कथन: वर्ष 1990 में थाइलैंड में 'सभी के लिए शिक्षा' विषय पर एक विश्व सम्मेलन हुआ। व्यापक उपस्थिति वाले सम्मेलन ने सभी बच्चों की आधारभूत शिक्षण आवश्यकताओं को पूरा करने के लिए कार्यकरण का एक ढांचा तैयार किया।

क्रियाविधि:

I. भारत को इस सम्मेलन के कार्यकरण को प्रभावी ढंग से लागू करना चाहिए।
II. भारत को भी तत्काल ऐसे सम्मेलन का आयोजन करना चाहिए।

2. कथन: वित्त की कमी ने मणिपुर सरकार को अपने कर्मचारियों को इस वर्ष अप्रैल से वेतन देने से रोक दिया ....दिसंबर की एक रिपोर्ट में।

क्रियाविधि:

I. मणिपुर सरकार को तुरंत अपने कर्मचारियों की फौज में 30 प्रतिशत की कटौती करनी चाहिए।
II. मणिपुर सरकार को अपने व्यर्थ के खर्चे घटाकर कर्मचारियों का वेतन दिए जाने की व्यवस्था करनी चाहिए।

3. कथन: 'X' राज्य में निधि के उपलब्ध होने के बावजूद रेशम कीट पालन विकास कार्यक्रम को लागू किए जाने के संबंध में खामियों की वजह से रेशम उत्पादन में भारी कमी आई है।

क्रियाविधि:

I. 'X' राज्य की सरकार को तत्काल खामियों का अध्ययन करना चाहिए और इन्हें दुरुस्त करने के उपाय करने चाहिए।

II. 'X' राज्य के रेशम उत्पादकों को इस वर्ष अवश्य ही तकनीकी सहायता दी जानी चाहिए।

4. कथन: यदि इसी संस्थान के अवकाश प्राप्त प्रोफेसरों को संगठन की पुनर्संरचना के लिए विचार-विमर्श करने हेतु आमंत्रित किया जाए तो उनका योगदान संस्थान के लिए लाभदायक हो सकता है।

क्रियाविधि:

I. अवकाश प्राप्त प्रोफेसरों का आह्वान करने से पहले प्रबंधन कर्मचारियों की राय ले सकता है।

II. संगठन की क्रमबद्ध पुनर्संरचना के लिए प्रबंधन को अनुभवी लोगों को सम्मिलित करना चाहिए।

5. कथन : अनुसंधानकर्ता इस बात को लेकर रोष में हैं कि लाइब्रेरी उपयुक्त रूप से सुसज्जित नहीं कि सही समय पर सही इस्तेमालकर्ता को तय प्रारूप में सही सूचना उपलब्ध करा सके यहां तक कि इस्तेमालकर्ता भी अपने लिए उपलब्ध विविध सेवाओं के मामले में जागरूक नहीं हैं।

क्रियाविधि:

I. इस्तेमालकर्ताओं को त्वरित सेवा उपलब्ध कराने हेतु लाइब्रेरी में उपलब्ध सभी सूचनाओं को कम्प्यूटरीकृत किया जाना चाहिए।

II. लाइब्रेरी के कर्मचारियों को कम्प्यूटर परिचालन का प्रशिक्षण दिया जाना चाहिए।

निर्देश (प्रश्न 6 से 10): *नीचे दिए गए प्रत्येक प्रश्न में एक कथन दिया गया है तथा तीन क्रियाविधियां I, II और III दी गई हैं। कथन में निहित सभी तथ्यों को सही मानते हुए इस बात का निर्णय करें कि दिए गए विकल्पों में से कौन तार्किक उत्तर हो सकता है?*

6. कथन : काली मिर्च के उत्पादन और व्यापार में भारत की पूर्वकालीन लब्ध-प्रतिष्ठित स्थिति खतरे में है क्योंकि कुछ देशों ने, जिन्होंने हाल ही में भारत से लेकर 'मसालों के इस राजा' का उत्पादन आरंभ किया है, आधुनिक कृषि पद्धति का इस्तेमाल कर बहुत तेजी से आगे बढ़ रहे हैं।

क्रियाविधि:

I. भारत को अन्य देशों को तत्काल रूट स्टॉक उपलब्ध कराना बंद कर देना चाहिए।

II. अंतर्राष्ट्रीय बाजार में टिके रहने के लिए भारत को काली मिर्च के उत्पादन की आधुनिक प्रौद्योगिकी अपनानी चाहिए।

III. विश्व बाजार में टिके रहने के लिए भारत को अपने काली मिर्च की कीमतें कम कर देनी चाहिए।

A. सभी लागू होते हैं
B. केवल II लागू होता है
C. केवल I लागू होता है
D. केवल III लागू होता है
E. इनमें से कोई नहीं

7. कथन : जब रात्रिकालीन कर्मचारी 'फॉक्स संकेतन विस्फोटक' का संचालन कर रहे थे उस समय एक जबर्दस्त विस्फोट हुआ जिसमें उनमें से कई घायल हो गए।

क्रियाविधि :

I. फैक्टरी प्रबंधन को ऐसे विस्फोटक पदार्थों के संचालनगत पहलुओं के संदर्भ में अपने कर्मचारियों को प्रशिक्षित करना चाहिए।

II. रात्रिकालीन शिफ्ट के पर्यवेक्षक इनचार्ज को नौकरी से हटा दिया जाना चाहिए।

III. फैक्टरी को रात में ऐसे किसी भी कार्य को किया जाना बंद कर देना चाहिए।

A. कोई भी लागू नहीं होता
B. सभी लागू होते हैं
C. केवल I लागू होता है
D. केवल I और II लागू होते हैं
E. इनमें से कोई नहीं

8. कथन : मौसम ब्यूरो ने हाल के एक बुलेटिन में अगले सप्ताह भारी वर्षा होने की भविष्यवाणी की है जिससे शहर के अनेक भागों में जल-जमाव की स्थिति बन जाएगी।

क्रियाविधि :

I. जनसंचार माध्यमों से इस बुलेटिन का व्यापक प्रचार किया जाना चाहिए।

II. इन इलाकों से पानी हटाने के लिए नागरिक प्रशासन को पम्पिंग प्रणाली के साथ तैयार रहना चाहिए।

III. लोगों को सलाह दी जानी चाहिए कि इस अवधि में वे घर पर ही रहें।

A. सभी लागू होते हैं
B. केवल II और III लागू होता है
C. केवल II लागू होता है
D. केवल I और II लागू होते हैं
E. इनमें से कोई नहीं

9. कथन : ट्रैक के किनारे एक केबिन में सिग्नलमैन की त्वरित बुद्धिमता के कारण मेल ट्रेन की एक बड़ी दुर्घटना टल गयी।

क्रियाविधि:

I. सभी मेल ट्रेनों के आगे कम से कम 50 किमी. तक सभी प्रकार के यातायात को हटा दिया जाना चाहिए।

II. रेलवे की सिग्नल प्रणाली को तत्काल स्वाचालित बनाया जाना चाहिए।

III. अन्य लोगों को प्रोत्साहित करने के लिए सिग्नलमैन को पुरस्कार दिया जाना चाहिए।

A. सभी लागू होते हैं
B. कोई भी लागू नहीं होता
C. केवल I और II लागू होते हैं
D. केवल II और III लागू होते हैं
E. इनमें से कोई नहीं

10. कथन : संसाधनों की भारी कमी और बदहाल आर्थिक परिदृश्य के आलोक में ऐसा प्रतीत होता है कि उड़ीसा आठवीं योजना के दौरान लक्षित वार्षिक वृद्धि दर नहीं प्राप्त कर पाएगा।

क्रियाविधि:

I. अगली योजना के लिए लक्षित वृद्धि दर को कम कर दिया जाना चाहिए।

II. विफलता के कारणों की तलाश की जानी चाहिए।

III. उड़ीसा के निष्पादन की अन्य राज्यों के साथ तुलना की जानी चाहिए।

A. केवल I लागू होता है
B. केवल I और III लागू होते हैं
C. केवल II और III लागू होते हैं
D. कोई लागू नहीं होता
E. सभी लागू होते हैं

उत्तरमाला

1	2	3	4	5	6	7	8	9	10
E	B	A	B	E	B	C	E	E	C

व्याख्यात्मक उत्तर

1. भारत जैसे देश में जहां निरक्षरता की दर अभी भी काफी ऊंची है, इस प्रकार के सम्मेलन आयोजित किए जाने चाहिए तथा भारत को 'सभी के लिए शिक्षा' पर आयोजित सम्मेलन की कार्ययोजना को उपयुक्त ढंग से लागू करना चाहिए। अत: दोनों क्रियाविधियां लागू होती हैं।

2. कर्मचारियों की छंटनी करने से केवल काम में ही बाधा आएगी। इसकी जगह सरकार को अपने व्यर्थ के खर्चों में कटौती करके कर्मचारियों का वेतन चुकाने की व्यवस्था करनी चाहिए। अत: केवल क्रियाविधि II लागू होती है।

3. क्रियाविधि एक दिए गए कथन की त्वरित प्रतिक्रिया है। खामियों के रहते कोई भी तकनीकी सहायता काम नहीं करेगी। अत: केवल क्रियाविधि I लागू होती है।

4. ऐसा माना जा सकता है कि अवकाश प्राप्त प्रोफेसर मौजूदा कर्मचारियों से कहीं अधिक अनुभवी होंगे। संगठन की पुनर्संरचना के लिए प्रबंधन को उनकी सलाह पर गौर करना चाहिए। अत: केवल क्रियाविधि II लागू होती है।

5. लाइब्रेरियां सुव्यवस्थित तरीके से काम कर सकें यह सुनिश्चित करने के लिए उन्हें कम्प्यूटरीकृत किया जाना चाहिए तथा कर्मचारियों को कम्प्यूटर संचालन का प्रशिक्षण दिया जाना चाहिए। अत: दोनों क्रियाविधियां लागू होती हैं।

6. भारत को सबसे अधिक खतरा कृषि की आधुनिक तकनीकें अपना रहे देशों से है। यदि भारत भी अद्यतन प्रौद्योगिकी अपनाता है तो वह अंतर्राष्ट्रीय प्रतिस्पर्द्धा में टिक सकेगा। आपूर्ति को रोक देना या दाम घटा देना विश्व बाजार में प्रतिस्पर्द्धा का सामना कर सकने का कोई हल नहीं है। अत: केवल क्रियाविधि II लागू होती है।

7. इस प्रकार की दुर्घटनाओं को टालने के लिए कर्मचारियों को प्रशिक्षित करना आवश्यक है। एक कर्मचारी के अनुभवहीन कार्यों के लिए पर्यवेक्षक इन्चार्ज को दोष नहीं दिया जा सकता और एक दुर्घटना होने का यह अर्थ नहीं कि आयुध फैक्टरी में काम बंद कर दिया जाए।

8. एक सप्ताह की वर्षा तकलीफ का कोई कारण नहीं है। वर्षा रुकने के बाद जमे हुए जल की सफाई की जा सकती है और लोगों को यह सलाह नहीं दी जा सकती कि वे वर्षा के कारण सब काम-धंधे छोड़कर घरों में बैठ जाएं, अत: कोई भी क्रियाविधि लागू नहीं होती।

9. कथन इस बात का उल्लेख करता है कि केबिन में लाइनमैन सतर्क था। जब कोई दुर्घटना न हुई हो तो कोई भी क्रियाविधि लागू नहीं होगी।

10. लक्षित वृद्धि को कम करना समाधान नहीं है। विफलता के कारणों को ढूंढ़ा जाना चाहिए और राज्य के निष्पादन की दूसरे राज्यों से तुलना की जानी चाहिए। न केवल उड़ीसा के मामले में बल्कि अन्य प्रभावित राज्यों के बारे में भी। अत: क्रियाविधि II और III लागू होती है।

○○○

3 कथन एवं तर्क (Distinguishing Arguments)

इस प्रकार के तर्कबुद्धि परीक्षण में अभ्यर्थियों को किसी तर्क की सशक्तता के संबंध में निर्णय करना होता है। किसी तर्क की सशक्तता के संबंध में निर्णय करते समय हमें यह ध्यान में रखना चाहिए कि वह *(i)* कोई पूर्वधारणा न हो, *(ii)* साधारणीकृत तर्क न हो बल्कि एक विशिष्ट तर्क हो, *(iii)* अस्पष्ट तर्क न हो, *(iv)* अंतर्निहित तथ्य के रूप में छिपा हुआ न हो, और *(v)* कोई उदाहरण अथवा उद्धरण न हो। इसके अतिरिक्त उसे तथ्य रूप में सही होना चाहिए तथा वास्तविकता की सर्वमान्य धारणाओं के अनुरूप होना चाहिए।

महत्त्वपूर्ण प्रश्नों के संबंध में निर्णय करते समय यह वांछनीय है कि हमें 'सशक्त' और 'निर्बल' तर्कों, जहां तक वे प्रश्न से संबंधित हैं, के बीच अंतर कर पाने में सक्षम होना चाहिए। सशक्त तर्क महत्त्वपूर्ण होने के साथ ही प्रश्न से सीधे संबंधित भी होने चाहिए। निर्बल तर्क प्रश्न से सीधे संबंधित नहीं होते और वे कम महत्त्वपूर्ण हो सकते हैं अथवा प्रश्न के महत्वहीन अर्थात् उपेक्षणीय पहलुओं से संबंधित हो सकते हैं।

हल किए गए उदाहरण

यहां प्रत्येक प्रश्न में दो तर्क दिए गए हैं जिन्हें I और II क्रमांक दिया गया है। अभ्यर्थियों को यह निर्णय करना है कि कौन-सा तर्क 'सशक्त' है और कौन सा 'निर्बल'।

उत्तर (A) दीजिए यदि केवल तर्क I सशक्त हो,

उत्तर (B) दीजिए यदि केवल तर्क II सशक्त हो,

उत्तर (C) दीजिए यदि या तो तर्क I या फिर II सशक्त हो,

उत्तर (D) दीजिए यदि न तो तर्क I और न ही तर्क II सशक्त हो, और

उत्तर (E) दीजिए यदि तर्क I और II दोनों ही सशक्त हो।

1. क्या विश्वविद्यालयों में छात्र संघों को समाप्त कर दिया जाना चाहिए?

तर्क : **I.** हां, इससे छात्र अपने कैरियर विकास पर पूरा ध्यान दे सकेंगे।

II. नहीं, सभी महान नेता अपने छात्र जीवन में छात्र संघों के नेता रहे हैं।

उत्तर (A) : छात्रों का बहुमूल्य समय छात्र संघ से जुड़े क्रियाकलापों में नष्ट हो जाता है जिसका वे अपने अध्ययन के लिए उपयोग कर सकते हैं। इतिहास गवाह है कि सभी महान नेता छात्र संघ के नेता नहीं थे। अत: केवल तर्क I ही सशक्त तर्क है।

2. क्या हमारे देश में सैन्य शिक्षा अनिवार्य बना दी जानी चाहिए?

तर्क : **I.** नहीं, यह अहिंसा की नीति के विरुद्ध है।

II. हां, प्रत्येक नागरिक को देश की रक्षा करनी चाहिए।

उत्तर (B) : तर्क I यह सूचित करता है कि सशस्त्र सेना में सेवारत् व्यक्ति अहिंसा की नीति का पालन करता है, जो गलत है। परन्तु तर्क II कथन से सीधे संबंधित है।

वस्तुनिष्ठ प्रश्न

निर्देश : *यहां प्रत्येक प्रश्न में दो तर्क दिए गए हैं जिन्हें I और II क्रमांक दिया गया है। आपको यह निर्णय करना है कि कौन-सा तर्क 'सशक्त' है और कौन सा 'निर्बल'।*

उत्तर (A) दीजिए यदि केवल तर्क I सशक्त हो,

उत्तर (B) दीजिए यदि केवल तर्क II सशक्त हो,

उत्तर (C) दीजिए यदि या तो तर्क I या फिर II सशक्त हो,

उत्तर (D) दीजिए यदि न तो तर्क I और न ही तर्क II सशक्त हो, और

उतर (E) दीजिए यदि तर्क I और II दोनों ही सशक्त हों।

1. क्या उच्च शिक्षा केवल उन्हीं व्यक्तियों को दी जानी चाहिए जो सर्वाधिक योग्य हों?

तर्क : **I.** नहीं, यह लोकतंत्र के सिद्धांत के विरुद्ध है।

II. हां, इस देश में केवल योग्य व्यक्ति ही उच्च शिक्षा के पात्र हैं।

2. क्या शिक्षा के क्षेत्र में हड़ताल पर रोक लगा दी जानी चाहिए ?
तर्क : I. हां, यह व्यावसायिक मूल्यों के विरुद्ध है।
II. हां, इससे छात्रों पर प्रतिकूल प्रभाव पड़ता है।

3. क्या युवा उद्यमियों को रोजगार दिया जाना चाहिए ?
तर्क : I. हां, यह देश के औद्योगिक विकास में सहायक होगा।
II. हां, इससे रोजगार पर बोझ में कमी होगी।

4. क्या निजी एजेंसियों द्वारा प्रकाशित गाइडों पर रोक लगा दी जानी चाहिए ?
तर्क : I. हां, क्योंकि तभी छात्र पाठ्यपुस्तकों को पढ़ना आरंभ करेंगे।
II. नहीं, क्योंकि गाइडें कमजोर छात्रों के लिए परीक्षा के दिनों में अत्यधिक लाभकारी सिद्ध होती हैं।

5. क्या भारत को परमाणु बम बनाने चाहिए ?
तर्क : I. हां, देश की संप्रभुता और अखंडता की रक्षा करना अनिवार्य है।
II. नहीं, इससे एशियाई क्षेत्र में राष्ट्रों के बीच शक्ति संतुलन बिगड़ जाएगा।

6. क्या परीक्षाओं में खुली पुस्तक प्रणाली शुरू की जानी चाहिए ?
तर्क : I. हां, क्योंकि इससे परीक्षाओं में बड़े पैमाने पर किए जा रहे नकल को रोका जा सकता है।
II. नहीं, क्योंकि तब सभी छात्रों को शत-प्रतिशत अंक प्राप्त होने लगेंगे।

7. क्या धूम्रपान पर रोक लगा दी जानी चाहिए ?
तर्क : I. हां, परिश्रम द्वारा अर्जित लाखों रुपये को धुएं में उड़ाना गलत है।
II. नहीं, इससे तंबाकू उद्योग से जुड़े हजारों श्रमिक बेरोजगार हो जाएंगे।

8. क्या भारत के सभी विश्वविद्यालयों में पाठ्यक्रम एकसमान होना चाहिए ?
तर्क : I. हां, क्यों नहीं ?
II. नहीं, भारत जैसे विशाल देश में स्थानीय आवश्यकताओं के अनुसार विविधता का होना आवश्यक है।

9. क्या धर्म पर रोक लगाई जानी चाहिए ?
तर्क : I. हां, इससे लोगों में धर्मांधता फैलती है।
II. नहीं, धर्म लोगों को एक सूत्र में बांधता है।

10. क्या शिक्षित व्यक्तियों को गांवों में कार्य करना चाहिए ?
तर्क : I. हां, क्योंकि वे कृषि क्षेत्र में क्रांति ला सकते हैं और ग्रामीण वातावरण को संपुष्ट कर सकते हैं।
II. नहीं, शिक्षित व्यक्तियों को शहरों में रोजगार दिया जाना चाहिए।

11. क्या भारत में सरकारी कर्मचारियों के हड़ताल पर जाने पर पूर्ण प्रतिबंध लगाया जाना चाहिए ?
तर्क : I. हां, यही कर्मचारियों को अनुशासित रखने का एकमात्र तरीका है।
II. नहीं, इससे नागरिक अपने लोकतांत्रिक अधिकारों से वंचित हो जाएंगे।

12. क्या भारत को अपनी सेना बिलकुल नहीं रखनी चाहिए ?
तर्क : I. नहीं, विश्व के अन्य देश अहिंसा में विश्वास नहीं करते।
II. हां, अनेक भारतीय अहिंसा में विश्वास करते हैं।

13. क्या भारत द्वारा निर्यात को बढ़ावा दिया जाना चाहिए जबकि अधिकांश चीजें देश के आंतरिक उपयोग के लिए ही पर्याप्त नहीं हैं ?
तर्क : I. हां, हमें देश द्वारा किए जा रहे आयात के लिए विदेशी मुद्रा की आवश्यकता है।
II. नहीं, यदि कुछ चुनी हुई चीजों के निर्यात को ही बढ़ावा दिया जाय तो उससे भी उन चीजों की देश में कमी की स्थिति उत्पन्न हो सकती है।

14. वन्य जंतुओं के अनाधिकार शिकार और उन्हें पकड़ने पर पूर्ण प्रतिबंध लगा दिया जाना चाहिए।
तर्क : I. हां, वन्य जंतुओं का अनाधिकार शिकार करने वाले और उन्हें पकड़ने वाले लोग ऐसा करके काफी धन कमा रहे हैं।
II. नहीं, वन्य जंतुओं के शिकार और उन्हें पकड़ने पर प्रतिबंध लगाना कारगर नहीं है।

15. क्या फैशनेबुल कपड़ों पर रोक लगाई जानी चाहिए ?
तर्क : I. हां, फैशन बदलता रहता है जिससे कपड़ों की खपत बढ़ती है।
II. नहीं, फैशनेबुल कपड़े पहनना किसी भी व्यक्ति की अपनी आत्म-अभिव्यक्ति है और इस प्रकार यह उसका मूल अधिकार है।

16. क्या भारत में लक्जरी होटलों पर रोक लगा दी जानी चाहिए ?
तर्क : I. हां, उन्हीं जगहों से अंतर्राष्ट्रीय अपराधी अपनी गतिविधियां चलाते हैं।
II. नहीं, ऐसा करने पर संपन्न वर्ग के विदेशी पर्यटकों को ठहरने के लिए कोई उपयुक्त स्थान उपलब्ध नहीं होगा।

17. क्या पेड़ों की कटाई पर पूर्ण प्रतिबंध लगा देना चाहिए ?
तर्क : I. हां, पारिस्थितिक संतुलन बहाल करने के लिए ऐसा करना अत्यंत आवश्यक है।
II. नहीं, पूर्ण प्रतिबंध लगाने से इमारती लकड़ियों के उद्योग पर अत्यधिक प्रतिकूल प्रभाव पड़ेगा।

18. क्या स्नातक स्तर तक की शिक्षा सभी के लिए अनिवार्य कर दी जानी चाहिए ?
तर्क : I. हां, यह वास्तव में एक स्वागत योग्य कदम होगा।
II. नहीं, इसका कोई लाभ नहीं है।

19. क्या दूरदर्शन से फीचर फिल्मों के प्रसारण पर रोक लगा दी जानी चाहिए ?
तर्क : I. हां, छोटे बच्चे फीचर फिल्मों से गुमराह होते हैं।
II. नहीं, आप जनता को शिक्षित करने का यही एकमात्र माध्यम है।

20. क्या रंगीन टेलीविजन पर करों में और वृद्धि की जानी चाहिए ?
तर्क : I. हां, रंगीन टेलीविजन एक विलासिता की वस्तु है और उसे केवल धनी व्यक्ति ही खरीदते हैं।
II. नहीं, निर्धन वर्ग भी टेलीविजनों को खरीदता है।

उत्तरमाला

1	2	3	4	5	6	7	8	9	10
A	B	E	B	A	D	D	B	B	A
11	12	13	14	15	16	17	18	19	20
B	D	A	D	B	B	E	D	D	D

व्याख्यात्मक उत्तर

1. लोकतंत्र में प्रत्येक व्यक्ति का समान अधिकार होता है, अत: तर्क I सशक्त है।
2. तर्क II दिए गए कथन से सीधे संबंधित है। तर्क I दुर्बल तर्क है क्योंकि हड़ताल कर्मचारियों के हितों की सुरक्षा के लिए उन्हें उपलब्ध एक सशक्त साधन है।
3. तर्क I और II दोनों सशक्त हैं और कथन से सीधे संबंधित हैं।
4. तर्क I पूर्वधारणा पर आधारित है किंतु तर्क II दिए गए कथन का अनुसरण करता है क्योंकि गाइडें तभी उपयोगी हैं जबकि परीक्षा की तैयारी के लिए बहुत कम समय रह गया हो।
5. तर्क I सशक्त है क्योंकि यह कथन से सीधे संबंधित है और तर्क II निर्बल तर्क है क्योंकि यह पूर्वधारणा या अनुमान पर आधारित है।
6. तर्क I और II दोनों ही पूर्वधारणा या अनुमान पर आधारित हैं।
7. तर्क I संदिग्ध है और तर्क II पूर्वधारणा या अनुमान पर आधारित है।
8. तर्क I दिए गए कथन का निहितार्थ है किंतु भारत में विविधता के घटक पर विचार करने पर स्पष्ट होता है कि पूर्वधारणा II सशक्त है।
9. केवल तर्क II ही सशक्त है। धर्म से धर्मांधता को बढ़ावा नहीं मिलता बल्कि लोग ही धर्म का दुरुपयोग करते हैं।
10. तर्क I सशक्त है क्योंकि गांवों में काम करने से शिक्षा व्यर्थ नहीं जाती बल्कि उसका उपयोग गांवों की सर्वोमुखी प्रगति के लिए किया जा सकता है।
11. तर्क I पूर्वधारणा या अनुमान पर आधारित है तथा तर्क II महत्त्वपूर्ण है और कथन से सीधे जुड़ा है।
12. तर्क I और II में से कोई भी सशक्त तर्क नहीं है क्योंकि दोनों पूर्वधारणाओं पर आधारित हैं।
13. तर्क II पूर्वधारणा या अनुमान पर आधारित है किंतु तर्क I सशक्त तर्क है।
14. न तो तर्क I और न ही तर्क II सशक्त है।
15. कथन में कपड़ों की खपत के बारे में कुछ भी महत्त्वपूर्ण बात नहीं कही गई है। तथापि तर्क II महत्त्वपूर्ण और सशक्त है क्योंकि कपड़ा पहनना किसी व्यक्ति की अपनी स्वयं की पसंद है।
16. तर्क I सशक्त तर्क नहीं है। तर्क II कथन से संबंधित है।
17. तर्क I और II दोनों सशक्त हैं और कथन से सीधे संबंधित हैं।
18. कथन I का आशय यह है कि सभी छात्र स्नातक होना चाहते हैं जो गलत है और तर्क II एक निराशाजनक दृष्टिकोण है। अत: तर्क I और II में से कोई भी 'सशक्त' तर्क नहीं है।
19. तर्क I और II में से कोई भी सशक्त तर्क नहीं है। तर्क I सशक्त नहीं है क्योंकि फिल्में भी लोगों को शिक्षित करती हैं। तर्क II 'निर्बल' तर्क है क्योंकि फिल्म ही लोगों को शिक्षित करने का एकमात्र माध्यम नहीं है।
20. तर्क I और II में से कोई भी सशक्त तर्क नहीं है। टेलीविजन मनोरंजन का एक साधन है जिसे ऐसा कोई भी व्यक्ति खरीद सकता है जो इसके मूल्य का भुगतान कर सकता हो न कि केवल धनवान व्यक्ति ही। जो व्यक्ति वास्तव में निर्धन है वह मौजूदा मूल्य पर भी टेलीविजन नहीं खरीद सकता।

ooo

4 परिच्छेद विवेचन (Passage Analysis)

प्रतियोगिता परीक्षाओं में तर्कबुद्धि परीक्षण हेतु निर्धारित प्रश्नों में इस प्रकार के प्रश्न प्राय: पूछे जाते हैं। इस परीक्षण में कोई कथन या प्रतिज्ञप्ति अथवा प्रस्थापना दिए जाने के स्थान पर एक परिच्छेद (Passage) दिया जाता है जिसमें अनेक प्रस्थापनाएं समाहित होती हैं और साथ ही अनेक तर्क भी अंतर्विष्ट होते हैं। ऐसे उद्धरणों या परिच्छेदों के नीचे उस परिच्छेद में वर्णित तथ्यों के आधार पर निकाले जा सकने वाले कुछ संभावित अनुमान दिए जाते हैं। उम्मीदवार को यह निर्णय करना होता है कि गृहीत अनुमान दिए गए परिच्छेद के आलोक में तर्कसंगत है अथवा नहीं।

हल किए गए उदाहरण

नीचे परिच्छेद दिए गए हैं जिनके नीचे उन परिच्छेद में वर्णित तथ्यों के आधार पर निकाले जा सकने वाले कुछ संभावित अनुमान दिए गए हैं। प्रत्येक अनुमान की परिच्छेद के संदर्भ में अलग-अलग जांच करके उसकी सत्यता या असत्यता की मात्रा निश्चित कीजिए।

उत्तर (A) दीजिए यदि अनुमान ''निश्चित रूप से सत्य है'' अर्थात् यह परिच्छेद में वर्णित तथ्यों के आलोक में पूर्णत: तर्कसंगत है।

उत्तर (B) दीजिए यदि अनुमान ''संभवत: सत्य है'' हालांकि वर्णित तथ्यों के आलोक में निश्चित रूप से सत्य नहीं है।

उत्तर (C) दीजिए यदि ''आधार सामग्री या तथ्य अपर्याप्त हैं,'' अर्थात् दिए गए तथ्यों के आलोक में अनुमान 'सत्य है या असत्य' यह आप नहीं कह सकते हैं।

उत्तर (D) दीजिए यदि अनुमान ''संभवत: असत्य है'' यद्यपि दिए गए तथ्यों के आलोक में ''निश्चित रूप से असत्य'' नहीं है।

उत्तर (E) दीजिए यदि अनुमान ''निश्चित रूप से असत्य'' है अर्थात् उसे दिए गए तथ्यों के आधार पर निकालना संभव नहीं है अथवा वह दिए गए तथ्यों के विरुद्ध जाता है।

परिच्छेद

कल की गंभीर दुर्घटना से जिसमें एक व्यक्ति कार द्वारा कुचला गया था, गलियों में प्रकाश-व्यवस्था की अत्यधिक असंतोषजनक स्थिति पर पुन: लोगों का ध्यान आकर्षित हुआ है। यह अपेक्षा नहीं की जाती है कि गलियों या गौण सड़कों पर प्रकाश-व्यवस्था भी उसी स्तर पर की जाए जिस स्तर पर मुख्य सड़कों पर की जाती है किंतु जब तक नगर परिषद् सड़कों पर प्रकाश-व्यवस्था के संबंध में अपने वायदे को पूरा नहीं करती है, तब तक यह नहीं कहा जा सकता है कि कब कोई दूसरी और अधिक घातक दुर्घटना यहां घट जाए।

1. जो दुर्घटना हुई वह घातक थी

उत्तर (E) : दिए गए तथ्यों से यह निष्कर्ष तर्कसंगत नहीं निकाला जा सकता है।

2. असंतोषजनक प्रकाश व्यवस्था के कारण अब तक अनेक दुर्घटनाएं घटित हो चुकी हैं।

उत्तर (A) : ''गलियों में प्रकाश-व्यवस्था .... ध्यान आकर्षित किया है''—इस वाक्य खंड पर विचार करें।

3. यदि प्रकाश की अच्छी व्यवस्था की जाए तो सड़कों पर एक भी दुर्घटना नहीं होगी।

उत्तर (C) : दी गई आधार सामग्री या तथ्य अपर्याप्त है। परिच्छेद से इस कथन की पुष्टि नहीं होती।

4. ऐसा प्रतीत होता है कि नगर परिषद् ने गलियों या गौण सड़कों पर प्रकाश-व्यवस्था की स्थिति में सुधार करने का वायदा किया है।

उत्तर (A) : ''किंतु जब तक नगर परिषद् .... वायदे को पूरा नहीं करती है''—इस वाक्य-खंड पर विचार करें।

वस्तुनिष्ठ प्रश्न

निर्देश : *नीचे कुछ परिच्छेद दिए गए हैं जिनमें से प्रत्येक परिच्छेद के नीचे उस परिच्छेद में दिए गए तथ्यों के आलोक में गृहीत कुछ अनुमान दिए गए हैं। अभ्यर्थियों से यह अपेक्षा की जाती है कि वे परिच्छेद के संदर्भ में प्रत्येक अनुमान की अलग-अलग जांच करें और उसकी सत्यता अथवा असत्यता की मात्रा निश्चित करें।*

अपना उत्तर निम्नवत् दें	*यदि आप निम्नवत् सोचते हैं*
(A) ''निश्चित रूप से सत्य''	यदि अनुमान दिए गए तथ्यों के आलोक में पूर्णरूप से निकल आता है
(B) ''संभवत: सत्य''	यदि अनुमान दिए गए तथ्यों के आलोक में सत्य हो सकता है किंतु निश्चित रूप से सत्य नहीं है।
(C) ''सूचना अपर्याप्त है''	यदि दिए गए तथ्यों के आलोक में अनुमान 'सत्य है या असत्य' यह आप नहीं कह सकते हैं
(D) ''संभवत: असत्य''	यदि अनुमान दिए गए तथ्यों के आलोक में ''संभवत: असत्य है यद्यपि निश्चित रूप से असत्य'' नहीं है
(E) ''निश्चित रूप से असत्य''	यदि अनुमान दिए गए तथ्यों के आधार पर निकालना संभव नहीं है अथवा वह दिए गए तथ्यों के विरुद्ध जाता है।

परिच्छेद—1

वर्तमान में भारत का ग्रेनाइट उद्योग संकट के दौर से गुजर रहा है क्योंकि केन्द्र सरकार द्वारा उदारीकरण की नीति लागू किए जाने के बावजूद राज्य सरकारों ने इस दिशा में कोई एकसमान नीति लागू नहीं की है। गत तीन वर्षों के दौरान इस क्षेत्र में की गई उल्लेखनीय प्रगति की तुलना में राज्य सरकारों द्वारा कोई उपयुक्त नीति क्रियान्वित नहीं किए जाने के कारण ग्रेनाइट खदान मालिक और इस उद्योग से जुड़े अन्य व्यक्ति ग्रेनाइट के अंतर्राष्ट्रीय बाजार की चुनौती का सामना नहीं कर पा रहे हैं। अलग-अलग राज्यों में अलग-अलग नीतियां होने के कारण निष्ठा, उपभोग-निरपेक्ष किराया और पट्टे की अवधि आदि के संबंध में समस्या उत्पन्न हुई है।

1. ग्रेनाइट खदान वाले प्रत्येक राज्य ने अपने अलग-अलग नियम बनाए हैं जो ग्रेनाइट उद्योग के हितों के विरुद्ध है।
2. तीन वर्ष पहले तक भारत में ग्रेनाइट उत्पादन लाभकारी नहीं था।
3. ग्रेनाइट उत्पादन को काफी हद तक लोगों द्वारा नियंत्रित किया जाता है।
4. भारत में ग्रेनाइट उत्पादन अंतर्राष्ट्रीय स्तर की गुणवत्ता के अनुरूप नहीं है।
5. भारत सरकार की उदारीकरण की नीति का प्रभाव ग्रेनाइट उद्योग पर पिछले तीन वर्षों के दौरान ही पड़ा है।

परिच्छेद—2

भारत में इस्पात उत्पादन संयंत्रों को स्थापित करने पर लागत विदेशों में ऐसे संयंत्रों को स्थापित करने पर आने वाली लागत की तुलना में काफी अधिक होती है। जबकि एक ओर इस्पात संयंत्रों से संबद्ध लगभग सभी उपकरणों के आयात पर सीमा शुल्क घटा दिया गया है वहीं दूसरी ओर उत्पाद शुल्क में वृद्धि कर दी गई है। देश में उत्पादित इस्पात अब अंतर्राष्ट्रीय बाजार की प्रतिस्पर्धा के समक्ष नहीं टिक सकता जिसे देखते हुए यह मांग की जाने लगी है कि इस्पात उद्योग की रूग्णता दूर करने के लिए इसके सीमा शुल्क और उत्पाद शुल्क दोनों की दरों की एक बार फिर से समीक्षा की जाए।

6. सरकारी नीति की कमियों के कारण इस्पात उद्योग को व्यापक हानि हो रही है।
7. अन्य देशों में इस्पात की उत्पादन लागत भारत की तुलना में कम है।
8. यदि सरकार द्वारा अनुकूल नीति घोषित की जाए तो भारत इस्पात के मूल्य के मामले में विदेशों से प्रतिस्पर्धा कर सकता है।
9. विदेशी इस्पात भारत में उत्पादित इस्पात की तुलना में सस्ता होता है।
10. सरकार इस्पात उत्पादों के उत्पाद शुल्क में कमी करने पर विचार कर रही है।

परिच्छेद—3

इस शताब्दी के पूर्वार्ध की समाप्ति तक भारत में प्लास्टिक की घरेलू वार्षिक खपत आज के लगभग एक मिलीयन मी. टन से बढ़कर 2.5–3 मिलियन मी. टन तक हो जाने की आशा है। वर्तमान में पूरे विश्व में प्लास्टिक की वार्षिक खपत लगभग 100 मिलियन मी. टन है। खपत में मौजूदा वृद्धि दर के अनुरूप उत्पादन की गति को बनाए रखने के लिए भारत को इस शताब्दी के पूर्वार्ध के दौरान प्रत्येक वर्ष 1,000 मी. टन क्षमता के दो अतिरिक्त पॉलिमर संयंत्र स्थापित करने की आवश्यकता होगी। उद्यमियों को अब वैश्वीकरण के अनुरूप सोचना चाहिए और अंतर्राष्ट्रीय क्षमता की परियोजनाओं को संवर्धन प्रदान करना चाहिए तथा उन्हें प्रौद्योगिकी हस्तांतरण और उन्नयन तथा रणनीति और सृजनात्मक गठबंधनों की दिशा में विचार करना होगा।

11. भारत में प्लास्टिक की मूल घरेलू खपत विश्व में हो रही कुल खपत का लगभग 1 प्रतिशत है।
12. वर्तमान में भारत द्वारा प्लास्टिक का आयात नहीं किया जाता।
13. भारत में प्लास्टिक उत्पादन की प्रौद्योगिकीय क्षमता का अभाव है।
14. प्लास्टिक की खपत में प्रत्येक वर्ष लगभग 0.2 प्रतिशत की दर से वृद्धि होने का अनुमान है।
15. भारत के विश्व में एक प्रमुख प्लास्टिक उत्पादक देश के रूप में उभरने की संभावना है।

परिच्छेद—4

भारत में कीटनाशक दवाइयों के निर्माण की लघु इकाइयां भारी बाधाओं के अधीन कार्य करती हैं—जैसे कि पुरानी पड़ चुकी प्रौद्योगिकी, लघु पैमाने का प्रचालन और कच्ची सामग्री के लिए बड़ी इकाइयों पर निर्भरता आदि। लघु इकाइयों द्वारा महंगी कच्ची सामग्री की क्षति को देखते हुए यह आवश्यक है कि नवीन और संपोषणीय क्षति न्यूनीकरण तकनीकों की सहायता से क्षति को या तो समाप्त कर दिया जाए या उसमें यथासंभव सीमा तक कमी लाई जाए। इन इकाइयों का संचालन लाभ-मार्जिन काफी कम है और छोटी-मोटी प्रतिकूल परिस्थितियों के कारण इन कंपनियों के समक्ष कठिनाइयां प्रस्तुत होती रहती हैं। इन इकाइयों को अधिकतम क्षति निम्नस्तरीय बुनियादी सुविधाओं, निम्नस्तरीय प्रचालन तकनीक और कचरों (अथवा प्रयोग में नहीं लाई जा सकी कच्ची सामग्रियों) के पुन: प्रयोग की निम्नस्तरीय व्यवस्था के कारण होती है।

16. लघु इकाइयों को प्रचालन की दृष्टि से आत्म-निर्भर होना चाहिए ताकि उनमें क्षति की मात्रा न्यूनतम हो।
17. आधुनिक तकनीकों की सहायता से कचरों (अथवा प्रयोग में नहीं लाई जा सकी कच्ची सामग्रियों) के पुन: प्रयोग द्वारा लघु इकाइयों को हो रही क्षति के एक बड़े हिस्से की प्रतिपूर्ति की जा सकती है।

18. कीटनाशक दवाइयों का निर्माण अनिवार्यत: बड़े पैमाने की विनिर्माण इकाइयों द्वारा किया जाना चाहिए ताकि वे आर्थिक दृष्टि से आत्म-निर्भर रहें।

19. निधि के अभाव के कारण लघु इकाइयों में बुनियादी सुविधाएं उपलब्ध नहीं हो पातीं।

20. भारत में कचरा प्रबंधन प्रक्रम के आधुनिकीकरण की आवश्यकता है।

उत्तरमाला

1	2	3	4	5	6	7	8	9	10
A	C	A	C	C	D	C	A	A	B
11	12	13	14	15	16	17	18	19	20
A	C	A	A	A	B	A	C	E	A

व्याख्यात्मक उत्तर

1. नीतियां अलग-अलग राज्यों में अलग-अलग हैं।
2. परिच्छेद में उल्लेख किया गया है कि गत तीन वर्षों के दौरान ग्रेनाइट उद्योग के क्षेत्र में उल्लेखनीय प्रगति हुई है किंतु यह उल्लेख नहीं किया गया है कि उत्पादन लाभकारी नहीं रहा है।
3. राज्य सरकारों द्वारा इस दिशा में कोई एकसमान नीति घोषित नहीं की गई है।
4. परिच्छेद में कहा गया है कि सरकार द्वारा कोई उपयुक्त नीति क्रियान्वित नहीं किए जाने के कारण ग्रेनाइट खदान मालिक और इस उद्योग से जुड़े अन्य व्यक्ति ग्रेनाइट के अंतर्राष्ट्रीय बाजार की चुनौती का सामना नहीं कर पा रहे हैं। भारत में उत्पादित या अंतर्राष्ट्रीय स्तर पर उत्पादित ग्रेनाइट की गुणवत्ता या किस्म के बारे में परिच्छेद में कुछ भी उल्लेख नहीं किया गया है।
5. यह अनुमान परिच्छेद में उल्लिखित तथ्यों के अनुरूप नहीं है।
6. केवल सरकारी नीति ही हानियों के लिए उत्तरदायी नहीं हो सकती। लागत या गुणवत्ता का घटक भी समान रूप से उत्तरदायी हो सकता है।
7. परिच्छेद में यह उल्लेख किया गया है कि भारत में इस्पात उत्पादन संयंत्रों को स्थापित करने पर लागत विदेशों में ऐसे संयंत्रों को स्थापित करने पर आनेवाली लागत की तुलना में काफी अधिक होती है। किंतु ऐसा नहीं कहा गया है कि अन्य देशों में इस्पात की उत्पादन लागत भारत की तुलना में कम है।
8. यदि सरकार अपनी नीतियों की समीक्षा कर लेती है तो हमारा देश इस्पात के मूल्यों के मामले में निश्चित ही अंतर्राष्ट्रीय बाजार की चुनौतियों का सामना कर सकता है।
9. लगभग सभी इस्पात उत्पादों पर सीमा शुल्क में कमी कर दी गई है।
10. सीमाशुल्क और उत्पाद शुल्क दोनों की समीक्षा करने की मांग की जा रही है।
11. वर्तमान में पूरे विश्व की प्लास्टिक की वार्षिक खपत लगभग 100 मिलियन मी. टन है और भारत में प्लास्टिक की खपत का मौजूदा स्तर 1 मिलियन मी. टन है।
12. अनुच्छेद में प्लास्टिक के आयात या निर्यात का उल्लेख नहीं किया गया है।
13. उद्यमियों को प्रौद्योगिकी हस्तांतरण, उन्नयन और कार्यनीति तथा सृजनात्मक गठबंधनों की दिशा में विचार करना होगा।
14. इस शताब्दी के पूर्वार्ध की समाप्ति तक प्रत्याशित वृद्धि 2.5 और 3 मिलियन मी. टन के बीच है। भारत को प्रति वर्ष 1,000 मी. टन क्षमता के दो अतिरिक्त पॉलिमर संयंत्र संस्थापित करने की आवश्यकता है।
15. वैश्वीकरण और अंतर्राष्ट्रीय गुणवत्ता के उत्पादों को विनिर्मित करने वाली परियोजना पर ध्यान देकर भारत अंतर्राष्ट्रीय बाजार में प्लास्टिक के उत्पादन के क्षेत्र में एक प्रमुख भूमिका निभा सकता है।
16. परिच्छेद में यह कहीं भी नहीं कहा गया है कि यदि लघु इकाइयां प्रचालन की दृष्टि से आत्म-निर्भर हो जाएं तो उनमें क्षति की मात्रा न्यूनतम स्तर पर पहुंच जाएगी।
17. कचरों के पुन: प्रयोग के लिए उपयुक्त सुविधाओं का उपलब्ध न होना लघु इकाइयों को होने वाली अधिकतम क्षति का एक कारण है।
18. यह परिच्छेद लघु इकाइयों की समस्याओं और उन्हें हो रही क्षति के बारे में है। बड़ी इकाईयों को तुलनात्मक रूप मे कम समस्याओं का सामना करना पड़ रहा है और कम क्षति उठानी पड़ रही है।
19. कम लाभ मार्जिन और प्रतिकूल परिस्थितियों के कारण लघु इकाइयां अपने परिसर में बुनियादी सुविधाएं उपलब्ध नहीं करा पातीं।
20. लघु इकाइयों में महंगी कच्ची सामग्री की हो रही क्षति को रोकने के लिए भारत में कचरा प्रबंधन प्रक्रम के आधुनिकीकरण की आवश्यकता है।

○○○

5 इनपुट-आउटपुट (Input-Output)

Input/Output आजकल Bank PO, LIC, आदि Exam. में पूछे जाने वाला एक महत्वपूर्ण Topic है। इस प्रकार के प्रश्न में एक इनपुट दी हुई होती है तथा उस इनपुट को पूरा होने के लिए कुछ चरण दिये होते हैं। हमें सबसे पहले यह पता लगाना चाहिए कि दी गई Input के पहले चरण में इनपुट किस प्रकार बदल रही है और अन्त में हमें इनपुट का Last (अन्तिम) चरण देखना होता है और उसी प्रकार हमें दिए गए प्रश्नों को हल करना चाहिए।

निर्देश (1 एवं 2): *निम्नलिखित जानकारी का ध्यानपूर्वक अध्ययन कर दिए गए प्रश्नों का उत्तर दीजिए!*

शब्द और संख्या को व्यवस्थित करने वाली एक मशीन शब्दों और संख्याओं की इनपुट लाइन दिए जाने पर, प्रत्येक चरण में एक खास नियम का अनुसण करते हुए, उन्हें पुनः व्यवस्थित करती है। नीचे इनपुट और पुनर्व्यवस्था का उदाहरण दिया गया है।

इनपुटः 51 pour 32 start now 23 46 house
चरण I. 23 51 pour 32 start now 46 house
चरण II. 23 start 51 pour 32 now 46 house
चरण III. 23 start 32 51 pour now 46 house
चरण IV. 23 start 32 pour 51 now 46 house
चरण V. 23 start 32 pour 46 51 now house
चरण VI. 23 start 32 pour 46 now 51 house

और चरण VI पुनर्व्यवस्था का अंतिम चरण है।

उपरोक्त चरणों में अनुसरित नियमों के अनुसार निम्नलिखित में से प्रत्येक प्रश्न में दिए गए इनपुट के लिए उपयुक्त चरण पता लगाइए।

1. इनपुट–nice flower 34 12 costly height 41 56
चरण III निम्नलिखित में से कौन-सा होगा?
A. 12 nice 34 height flower clostly 41 56
B. 12 nice 34 height 41 flower clostly 56
C. 12 nice 34 flower costly height 41 56
D. 12 nice flower 34 costly height 41 56
E. इनमें से कोई नहीं

2. एक इनपुट का चरण II है–
18 task bear clod dish 81 63 31
पुनर्व्यवस्था पूरी करने के लिए औरकितने चरण लगेंगे?
A. तीन B. चार
C. पांच D. छः
E. इनमें से कोई नहीं

व्याख्यात्मक उत्तर

इनपुटः 51 pour 32 start now 23 46 house
चरण I. 23 51 pour 32 start now 46 house
चरण II. 23 start 51 pour 32 now 46 house
चरण III. 23 start 32 51 pour now 46 house
चरण IV. 23 start 32 pour 51 now 46 house
चरण V. 23start 32 pour 46 51 now house
चरण VI. 23 start 32 pour 46 now 51 house
VI चरण पुनर्व्यवस्था का अंतिम चरण है।

हल–(Logic): इस प्रकार के प्रश्नों को हल करने के लिए हम सबसे पहले इनपुट के पहले चरण को देखते हैं तथा पता लगाते है कि पहले चरण में Input कैसे बदल रही है। दिए गए उदाहरण में सबसे छोटा नम्बर पहले चरण में सबसे पहले आ जाता है तथा बाकी इनपुट वैसी ही रहती है।

इनपुट के दूसरे चरण में हम देखते हैं कि Alphabet जो अंग्रेजी वर्णमाला में बाद में आता है वह दूसरे नम्बर पर आ जाता है। Alphabet decreasing order में बढ़ रहा है।

तीसरे चरण में फिर से नम्बर बढ़ रहा है। इसी प्रकार यह क्रम चलता जा रहा है और Input के अन्तिम चरण में हम यह देखते हैं कि पहले नम्बर बढ़ रहा है तथा Alphabet decrease order में बढ़ रहा है।

Trick: (इस प्रकार के प्रश्नों को जल्दी हल करने के लिए)
For Ex. Input – 51 pour 32 start now 23 46 house.

हम इस इनपुट को Numbering कर देते हैं। हमारे Logic के अनुसार सबसे पहले सबसे छोटा नम्बर पहले आ रहा है उसके (1) नम्बर दे देते हैं उसके बाद हम Alphabate में जो अन्तिम में आता है उसे (2) नम्बर दे देते हैं और आगे भी इनपुट में इसी प्रकार नम्बरिंग करते रहेंगे।

इनपुटः 51 pour 32 start now 23 46 house
⑦ ④ ③ ② ⑥ ① ⑤ ⑧

पहले जो न. दी गई इनपुट में नम्बर सबसे छोटा है उसके (1) नम्बर तथा जो Alphabate सबसे बड़ा है उसको नं. दे दिया है और यह क्रम इसी प्रकार जारी है। अब हमारी Input No में बदल गई है।

इनपुटः	7	4	3	2	6	1	5	8
चरण-I.	1	7	4	3	2	6	5	8
चरण-II.	1	2	7	4	3	6	5	8
चरण-III.	1	2	3	7	4	6	5	8
चरण-IV.	1	2	3	4	7	6	5	8
चरण-V.	1	2	3	4	5	7	6	8
चरण-VI.	1	2	3	4	5	6	7	8

हम इसी प्रकार दिए गए प्रश्नों की Numbering करके प्रश्नों को हल करेंगे।

1. A: इनपुटः Nice flower 34 12 costly height 41 56
② ⑥ ③ ① ⑧ ④ ⑤ ⑦

चरण-I.	1	2	6	3	8	4	5	7
चरण-II.	1	2	3	6	8	4	5	7
चरण-III.	1	2	3	4	6	8	5	7

12 Nice 34 height flower costly 41 56

2. C: एक इनपुट का चरण II हैः

18 task bear clod dish 81 63 31
① ② ⑧ ⑥ ④ ⑦ ⑤ ③

चरण-III.	1	2	3	8	6	4	7	5
चरण-IV.	1	2	3	4	8	6	7	5
चरण-V.	1	2	3	4	5	8	6	7
चरण-VI.	1	2	3	4	5	6	8	7
चरण-VII.	1	2	3	4	5	6	7	8

इस इनपुट को पूरा करने के लिए 5 और चरण लगेंगे।

वस्तुनिष्ठ प्रश्न

निर्देश (प्रश्न 1 से 6): *दी गई सूचना का अध्ययन करके प्रश्नों के उत्तर दीजिए–*

जब एक शब्द और संख्या के व्यवस्थापन मशीन में शब्दों और संख्याओं का इनपुट दिया जाता है तो वह इन शब्दों और संख्याओं को एक खास क्रम में व्यवस्थित करती है। इनमें प्रयुक्त इनपुट तथा व्यवस्था निम्न प्रकार है। (सभी संख्याएं द्वि-अंकीय हैं)

इनपुट : play 49 mute flat 26 king tear 42 12 60 pipe 38
चरण I : 60 play 49 mute 26 king tear 42 12 pipe 38 flat
चरण II : 49 60 play mute 26 tear 42 12 pipe 38 flat king
चरण III : 42 49 60 play 26 tear 12 pipe 38 flat king mute
चरण IV : 38 42 49 60 play 26 tear 12 flat king mute pipe
चरण V : 26 38 42 49 60 tear 12 flat king mute pipe play
चरण VI : 12 26 38 42 49 60 flat king mute pipe play tear

उपरोक्त व्यवस्थापन का अंतिम चरण ज्ञात कीजिए जो कि हमें व्यवस्थापन के आउटपुट के रूप में प्राप्त होती है। दिए गये चरणों में प्रयुक्त नियमों का प्रयोग कर निम्न इनपुट के लिए चरण ज्ञात कीजिए।

rise 53 neat ball 35 tape 18 58 dump 73 note 45

1. चरण II में, कौन-सा घटक '45' तथा 'dump' के ठीक बीच में आयेगा?
   A. केवल '18' B. केवल 'ball'
   C. 'ball' तथा '18' दोनों D. 'note' तथा 'ball' दोनों
   E. केवल 'note'
2. इनमें से कौन अन्तिम चरण के प्रथम दो और अंतिम दो घटकों को प्रदर्शित करता है?
   A. 18, 45, rise, note B. 35, 45, note, rise
   C. 18, 35, rise, tape D. 18, 35, note, rise
   E. 35, 45, rise, tape
3. '58' के दायें से, चौथे चरण में 'ball' की स्थिति क्या है?
   A. तीसरा B. चौथा
   C. आठवां D. छठा
   E. पाँचवां
4. निम्न में से तीसरे चरण में '73' के दायें आठवां घटक क्या है?
   A. Dump B. 45
   C. 18 D. neat
   E. ball
5. अंतिम से दूसरे चरण में '58' एवं 'neat' के बीच कितने घटक हैं?
   A. चार B. पाँच
   C. दो D. तीन
   E. पाँच से अधिक
6. निम्नलिखित आउटपुट किस चरण का है?
   58 73 rise 53 neat 35 tape 18 note 45 ball dump
   A. II B. ऐसा कोई चरण नहीं है
   C. VI D. III
   E. IV

निर्देश (प्र.सं. 7 से 11): *निम्नलिखित जानकारी का ध्यान से अध्ययन कर दिए गए प्रश्नों के उत्तर दीजिए।*

एक शब्द और संख्या व्यवस्था मशीन शब्दों और संख्याओं की इनपुट लाइन दिए जाने पर प्रत्येक चरण में किसी खास नियम का अनुसरण करते हुए उन्हें पुनर्व्यवस्थित करती है। इनपुट और पुनर्व्यवस्था का एक उदाहरण नीचे दिया गया है।

(सभी संख्याएं दो अंकीय संख्याएं हैं)

इनपुट : sine 88 71 cos theta 14 56 gamma delta 26

चरण I : cos sine 71 theta 14 56 gamma 26 88

चरण II : delta cos sine theta 14 56 gamma 26 88 71

चरण III : gamma delta cos sine theta 14 26 88 71 56

चरण IV : sine gamma delta cos theta 14 88 71 56 26

चरण V : theta sine gamma delta cos 88 71 56 26 14

और चरण V उपरोक्त इनपुट की पुनर्व्यवस्था का अंतिम चरण है क्योंकि अभिप्रेत व्यवस्था प्राप्त हो गई है। उपरोक्त चरणों में अनुसरित नियमों के अनुसार नीचे दिए गए प्रत्येक प्रश्न में दिए गए इनपुट के उपयुक्त चरण का पता लगाइए।

प्रश्नों के लिए इनपुट :

इनपुट : for 52 all 96 25 jam road 15 hut 73 bus stop 38 46

(व्यवस्था में दी गई सभी संख्याएं दो अंकीय संख्याएं हैं)

7. चरण IV के दाएं से आठवें स्थान पर कौन-सा शब्द/संख्या होगी?

A. 15 B. road
C. hut D. jam
E. stop

8. निम्न आउटपुट कौन-सी चरण संख्या होगी?

bus all for 52 25 jam road 15 hut stop 38 46 96 73

A. ऐसा कोई चरण नहीं होगा
B. III
C. II
D. V
E. VI

9. चरण VII निम्न में से कौन-सा होगा?

A. stop road jam hut for bus all 15 96 73 52 46 38 25
B. road jam hut for bus all stop 15 25 38 46 52 73 96
C. stop road jam hut for bus all 96 73 52 46 38 25 15
D. jam hut for bus all 25 road stop 15 96 73 52 46 38
E. ऐसा कोई चरण नहीं होगा क्योंकि व्यवस्था चरण VI पर बनती है

10. चरण V के बाएं से छठे स्थान पर कौन-सा शब्द/संख्या होगी?

A. 25 B. stop
C. jam D. all
E. road

11. निम्न में से चरण III कौन-सा होगा?

A. hut for bus all 25 jam road 15 stop 38 96 73 52 46
B. for bus all 25 jam road 15 hut 38 stop 96 46 73 52
C. hut for bus all jam road 15 stop 38 96 73 52 46 25
D. for bus all 25 jam road 15 hut stop 38 46 96 73 52
E. इनमें से कोई नहीं

निर्देश (प्र.सं. 12 से 16) : *निम्नलिखित जानकारी को ध्यान से पढ़िए और दिए गए प्रश्नों के उत्तर दीजिए :*

एक शब्द व संख्या व्यवस्था मशीन को जब शब्दों और संख्याओं की एक इनपुट लाइन दी जाती है तो यह प्रत्येक चरण में एक खास नियम का पालन करते हुए उनकी पुनर्व्यवस्था करती है। नीचे इनपुट और पुनर्व्यवस्था का उदाहरण दिया गया है।

इनपुट : nine poll 19 34 12 69 hour call

चरण I : call nine poll 19 34 12 69 hour

चरण II : call 12 nine poll 19 34 69 hour

चरण III : call 12 hour nine poll 19 34 69

चरण IV : call 12 hour 19 nine poll 34 69

चरण V : call 12 hour 19 nine 34 poll 69

और चरण V उपरोक्त इनपुट की पुनर्व्यवस्था का अंतिम चरण है।

उपरोक्त चरणों में अपनाए गए नियमों के अनुसार, निम्नलिखित प्रत्येक प्रश्न में दिए गए इनपुट के लिए उचित चरण का पता लगाइए।

12. एक इनपुट का चरण II है : bend 15 will care 46 53 29 then

पुनर्व्यवस्था को पूरा करने के लिए और कितने चरण चाहिए?

A. पांच B. तीन
C. चार D. छह
E. इनमें से कोई नहीं

13. इनपुट : land 62 clear over 41 37 again 56

निम्न में से कौन-सा अंतिम से पहला चरण होगा?

A. VIII B. IX
C. VII D. VI
E. इनमें से कोई नहीं

14. एक इनपुट का चरण II है : desk 12 year victor 86 71 store 65

निम्न में कौन-सा चरण VII होगा?

A. desk 12 store 65 year 71 victor 86
B. desk 12 store 65 71 year victor 86
C. desk 12 store 65 year victor 86 71
D. ऐसा कोई चरण नहीं होगा
E. इनमें से कोई नहीं

15. इनपुट : earn 39 23 48 station 19 begin day

पुनर्व्यवस्था को पूरा करने के लिए कितने चरण चाहिए?

A. पांच B. सात
C. आठ D. छह
E. इनमें से कोई नहीं

16. एक इनपुट का चरण III है : and 25 jungle 93 84 kite more 36

निम्न में से कौन-सा निश्चित रूप से इनपुट है?

A. 93 84 kite more and 36 25 jungle
B. 93 84 and 25 kite jungle more 36
C. Jungle 93 and 84 25 kite more 36
D. निर्धारित नहीं किया जा सकता
E. इनमें से कोई नहीं

निर्देश (प्र.सं 17 से 19 तक): *निम्नलिखित जानकारी का ध्यान से अध्ययन कर दिए गए प्रश्नों के उत्तर दीजिए:*

एक शब्द और संख्या व्यवस्था मशीन शब्दों और संख्याओं की इनपुट लाइन दिए जाने पर प्रत्येक चरण में किसी खास नियम का अनुसरण करते हुए उन्हें पुनर्व्यवस्थित करती है। इनपुट और पुनर्व्यवस्था का एक उदाहरण नीचे दिया गया है।

इनपुट : win 56 32 93 bat for 46 him 28 11 give chance
चरण I : 93 56 32 bat for 46 him 28 11 give chance win
चरण II : 11 93 56 32 bat for 46 28 give chance win him
चरण III : 56 11 93 32 bat for 46 28 chance win him give
चरण IV : 28 56 11 93 32 bat 46 chance win hin give for
चरण V : 46 28 56 11 93 32 bat win him give for change
चरण VI : 32 46 28 56 11 93 win him give for chance bat

और चरण VI उपरोक्त इनपुट की पुनर्व्यवस्था का अंतिम चरण है।

प्रश्नों के लिए इनपुटः

इनपुटः **fun 89 at the 28 16 base camp 35 53 here 68**

(व्यवस्था में दी गई सभी संख्याएं दो अंकीय संख्याएं हैं।)

17. निम्न में से चरण II कौन-सा होगा?
A. 89 fun at 28 16 base camp 35 53 here 68 the
B. 35 53 28 68 16 89 the here fun camp base at
C. 16 89 at fun 28 camp base 35 53 68 the here
D. 53 28 68 16 89 35 the here fun camp base at
E. इनमें से कोई नहीं

18. चरण IV में बाएं से सातवां स्थान निम्न में से किस शब्द/संख्या का होगा?
A. base B. at
C. 35 D. the
E. 53

19. निम्न आउटपुट कौन-सा चरण होगा?
53 28 68 16 89 at 35 the here fun camp base
A. ऐसा कोई चरण नहीं होगा
B. III
C. II
D. V
E. IV

निर्देश (प्र.सं. 20 से 24): *दी गई जानकारी पढ़िए और प्रश्न का उत्तर दीजिए:*

जब एक शब्द और संख्या व्यवस्था मशीन को शब्दों और संख्याओं की एक इनपुट लाइन दी जाती है, तो यह किसी खास नियम का अनुसरण करते हुए उन्हें पुनर्व्यवस्थित करती है। इनपुट और पुनर्व्यवस्था का एक उदाहरण नीचे दिया गया है। **(सभी संख्याएं दो अंकीय संख्याएं हैं)**

इनपुट : 40 made butter 23 37 cookies salt extra 52 86 92 fell now 19
चरण I : butter 19 40 made 23 37 cookies salt extra 52 86 92 fell now
चरण II : cookies 23 butter 19 40 made 37 salt extra 52 86 92 fell now
चरण III : extra 37 cookies 23 butter 19 40 made salt 52 86 92 fell now
चरण IV : fell 40 extra 37 cookies 23 butter 19 made salt 52 86 92 now
चरण V : made 52 fell 40 extra 37 cookies 23 butter 19 salt 86 92 now
चरण VI : now 86 made 52 fell 40 extra 37 cookies 23 butter 19 salt 92
चरण VII : salt 92 now 86 made 52 fell 40 extra 37 cookies 23 butter 19

चरण VII उपरोक्त पुनर्व्यवस्था का अंतिम चरण है क्योंकि अभिप्रेत व्यवस्था प्राप्त हो गई है।

दिए गए चरणों में अनुसरित नियमों के अनुसार दिए गए इनपुट के लिए उपयुक्त चरण का पता लगाइए।

इनपुट : 32 proud girl beautiful 48 55 97 rich family 61 72 17 nice life

20. दिए गए इनपुट को पूरा करने के लिए कितने चरण चाहिए?
A. पांच B. छह
C. सात D. आठ
E. नौ

21. चरण VI के बाएं छोर से तीसरा तत्व निम्न में से कौन-सा है?
A. beautiful B. life
C. 61 D. nice
E. 17

23. दिए गए इनपुट का चरण III निम्न में से कौन-सा है?
A. Proud 72 girl 48 family 32 beautiful 17 55 97 rich 61 nice life
B. life 55 girl 48 family 32 beautiful 17 proud 97 rich 61 72 nice
C. girl 48 family 32 beautiful 17 proud 55 97 rich 61 72 nice life
D. family 32 beautiful 17 proud girl 48 55 97 rich 61 72 nice life
E. girl 48 life 55 family 32 beautiful 17 proud 97 rich 61 72 nice

23. अंतिम चरण में बाएं छोर से 'nice' का स्थान कौन-सा है?
A. पांचवां B. छठा
C. सातवां D. आठवां
E. नौवां

24. चरण V में 'family' के दाएं को तीसरा तत्व कौन-सा है?
A. beautiful B. 17
C. proud D. 97
E. 32

उत्तरमाला

1	2	3	4	5	6	7	8	9	10
B	C	D	A	B	A	B	C	C	A
11	**12**	**13**	**14**	**15**	**16**	**17**	**18**	**19**	**20**
D	C	D	D	A	D	E	C	D	C
21	**22**	**23**	**24**						
D	C	A	B						

व्याख्यात्मक उत्तर

(प्र.सं. 1 से 6):

इनपुट : rise 53 neat ball 35 tape 18 58 dump 73 note 45.

चरण I : 73 rise 53 neat 35 tape 18 58 dump note 45 ball.

चरण II : 58 73 rise 53 neat 35 tape 18 note 45 ball dump.

चरण III : 53 58 73 rise 35 tape 18 note 45 ball dump neat.

चरण IV : 45 53 58 73 rise 35 tape 18 ball dump neat note.

चरण V : 35 45 53 58 73 tape 18 ball dump neat note rise.

चरण VI : 18 35 45 53 58 73 ball dump neat note rise tape.

(प्र.सं. 7 से 11):

इनपुटः for 52 all 96 25 jam road 15 hut 73 bus stop 38 46

चरण I: all for 52 25 jam road 15 hut 73 bus stop 38 46 96

चरण II: bus all for 52 25 jam road 15 hut stop 38 46 96 73

चरण III: for bus all 25 jam road 15 hut stop 38 46 96 73 52

चरण IV: hut for bus all 25 jam road 15 stop 38 96 73 52 46

चरण V: jam hut for bus all 25 road 15 stop 96 73 52 46 38

चरण VI: road jam hut for bus all 15 stop 96 73 52 46 38 25

चरण VII: stop road jam hut for bus all 96 73 52 46 38 25 15

(प्र.सं. 17 से 19)

चरण

इनपुट : fun 89 at the 28 16 base camp 35 53 here 68

चरण I. 89 fun at 28 16 base camp 35 53 here 68 the

चरण II. 16 89 fun at 28 base camp 35 53 68 the here

चरण III. 68 16 89 at 28 base camp 35 53 the here fun

चरण IV. .28 68 16 89 at base 35 53 the here fun camp

चरण V. 53 28 68 16 89 at 35 the here fun camp base

चरण VI. 35 53 28 68 16 89 the here fun camp base at.

20 से 24. दिये गये इनपुट को स्टेपवाइज व्यवस्थित करने पर

इनपुटः 32 proud girl beautiful 48 55 97 rich family 61 72 17 nice life.

चरण I. beautiful 17 32 proud girl 48 55 97 rich family 61 72 nice life.

चरण II. family 32 beautiful 17 proud girl 48 55 97 rich 61 72 nice life.

चरण III. girl 48 family 32 beautiful 17 proud 55 97 rich 61 72 nice life.

चरण IV. life 55 girl 48 family 32 beautiful 17 proud 97 rich 61 72 nice life.

चरण V. nice 61 life 55 girl 48 family 32 beautiful 17 proud 97 rich 72.

चरण VI. proud 72 nice 61 life 55 girl 48 family 32 beautiful 17 97 rich.

चरण VII. rich 97 proud 72 nice 61 life 55 girl 48 family 32 beautiful 17.

○○○

6 श्रृंखला (Series)

अक्षर श्रृंखला

अक्षर श्रृंखला में निहित अक्षरों का एक निश्चित क्रम होता है। दी गई अक्षर श्रृंखला में अक्षर वर्णमाला के सीधे क्रम में भी हो सकते हैं और वर्णमाला के विपरीत क्रम में भी। यही नहीं, एक ही श्रृंखला में अक्षर वर्णमाला के सीधे क्रम में और वर्णमाला के विपरीत या उल्टे क्रम में अर्थात् दोनों ही अनुक्रमों में भी हो सकते हैं। श्रृंखला में दिए गए क्रम में कुछ अक्षर छोड़े भी गए हो सकते हैं या ऐसा भी हो सकता है कि श्रृंखला में कुछ अक्षरों को एकाधिक बार प्रयुक्त किया गया हो या फिर वे क्रमागत हों। श्रृंखला एकल भी हो सकती है और एक ही श्रृंखला में एकांतर क्रम में दो अलग-अलग श्रृंखलाएं भी निहित हो सकती हैं। अक्षर श्रृंखला पर आधारित प्रश्नों को हल करते समय श्रृंखला के पैटर्न पर ध्यान दिया जाना आवश्यक होता है।

वर्णमाला के सीधे क्रम में अक्षरों की श्रृंखला है :

A B C D E F G H I J K L M N O P Q R S T U V W X Y Z

A ↓ पहला, E ↓ 5वाँ, J ↓ 10वाँ, O ↓ 15वाँ, T ↓ 20वाँ, Y ↓ 25वाँ

वर्णमाला के विपरीत या उल्टे क्रम में अक्षरों की श्रृंखला है :

Z Y X W V U T S R Q P O N M L K J I H G F E D C B A

Z ↓ पहला, V ↓ 5वाँ, Q ↓ 10वाँ, L ↓ 15वाँ, G ↓ 20वाँ, B ↓ 25वाँ

टिप्पणी : Z पर पहुंचकर श्रृंखला A से पुन: शुरू होती है और A पर पहुंचकर श्रृंखला Z से पुन: शुरू होती है।

हल किए गए प्रश्न

निर्देश : *नीचे दी गई श्रृंखला में प्रश्न चिह्न को प्रतिस्थापित करने के लिए दिए गए विकल्पों में से सही अक्षर का चयन करें :*

1. B D F H J ?

A. L B. O C. M D. K E. P

उत्तर A : श्रृंखला में प्रत्येक दो अक्षरों के बीच वर्णमाला के सीधे क्रम में एक अक्षर छूट गया है।

B → D → F → H → J → L

(+2, +2, +2, +2, +2)

2. A Z B Y C ?

A. D B. X C. U D. E E. O

उत्तर B : इस श्रृंखला में बारी-बारी से दो श्रृंखलाएं अंतर्निहित हैं :

श्रृंखला *I* : A B C (प्राकृतिक क्रम अर्थात् वर्णमाला के सीधे क्रम में क्रमागत अक्षर)

श्रृंखला *II* : Z Y X (वर्णमाला के विपरीत क्रम में क्रमागत अक्षर)

A → B → C (+1, +1)

A Z B Y C X

Z → Y → X (−1, −1)

संख्या शृंखला

इस प्रकार की शृंखला में दी गई संख्याओं के समुच्चय एक दूसरे से एक विशेष पैटर्न या रूप में संबंधित होते हैं। संख्याओं के बीच संबंध *(i)* क्रमागत विषम/सम संख्याओं; *(ii)* क्रमागत अविभाज्य संख्याओं; *(iii)* किसी संख्या (या संख्याओं) का वर्गफल/घनफल जिसमें किसी संख्या को जोड़ने या घटाने पर परिवर्तन होता है/नहीं होता; *(iv)* पूर्ववर्ती संख्याओं का योग/गुणनफल/अंतर; *(v)* किसी संख्या से योग/घटा/गुणा/भाग; और *(vi)* उपर्युक्त संबंधों के अनेक और भी संयोजनों पर आधारित होता है।

हल किए गए प्रश्न

1. नीचे दी गई संख्या-शृंखला को पूरा करने के लिए कौन-सा विकल्प उपयुक्त है ?

4, 8, 12, 16, ?

A. 18 B. 20 C. 22 D. 24 E. 25

उत्तर B: शृंखला में अंतर्निहित संख्याएं 4 की गुणज (multiples) हैं। शृंखला में अंतर्निहित अवयवों की एक अन्य व्याख्या यह है कि शृंखला की दो आनुक्रमिक संख्याओं के बीच 4 का अंतर है।

4 8 12 16 20

×2 ×3 ×4 ×5

या

4 8 12 16 20

+4 +4 +4 +4

2. दी गई शृंखला में प्रश्न चिह्न के स्थान पर क्या होगा ?

2, 14, 98, 686, ?

A. 1976 B. 2548 C. 980 D. 4802 E. इनमें से कोई नहीं

उत्तर D : शृंखला में अंतर्निहित संख्याएं 7 की गुणज हैं।

2 14 98 686 4802

×7 ×7 ×7 ×7

−1

आवर्ती शृंखला

इस प्रकार की शृंखला में अक्षरों का समुच्चय निर्मित करने के लिए अंग्रेजी वर्णमाला के छोटे अक्षरों का प्रयोग किया जाता है जिनकी शृंखला में पुनरावृत्ति होती है। अभ्यर्थी को दी गई शृंखला में लुप्त पद (अक्षरों का समुच्चय) ज्ञात करना होता है जिससे शृंखला के एक खंड की पूर्वव्यापी पैटर्न के अनुसार ही पुनरावृत्ति होती हो।

हल किए गए प्रश्न

प्रश्न : निम्नलिखित अक्षर-शृंखला में लुप्त पद ज्ञात करें :

ba-b-aab-a-b

A. baab B. abba C. abaa D. babb E. bbab

उत्तर B : शृंखला के पद हैं : baab, baab, baab। इस शृंखला में पद baab की पुनरावृत्ति होती है।

प्रश्न को हल करने के चरण : अभ्यर्थियों के लिए यह अपेक्षित है कि वे इस प्रकार की अक्षर-शृंखला को हल करने के तरीकों का पता लगाएं। शृंखला में प्रयुक्त पद 'aab' इस तथ्य की ओर संकेत करता है कि इस शृंखला में b से पहले दो a हैं, अत: शृंखला में पहले और अंतिम रिक्त स्थान पर a लिखा जाएगा। अब अक्षरों का पहला समुच्चय अर्थात् आरंभ में 'baab' प्राप्त हो गया है। इस समुच्चय की पुनरावृत्ति होती है, अत: दूसरे और तीसरे रिक्त स्थानों पर b लिखा जाएगा।

वस्तुनिष्ठ प्रश्न

निर्देशः *नीचे की प्रत्येक शृंखला में प्रश्न चिन्ह (?) को प्रतिस्थापित करने के लिए सही विकल्प का चयन करें।*

1. LAZ, NEX, PIV, ?
A. SLS B. QNS
C. RMT D. RMS
E. NQS

2. DED, EFE, FGF, ?
A. HGH B. GHG
C. EFE D. FHF
E. FEE

3. XYZ, UVW, ?, OPQ
A. RST B. STU
C. QRS D. TUV
E. VUT

4. VCL, UEI, TGF, ?
A. SJC B. THI
C. SIC D. RHD
E. HRT

5. ABC, EFG, HIJ, ?
A. IJK B. KLM
C. LMN D. JKL
E. MJK

6. PQR, HIJ, DEF, ?
A. DEF B. CDE
C. ABC D. BCD
E. DIE

7. KNQ, TWZ, CFI, ?
A. MNQ B. LOR
C. LPR D. KOR
E. OLR

8. JOBS, KMEO, LKHK, ?, NGNC
A. MJLH B. LIKG
C. MIKG D. MNGM
E. KIGL

9. ABC, ACE, ADG, ?
A. AEG B. AFH
C. AFG D. AEI
E. HEB

10. IOU, JKL, PQR, ?
A. UVW B. XYZ
C. TUV D. VWX
E. VTU

11. AZ, GT, MN, ?, YB
A. KF B. TS
C. RX D. SH
E. EG

12. BMY, DNW, FOU, ?
A. HPT B. HPS
C. HQS D. GPS
E. IQT

13. ADG, GJM, MPS, ?
A. SVW B. SVY
C. SUW D. SWY
E. STX

14. AZ, CX, EV, ?
A. HU B. GS
C. GT D. HT
E. GU

15. DMP, FLN, HKL, JJJ, ?
A. MIH B. III
C. LIH D. MII
E. JIP

16. ab-ccca-bccc-bbcc-
A. abbc B. bbac
C. bbca D. cabc
E. cacb

17. -cbc-a-bcaac-ca
A. aaba B. caab
C. bcab D. aacb
E. baca

18. ab-ba--ba-
A. abba B. baab
C. baba D. abab
E. bbaa

19. yx-yx-yxz-xz-y-zyxz
A. zzyx B. xxzy
C. yyzx D. yzxz
E. yxzy

20. xxxy-y-xxy-yxx-
A. xyxy B. yxyx
C. yyxx D. xxyy
E. yxxy

21. 1, 6, 15, ?, 45, 66, 91
A. 25 B. 26
C. 27 D. 28
E. 29

22. 1, 2, 5, 12, 27, 58, 121, ?
A. 246 B. 247
C. 248 D. 249
E. 250

23. 0, 3, 12, 30, ?, 105, 168
A. 60 B. 61
C. 62 D. 63
E. 64

24. 1, 3, 7, 13, 21, ?
A. 27 B. 29
C. 31 D. 33
E. 28

25. (2,1), (1,5), (5,7), (7,11), (11,13), ?
A. (13, 15) B. (13,17)
C. (13, 19) D. (15,16)
E. (17, 19)

निर्देश : *नीचे की प्रत्येक शृंखला में प्रश्न चिह्न के स्थान पर क्या आएगा ?*

26. 2B, 4C, 8E, 14H, ?
A. 20L B. 22L
C. 21I D. 16K
E. 17J

27. C(1)L, F(4)O, I(9)R, L(16)U, ?
A. P(27)W B. N(24)Y
C. M(23)X D. O(25)X
E. L(22)O

28. 3F, 6G, 11I, 18L, ?
A. 27P B. 21O
C. 27Q D. 25N
E. 19S

29. W(1)A, X(4)Z, Y(9)Y, ?, A(25)W
A. X(11)Z B. Z(21)A
C. Z(16)X D. Z(14)X
E. Z(23)D

30. 81Y, 27S, 9N, 3J, ?
A. 0H B. 1G
C. 0F D. 1E
E. 1D

31. E5, K11, Q17, ?
A. X20 B. Y24
C. V22 D. W25
E. U23

32. D2, I3, N6, S18, ?
A. V72 B. W36
C. Y90 D. X108
E. S38

33. 3J, 6M, 12L, ?, 48N
A. 24O B. 18M
C. 26M D. 22O
E. 24N

निर्देश : *नीचे की प्रत्येक अक्षर–संख्या शृंखला में कौन सा पद बेमेल/शृंखला में उपयुक्त नहीं है ?*

34. G4T, J10R, M20P, P43N, S90L
A. J10R B. S90L
C. M20P D. G4T
E. None of these

35. B0R, G3U, E3P, J7S, H9N
A. E3P B. J7S
C. H9N D. G3U
E. None of these

उत्तरमाला

1	2	3	4	5	6	7	8	9	10
C	B	A	C	D	D	B	C	D	D
11	**12**	**13**	**14**	**15**	**16**	**17**	**18**	**19**	**20**
D	B	B	C	C	B	D	D	A	B
21	**22**	**23**	**24**	**25**	**26**	**27**	**28**	**29**	**30**
D	C	A	C	B	B	D	A	C	B
31	**32**	**33**	**34**	**35**					
C	D	A	A	B					

व्याख्यात्मक उत्तर

1. शृंखला में तीन अक्षरों के एक समूह और उसके परवर्ती समूह के संगत अक्षरों में क्रमशः +2, +4, –2 का अंतर है।

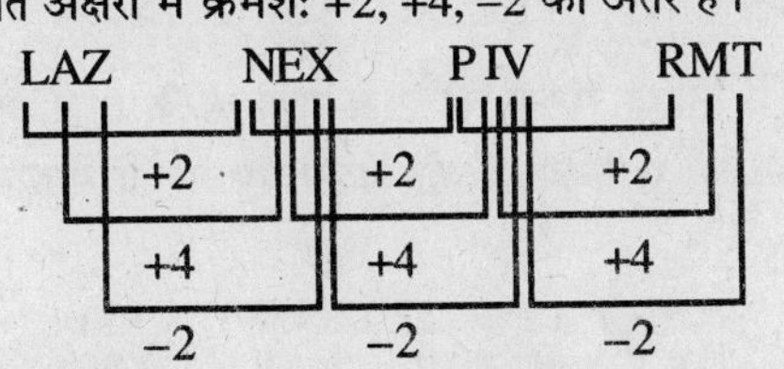

2. एक समूह के अक्षरों और उसके अगले समूह के संगत अक्षरों के बीच वर्णमाला के सीधे क्रम में +1 का अंतर है।

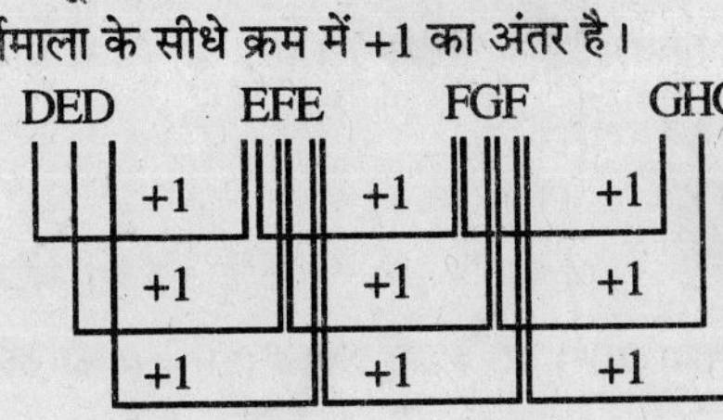

3. एक समूह के अक्षरों और उसके अगले समूह के संगत अक्षरों के बीच वर्णमाला के विपरीत क्रम में –3 का अंतर है।

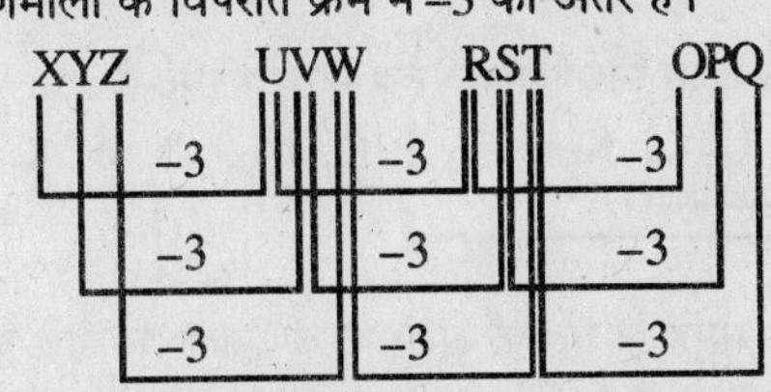

4. शृंखला में तीन अक्षरों के एक समूह और उसके परवर्ती समूह के संगत अक्षरों में क्रमशः –1, +2, –3 का अंतर है।

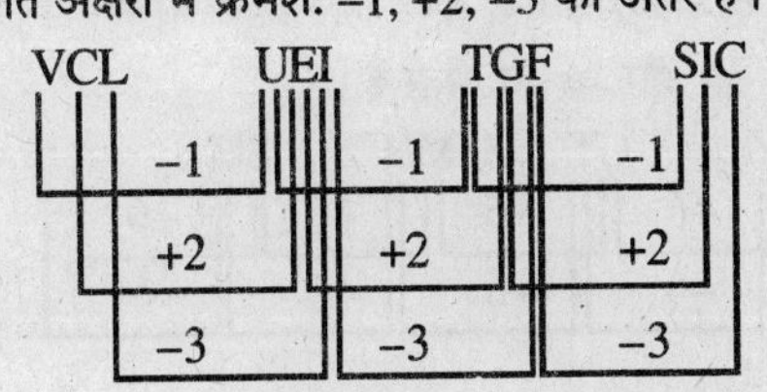

5. तीन अक्षरों के पूर्ववर्ती समूह के अंतिम अक्षर और अगले अक्षर समूह के पहले अक्षर के बीच अंतर में क्रमश: 1 की कमी होती जाती है।

ABC EFG HIJ JKL

+2 +1 +0

इसके अतिरिक्त प्रत्येक समूह के तीनों अक्षर वर्णमाला के सीधे क्रम में हैं।

6. प्रत्येक अक्षर समूह में संगत स्थान पर स्थित अक्षरों में वर्णमाला के विपरीत क्रम में क्रमश: –8, –4, –2 का अंतर है।

PQR HIJ DEF BCD

–8 –4 –2

–8 –4 –2

–8 –4 –2

7. एक समूह के अक्षरों और उसके अगले समूह में संगत स्थान पर स्थित अक्षरों के बीच वर्णमाला के सीधे क्रम में +9 का अंतर है।

KNQ TWZ CFI LOR

+9 +9 +9

+9 +9 +9

+9 +9 +9

8. प्रत्येक समूह के अक्षर पूर्ववर्ती समूह से अनुवर्ती समूह में क्रमश: +1, –2, +3 और –4 के पैटर्न का अनुपालन करते हैं।

JOBS KMEO LKHK MIKG NGNC

+1 +1 +1 +1

–2 –2 –2 –2

+3 +3 +3 +3

–4 –4 –4 –4

9. प्रत्येक समूह में अक्षरों के बीच क्रमश: 1 की वृद्धि होती है।

A B C A C E A D G A E I

+1 +1 +2 +2 +3 +3 +4 +4

10. शृंखला के अक्षर निम्नलिखित रूप में व्यवस्थित हैं :

I O U J K L P Q R V W X

पहले समूह के प्रत्येक अक्षर के वर्णमाला के सीधे क्रम में तीन क्रमागत अक्षरों से अन्य समूहों का निर्माण होता है।

11. शृंखला में दो अक्षरों के एक समूह और उसके परवर्ती समूह के अक्षरों में क्रमश: +6 और –6 का अंतर है।

AZ GT MN SH YB

+6 +6 +6 +6

–6 –6 –6 –6

12. शृंखला में तीन अक्षरों के एक समूह और उसके परवर्ती समूह के संगत अक्षरों में क्रमश: +2, +1, –2 का अंतर है।

BMY DNW FOU HPS

+2 +2 +2

+1 +1 +1

–2 –2 –2

13. एक समूह के अक्षरों और उसके अगले समूह के संगत स्थान पर स्थित अक्षरों के बीच वर्णमाला के सीधे क्रम में +6 का अंतर है।

ADG GJM MPS SVY

+6 +6 +6

+6 +6 +6

+6 +6 +6

14. शृंखला में दो अक्षरों के एक समूह और उसके परवर्ती समूह के अक्षरों में क्रमश: +2, –2 का अंतर है।

AZ CX EV GT

+2 +2 +2

–2 –2 –2

15. शृंखला में तीन अक्षरों के एक समूह और उसके परवर्ती समूह के संगत अक्षरों में क्रमश: +2, –1, –2 का अंतर है।

DMP FLN HKL JJJ LIH

+2 +2 +2 +2

–1 –1 –1 –1

–2 –2 –2 –2

16. दी गई अक्षर शृंखला है : abbccc abbccc.

17. दी गई अक्षर शृंखला है : acbca acbca acbca.

18. दी गई अक्षर शृंखला है : ab ab ab ab ab.

19. दी गई अक्षर शृंखला है : yxz yxz yxz yxz yxz yxz.

20. दी गई अक्षर शृंखला है : xxx yyy xxx yyy xxx.

21. शृंखला में दो आनुक्रमिक संख्याओं के बीच अंतर में प्रत्येक चरण पर 4 की वृद्धि होती जाती है।

1 6 15 28 45 66 91

+5 +9 +13 +17 +21 +25

22. शृंखला में निहित संख्या को 2 से गुणा करके 0 से आरंभ करके प्राकृतिक क्रम में संख्याओं को जोड़ने पर अगली संख्या प्राप्त होती है।

1 2 5 12 27 58 121 248

(1×2)+0 (2×2)+1 (5×2)+2 (12×2)+3 (27×2)+4 (58×2)+5 (121×2)+6

23. शृंखला का निर्माण निम्नलिखित रूप में 3 के गुणजों से होता है :

$3 \times 0 = 0$

$3 \times 1 = 3$ $(1 + 3 = 4)$

$3 \times 4 = 12$ $(4 + 6 = 10)$ > 3 (6 – 3 का अंतर)

$3 \times 10 = 30$ $(10 + 10 = 20)$ > 4 (10 – 6 का अंतर)

$3 \times 20 = 60$ (20 + 15 = 35) > 5 (15 – 10 का अंतर)

$3 \times 35 = 105$ (35 + 21 = 56) > 6 (21 – 15 का अंतर)

$3 \times 56 = 168$

24. शृंखला में दो आनुक्रमिक संख्याओं के बीच अंतर में प्रत्येक चरण पर 2 की वृद्धि होती जाती है।

1 3 7 13 21 31

+2 +4 +6 +8 +10

25. एक खंड की दूसरी संख्या दूसरे खंड की पहली संख्या है तथा खंडों में दूसरी संख्याओं का पैटर्न +4, +2 का है जिसकी पुनरावृत्ति होती है।

26. शृंखला में संख्याओं का अनुक्रम +2, +4, +6 +8 का तथा अक्षरों का अनुक्रम +1, +2, +3, +4 का है।

27. समूह के संगत अक्षर 3 स्थान आगे बढ़ाए गए हैं और संख्याओं का अनुक्रम +3, +5, +7, +9 का है।

28. संख्याओं का अनुक्रम +3, +5, +7, +9 का है और अक्षर क्रमश: 1, 2, 3, 4 चरण आगे बढ़ाए गए हैं।

29. शृंखला में दिए गए समूहों में बायीं ओर के अक्षर वर्णमाला के विपरीत क्रम में हैं और दाहिनी ओर के अक्षर वर्णमाला के सीधे क्रम में हैं तथा संख्याएं 1 से आरंभ करके प्राकृतिक क्रम में क्रमागत संख्याओं के वर्ग हैं।

30. प्रत्येक चरण पर संख्याओं को 3 से भाग किया गया है तथा अक्षर क्रमश: 6, 5, 4, 3 चरण उल्टे क्रम में लिखे गए हैं।

31. शृंखला में यादृच्छिक अक्षरों को रखा गया है तथा संख्याएं वर्णमाला के क्रम में अक्षरों की स्थिति को सूचित करती हैं।

32. अक्षर +5 पैटर्न का अनुपालन करते हैं और हर तीसरी संख्या अपनी पूर्ववर्ती दो संख्याओं का गुणनफल है।

33. प्रत्येक संख्या पूर्ववर्ती संख्या की दोगुनी है तथा शृंखला में निहित अक्षर +3, –1 (3 चरण आगे, 1 चरण पीछे) पैटर्न का अनुपालन करते हैं।

34. शृंखला में दिए गए समूहों में बायीं ओर के अक्षर +3 पैटर्न का, दायीं ओर के अक्षर –2 पैटर्न का अनुपालन करते हैं तथा संख्याओं द्वारा $(4 \times 2) + 1$, $(9 \times 2) + 2$, $(20 \times 2) + 3$, $(43 \times 2) + 4$ पैटर्न का अनुपालन किया जाता है। अत: J10R के स्थान पर शृंखला में J9R होना चाहिए।

35. शृंखला के दिए गए समूहों में बायीं ओर के अक्षर +5, –2 (5 चरण आगे, 2 चरण पीछे) पैटर्न का अनुपालन करते हैं जिसकी आगे भी पुनरावृत्ति होती है। समूहों में दायीं ओर +3, –5 (3 चरण आगे, 5 चरण पीछे) पैटर्न का अनुपालन किया जाता है जिसकी पुनरावृत्ति होती है। शृंखला की संख्याएं शृंखला में अपने पूर्ववर्ती दो संख्याओं के योग के बराबर हैं। अत: J7S के स्थान पर J6S होना चाहिए।

OOO

7 सांकेतिक निष्कर्ष निकालना (Drawing Symbolic Conclusions)

इस प्रकार की तर्कशक्ति परीक्षण पद्धति प्रतियोगी परीक्षाओं में नई अवधारणा है। यहां वाक्यों की बजाय गणितीय अभिव्यक्तियों का इस्तेमाल किया जाता है। संकेतों और उनके अर्थों को समझने के बाद प्रश्न हल करने का प्रयास करना होता है तथा उस सर्वोत्तम निष्कर्ष (निष्कर्षों) को चुनना पड़ता है जो दिए गए कथनों के समूह का अनुसरण करता है।

उदाहरण (प्रश्न 1 से 5) : *निम्नलिखित प्रश्नों में @, $\underset{=}{@}$, =, * और $\underset{=}{*}$ संकेतों का इस्तेमाल किया गया है, जिनके अर्थ इस प्रकार से हैं:*

'P @ Q' का अर्थ है 'P, Q से बड़ा है'

'P $\underset{=}{@}$ Q' का अर्थ है 'P या तो Q से बड़ा है या उसके बराबर है'

'P = Q' का अर्थ है 'P, Q के बराबर है'

'P * Q' का अर्थ है 'P, Q से छोटा है'

'P $\underset{=}{*}$ Q' का अर्थ है 'P या तो Q से छोटा है या उसके बराबर है'

अब प्रत्येक प्रश्न में दिए गए कथन को सत्य मानते हुए यह पता लगाना है कि निष्कर्ष I और II में से कौन-सा निष्कर्ष निश्चित रूप से सत्य है/हैं।

उत्तर इस प्रकार दिया जाना है :

A. यदि केवल निष्कर्ष I सत्य हो;
B. यदि केवल निष्कर्ष II सत्य हो;
C. यदि I अथवा II सही हों;
D. यदि I और II दोनों असत्य हों;
E. यदि I और II दोनों सही हों

1. ***कथन*** : D @ F, F = S, S $\underset{=}{*}$ M
निष्कर्ष : *I.* D @ M *II.* F @ M
व्याख्या D : दिया गया है कि : $D > F, F = S, S \le M$
$\therefore F \le M$
दोनों निष्कर्षों में कोई भी सत्य नहीं है।

2. ***कथन*** : P @ T, M $\underset{=}{*}$ K, T = K
निष्कर्ष : *I.* T @ M *II.* T = M
व्याख्या C : $P > T, M \le K, T = K$
$\therefore T \ge M \Rightarrow$ I या II सत्य है

3. ***कथन*** : J = V, V * N, R $\underset{=}{*}$ J
निष्कर्ष : *I.* R * N *II.* J $\underset{=}{@}$ N
व्याख्या A : दिया हुआ है कि $J = V, V < N, R \le J$
$\Rightarrow J < N, R \le J$
$\therefore R < N \Rightarrow$ निष्कर्ष I सत्य है

4. ***कथन*** : S * M, M @ L, L $\underset{=}{@}$ Z
निष्कर्ष : *I.* S = Z *II.* S $\underset{=}{*}$ L
व्याख्या D : दिया गया है कि $S < M, M > L, L \ge Z$
निष्कर्ष I और II दोनों सत्य नहीं हैं

5. ***कथन*** : L $\underset{=}{@}$ U, C * L, C @ B
निष्कर्ष : *I.* U = C *II.* L @ B
व्याख्या B : दिया गया है कि $L \ge U, C < L, C > B$
$\Rightarrow L > C > B \Rightarrow L > B$
निष्कर्ष II सत्य है

वस्तुनिष्ठ प्रश्न

निर्देश (प्र.सं. 1-5): *इन प्रश्नों में, विभिन्न तत्वों के बीच सम्बन्ध को कथनों में दर्शाया गया है। इन कथनों से संबंधित दो निष्कर्ष दिए गये हैं।*

उत्तर दीजिए **यदि**

A. केवल निष्कर्ष I अनुकरण करता है।
B. केवल निष्कर्ष II अनुकरण करता है।
C. या तो निष्कर्ष I अथवा II अनुकरण करता है।
D. न तो निष्कर्ष I न ही II अनुकरण करता है।
E. दोनों निष्कर्ष I व II अनुकरण करते हैं।

1. कथन : $K > I \ge T \ge E$; $O < R < K$
निष्कर्ष : I. $R < E$
II. $O < T$

2. कथन : B > A > S < I > C > L < Y
निष्कर्ष : I. B > L
II. A > Y

3. कथन : C < L < O = U = D ≥ S > Y
निष्कर्ष : I. O > Y
II. C < D

4. कथन : B > R > E > A > K;
H > A > S
निष्कर्ष : I. H > K
II. S < B

5. कथन : J = A; C ≥ K ≥ S ≥ A
निष्कर्ष : I. C > J
II. C = J

निर्देश (प्र.सं. 6 से 10): *इन प्रश्नों में दिए गए कथनों में विभिन्न तत्वों के बीच संबंध दर्शाया गया है। इन कथनों के बाद दो निष्कर्ष दिए गए हैं:*

उत्तर (A) दीजिए यदि केवल निष्कर्ष I सत्य है।
उत्तर (B) दीजिए यदि केवल निष्कर्ष II सत्य है।
उत्तर (C) दीजिए यदि या तो निष्कर्ष I या II सत्य है।
उत्तर (D) दीजिए यदि न तो निष्कर्ष I न ही II सत्य है।
उत्तर (E) दीजिए यदि दोनों निष्कर्ष I और II सत्य हैं।

6. कथन : A≤F≥T=E≤R
निष्कर्ष : I. A<F
II. R≥F

7. कथन : R≥I<G≤H>T
निष्कर्ष : I. T<I
II. H>I

8. कथन : T=A≤K>E=S
निष्कर्ष : I. K≥T
II. S<K

9. कथन : P<O=I≤N>T
निष्कर्ष : I. P<N
II. O>T

10. कथन : D>E≥L>A≥Y
निष्कर्ष : I. Y≤D
II. A≥E

निर्देश (प्र.सं. 11 से 15): *निम्नलिखित प्रश्नों में δ, ★, $, @ तथा © प्रतीकों का नीचे बताए अर्थों के अनुसार प्रयोग किया गया है–*

'P $ Q' का अर्थ है 'P, Q से न तो छोटा है न बड़ा है'।
'P δ Q' का अर्थ है 'P, Q से छोटा नहीं है'।
'P © Q' का अर्थ है 'P, Q से या तो छोटा है या बराबर है।
'P ★ Q' का अर्थ है 'P, Q से छोटा है'।
'P @ Q' का अर्थ है 'P, Q से न तो छोटा है न बराबर है।

अब निम्नलिखित प्रत्येक प्रश्न में दिए गए कथनों को सत्य मानते हुए यह पता लगाइए कि उनके नीचे दिए गए दो निष्कर्षों I और II में से कौन-सा(से) निश्चित रूप से सही है(हैं)।

उत्तर (A) दीजिए यदि केवल निष्कर्ष I सत्य है।
उत्तर (B) दीजिए यदि केवल निष्कर्ष II सत्य है।
उत्तर (C) दीजिए यदि या तो निष्कर्ष I या निष्कर्ष II सत्य है।
उत्तर (D) दीजिए यदि न तो निष्कर्ष I और न ही निष्कर्ष II सत्य है।
उत्तर (E) दीजिए यदि निष्कर्ष I और निष्कर्ष II दोनों सत्य हैं।

11. कथन : W $ F, F δ R, R ★ M
निष्कर्ष : I. R ★ W
II. R $ W

12. कथन : V δ T, T @ N, N $ J
निष्कर्ष : I. J ★ T
II. N ★ V

13. कथन : K © R, R δ M, M ★ F
निष्कर्ष : I. F @ R
II. K ★ M

14. कथन : B @ J, J ★ H, H © N
निष्कर्ष : I. N @ J
II. N @ B

15. कथन : T ★ K, K © M, M δ D
निष्कर्ष : I. D ★ K
II. M @ T

निर्देश (प्र.सं. 16 से 20): *निम्नलिखित जानकारी ध्यान से पढ़कर नीचे दिए गए प्रश्नों के उत्तर दीजिए:*

यदि 'P * Q' का अर्थ है 'P, Q की माता है'।
यदि 'P × Q' का अर्थ है 'P, Q का पिता है'।
यदि 'P + Q' का अर्थ है 'P, Q की बहन है'।
यदि 'P – Q' का अर्थ है 'P, Q का भाई है'।
यदि 'P > Q' का अर्थ है 'P, Q का पुत्र है'।
यदि 'P < Q' का अर्थ है 'P, Q की पुत्री है'।

16. अभिव्यक्ति 'A × B + R > S' में S का A से क्या संबंध है?
A. पुत्र-वधू B. पुत्री
C. पत्नी D. बहन
E. निर्धारित नहीं किया जा सकता है

17. निम्नलिखित में से किसका अर्थ है, P, S का पिता है?
A. P × Q < R * S B. R × P < Q – S
C. R + S > Q + P D. S + Q – R * P
E. निर्धारित नहीं किया जा सकता है

18. अभिव्यक्ति 'P + Q > A – B' में P का B से क्या संबंध है?
A. पुत्री B. पुत्र
C. भतीजी D. भतीजा
E. निर्धारित नहीं किया जा सकता है

19. निम्नलिखित में से किसका अर्थ है D, C की आंट है?

A. $D > B * A * C$ B. $D + B - C * A$

C. $D - B - A \times C$ D. $D + B \times A \times C$

E. इनमें से कोई नहीं

20. अभिव्यक्ति '$W > X < Y * Z$' में W का Z से क्या संबंध है?

A. भतीजा B. अंकल

C. पुत्र D. ब्रदर इन लॉ

E. इनमें से कोई नहीं

निर्देश (प्र.सं. 21 और 22): *निम्नलिखित जानकारी को ध्यान से पढ़िए और उसके बाद दिए गए प्रश्नों के उत्तर दीजिए:*

यदि '$A \times B$' का अर्थ है 'A, B की पत्नी है'।

यदि '$A + B$' का अर्थ है 'A, B का भाई है'।

यदि '$A \div B$' का अर्थ है 'A, B की पुत्री है'।

यदि '$A - B$' का अर्थ है 'A, B का पुत्र है'।

21. निम्न में से किसका अर्थ है, 'D, A का पिता है'।

A. $A - B \times C + D$ B. $D \div C - B \times A$

C. $A + B \div C \times D$ D. $D + B \times C - A$

E. इनमें से कोई नहीं

22. यदि '$F - G \div H \times J$' हो तो F का J से क्या संबंध होगा?

A. पुत्र B. ग्रैंडसन

C. सन-इन-लॉ D. पिता

E. ग्रैंडफादर

निर्देश (प्र.सं. 23 से 25): *प्रत्येक प्रश्न में दी गई जानकारी/कथन को ध्यान से पढ़िए और इन प्रश्नों के उत्तर दीजिए।*

23. अभिव्यक्ति '$A > B \geq C < D$' निश्चित रूप से सत्य है तो निम्नलिखित में से कौन-सी अभिव्यक्ति सत्य होगी।

A. $A > D$ B. $C \leq A$

C. $D > B$ D. $D \geq A$

E. कोई सत्य नहीं है

24. अभिव्यक्ति '$F \leq G = H < K$' निश्चित रूप से सत्य है तो निम्नलिखित में से कौन-सी अभिव्यक्ति सत्य नहीं होगी?

A. $K \geq F$ B. $H \geq F$

C. $G < K$ D. $F < K$

E. इनमें से कोई नहीं

25. निम्नलिखित में से किस अभिव्यक्ति में अभिव्यक्ति $P < Q$ **निश्चित रूप से सत्य** होगी?

A. $P \geq R > N = Q$ B. $Q < R \geq N > P$

C. $P < R \leq Q > N$ D. $P \geq N \geq M > Q$

E. कोई सत्य नहीं है

निर्देश (प्र.सं. 26 से 27): *निम्नलिखित जानकारी ध्यान से पढ़कर नीचे दिए गए प्रश्नों के उत्तर दीजिए।*

यदि '$A \times B$' का अर्थ है 'A, B की पत्नी है।

यदि '$A + B$' का अर्थ है 'A, B का भाई है।

यदि '$A \div B$' का अर्थ है 'A, B की पुत्री है।

यदि '$A - B$' का अर्थ है 'A, B का पुत्र है।

26. निम्नलिखित में से किसका अर्थ है– 'T, P का पिता है'?

A. $P + Q \times R - T$ B. $P \div R - T \times Q$

C. $P + Q \div R \times T$ D. $P - Q + T \div R$

E. इनमें से कोई नहीं

27. '$Y \times V + W \div Z$' है तो Y का Z से क्या संबंध है?

A. पुत्री B. ससुर

C. पत्नी D. पुत्र-वधू

E. निर्धारित नहीं किया जा सकता है

निर्देश (प्र.सं. 28 से 32): निम्नलिखित प्रश्नों में @, ©, %, $ और ★ प्रतीकों का नीचे बताए गए अर्थों में प्रयोग किया गया है:

'P © Q' का अर्थ है 'P, Q से छोटा है'।

'P % Q' का अर्थ है 'P, Q के बराबर है'।

'P ★ Q' का अर्थ है 'P, Q से बड़ा है'।

'P @ Q' का अर्थ है 'P, Q के या तो बराबर है या छोटा है'।

'P $ Q' का अर्थ है 'P, Q के या तो बराबर है या बड़ा'।

अब निम्नलिखित प्रश्नों में दिए गए कथनों को सत्य मानते हुए पता लगाइए कि दो निष्कर्षों I व II में से कौन-सा(से) **निश्चित रूप से सत्य** है(हैं)।

उत्तर (A) दीजिए यदि केवल निष्कर्ष I सत्य है।

उत्तर (B) दीजिए यदि केवल निष्कर्ष II सत्य है।

उत्तर (C) दीजिए यदि या तो निष्कर्ष I या II सत्य है।

उत्तर (D) दीजिए यदि न तो निष्कर्ष I न ही II सत्य है।

उत्तर (E) दीजिए यदि दोनों निष्कर्ष I व II सत्य हैं।

28. कथन : J $ H, H © F, F ★ G

निष्कर्ष : I. F ★ J

II. H © G

29. कथन : R % S, S @ T, T © U

निष्कर्ष : I. U ★ S

II. T $ R

30. कथन : M @ N, N % L, L © K

निष्कर्ष : I. L $ M

II. K ★ M

31. कथन : Z © Y, Y $ W, W ★ V

निष्कर्ष : I. Z @ W

II. V © Y

32. कथन : A ★ B, B % C, C @ D

निष्कर्ष : I. B @ D

II. A ★ D

निर्देश (प्र.सं. 33 से 38): *निम्नलिखित प्रश्नों में प्रतीक $, %, ★, δ और # का प्रयोग निम्नलिखित अर्थ में किया गया है :*

'P % Q' का अर्थ है 'P, Q से छोटा नहीं है'।

'P # Q' का अर्थ है 'P, Q से बड़ा नहीं है'।

'P $ Q' का अर्थ है 'P न तो Q से छोटा और न ही समान है'।

'P ★ Q' का अर्थ है 'P न तो Q से बड़ा और न ही समान है'।

'P δ Q' का अर्थ है 'P न तो Q से बड़ा और न ही छोटा है'।

अब नीचे दिए गए प्रत्येक प्रश्न में दिए गए कथनों को सत्य मानते हुए, यह पता लगाइए कि उनके नीचे दिए गए निष्कर्ष I और II में से कौन-सा/कौन-से **निश्चित रूप से सत्य** है/हैं?

उत्तर (A) दीजिए यदि केवल निष्कर्ष I सत्य है।

उत्तर (B) दीजिए यदि केवल निष्कर्ष II सत्य है।

उत्तर (C) दीजिए यदि या तो निष्कर्ष I या II सत्य है।

उत्तर (D) दीजिए यदि न तो निष्कर्ष I न ही II सत्य है।

उत्तर (E) दीजिए यदि दोनों निष्कर्ष I और II सत्य हैं।

33. कथन : H % R, R # K, K $ B

निष्कर्ष : I. B ★ R
II. K $ H

34. कथन : N % F, F # H, H ★ U

निष्कर्ष : I. U $ F
II. H % N

35. कथन : K $ R, R δ W, W # T

निष्कर्ष : I. T % R
II. K $ W

36. कथन : K ★ T, T $ M, M δ J

निष्कर्ष : I. J ★ K
II. J ★ T

37. कथन : D # R, R δ M, M $ B

निष्कर्ष : I. M δ D
II. M $ D

38. कथन : B δ V, V % M, M $ J

निष्कर्ष : I. J ★ V
II. M # B

निर्देश (प्र.सं. 39 से 43): *निम्नलिखित प्रश्नों में @, ©, $, % और ★ प्रतीकों का नीचे बताए गए अर्थों में प्रयोग किया गया है–*

'P © Q' का अर्थ है P, Q से छोटा नहीं है'।

'P ★ Q' का अर्थ है P, Q से बड़ा नहीं है'।

'P @ Q' का अर्थ है P, Q से न तो बड़ा है न छोटा'।

'P $ Q' का अर्थ है P, Q से न तो छोटा है न बराबर'।

'P % Q' का अर्थ है P, Q से न तो बड़ा है न बराबर'।

अब निम्नलिखित प्रत्येक प्रश्न में दिए गए कथनों को सत्य मानते हुए यह पता लगाइए कि उनके बाद दिए गए निष्कर्षों I, II, III और IV में से कौन-सा(से) निश्चित रूप से सत्य है(हैं) और तदनुसार अपना उत्तर दीजिए।

39. कथन : K © L, L % O, O @ M, M ★ N

निष्कर्ष : I. N © O
II. M $ L
III. K ★ N
IV. L @ N

A. केवल II सत्य है
B. केवल I और II सत्य है
C. केवल I सत्य है
D. केवल या तो I या II सत्य है
E. कोई सत्य नहीं है

40. कथन : A ★ B, B $ C, C % D, D © E

निष्कर्ष : I. D $ A
II. B $ D
III. E % C
IV. A @ E

A. केवल I सत्य है
B. केवल या तो I या II सत्य है
C. केवल I और IV सत्य है
D. कोई सत्य नहीं है
E. केवल IV सत्य है

41. कथन : F $ P, P @ R, R © S, S % T

निष्कर्ष : I. R % F
II. S ★ P
III. P © T
IV. S % F

A. केवल I, II व III सत्य हैं
B. केवल I व II सत्य हैं
C. केवल III व IV सत्य हैं
D. केवल I, II व IV सत्य हैं
E. सभी सत्य हैं

42. कथन : G % H, H ★ I, I $ J, J @ K

निष्कर्ष : I. G % I
II. G % J
III. K $ I
IV. H ★ J

A. केवल I सत्य है
B. केवल II सत्य है
C. केवल I, II व III सत्य हैं
D. केवल या तो I या II व III सत्य हैं
E. सभी सत्य हैं

43. कथन : V @ W, W % X, X ★ Y, Y $ Z

निष्कर्ष : I. Z $ X
II. Y © V
III. W % Y
IV. Y @ W

A. केवल I व III सत्य हैं
B. केवल II सत्य है
C. केवल III सत्य है
D. कोई सत्य नहीं है
E. केवल III व IV सत्य हैं

निर्देश (प्र.सं. 44 से 48): *प्रत्येक प्रश्न में दी गई जानकारी/कथन ध्यान से पढ़कर इन प्रश्नों के उत्तर दीजिए।*

44. अभिव्यक्ति '$W \le V < T \ge S$' निश्चित रूप से सत्य है तो निम्नलिखित में से कौन-सी अभिव्यक्ति सत्य होगी?

A. $W \le S$ B. $T < W$
C. $V > S$ D. $W \le T$
E. कोई सत्य नहीं है

45. अभिव्यक्ति '$A \ge B = C > D$' निश्चित रूप से सत्य है तो निम्नलिखित में से कौन-सी अभिव्यक्ति **सत्य नहीं** होगी?

A. $A \ge D$ B. $C \le A$
C. $D < A$ D. $B > D$
E. सभी सत्य हैं

46. निम्नलिखित में से किस अभिव्यक्ति में, अभिव्यक्ति '$F \le R$' निश्चित रूप से सत्य होगी?

A. $F < Q \le G < R$ B. $R \ge Q < G \ge F$
C. $R \ge G > Q \ge F$ D. $F = Q \le D < R$
E. इनमें से कोई नहीं

47. निम्नलिखित में से किस अभिव्यक्ति में अभिव्यक्ति '$L < P$' **सत्य नहीं** है?

A. $P > N \ge M = L$
B. $L = N \le M < P$
C. $P < N \le M \le L$
D. $L < M = N \le P$
E. $L < M < N < P$

48. अभिव्यक्ति '$J \ge H = I > K$' निश्चित रूप से सत्य है तो निम्नलिखित में से कौन-सी अभिव्यक्ति सत्य होगी?

A. $J \ge K$ B. $K < H$
C. $I \ge J$ D. $K = J$
E. कोई सत्य नहीं है

उत्तरमाला

1	2	3	4	5	6	7	8	9	10
D	D	E	E	C	D	B	E	A	D
11	**12**	**13**	**14**	**15**	**16**	**17**	**18**	**19**	**20**
C	E	D	A	B	C	A	C	D	A
21	**22**	**23**	**24**	**25**	**26**	**27**	**28**	**29**	**30**
C	B	E	A	C	C	D	D	E	E
31	**32**	**33**	**34**	**35**	**36**	**37**	**38**	**39**	**40**
B	A	D	A	E	B	C	E	B	D
41	**42**	**43**	**44**	**45**	**46**	**47**	**48**		
D	A	C	E	A	E	C	B		

व्याख्यात्मक उत्तर

11-15.

$ ⇒ =	δ ⇒ ≥	© ⇒ ≤
★ ⇒ <	@ ⇒ >	

11. W $ F ⇒ W = F
F δ R ⇒ F ≥ R
R ★ M ⇒ R < M

अतः

$W = F \ge R < M$

निष्कर्ष :

I. R ★ W ⇒ R < W : अर्धसत्य
II. R $ W ⇒ R = W : अर्धसत्य
R, W से या तो छोटा है या W के बराबर है।

12. V δ T ⇒ V ≥ T
T @ N ⇒ T > N
N $ J ⇒ N = J

अतः

$V \ge T > N = J$

निष्कर्ष :

I. J ★ T ⇒ J < T : सत्य
II. N ★ V ⇒ N < V : सत्य

13. K © R ⇒ K ≤ R
R δ M ⇒ R ≥ M
M ★ F ⇒ M < F

अतः,

$K \le R \ge M < F$

निष्कर्ष :

I. F @ R ⇒ F > R : असत्य
II. K ★ M ⇒ K < M : असत्य

14. B @ J ⇒ B > J
J ★ H ⇒ J < H
H © N ⇒ H ≤ N

अतः,

$B > J < H \le N$

निष्कर्ष :

I. N @ J $\Rightarrow$ N > J : सत्य

II. N @ B $\Rightarrow$ N > B : असत्य

15. T ★ K $\Rightarrow$ T < K
K © M $\Rightarrow$ K $\le$ M
M δ D $\Rightarrow$ M $\ge$ D

अतः,
T < K $\le$ M $\ge$ D

निष्कर्ष :

I. D ★ K $\Rightarrow$ D < K : असत्य

II. M @ T $\Rightarrow$ M > T : सत्य

16. (A) —पिता→ (B) —बहन→ (R) —पुत्र→ (S) $\Rightarrow$ (S) —पत्नी→ (A)

17. (P) —पिता→ (Q) —पुत्री→ (R) —माता→ (S) $\Rightarrow$ (P) —पिता→ (S)

अतः विकल्प A सही है।

18. (P) —बहन→ (Q) —पुत्र→ (A) —भाई→ (B) $\Rightarrow$ (P) —भतीजी→ (B)

19. (D) —बहन→ (B) —पिता→ (A) —पिता→ (C) $\Rightarrow$ (D) —आंट→ (A)

अतः विकल्प D सही है।

20. (W) —पुत्र→ (X) —पुत्री→ (Y) —माता→ (Z) $\Rightarrow$ (W) —भतीजा→ (Z)

25. P < R $\le$ Q
$\therefore$ P < Q

26. P ←भाई— Q ←पुत्री— R ←पत्नी— T

अतः T, P का पिता है।

27. Y ←पत्नी— V ←भाई— W ←पुत्री— Z

अतः Y, Z की पुत्र-वधू है

(प्र.सं. 28 से 32):

© $\Rightarrow$ <   % $\Rightarrow$ =   ★ $\Rightarrow$ >
@ $\Rightarrow$ $\le$ \$ $\Rightarrow$ $\ge$

28. J \$ H $\Rightarrow$ J $\ge$ H
H © F $\Rightarrow$ H < F
F ★ G $\Rightarrow$ F > G
अतः J $\ge$ H < F > G

निष्कर्ष

I. F ★ J $\Rightarrow$ F > J : असत्य

II. H © J $\Rightarrow$ H < G : असत्य

29. R % S $\Rightarrow$ R = S
S @ T $\Rightarrow$ S $\le$ T
T © U $\Rightarrow$ T < U
अतः R = S $\le$ T < U

निष्कर्ष

I. U ★ S $\Rightarrow$ U > S : सत्य

II. T \$ R $\Rightarrow$ T $\ge$ R : सत्य

30. M @ N $\Rightarrow$ M $\le$ N
N % L $\Rightarrow$ N = L
L © K $\Rightarrow$ L < K
अतः M $\le$ N = L < K

निष्कर्ष

I. L \$ M $\Rightarrow$ L $\ge$ M : सत्य

II. K ★ M $\Rightarrow$ K > M : सत्य

31. Z © Y $\Rightarrow$ Z < Y
Y \$ W $\Rightarrow$ Y $\ge$ W
W ★ V $\Rightarrow$ W > V
अतः Z < Y $\ge$ W > V

निष्कर्ष

I. Z @ W $\Rightarrow$ Z $\le$ W : असत्य

II. V © Y $\Rightarrow$ V < Y : सत्य

33. H % R $\rightarrow$ H $\ge$ R, R # K $\rightarrow$ R $\le$ K,
K \$ B $\rightarrow$ K > B
इन सबों से हम पाते हैं कि
H $\ge$ R $\le$ K > B
(*i*) B ★ R $\rightarrow$ B < R (असत्य)
(*ii*) K \$ H $\rightarrow$ K > H (असत्य)

34. N % F $\rightarrow$ N $\ge$ F, F # H $\rightarrow$ F $\le$ H,
H ★ U $\rightarrow$ H < U
इन सबों से हम पाते हैं कि
N $\ge$ F $\le$ H < U
(*i*) U \$ F $\rightarrow$ U > F (सत्य)
(*ii*) H % N $\rightarrow$ H $\ge$ N (असत्य)

35. K \$ R $\rightarrow$ K > R, R δ W $\rightarrow$ R = W,
W # T $\rightarrow$ W $\le$ T
इन सबों से हम पाते हैं कि
K > R = W $\le$ T
(*i*) T % R $\rightarrow$ T $\ge$ R (सत्य)
(*ii*) K \$ W $\rightarrow$ K > W (सत्य)

36. K ★ T $\rightarrow$ K < T, T \$ M $\rightarrow$ T > M,
M δ J $\rightarrow$ M = J
इन सबों से हम पाते हैं कि
K < T > M = J
(*i*) J ★ K $\rightarrow$ J < K (असत्य)
(*ii*) J ★ T $\rightarrow$ J < T (सत्य)

37. D # R $\rightarrow$ D $\le$ R, R δ M $\rightarrow$ R = M,
M \$ B $\rightarrow$ M > B
इन सबों से हम पाते हैं कि
D $\le$ R = M > B
(*i*) M δ D $\rightarrow$ M = D
(*ii*) M \$ D $\rightarrow$ M > D

38. $B\ \delta\ V \to B = V$, $V \% M \to V \geq M$,
$M \$ J \to M > J$
इन सबों से हम पाते हैं कि
$B = V \geq M > J$
(*i*) $J \bigstar V \to J < V$ (सत्य)
(*ii*) $M \# B \to M \leq B$ (सत्य)

(39–43):

© ⇒ ≥	★ ⇒ ≤	@ ⇒ =
\$ ⇒ >	% ⇒ <	

39. $K © L \Rightarrow K \geq L$
$L \% O \Rightarrow L < O$
$O @ M \Rightarrow O = M$
$M \bigstar N \Rightarrow M \leq N$
अतः, $K \geq L < O = M \leq N$

निष्कर्ष :

I. $N © O \Rightarrow N \geq O$: सत्य
II. $M \$ L \Rightarrow M > L$: सत्य
III. $K \bigstar N \Rightarrow K \leq N$: असत्य
IV. $L @ N \Rightarrow L = N$: असत्य

40. $A \bigstar B \Rightarrow A \leq B$
$B \$ C \Rightarrow B > C$
$C \% D \Rightarrow C < D$
$D © E \Rightarrow D \geq E$
अतः, $A \leq B > C < D \geq E$

निष्कर्ष :

I. $D \$ A \Rightarrow D > A$: असत्य
II. $B \$ D \Rightarrow B > D$: असत्य
III. $E \% C \Rightarrow E < C$: असत्य
IV. $A @ E \Rightarrow A = E$: असत्य

41. $F \$ P \Rightarrow F > P$
$P @ R \Rightarrow P = R$
$R © S \Rightarrow R \geq S$
$S \% T \Rightarrow S < T$
अतः, $F > P = R \geq S < T$

निष्कर्ष :

I. $R \% F \Rightarrow R < F$: सत्य
II. $S \bigstar P \Rightarrow S \leq P$: सत्य
III. $P © T \Rightarrow P \geq T$: असत्य
IV. $S \% F \Rightarrow S < F$: सत्य

43. $V @ W \Rightarrow V = W$
$W \% X \Rightarrow W < X$
$X \bigstar Y \Rightarrow X \leq Y$
$Y \$ Z \Rightarrow Y > Z$
अतः, $V = W < X \leq Y > Z$

निष्कर्ष :

I. $Z \$ X \Rightarrow Z > X$: असत्य
II. $Y © V \Rightarrow Y \geq V$: असत्य
III. $W \% Y \Rightarrow W < Y$: सत्य
IV. $Y @ W \Rightarrow Y = W$: असत्य

OOO

8 कोडिंग-डिकोडिंग (Coding and Decoding)

भाग - I

कूटलेखन या 'कोडिंग' संवाद-संप्रेषण की एक प्रक्रिया है जिसमें एक गुप्त भाषा का प्रयोग वास्तविक तथ्यों शब्दों/मूल्यों की अभिव्यक्ति या प्रस्तुतिकरण को एक ऐसी भाषा में परिवर्तित करने के लिए किया जाता है जिसे संवाद के प्रेषक और प्राप्तकर्ता के अतिरिक्त कोई तीसरा व्यक्ति समझ न सके। कूटभाषा में लिखने के लिए *(i)* शब्दों के अक्षरों के स्थान पर वर्णमाला के सीधे उलटे क्रम में एक या एकाधिक स्थान आगे या पीछे के अक्षरों को लिखा जाता है; *(ii)* अक्षरों के स्थान पर संख्याओं को या संख्याओं के स्थान पर अक्षरों को लिखा जाता है; *(iii)* दिए गए शब्द के कुछ या सभी अक्षरों को उलटे क्रम में लिखा जाता है; और *(iv)* शब्द के अक्षरों के स्थान पर वर्णमाला के उलटे क्रम में समस्थानिक अक्षरों को लिखा जाता है।

वर्णमाला को सीधे क्रम में लिखने पर प्राप्त श्रृंखला :

A B C D E F G H I J K L M N O P Q R S T U V W X Y Z

A	E	J	O	T	Y
↓	↓	↓	↓	↓	↓
प्रथम अक्षर	पांचवा अक्षर	दसवां अक्षर	पंद्रहवां अक्षर	बीसवां अक्षर	पच्चीसवां अक्षर

वर्णमाला को उलटे क्रम में लिखने पर प्राप्त श्रृंखला :

Z Y X W V U T S R Q P O N M L K J I H G F E D C B A

Z	V	Q	L	G	B
↓	↓	↓	↓	↓	↓
प्रथम अक्षर	पांचवां अक्षर	दसवां अक्षर	पंद्रहवां अक्षर	बीसवां अक्षर	पच्चीसवां अक्षर

टिप्पणी : Z पर पहुंचने के पश्चात् श्रृंखला A से पुनः शुरू होती है और A पर पहुंचने के पश्चात् श्रृंखला Z से पुनः शुरू होती है।

हल किए गए प्रश्न

1. यदि एक विशेष प्रकार की कूट भाषा में शब्द FACE को GBDF की तरह लिखा जाता हो तो इसी कूट भाषा में BADE को कैसे लिखा जाएगा ?

A. CBEF B. CEBF C. CFBE D. CBFE E. CEFB

उत्तर A : शब्द के अक्षरों को वर्णमाला के सीधे क्रम में एक चरण आगे का अक्षर लिखकर कूटबद्ध किया गया है।

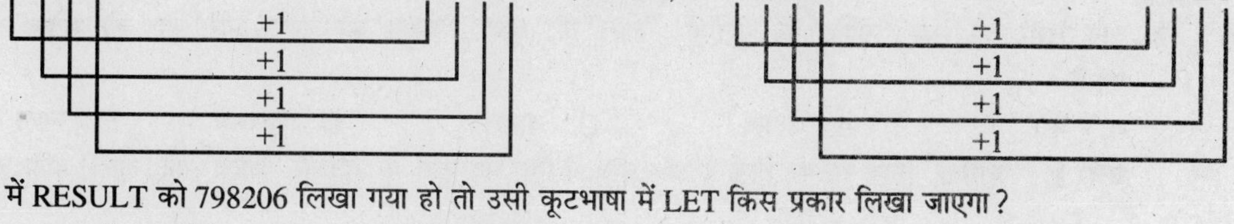

2. यदि किसी कूटभाषा में RESULT को 798206 लिखा गया हो तो उसी कूटभाषा में LET किस प्रकार लिखा जाएगा ?

A. 680 B. 092 C. 096 D. 086 E. 082

उत्तर C : अक्षरों को संख्याओं द्वारा कूटबद्ध किया गया है। दिए गए शब्द को कूटबद्ध करने के लिए संबंधित कूट संख्याएं ज्ञात करें।

R E S U L T → अक्षर

7 9 8 2 0 6 → कूट

अत: LET के लिए कूट संख्याएं निम्नवत् होंगी :

L E T → अक्षर

0 9 6 → कूट

कूटवाचन (decoding) कूटलेखन की विपरीत प्रक्रिया है। इसमें कूटलेखन में प्रयुक्त पद्धति या नियमों का प्रयोग करके कूटभाषा में प्रेषित संवाद को समझा जाता है।

भाग - II

कूट लेखन विभिन्न प्रकार से किया जाता है। कूटभाषा का प्रयोग न केवल शब्दों और संख्याओं के लिए किया जाता है बल्कि किसी शब्द-समूह, विवरण या कभी-कभी वाक्यों को भी कूटभाषा द्वारा संप्रेषित किया जाता है। इस प्रकार की कूटभाषा से भ्रम की स्थिति उत्पन्न हो सकती है किंतु कुछ प्रश्नों को हल कर लेने के बाद ऐसी कूटभाषा को समझना और हल करना अत्यंत सरल हो जाता है। इस प्रकार की कूटभाषा पर आधारित प्रश्नों को हल करने के लिए अक्षरों को गिनने या छोड़ने अथवा गणितीय परिकलनों की श्रमसाध्य प्रक्रिया को अपनाने की आवश्यकता नहीं होती बल्कि इनके लिए तेजी से मिलान करने या सादृश्यता स्थापित करने की क्षमता ही अपेक्षित होती है। कूट के रूप में अक्षरों या संख्याओं का प्रयोग किया जा सकता है।

हल किए गए प्रश्न

प्रश्न : यदि किसी कूटभाषा में 'ra mei ket' का अर्थ है 'he is rich'; 'rui pha jeu' का अर्थ है 'run for money'; और 'pha rui ket' का अर्थ है 'money for rich' उस कूटभाषा में 'rich' के लिए निम्नलिखित में से किस कूट का प्रयोग किया गया है?

A. ra B. pha C. ket D. jeu E. rui

उत्तर C : दी गई जानकारी है :

	कूट	**वाक्य**
1.	ra mei *ket*	he is *rich*
2.	rui pha jeu	run for money
3.	pha rui *ket*	money for *rich*

कूटों और वाक्यों की तुलना करने पर यह स्पष्ट होता है कि वाक्य 1 और 3 दोनों में 'rich' शब्द है और दोनों ही वाक्यों में इसके लिए 'ket' शब्द का प्रयोग किया गया है।

भाग - III

एक अन्य प्रकार के कूट लेखन में किसी शब्द को कूट नाम दिए जाते हैं जिन्हें आगे भी कूटबद्ध किया जाता है। इस पैटर्न पर आधारित प्रश्न अर्थहीन प्रतीत हो सकते हैं किंतु कूट यथार्थता की बुनियादी बातों से हटकर नहीं होने चाहिए।

हल किए गए प्रश्न

1. यदि किसी कूट भाषा में 'केला' को 'जेली' कहा जाए, 'जेली' को 'हरा' कहा जाए, 'हरा' को 'सेब' कहा जाए, 'सेब' को 'आम' कहा जाए तो उसी कूटभाषा में पत्ते के रंग को क्या कहेंगे?

A. हरा B. आम C. सेब D. केला E. जेली

उत्तर C : पत्ता हरे रंग का होता है और प्रश्न में उल्लिखित कूटों के अनुसार 'हरा' को 'सेब' कहा जाता है।

2. यदि 'धूसर' को 'भूरा', 'सफेद' को 'गुलाबी', 'लाल' को 'धूसर', 'काला' को 'लाल' और 'भूरा' को 'सफेद' कहा जाए तो 'कोयला' किस रंग का है?

A. भूरा B. सफेद C. काला D. गुलाबी E. लाल

उत्तर E : 'कोयला' काले रंग का होता है और प्रश्न में दिए गए कूटों के अनुसार 'काला' को 'लाल' कहा जाता है।

भाग - IV

यदि दिए गए कूटों का मिलान किया जाए तो कूट लेखन और दिए गए कूट का अर्थ निर्वचन (coding-decoding) वस्तुत: अत्याधिक सरल हो जाता है। कूटलेखन के इस प्रकार में अंक और उसके लिए प्रयुक्त अक्षर कूट या अक्षर और उसके लिए प्रयुक्त अंक कूट दिए गए होते हैं तथा अभ्यर्थी को केवल कूटों का मिलान करके ही दिए गए प्रश्न का उत्तर देना होता है।

हल किए गए प्रश्न

प्रश्न : अंक : 3 7 2 0 1 9 8 5 4

अक्षर : A X M W Z B L N D

ऊपर दी गई सूचना के आधार पर संख्या 90342 के लिए सही अक्षर कूट बताएं।

A. BMADX B. BWADX C. BWADM D. BMADW E. BADMW

उत्तर : C:

वस्तुनिष्ठ प्रश्न

निर्देश (प्र.सं. 1-5): *दी गयी जानकारी का ध्यानपूर्वक अध्ययन कीजिए और नीचे दिए गये प्रश्नों के उत्तर दीजिए।*

किसी निश्चित कूट भाषा में 'very large risk associated' को 'nu ta ro gi' लिखा जाता है।

'risk is very low' को 'gi se nu mi' लिखा जाता है।

'is that also associated' को 'ta mi po fu' लिखा जाता है।

'inherent risk also damaging' को 'fu nu di yu' लिखा जाता है।

1. निम्न में 'damaging' का कूट क्या है?

A. di
B. yu
C. nu
D. न तो di और न ही yu
E. इनमें से कोई नहीं

2. निम्न में से कौन 'risk is very large' को प्रदर्शित करेगा?

A. gi mi nu ro B. nu gi ta se
C. nu ro se yu D. ro gi di nu
E. इनमें से कोई नहीं

3. निम्न में से कौन 'associated' का कूट है?

A. nu B. po
C. ta D. fu
E. gt

4. 'inherent large risk' का कोड क्या होगा?

A. yu ro nu B. di ro nu
C. yu fu ro D. di ta se
E. निर्धारित नहीं किया जा सकता

5. 'low risk associated industry' को निम्न में से कौन प्रदर्शित करता है?

A. ta nu gi ro B. ta hi nu se
C. mi ta se fu D. di gi ta po
E. po gi se di

6. एक खास कोड में 'BUILD' को '5#31@' और 'LIKES' को '13©★8' लिखा जाता है। उस कोड में 'SKID' कैसे लिखा जाता है?

A. 8©★@ B. 8@3©
C. 8©3@ D. 83©@
E. इनमें से कोई नहीं

7. एक खास कोड में 'TASK' को 'BUJR' तथा 'BIND' को 'JCCM' लिखा जाता है। उस कोड में 'SUIT' कैसे लिखा जाता है?

A. VTSH B. VSTH
C. TRUJ D. TRJU
E. इनमें से कोई नहीं

8. एक निश्चित कूटभाषा में 'SHINE' को 'FOJIT' लिखा जाता है और 'AFTER' को 'SFUGB' लिखा जाता है तो उसी कूटभाषा में 'PRICE' को कैसे लिखा जाएगा?

A. QSJDF B. FDSJQ
C. FDJSQ D. FSJDQ
E. QSDJF

9. किसी खास कोड में TRUMP को SUTQN लिखा जाता है। इस कोड में FIRED कैसे लिखा जाएगा?

A. GJQEF B. JGEQF
C. JQGEF D. JGQFE
E. JGQEF

10. किसी खास भाषा में 'give me more' को बतौर '7 3 5', 'she has more' को बतौर '9 7 1' और 'she asked me gently' को बतौर '6 3 2 1' कोड किया जाता है। उस भाषा में 'give' का कोड निम्नलिखित में से कौन-सा है?

A. 5 B. 7
C. 6 D. 9
E. 1

11. किसी खास भाषा में 'WEAK' को '4$9β', 'REST' को '7$8#' और 'WREK' को '4$β7' के रूप में कोड करते हैं। इसी कोड में 'KEWRA' कैसे कोड किया जाएगा?

A. 7 4 $ β # B. β 7 $ 8 #
C. # β 9 7 4 D. $ β 7 9 4
E. इनमें से कोई नहीं

12. एक निश्चित कूट भाषा में 'FIGHT' को 'GJFIU' तथा 'WRITE' को 'XSHUF' लिखा जाता है। उसी कूट भाषा में 'JUDGE' को किस प्रकार लिखा जाएगा?

A. KVCHF B. HFEKV
C. KVEHF D. VKCFH
E. KVDHF

निर्देश (प्र.सं. 13 से 17): *नीचे प्रत्येक प्रश्न में अंक/प्रतीक और उसके बाद अक्षर कोडों के पांच संयोजन A, B, C, D और E दिए गए हैं। निम्नलिखित कोडिंग सिस्टम और शर्तों के आधार पर आपको पता लगाना है कौन-सा संयोजन अंक/प्रतीक को सही ढंग से निरूपित करता है और उस संयोजन के नंबर को अपने उत्तर के रूप में दिखाना है। एक संयोजन को दो या अधिक शर्तें लागू हो सकती हैं।*

अंक प्रतीक : # % 4 6 * 5 2 ! 7 $ 3 + 9 & 1

अक्षर कोड : K M T L P S C V A R E H J F D

शर्तें :
(i) यदि दूसरा तत्व एक विषम संख्या है और अंतिम तत्व एक प्रतीक है, तो विषम संख्या को प्रतीक के कोड के रूप में कोडबद्ध किया जाएगा।
(ii) यदि तत्वों के समूह में पूर्ण वर्ग हो, तो उस संख्या को पिछले तत्व के कोड के रूप में कोडबद्ध किया जाएगा (एक भी पूर्ण वर्ग होता है)।
(iii) यदि दूसरा व तीसरा दोनों तत्व प्रतीक हैं, तो इन प्रतीकों के कोड परस्पर बदले जाएंगे।

13. 7%&53#
A. AMFESK B. AMFSEK
C. AMMSEK D. AFFSEK
E. AFMSEK

14. %5&74!
A. MVFATV B. MFVATV
C. MSFATV D. MVFAAV
E. MVVAFT

15. #$9*3%
A. KRRPEM B. KRPPEM
C. KRJPEM D. KJREPM
E. RKJPEM

16. 6$1+#5
A. LRDDKS B. LDRKHS
C. LRHDKS D. LRRHKS
E. LRDHKS

17. +3!47&
A. HFVAAF B. HFVTAF
C. HFVVAF D. HFTVAF
E. HVVFAF

18. एक निश्चित कोड भाषा में 'Siberia is a cold place' को 'a cold is place Siberia', लिखा जाता है तथा उसी कोड में 'water freezes to ice here' को 'freezes here ice to water' लिखा जाता है। उसी कोड भाषा में 'covers ten per cent of earth' को किस प्रकार लिखा जाएगा?
A. covers earth per cent ten of
B. earth of covers per cent ten
C. covers earth per cent of ten
D. covers earth of per cent ten
E. covers earth ten of per cent

निर्देश (प्र.सं. 19 से 23): *नीचे प्रत्येक प्रश्न में अक्षरों का एक समूह और उसके बाद अंकों/प्रतीकों के पांच संयोजन (A), (B), (C), (D) और (E) दिए गए हैं। निम्नलिखित कोडिंग सिस्टम और शर्तों के आधार पर आपको पता लगाना है कि कौन-सा संयोजन अक्षर समूह को सही ढंग से निरूपित करता है और उस संयोजन के नंबर को अपने उत्तर के रूप में दिखाना है।*

अक्षर : R B F C P Q A I H K U T E W M

अंक/प्रतीक कोड : $ β 6 8 ★ # % 2 © 4 7 9 @ 5 3

शर्तें

(i) यदि दूसरा और पांचवां दोनों तत्व स्वर हैं, तो इन दोनों के कोड परस्पर परिवर्तित किए जाएंगे।
(ii) यदि तीसरा तत्व स्वर और चौथा व्यंजन है, तो चौथे तत्व को वही कोड दिया जाएगा जो कोड पहले तत्व का हो।
(iii) यदि अक्षरों के समूह में कोई स्वर न हो, तो पहले और अंतिम तत्व के कोड परस्पर बदले जाएंगे।

19. FAWUCI
A. 6%5782 B. 2%5786
C. 6857%2 D. 6%5872
E. 6%5682

20. UECTAP
A. ★%89@7 B. 7@89%★
C. 7%89@★ D. 7%98@★
E. 789%@★

21. TFAQIM
A. 96%923 B. 96%239
C. 96%#23 D. #6%#23
E. #6%923

22. BWAFET
A. β5%6@9 B. β5%β@9
C. 65%6@9 D. β5%β9@
E. 65%β@9

23. HPKTMQ
A. ©★493# B. #★349©
C. ©★943# D. #★394©
E. #★493©

24. एक निश्चित कूट भाषा में 'FAITH' को 'HCKVJ' से कूटबद्ध किया जाता है और 'NIGHT' को 'PKIJV' से कूटबद्ध किया जाता है, तो उसी कूट भाषा में '____' को 'MTQOR' से कूटबद्ध किया जायेगा।
A. KRONP B. OVSQT
C. TQSVO D. PMORK
E. KROMP

25. एक निश्चित कूटभाषा में 'it is dark outside' को 'ha no ti ju' लिखा जाता है, 'is it still raining' को 'pa ha da no' लिखा जाता है और 'go and play outside' को 'su ju ye la' लिखा जाता है तो उसी कूटभाषा में 'dark' को कैसे लिखा जाएगा?
A. ha B. ti
C. su D. ye
E. no

निर्देश (प्र. सं. 26 से 30): *नीचे प्रत्येक प्रश्न में अक्षरों का एक समूह और उसके बाद अंक/प्रतीक कोडों के पांच संयोजन (A), (B), (C), (D) और (E) दिए गए हैं। निम्नलिखित कोडिंग सिस्टम और शर्तों के आधार पर आपको पता लगाना है कि कौन-सा संयोजन अक्षर समूह को सही ढंग से निरूपित करता है और उस संयोजन के नंबर को अपने उत्तर के रूप में दिखाना है।*

अक्षर : H U I F M T C W E B Q K R P A

अंक/प्रतीक कोड : 6 # 7 © $ 5 3 ★ @ 2 4 % β 8 9

शर्तें

(*i*) यदि पहला और अंतिम दोनों तत्व व्यंजन हों, तो दोनों को पांचवें तत्व के कोड के रूप में कोडबद्ध किया जाएगा।

(*ii*) यदि तीसरा तत्व व्यंजन और चौथा स्वर हो, तो इन दोनों के कोडों को परस्पर बदला जाएगा।

(*iii*) यदि दूसरा और पांचवां दोनों तत्व स्वर हों, तो दूसरे तत्व को अंतिम तत्व के कोड के रूप में कोडबद्ध किया जाएगा।

26. WUTABE
A. ★#295@ B. ★#952@
C. ★#592@ D. ★#992@
E. @#952★

27. MACBEU
A. $932@9 B. $#@32#
C. $#32## D. $#32@#
E. $#3@2#

28. HEITQK
A. 4@5744 B. 6@7544
C. 6@754% D. 4@7546
E. 4@7544

29. QEPMUA
A. 4@8$#9 B. 498$#@
C. 498$#9 D. 49#8$9
E. 4@8$#@

30. IREPAH
A. 9β@899 B. 7β8@96
C. 7β@896 D. 76@896
E. 7β89@6

31. एक निश्चित कूट में 'SCENT' को 'UOFDT' कूटबद्ध किया जाता है तथा LASER को 'SFTBM' कूटबद्ध किया जाता है तो 'RETAIL' को कूटबद्ध किया जाएगाः
A. SFUBJM B. MJFUBS
C. SFUJMB D. KHBSDQ
E. MJBUFS

निर्देश (प्र.सं. 32 से 36): *नीचे प्रत्येक प्रश्न में अक्षरों का समूह और उसके बाद अंक/प्रतीक कोड के पांच संयोजन A, B, C, D, और E दिए गए हैं। आपको यह पता लगाना है कि निम्नलिखित कोडिंग सिस्टम और शर्तों के आधार पर कौन-सा संयोजन अक्षरों के समूह का सही निरूपण करता है और उस संयोजन के क्रमांक को अपने उत्तर के रूप में दर्शाना है।*

अक्षर : F I H U T K A C W R M E Q B P

अंक/प्रतीक कोड : % 6 # 5 @ 7 3 ★ β 8 $ 2 © 9 4

शर्तें: (1) चौथा और पांचवां तत्व दोनों व्यंजन हैं तो दोनों को चौथे तत्व के कोड से कोड करना है।

(2) दूसरा तत्व स्वर और तीसरा व्यंजन है तो इनका कोड परस्पर बदलने हैं।

(3) पहला और अंतिम दोनों तत्व स्वर हैं तो दूसरे तत्व को बतौर कोड = करना है।

32. RMCAPT
A. 8$4★3@ B. 8$★34@
C. 8=★34@ D. 8★34$@
E. 8$334@

33. TAFQIM
A. @%63©$ B. @=3©6$
C. @%©©6$ D. @%3©6$
E. @%36©$

34. HAQFEP
A. #©34%2 B. #©3%24
C. #©©%24 D. #=3%24
E. #©23%4

35. FBRKMU
A. %98$$5 B. %97785
C. %98775 D. %89775
E. %987$5

36. ICWMAE
A. 6=β$32 B. 6★ββ32
C. 6=β3$2 D. 2=β$36
E. 6$=β32

37. एक निश्चित कूट भाषा में RELATED को EFUBKDQ लिखा जाता है। उसी कूट भाषा में RETAINS किस प्रकार लिखा जाएगा?
A. SDQBTOJ B. JOTBQDS
C. JOTBSDQ D. TOJBQDS
E. TOJBSDQ

38. 'WT' उसी प्रकार संबंधित है 'QN' से ज़िस प्रकार '..............' संबंधित है 'FC' से।
A. KH B. MJ
C. GJ D. GK
E. LI

39. एक निश्चित कूटभाषा में 'RISE' को '8419' तथा 'MEAL' को '5927' लिखा जाता है। उसी कूट भाषा में 'RAIL' को किस प्रकार लिखा जाएगा?
A. 8429 B. 8124
C. 8247 D. 8412
E. 2948

40. 'BF' जिस प्रकार 'HL' से संबंधित है उसी प्रकार 'KO' किससे संबंधित है?

A. QV B. PT
C. QU D. QT
E. इनमें से कोई नहीं

41. एक निश्चित कूट भाषा में SUBJECT को 'ATRIUDF' लिखा जाता है। उसी कूट भाषा में ORDINAL को किस प्रकार लिखा जाएगा?

A. CQNHMBO B. CQNHBMO
C. NQCHMBO D. ESPHMBO
E. इनमें से कोई नहीं

42. एक निश्चित कूटभाषा में GLARE को '513%#' तथा LIVE को '18@#' लिखा जाता है। उसी कूट भाषा में GIVE को किस प्रकार लिखा जाएगा?

A. 581# B. 58%#
C. 5#8@ D. 58@#
E. इनमें से कोई नहीं

43. अगर एक विशेष कूट की भाषा में 'green grass everywhere' को 'dik pa sek' तथा 'cow eats grass' को 'nok ta pa' लिखा जाता है तो उसी कूट भाषा में 'cow' क्या लिखा जाएगा?

A. nok B. ta
C. nok या ta D. अपूर्ण आंकड़ा
E. इनमें से कोई नहीं

निर्देश (प्र.सं. 44 से 49): *निम्नलिखित व्यवस्था को ध्यानपूर्वक अध्ययन कर नीचे दिए गए प्रश्नों के उत्तर दें:*

D 3 M % R 1 @ 6 F 9 E © K P 2
B I 7 ★ U Q 4 A W F 5 $ 8 # Z δ

44. उपरोक्त व्यवस्था में ऐसे कितने व्यंजन हैं, जिनके ठीक बाद में एक संख्या हो तथा ठीक पहले एक संख्या नहीं हो?

A. कोई नहीं B. एक
C. दो D. तीन
E. तीन से अधिक

45. उपरोक्त व्यवस्था में ऐसी कितनी संख्याएं हैं, जिनके ठीक पहले एक प्रतीक हो तथा ठीक बाद एक व्यंजन हो?

A. कोई नहीं B. एक
C. दो D. तीन
E. तीन से अधिक

46. उपरोक्त व्यवस्था में ऐसे कितने स्वर हैं, जिनके ठीक पहले एक संख्या हो तथा ठीक बाद में एक संख्या नहीं हो?

A. कोई नहीं B. एक
C. दो D. तीन
E. चार

47. उपरोक्त व्यवस्था से सभी प्रतीक निकाल दिए जाएं तो निम्नलिखित में से कौन-सा बायें से ग्यारहवां होगा?

A. P B. I
C. 2 D. B
E. इनमें से कोई नहीं

48. उपरोक्त व्यवस्था में अपने स्थान के आधार पर निम्नलिखित पांच में से चार किसी प्रकार समान हैं अतः उनका एक समूह बनता है। वह एक कौन-सा है जो इस समूह में नहीं आता है?

A. K P © B. U Q ★
C. 9 E F D. I B 7
E. R 1 %

49. उपरोक्त व्यवस्था में दायें से बीसवें के दायें आठवां निम्नलिखित में से कौन-सा है?

A. 6 B. %
C. 8 D. A
E. इनमें से कोई नहीं

निर्देश (प्र.सं. 50 से 55): *नीचे प्रत्येक प्रश्न में अक्षरों का एक समूह और उसके बाद अंकों/प्रतीकों के चार संयोजन A, B, C और D दिए हैं। आपको यह पता लगाना है कि निम्नलिखित कोडिंग सिस्टम और शर्तों के आधार पर कौन-सा संयोजन अक्षरों के समूह का सही रूप से निरूपण करता है और संयोजन का क्रमांक उत्तर के रूप में दर्शाना है। यदि कोई भी संयोजन अक्षरों के समूह का सही निरूपण नहीं करता है तो उत्तर E अर्थात् 'इनमें से कोई नहीं' दीजिए।*

अक्षर	:	A M P J E I R T W B U K Y Z H
अंक/प्रतीक कोड	:	1 9 2 @ 3 © 4 8 7 $ 6 % 5 ★ δ

शर्तें : (i) पहला अक्षर एक व्यंजन और अंतिम अक्षर एक स्वर है तो उनके कोड परस्पर बदले जाने हैं।
(ii) पहला अक्षर एक स्वर है और अंतिम अक्षर एक व्यंजन है तो दोनों को स्वर के कोड से कोड करना है।

50. UPAMYE

A. 612953 B. 321956
C. 621956 D. 621953
E. इनमें से कोई नहीं

51. JPERTB

A. @3248$ B. @2348@
C. $2348@ D. @23485
E. इनमें से कोई नहीं

52. IMPBEZ

A. ©92$3© B. ★92$3★
C. ★92$3© D. ©9$23©
E. इनमें से कोई नहीं

53. JETWBH

A. δ387$@ B. @387$@
C. @387$δ D. δ387$δ
E. इनमें से कोई नहीं

54. KHAPYI

A. %δ125% B. ©δ125%
C. ©δ215© D. ©δ125©
E. इनमें से कोई नहीं

55. BPTRKA

A. \$284%1 B. 1284%\$
C. 1284%1 D. \$284%\$
E. इनमें से कोई नहीं

56. एक विशेष कूट में 'MOUSE' को 'PRUQC' लिखा जाता है। उसी कूट में 'SHIFT' को किस प्रकार लिखा जाएगा?

A. VKIRD B. VKIDR
C. VJIDR D. VIKRD
E. इनमें से कोई नहीं

57. यदि 'Family' को कूट भाषा में 316459 और 'Sister' को 747820 लिखा जाता है, तो 'Mystery' को उसी कूट भाषा में लिखेंगे :

A. 6987209 B. 6798209
C. 6978209 D. 6972809
E. इनमें से कोई नहीं

58. यदि GIRL कूट भाषा में HHJJQQNN लिखा जाता है, तो FOND को उसी कूट भाषा में लिखेंगे :

A. GGPPMMEE B. GGPPMMFF
C. GGNNMMFF D. GGPPNNFF
E. इनमें से कोई नहीं

59. यदि 'clock' का कूट 36938 और 'leave' का कूट 62452 है तो 'cave' का कूट क्या होगा?

A. 4325 B. 3451
C. 3453 D. 3452
E. इनमें से कोई नहीं

60. यदि 'sky' को कूट भाषा में TTMMXX लिखते हैं तो 'Lie' को लिखेंगे–

A. MMLLDD B. MMKKDD
C. MNOOCC D. NNKKFF
E. इनमें से कोई नहीं

61. यदि 'case' को कूट भाषा में ECUG और 'Burn' को CWTR लिखते हैं, तो 'earn' को किस प्रकार लिखेंगे?

A. GDTP B. HCTP
C. GCTR D. GDPT
E. इनमें से कोई नहीं

62. यदि 'BEARING' का कोड 1234567 है तो 'PARE' का कोड क्या होगा?

A. 4234 B. 4321
C. 4345 D. 4342
E. इनमें से कोई नहीं

63. यदि RADIO का कोड 'UDGLR' है, तो PHOTO का कोड क्या होगा?

A. OIPWR B. OTOPT
C. SKRWR D. SKPWR
E. इनमें से कोई नहीं

64. यदि

SHAPE है BURST
BORE है XLKT
CLIME है YAPCT

तब BISHOP को कूटबद्ध किया जा सकता है :

A. XPBULS B. XEPLST
C. XPALUE D. XPBVLT
E. इनमें से कोई नहीं

65. BEAT का कोड YVZG है तो MILD का कोड होगा:

A. NORW B. ONRW
C. WORN D. NROW
E. इनमें से कोई नहीं

66. NUMBER का कोड UNBMRE है तो GHOST का कोड होगा:

A. HOGTS B. HGOTS
C. HGDST D. HGSOT
E. इनमें से कोई नहीं

67. RADIO का कोड UDGLR है तो PHOTO का कोड होगा:

A. OIPWR B. OTOPT
C. SKRWR D. SKPWR
E. इनमें से कोई नहीं

68. WORLD का कोड ASVPH है तो GLOBE का कोड होगा:

A. OJSH B. KPSFI
C. KPSIF D. KPSHE
E. इनमें से कोई नहीं

निर्देश (प्रश्न 69 से 72 तक): *निम्नलिखित में अंग्रेजी के किसी शब्द के लिए एक कोड दिया गया है। इसके आधार पर आपको दिए गए शब्द या वर्णसमूह के लिए उचित वर्ण समूह दिए गए विकल्पों में से चुनना है।*

69. यदि 'DANCE' के लिए कोड 'CZMBD' हो तो 'ENGLISH' को कैसा कोड दिया जाएगा?

A. FMHMJTI B. DMFKHRG
C. CLFKHRG D. DOHKHRG
E. इनमें से कोई नहीं

70. यदि 'DEAR' के लिए कोड 'WVZI' हो तो 'PALE' को कैसा कोड दिया जाएगा?

A. KZOV B. KAOU
C. VZOV D. KZOU
E. इनमें से कोई नहीं

71. यदि 'STRIKE' का कोड 'UVTKMG' हो तो किसका कोड 'KMLMBW' है?

A. MONDAY B. IONOZU
C. MONODY D. IKJKZU
E. इनमें से कोई नहीं

72. यदि 'DELHI' का कोड 'IDHEL' है, तो 'TUFAN' का कोड क्या होगा?

A. TNAUF B. NATUF
C. NTAUF D. NTUAF
E. इनमें से कोई नहीं

73. यदि MOZART = 30; PICASSO = 35 तो REMBRANDT = ?

A. 40 B. 45
C. 50 D. 65
E. इनमें से कोई नहीं

74. यदि HYDERABAD शब्द को कूट भाषा में IZEFSBCBE के रूप में लिखा जाता है तो AMRITSAR शब्द को कैसे लिखा जाएगा?

A. BNTHUTBS B. BNSJUTBS
C. BLQHSRBT D. CNSFUTBS
E. इनमें से कोई नहीं

75. निम्नलिखित कूट पदों से क्या संदेश प्राप्त होता है?
TCHLI USEIC SLAUS EECCL RUEET

A. CLUE is clear B. This is a secret
C. Lies are classic D. Use lesser chilli
E. इनमें से कोई नहीं

76. यदि SCHOOL को कूट पद में LOOHCS लिखते हैं, तो TEACHER को कूट पद में कैसे लिखेंगे?

A. CHEATER B. RECHEAT
C. RETEACH D. REHCAET
E. इनमें से कोई नहीं

77. यदि UJH पद का कूटानुवाद (डीकोडिंग) THE है, तो कौन-से पद का कूटानुवाद QQVMYOVV होगा?

A. ADVANCED B. POSITION
C. QUESTION D. GOODNESS
E. इनमें से कोई नहीं

उत्तरमाला

1	2	3	4	5	6	7	8	9	10
D	A	C	E	B	C	A	C	E	A
11	**12**	**13**	**14**	**15**	**16**	**17**	**18**	**19**	**20**
E	A	E	D	A	D	C	D	A	C
21	**22**	**23**	**24**	**25**	**26**	**27**	**28**	**29**	**30**
A	B	E	E	B	B	D	E	C	C
31	**32**	**33**	**34**	**35**	**36**	**37**	**38**	**39**	**40**
E	B	D	B	C	A	E	E	C	C
41	**42**	**43**	**44**	**45**	**46**	**47**	**48**	**49**	**50**
A	D	C	E	B	C	A	D	E	D
51	**52**	**53**	**54**	**55**	**56**	**57**	**58**	**59**	**60**
E	A	C	B	B	B	C	B	D	B
61	**62**	**63**	**64**	**65**	**66**	**67**	**68**	**69**	**70**
C	D	C	A	D	D	C	B	B	A
71	**72**	**73**	**74**	**75**	**76**	**77**			
C	C	B	B	C	D	B			

व्याख्यात्मक उत्तर

1-5.

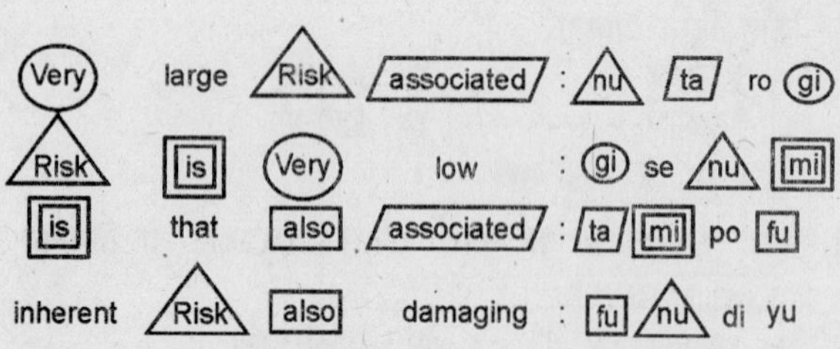

यहाँ शब्द और इसके कूट को समरूप आकृति के अंदर दर्शाया गया है।

4. शब्द 'inherent' का कूट ज्ञात नहीं किया जा सकता है।

6. B U I L D
↓ ↓ ↓ ↓ ↓
5 # 3 1 @

L I K E S
↓ ↓ ↓ ↓ ↓
1 3 © ★ 8

अतः

S K I D
↓ ↓ ↓ ↓
8 © 3 @

7.

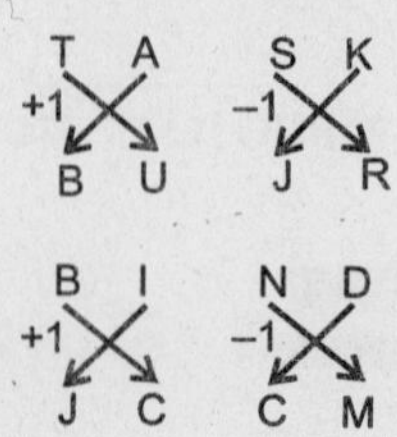

उसी प्रकार,

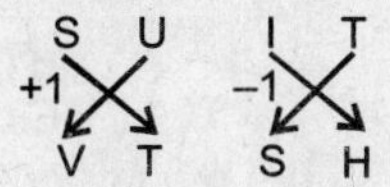

8.

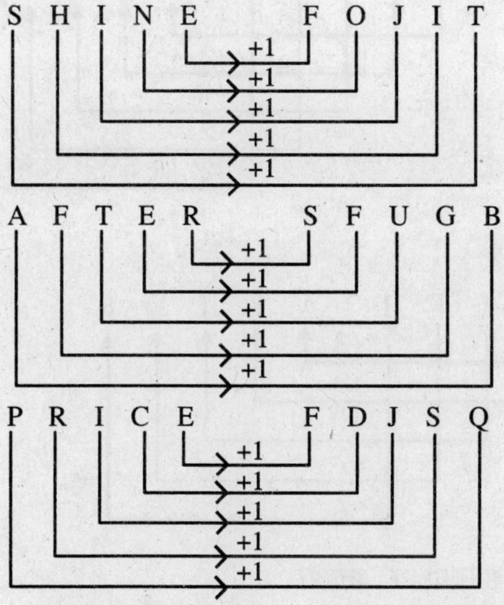

9.

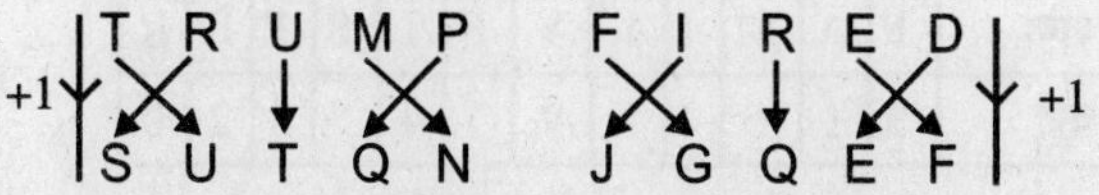

10.

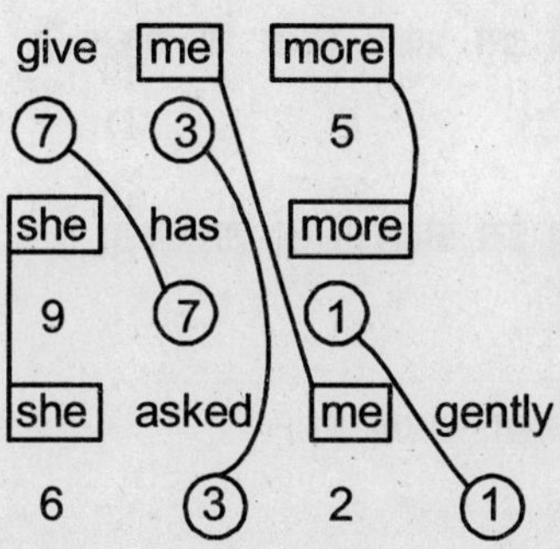

Hence

more = 7

she = 1

has = 9

me = 3

give = 5

11. K E W R A का सही कोड β$479 होगा।

13. 7 % & 5 3 #
↓ ↓ ↓ ↓ ↓ ↓
A F M S E K

शर्त (iii) लागू होती है।

14. % 5 & 7 4 !
↓ ↓ ↓ ↓ ↓ ↓
M V F A A V

शर्त (i) एवं (ii) लागू होती है।

24. प्रत्येक संगत अक्षर अंग्रेजी वर्णमाला क्रम में दो स्थान आगे बढ़ जाता है।

25. it is dark outside = ha no ti ju ...(*i*)
is it still raining = pa ha da no ...(*ii*)
go and play outside = su ju ye la ...(*iii*)

(*i*) और (*ii*) से, it is = ha no ...(*iv*)
(*i*) और (*iii*) से, outside = ju ...(*v*)
(*iv*) और (*v*) को (*i*) में प्रयोग करने पर, dark = ti

26. शर्त (*ii*) लागू होता है।

27. शर्त (*iii*) लागू होता है।

28. शर्त (*i*) लागू होता है।

29. शर्त (*iii*) लागू होता है।

30. कोई शर्त लागू नहीं होता है।

31. जिस तरह उसी तरह

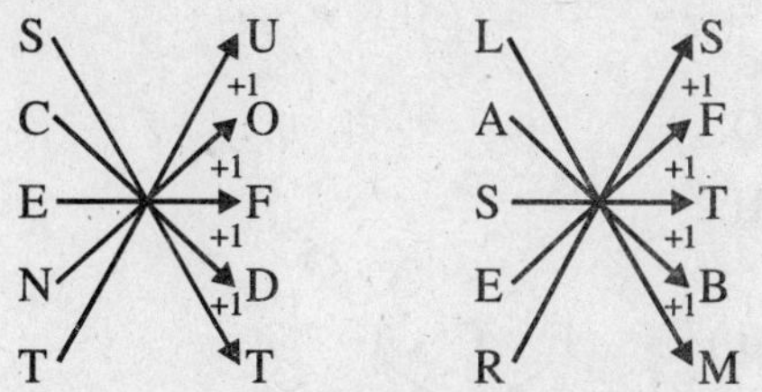

इस तरह

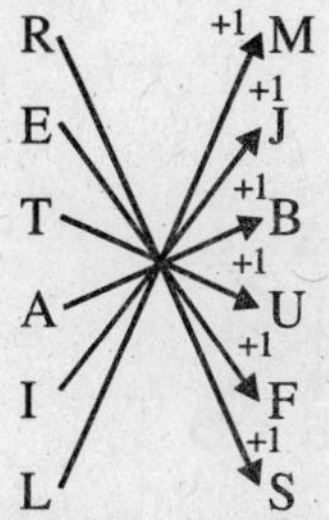

37.

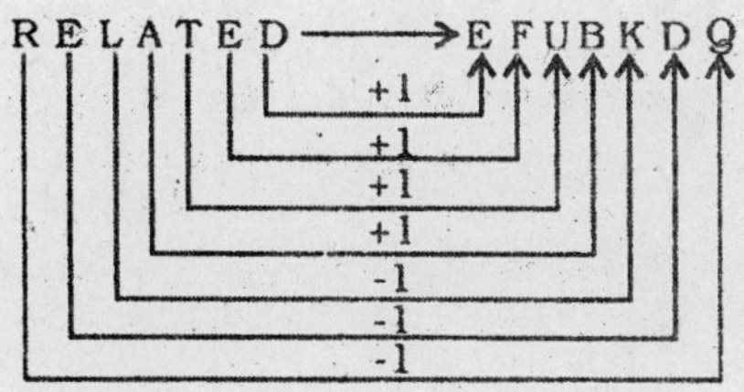

उसी प्रकार,

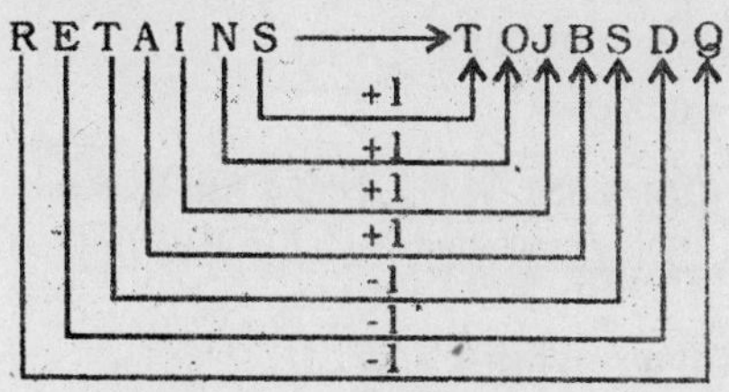

38. W $\xrightarrow{-6}$ Q
T $\xrightarrow{-6}$ N

उसी प्रकार,

L $\xrightarrow{-6}$ F
I $\xrightarrow{-6}$ C

39. R I S E   M E A L
↓ ↓ ↓ ↓   ↓ ↓ ↓ ↓
8 4 1 9   5 9 2 7

इसलिए
R A I L
↓ ↓ ↓ ↓
8 2 4 7

40. B $\xrightarrow{+6}$ H
F $\xrightarrow{+6}$ L

उसी प्रकार,

K $\xrightarrow{+6}$ Q
O $\xrightarrow{+6}$ U

41.
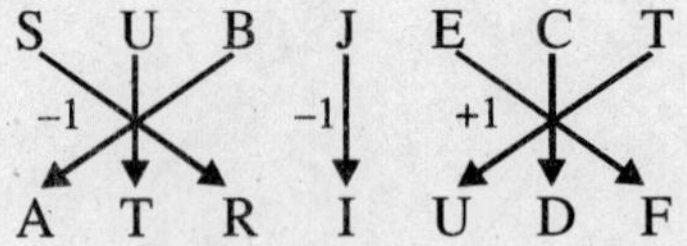

उसी प्रकार,

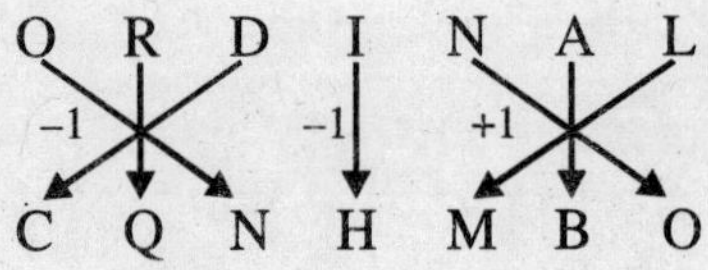

42. G L A R E   L I V E
↓ ↓ ↓ ↓ ↓   ↓ ↓ ↓ ↓
5 1 3 % #   1 8 @ #

अतः,
G I V E
↓ ↓ ↓ ↓
5 8 @ #

43. green grass everywhere → dik pa sok
cow eats grass → nok ta pa
जिससे cow → nok or ta

44. चार संयोजन, यथाः % R 1, K P 2, U Q 4 तथा W F 5.

45. सिर्फ एक संयोजन यथाः @ 6 F.

46. दो संयोजन यथाः 9 E © तथा 4 A W.

48.
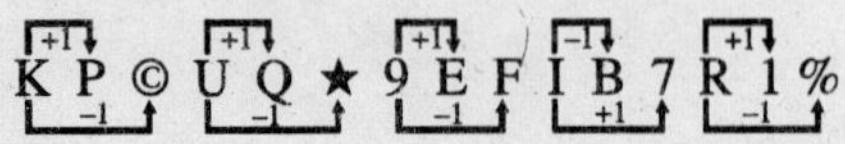

50. U P A M Y E → 6 2 1 9 5 3

51. J P E R T B → @ 2 3 4 8 $

52. I M P B E Z → © 9 2 $ 3 ©,   शर्त (*ii*) से

53. J E T W B H → @ 3 8 7 $ δ

54. K H A P Y I → © δ 1 2 5 %,   शर्त (*i*) से

55. B P T R K A → 1 2 8 4 % $,   शर्त (*i*) से

56. जिस प्रकार,
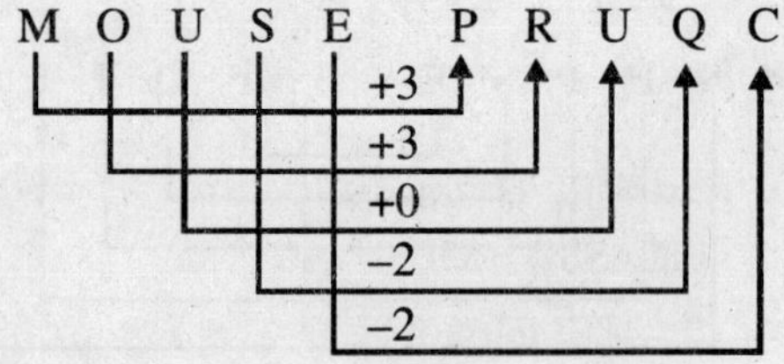

उसी प्रकार,

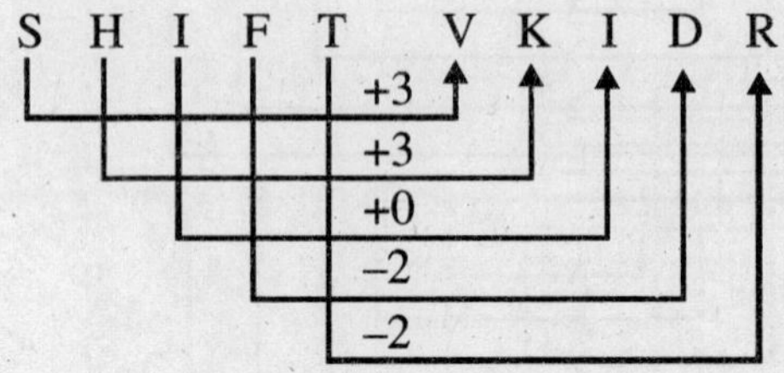

57. दी गई जानकारी के अनुसार

शब्द	F	A	M	I	L	Y	S	I	S	T	E	R
कूट	3	1	6	4	5	9	7	4	7	8	2	0

अतः 'Mystery' शब्द का कूट '6978209' है।

59. C l o c k को इस प्रकार लिखा जा सकता है
↓ ↓ ↓ ↓ ↓
3 6 9 3 8

L e a v e को इस प्रकार लिखा जा सकता है
↓ ↓ ↓ ↓ ↓
6 2 4 5 2

∴ C a v e को लिखा जाएगा
↓ ↓ ↓ ↓
3 4 5 2

60. S k y लिखा जा सकता है
↓ ↓ ↓
TT MM XX

∴ L i e को लिखा जाएगा
↓ ↓ ↓
MM KK DD

62. B E A R I N G   R A R E
↓ ↓ ↓ ↓ ↓ ↓ ↓   ↓ ↓ ↓ ↓
1 2 3 4 5 6 7   4 3 4 2

65.
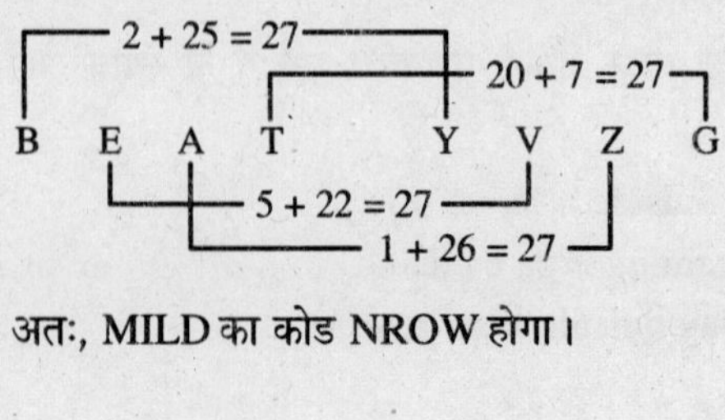

अतः, MILD का कोड NROW होगा।

66. N U M B E R

U N B M R E

अतः, GHOST का कोड HGSOT होगा।

73. MOZART = 30

⇒ अक्षरों की कुल संख्या $\times 5 = 6 \times 5 = 30$

PICASSO = 35

⇒ अक्षरों की कुल संख्या $\times 5 = 7 \times 5 = 35$

REMBRANDT = ?

⇒ अक्षरों की कुल संख्या $\times 5 = 9 \times 5 = \boxed{45}$

74. HYDERABAD IZEFSBCBE

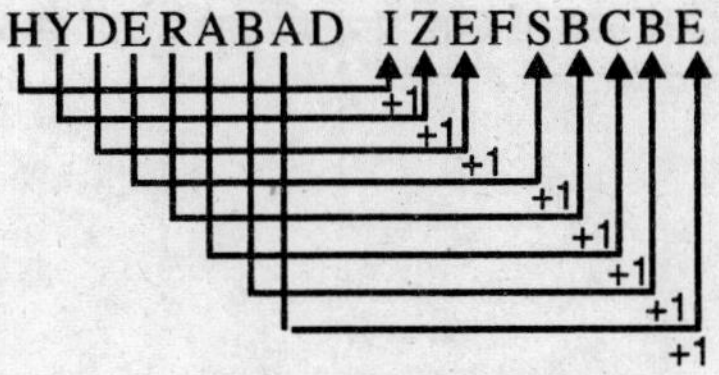

इसी तरह,

AMRITSAR BNSJUTBS

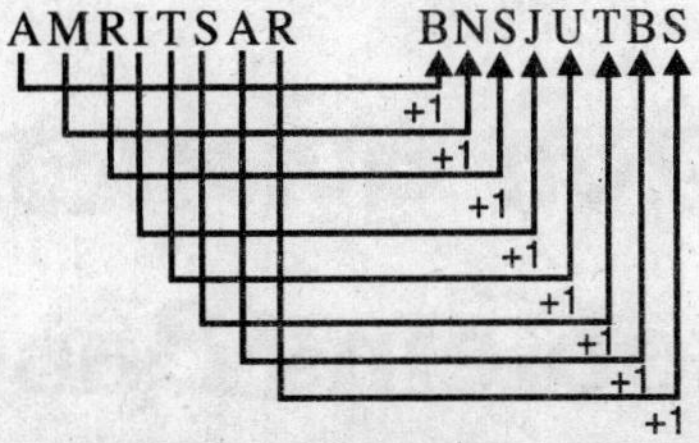

75. TCHLI, USEIC, SLAUS, EECCL, RUEET

— Lies are classic

76. TEACHER → REHCAET

उल्टे क्रम में लिखनेसे कूट का पट प्राप्त होता है।

77. U J H T H E इसी प्रकार

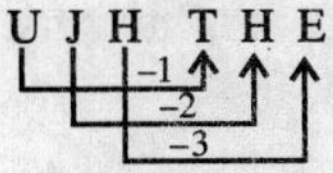

Q	Q	V	M	Y	O	V	V
−1↓	−2↓	−3↓	−4↓	−5↓	−6↓	−7↓	−8↓
P	O	S	I	T	I	O	N

○○○

9 अंग्रेजी वर्णमाला संबंधी प्रश्न (Problems Based on English Alphabet)

अंग्रेजी वर्णमाला पर आधारित प्रश्नों को हल करना अत्यधिक सरल है। इस प्रकार के प्रश्न वर्णमाला के सीधे क्रम में और साथ ही उलटे क्रम में भी दी गई शृंखलाओं पर आधारित होते हैं।

अंग्रेजी वर्णमाला का सीधा क्रम (Natural Order)

A B C D E F G H I J K L M N O P Q R S T U V W X Y Z

अंग्रेजी वर्णमाला का उलटा क्रम (Reverse Order)

Z Y X W V U T S R Q P O N M L K J I H G F E D C B A

शृंखला Z पर पहुँचने के बाद A से पुन: आरंभ होती है और उलटे क्रम में A पर पहुँचने के बाद Z से पुन: आरंभ होती है। इस शृंखला में A E I O U स्वर और शेष अक्षर व्यंजन कहलाते हैं।.

उदाहरण 1: यदि वर्णमाला के पहले दस अक्षरों को उलटे क्रम में लिखा जाए तो निम्नलिखित में से कौन–सा अक्षर उस शृंखला के दाहिने छोर से बारहवें अक्षर की बायीं ओर का सातवाँ अक्षर होगा?

A B C D E F G H I J K L M N O P Q R S T U V W X Y Z

A. H B. C C. I D. B E. O

व्याख्या B : वर्णमाला के सीधे क्रम में दी गई शृंखला में पहले दस अक्षरों को उलटे क्रम में लिखने पर निम्नलिखित शृंखला प्राप्त होगी :

JIHGFEDCBAKLMNOPQRSTUVWXYZ

7th 12th

'Z' से गिनना आरंभ करने पर दाहिने छोर से बारहवाँ अक्षर 'O' है और 'O' की बायीं ओर का 7वाँ अक्षर 'C' है।

उदाहरण 2: अक्षरों की निम्नलिखित सूची में ऐसे कितने D हैं जिनके ठीक बाद F है किंतु ठीक पहले E नहीं है ?

X M N D F P R S T D D F O C E D F B T E D K

A. 4 B. 3 C. 2 D. 1 E. 5

व्याख्या C : जिन D के ठीक बाद 'F' है किंतु ठीक पहले 'E' नहीं है, वे हैं :

X M N D F P R S T D D F O C E D F B T E D K

उदाहरण 3. शब्द 'FINANCIAL' में अक्षरों के ऐसे जोड़े कितने हैं, जिनमें से प्रत्येक के बीच शब्द में उतने ही अक्षर हैं जितने कि अंग्रेजी वर्णमाला में उनके बीच है? (आगे और पीछे दोनों दिशाओं में)

A. कोई नहीं B. एक C. दो D. तीन E. तीन से अधिक

उत्तर C :

वस्तुनिष्ठ प्रश्न

निर्देश (प्र. सं. 1 से 5 तक): *दी गई व्यवस्था का ध्यानपूर्वक अध्ययन कीजिए तथा नीचे दिए गए प्रश्नों के उत्तर दीजिए।*

Ω 2 X T 3 * Z β U 4 O P 9 $ Q G D 5 # W ε J 6 & % 8 K @ 7 +

1. यदि दी गई व्यवस्था में से सभी संकेतों को निकाल दिया जाए तो नई प्राप्त व्यवस्था में दायीं ओर से ग्यारहवां घटक क्या होगा?

A. 9 B. G
C. D D. 5
E. P

2. इस दी गई व्यवस्था में ऐसे कितने संकेत चिह्न हैं जिनके तुरन्त बाद एक अक्षर तथा तुरन्त पहले एक संख्या दी गई है?

A. तीन से अधिक B. दो
C. तीन D. कोई नहीं
E. एक

3. निम्न में से दी गई व्यवस्था में बायीं ओर से चौदहवें घटक के बायें छठवाँ कौन है?

A. β B. *
C. U D. Z
E. 4

4. दी गई व्यवस्था के आधार पर निम्न में से (?) के स्थान पर क्या आना चाहिए?

ΩXT 3ZU 4PQ G5J ?

A. Ω2β B. 6%+
C. 6%K D. ΩXZ
E. &8+

5. निम्नलिखित पाँच में से चार दी गई व्यवस्था के आधार पर समानता प्रदर्शित करते हैं तथा इस प्रकार एक समूह बनाते हैं। इन पाँच में से वह कौन एक है जो इस समूह से सम्बन्धित नहीं है?

A. TΩ3 B. @%7
C. G9D D. β3U
E. $9Q

निर्देश (प्र. सं. 6 से 10 तक): *निम्नलिखित प्रश्न नीचे दी गई तीन अंकों वाली पाँच संख्याओं पर आधारित हैं।*

476 538 289 814 753

6. उपरोक्त सबसे बड़ी संख्या में से सबसे छोटी संख्या को घटाने पर प्राप्त संख्या में दूसरा अंक कौन-सा होगा?

A. 2 B. 3
C. 4 D. 6
E. 7

7. यदि प्रत्येक संख्या के पहले अंक में '1' जोड़ दिया जाए तथा पहले व तीसरे अंकों के स्थान परस्पर बदल दिए जाएं तो इस प्रकार बनी संख्याओं में दूसरी सबसे बड़ी संख्या का तीसरा अंक क्या होगा?

A. 6 B. 4
C. 2 D. 8
E. 7

8. इन तीनों संख्याओं में से कौन-सी संख्या के तीनों अंकों का योग एक सम संख्या है?

A. 753 B. 538
C. 289 D. 476
E. 814

9. दी गई संख्याओं में से दूसरी सबसे छोटी संख्याओं के दूसरे तथा तीसरे अंकों का योग निम्न में से कौन-सा है?

A. 12 B. 15
C. 91 D. 11
E. 13

10. यदि प्रत्येक संख्या के तीसरे अंक में से '1' घटा दिया जाए और पहले तथा तीसरे अंकों को परस्पर बदल दिया जाए तो इस प्रकार नयी बनी संख्याओं में तीसरी सबसे बड़ी संख्या का पहला अंक कौन-सा होगा?

A. 3 B. 5
C. 7 D. 8
E. 2

निर्देश (प्र.सं. 11-15): *दी गयी सूचनाओं का ध्यानपूर्वक अध्ययन कीजिए तथा नीचे दिए गये प्रश्नों के उत्तर दीजिए।*

C E B A C D B C D A C E D E D C A B A D A C E D U B A N B D

11. दी गयी व्यवस्था में ऐसे कितने D हैं जिसका पूर्ववर्ती एक व्यंजन तथा पश्चवर्ती एक स्वर है?

A. कोई नहीं B. एक
C. दो D. तीन
E. तीन से ज्यादा

12. उपरोक्त संयोजन में कितने D हैं?

A. चार B. तीन
C. पाँच D. सात
E. छः

13. यदि संयोजन में से सभी B को हटा दिया जाए तो बायीं ओर से ग्यारहवाँ कौन होगा?

A. D B. C
C. E D. A
E. इनमें से कोई नहीं

14. संयोजन में ऐसे कितने A हैं जिनका अग्रवर्ती B है, और पीछे कोई व्यंजन है?

A. कोई नहीं B. एक
C. दो D. तीन
E. तीन से अधिक

15. उपरोक्त संयोजन में दायें से 22वें के बायें 9वाँ निम्न में से कौन है?

A. A
B. C
C. B
D. D
E. E

निर्देश (प्र.सं. 16 से 20): *निम्नलिखित व्यवस्था को ध्यान से पढ़िए और नीचे दिए गए प्रश्नों के उत्तर दीजिए।*

QSRUIV P J L G N F M T O K E A H D B C

16. उपरोक्त व्यवस्था में ऐसे कितने स्वर हैं जिनमें से प्रत्येक के एकदम पहले एक व्यंजन है तथा एकदम बाद में एक स्वर है?

A. कोई नहीं
B. तीन
C. चार
D. एक
E. दो

17. उपरोक्त व्यवस्था में अक्षरों की शृंखला में गहरे काले में दिए गए अक्षरों में अक्षरों के वैसे युग्म कितने हैं जिनमें से प्रत्येक के बीच उतने ही अक्षर हैं (आगे एवं पीछे दोनों दिशाओं में) जितने कि उनके बीच अंग्रेजी वर्णमाला शृंखला में होते हैं?

A. कोई नहीं
B. एक
C. दो
D. तीन
E. तीन से अधिक

18. उपरोक्त अक्षर शृंखला के आधार पर DECK को BABE लिखा जाता है तथा BARS को CHSR लिखा जाता है, तब JUMP को किस प्रकार लिखा जाएगा?

A. LIFJ
B. PRTV
C. LRFV
D. PITJ
E. इनमें से कोई नहीं

19. उपरोक्त अक्षर शृंखला के आधार पर यदि PJ संबंधित है GI से, EA संबंधित है DO से तो NF संबंधित है .... से।

A. JL
B. OL
C. TL
D. TO
E. इनमें से कोई नहीं

20. उपरोक्त व्यवस्था में बायीं छोर से नवें तत्व के बाएँ चौथा तत्व निम्नलिखित में से कौन है?

A. V
B. I
C. U
D. M
E. इनमें से कोई नहीं

निर्देश (प्र.सं. 21 से 25): *अंकों, अक्षरों व प्रतीकों की निम्नलिखित व्यवस्था को ध्यान से पढ़िए और नीचे दिए गए प्रश्नों के उत्तर दीजिए–*

R 4 $ M E 7 T # A 2 J @ U K 9 P I % 1 8 Q W 3 δ Z 5 ★ N 6 F © V G

21. उपरोक्त व्यवस्था में तत्वों की निम्नलिखित शृंखला के आधार पर प्रश्न चिह्न (?) के स्थान पर निम्नलिखित में से कौन-सा आना चाहिए?

M $ 7   A # J   K U P   ?

A. 1 % W
B. 1 I Q
C. 1 I W
D. 1 % Q
E. इनमें से कोई नहीं

22. उपरोक्त व्यवस्था में ऐसे कितने प्रतीक हैं, जिनमें से प्रत्येक के एकदम पहले एक व्यंजन है एवं एकदम बाद एक स्वर है?

A. कोई नहीं
B. एक
C. दो
D. तीन
E. चार

23. उपरोक्त व्यवस्था में ऐसे कितने अंक हैं, जिनमें से प्रत्येक के एकदम बाद एक व्यंजन है परंतु एकदम पहले एक अक्षर नहीं है?

A. कोई नहीं
B. एक
C. दो
D. तीन
E. तीन से अधिक

24. यदि उपरोक्त व्यवस्था में दायीं छोर से पच्चीस तत्वों के स्थान उलट दिए जाएँ तो बाएँ छोर से सोलहवां निम्नलिखित में से कौन-सा होगा?

A. Z
B. P
C. W
D. Q
E. इनमें से कोई नहीं

25. निम्नलिखित में से कौन बाएँ छोर से तेइसवें के बाएँ आठवां है?

A. 9
B. 1
C. $
D. ©
E. इनमें से कोई नहीं

26. यदि 'CROWING' शब्द के प्रत्येक स्वर वर्ण को अंग्रेजी वर्णमाला क्रम के अगले अक्षर से बदल दिया जाता है एवं प्रत्येक व्यंजन वर्ण को अंग्रेजी वर्णमाला क्रम के पूर्व के अक्षर से बदल दिया जाता है। तब इस प्रकार बने वर्णमाला को अंग्रेजी वर्णमाला क्रम में बायें से दायें व्यवस्थित किया जाता है तो दायें से तीसरा वर्ण कौन होगा?

A. J
B. P
C. M
D. Q
E. F

27. शब्द GOLIATHS में प्रत्येक स्वर अंग्रेजी वर्णमाला के अगले और प्रत्येक व्यंजन अंग्रेजी वर्णमाला के पूर्ववर्ती अक्षर द्वारा तब्दील कर दिया जाए और इस प्रकार बने अक्षरों को वर्णानुक्रम में बायें से दायें लगाया जाए तो इस प्रकार बनी पुनर्व्यवस्था में निम्नलिखित में से कौन-सा बायें से छठा होगा?

A. S
B. P
C. G
D. J
E. F

निर्देश (प्र.सं. 28 से 32): *निम्नलिखित प्रश्न नीचे दिए गए पांच शब्दों पर आधारित हैं:*

RAT ONE BUT AND SAW

(उल्लिखित कार्यवाही करने के बाद बने नये शब्द अंग्रेजी के अर्थपूर्ण शब्द हो भी सकते हैं और नहीं भी।)

28. दिए गए प्रत्येक शब्द में, प्रत्येक अक्षर को अंग्रेजी वर्णमाला के अगले अक्षर से बदल दिया जाए तो इस प्रकार बने शब्दों के अक्षरों में कितने व्यंजन, स्वर में बदल जाएंगे?

A. एक B. दो
C. तीन D. चार
E. पांच

29. मोटे छापे गए शब्द में अक्षरों के ऐसे कितने जोड़े हैं, जिनमें से प्रत्येक के बीच शब्द में (आगे और पीछे दोनों ओर) उतने ही अक्षर हैं जितने कि उनके बीच अंग्रेजी वर्णमाला में हैं?

A. कोई नहीं B. एक
C. दो D. तीन
E. चार

30. दिए गए प्रत्येक शब्द में, केवल व्यंजनों को अंग्रेजी वर्णमाला के अगले अक्षर से बदल दिए जाए और स्वरों को वैसे ही रखा जाएं तो इस प्रकार बने कितने शब्दों में स्वर (वही या भिन्न-भिन्न स्वर) दो या अधिक बार आयेंगे?

A. कोई नहीं B. एक
C. दो D. तीन
E. चार

31. प्रत्येक शब्द के पहले अक्षर को अंग्रेजी वर्णमाला के अगले अक्षर से बदल दिया जाए तो कितने अर्थपूर्ण अंग्रेजी शब्द बनेंगे?

A. एक B. दो
C. तीन D. चार
E. पांच

32. दिए गए शब्दों को बायें से दायें शब्दकोश की तरह क्रमानुसार लगाया जाए तो निम्नलिखित में से कौन-सा बायें से चौथा होगा?

A. RAT B. ONE
C. BUT D. AND
E. SAW

33. शब्द WORTHY के पहले एवं चौथे अक्षरों के स्थान परस्पर बदल दिए जाते हैं, उसी प्रकार दूसरे एवं पाँचवें अक्षरों के स्थान परस्पर बदल दिए जाते हैं तथा तीसरे एवं छठे अक्षरों के स्थान परस्पर बदल दिए जाते हैं। इस प्रकार निर्मित नयी व्यवस्था में दाएँ से तीसरे एवं बाएँ से तीसरे अक्षरों के बीच अंग्रेजी वर्णमाला के क्रमानुसार कितने अक्षर हैं?

A. कोई नहीं B. एक
C. दो D. तीन
E. तीन से अधिक

34. यदि शब्द COMPARE के सभी अक्षरों को बाएँ से दाएँ अंग्रेज़ी वर्णानुक्रम में व्यवस्थित किया जाए, तब प्रत्येक स्वर को अंग्रेजी वर्णमाला में उसके बाद वाले अक्षर से बदल दिया जाए तथा प्रत्येक व्यंजन को अंग्रेजी वर्णमाला में उसके पहले वाले अक्षर से बदल दिया जाए तो निम्नलिखित में से दाएँ से पाँचवाँ क्या होगा?

A. F B. P
C. L D. E
E. O

35. शब्द FORCES में अक्षरों के ऐसे युग्म कितने हैं जिनमें से प्रत्येक के बीच शब्द में उतने ही अक्षर (दोनों दिशाओं में) हैं जितने कि उनके बीच अंग्रेजी वर्णमाला क्रम में होते हैं?

A. कोई नहीं B. एक
C. दो D. तीन
E. तीन से अधिक

निर्देश (प्र.सं. 36 से 40): *निम्नलिखित व्यवस्था को ध्यान से पढ़िए और नीचे दिए गए प्रश्नों के उत्तर दीजिए:*

7 6 1 7 9 2 4 1 5 6 4 9 2 3 4 1 2 5 8 5
8 4 8 3 1 2 7 5 2 6 7 2 9 5 3

36. उपरोक्त व्यवस्था में ऐसे कितने 2 हैं, जिनमें से प्रत्येक के एकदम बाद ऐसा अंक है जिसका आंकिक मूल्य चार से अधिक है?

A. कोई नहीं B. एक
C. दो D. तीन
E. तीन से अधिक

37. उपरोक्त व्यवस्था में ऐसे कितने 1 हैं, जिनमें से प्रत्येक के एकदम पहले एक पूर्ण वर्ग है?

A. कोई नहीं B. एक
C. दो D. तीन
E. इनमें से कोई नहीं

38. उपरोक्त व्यवस्था में ऐसे कितने 5 हैं, जिनमें से प्रत्येक के एकदम पहले और बाद में एक विषम अंक है?

A. कोई नहीं B. एक
C. दो D. तीन
E. तीन से अधिक

39. उपरोक्त व्यवस्था के बाएं छोर से अठारहवें अंक के बाएं को तीसरा निम्न में से कौन-सा है?

A. 8 B. 3
C. 4 D. 5
E. 1

40. यदि उपरोक्त व्यवस्था से सभी सम अंक हटा दिए जाएं, तो व्यवस्था के दाएं छोर से नौवां निम्न में से कौन-सा होगा?

A. 9 B. 3
C. 1 D. 5
E. 7

41. यदि 'FAINTED' शब्द के प्रत्येक अक्षरों को अंग्रेजी वर्णक्रम में बायें से दायें सजाया जाता है। तब प्रत्येक स्वर (vowel) को अंग्रेजी वर्णक्रम के अगले अक्षर से बदला जाता है और प्रत्येक व्यंजन (consonant) को अंग्रेजी वर्णक्रम के पिछले अक्षर से बदला जाता है, तो इस प्रकार बने नये संयोजन के ठीक मध्य में निम्न में से कौन-सा अक्षर आयेगा?

A. F B. E
C. J D. I
E. O

42. शब्द BOARDING के सभी वर्णों को बायें से दायें वर्णमाला के अनुसार व्यवस्थित कर दिया जाता है। तब, निम्नलिखित में

से कौन-सा बायें से तीसरा होगा यदि प्रत्येक स्वर को अंग्रेजी वर्णमाला में उसके बाद वाले अक्षर से तथा प्रत्येक व्यंजन को अंग्रेजी वर्णमाला में उसके पहले वाले अक्षर से प्रतिस्थापित कर दिया जाय?

A. M B. C
C. F D. B
E. Q

निर्देश (प्र.सं. 43 से 47): निम्नलिखित प्रश्न नीचे दी गई पांच त्रिअंकीय संख्याओं पर आधारित हैं:

428 391 745 682 534

43. यदि प्रत्येक विषम संख्या के अंतिम अंक में '1' जोड़ा जाए और प्रत्येक सम संख्या के अंतिम अंक से '1' घटाया जाए तो इस तरह बनी निम्नतम विषम संख्या और निम्नतम सम संख्या के बीच कितना अंतर है?

A. 211 B. 91
C. 38 D. 46
E. 35

44. यदि प्रत्येक संख्या के पहले और दूसरे अंकों के स्थान परस्पर बदल दिए जाएं, तो इस तरह बनी संख्याओं में से सबसे बड़ी और दूसरी सबसे बड़ी संख्या के बीच कितना अंतर होगा?

A. 69 B. 106
C. 79 D. 121
E. 46

45. यदि प्रत्येक संख्या के मध्य अंक से '1' घटाया जाए तो इस तरह बनी संख्याओं में से कितनी तीन से विभाज्य होंगी?

A. कोई नहीं B. एक
C. दो D. तीन
E. चार

46. यदि सभी संख्याओं को बाएं से दाएं को अवरोही क्रम में लगाया जाए, तो बाएं से चौथी संख्या के तीनों अंकों का योग क्या होगा?

A. 16 B. 19
C. 14 D. 12
E. 13

47. यदि सबसे छोटी संख्या के दूसरे अंक को इसके पहले अंक से विभाजित किया जाए तो परिणाम क्या आएगा?

A. 2 B. 3
C. 1.33 D. 6
E. 1.2

48. शब्द 'SEAMING' में अक्षरों के ऐसे युग्म कितने हैं जिनमें से प्रत्येक के बीच शब्द में उतने ही अक्षर हैं जितने कि उनके बीच अंग्रेजी वर्णमाला में होते हैं?

A. कोई नहीं B. एक
C. दो D. तीन
E. तीन से अधिक

49. संख्या 5321674 में अंकों को आरोही क्रम में व्यवस्थित किया जाए तो कितने अंकों के स्थान अपरिवर्तित रहेंगे?

A. कोई नहीं B. एक
C. दो D. तीन
E. तीन से अधिक

50. निम्नलिखित संख्या शृंखला में अगला पद क्या आएगा?

9 1 8 2 7 3 6 4 5 9 1 8 2 7 3 6 5 9 1 8 2 7 3 5 9 1 8 2 7

A. 3 B. 5
C. 1 D. 9
E. इनमें से कोई नहीं

निर्देश (प्र.सं. 51 से 53): *निम्नलिखित प्रश्न दी गई पांच त्रिअंकीय संख्याओं पर आधारित हैं।*

937 425 816 398 671

51. प्रत्येक संख्या में पहले और तीसरे अंकों को पलट दिया जाए तो निम्नलिखित में से कौन-सा दूसरी सबसे छोटी संख्या का तीसरा अंक होगा?

A. 8 B. 9
C. 4 D. 6
E. इनमें से कोई नहीं

52. निम्नलिखित में से कौन-सा सबसे छोटी संख्या के पहले और दूसरे अंक का योग है?

A. 12 B. 6
C. 9 D. 13
E. इनमें से कोई नहीं

53. निम्नलिखित में से कौन-सा दूसरी सबसे बड़ी संख्या का दूसरा अंक है?

A. 3 B. 2
C. 1 D. 9
E. 7

निर्देश (प्र.सं. 54 से 59): *निम्नलिखित व्यवस्था को ध्यानपूर्वक अध्ययन कर नीचे दिए गए प्रश्नों के उत्तर दें:*

D 3 M % R 1 @ 6 F 9 E © K P 2
B I 7 ★ U Q 4 A W F 5 $ 8 # Z δ

54. उपरोक्त व्यवस्था में ऐसे कितने व्यंजन हैं, जिनके ठीक बाद में एक संख्या हो तथा ठीक पहले एक संख्या नहीं हो?

A. कोई नहीं B. एक
C. दो D. तीन
E. तीन से अधिक

55. उपरोक्त व्यवस्था में ऐसी कितनी संख्याएं हैं, जिनके ठीक पहले एक प्रतीक हो तथा ठीक बाद एक व्यंजन हो?

A. कोई नहीं B. एक
C. दो D. तीन
E. तीन से अधिक

56. उपरोक्त व्यवस्था में ऐसे कितने स्वर हैं, जिनके ठीक पहले एक संख्या हो तथा ठीक बाद में एक संख्या नहीं हो?

A. कोई नहीं B. एक
C. दो D. तीन
E. चार

57. उपरोक्त व्यवस्था से सभी प्रतीक निकाल दिए जाएं तो निम्नलिखित में से कौन-सा बायें से ग्यारहवां होगा?

A. P B. I
C. 2 D. B
E. इनमें से कोई नहीं

58. उपरोक्त व्यवस्था में अपने स्थान के आधार पर निम्नलिखित पांच में से चार किसी प्रकार समान हैं अतः उनका एक समूह बनता है। वह एक कौन-सा है जो इस समूह में नहीं आता है?

A. K P © B. U Q ★
C. 9 E F D. I B 7
E. R 1 %

59. उपरोक्त व्यवस्था में दायें से बीसवें के दायें आठवां निम्नलिखित में से कौन-सा है?

A. 6 B. %
C. 8 D. A
E. इनमें से कोई नहीं

निर्देश (प्र.सं. 60 से 62): *नीचे दिए गए प्रश्न निम्नलिखित पांच त्रिअंकीय संख्याओं पर आधारित हैं।*

518 849 365 783 291

60. यदि प्रत्येक संख्या में पहले और तीसरे अंक का स्थान परस्पर बदल दिया जाए तो तीसरी सबसे बड़ी संख्या का दूसरा अंक निम्न में से कौन-सा होगा?

A. 1 B. 4
C. 8 D. 9
E. 6

61. यदि सम संख्या से शुरू होने वाली सभी संख्याओं के पहले अंक को पिछले अंक से बदल दिया जाए, तो परिणामस्वरूप आने वाली सबसे बड़ी और सबसे छोटी संख्या के पहले अंकों का योग निम्न में से कौन-सा होगा?

A. 4 B. 8
C. 7 D. 6
E. 13

62. यदि प्रत्येक संख्या में पहले और दूसरे अंक का स्थान परस्पर बदल दिया जाए तो दूसरी सबसे बड़ी संख्या निम्न में से कौन-सी होगी?

A. 849 B. 365
C. 783 D. 291
E. 518

उत्तरमाला

1	2	3	4	5	6	7	8	9	10
A	C	A	B	E	A	A	B	E	B
11	**12**	**13**	**14**	**15**	**16**	**17**	**18**	**19**	**20**
B	D	A	D	B	E	D	A	C	B
21	**22**	**23**	**24**	**25**	**26**	**27**	**28**	**29**	**30**
D	C	B	E	A	B	B	E	D	E
31	**32**	**33**	**34**	**35**	**36**	**37**	**38**	**39**	**40**
B	A	A	A	C	E	C	B	C	D
41	**42**	**43**	**44**	**45**	**46**	**47**	**48**	**49**	**50**
B	B	E	A	D	C	B	C	A	B
51	**52**	**53**	**54**	**55**	**56**	**57**	**58**	**59**	**60**
C	A	C	E	B	C	A	D	E	E
61	**62**								
B	C								

व्याख्यात्मक उत्तर

1. प्रश्न के अनुसार क्रम निम्न प्रकार होगाः

2 X T 3 Z U 4 O P [9] Q G D 5 W J 6 8 K 7

दायें से 11वां

2. | Number | Symbol | Letter |

इसी प्रकारः

| 3 * Z | : | 9 $ Q | : | 5 # W |

3. बायें से चौदहवें के बायें छठे का मतलब है बायें से आठवां, अतः यह β है।

4. Ω —+4→ 3 —+5→ 4 —+6→ G —+7→ 6
X —+4→ Z —+5→ P —+6→ 5 —+7→ %
T —+5→ U —+6→ Q —+7→ J —+8→ +

5. T —−3→ Ω —+4→ 3
@ —−3→ % —+4→ 7
G —−3→ 9 —+4→ D
β —−3→ 3 —+4→ U
$ —−1→ 9 —+2→ Q

6. सबसे बड़ी संख्या ⇒ 814
सबसे छोटी संख्या ⇒ 289
814 – 289 ⇒ 525.

7. 476 ⇒ 576 ⇒ 675
538 ⇒ 638 ⇒ 836
289 ⇒ 389 ⇒ 983
814 ⇒ 914 ⇒ 419
753 ⇒ 853 ⇒ 358
दूसरी सबसे बड़ी संख्या ⇒ 836

8. 753 ⇒ 7 + 5 + 3 = 15
538 ⇒ 2 + 3 + 8 = **16**
289 ⇒ 2 + 8 + 9 = 19
476 ⇒ 4 + 7 + 6 = 17
814 ⇒ 8 + 1 + 4 = 13.

9. दूसरी सबसे छोटी संख्या ⇒ 476
अतः अभीष्ट योग = 7 + 6 = 13.

10. 476 ⇒ 475 ⇒ 574
538 ⇒ 537 ⇒ 735
289 ⇒ 288 ⇒ 882
814 ⇒ 813 ⇒ 318
753 ⇒ 752 ⇒ 257
तीसरी सबसे बड़ी संख्या ⇒ 574.

21. M —+5→ A —+5→ K —+5→ 1
$ —+5→ # —+5→ U —+5→ %
7 —+5→ J —+5→ P —+5→ Q

22. | व्यंजन | प्रतीक | स्वर |
ऐसे संयोजन हैं–
T #A ; J @U

23. | संख्या/प्रतीक | संख्या | व्यंजन |
ऐसा केवल एक संयोजन है– 18Q

24. व्यवस्था में कुल 33 तत्व हैं। यदि दायीं छोर से 25 तत्वों के स्थान उलट दिए जाएं तो बायीं छोर से आठ तत्वों के स्थान अपरिवर्तित रहेंगे।
अब, बायीं ओर से 16वां तत्व होगा, मूल व्यवस्था में दायीं छोर से आठवां अर्थात 5।

25. बायीं छोर से 23वें के बाएं 8वां का अर्थ हुआ बायीं छोर से 15वां अर्थात् 9।

26. नया संयोजन इस प्रकार है– B Q P V J M F
⇒ B F J M P Q V

27. F P K J B A G R ⇒ B F G J K P R S

28. RAT, ONE BUT AND SAW
अभीष्ट संयोजन इस प्रकार होगाः
SBU, POF, CVU, BOE, TBX

29. 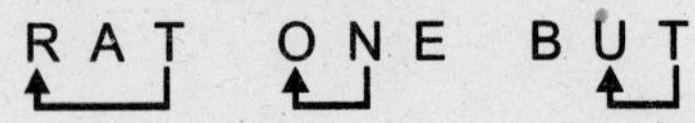

30. अभीष्ट संयोजन इस प्रकार होगाः
SAU OOE CUU AOE TAX

31. अभीष्ट संयोजन इस प्रकार होगाः
SAT PNE CUT BND TAW

32. अभीष्ट संयोजन इस प्रकार होगाः
AND BUT ONE RAT SAW

33. प्रश्नानुसार,
W O R T H Y
T H Y W O R
W Y

34. 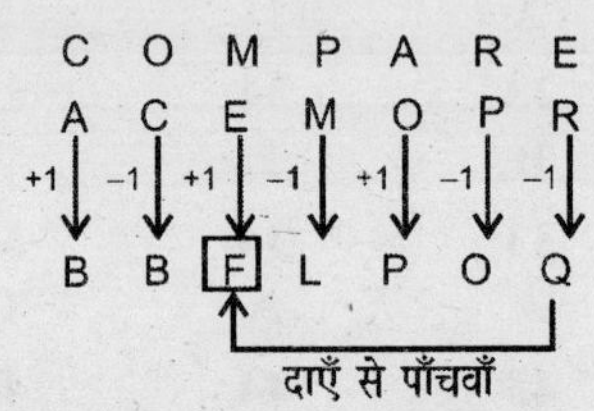

35. 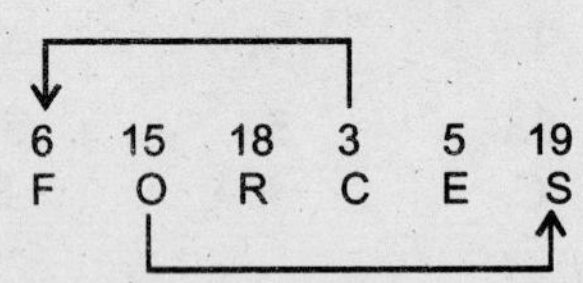

39. बाएँ छोर से 18वें के बाएँ तीसरा का अर्थ हुआ बाएँ से 15वाँ अर्थात् 4।

41. FAINTED → ADEFINT → BCFEJMS

42. 

45. 428 ⇒ 418; 391 ⇒ 381;
745 ⇒ 735; 682 ⇒ 672;

534 ⇒ 524

3 से विभाज्य संख्याएँ

$\frac{381}{3} = 127; \frac{735}{3} = 245; \frac{672}{3} = 224$

46. 745 > 682 > 534 > 428 > 391

अभीष्ट योग = 4 + 2 + 8 = 14

47. सबसे छोटी संख्या ⇒ 391

$\frac{9}{3} = 3$

48.

19 5 1 13 9 14 7

S E A M I N G

49. 5 3 2 1 6 7 4

1 2 3 4 5 6 7

50. 9 1 8 2 7 3 6 [4] 5 = 9 1 8 2 7 3 [6][4] 5

9 1 8 2 7 [3][6][4] 5 = 9 1 8 2 7 [5]

51. 937 ⇒ 739; 425 ⇒ 524; 816 ⇒ 618; 398 ⇒ 893; 671 ⇒ 176;

दूसरी सबसे छोटी संख्या ⇒ 524

52. सबसे छोटी संख्या ⇒ 398

अभीष्ट योग ⇒ 3 + 9 = 12.

53. दूसरी सबसे बड़ी संख्या ⇒ 816.

54. चार संयोजन, यथाः % R 1, K P 2, U Q 4 तथा W F 5.

55. सिर्फ एक संयोजन यथाः @ 6 F.

56. दो संयोजन यथाः 9 E © तथा 4 A W.

58. K P © U Q ★ 9 E F I B 7 R 1 %

(+1 / −1 ; +1 / −1 ; +1 / −1 ; −1 / +1 ; +1 / −1)

60. 518 ⇒ 815; 849 ⇒ 948;

365 ⇒ 563; 783 ⇒ 387;

291 ⇒ 192;

तीसरी बड़ी संख्या ⇒ 563

61. 518 ⇒ 518; 849 ⇒ 749;

365 ⇒ 365; 783 ⇒ 783;

291 ⇒ 191;

बड़ी संख्या ⇒ 783

छोटी संख्या ⇒ 191

अभीष्ट योग ⇒ 7 + 1 = 8

62. 518 ⇒ 158; 849 ⇒ 489;

365 ⇒ 635; 783 ⇒ 873;

291 ⇒ 921;

द्वितीय बड़ी संख्या

⇒ 873 ⇒ 783

○○○

10 न्यायवाक्य (Syllogism)

इस प्रकार की तर्कसंगत पद्धति में दो आधार कथन और उनसे निकाले गए दो निष्कर्ष दिए गए होते हैं। A, B, C, D और E के रूप में पांच विकल्प दिए गए होते हैं। दो कथनों के आधार पर अभ्यर्थी को उत्तर के रूप में सही विकल्प का चयन करना पड़ता है।

उदाहरण : नीचे दिए गए प्रश्नों में उत्तर इस प्रकार दिया जाएगा :

A. यदि केवल निष्कर्ष I सत्य है

B. यदि केवल निष्कर्ष II सत्य है

C. या तो निष्कर्ष I या II सत्य है

D. न तो निष्कर्ष I सत्य है न ही II

E. यदि निष्कर्ष I और II दोनों ठीक हैं

1. ***कथन :*** ***I :*** सभी अधिकारी आलसी हैं

II : कुछ व्यक्ति अधिकारी हैं

निष्कर्ष : ***I :*** सभी आलसी व्यक्ति हैं

II : कुछ व्यक्ति आलसी हैं

व्याख्या B : जब सभी अधिकारी आलसी हैं और कुछ व्यक्ति अधिकारी हैं तब कुछ व्यक्ति अनिवार्य तौर पर आलसी होंगे। अत: निष्कर्ष II सही है।

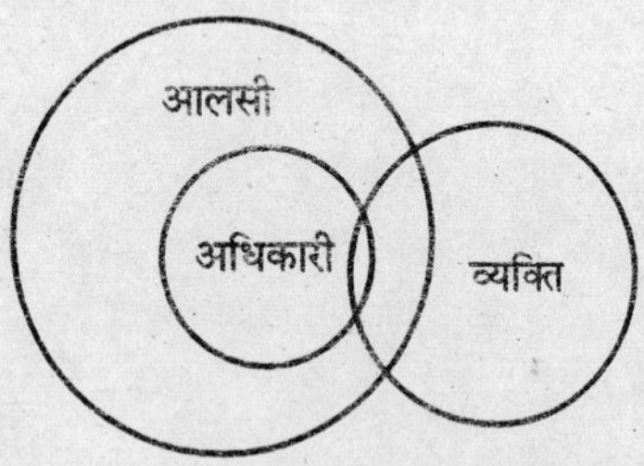

2. ***कथन :*** ***I :*** कुछ तंबू फूल हैं

II : कुछ खिलौने तंबू हैं

निष्कर्ष : ***I :*** सभी तंबू खिलौने हैं

II : सभी फूल तंबू हैं

व्याख्या D : कुछ तंबू फूल हैं अत: कुछ फूल तंबू हो सकते हैं। कुछ खिलौने तंबू हैं अत: कुछ तंबू खिलौने हो सकते हैं। सभी तंबू और सभी फूल क्रमश: खिलौने और तंबू नहीं हो सकते। अत: कोई भी निष्कर्ष सही नहीं है।

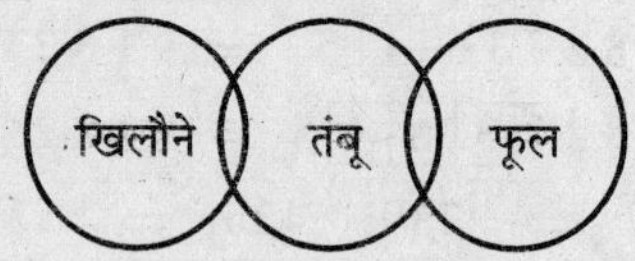

बहुविध निष्कर्ष निकालना

इस प्रकार के प्रश्न प्रारूप में दो कथनों के आधार पर निकाले गए दो या दो से अधिक निष्कर्ष होते हैं। अभ्यर्थी को तर्क का अनुसरण करते हुए सही उत्तर के रूप में एक विकल्प का चयन करना होता है।

3. दए गए विकल्पों (A), (B), (C), (D) और (E) में से निष्कर्ष समूह का चयन करें जो तार्किक रूप से दिए गए कथन के अनुरूप हों।

कथन : ***I :*** कुछ मनुष्य कुर्सी हैं

II : सभी कुर्सियां सिगार हैं

निष्कर्ष : ***I :*** कुछ मनुष्य सिगार हैं

II : कुछ सिगार मनुष्य हैं

III : सभी सिगार कुर्सियां हैं

IV : कुछ कुर्सियां मनुष्य हैं

A. कोई निष्कर्ष नहीं निकाला जा सकता

B. सभी निष्कर्ष सत्य हैं

C. केवल निष्कर्ष I, II, और IV सही हैं

D. केवल निष्कर्ष I, III, और IV सही हैं

E. इनमें से कोई नहीं

व्याख्या C : जब कुछ मनुष्य कुर्सियां हैं और सभी कुर्सियां सिगार हैं, तब स्वाभाविक रूप से कुछ मनुष्य सिगार हैं और कुछ सिगार मनुष्य। कुछ सिगारों को मनुष्य होना होगा। और जब कुछ मनुष्य सिगार हैं तब कुछ कुर्सियों को मनुष्य होना होगा। अत: निष्कर्ष I, II और IV सही हैं।

वस्तुनिष्ठ प्रश्न

निर्देश (प्र. सं. 1 से 5 तक): *निम्न प्रश्नों में दो कथन दिए गए हैं जिनके पश्चात् दो निष्कर्ष I व II दिए गए हैं। आपको दिए गए कथनों को सत्य मानना है भले ही वे सामान्य ज्ञात तथ्यों से भिन्नता दर्शाते हों। आपको निर्धारित करना है कि कौन-से निष्कर्ष दिए गए कथनों का अनुसरण करते हैं।*

1. कथन : सभी बसें कार हैं। सभी स्कूटर बसें हैं।
निष्कर्ष : I. कोई स्कूटर बस नहीं है।
II. सभी कारें बसें हैं।
A. या तो निष्कर्ष I अथवा II अनुसरण करता है।
B. केवल निष्कर्ष I अनुसरण करता है।
C. न तो निष्कर्ष I, न ही निष्कर्ष II अनुसरण करता है।
D. केवल निष्कर्ष II अनुसरण करता है।
E. दोनों I व II निष्कर्ष अनुसरण करते हैं।

2. कथन : कोई ऑडिटोरियम हॉल नहीं है।
सभी थियेटर हॉल हैं।
निष्कर्ष : I. कोई ऑडिटोरियम हॉल नहीं है।
II. सभी हॉल थियेटर हैं।
A. या तो निष्कर्ष I अथवा II अनुसरण करता है।
B. केवल निष्कर्ष I अनुसरण करता है।
C. न तो निष्कर्ष I, न ही निष्कर्ष II अनुसरण करता है।
D. केवल निष्कर्ष II अनुसरण करता है।
E. दोनों I व II निष्कर्ष अनुसरण करते हैं।

3. कथन : कुछ ड्रग्स दवाइयाँ हैं।
कोई दवाई इलाज नहीं है।
निष्कर्ष : I. सभी इलाजों के ड्रग्स होने की संभावना है।
II. सभी ड्रग्स कभी भी इलाज नहीं हो सकते।
A. या तो निष्कर्ष I अथवा II अनुसरण करता है।
B. केवल निष्कर्ष I अनुसरण करता है।
C. न तो निष्कर्ष I, न ही निष्कर्ष II अनुसरण करता है।
D. केवल निष्कर्ष II अनुसरण करता है।
E. दोनों I व II निष्कर्ष अनुसरण करते हैं।

4. कथन : कुछ कैमरे फोटो हैं।
सभी कैमरे स्नैप्स हैं।
निष्कर्ष : I. सभी स्नैप्स फोटोहैं।
II. कुछ स्नैप्स फोटो हैं।
A. या तो निष्कर्ष I अथवा II अनुसरण करता है।
B. केवल निष्कर्ष I अनुसरण करता है।
C. न तो निष्कर्ष I, न ही निष्कर्ष II अनुसरण करता है।
D. केवल निष्कर्ष II अनुसरण करता है।
E. दोनों I व II निष्कर्ष अनुसरण करते हैं।

5. कथन : कुछ कम्प्यूटर टेबलेट्स हैं।
कुछ लैपटॉप कम्प्यूटर हैं।
निष्कर्ष : I. कोई लैपटॉप टेबलेट नहीं है।
II. सभी टेबलेट कम्प्यूटर होसकते हैं।
A. या तो निष्कर्ष I अथवा II अनुसरण करता है।
B. केवल निष्कर्ष I अनुसरण करता है।
C. न तो निष्कर्ष I, न ही निष्कर्ष II अनुसरण करता है।
D. केवल निष्कर्ष II अनुसरण करता है।
E. दोनों I व II निष्कर्ष अनुसरण करते हैं।

निर्देश (प्र.सं. 6-46): *प्रत्येक प्रश्न अथवा प्रश्नों के समूह के नीचे दो अथवा तीन कथन तथा उनका अनुसरण करने वाले दो निष्कर्ष I व II दिए गये हैं। आपको कथन में दिए गये सभी तथ्यों को सच मानना है चाहे वे सर्वज्ञात तथ्यों से अलग दिखाई पड़ते हों, और तब आपको निर्णय करके बताना होगा कि दिए गये निष्कर्ष में से कौन तार्किक रूप से कथनों में दी गयी जानकारी का अनुसरण करता है।*

उत्तर A दीजिए यदि केवल निष्कर्ष I अनुसरण करता है।
उत्तर B दीजिए यदि केवल निष्कर्ष II अनुसरण करता है।
उत्तर C दीजिए यदि या तो निष्कर्ष I या II अनुसरण करता है।
उत्तर D दीजिए यदि न तो निष्कर्ष I न निष्कर्ष II अनुसरण करता है।
उत्तर E दीजिए यदि निष्कर्ष I तथा II दोनों अनुसरण करते हैं।

6. कथन : सभी वर्ण संख्याएं हैं।
कुछ वर्ण अंक हैं।
निष्कर्ष: I. कम-से-कम कुछ अंक संख्याएं हैं।
II. कोई अंक संख्या नहीं है।

7. कथन : कुछ वर्ग वृत्त हैं।
कुछ वृत्त आयतें हैं।
निष्कर्ष: I. कम-से-कम कुछ आयतें वर्ग हैं।
II. कोई आयत वर्ग नहीं है।

8. कथन : कोई कार्यालय (ऑफिस) महल नहीं है।
सभी कॉलेज स्थान हैं।
निष्कर्ष: I. सभी महल कॉलेज हैं।
II. कोई भी कॉलेज कार्यालय नहीं है।

9. कथन : सभी पर्वत नदियाँ हैं।
सभी नदियाँ झीलें हैं।
निष्कर्ष: I. सभी पर्वत झीलें हैं।
II. कम-से-कम कुछ झीलें नदियाँ हैं।

10. कथन : कुछ जीतें हार हैं।
सभी ट्रॉफियाँ हार हैं।
निष्कर्ष: I. सभी ट्रॉफियाँ जीत हैं।
II. सभी हार ट्रॉफियाँ हैं।

11. कथन : सभी बसें कारे हैं।
कुछ बसें ट्रक हैं।

निष्कर्ष : I. कुछ बसें निश्चित रूप से ट्रक नहीं हैं।
II. कम-से-कम कुछ ट्रक कारें हैं।

12. कथन : कोई पत्ती जड़ नहीं है।
सभी पौधे जड़े हैं।
निष्कर्ष : I. कोई पत्ती पौधा नहीं है।
II. कुछ पौधे पत्तियाँ हैं।

13. कथन : कुछ चैप्टर यूनिट हैं।
कुछ यूनिट शीर्षक हैं।
निष्कर्ष : I. कम-से-कम कुछ शीर्षकें चैप्टर हैं।
II. कुछ शीर्षक निश्चित रूप से यूनिट नहीं हैं।

14. कथन : सभी चम्मच कटोरियाँ हैं।
सभी बर्तन कटोरियाँ हैं।
निष्कर्ष : I. कुछ चम्मच बर्तन हैं।
II. सभी कटोरियाँ चम्मच हैं।

15. कथन : कुछ गेट दरवाजे हैं।
कोई गेट खिड़की नहीं है।
निष्कर्ष : I. कोई दरवाजा खिड़की नहीं है।
II. कुछ दरवाजे निश्चित रूप से खिड़कियाँ नहीं हैं।

16. कथन : सभी कार्ड शीटें हैं।
सभी फाइलें कार्ड हैं।
निष्कर्ष : I. सभी कार्ड फाइलें हैं।
II. सभी फाइलें शीटें हैं।

17. कथन : कुछ प्रश्न उत्तर हैं।
सभी प्रश्न मुद्दे हैं।
निष्कर्ष : I. कम से कम कुछ उत्तर मुद्दे हैं।
II. कुछ उत्तर निश्चित रूप से प्रश्न नहीं हैं।

18. कथन : सभी सड़कें गलियां हैं।
कोई सड़क हाईवे नहीं है।
निष्कर्ष : I. कोई हाईवे गली नहीं है।
II. सभी गलियां सड़कें हैं।

19. कथन : कोई पुस्तक पुस्तकालय नहीं है।
कुछ पुस्तकें डायरियां हैं।
निष्कर्ष : I. कम से कम कुछ पुस्तकालय डायरियां हैं।
II. कोई डायरी पुस्तकालय नहीं है।

20. कथन : कोई पिन क्लिप नहीं है।
सभी पिन पंखें हैं।
निष्कर्ष : I. सभी पंखे पिन हैं।
II. कोई क्लिप पंखा नहीं है।

21. कथन : सभी पेंट कलर हैं। सभी इंक पेंट हैं। कोई कलर वार्निश नहीं है।
निष्कर्ष : I. कोई वार्निश पेंट नहीं है।
II. सभी इंक कलर हैं।

22. कथन : कुछ काइट प्लेन हैं। सभी प्लेन पक्षी हैं। सभी पक्षी गुब्बारे हैं।
निष्कर्ष : I. सभी पक्षी काइट हैं।
II. सभी प्लेन गुब्बारे हैं।

23. कथन : सभी अभिनेता निर्माता हैं। कुछ निर्माता निर्देशक हैं। कुछ गायक निर्माता हैं।
निष्कर्ष : I. कुछ अभिनेता गायक हैं।
II. कुछ गायक निर्देशक हैं।

24. कथन : सभी चलचित्र नाटक हैं। सभी प्ले नाटक हैं। सभी नाटक फिल्म हैं।
निष्कर्ष : I. सभी चलचित्र फिल्म हैं।
II. कुछ प्ले फिल्म नहीं हैं।

25. कथन : कुछ ग्रेन सिरियल हैं। कुछ सिरियल चावल हैं। कुछ चावल गेहूं हैं।
निष्कर्ष : I. कुछ ग्रेन गेहूं हैं।
II. कुछ गेहूं सिरियल हैं।

26. कथन : सभी औषधियां टेबलेट हैं। कुछ टेबलेट टॉनिक हैं। कुछ टॉनिक कड़वे हैं।
निष्कर्ष : I. कुछ टेबलेट कड़वे हैं।
II. कोई औषधि टॉनिक नहीं है।

27. कथन : सभी इनकम सैलरी हैं। कुछ सैलरी पर्क हैं। कुछ पर्क टैंजिबल हैं।
निष्कर्ष : I. कुछ इनकम टैंजिबल हैं।
II. कम से कम कुछ पर्क सैलरी हैं।

28. कथन : सभी गुलाब लाल हैं। कुछ लाल रंग हैं। सभी रंग पेंट हैं।
निष्कर्ष : I. कुछ लाल पेंट हैं।
II. सभी लाल गुलाब हैं।

29. कथन : कुछ कैजुअल फॉर्मल हैं। सभी फॉर्मल एक्सपेंसिव हैं। सभी एक्सपेंसिव एलेगंट हैं।
निष्कर्ष : I. सभी फॉर्मल एलेगंट हैं।
II. कुछ कैजुअल एक्सपेंसिव हैं।

30. कथन : सभी टाउन सिटी हैं। सभी सिटी अर्बन हैं। कुछ अर्बन रूरल हैं।
निष्कर्ष : I. कुछ टाउन रूरल हैं।
II. सभी रूरल टाउन हैं।

31. कथन : कुछ चुनाव भूलें हैं। सभी भूलें त्रुटियां हैं।
कोई त्रुटि न्यायोचित नहीं है।
निष्कर्ष : I. कुछ चुनाव न्यायोचित हैं।
II. सभी भूलें न्यायोचित नहीं हैं।

32. कथन : सभी साइकिलें बसें हैं। कुछ बसें कारें हैं।
सभी कारें ठेले हैं।
निष्कर्ष : I. कुछ ठेले कारें हैं।
II. कुछ साइकिलें कारें हैं।

33. कथन : सभी बड़े छोटे हैं। कुछ छोटे लंबे हैं। कुछ लंबे पतले हैं।
निष्कर्ष : I. कुछ छोटे पतले हैं।
II. कुछ पतले लंबे नहीं हैं।

34. कथन : सभी पुरस्कार उपलब्धियां हैं। सभी उपलब्धियां सफलताएं हैं। सभी सफलताएं चिरस्थायी हैं।
निष्कर्ष : I. सभी सफलताएं उपलब्धियां हैं।
II. कुछ चिरस्थायी सफलताएं नहीं हैं।

35. कथन : कुछ प्रतिवादी शत्रु हैं। कोई शत्रु मित्र नहीं है। कुछ मित्र अजनबी हैं।
निष्कर्ष : I. कुछ प्रतिवादी मित्र नहीं हैं।
II. सभी अजनबी मित्र हैं।

36. कथन : कुछ पत्ते जड़े हैं। कुछ जड़े तने हैं। सभी फूल तने हैं।
निष्कर्ष : I. कोई फूल पत्ता नहीं है
II. कुछ पत्ते तने हैं।

37. कथन : सभी संख्याएं अंक हैं। सभी अक्षर संख्याएं हैं। सभी शब्द अक्षर हैं।
निष्कर्ष : I. सभी शब्द अंक हैं।
II. कुछ संख्याएं शब्द नहीं हैं।

38. कथन : सभी प्लास्टिक लकड़ी हैं। कोई लकड़ी धातु नहीं है। कुछ धातुएँ गैसे हैं।
निष्कर्ष : I. कोई प्लास्टिक धातु नहीं है।
II. कुछ गैसें प्लास्टिक हैं।

39. कथन : सभी तारे चंद्रमा हैं। सभी चंद्रमा धूल हैं। सभी एस्टिरॉइड धूल हैं।
निष्कर्ष : I. कुछ चन्द्रमा एस्टिरॉइड हैं।
II. सभी तारे धूल हैं।

40. कथन : सभी छाते बारिशें हैं। कुछ बारिशें बादल हैं। सभी बादल तूफान हैं।
निष्कर्ष : I. कुछ तूफान छाते हैं।
II. कुछ तूफान बारिशें नहीं हैं।

41. कथन : सभी जग प्लेटें हैं। सभी प्लेटें कप हैं। सभी कप बोतलें हैं।
निष्कर्ष : I. कुछ बोतलें जग हैं
II. सभी प्लेटें बोतलें हैं।

42. कथन : कुछ जंगल दर्पण हैं। सभी दर्पण मकान हैं। सभी मकान सड़कें हैं।
निष्कर्ष : I. सभी जंगल सड़कें हैं।
II. सभी जंगल मकान हैं।

43. कथन : सभी कबूतर पेड़ हैं। कुछ पेड़ चैनल हैं। सभी चैनल बास्केट हैं।
निष्कर्ष : I. कुछ बास्केट पेड़ हैं।
II. कुछ चैनल कबूतर हैं।

44. कथन : कुछ तंबू रस्सियां हैं। सभी रस्सियां लालटेन हैं। कुछ लालटेन बॉक्स हैं।
निष्कर्ष : I. कुछ बॉक्स तंबू हैं।
II. कुछ लालटेन तंबू हैं।

45. कथन : कुछ बैग कपड़े हैं। कुछ कपड़े पेपर हैं। कुछ पेपर ग्लास हैं।
निष्कर्ष : I. कुछ ग्लास बैग हैं।
II. कोई ग्लास बैग नहीं है।

46. कथन : कुछ चेन ट्रक हैं। कोई ट्रक कार नहीं है। सभी कारें ट्रेन हैं।
निष्कर्ष : I. कुछ ट्रेनें ट्रक हैं।
II. कुछ कारें चेन हैं।

उत्तरमाला

1	2	3	4	5	6	7	8	9	10
C	B	E	D	D	A	C	B	E	D
11	**12**	**13**	**14**	**15**	**16**	**17**	**18**	**19**	**20**
B	A	D	D	B	B	A	D	C	D
21	**22**	**23**	**24**	**25**	**26**	**27**	**28**	**29**	**30**
E	B	D	A	D	D	B	D	E	D
31	**32**	**33**	**34**	**35**	**36**	**37**	**38**	**39**	**40**
E	A	D	D	D	D	A	A	B	D
41	**42**	**43**	**44**	**45**	**46**				
E	D	A	B	C	D				

व्याख्यात्मक उत्तर

1-5. (*i*) सभी बसें कार हैं → सार्वत्रिक सकारात्मक (A-टाइप)
(*ii*) सभी ड्रग्स दवाइयाँ हैं → विशिष्ट सकारात्मक (I-टाइप)
(*iii*) कोई ऑडिटोरियम हॉल नहीं है → सार्वत्रिक नकारात्मक (E-टाइप)
(*iv*) कुछ ऑडिटोरियम हॉल नहीं हैं → विशिष्ट नकारात्मक (O-टाइप)

1. सभी स्कूटर बसें हैं

सभी बसें कार हैं
A + A ⇒ A – निष्कर्ष का टाइप
सभी स्कूटर कार हैं।
न तो निष्कर्ष I न ही II अनुसरण करता है।

2. सभी थियेटर हॉल हैं

कोई हॉल ऑडिटोरियम नहीं है
A + E ⇒ E – निष्कर्ष का टाइप
"कोई थियेटर ऑडिटोरियम नहीं है।"
निष्कर्ष I इसका विपरीत है।

3. कुछ ड्रग्स दवाइयां हैं।

कोई दवाई इलाज नहीं है।
I + E ⇒ O – निष्कर्ष का प्रकार
कुछ ड्रग्स इलाज नहीं है।
इससे निष्कर्ष निकलता है कि कोई भी ड्रग्स इलाज नहीं हो सकता।

4. कुछ फोटो कैमरे हैं।

सभी कैमरे स्नैप्स हैं।
I + A ⇒ I – निष्कर्ष का प्रकार
"कुछ फोटो स्नैप्स हैं।"
निष्कर्ष II इसका विपरीत भी है।

5. दोनों आधार वाक्य विशिष्ट सकारात्मक (I-टाइप) हैं। इन दोनों विशिष्ट आधार वाक्यों से कोई निष्कर्ष नहीं निकलता है। पहले वाक्य का वेन आरेख

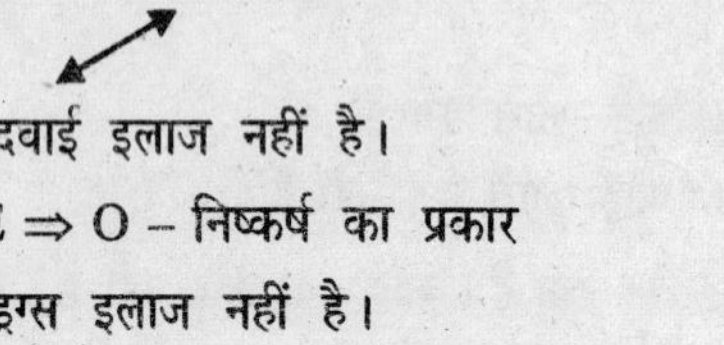

I.

अथवा

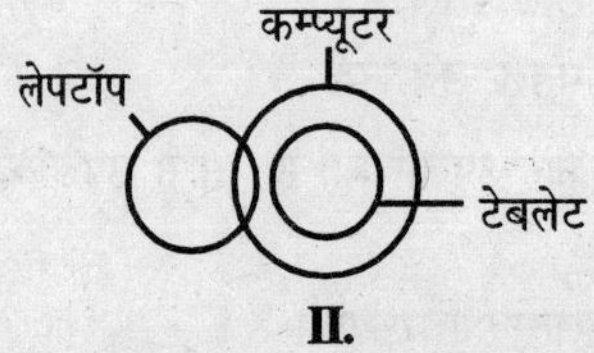

II.

आकृति II निष्कर्ष II का अनुसरण करती है।

6.

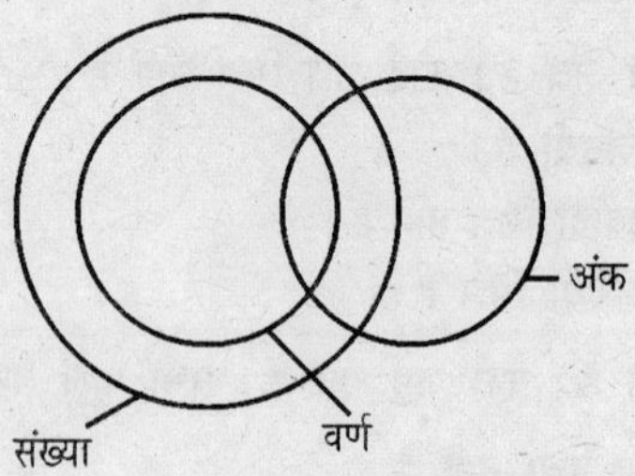

7.

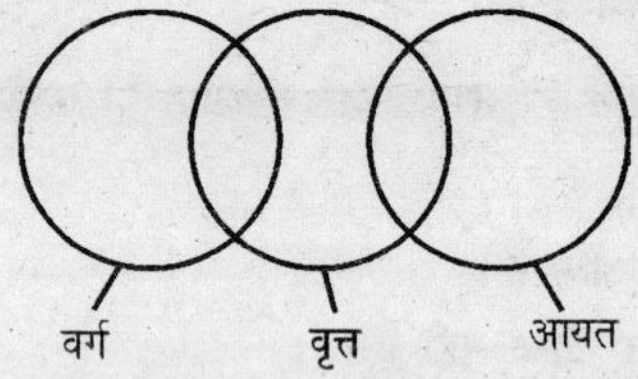

कोई आयत वर्ग नहीं है, या कुछ आयत वर्ग हैं।

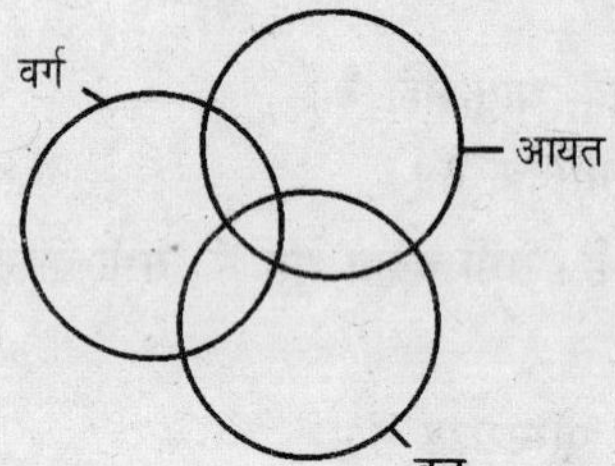

8.

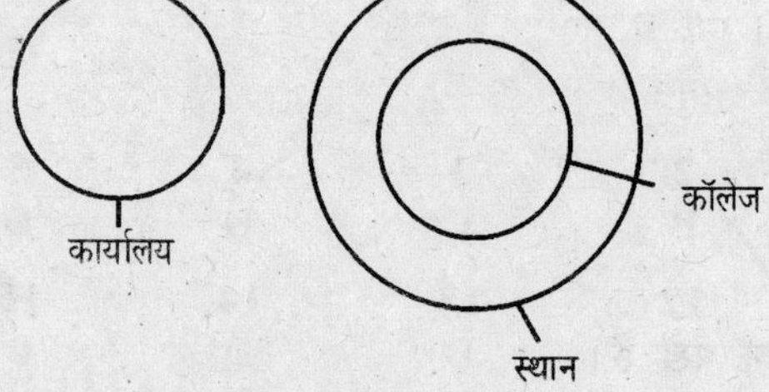

कोई भी कॉलेज कार्यालय नहीं है।

9.

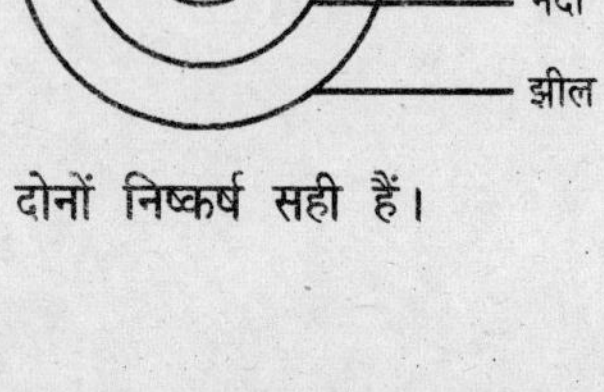

दोनों निष्कर्ष सही हैं।

10.

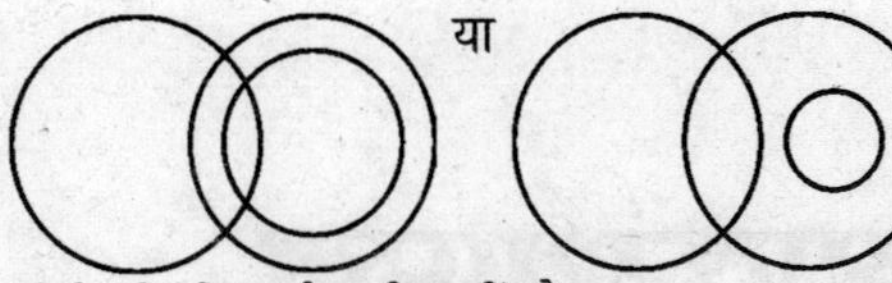

कोई भी निष्कर्ष सही नहीं है।

16-20.

(*i*) सभी कार्ड शीटें हैं → सर्वव्यापी सकारात्मक (A–प्रकार)।

(*ii*) कुछ प्रश्न उत्तर हैं → अंशव्यापी सकारात्मक (I–प्रकार)।

(*iii*) कोई पुस्तक पुस्तकालय नहीं है → सर्वव्यापी नकारात्मक (E–प्रकार)।

(*iv*) कुछ पुस्तकें पुस्तकालय नहीं हैं → अंशव्यापी नकारात्मक (O–प्रकार)।

16. सभी फाइलें कार्ड हैं।

↗↙

सभी कार्ड शीटें हैं।

$A + A \Rightarrow$ A-प्रकार का निष्कर्ष

"सभी फाइलें शीटें हैं।"

यह निष्कर्ष II है।

18. कोई हाईवे सड़क नहीं है।

↗↙

सभी सड़कें गलियां हैं।

$E + A \Rightarrow O_1$-प्रकार का निष्कर्ष

"कुछ गलियां हाईवे नहीं हैं।"

यह निष्कर्ष II है।

19. कुछ डायरियां पुस्तकें हैं।

↗↙

कोई पुस्तक पुस्तकालय नहीं है।

$I + E \Rightarrow$ O-प्रकार का निष्कर्ष

"कुछ डायरियां पुस्तकालय नहीं हैं।"

निष्कर्ष I एवं II संपूरक युग्म बनाते हैं। अतः या तो निष्कर्ष I या II अनुसरण करता है।

20. कोई क्लिप पिन नहीं है।

↗↙

सभी पिन पंखें हैं।

$E + A \Rightarrow O_1$-प्रकार का निष्कर्ष

"कुछ पंखे क्लिप नहीं हैं।"

21.

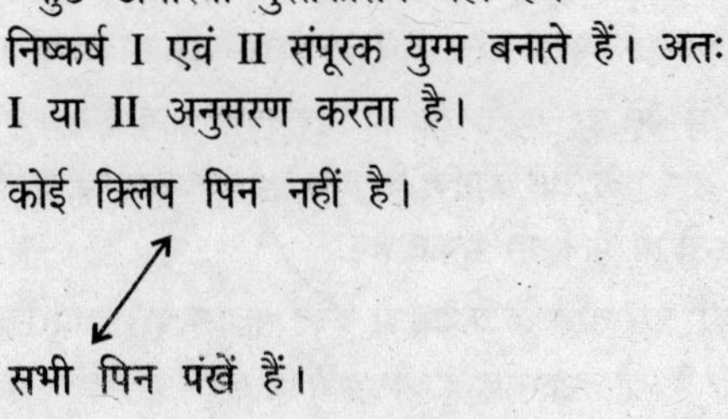

22.

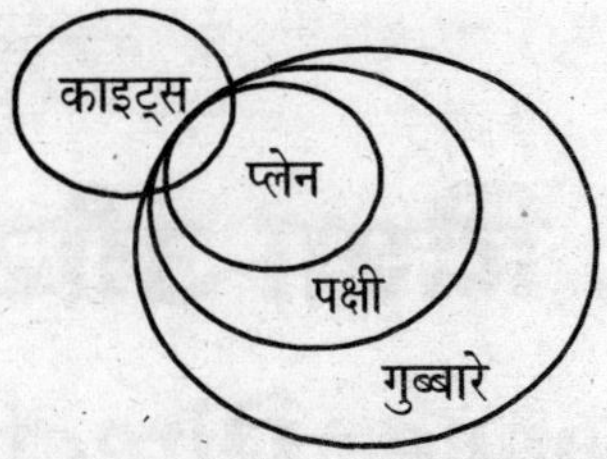

23.

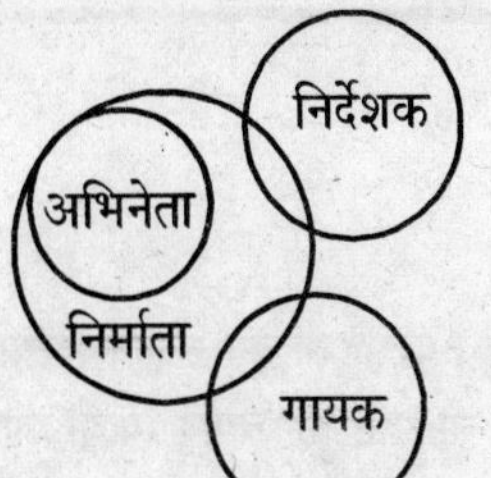

24.

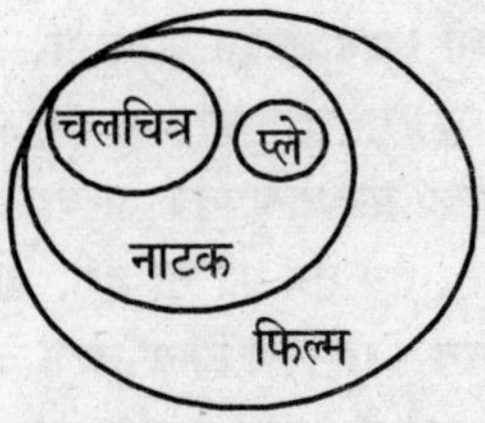

25.

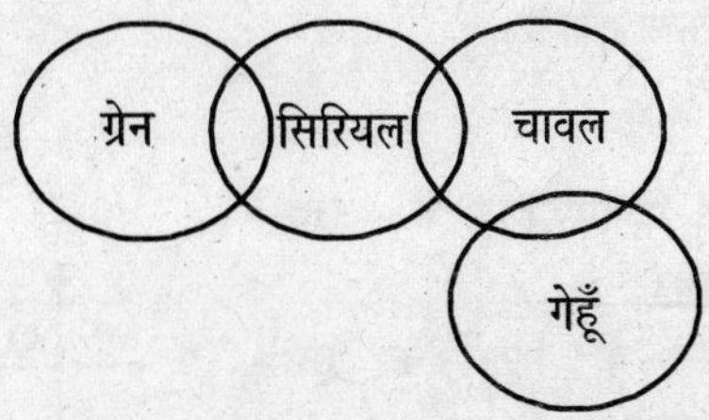

26.

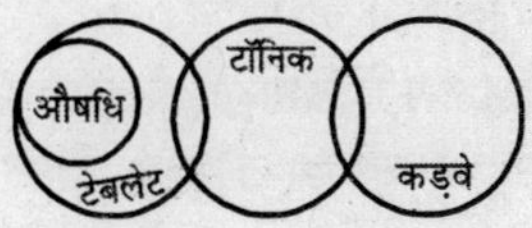

27.

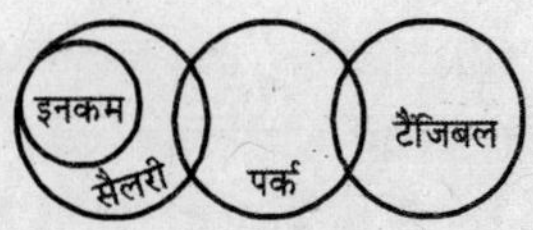

28.

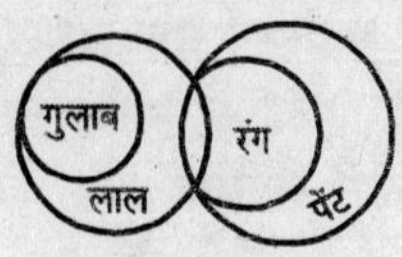

29.

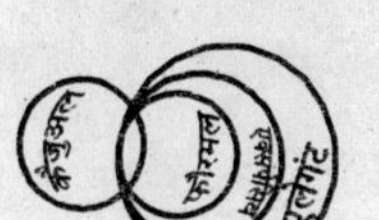

30.

○○○

11 दूरी, दिशा और स्थान व्यवस्थापन (Distance, Direction & Sitting Arrangement)

इस प्रकार के परीक्षणों में मुख्यतया दूरी और दिशा का संज्ञान लिया जाता है। कुछ लोगों या वस्तुओं की हलचल या गति का वर्णन किया जाता है। यथाक्रम उनकी स्थान बद्धता दी गई हो सकती है। एक प्रत्याशी को प्रश्न में वर्णित व्यक्ति या वस्तु की अंतिम अवस्था ज्ञात करनी होती है। दो या उससे अधिक व्यक्तियों (वस्तुओं)पर भी ध्यान केंद्रित करना पड़ सकता है। व्यक्ति या वस्तु द्वारा वास्तव में तय की गई दूरी का पता लगाना होता है।.इन प्रश्नों का उत्तर देते समय दिशाओं का सावधानीपूर्वक अध्ययन करना पड़ता है। प्रश्न के साथ संलग्न आंकड़ों (जैसे तय की गई दूरी, बायीं या दायीं ओर घूमना आदि) का सावधानीपूर्वक विश्लेषण किया जाना चाहिए। इस वर्ग में शायद ही मुश्किल प्रश्न पूछे जाते हैं। स्थान व्यवस्थापन को भी इस अध्याय में शामिल किया गया है।

दिशा-निर्देश

1. चार आधारभूत दिशाएं होती हैं—उत्तर, दक्षिण, पूरब और पश्चिम।

प्रश्न की जरूरत के मुताबिक इन्हें सावधानीपूर्वक अंकित कर लें।

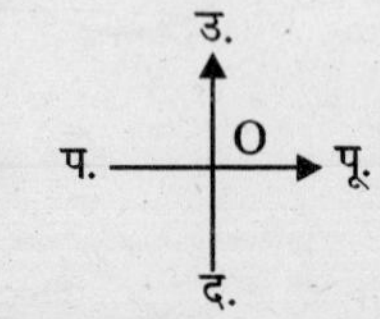

2. आपको आधारभूत आरेख (दिशाओं को) स्वयं बनाना होगा। प्रश्न केवल शाब्दिक रूप से दिशाओं की व्याख्या करेंगे। आपको प्रश्न के अनुसार संपूर्ण परिदृश्य का खाका स्वयं निर्मित करना पड़ेगा।

3. चार आधारभूत दिशाओं के साथ-साथ चार अन्य दिशाएं भी होती हैं—उत्तर-पश्चिम, उत्तर-पूर्व, दक्षिण-पश्चिम और दक्षिण-पूर्व। ये दिशाएं पूर्ववर्ती आकृति में टूटी हुई रेखाओं के जरिए दर्शायी गई हैं। यहां ध्यान दें कि उत्तर और पूर्व के तीरों के बीच अवस्थित सभी दिशाएं केवल एक दिशा की ओर इंगित हैं जो उत्तर-पूर्व है। लेकिन मानक दिशा वह रेखा है जो उत्तर और पूर्व के लम्बवत तीरों के बीच 90° कोण को समद्विभाजित करती है। यही बात अन्य उप-दिशाओं के लिए भी लागू होती है। अत: यदि आपको दक्षिण-पश्चिम की एक दिशा दी गई है तो एक बिंदुरेखा खींचें जो पश्चिम और दक्षिण के बीच समकोण को विभाजित करेगी।

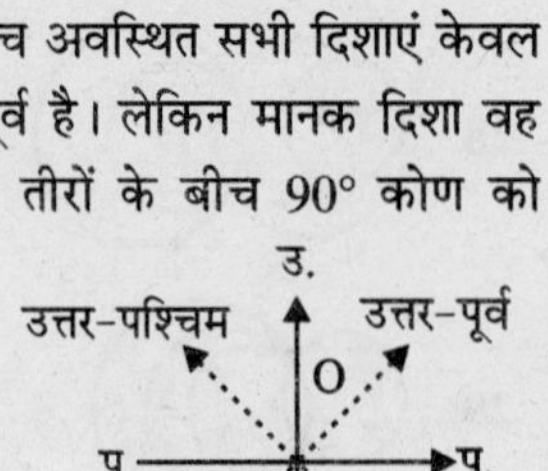

4. O बिंदु दिशागत समतल का आरंभ बिंदु है। यदि यह संभव हो तो व्यक्ति या वस्तु को यहां रखें। इसे शून्य संदर्भ आधार कहते हैं। आपको इस आधार को परिवर्तित करना पड़ सकता है, लेकिन केवल इसी बिंदु से आरंभ करने का प्रयास करें।

5. दिशाओं, बायीं और दायीं ओर मुड़ने तथा तय की गई दूरी का खास ध्यान रखें।

6. तय की गई वास्तविक दूरी का पता लगाने के लिए आप प्रारंभिक और अंतिम बिंदु को आपस में मिला सकते हैं। इस बात की काफी अधिक संभावना है कि आपको इन आकृतियों में त्रिभुज, वर्ग और वृत्त मिलें। तय की गई दूरी का पता लगाने के लिए क्षेत्रमिति और रेखागणित के साधारण सिद्धांतों का इस्तेमाल करें।

वर्ग का क्षेत्रफल = (भुजा)^2। त्रिभुज का क्षेत्रफल = $\frac{1}{2}$ × आधार × ऊंचाई। वृत्त = πr^2। आयत का क्षेत्रफल = लंबाई × चौड़ाई। समानांतर चतुर्भुज का क्षेत्रफल = $\frac{1}{2}$ × आधार × ऊंचाई। सम त्रिभुज का क्षेत्रफल = $\frac{\sqrt{3}}{4}$ × भुजा^{2}। पाइथागोरस का सिद्धांत = (कर्ण)^2 = (विकर्ण)^2 + (आधार)^2

7. व्यक्ति की गति निम्न दिशाओं में हो सकती है :

(*a*) उत्तर (*b*) दक्षिण (*c*) पूरब (*d*) पश्चिम (*e*) सामने (*f*) पीछे (*g*) दायें (*h*) बायें (*i*) दक्षिण-पश्चिम (*j*) उत्तर-पूर्व (*k*) उत्तर-पश्चिम (*l*) दक्षिण-पूर्व

8. एक वृत्त में बैठे हुए व्यक्तियों का विश्लेषण आप केवल तभी कर सकते हैं जबकि आप एक रफ कागज़ के पन्ने पर एक वृत्त खींच लें। यदि आप ऐसा नहीं करते तो भूल कर सकते हैं।

9. यदि आपसे इस तरह के कथन से युक्त सवाल पूछे जाएं कि शीला नीला के दायीं ओर है, तो स्थानबद्धता और क्रम के संदर्भ में विशेष सावधानी बरतें। नीचे दिए गए चित्र का संदर्भ लें :

दाहिने हाथ की ओर [नीला] बायीं ओर (शीला यहां है)। इस प्रश्न में शीला नीला के बायीं ओर है, लेकिन वह आपकी बायीं ओर नहीं है। कृपया ध्यान दें कि नीला आपकी ओर मुखातिब है और पेपर की तरफ नहीं (जैसे कि आप हैं)। प्रश्न में व्यक्ति के बायें और दायें हाथ के बारे में सावधानी बरतें।

उदाहरण 1: सरिता सौरभ से कहती है कि वह उत्तर की ओर जा रही है। लेकिन वह पहले 2 किमी. पूर्व की ओर जाती है, फिर 3 किमी. दक्षिण की तरफ और फिर से पश्चिम की ओर 2 किमी. और इसके बाद जिस बिंदु से उसने यात्रा आरंभ की थी उसकी ओर 2 किमी. जाती है। अपनी आरंभिक दिशा से वह कौन-सी दिशा में जा पहुंची है ?

A. पूर्व B. दक्षिण
C. उत्तर D. पश्चिम
E. इनमें से कोई नहीं

व्याख्या B : उसकी दूरी और दिशा : वह अपने प्रारंभिक बिन्दु से 1 किमी. दूरी पर दक्षिण दिशा में है।

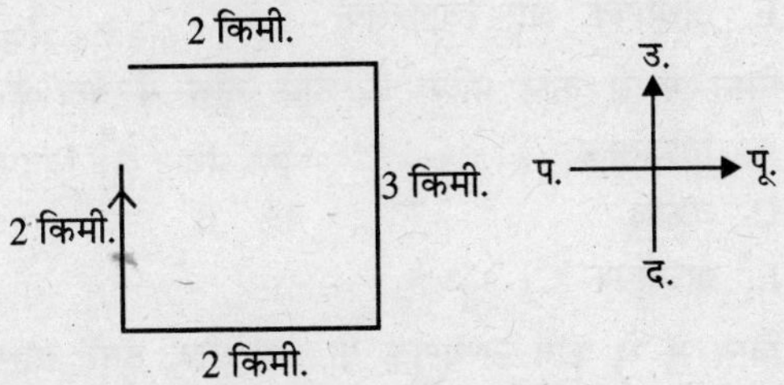

उदाहरण 2: अलाव के इर्द-गिर्द 6 व्यक्ति बैठे हैं। सागर बंटु के सामने है; बंटु काशी के बायीं ओर है और राशी के दायीं ओर। काशी धीरज की बायीं ओर है और योगेश राशी और सागर के बीच है। यदि धीरज और योगेश की जगह को आपस में बदल दिया जाए और राशी तथा बंटु की जगहों को भी आपस में बदल जाए तो धीरज के बायीं ओर कौन बैठा मिलेगा ?

A. राशी B. काशी
C. सागर D. बंटु
E. योगेश

व्याख्या C : आरंभ में उनके बैठने की अवस्था इस प्रकार थी:

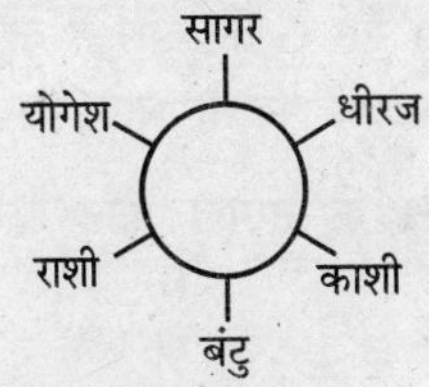

उनके स्थान बदलने से बनी नयी अवस्था :

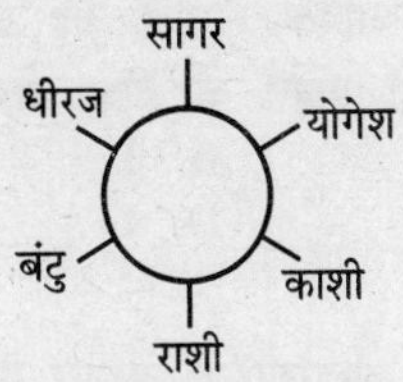

वस्तुनिष्ठ प्रश्न

निर्देश (प्र. सं. 1 से 5 तक): *दी गई सूचना का ध्यानपूर्वक अध्ययन कीजिए तथा प्रश्नों के उत्तर दीजिए।*

आठ मित्र, L, M, N O, P, Q, R और S एक वर्गाकार मेज के चारों ओर इस प्रकार से बैठे हैं कि चार लोग मेज के चारों कोनों पर हैं तथा चार लोग मेज की भुजाओं के मध्य हैं। मेज के कोनों पर बैठे चारों व्यक्ति बाहर की ओर उन्मुख हैं जबकि भुजाओं के मध्य बैठे चारों व्यक्ति केन्द्र की ओर मुँह किए हुए हैं।

- L और Q के बीच केवल एक व्यक्ति बैठा है। L चार में से किसी एक भुजा के मध्य बैठा है।
- O, Q के दायें तीसरे स्थान पर बैठा है।
- R और S दोनों L के निकटतम पड़ोसी हैं।
- M, N के बायें दूसरे स्थान पर बैठा है।
- N, न तो S, न ही Q का निकटतम पड़ोसी है।

1. निम्नलिखित पाँच में से चार समानता दर्शाते हैं तथा एक समूह का निर्माण करते हैं। निम्न में से वह कौन है जो इस समूह का हिस्सा नहीं है।

A. L B. R
C. S D. O
E. P

2. Q के बायें तीसरा कौन है?

A. M B. S
C. R D. N
E. P

3. जब S से दायीं ओर को गिनती करते हैं तो M और S के बीच कितने लोग बैठे हैं?

A. एक B. तीन
C. कोई नहीं D. दो
E. चार

4. P के सम्बन्ध में निम्नलिखित में से क्या सत्य नहीं है?

A. P, M व N के ठीक बीच में बैठा है।
B. O, P के दायें दूसरे स्थान पर बैठा है।
C. दिए गए विकल्पों में कौन-सा सत्य हैं।
D. L, P के तुरन्त दायें बैठा है।
E. Q, P का निकटतम पड़ोसी है।

5. S के सापेक्ष P की स्थिति क्या है?

A. बायें से चौथा B. दायें से दूसरा
C. बायें से दूसरा D. दायें से तीसरा
E. बायें से तीसरा

निर्देश (प्र. सं. 6 से 10 तक): *दी गई सूचना को ध्यानपूर्वक पढ़ें और निम्नलिखित प्रश्नों के उत्तर दीजिए।*

10 लोग दो समान्तर पंक्तियों में बैठे हैं। दोनों पंक्तियों में पाँच-पाँच व्यक्ति बैठे हैं। सभी व्यक्ति इस प्रकार से बैठे हैं कि उनके बीच की दूरी एक समान है। पहली पंक्ति में V, W, X, Y और Z बैठे हैं तथा उनका मुँह दक्षिण की ओर है। दूसरी पंक्ति में F, G, H, I और J बैठे हैं, आवश्यक नहीं कि इसी क्रम में बैठे हों और

उन सभी का मुँह उत्तर की ओर है। अतः दिए गए बैठने की व्यवस्था में प्रत्येक पंक्ति का व्यक्ति दूसरी पंक्ति में बैठे व्यक्ति की ओर मुँह किए हुए है।

- Y, W के बायें से तीसरे स्थान पर बैठा है। जिस व्यक्ति का मुँह Y की ओर है वह F के दायें से दूसरे स्थान पर बैठा है।
- F और I के बीच केवल एक व्यक्ति बैठा है।
- H और J एक-दूसरे के निकटतम पड़ोसी हैं। J किसी भी पंक्ति के अंतिम छोर पर नहीं बैठा है।
- जिस व्यक्ति का मुँह G की ओर है वह Z के निकटतम बैठा है।
- X, Z का निकटतम पड़ोसी नहीं है।

6. निम्न में से H के सम्मुख कौन है?

A. Y B. V
C. Z D. W
E. X

7. निम्न में से वह व्यक्ति कौन है जो उस व्यक्ति के निकटतम बैठा है जो दूसरी पंक्ति के ठीक बीच में बैठा है।

A. J B. H
C. I D. G
E. F

8. दी गई बैठने की व्यवस्था के आधार पर पाँच में से चार समान रूप से बैठे हैं और वे एक समूह का हिस्सा हैं। निम्न में से कौन इस समूह का हिस्सा नहीं है?

A. H B. I
C. W D. Y
E. X

9. उस व्यक्ति के दायें से तीसरा निम्नलिखित में से कौन है जो X के सामने बैठा हुआ है।

A. G B. F
C. J D. I
E. H

10. निम्न में से V के सम्बन्ध में क्या सही है?

A. दिए गए विकल्पों में से कोई सही नहीं है।
B. V का एक निकटतम पड़ोसी F के सम्मुख है।
C. X, V का निकटतम पड़ोसी है।
D. W, V के निकटतम बायें बैठा है।
E. V का मुँह I की ओर है।

निर्देश (प्र.सं. 11-15): *दी गयी सूचनाओंकोध्यानपूर्वक पढ़िए और नीचे दिए गये प्रश्नों का उत्तर दीजिए।*

A, B, C, D, E, F और G सात व्यक्ति उत्तर की ओर मुख करके एक सीधी रेखा में खड़े हैं परन्तु यह आवश्यक नहीं कि वे दिए गये क्रम में ही खड़े हों, उनमें से प्रत्येक का व्यवसाय भिन्न है जैसे अभिनेता, पत्रकार, चिकित्सक, अभियन्ता, वकील, अध्यापक और पेंटर परन्तु यह जरूरी नहीं कि इनका क्रम यही हो।

G, C के बायें पाँचवें स्थान पर खड़ा है। पत्रकार G के दायें तीसरे स्थान पर खड़ा है, F, A के दायें पाँचवें स्थान पर खड़ा है। E, B के बायें दूसरे स्थान पर खड़ा है। अभियन्ता D के बायें दूसरे स्थान पर खड़ा है। अभियन्ता और पेन्टर के मध्य तीन लोग बैठे हैं। चिकित्सक अभियन्ता के तुरन्त बायें है। वकील, अध्यापक के तुरन्त बाद दायें है।

11. पत्रकार (रिपोर्टर) के बायें कितने व्यक्ति हैं?

A. कोई नहीं B. एक
C. दो D. तीन
E. तीन से अधिक

12. निम्न में से व्यक्तियों का कौन-सा जोड़ा अन्तिम सिरों पर बैठा हुआ है?

A. A और अभिनेता B. अभियन्ता और C
C. चिकित्सक और E D. F और वकील
E. अध्यापक और चिकित्सक

13. निम्न में से कौन पंक्ति के ठीक बीच में बैठा है?

A. चिकित्सक B. F
C. वकील D. B
E. अध्यापक

14. निम्न में से कौन अध्यापक के दायें ठीक दूसरे स्थान पर बैठा है?

A. पेंटर B. B
C. A D. अभिनेता
E. वकील

15. निम्न में से कौन पेंटर के निकट पड़ोस में हैं?

A. अभिनेता और अध्यापक
B. B और वकील
C. B और अभियन्ता
D. पत्रकार और C
E. चिकित्सक और वकील

निर्देश (प्र.सं. 16 और 17): *दी गयी सूचनाओं का ध्यानपूर्वक अध्ययन करें और नीचे दिए गये प्रश्नों का उत्तर दीजिए।*

बिन्दु A, बिन्दु B से उत्तर में 11 मीटर की दूरी पर है। बिन्दु C, बिन्दु B से पूर्व में 11 मीटर की दूरी पर है। बिन्दु D, बिन्दु C से उत्तर में 5 मीटर की दूरी पर है। बिन्दु E, बिन्दु D से पश्चिम में 7 मीटर की दूरी पर है। बिन्दु F, बिन्दु E से उत्तर में 9 मीटर की दूरी पर है। बिन्दु G, बिन्दु F से पश्चिम में 4 मीटर की दूरी पर है।

16. बिन्दु D, बिन्दु F के सापेक्ष कौन-सी दिशा में है?

A. उत्तर-पूर्व B. दक्षिण-पूर्व
C. दक्षिण D. उत्तर-पश्चिम
E. पूर्व

17. निम्न में से कौन-से तीन बिन्दु एक सीधी रेखा पर स्थित हैं?

A. A, E और D B. F, E और C
C. G, F और B D. G, A और B
E. इनमें से कोई नहीं

निर्देश (प्र.सं. 18-22): *निम्नलिखित जानकारी का ध्यान से अध्ययन कर दिए गए प्रश्नों के उत्तर दीजिए।*

आठ लोग S, T, U, V, W, X, Y और Z एक वृत्त के चारों ओर बैठे हैं परन्तु यह जरूरी नहीं कि इसी क्रम में हों। उनमें से दो S और T केन्द्र की ओर मुँह किए हुए हैं जबकि अन्य बाहर की ओर मुख किए हुए हैं। Y, W के बायें दूसरे स्थान पर बैठा है, S, Y के बायें दूसरे स्थान पर बैठा है। S और Z के बीच केवल एक व्यक्ति बैठा है। T, S के तुरन्त दायें बैठा है। T, Y का निकटतम पड़ोसी नहीं है। V, Y के साथ नहीं बैठा है। X के दोनों पड़ोसी बाहर की ओर मुंह किए हुए हैं।

18. S के सापेक्ष X की स्थिति क्या है?

A. दायें से तीसरा B. बायें से चौथा
C. बायें से तीसरा D. दायें से चौथा
E. दायें से दूसरा

19. Z के तुरन्त बायें कौन बैठा है?

A. T B. W
C. S D. X
E. V

20. निम्न में से कौन-सा जोड़ा 'W' के पड़ोसियों को दर्शाता है?

A. V और X B. V और Z
C. X और Y D. Z और T
E. S और U

21. W के सापेक्ष U की स्थिति क्या है?

A. बायें से दूसरा B. दायें से पाँचवां
C. बायें से छठा D. दायें से तीसरा
E. बायें से पाँचवां

22. U और V के बीच कितने लोग बैठे हैं?

A. दो B. चार
C. एक D. तीन
E. पाँच

निर्देश (प्र.सं. 23 से 27): *निम्नलिखित जानकारी को ध्यान से पढ़िए और नीचे दिए गए प्रश्नों के उत्तर दीजिए:*

J, K, L, M, N, O, P और Q केन्द्र की ओर मुँह करके एक वृत्ताकार मेज के गिर्द बैठे हैं पर जरूरी नहीं है कि इसी क्रम में। O, K एवं Q दोनों का निकटतम पड़ोसी है। K और J के बीच केवल एक व्यक्ति बैठा है। L एवं M एक-दूसरे के बगल में बैठे हैं परन्तु वे Q के बगल में नहीं बैठे हैं। M और P के बीच दो व्यक्ति बैठे हैं। P, K के एकदम दाएँ नहीं बैठा है।

23. Q के संदर्भ में P का स्थान क्या है?

A. बायीं ओर चौथा B. बायीं ओर तीसरा
C. दायीं ओर तीसरा D. बायीं ओर दूसरा
E. दायीं ओर दूसरा

24. J की दायीं बगल में कौन बैठा है?

A. N B. M
C. L D. P
E. K

25. निम्नलिखित में से कौन K और J के ठीक बीच में बैठा है?

A. P B. O
C. Q D. L
E. इनमें से कोई नहीं

26. M के बाएँ को चौथा कौन है?

A. N B. J
C. P D. O
E. इनमें से कोई नहीं

27. निम्नलिखित पाँच में से चार एक निश्चित प्रकार से एक समान हैं तथा वे अपना एक समूह बनाते हैं। वह कौन-सा एक है जो इस समूह में शामिल नहीं होता है?

A. JL B. NQ
C. ML D. OK
E. PJ

निर्देश (प्र.सं. 28 से 32): *निम्नलिखित जानकारी को ध्यान से पढ़िए और दिए गए प्रश्नों के उत्तर दीजिए।*

P, Q, A, B, D, R और F केन्द्र की ओर मुँह करके एक वृत्ताकार मेज के गिर्द बैठे हैं। R, D के बाएं को दूसरा नहीं है और D, B के बगल में नहीं बैठा है। A, F के दाएं को तीसरा है। B, F के बाएं को दूसरा है। Q, B या F के बगल में नहीं बैठा है।

28. P के दाएं को दूसरा कौन है?

A. R B. Q
C. D D. A
E. डाटा अपर्याप्त

29. F की बाईं बगल में कौन बैठा है?

A. R B. P
C. D D. डाटा अपर्याप्त
E. इनमें से कोई नहीं

30. D की दाईं बगल में कौन बैठा है?

A. Q B. A
C. F D. P
E. इनमें से कोई नहीं

31. B के संबंध में D का स्थान कौन-सा है?

A. दाएं को दूसरा B. बाएं को तीसरा
C. बाएं को दूसरा D. दाएं को चौथा
E. दाएं को तीसरा

32. Q की दाईं बगल में कौन बैठा है?

A. D B. R
C. A D. B
E. इनमें से कोई नहीं

33. राहुल बिन्दु A से चलना प्रारम्भ किया और पश्चिम की ओर 4 मीटर चला। तब वह बायीं ओर मुड़ा और 12 मीटर चला और बिन्दु B पर रुका। B बिन्दु पर वह एक निश्चित दिशा में मुड़ा और चलकर एक बिन्दु पर पहुँचा जहाँ से प्रारंभिक बिन्दु (बिन्दु 'A') ठीक 12 मीटर उत्तर की ओर था। राहुल बिन्दु 'B' पर किस दिशा में मुड़ा?

A. पश्चिम B. दक्षिण-पश्चिम
C. पूरब D. उत्तर
E. निर्धारित नहीं किया जा सकता

निर्देश (प्र.सं. 34 से 38): *निम्नलिखित जानकारी का ध्यान से अध्ययन कर दिए गए प्रश्नों के उत्तर दीजिए।*

A, B, C, D, E और F एक सीधी पंक्ति में (जरूरी नहीं इसी क्रम में) उत्तरोन्मुख होकर बैठे हैं।

(a) D पंक्ति के बायीं ओर अंतिम छोर पर बैठा है।
(b) D और B के बीच केवल तीन व्यक्ति बैठे हैं।
(c) B, F के दायें दूसरा बैठा है।
(d) A, B का निकटतम पड़ोसी नहीं है।
(e) E, पंक्ति के अंतिम छोर पर नहीं बैठा है।

34. उपरोक्त व्यवस्था में उनके बैठने के स्थान के आधार पर निम्नलिखित पाँच में से चार किसी प्रकार समान हैं अतः उनका एक समूह बनता है। वह एक कौन-सा है जो इस समूह में **नहीं** आता है?

A. FB B. EC
C. AE D. AD
E. DF

35. पंक्ति के दायें ओर अंतिम छोर पर कौन बैठा है?

A. A B. C
C. D D. F
E. इनमें से कोई नहीं

36. यदि सभी व्यक्तियों को **दायें से बायें** वर्णानुक्रम में बैठाया जाए तो, मूल बैठनेकेस्थानों की तुलना में कितनों केस्थान अपरिवर्तित रहेंगे?

A. कोई नहीं B. एक
C. दो D. तीन
E. चार

37. D के संदर्भ में F का स्थान क्या है?

A. बायें तीसरा B. बायें दूसरा
C. तुरंत दायें D. दायें तीसरा
E. दायें दूसरा

38. A और B के बीच कितने लोग बैठे हैं?

A. कोई नहीं B. एक
C. दो D. तीन
E. चार

39. राहुल बिन्दु A से चलना प्रारंभ किया तथा 8 किमी. उत्तर की ओर चलकर बिन्दु B पर पहुँचा, वह दायीं ओर मुड़ा तथा 7 किमी. चलकर बिन्दु C पर पहुँचा, वह दायीं ओर मुड़ा तथा 5 किमी. चलकर बिन्दु D पर पहुँचा, वह फिर दायीं ओर मुड़ा तथा 7 किमी. चलकर बिन्दु E पर पहुँचा तथा अंततः दायीं ओर मुड़कर 3 किमी. चला और बिन्दु F पर पहुँचा। बिन्दुओं F और B के बीच कितनी दूरी है?

A. 1 किमी. B. 2 किमी.
C. 3 किमी. D. 4 किमी.
E. इनमें से कोई नहीं

निर्देश (प्र.सं. 40 से 44): *निम्नलिखित जानकारी को ध्यान से पढ़िए और नीचे दिए गए प्रश्नों के उत्तर दीजिएः*

P, Q, R, S, T, U, V और F केंद्र की ओर मुंह करके एक वृत्त के गिर्द बैठे हैं। U, Q के दाएं को तीसरे स्थान पर है जो F के दाएं तीसरे स्थान पर है। P, F के बाएं को तीसरे स्थान पर है। R, P के बाएं को चौथे स्थान पर है। T, S के दाएं को तीसरे स्थान पर है। S, P के बगल में नहीं है।

40. बैठने की व्यवस्था में उनके स्थानों के आधार पर निम्नलिखित पांच में सेचार किसी प्रकार समान हैं इसलिए उनका एक समूह बनता है। निम्न में कौन-सा एक समूह में **नहीं** आता है?

A. RQT B. QPV
C. SPU D. FRT
E. RSF

41. Q के बाएं को तीसरे स्थान पर कौन बैठा है?

A. F B. U
C. S D. P
E. R

42. निम्न में से किस जोड़े में पहला व्यक्ति दूसरे के एकदम दाईं ओर बैठा है?

A. TQ B. VP
C. PU D. FS
E. इनमें से कोई नहीं

43. F के संबंध में P का स्थान कौन-सा है?

A. बाएं को तीसरा B. दाएं को तीसरा
C. बाएं को दूसरा D. एकदम दाएं
E. बाएं को चौथा

44. U के बाएं को दूसरे स्थान पर कौन बैठा है?

A. Q B. P
C. V D. F
E. T

निर्देश (प्र.सं. 45 से 49): *सूचना कोध्यान से पढ़िए और दिए गए प्रश्नों के उत्तर दीजिएः*

A, C, D, I, L, P और M उत्तर की ओर मुंह करके एक सीधी रेखा में बैठे हैं।

(a) P, A के दाएं चौथे स्थान पर बैठा है और C, P के बाएं को दूसरे स्थान पर बैठा है। D मध्य में बैठा है और M के दाएं को दूसरा है।
(b) I, P से यथा संभव दूरी पर बैठा है। (I और P के बीच पांच व्यक्ति बैठे हैं।)

45. यदि सातों व्यक्तियों को बाएं से दाएं वर्णानुक्रम से बिठाया जाए, तो बैठने की मूल व्यवस्था की तुलना में कितने व्यक्तियों का स्थान अपरिवर्तित रहेगा?

A. कोई नहीं B. एक
C. दो D. तीन
E. तीन से अधिक

46. उपरोक्त व्यवस्था में उनके बैठनेके स्थान के आधार पर निम्न में से चार किसी प्रकार एकसमान हैं इसलिए उनका एक समूह बनता है। वह एक कौन-सा है जो उस समूह में नहीं आता है?

A. MA B. DC
C. LP D. AC
E. IM

47. M के संबंध में C का कौन-सा स्थान है?

A. दाएं से दूसरा B. एकदम दाएं को
C. एकदम बाएं को D. दाएं को तीसरा
E. दाएं को चौथा

48. A व L के बीच कितने व्यक्ति बैठे हैं?

A. एक B. दो
C. तीन D. चार
E. चार से अधिक

49. निम्न में से कौन-सा जोड़ा पंक्ति के छोरों पर बैठे व्यक्तियों को निरूपित करता है?

A. IC B. DP
C. IP D. AP
E. इनमें से कोई नहीं

निर्देश (प्र.सं. 50 से 54): *निम्नलिखित जानकारी को ध्यान से पढ़िए और दिए गए प्रश्नों के उत्तर दीजिए।*

P, Q, R, S, T, V, W और Y केंद्र की ओर मुंह करके एक वृत्ताकार मेज के गिर्द बैठे हैं।

(*a*) P, T के बाएं को दूसरे स्थान पर बैठा है।
(*b*) T और W के बीच केवल दो लोग बैठे हैं।
(*c*) Q, W के बाएं को तीसरा बैठा है।
(*d*) V और Y एक दूसरे के अगल-बगल बैठे हैं।
(*e*) Y और R के बीच केवल एक व्यक्ति बैठा है।

50. P के संबंध में R का स्थान कौन-सा है?

A. बाएं को तीसरा B. दाईं बगल में
C. बाएं को दूसरा D. दाएं को तीसरा
E. बाईं बगल में

51. यदि P से आरंभ करके सभी व्यक्तियों को घड़ी की दिशा में वर्णानुक्रम से बिठाया जाए, तो बैठने के मूल स्थानों की तुलना में कितने व्यक्तियों (P के सिवाय) का स्थान अपरिवर्तित रहेगा?

A. कोई नहीं B. एक
C. दो D. तीन
E. चार

52. Y और R के बीच कौन बैठा है?

A. W B. Q
C. T D. P
E. इनमें से कोई नहीं

53. S से घड़ी की दिशा में गिनती की जाए तो S और V के बीच कितने व्यक्ति बैठे हैं?

A. कोई नहीं B. एक
C. दो D. तीन
E. चार

54. उपरोक्त व्यवस्था में बैठने के स्थानों के आधार पर निम्नलिखित पांच में से चार किसी प्रकार समान हैं। वह एक कौन-सा है जो इस समूह में नहीं आता है?

A. QT B. YW
C. SR D. WS
E. VP

55. शहर D, शहर A के 12 कि.मी. उत्तर की ओर है। शहर C, शहर D के 15 कि.मी. पश्चिम की ओर है। शहर B, शहर A के 15 कि.मी. पश्चिम की ओर है। शहर B, शहर C से कितनी दूर और किस दिशा में है?

A. 15 कि.मी. उत्तर की ओर
B. 12 कि.मी. उत्तर की ओर
C. 3 कि.मी. दक्षिण की ओर
D. 12 कि.मी. दक्षिण की ओर
E. निर्धारित नहीं किया जा सकता

निर्देश (प्र. सं. 56 से 60): *निम्नलिखित जानकारी को ध्यान से पढ़िए और नीचे दिए गए प्रश्नों के उत्तर दीजिए।*

A, B, C, D, E, F, G और H केंद्र की ओर मुँह करके एक वृत्ताकार मेज के गिर्द बैठे हैं।

(*a*) B, F के दाएं को तीसरे स्थान पर बैठा है।
(*b*) A, D के दाएं को दूसरे स्थान पर बैठा है। D, B और F का निकटस्थ पड़ोसी नहीं है।
(*c*) C और E एक-दूसरे के निकटस्थ पड़ोसी हैं।
(*d*) H, A का निकटस्थ पड़ोसी नहीं है।
(*e*) C और F के बीच कोई नहीं बैठा है।

56. बैठने के स्थान के आधार पर निम्नलिखित पांच में चार किसी प्रकार समान हैं अतः उनका एक समूह बनता है। निम्न में से कौन-सा उस समूह में ***नहीं*** आता है?

A. DA B. BC
C. HG D. AC
E. BD

57. B के एकदम बाएं कौन बैठा है?

A. H B. G
C. A D. E
E. इनमें से कोई नहीं

58. उपरोक्त व्यवस्था में E के संबंध में D का कौन-सा स्थान है?

A. दाएं को तीसरा B. बाएं को चौथा
C. दाएं को दूसरा D. दाएं को चौथा
E. एकदम दाएं को

59. निम्न में से किस जोड़े में दूसरा व्यक्ति, पहले व्यक्ति के एकदम दाएं को बैठा है?

A. FA
B. BE
C. AD
D. HB
E. इनमें से कोई नहीं

60. निम्न में से G और F के बीच कौन बैठा है?
A. A
B. C
C. E
D. H
E. इनमें से कोई नहीं

निर्देश (प्र. सं. 61 से 65): *निम्नलिखित जानकारी को ध्यान से पढ़िए और दिए गए प्रश्नों के उत्तर दीजिए।*

L, P, Q, R, S, T और W उत्तर की ओर मुँह करके एक सीधी पंक्ति में बैठे हैं।

(*a*) P, L के बाएं को चौथे स्थान पर और L, Q के बाएं को दूसरे स्थान पर बैठा है।

(*b*) R जो L का निकटस्थ पड़ोसी नहीं है, S के एकदम दाएं को बैठा है।

(*c*) T, W के बाएं को दूसरे स्थान पर बैठा है।

61. निम्न में से कौन-सा जोड़ा पंक्ति के अंतिम कोने में बैठा है?
A. S, L
B. P, Q
C. W, Q
D. S, T
E. इनमें से कोई नहीं

62. R और W के बीच कितने लोग बैठे हैं?
A. कोई नहीं
B. एक
C. दो
D. तीन
E. चार

63. S के संबंध में L का क्या स्थान है?
A. बाएं को तीसरा
B. दाएं को तीसरा
C. एकदम दाएं को
D. बाएं को चौथा
E. एकदम बाएं को

64. उपरोक्त व्यवस्था में उनके बैठने की स्थिति के आधार पर निम्नलिखित पांच में से चार किसी प्रकार समान हैं इसलिए उनका एक समूह बनता है। वह एक कौन-सा है जो इस समूह में ***नहीं*** आता है?
A. PR
B. ST
C. LQ
D. LR
E. TW

65. यदि सभी व्यक्तियों को बाएं से दाएं वर्णानुक्रम में बिठाया जाए, तो बैठने की मूल व्यवस्था की तुलना में कितने व्यक्तियों का स्थान अपरिवर्तित रहेगा?
A. कोई नहीं
B. एक
C. दो
D. तीन
E. चार

निर्देश (प्र.सं. 66 से 70): *निम्नलिखित जानकारी ध्यान से पढ़कर दिए गए प्रश्नों के उत्तर दीजिए।*

A, B, C, D, E और F उत्तरोन्मुख होकर एक सीधी पंक्ति में बैठे हैं।

A. A, D के दायें तीसरा बैठा है।
B. न तो A और न ही D पंक्ति के अंतिम छोर पर बैठा है।
C. C, E के बायें दूसरा बैठा है।
D. B, F के दायें दूसरा बैठा है।
E. B, पंक्ति के अंतिम छोर पर नहीं बैठा है।

66. यदि सभी व्यक्तियों को दायें से बायें वर्णानुक्रम में बिठाया जाए तो बैठने की मूल स्थिति की तुलना में कितनों के स्थान अपरिवर्तित रहेंगे?
A. कोई नहीं
B. एक
C. दो
D. तीन
E. चार

67. पंक्ति के एकदम दायें कोने में कौन बैठा है?
A. C
B. E
C. F
D. या तो C या E
E. इनमें से कोई नहीं

68. E के संदर्भ में B का स्थान क्या है?
A. बायें तीसरा
B. दायें तीसरा
C. तुरंत दायें
D. बायें दूसरा
E. तुरंत बायें

69. उपरोक्त व्यवस्था में अपने स्थान के आधार पर निम्नलिखित पांच में से चार किसी प्रकार समान हैं अतः उनका एक समूह बनता है वह एक कौन-सा है जो इस समूह में **नहीं** आता है?
A. CB
B. EA
C. DF
D. BC
E. AC

70. C और F के बीच कितने लोग बैठे हैं?
A. कोई नहीं
B. एक
C. दो
D. तीन
E. चार

71. पीटर 5 मीटर पश्चिम की ओर गया, दायें मुड़कर फिर 5 मीटर चला। वह तब फिर दायें मुड़कर 20 मीटर चला। वह अंततः दायें मुड़कर 5 मीटर चला और रुक गया। वह आरंभिक बिंदु से कितनी दूरी पर है?
A. 20 मीटर
B. 5 मीटर
C. 25 मीटर
D. 15 मीटर
E. इनमें से कोई नहीं

निर्देश (प्र.सं. 72 से 76): *निम्नलिखित जानकारी को ध्यान से पढ़िए और दिए गए प्रश्नों के उत्तर दीजिए।*

आठ दोस्त E, F, G, H, J, L, M और N केंद्र की ओर मुँह करके एक वृत्त के गिर्द बैठे हैं। E, F के दाएं को चौथे स्थान पर बैठा है। H, F के बाएं को दूसरे स्थान पर बैठा है। J, M के दाएं को तीसरे स्थान पर है और M, H का निकटस्थ पड़ोसी नहीं है। G, E के बाएं को दूसरे स्थान पर बैठा है।

72. लोगों के निम्नलिखित में से किस समूह में तीसरा व्यक्ति पहले और दूसरे व्यक्ति के ठीक बीच में बैठा है?
A. HLE
B. MGL
C. MFJ
D. HFN
E. इनमें से कोई नहीं

73. उपरोक्त व्यवस्था में अपने-अपने स्थान के आधार पर निम्नलिखित पांच में से चार किसी प्रकार समान हैं इसलिए उनका एक समूह बनता है। वह एक कौन-सा है जो उस समूह में नहीं आता है?
A. EN
B. FL
C. ME
D. LH
E. NM

74. निम्न में से कौन-सा जोड़ा M के निकटस्थ पड़ोसी को निरूपित करता है?
A. LE
B. JH
C. LG
D. FG
E. इनमें से कोई नहीं

75. E से आरंभ करके यदि सभी दोस्तों को उनके नामों के अनुसार वर्णानुक्रम से वामावर्त दिशा में बिठाया जाए जो कितने दोस्तों का स्थान (E को छोड़कर) यथावत् रहेगा?
A. कोई नहीं
B. एक
C. दो
D. तीन
E. चार

76. F के दाएं को तीसरे स्थान पर कौन बैठा है?
A. J
B. L
C. H
D. M
E. इनमें से कोई नहीं

77. शहर R, शहर H से पूर्व में है और शहर K से दक्षिण में है। शहर K, शहर H से किस दिशा में है?
A. दक्षिण पूर्व
B. दक्षिण पश्चिम
C. उत्तर पश्चिम
D. डाटा अपर्याप्त है
E. इनमें से कोई नहीं

78. सुरेश उत्तर की ओर 30 मीटर चला, बायें मुड़ा और 40 मीटर चला। वह फिर से बायें मुड़ा और 30 मीटर चला। वह आरंभ बिंदु से कितनी दूर है?
A. 100 मीटर
B. 60 मीटर
C. 70 मीटर
D. 40 मीटर
E. डाटा अपर्याप्त है

79. प्रकाश 30 मीटर पश्चिम चलता है फिर बाएं मुड़कर 20 मीटर और चलता है। वह पुनः बाएं मुड़कर 30 मीटर और चलता है। उसकेबाद वह दाएं मुड़कर रुक जाता है। जब वह रुक जाता है तो उस दशा में किस दिशा की ओर वह अभिमुख होगा?
A. दक्षिण
B. उत्तर
C. पूर्व
D. अपूर्ण आंकड़ा
E. इनमें से कोई नहीं

निर्देश (प्र.सं. 80 से 85): *निम्नलिखित जानकारी का ध्यान से अध्ययन कर नीचे दिए गए प्रश्नों के उत्तर दीजिए:*

P, Q, R, S, T, V, W और Z केन्द्रोन्मुख होकर एक वृत्त के गिर्द बैठे हैं। R, Z के बायें दूसरा है जो P के बायें तीसरा है। T, W के दायें तीसरा है जो R या Z का निकटतम पड़ोसी नहीं है। S, Z के दायें चौथा है। Q, T के दायें चौथा है।

80. निम्नलिखित में से किस जोड़े में पहला व्यक्ति दूसरे व्यक्ति के तुरंत बायें बैठा है?
A. RV
B. ZV
C. WQ
D. SP
E. इनमें से कोई नहीं

81. निम्नलिखित में से किस संयोजन में पहला व्यक्ति दूसरे और तीसरे व्यक्ति के बीच बैठा है?
A. TRV
B. PST
C. WPQ
D. QZV
E. डाटा अपर्याप्त है

82. S के दायें दूसरा कौन है?
A. T
B. V
C. W
D. डाटा अपर्याप्त है
E. इनमें से कोई नहीं

83. W के संदर्भ में S का स्थान कौन-सा है?
A. दायें तीसरा
B. बायें तीसरा
C. दायें चौथा
D. बायें चौथा
E. दायें दूसरा

84. T के तुरंत बायें कौन है?
A. S
B. P
C. R
D. डाटा अपर्याप्त
E. इनमें से कोई नहीं

85. Q के तुरंत दायें कौन है?
A. P
B. W
C. Z
D. V
E. इनमें से कोई नहीं

उत्तरमाला

1	2	3	4	5	6	7	8	9	10
A	C	E	E	C	A	D	C	C	B
11	**12**	**13**	**14**	**15**	**16**	**17**	**18**	**19**	**20**
E	A	C	B	D	B	D	C	E	A
21	**22**	**23**	**24**	**25**	**26**	**27**	**28**	**29**	**30**
B	D	B	D	A	E	C	C	B	A

31	32	33	34	35	36	37	38	39	40
E	C	C	D	B	B	E	C	B	D
41	**42**	**43**	**44**	**45**	**46**	**47**	**48**	**49**	**50**
A	D	A	C	B	D	D	B	C	D
51	**52**	**53**	**54**	**55**	**56**	**57**	**58**	**59**	**60**
A	B	C	A	D	B	D	A	E	A
61	**62**	**63**	**64**	**65**	**66**	**67**	**68**	**69**	**70**
B	C	B	D	A	C	B	A	D	C
71	**72**	**73**	**74**	**75**	**76**	**77**	**78**	**79**	**80**
D	D	C	C	B	B	E	D	A	E
81	**82**	**83**	**84**	**85**					
C	E	E	A	B					

व्याख्यात्मक उत्तर

1-5.

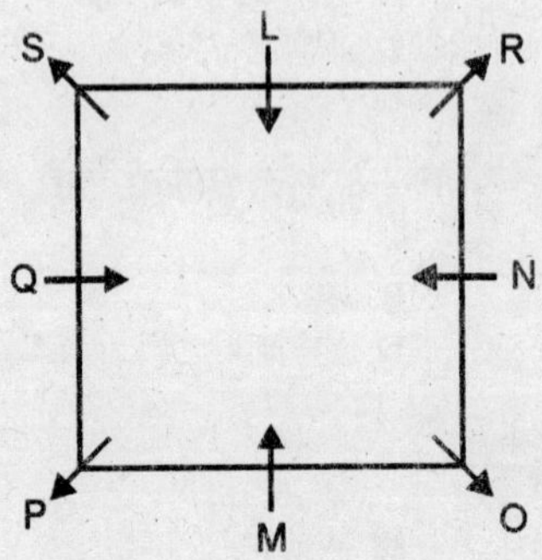

1. L को छोड़कर सभी वर्ग के कोनों पर बैठे हुए हैं।
2. R, Q के बायें तीसरे स्थान पर बैठा है।
3. चार व्यक्ति–L, R, N और O, M और S के बीच बैठे हैं। यदि गिनती S के दायें ओर से शुरू की जाए।
4. P, M और Q के ठीक बीच में बैठा है। O, P के बायें बैठा है। L, P के दायें से तीसरे स्थान पर बैठा है।
5. P, S के बायें से दूसरे स्थान पर है।

6-10.

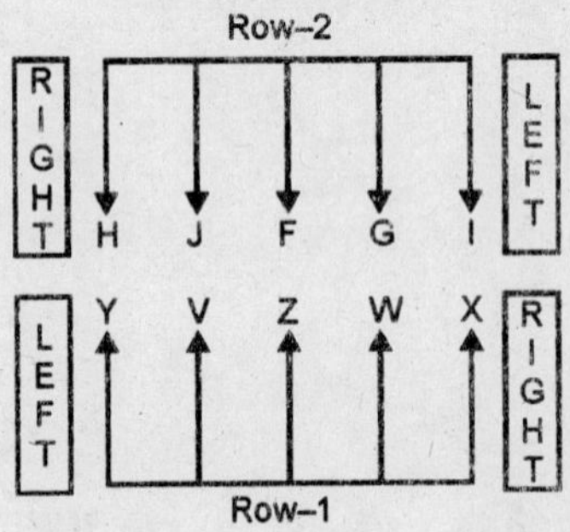

6. H, Y की ओर उन्मुख है।
7. F दूसरी पंक्ति के ठीक बीच में बैठा है। G, F के ठीक बायें बैठा है।
8. W को छोड़कर सभी लाइन के छोर पर बैठे हैं।
9. X, I की ओर उन्मुख है। J, I के दायें से तीसरे स्थान पर बैठा है।
10. Z, F की ओर उन्मुख है। Z, V का निकटतम पड़ोसी है। X पंक्ति के दायें छोर पर बैठा है। W, V के दायें से दूसरे स्थान पर बैठा है। V का मुँह J की ओर है।

11-15. दिये गये डाटा के अनुसार, इनकी व्यवस्था इस प्रकार होगी:

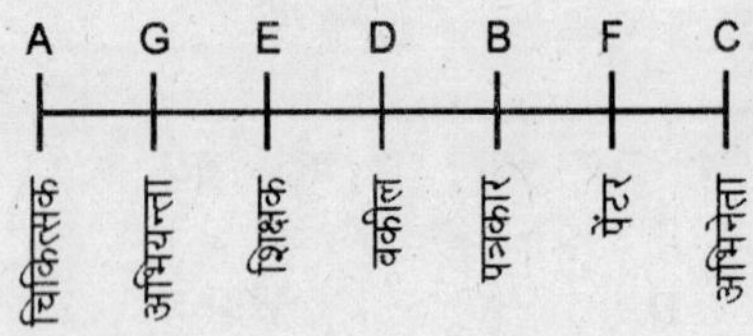

16-17.

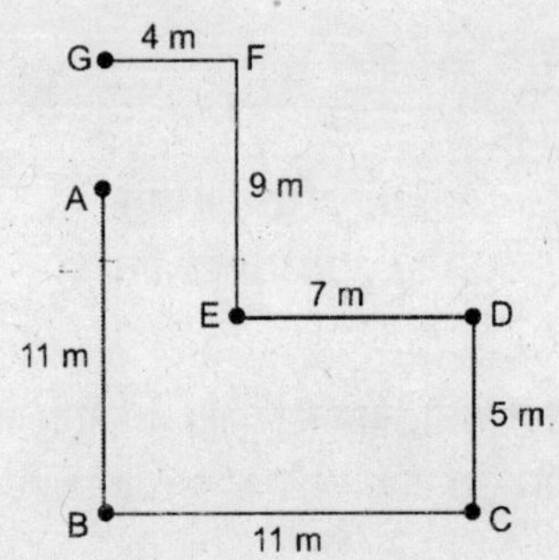

16. बिन्दु D बिन्दु F के दक्षिण-पूर्व में है।
17. बिन्दु A, B, G एकरेखीय बिन्दु है।

18-22.

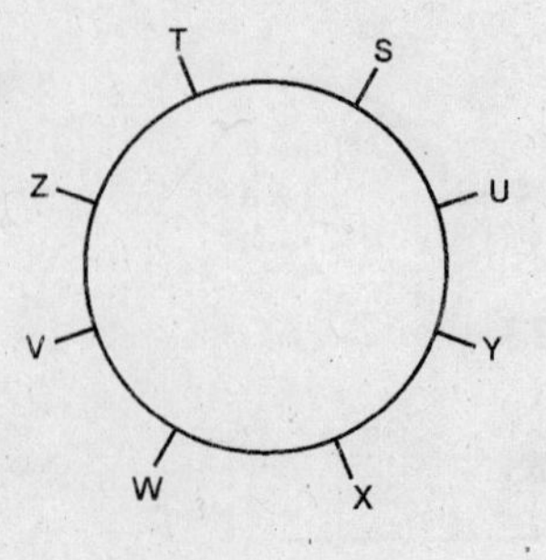

28-32.

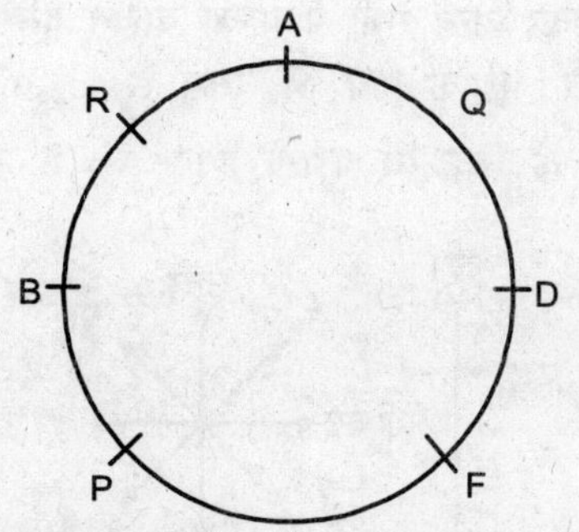

28. P के दाएं दूसरा D है।

29. F की बायीं बगल में P है।

30. D की दायीं बगल में Q है।

31. B के दाएं तीसरा D है। B के बाएं चौथा D है।

32. Q की दायीं बगल में A बैठा है।

33.

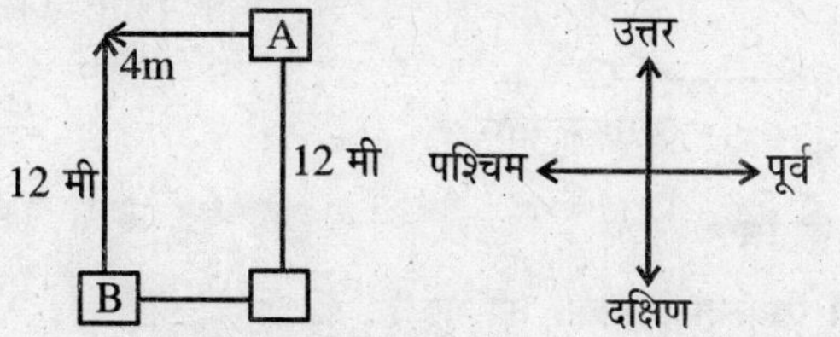

∴ अभीष्ट दिशा पूरब है

34-38

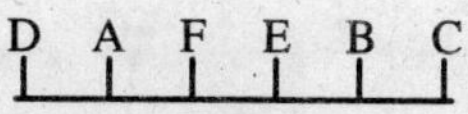

36. D A F E B C
F E D C B A

39.

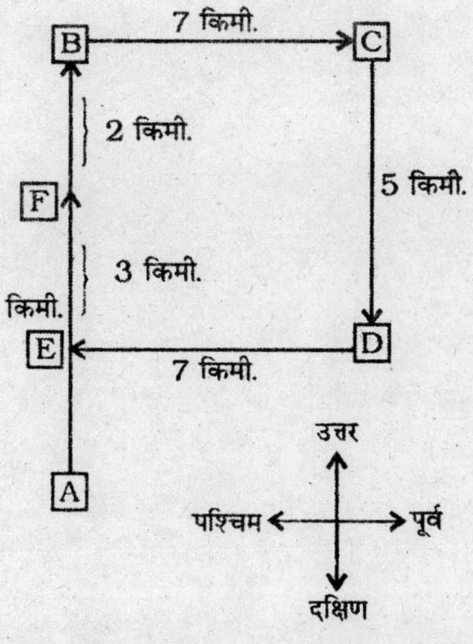

F एवं B के बीच दूरी = 2 किमी.

45-49:

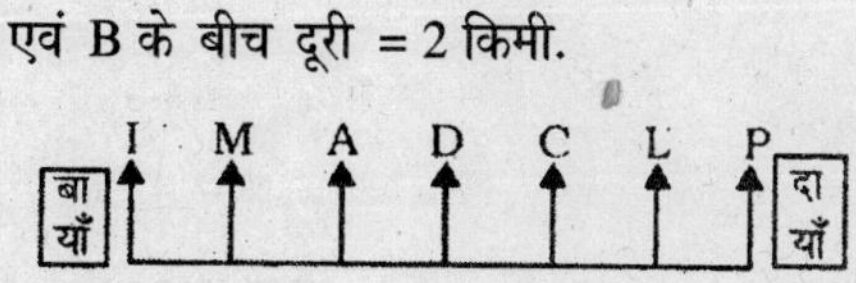

45.

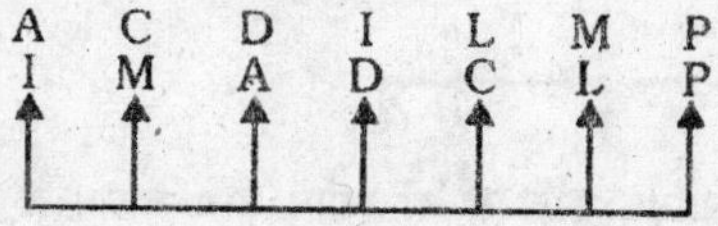

46. AC को छोड़कर, अन्य सभी में पहला व्यक्ति दूसरे व्यक्ति के ठीक बाएं है।

47. M के दाएं तीसरा C है।

48. A एवं L के बीच दो व्यक्ति बैठे हैं।

49. पंक्ति छोरों पर I एवं P बैठे हैं।

प्रश्न (50-54): बैठकी व्यवस्थीकरण

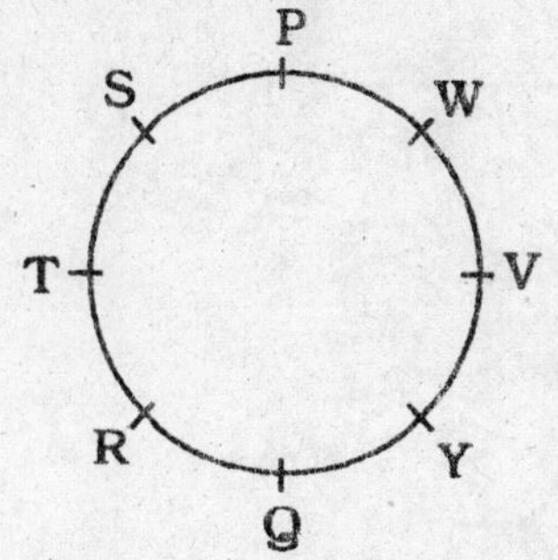

51.

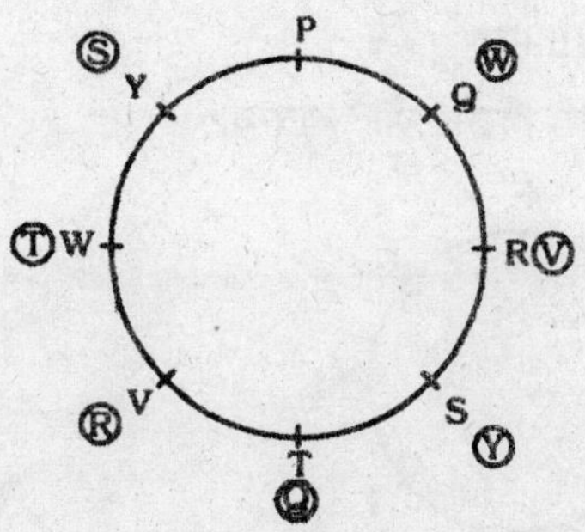

55.

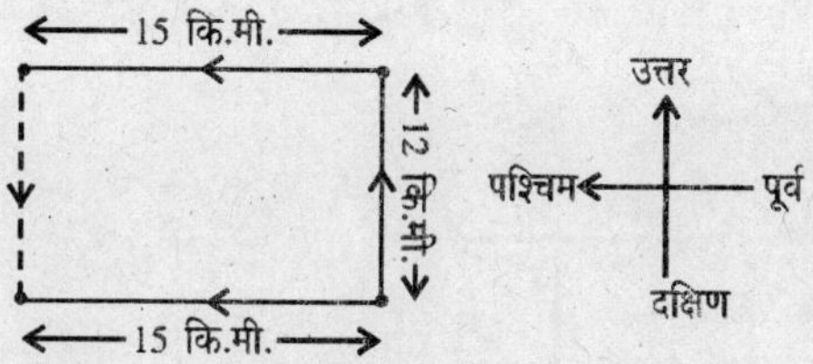

स्पष्टतः, CB = AD = 12 कि.मी. और B, C के दक्षिण में है।

प्रश्न (56-60) के लिए:

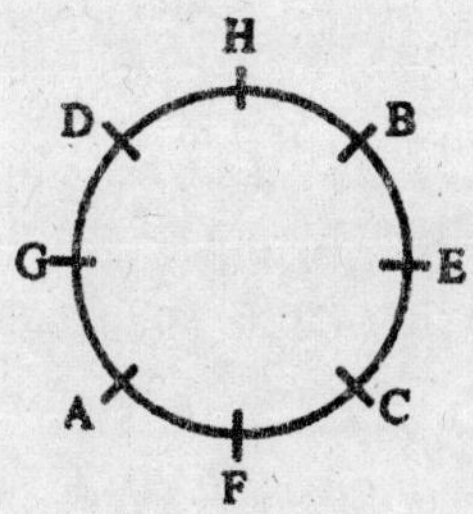

प्रश्न (61-65) के लिए:

P S R T L W Q

64. अन्य सभी में पहला व्यक्ति दूसरे से दो स्थान बायें बैठता है।

65. P S R T L W Q

L P Q R S T W

66. पहली स्थिति : F D B C A E

दूसरी स्थिति : F E D C B A

71.

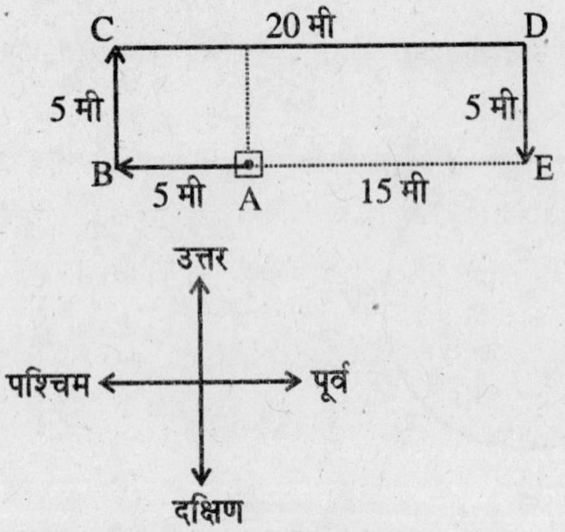

अभीष्ट दूरी = AE = 15 मीटर

(प्र.सं. 72 से 76): प्रश्नानुसार बैठने की व्यवस्था

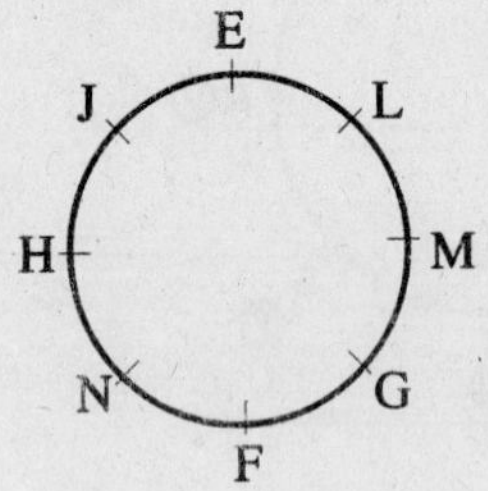

72. H एवं F के मध्य N बैठा है।

73. ME को छोड़कर अन्य सभी में पहला व्यक्ति दूसरे व्यक्ति के बायें तीसरा है। E के बायें M दूसरा है।

74. L एवं G, M के निकटस्थ पड़ोसी हैं।

77.

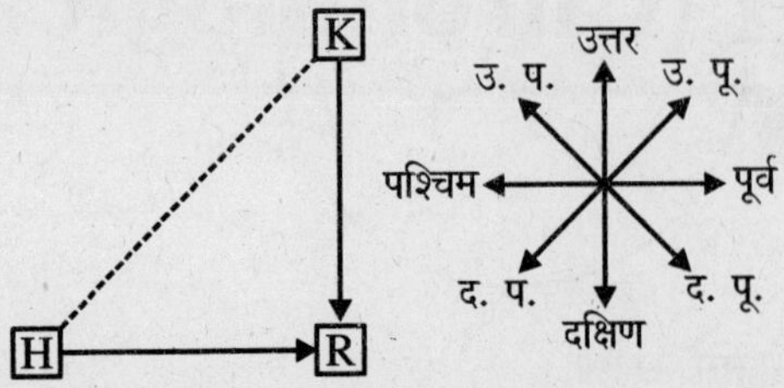

शहर K, शहर H के उत्तर-पूर्व में है।

78.

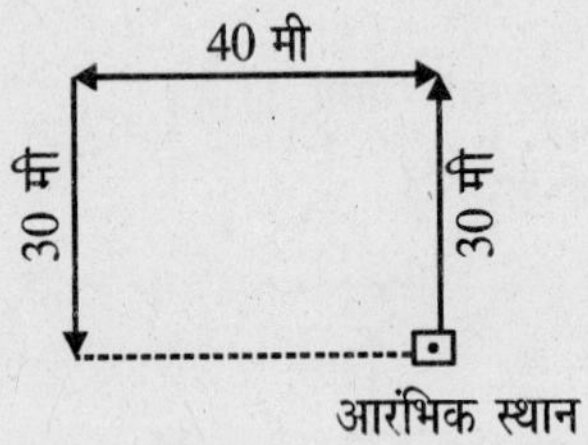

प्रश्न (80-85) के लिए:

उनके बैठने की व्यवस्था निम्नवत की गई है:

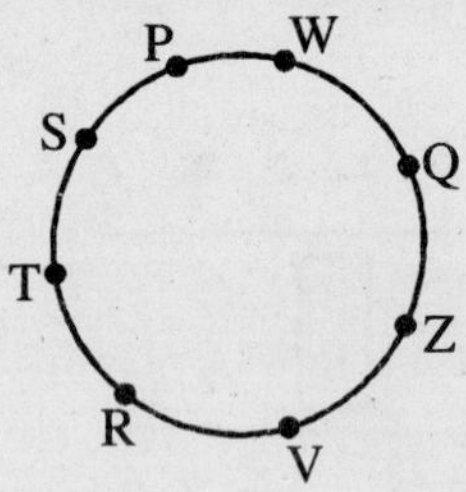

ООО

12 क्रम व्यवस्थापन (Chronological Order)

अर्थः यह परीक्षा दो प्रकार के प्रश्नों में विभाजित है। प्रथम–प्राकृतिक ढंग से व्यवस्थित प्रश्न और द्वितीय–अकारण आयु व गुण से सम्बन्धित प्रश्न। प्रथम प्रकार में शब्दों का रूप अव्यवस्थित है तथा विद्यार्थी को उन शब्दों को प्राकृतिक ढंग में व्यवस्थित करना है।

उदाहरण 1: जाना, देखना, रुकना, शब्दों का क्रम व्यवस्थित करिये–

A. देखना, जाना, रुकना
B. रुकना, जाना, देखना
C. रुकना, देखना, जाना
D. जाना, देखना, रुकना
E. देखना, रुकना, जाना

व्याख्या C: कहीं चलने पर चौराहा पार करते समय पहले रुकते हैं फिर देखते हैं कि कहीं कोई वाहन तो नहीं आ रहा जिससे दुर्घटना न हो, इसकी शंका न होने पर आगे जाते हैं इसलिये व्यवस्थित क्रम रुकना, देखना, जाना।

उदाहरण 2: कुंवर, कन्हैया, गणेश, महाराज व राधे पांच लड़के हैं। कुंवर, महाराज से लम्बा है, महाराज, कन्हैया से लम्बा है। यदि राधे कुंवर से लम्बा है, परन्तु गणेश से छोटा तोसबसेलम्बे को छोड़कर शेष में से लम्बा बतायें?

A. महाराज   B. कुंवर
C. कन्हैया   D. गणेश
E. राधे

व्याख्या E: पाँचों की ऊँचाई का क्रमांक है कन्हैया, महाराज, कुंवर, राधे, गणेश। इसलिये सबसे लम्बे गणेश को छोड़कर शेष में से राधे लम्बा है।

वस्तुनिष्ठ प्रश्न

निर्देश (प्र.सं. 1 और 2): *निम्नलिखित जानकारी को ध्यान से पढ़िए तथा नीचे दिए गए प्रश्नों के उत्तर दीजिए:*

पाँच मित्रों — P, Q, R, S और T — की अलग-अलग लंबाई है। T दूसरा सबसे लंबा है। P केवल S से लम्बा है। R और T, Q से लम्बे हैं। P, S से लम्बा है परन्तु Q से छोटा है।

1. निम्नलिखित में से कौन समूह में सबसे लम्बा है?
A. R या T   B. T
C. R   D. Q
E. इनमें से कोई नहीं

2. निम्नलिखित में से कौन T से लम्बा है?
A. R   B. Q
C. O   D. S
E. इनमें से कोई नहीं

3. R, L, T एवं J में से प्रत्येक का वजन अलग-अलग है तथा T केवल L से भारी है। R, J जितना भारी नहीं है। उनमें से सबसे भारी कौन है?
A. R
B. J
C. T
D. निर्धारित नहीं किया जा सकता
E. इनमें से कोई नहीं

4. A, B, C, D एवं E सभी एक परीक्षा में अलग-अलग अंक प्राप्त करते हैं। A केवल B से कम अंक प्राप्त करता है। D केवल C से ज्यादा अंक प्राप्त करता है। इनमें से कौन नीचे से तीसरा स्थान प्राप्त करता है?
A. D
B. E
C. A
D. निर्धारित नहीं किया जा सकता
E. इनमें से कोई नहीं

5. J, K, L, M एवं N में प्रत्येक की ऊंचाई अलग-अलग है तथा M केवल J से छोटा है। K, N, जितना लंबा नहीं है तथा N, L से छोटा है। उनमें से सबसे नाटा कौन है?
A. J   B. N
C. K   D. L
E. निर्धारित नहीं किया जा सकता

निर्देश (प्रश्न 6 से 9 तक): *निम्नलिखित गद्यांश को पढ़ें–*

जब वरुण का जन्म हुआ उसका पिता तरुण 30 वर्ष का था। वरुण की बुआ उर्वशी अपने भाई तरुण से 3 वर्ष तथा अपने पति योगेश से 5 वर्ष छोटी है। योगेश तथा उर्वशी के तीन बच्चे हैं–कमल, जलज तथा वैशाली। कमल का जन्म अपने पिता के 28वें जन्म-दिन पर हुआ था। 10 वर्ष के बाद उसका भाई जलज अपने पिता की उम्र के आधे से 7 वर्ष कम आयु का होगा और उसकी बहन वैशाली अपनी माँ की उम्र की एक-तिहाई की होगी। 12 वर्ष पूर्व कमल का जन्म हुआ था।

6. निम्नलिखित में से कौन-सा क्रम बड़े से छोटे (उम्र के हिसाब से) ठीक है?

A. योगेश, कमल, वरुण, वैशाली
B. तरुण, योगेश, वैशाली, वरुण
C. उर्वशी, योगेश, वरुण, वैशाली
D. जलज, वैशाली, कमल, वरुण
E. इनमें से कोई नहीं

7. निम्नलिखित में से उम्र के हिसाब से छोटे से बड़े का कौन-सा क्रम ठीक है?

A. वरुण, वैशाली, जलज, कमल
B. वरुण, तरुण, उर्वशी, वैशाली
C. वैशाली, जलज, कमल, उर्वशी
D. वैशाली, कमल, जलज, वरुण
E. इनमें से कोई नहीं

8. वरुण की बड़ी बहन सरिता किससे छोटी हो सकती है?

A. वैशाली   B. कमल व वैशाली
C. जलज   D. उर्वशी
E. इनमें से कोई नहीं

9. इनमें से कौन-सा ऐसा है जो उतने ही लोगों से छोटा है जितनों से वह बड़ा है?

A. वैशाली   B. कमल
C. वरुण   D. जलज
E. इनमें से कोई नहीं

10. समान दूरी के अन्तर पर पांच बस स्टॉप A, B, C, D व E हैं। सबसे बीच का स्टॉप C नहीं है, A व E किनारों के बस स्टॉप नहीं हैं, ऊपर की तरफ यात्रा करने पर A से B तक जितने स्टॉप पड़ते हैं, उससे दुगने बस स्टॉप D से C तक पड़ते हैं। यदि नीचे की तरफ यात्रा करने पर D सबसे आखिरी स्टॉप हो, तो ऊपर की तरफ यात्रा करने पर स्टॉप का कौन-सा क्रम निम्न में से सही है?

A. DEACB   B. DACEB
C. DAECB   D. DCBAE
E. इनमें से कोई नहीं

11. A, B, C, D एवं E नदियां हैं। A, B की अपेक्षा छोटी है लेकिन E से बड़ी है, C सबसे बड़ी है। यदि D, B से कुछ छोटी है लेकिन A से कुछ बड़ी है, तो सबसे छोटी नदी बताइये?

A. D   B. A
C. B   D. E
E. इनमें से कोई नहीं

12. एक प्रतियोगी परीक्षा में 5 लड़कों नेभाग लिया। आयुश के सूरज से ज्यादा नम्बर थे, सूरज को प्रतीक से ज्यादा नम्बर मिले, आयुश को निमेश से कम नम्बर मिले, कार्तिक को आयुश एवं सूरज के मध्य के नम्बर मिले, किसको सबसे ज्यादा नम्बर मिले?

A. आयुश   B. कार्तिक
C. सूरज   D. प्रतीक
E. निमेश

13. रत्न गोरा, लम्बा व छरहरा है। ऐनी गोरा, छोटा व छरहरा है। रमेश काला, छोटा व मोटा है। नानू गोरा, लम्बा, व मोटा है। कौन से दो लड़कों की कोई भी विशेषता एक-सी नहीं है?

A. रमेश, नानू   B. रत्न, रमेश
C. रत्न, ऐनी   D. रत्न, नानू
E. इनमें से कोई नहीं

14. पाँच सहेलियाँ में आयु में दीपा बीच की है, काजल सबसे छोटी, उमा, निशा से बड़ी है जो अनू व दीपा से छोटी है, बड़ी वाली कौन है?

A. उमा   B. अनु
C. काजल   D. निशा
E. जानकारी अधूरी है

15. लखनऊ की जनसंख्या मेरठ से ज्यादा है, मेरठ की खुरजा से ज्यादा है, लेकिन दिल्ली की जनसंख्या लखनऊ से ज्यादा है। यदि बड़ौदा से खुरजा की जनसंख्या ज्यादा है, तो सबसे ज्यादा जनसंख्या वाले शहर का नाम बतायें।

A. दिल्ली   B. खुरजा
C. लखनऊ   D. मेरठ
E. इनमें से कोई नहीं

16. एक परीक्षा में स्वाति को काजल के बराबर नम्बर मिले। मीता को गेसू से ज्यादा नम्बर मिले लेकिन उसके नम्बर स्वाति से कम थे, सबसे कम नम्बर किसे मिले?

A. मीता   B. स्वाति
C. गेसू   D. काजल
E. इनमें से कोई नहीं

निर्देश (प्रश्न 17 और 18): *अन्नु, संजना से बड़ी है भानू, अन्नु से बड़ी है लेकिन दीपा से छोटी है, दीपा संजना से बड़ी है, संजना भानू से छोटी है और गेसू सबसे बड़ी है। दी गई जानकारी के आधार पर निम्नलिखित प्रश्नों के उत्तर दीजिए।*

17. सबसे छोटी कौन है?

A. दीपा   B. संजना
C. भानू   D. अन्नु
E. इनमें से कोई नहीं

18. यदि पाँचों को आयु की दृष्टि से खड़ा करें, तो बीच वाली बताइये?

A. अन्नु B. दीपा
C. भानू D. संजना
E. इनमें से कोई नहीं

19. अमन, सोमू से लम्बा है, शाहिद उतना लम्बा नहीं है जितना अमन, लेकिन आशु से लम्बा है, सोमू भी शाहिद जैसा लम्बा नहीं है लेकिन आशु से लम्बा है तो सबसे लम्बा कौन है?

A. अमन B. शाहिद
C. सोमू D. आशू
E. इनमें से कोई नहीं

20. शालू, पलक से उम्र में बड़ी है, प्रतीक की उम्र अन्नु की उम्र के बराबर है, लव सोमू से छोटा है एवं सोमू, अन्नु के बराबर है, पलक, प्रतीक से बड़ा है, सबसे बड़ा कौन है बताइये?

A. लव B. अन्नु
C. शालू D. प्रतीक
E. पलक

उत्तरमाला

1	2	3	4	5	6	7	8	9	10
C	A	B	B	C	A	C	B	B	A
11	**12**	**13**	**14**	**15**	**16**	**17**	**18**	**19**	**20**
D	E	B	E	A	C	B	C	A	C

व्याख्यात्मक उत्तर

3. J > R > T > L

5. J > M, L > N > K
J > M > L > N > K

10. ऊपर से नीचे की तरफ यात्रा करने पर बस स्टॉप निम्न क्रम में है:

↓ ↓ ↓ ↓ ↓
D E A C B

11. छोटी से बड़ी नदियां इस क्रम में हैं: E, A, D, B, C

12. नम्बरों को घटते क्रम में लिखने पर यह क्रम बनता है: निमेश, आयुश, कार्तिक, सूरज, प्रतीक

13.

	गोरा	लम्बा	छरहरा	काला	छोटा	मोटा
रत्न	✓	✓	✓	×	×	×
ऐनी	✓	×	✓	×	✓	×
रमेश	×	×	×	✓	✓	✓
नानू	✓	✓	×	×	×	✓

14. अनिश्चित जानकारी है।

15. अन्य शहरों की जनसंख्या का घटता क्रम निम्न है: दिल्ली, लखनऊ, मेरठ, खुरजा, बड़ौदा

16. ज्यादा नम्बरों से कम नम्बरों की तरफ लिखकर यह क्रम बनता है: काजल, स्वाति, मीता, गेसू

17. उम्र के अनुसार चार्ट है:

गेसू, दीपा, भानू, अन्नु, संजना

19. आकार के अनुसार क्रम है:

अमन > शाहिद > सोमू > आशू

20. शालू > पलक > प्रतीक = अन्नु = सोमू > लव

○○○

13 प्रतीक चिह्नों का प्रतिस्थापन (Symbol Substitution)

इस प्रकार के प्रश्नों को हल करना अत्यधिक सरल है। ऐसे प्रश्नों को हल करने की एकमात्र अपेक्षा यह है कि उम्मीदवार दिए गए प्रतीकों या चिह्नों को प्रतिस्थापित करने और परिकलन की विद्या में पारंगत हों और अत्यधिक त्वरित गति से दिए गए प्रश्नों का हल ज्ञात कर सके। इस श्रेणी में पूछे गए कुछ सामान्य प्रकार के प्रश्न नीचे हल किए गए हैं।

उदाहरण 1: यदि '+' का अर्थ '×' हो, '×' का अर्थ '÷' हो, '÷' का अर्थ '–' हो और '–' का अर्थ '+' हो, तो $2 - 8 \times 2 + 6 \div 7$ का मान क्या होगा ?

A. 32 B. 19
C. 23 D. 9
E. इनमें से कोई नहीं

व्याख्या B: दिए गए व्यंजक में गणितीय चिह्नों को प्रतिस्थापित करने पर नया व्यंजक होगा:

$$2 + 8 \div 2 \times 6 - 7$$

इस व्यंजक को हल करने के निम्नलिखित चरण होंगे :

$$2 + 4 \times 6 - 7$$

$$2 + 24 - 7$$

$$26 - 7 = 19$$

उदाहरण 2: यदि '▲' का अर्थ '+' हो,
'■' का अर्थ '–' हो,
'●' का अर्थ '÷' हो,
'✱' का अर्थ '×' हो, तो
13 ▲ 5 ✱ 20 ● 10 ■ 9 = ?

A. 26 B. 37
C. 14 D. 55
E. इनमें से कोई नहीं

व्याख्या C : चिह्नों को प्रतिस्थापित करने पर प्राप्त हुआ नया व्यंजक है:

$$13 + 5 \times 20 \div 10 - 9$$

इस व्यंजक को हल करने के चरण होंगे :

$$13 + 5 \times 2 - 9$$

$$13 + 10 - 9$$

$$23 - 9 = 14$$

वस्तुनिष्ठ प्रश्न

1. यदि "+" का अर्थ "–" हो; "–" का अर्थ "×" हो; "×" का अर्थ "÷" हो और "÷" का अर्थ "+" हो, तो
$15 \times 5 \div 10 + 5 - 3 = ?$

A. 9.5 B. 0
C. –2 D. 24
E. 18

2. यदि "+" का अर्थ "–" हो; "–" का अर्थ "×" हो; "×" का अर्थ "÷" हो; और "÷" का अर्थ "+" हो, तो
$15 \times 3 \div 15 + 5 - 2 = ?$

A. 0 B. 10
C. 20 D. 6
E. 12

3. यदि "+" का अर्थ "÷" हो; "×" का अर्थ "–" हो; "÷" का अर्थ "+" हो और "–" का अर्थ "×" हो, तो
$16 \div 8 \times 6 - 2 + 12 = ?$

A. 22 B. 24
C. 23 D. 20
E. 21

4. यदि "+" का अर्थ "×" हो; "–" का अर्थ "÷" हो; "×" का अर्थ "–" हो और "÷" का अर्थ "+" हो, तो
$5 + 8 - 4 \times 2 \div 9 = ?$

A. 15 B. 13
C. 17 D. 11
E. 20

5. यदि × का आशय जोड़ की संक्रिया से हो, ÷ का आशय घटाव की संक्रिया से हो, + का आशय गुणा की संक्रिया से हो और – का आशय भाग की संक्रिया से हो तो $(20 \times 6 \div 6 \times 4)$ निम्नलिखित में से किसके बराबर है ?

A. 5 B. 24
C. 25 D. 80
E. 40

6. यदि $A + B > C + D$, $B + E = 2C$ और $C + D > B + E$ हो, तो इसका निश्चित अर्थ यह है कि :

A. $A > C$ B. $A + B > 2D$
C. $A + B > 2C$ D. $A + B > 2E$
E. इनमें से कोई नहीं

7. यदि $A + D > C + E$, $C + D = 2B$ और $B + E > C + D$ हो, तो इसका निश्चित अर्थ यह है कि :

A. $A + D > B + E$ B. $A + D > B + C$
C. $A + B > 2D$ D. $B + D > C + E$
E. इनमें से कोई नहीं

8. यदि "+" का अर्थ "÷" हो; "÷" का अर्थ "–" हो; "–" का अर्थ "×" हो और "×" का अर्थ "+" हो, तो

$10 \div 2 - 15 + 3 \times 5 = ?$

A. 10 B. 15
C. 25 D. 5
E. 3

9. यदि × का आशय 'जोड़' की संक्रिया से हो, < का आशय 'घटाव' की संक्रिया से हो, + का आशय 'भाग' की संक्रिया से हो, > का आशय 'गुणा' की संक्रिया से हो, – का आशय 'बराबर' हो, ÷ का आशय 'बड़ा होना' हो और = का आशय 'छोटा होना' हो तो बताइए कि निम्नलिखित में से कौन-सा विकल्प सत्य है ?

A. $5 \times 3 < 7 \div 8 + 4 \times 1$
B. $3 \times 4 > 2 - 9 + 3 < 3$
C. $5 > 2 + 2 = 10 < 4 \times 8$
D. $3 \times 2 < 4 \div 16 > 2 + 4$
E. इनमें से कोई नहीं

10. यदि → का आशय 'घटाव' की संक्रिया से हो, ← का आशय 'जोड़' की संक्रिया से हो, ↑↑ का आशय 'गुणा' की संक्रिया से हो; ↓↓ का आशय 'भाग' की संक्रिया से हो, ↔ का आशय 'बड़ा होना' हो और ←→ का आशय 'बराबर' हो तो निम्नलिखित में से कौन-सा विकल्प सत्य है ?

A. 4 ← 6 ↑↑ 2 ←→ 3 → 12 ← 12
B. 10 ↓↓ 5 ↑↑ 5 ←→ 9 → 3 ← 4
C. 15 ↑↑ 2 → 5 ←→ 12 ↓↓ 4 ← 3
D. 13 ↓↓ 13 ← 1 ↔ 20 → 5 ↑↑ 2
E. इनमें से कोई नहीं

11. यदि "+" का अर्थ "÷" हो; "×" का अर्थ "–" हो; "÷" का अर्थ "×" हो और "–" का अर्थ "+" हो, तो निम्नलिखित व्यंजक का मान क्या होगा ?

$9 + 3 \div 4 - 8 \times 2 = ?$

A. $6\frac{3}{4}$ B. $-1\frac{3}{4}$
C. $-6\frac{1}{4}$ D. 18
E. इनमें से कोई नहीं

12. यदि "–" का अर्थ "÷" हो; "+" का अर्थ "×" हो; "÷" का अर्थ "–" हो और "×" का अर्थ "+" हो, तो निम्नलिखित में से कौन-सा विकल्प निश्चित ही सत्य है ?

A. $1 \div 2 + 3 \times 6 - 8 = 12$
B. $2 + 3 - 5 \times 8 \div 4 = 7$
C. $5 + 6 \times 8 - 2 \div 3 = 31$
D. $6 \div 1 + 2 - 8 \times 4 = 31$
E. इनमें से कोई नहीं

13. निम्नलिखित समीकरण के रिक्त स्थानों में नीचे दिए गए विकल्पों में से किस विकल्प के चिह्नों को प्रतिस्थापित किया जाएगा ?

9 . . . 8 . . . 8 . . . 4 . . . 9 = 65

A. – + × ÷ B. ÷ × + –
C. ÷ + × – D. × + ÷ –
E. इनमें से कोई नहीं

14. यदि '❋' का अर्थ '×', 'Δ' का अर्थ '÷', '□' का अर्थ '–', '●' का अर्थ '+', 'α' का अर्थ '=' और 'β' का अर्थ '≠', हो, तो निम्नलिखित में से कौन-सा समीकरण सही है ?

A. 2 □ 10 ❋ 4 Δ 5 α 5 ● 12 Δ 6
B. 27 Δ 9 ● 6 β 3 ❋ 6 □ 9
C. 4 Δ 2 ❋ 0 α 7 Δ 1 ❋ 0
D. 5 ● 6 Δ 3 □ 2 α 8 Δ 4 ❋ 3
E. इनमें से कोई नहीं

15. यदि दिए गए चिह्नों + और – को एक दूसरे के स्थान पर रखा जाए तो निम्नलिखित में से कौन-सा समीकरण सही होगा ?

A. $2 + 7 - 8 = 3$ B. $3 - 1 + 4 = 2$
C. $9 + 3 - 5 = 7$ D. $6 + 3 - 8 = 5$
E. इनमें से कोई नहीं

उत्तरमाला

1	2	3	4	5	6	7	8	9	10
C	B	C	C	B	C	B	D	C	B

11	12	13	14	15
D	C	D	C	A

व्याख्यात्मक उत्तर

1. $15 \div 5 + 10 - 5 \times 3$
$3 + 10 - 15 = -2$

2. $15 \div 3 + 15 - 5 \times 2$
$5 + 15 - 10 = 10$

3. $16 + 8 - 6 \times 2 \div 12$
$16 + 8 - 1 = 23$

4. $5 \times 8 \div 4 - 2 + 9$
$10 - 2 + 9 = 17$

5. $20 + 6 - 6 + 4 = 24$

6. $A + B > C + D > B + E$ or $2C$
$\therefore A + B > 2C$

7. 1. $A + D > C + E$
2. $B + E > C + D$ or $2B$
चूँकि 1 और 2 के बीच संबंध स्पष्ट नहीं है, तथापि यह निश्चित है कि $A + D > B + C$.

8. $10 - 2 \times 15 \div 3 + 5$
$10 - 10 + 5 = 5$

9. A. $5 + 3 - 7 > 8 \div 4 + 1$ $\quad 1 > 3$
B. $3 + 4 \times 2 = 9 \div 3 - 3$ $\quad 11 = 0$
C. $5 \times 2 \div 2 < 10 - 4 + 8$ $\quad 5 < 14$
D. $3 + 2 - 4 > 16 \times 2 \div 4$ $\quad 1 > 8$

10. A. $4 + 6 \times 2 = 3 - 12 + 12$ $\quad 16 = 3$
B. $10 \div 5 \times 5 = 9 - 3 + 4$ $\quad 10 = 10$
C. $15 \times 2 - 5 = 12 \div 4 + 3$ $\quad 25 = 6$
D. $13 \div 13 + 1 > 20 - 5 \times 2$ $\quad 2 > 10$

11. $9 \div 3 \times 4 + 8 - 2$
$12 + 8 - 2 = 18$

12. A. $1 - 2 \times 3 + 6 \div 8 = 12$ $\quad \frac{-17}{4} = 12$

B. $2 \times 3 \div 5 + 8 - 4 = 7$ $\quad \frac{26}{5} = 7$

C. $5 \times 6 + 8 \div 2 - 3 = 31$ $\quad 31 = 31$

D. $6 - 1 \times 2 \div 8 + 4 = 31$ $\quad \frac{-39}{4} = 31$

13. A. $9 - 8 + 8 \times 4 \div 9 = 65$
($8 \times 4 \div 9$ का उत्तर भिन्न रूप में प्राप्त होता है। चूँकि परिणाम 65 एक पूर्णांक है, अत: आगे परिकलन की आवश्यकता नहीं है।)
B. $9 \div 8 \times 8 + 4 - 9 = 65$
$9 + 4 - 9$ अर्थात् $4 = 65$
C. $9 \div 8 + 8 \times 4 - 9 = 65$
($9 \div 8$ का परिणाम भिन्न रूप में प्राप्त होता है)
D. $9 \times 8 + 8 \div 4 - 9 = 65$
$72 + 2 - 9$ अर्थात् $65 = 65$

14. हल समीकरण होंगे :
A. $2 - 10 \times 4 \div 5 = 5 + 12 \div 6$
$2 - 8 = 5 + 2$
$-6 = 7$ जो गलत है
B. $27 \div 9 + 6 \neq 3 \times 6 - 9$
$3 + 6 \neq 18 - 9$
$9 \neq 9$ जो गलत है
C. $4 \div 2 \times 0 = 7 \div 1 \times 0$
$2 \times 0 = 7 \times 0$
$0 = 0$ जो सही है
D. $5 + 6 \div 3 - 2 = 8 \div 4 \times 3$
$5 = 6$ जो गलत है

15. चिह्नों को एक दूसरे के स्थान पर रखने पर प्राप्त समीकरण होगा:
A. $2 - 7 + 8 = 3$ जो सही है
B. $3 + 1 - 4 = 0$
C. $9 - 3 + 5 = 11$
D. $6 - 3 + 8 = 11$

❍❍❍

14 रक्त संबंध (Blood Relationship)

अधिकांश मानसिक जांच परीक्षणों में इस 'टेस्ट' से प्रश्न पूछे जाते हैं। कुछ प्रश्न परीक्षार्थी को खासा परेशानी में डाल सकते हैं। कुछ अन्य प्रश्न अत्यंत सरल हो सकते हैं। प्रश्न में दिए गए कथन से पारिवारिक वंशगत संबंधों को पहचानना पड़ता है। कुछ दूरस्थ रिश्ते (या वे जिन्हें पारिवारिक पदसोपान में नीचे की ओर जाते हुए पहचानना है) को ज्ञात करना कठिन कार्य हो सकता है। चौथी पीढ़ी से संबद्ध रिश्ते सामान्य होते हैं।

दिशा-निर्देश

1. भली-भांति ज्ञात रिश्ते हैं:

माता	दादी/नानी
पिता	दादा/नाना
पुत्र	पोता/नाती
पुत्री	पोती/नाती
भाई	साला/बहनोई/देवर/जेठ
बहन	साली/ननद/भौजाई
भतीजी/भानजी	ससुर
चाचा/मामा	सास
फुआ/मौसी/चाची/मामी	दामाद
पति	बहू
पत्नी	चचेरा/फुफेरा/ममेरा/मौसेरा भाई/बहन

2. इन परीक्षणों के प्रश्नों को हल करने में जो रिश्ते काम आ सकते हैं उन रिश्तों की कुछ पद्धतियां इस प्रकार हैं:

पिता या माता के पिता	—	दादा या नाना
पिता या माता की माता	—	दादी या नानी
पिता या माता का लड़का	—	भाई
पिता या माता की लड़की	—	बहन
पिता का भाई	—	चाचा या ताऊ
पिता की बहन	—	फुआ
माता का भाई	—	मामा
माता की बहन	—	मौसी
चाचा/मामा या चाची/मामी का पुत्र/पुत्री	—	चचेरा/ममेरा भाई/बहन
फुआ/मौसी का पुत्र/पुत्री	—	फुफेरा/मौसेरा भाई/बहन
पुत्र की पत्नी	—	बहू
पुत्री का पति	—	दामाद
पति या पत्नी का भाई	—	देवर या साला
पति या पत्नी की बहन	—	ननद या साली
भाई की पत्नी	—	भौजाई
बहन का पति	—	बहनोई
भाई का लड़का	—	भतीजा
भाई की लड़की	—	भतीजी

उदाहरण :

1. 'X' 'Y' की पत्नी है और 'Y' 'Z' का भाई है। 'Z' 'P' का पुत्र है। 'P' 'X' से किस प्रकार संबंधित है ?

A. बहन　　B. चाची/मौसी/फुआ/मामी
C. भाई　　D. ससुर
E. इनमें से कोई नहीं

व्याख्या D : दिए गए प्रश्न के आधार पर इस प्रकार संबंध चार्ट बनाया जा सकता है :

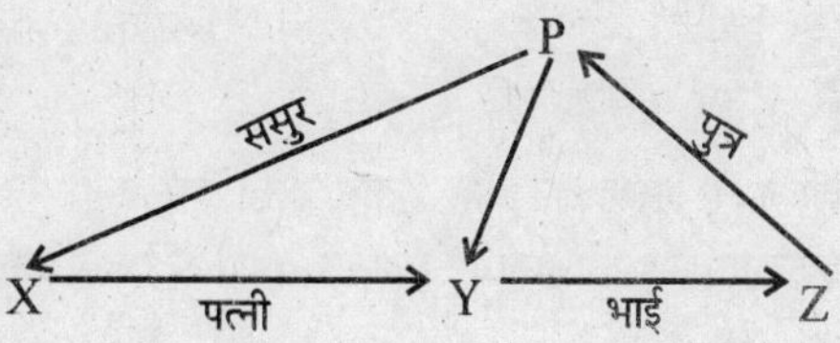

'Y' 'Z' का भाई है जो 'P' का पुत्र है। अत: 'Y' भी 'P' का पुत्र है। जब 'P' 'Y' का पिता है और 'X' 'Y' की पत्नी है, तब 'P' 'X' का ससुर है।

2. M की कितनी पुत्रियां हैं ? उपर्युक्त प्रश्न का उत्तर देने के लिए कथन (*a*) और (*b*) में दी गई निम्नलिखित सूचनाओं में से कौन-सी पर्याप्त है/हैं ?

(*a*) 'B' 'R' की बहन है

(*b*) K, जो M से विवाहित है B और D की माता है

A. (*a*) और (*b*) दोनों की आवश्यकता है

B. (*a*) और (*b*) दोनों सम्मिलित रूप से नाकाफी हैं

C. या तो (*a*) या (*b*) पर्याप्त है

D. केवल (*b*) पर्याप्त है

E. केवल (*a*) पर्याप्त है

व्याख्या B : दोनों कथनों में दी गई सूचना के आधार पर जो संबंध रूपरेखा बनायी जा सकती है वह इस प्रकार है:

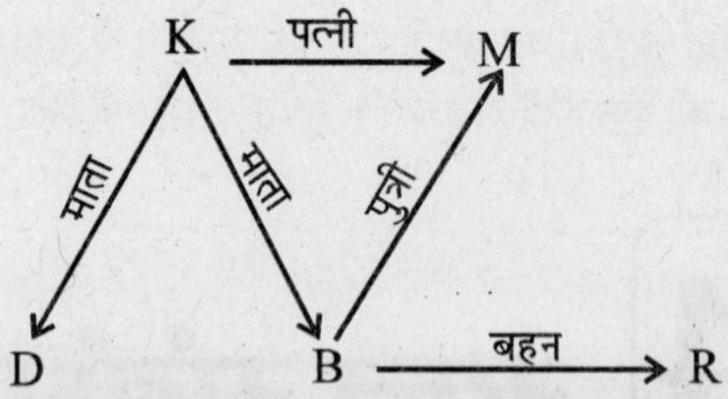

केवल B का लिंग दिया हुआ है। D और R का लिंग नहीं दिया गया है। अत: यह बता पाना संभव नहीं है कि M की कितनी लड़कियां हैं। अत: (*a*) और (*b*) दोनों में संयुक्त रूप से यथेष्ट सूचना उपलब्ध नहीं है।

वस्तुनिष्ठ प्रश्न

निर्देश : *नीचे दिए गए प्रत्येक प्रश्न में व्यक्तियों के बीच संबंधों का गहराई से अध्ययन करें और फिर सही संबंध के रूप में दिए गए विकल्प का चुनाव करें।*

1. 'A' 'B' और 'C' का पिता है। 'B' 'A' का पुत्र है पर 'C' 'A' का पुत्र नहीं है। 'C' का 'A' के साथ क्या रिश्ता है?

A. पुत्री
B. पुत्र
C. भतीजी/भानजी
D. चचेरा/फुफेरा/मौसेरा/ममेरा भाई
E. इनमें से कोई नहीं

2. लिलि का परिचय कराते हुए राघव ने कहा, 'इसका पिता मेरी मां का इकलौता लड़का है'। लिलि राघव से किस प्रकार संबंधित है?

A. चाची/मौसी/मामी/फुआ B. पुत्री
C. माता D. बहन
E. इनमें से कोई नहीं

3. आदित्य, भावी का भाई है, भरत, जयंत का पिता है। इला, भावी की माता है। आदित्य और जयंत भाई हैं। इला का भरत से क्या रिश्ता है?

A. बहन B. माता
C. पुत्री D. पत्नी
E. इनमें से कोई नहीं

4. वरुण ने अरुण की और इशारा करते हुए कहा, 'यह मेरी बहन के इकलौते भाई का बेटा है'। अरुण वरुण से किस प्रकार संबंधित है?

A. पुत्र B. भाई
C. भतीजा/भानजा D. आंकड़े अपर्याप्त हैं
E. इनमें से कोई नहीं

5. यदि अमित के पिता बिल्लू के पिता के इकलौते पुत्र हैं और बिल्लू का कोई भाई और बेटी नहीं है तो अमित और बिल्लू के बीच क्या रिश्ता है?

A. चाचा/मामा/फुफा/मौसा–भतीजा
B. पिता–पुत्री
C. पिता–पुत्र
D. चचेरा/फुफेरा
E. इनमें से कोई नहीं

6. एक तस्वीर में एक महिला की ओर इंगित करते हुए एक व्यक्ति ने कहा, 'यह मेरे दादी/नानी के इकलौते पुत्र की बेटी है'। वह औरत उस व्यक्ति से किस प्रकार से संबंधित है?

A. माता B. पुत्री
C. साली/ननद/भौजाई D. बहन
E. इनमें से कोई नहीं

7. यदि 'P' 'Q' का पति है और R S और Q की मां है तो R का P से क्या रिश्ता है?

A. माता B. बहन
C. चाची/मामी/मौसी/फुआ D. सास
E. निर्धारित नहीं किया जा सकता

8. 'A', 'B' की माता है। B के पिता C के तीन बच्चे हैं। इस सूचना के आधार पर बताएं कि निम्नलिखित में कौन–सा कथन सुनिश्चित रूप से सत्य होगा?

A. C की तीन लड़कियां हैं B. C के तीन लड़के हैं
C. B लड़का है D. B की दो बहनें हैं
E. इनमें से कोई नहीं

9. दया का एक भाई है अनिल। दया चंद्रा का लड़का है। बिमन चंद्रा का पिता है। रिश्तों के संदर्भ में अनिल बिमन का क्या है?

A. दादा/नाना B. भाई
C. पोता/नाती D. पुत्र
E. चाचा/फुफा/मौसा/मामा

10. 'A' 'B' का भाई है। 'A' 'C' का भाई है। यह पता लगाने के लिए कि B किस प्रकार से C से संबंधित है, निम्नलिखित में से और कौन–सी न्यूनतम जानकारी वांछित है?

I. C का लिंग II. B का लिंग
A. केवल I आवश्यक है B. केवल II आवश्यक है
C. या तो I या II आवश्यक है D. I और II दोनों आवश्यक हैं
E. न तो I और न ही II आवश्यक है

11. एक व्यक्ति से परिचित कराते हुए एक महिला ने कहा, 'इसकी पत्नी मेरे पिता की इकलौती लड़की है'। वह व्यक्ति महिला से किस प्रकार संबंधित है ?

A. पति B. पिता
C. ससुर D. भाई
E. इनमें से कोई नहीं

12. A ने B से कहा कि B की मां A की मां की सास थी। A की मां B की मां से किस प्रकार संबंधित है ?

A. माता
B. बहू
C. पुत्री
D. चचेरा/ममेरा/फुफेरा/मौसेरा भाई/बहन
E. चाची/मौसी/फुआ/मामी

13. एक व्यक्ति से परिचित कराते हुए एक महिला ने कहा, 'इसकी मां मेरे पिता की इकलौती लड़की है'। व्यक्ति महिला से किस प्रकार संबंधित है ?

A. पिता B. चाचा/मामा/मौसा/फुफा
C. पति D. भाई
E. पुत्र

निर्देश (प्रश्न 14 से 16) : *दिए गए कथनों को सावधानीपूर्वक पढ़ें तथा निम्नलिखित प्रश्नों का उत्तर दें:*

'P' 'R', का पिता है, लेकिन R उसका पुत्र नहीं है।
'T' 'R' की पुत्री है। 'U', 'P' का पति/पत्नी है
'Q' 'R' का भाई है। 'S', 'Q' का पुत्र है
'V' 'Q' का पति/पत्नी है। 'W', 'V' का पिता है

14. S की दादी/नानी कौन है ?

A. W B. P
C. R D. U
E. इनमें से कोई नहीं

15. Q का ससुर कौन है ?

A. R B. P
C. T D. W
E. इनमें से कोई नहीं

16. कौन T का चचेरा/ममेरा/फुफेरा/मौसेरा भाई/बहन है ?

A. R B. Q
C. W D. S
E. इनमें से कोई नहीं

निर्देश (प्रश्न 17 से 19) : *निम्नलिखित कथनों को गौर से पढ़ें तत्पश्चात दिए गए प्रश्नों के उत्तर दें:*

राधा और मिन्नीलाल के दो बच्चे हैं सिम्मी और दिव्या; दिव्या अनुज से विवाहित है जो मधु और जब्बार का लड़का है। रेशम अनुज की पुत्री है। किरण, जोकि अनुज की बहन है सुबोध से विवाहित है और उसके दो बच्चे हैं, तरुण और अमन। तरुण मधु और जब्बार का पोता/नाती है।

17. अमन और रेशम में क्या रिश्ता है ?

A. चाचा/मौसा/फुफा/मामा-भतीजा/भानजा/भतीजी/भानजी
B. पिता-पुत्री
C. पति-पत्नी
D. चचेरा/ममेरा/फुफेरा/मौसेरा भाई/बहन
E. इनमें से कोई नहीं

18. किरण दिव्या से किस प्रकार संबंधित है ?

A. चाची/फुआ/मौसी/मामी B. दादी/नानी
C. साली/ननद/भौजाई D. बहन
E. इनमें से कोई नहीं

19. निम्नलिखित में से कौन-सा कथन सुनिश्चित रूप से सही है ?

A. अमन सिम्मी का पुत्र है
B. मधु सुबोध की सास है
C. रेशम किरण की चचेरी/ममेरी/फुफेरी/मौसेरी बहन है
D. तीनों सही हैं
E. इनमें से कोई नहीं

निर्देश (प्रश्न 20 से 24) : *राजू के दो लड़के हैं 'X' और 'Y' तथा एक पुत्री 'Z' है। बीजू के दो लड़के 'A' और 'B' तथा एक लड़की है 'C'। 'A' और 'Z' विवाहित हैं और उनके दो पुत्र हैं 'J' और 'K'। लालू का एक बेटा है 'P' तथा एक लड़की है 'Q'। 'Q' 'Y' से विवाहित है और उनकी दो पुत्रियां हैं 'F' और 'G' तथा एक लड़का है 'H'।*

20. राजू 'Q' से किस प्रकार संबंधित है ?

A. चाचा/मामा/मौसा/फुफा B. ससुर
C. भाई D. पुत्र
E. इनमें से कोई नहीं

21. 'Z' किस प्रकार बीजू से संबंधित है ?

A. पुत्री B. बहन
C. साली/ननद/भौजाई D. बहू
E. इनमें से कोई नहीं

22. 'Y' 'P' से किस प्रकार संबंधित है ?

A. पुत्र B. चाची/मौसी/फुआ/मामी
C. साला/देवर/बहनोई D. बहन
E. इनमें से कोई नहीं

23. 'G' लालू से किस प्रकार संबंधित है ?

A. पोती/नातिन B. पिता
C. पुत्र D. माता
E. इनमें से कोई नहीं

24. 'J' 'C' से किस प्रकार संबंधित है ?

A. भतीजा/भानजा B. भाई
C. चाचा/मौसा/फुफा/मामा D. दादा/नाना
E. इनमें से कोई नहीं

25. यदि $A \times B$ का अर्थ है 'A' 'B' का भाई है; $A + B$ का अर्थ है 'A' 'B' का पिता है तो निम्नलिखित में से किसका अर्थ होगा कि 'M' N' का भतीजा/भानजा है ?

A. $N \times K + M$ B. $N + M \times K$
C. $M \times K + N$ D. आंकड़े अपर्याप्त हैं
E. इनमें से कोई नहीं

26. $A \times B$ का अर्थ है 'A' 'B' की मां है,
$A \div B$ का अर्थ है 'A' 'B' का पुत्र है,
$A - B$ का अर्थ है 'A' 'B' की बहन है
निम्नलिखित में से किसका अर्थ होगा कि 'Q' 'P' का मामा/मौसा है ?
A. $P \div R - Q$ B. $Q \div R - P$
C. $Q \times R + P$ D. $P \times R - Q$
E. इनमें से कोई नहीं

निर्देश (प्रश्न 27-28 के लिए) : *निम्नलिखित सूचनाओं को ध्यान से पढ़ें तत्पश्चात् दिए गए प्रश्नों का उत्तर दें :*

(*a*) '$P + Q$' का अर्थ है 'P Q' का भाई है
(*b*) '$P \times Q$' का अर्थ है 'P Q' का पिता है
(*c*) '$P \div Q$' का अर्थ है 'P Q' की मां है

27. निम्नलिखित में से किसका अर्थ होगा कि 'R' 'M' का पुत्र है ?
A. $M + R \times S$ B. $M \times S \div R$
C. $M \div R \times S$ D. $M \times S \times R$
E. इनमें से कोई नहीं

28. उपर्युक्त प्रश्न के उत्तर के लिए निम्नलिखित में से किस कथन की उपेक्षा की जा सकती है ?
A. केवल (*a*) B. (*b*) या (*c*)
C. (*a*) या (*b*) D. केवल (*b*)
E. इनमें से किसी की नहीं

निर्देश (प्रश्न 29-30) : *निम्नलिखित सूचनाओं को गौर से पढ़ें तथा दिए गए प्रश्नों के उत्तर दें:*

(*a*) $P + Q$ का अर्थ है 'P' 'Q' की मां है
(*b*) $P \div Q$ का अर्थ है 'P' 'Q' का पिता है
(*c*) $P - Q$ का अर्थ है 'P' 'Q' की बहन है

29. निम्नलिखित में से कौन 'M' के 'R' की पुत्री होने का सूचक है ?
A. $R \div M + N$ B. $R + N \div M$
C. $R - M \div N$ D. आंकड़े अपर्याप्त हैं
E. इनमें से कोई नहीं

30. उपर्युक्त प्रश्न का उत्तर तलाशने के लिए किस कथन की उपेक्षा की जा सकती है ?
A. केवल (*a*) B. (*b*) या (*c*)
C. (*a*) या (*b*) D. केवल (*c*)
E. इनमें से कोई नहीं

निर्देश (प्रश्न 31-32 के लिए) : *निम्नलिखित सूचनाओं को गौर से पढ़ें तत्पश्चात दिए गए प्रश्नों का उत्तर दें:*

(*a*) '$P + Q$' का अर्थ है 'P' 'Q' का भाई है
(*b*) '$P \times Q$' का अर्थ है 'P' 'Q' का पिता है
(*c*) '$P - Q$' का अर्थ है 'P' 'Q' की बहन है

31. निम्नलिखित में से किसका अर्थ है कि 'S' 'T' की भतीजी/भानजी है ?
A. $T \times S + M - K$ B. $T + M \times S - K$
C. $K - S \times M + T$ D. $T \times M + S - K$
E. इनमें से कोई नहीं

32. उपर्युक्त प्रश्न का उत्तर देने के लिए किस कथन की उपेक्षा की जा सकती है ?
A. केवल (*a*) B. केवल (*b*)
C. केवल (*c*) D. केवल (*b*) या (*c*)
E. सभी आवश्यक हैं

निर्देश (प्रश्न 33 से 35) : *निम्नलिखित प्रश्नों का उत्तर देने के लिए दी गई जानकारियों का अध्ययन करें:*

(*a*) $A \times B$ का अर्थ है 'A' 'B' का भाई है
(*b*) $A + B$ का अर्थ है 'A' 'B' की मां है
(*c*) $A \div B$ का अर्थ है 'A' 'B' का पुत्र है
(*d*) $A - B$ का अर्थ है 'A' 'B' का पति है

33. निम्नलिखित में से किसका अर्थ होगा कि 'M' 'N' का पिता है ?
A. $M \div N + O$ B. $M \times O - N$
C. $M + O \div N$ D. $M - O + N$
E. इनमें से कोई नहीं

34. यदि 'N' 'M' का पुत्र है, तो निम्नलिखित में से कौन सुनिश्चित रूप से सही है ?
A. $M + N \times O$
B. $M + N - O$
C. $N \div M$
D. तीनों सही हैं
E. तीनों में से कोई भी सही नहीं है

35. निम्नलिखित में से किसका अर्थ होगा कि 'M' 'N' की चाची/मौसी/फुआ/मामी है ?
A. $M + N \div O$ B. $M \times O \div N$
C. $N + O \times M$ D. $N \div M + O$
E. इनमें से कोई नहीं

निर्देश (36–37): *निम्नलिखित जानकारी को ध्यान से पढ़िए और उसके बाद दिए गए प्रश्नों के उत्तर दीजिए :*

यदि '$A \times B$' का अर्थ है 'A, B का पुत्र है'।
यदि '$A + B$' का अर्थ है 'A, B की पुत्री है'।
यदि '$A \div B$' का अर्थ है 'A, B की पत्नी है'।
यदि '$A - B$' का अर्थ है 'A, B का पिता है'।

36. अभिव्यक्ति '$N + O - P ? Q$' में यह सिद्ध करने के लिए कि Q, N की माता है, प्रश्नचिह्न के स्थान पर क्या आएगा?
A. $+$ B. $\times$
C. $-$ D. $\div$
E. या तो (A) या (B)

37. समीकरण '$S \div T \times V - W + Y$' में दिए गए संबंधों के आधार पर निम्न में से कोन-से संबंध सत्य हैं?
A. T, Y का भाई है
B. S, W की पुत्रवधू है
C. S, Y की पुत्रवधू है
D. Y, V की पुत्री है
E. इनमें से कोई नहीं

निर्देश (प्र.सं. 38 से 42): *निम्न प्रश्नों के उत्तर दी गए जानकारी के आधार पर दें।*

(1) 'A $ B' का अर्थ है A, B की माँ है।
(2) 'A # B' का अर्थ है A, B का पिता है।
(3) 'A @ B' का अर्थ है A, B का पति है।
(4) 'A % B' का अर्थ है A, B की पुत्री है।

38. P @ Q $ M # T में P का T के साथ कौन-सा संबंध है?
A. नाना   B. दादा
C. नानी   D. दादी
E. इनमें से कोई नहीं

39. निम्न में से कौन यह व्यक्त करता है कि R, H की बहन है?
A. R $ D @ F # H
B. H % D @ F $ R
C. R % D @ F $ H
D. H $ D @ F # R
E. इनमें से कोई नहीं

40. यदि F @ D % K # H, तो F का H से क्या संबंध है?
A. ब्रदर इन लॉ
B. बहन
C. सिस्टर-इन-लॉ
D. निर्धारित नहीं किया जा सकता
E. इनमें से कोई नहीं

41. निम्नलिखित में से कौन-सी अभिव्यक्ति यह दर्शाती है कि 'N' का भाई H है?
A. N%F@D$H   B. N%F@D%H
C. N%F@D$H#R   D. H#R$D$N
E. इनमें से कोई नहीं

42. यदि G$M@K, तो K का G से क्या संबंध है?
A. सास   B. पुत्री
C. आन्ट   D. बहू
E. इनमें से कोई नहीं

निर्देश (प्र.सं. 43 से 45 तक):

(*i*) 'P × Q' का अर्थ है 'P, Q का भाई है'।
(*ii*) 'P – Q' का अर्थ है 'P, Q की बहन है'।
(*iii*) 'P + Q' का अर्थ है 'P, Q का पिता है'।
(*iv*) 'P ÷ Q' का अर्थ है 'P, Q की माता है'।

43. निम्नलिखित में से क्या यह दर्शाता है कि 'M, N का भतीजा है?
A. N – K + M   B. N × K ÷ M
C. N ÷ K × M   D. N – K ÷ M × T
E. इनमें से कोई नहीं

44. अभिव्यक्ति H + T ÷ R – D में T का D से क्या संबंध है?
A. नेफ्यू   B. नीस
C. नेफ्यू या नीस   D. डाटा अपर्याप्त है
E. इनमें से कोई नहीं

45. निम्नलिखित में से क्या यह दर्शाता है कि F, W की पुत्री है?
A. W ÷ R + F
B. W × R × F
C. W + R × F – T
D. W + R – F + T
E. इनमें से कोई नहीं

निर्देश (प्र.सं. 46 से 50): *निम्नलिखित जानकारी का ध्यान से अध्ययन कर दिए गए प्रश्नों के उत्तर दीजिए:*

यदि 'A + B' का अर्थ है 'A, B का पिता है।'
यदि 'A × B' का अर्थ है 'A, B की बहन है।'
यदि 'A $ B' का अर्थ है 'A, B की पत्नी है।'
यदि 'A % B' का अर्थ है 'A, B की माता है।'
यदि A ÷ B का अर्थ है 'A, B का पुत्र है।'

46. यदि सिद्ध करने के लिए कि अभिव्यक्ति में J, T का भाई है, प्रश्नचिह्न के स्थान पर क्या आना चाहिए?
J ÷ P % H ? T % L
A. ×   B. ÷
C. $ D. या तो ÷ या ×
E. या तो + या ÷

47. दी गई अभिव्यक्ति में कौन-सा यह निर्दिष्ट करता है कि M, D की पुत्री है?
A. L % R $ D + T × M
B. L + R $ D + M × T
C. L % R % D + T ÷ M
D. D + L $ R + M × T
E. L $ D ÷ R % M ÷ T

48. यदि अभिव्यक्ति 'I + T% J × L ÷ K' निश्चित रूप से सत्य हो तो निम्न में से कौन-सा विकल्प सत्य है?
A. L, T की पुत्री है
B. K, I का दामाद है
C. I, L की ग्रैंडमदर है
D. T, J का पिता है
E. J, L का भाई है

49. यदि Y, X का पुत्र है यह निश्चित रूप से गलत है तो निम्न में से कौन-सी अभिव्यक्ति सत्य है?
A. W % L × T × Y ÷ X
B. W + L × T × Y ÷ X
C. X + L × T × Y ÷ W
D. W $ X + L + Y + T
E. W % X + T × Y ÷ L

50. यह सिद्ध करने के लिए कि अभिव्यक्ति में T, Q की सिस्टर-इन-लॉ है, प्रश्नचिह्न के स्थान पर क्या आएगा?
R % T × P ? Q + V
A. ÷   B. %
C. ×   D. $
E. या तो $ या ×

उत्तरमाला

1	2	3	4	5	6	7	8	9	10
A	B	D	A	C	D	D	E	C	B
11	**12**	**13**	**14**	**15**	**16**	**17**	**18**	**19**	**20**
A	B	E	D	D	D	D	C	B	B
21	**22**	**23**	**24**	**25**	**26**	**27**	**28**	**29**	**30**
D	C	A	A	A	A	C	A	A	D
31	**32**	**33**	**34**	**35**	**36**	**37**	**38**	**39**	**40**
B	E	D	D	E	B	C	B	C	A
41	**42**	**43**	**44**	**45**	**46**	**47**	**48**	**49**	**50**
C	D	D	E	C	A	B	B	D	D

व्याख्यात्मक उत्तर

1. 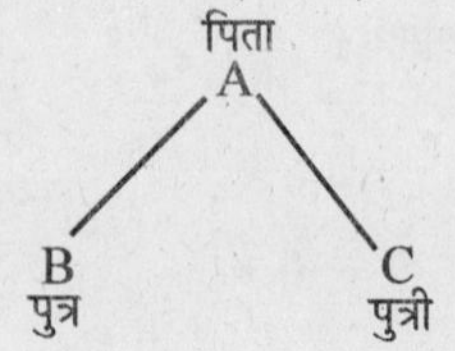

'C' 'A' का पुत्र नहीं है, परंतु 'A' उसका पिता है, अतः 'C' 'A' की पुत्री है।

2. सम्बन्ध है : माता
↑ (पुत्र)
राघव
↓ (पिता)
लिलि (पुत्री)

मेरी मां का इकलौता बेटा मतलब स्वयं राघव। 'उसके पिता' मतलब लिलि के पिता; अत: लिलि राघव की पुत्री है।

3. 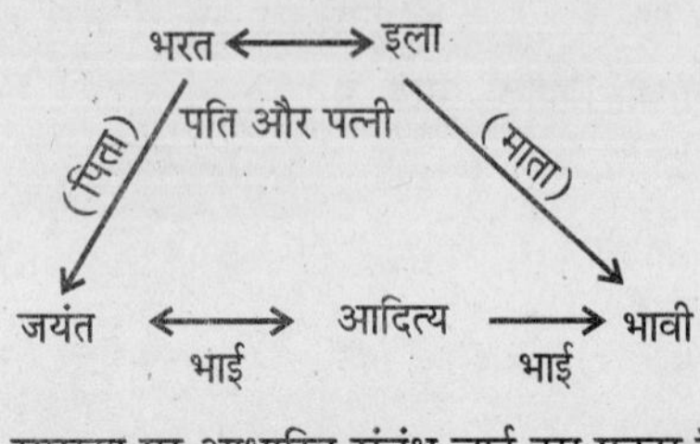

समस्या पर आधारित संबंध चार्ट इस प्रकार है :
जयंत और आदित्य भाई हैं। यदि आदित्य भावी का भाई है तब जयंत भी भावी का भाई है। यदि भरत जयंत का पिता है तब वह आदित्य और भावी का भी पिता है। यदि इला भावी की मां है, तब वह आदित्य और जयंत की भी मां है। इसका अर्थ है कि भरत और इला पति-पत्नी हैं तथा तीनों के माता-पिता हैं।

4. 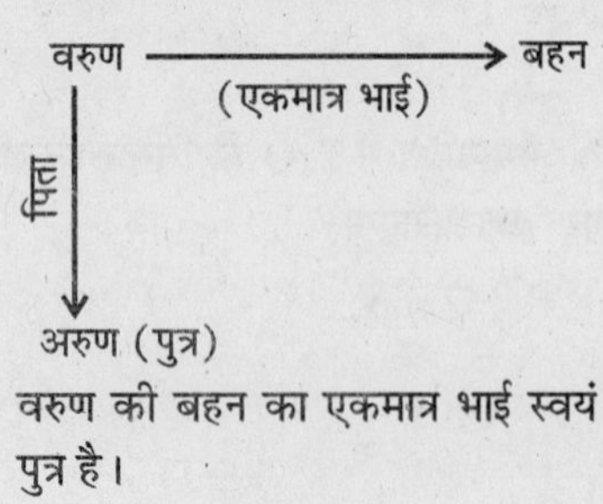

वरुण की बहन का एकमात्र भाई स्वयं वरुण है और अरुण उसका पुत्र है।

5. 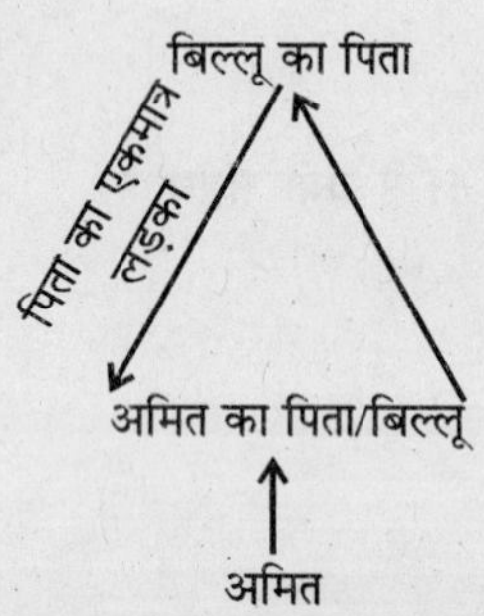

समस्या पर आधारित चार्ट इस प्रकार है:
अमित के पिता बिल्लू के पिता के एकमात्र लड़के हैं का अर्थ है कि प्रश्न में बिल्लू एकमात्र लड़का है और वह अमित का पिता है। यह बात ध्यान देने की है कि बिल्लू का कोई भाई नहीं, इसका मतलब है कि वह अकेला है और जब उसकी कोई पुत्री नहीं तो, अमित इकलौता लड़का है।

6. 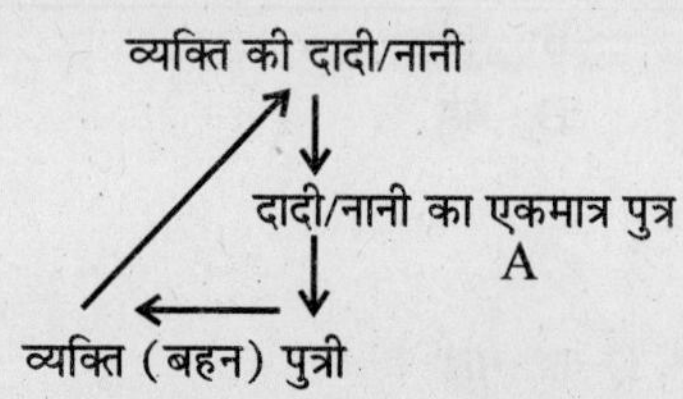

मेरी दादी/नानी का इकलौता बेटा उस व्यक्ति का पिता है और 'मेरी दादी/नानी के एकमात्र पुत्र की बेटी' उस व्यक्ति की बहन है।

7. 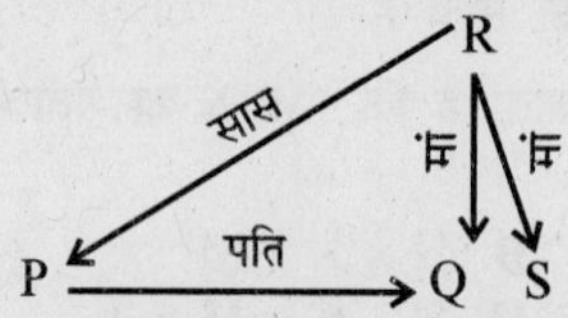

'P' 'Q' का पति है और 'R' 'Q' की मां है, अत: 'Q' 'R' की पुत्री है और R पुत्री के पति P की सास है।

8. दिए गए कथन के अनुसार 'A' और 'C' क्रमशः 'B' और 2 अन्य बच्चों के माता-पिता हैं। दिया गया कोई भी विकल्प सही नहीं हो सकता।

9. 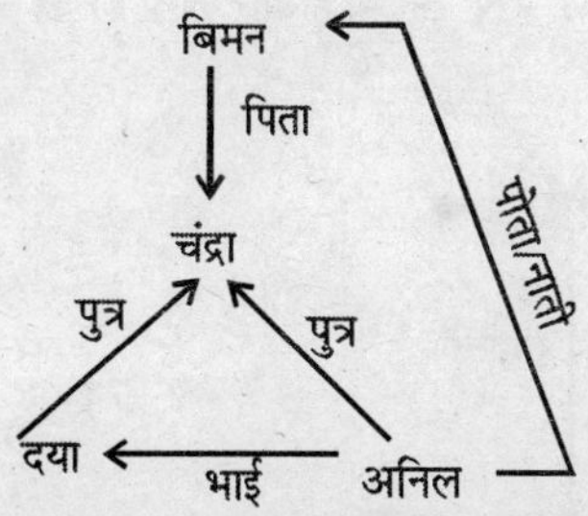

दया चंद्रा का पुत्र है। अतः दया का पिता चंद्रा, दया के भाई अनिल का भी पिता है। बिमन चंद्रा का पिता है, अतः अनिल जोकि चंद्रा का पुत्र है बिमन का पोता/नाती है।

10. 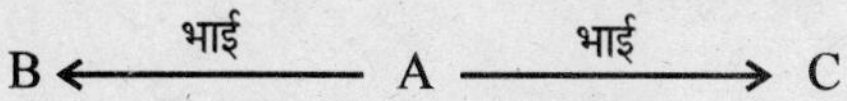

दोनों में से केवल सूचना II यह पता लगाने के लिए आवश्यक है कि 'B' किस प्रकार 'C' से संबंधित है।

11. 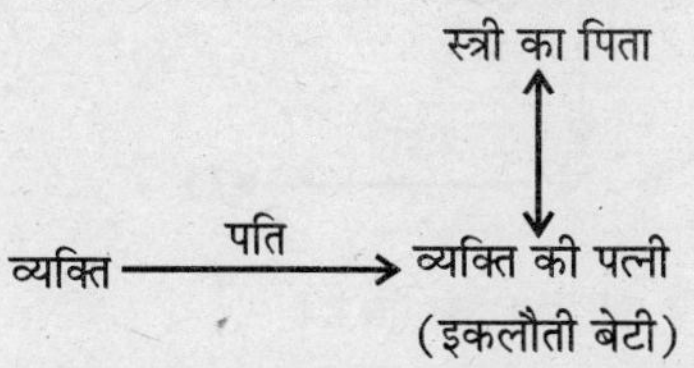

'मेरे पिता की इकलौती पुत्री' वह स्त्री स्वयं है और वह व्यक्ति उसका पति है।

12. 'B'की मां 'A' की मां की सास है, अतः 'A' की मां 'B' की मां की बहू है।

13. 'मेरे पिता की एकमात्र बेटी' स्त्री स्वयं है और 'उसकी मां' का मतलब व्यक्ति की मां है। अतः वह व्यक्ति उस स्त्री का पुत्र है।

प्र.सं. 14 से 16 तक

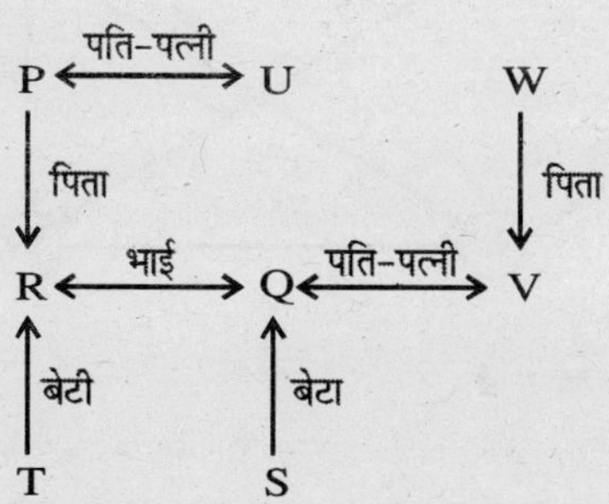

17 से लेकर 19 तक के उत्तरों के लिए दी गई जानकारी के आधार पर संबंध चार्ट इस प्रकार है:

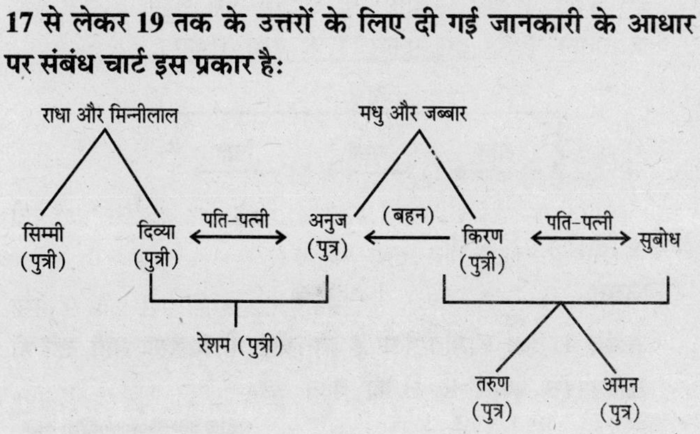

17. चार्ट में देखा जा सकता है कि किरण अनुज की बहन है। अमन किरण का पुत्र है और रेशम अनुज की पुत्री है। अतः अमन और रेशम क्रमशः बहन (किरण) और भाई (अनुज) के बच्चे हैं। अतः वे आपस में ममेरे/फुफेरे भाई/बहन हैं।

18. दिव्या अनुज की पत्नी है और किरण अनुज की बहन है। भाई की पत्नी भौजाई होती है अतः किरण और दिव्या का यही रिश्ता है।

19. किरण मधु की बेटी और सुबोध की पत्नी है। अतः मधु अपनी बेटी किरण के पति सुबोध की सास है।

20 से 24 तक उत्तर के लिए दी गई जानकारी के अनुसार संबंध चार्ट इस प्रकार है :

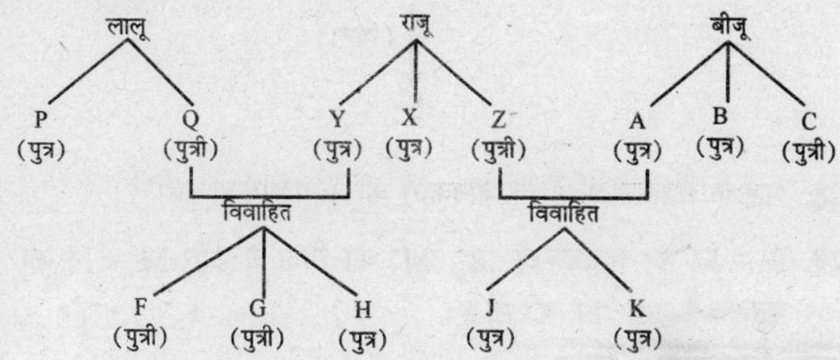

20. जैसा कि चार्ट में देखा जा सकता है, 'Y' राजू का पुत्र है और 'Q' का पति है। अतः राजू अपने बेटे की पत्नी 'Q' का ससुर है।

21. 'A' बीजू का पुत्र है और 'Z' का पति। अतः 'Z' अपने पति 'A' के पिता बीजू की बहू है।

22. 'Q' 'Y' की पत्नी है और 'P' की बहन है। अतः 'Y' अपनी पत्नी 'Q' के भाई 'P' का बहनोई है।

23. 'G' 'Q' की पुत्री है जो लालू की पुत्री है। अतः 'G' अपनी मां (Q) के पिता लालू की नातिन है।

24. 'A' 'J' का पिता और 'C'का भाई है। अतः 'J' अपने पिता (A) की बहन 'C' का भतीजा है।

25. 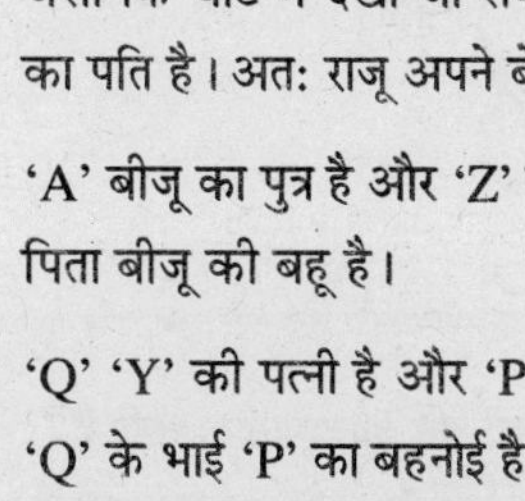

$N \times K$ का मतलब है 'N' 'K' का भाई है और '$K + M$' का अर्थ है 'K' 'M'का पिता है।

26. $P \div R$ का मतलब है 'P' 'R' का पुत्र है और $R - Q$ का अर्थ है 'R' 'Q' की बहन है।

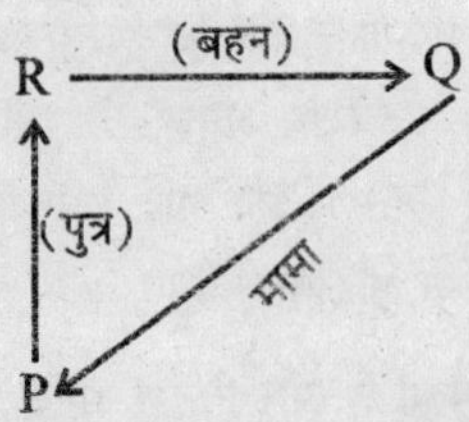

27. $M \div R$ का अर्थ है 'M' 'R' की मां है और $R \times S$ का मतलब है 'R' 'S' का पिता है।

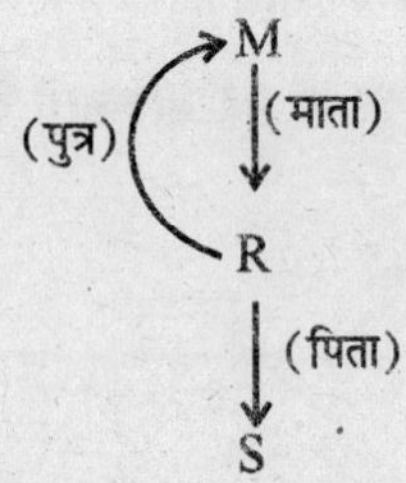

28. भाई के रिश्ते से संबंधित जानकारी की आवश्यकता नहीं है।

29. $R \div M$ का मतलब है 'R' 'M' का पिता है और $M + N$ का मतलब है 'M' 'N' की मां है।

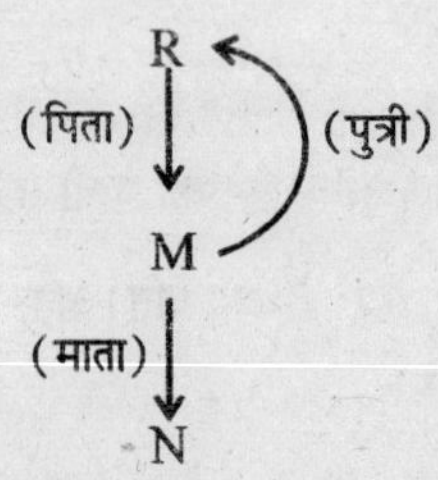

30. बहन के रिश्ते से संबंधित जानकारी की आवश्यकता नहीं है।

31. $T + M$ का अर्थ है 'T' 'M' का भाई है, $M \times S$ का अर्थ है 'M' 'S' का पिता है और $S - K$ का अर्थ है 'S' 'K' की बहन है।

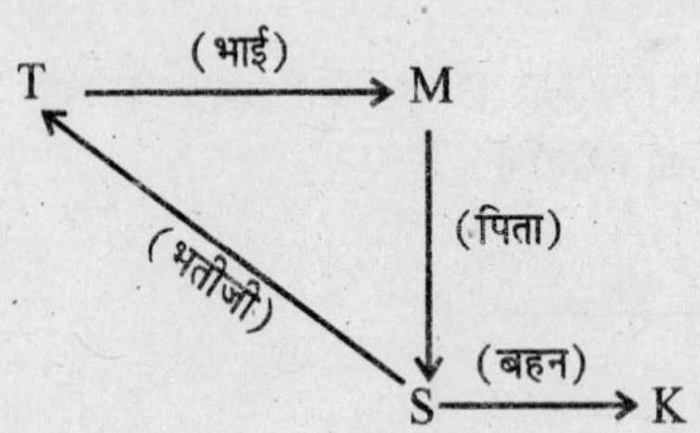

33. $M - O$ का अर्थ है 'M' 'O' का पति है और $O + N$ का अर्थ है 'O' 'N' की मां है।

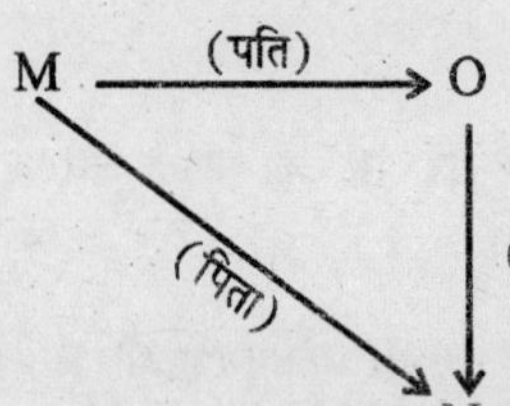

34. A. $M + N$ का अर्थ है 'M' 'N' की मां है और $N \times O$ का अर्थ है 'N' 'O' का पति है।

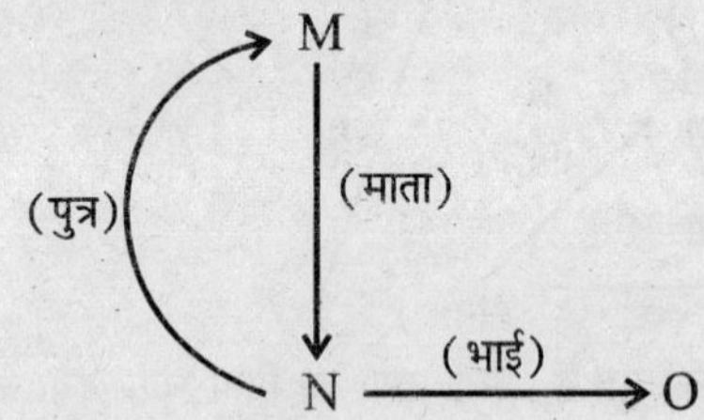

B. $M + N$ का अर्थ है 'M' 'N' की मां है और $N - O$ का अर्थ है 'N' 'O' का पति है।

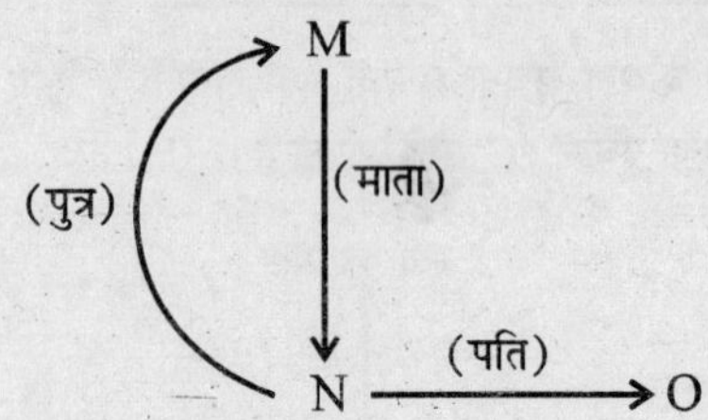

C. $N \div M$ का अर्थ है 'N' 'M' का पुत्र है।

35. उत्तर का निर्धारण नहीं किया जा सकता। 'M' और 'N' के बीच संबंध को ज्ञात करने के लिए बहन के रिश्ते से संबंधित जानकारी की आवश्यकता है।

36. 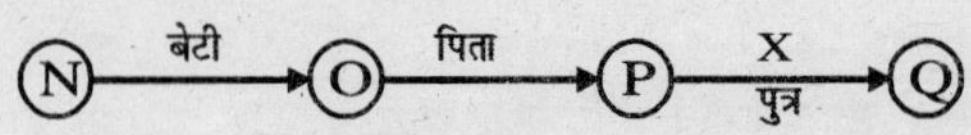

37. 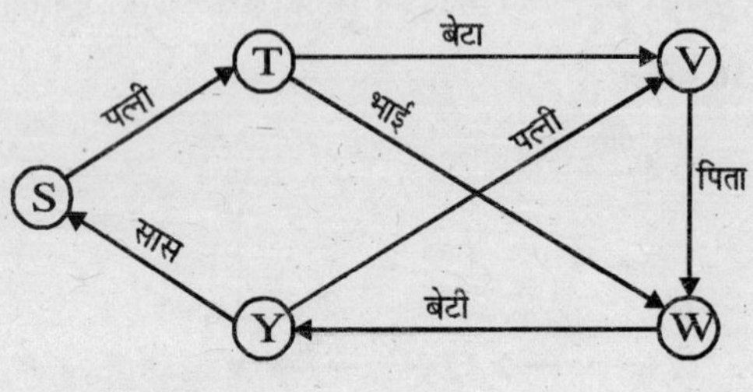

38. P @ Q $ M # T

अर्थात,

इस प्रकार, P तथा Q पति-पत्नी हैं, M उनके लड़के हैं तथा M के संतान T हैं। इस प्रकार T के दादा P हुए।

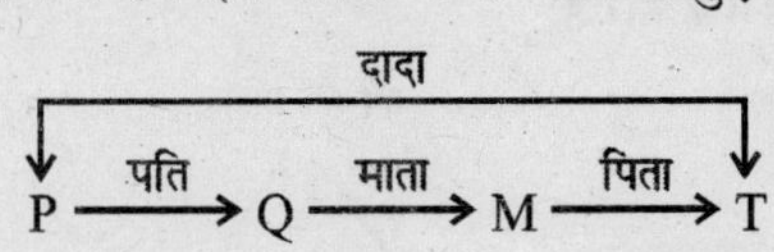

39. R % D @ F $ H

जिससे,

अर्थात, D तथा F, पति-पत्नी हैं जिनकी पुत्री R तथा दूसरी संतान H है। इस प्रकार R, H की बहन हुई।

41. N % F @ D $ H # R

जिससे,

अर्थात, F तथा D, पति-पत्नी हुए जिसकी पुत्री N है तथा दूसरी संतान H है। H पिता है R का अर्थात्/H पुरुष है। इस प्रकार N का भाई H हुआ।

42. G $ M @ K

जिससे,

अर्थात, M तथा K पति-पत्नी हैं तथा M की माँ G है तो K, G की बहू हुई।

43.

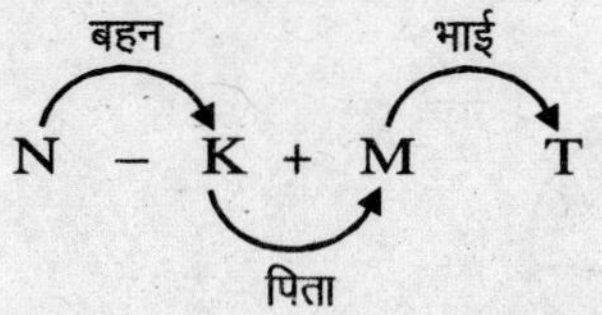

अर्थात, M, K का पुत्र है तथा N का भतीजा।

44.

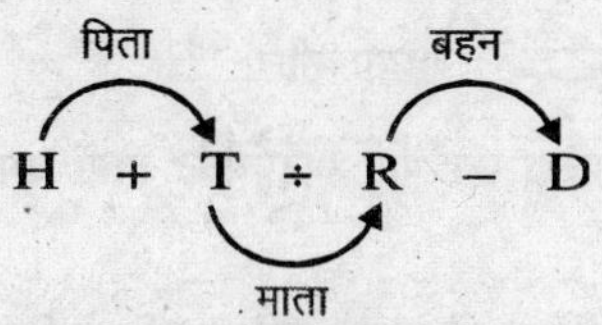

T, R एवं D की माता है।

45.

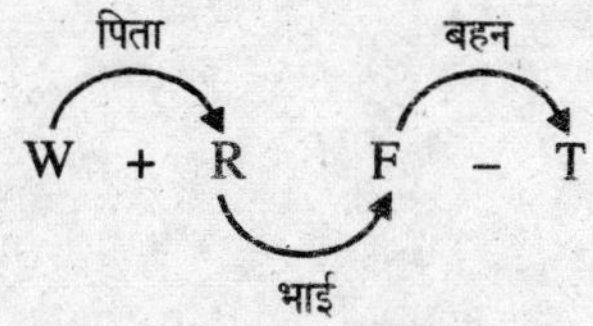

W पिता है R, F तथा T का तथा F बहन है R की।

अर्थात F पुत्री है W की।

46. J, P का पुत्र है। P, H की माता है।

T, L की माता है। यहाँ पर J, H का भाई है।

H × T, H, T की बहन है।

इसलिए J, T का भाई है।

47. D, M का पिता है तथा M, T की बहन है।

अतः M, D की बेटी है।

48. I, T के पिता हैं, T, J की माता है।

J, L की बहन है तथा L, K का पुत्र है।

49. Y, L का पुत्र/पुत्री है तथा L, X का पुत्र/पुत्री है।

इसलिए Y, X का नाती/नातिन है।

○○○

15 आरेख विश्लेषण (Venn Diagrams)

इस प्रकार के परीक्षण में आरेखों द्वारा निरूपित दो या दो से अधिक वस्तुओं या तथ्यों या मदों के बीच संबंध स्थापित करना होता है। आरेखों द्वारा निरूपित मदें कोई पृथक वस्तु या प्राणी या व्यक्तियों का कोई विशिष्ट दल/वर्ग आदि हो सकती हैं। दिए गए आरेखों को अच्छी तरह समझ लेने पर अभ्यर्थियों के समक्ष प्रश्न से संबंधित अवधारणा स्पष्ट हो जाती है और वे अपनी प्रेक्षण शक्ति के आधार पर सही या तर्कसम्मत उत्तर पर सरलतापूर्वक पहुंच सकते हैं।

उदाहरण 1:

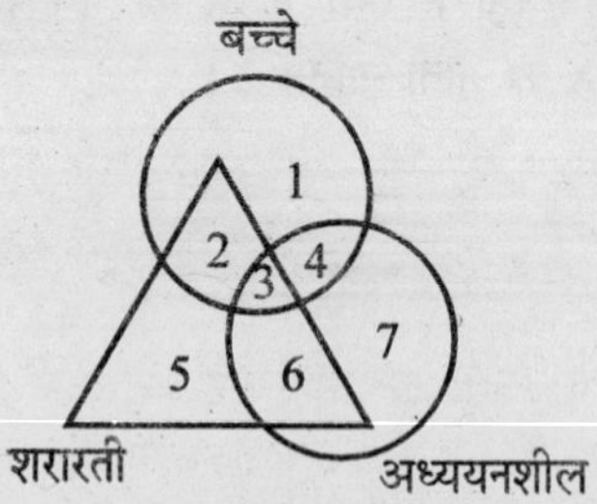

उपर्युक्त आरेख का सावधानीपूर्वक अध्ययन करें और आकृति के उस भाग को विनिर्दिष्ट करें जो उन बच्चों को निरूपित करता है जो शरारती भी हैं और अध्ययनशील भी।

A. 3 और 6 B. 2 और 4
C. केवल 3 D. केवल 4
E. इनमें से कोई नहीं

व्याख्या C: जो बच्चे शरारती भी हैं और अध्ययनशील भी उन्हें निम्नलिखित आरेख द्वारा दर्शाया जा सकता है :

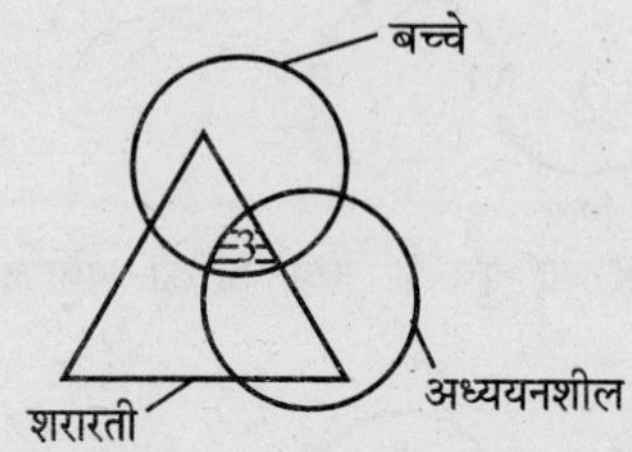

यह स्पष्ट है कि दिए गए आरेख का भाग 3 उपर्युक्त तीनों वर्गों को निरूपित करता है।

उदाहरण 2: नीचे दिए गए आरेख में आयत महिलाओं को निरूपित करता है, त्रिभुज पुलिस उपनिरीक्षकों को निरूपित करता है और वृत्त स्नातक तक की शिक्षा प्राप्त व्यक्तियों को निरूपित करता है। बताइए कि किस संख्या द्वारा निरूपित क्षेत्र महिला स्नातक उपनिरीक्षकों को निरूपित करता है?

A. 10 B. 5
C. 8 D. 13
E. इनमें से कोई नहीं

व्याख्या D : आरेख का स्पष्टीकरण नीचे दिया गया है :

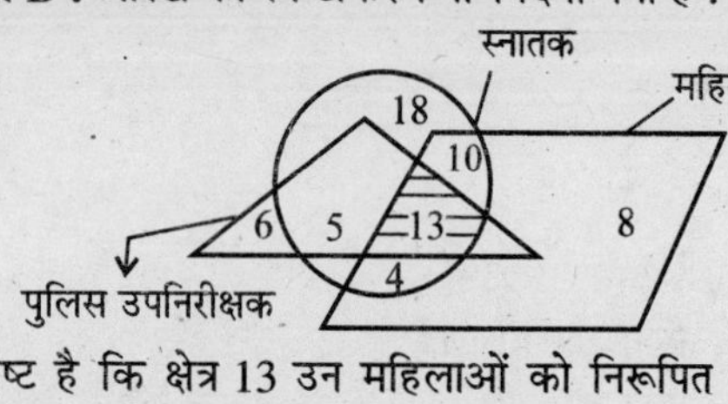

यह स्पष्ट है कि क्षेत्र 13 उन महिलाओं को निरूपित करता है जो स्नातक भी हैं और पुलिस उपनिरीक्षक भी।

वस्तुनिष्ठ प्रश्न

1. निम्नलिखित आरेख में कौन-सी संख्या केवल दो ज्यामितीय आकृतियों में उभयनिष्ठ है?

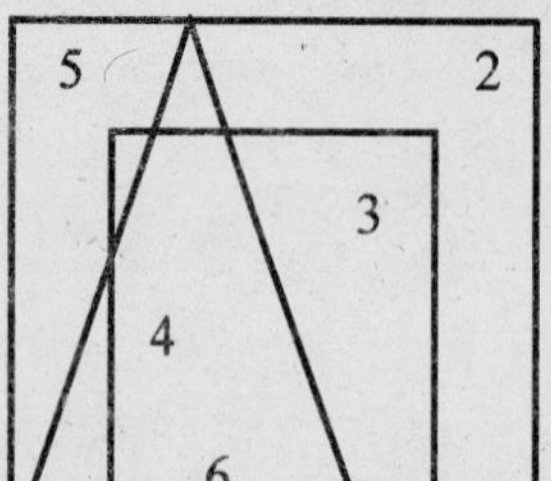

A. 4 B. 3
C. 5 D. 2
E. इनमें से कोई नहीं

निर्देश (प्रश्न 2 और 3) : *नीचे के आरेख में आयत हिंदी के उद्घोषकों को निरूपित करता है, वृत्त अंग्रेजी भाषा के उद्घोषकों को निरूपित करता है, वर्ग फ्रांसीसी भाषा के उद्घोषकों को निरूपित करता है और त्रिभुज जर्मन भाषा के उद्घोषकों को निरूपित करता है।*

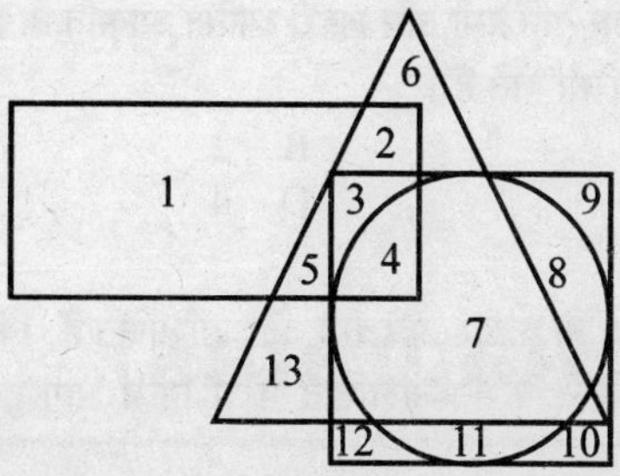

2. कौन-सा क्षेत्र उन उद्घोषकों को निरूपित करता है जो हिंदी, फ्रांसीसी और जर्मन भाषाओं में कार्यक्रम प्रस्तुत कर सकते हैं ?

A. 1 B. 2
C. 3 D. 4
E. 5

3 कौन-सा क्षेत्र उन उद्घोषकों को निरूपित करता है जो केवल फ्रांसीसी और अंग्रेजी भाषा में कार्यक्रम प्रस्तुत कर सकते हैं ?

A. 7 B. 9
C. 11 D. 13
E. 4

निर्देश (प्रश्न 4 और 5) : *नीचे दिए गए आरेख के आधार पर प्रश्न संख्या4 और5 के उत्तर दें :*

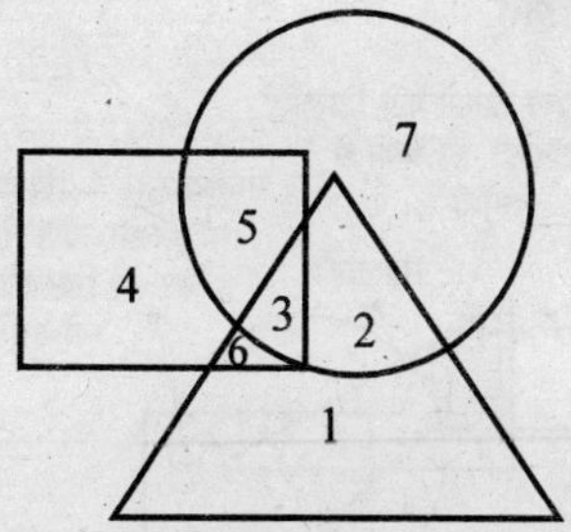

4. कौन-सी संख्या सभी ज्यामितीय आकृतियों में अंतर्निहित है ?

A. 5 B. 6
C. 2 D. 3
E. 7

5. संख्या 6 निम्नलिखित में से किसमें अंतर्निहित है ?

A. आयत और त्रिभुज B. वृत्त और त्रिभुज
C. आयत और वृत्त D. केवल आयत
E. इनमें से कोई नहीं

निर्देश (प्र.सं. 6–9): *दी गई आकृति में वृत्त खिलाड़ियों को निरूपित करता है, त्रिभुज घर से बाहर खेले जाने वाले खेलों को निरूपित करता है, षड्भुज घर के भीतर खेले जाने वाले (इन्डोर) खेलों को निरूपित करता है और वर्ग राष्ट्रीय स्तर के खिलाड़ियों को निरूपित करता है। इस आरेख का सावधानीपूर्वक अध्ययन करें और नीचे पूछे गए प्रश्नों के उत्तर दें :*

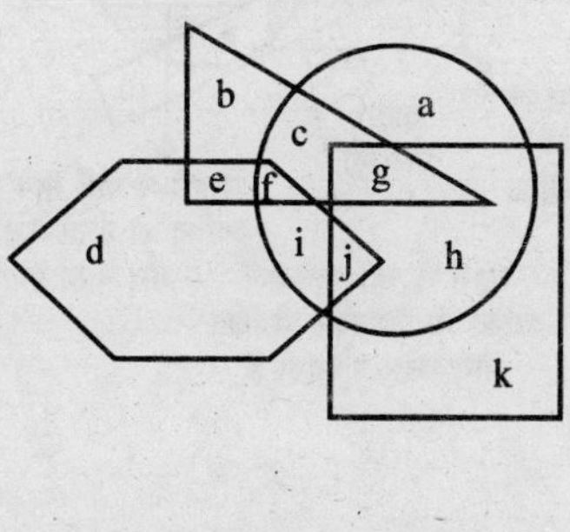

6. आकृति का कौन-सा भाग राष्ट्रीय स्तर पर इन्डोर खेलों (घर के भीतर खेले जाने वाले खेलों) को खेलने वाले खिलाड़ियों को निरूपित करता है ?

A. f B. i
C. j D. g
E. k

7. आकृति का कौन-सा भाग खेल के मैदान में खेले जाने वाले (आउटडोर) खेलों और इन्डोर खेलों दोनों के उन खिलाड़ियों को निरूपित करता है जो राष्ट्रीय स्तर के खिलाड़ी नहीं हैं :

A. c B. f
C. e D. i
E. g

8. आकृति का कौन-सा भाग राष्ट्रीय स्तर के ऐसे खिलाड़ियों को निरूपित करता है जो आउटडोर या इन्डोर कोई भी खेल नहीं खेलते किंतु फिर भी वे खिलाड़ियों की श्रेणी में हैं ?

A. k B. g
C. c D. h
E. j

9. ऐसे व्यक्ति जो आउटडोर खेल खेलते हैं किंतु खिलाड़ियों की श्रेणी में नहीं हैं, निम्नलिखित में से आकृति के किस भाग द्वारा निरूपित होते हैं ?

A. b B. c
C. a D. d
E. e

निर्देश (प्र.सं. 10–15): *नीचे दिए गए आरेख में वृत्त शिक्षित व्यक्तियों को निरूपित करता है, वर्ग कठोर-परिश्रमी व्यक्तियों को निरूपित करता है, त्रिभुज शहरी व्यक्तियों को निरूपित करता है और आयत ईमानदार व्यक्तियों को निरूपित करता है। आकृति के विभिन्न भाग 1 से12 तक की संख्या द्वारा निरूपित किए गए हैं। इस आकृति का सावधानीपूर्वक अध्ययन करें और पूछे गए प्रश्नों के उत्तर दें।*

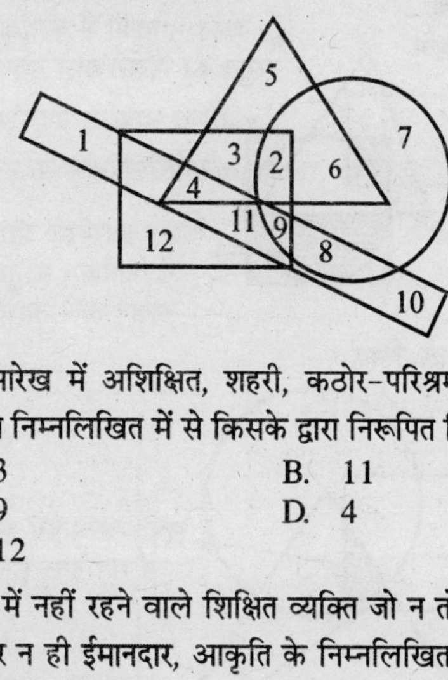

10. इस आरेख में अशिक्षित, शहरी, कठोर-परिश्रमी और ईमानदार व्यक्ति निम्नलिखित में से किसके द्वारा निरूपित किए गए हैं ?

A. 3 B. 11
C. 9 D. 4
E. 12

11. शहरों में नहीं रहने वाले शिक्षित व्यक्ति जो न तो कठोर-परिश्रमी हैं और न ही ईमानदार, आकृति के निम्नलिखित में से किस भाग द्वारा सूचित होते हैं ?

A. 5 B. 7
C. 10 D. 11
E. 12

12. आकृति के किस भाग द्वारा वे शहरी शिक्षित व्यक्ति निरूपित होते हैं जो न तो ईमानदार हैं और न ही कठोर-परिश्रमी ?

A. 9 B. 11
C. 4 D. 6
E. 5

13. शहरों में नहीं रहने वाले व्यक्ति जो ईमानदार शिक्षित और कठोर-परिश्रमी हैं, आकृति के निम्नलिखित में से किस भाग द्वारा निरूपित होते हैं ?

A. 11 B. 10
C. 8 D. 9
E. 7

14. शिक्षित, कठोर-परिश्रमी और शहरी व्यक्ति आकृति के निम्नलिखित भाग द्वारा सूचित होते हैं ?

A. 7 B. 2
C. 3 D. 4
E. 6

15. शहरी व्यक्ति जो कठोर-परिश्रमी और अशिक्षित हैं, किंतु ईमानदार नहीं हैं, आकृति के निम्नलिखित में से किस भाग द्वारा निरूपित होते हैं ?

A. 6 B. 2
C. 3 D. 4
E. 5

उत्तरमाला

1	2	3	4	5	6	7	8	9	10
B	C	C	D	A	C	B	D	A	D
11	**12**	**13**	**14**	**15**					
B	D	D	B	C					

व्याख्यात्मक उत्तर

1.

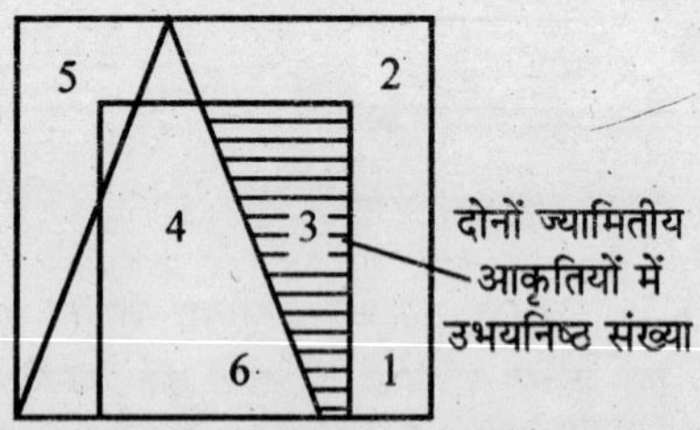

टिप्पणी : 4 और 6 की संख्याएं सभी तीनों ज्यामितीय आकृतियों में सर्वनिष्ठ हैं।

प्रश्न 2 एवं 3 के लिए

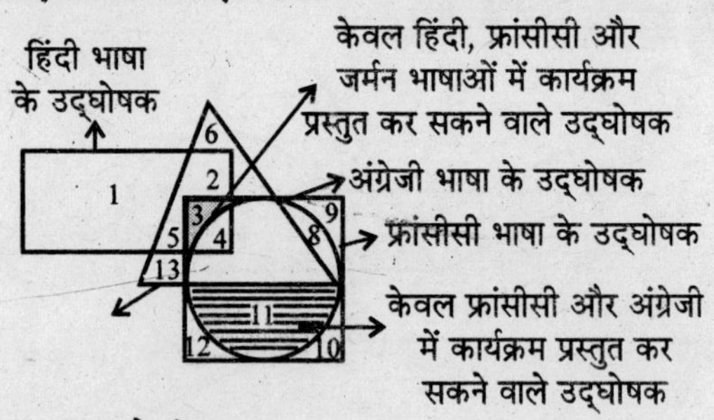

प्रश्न 4 एवं 5 के लिए

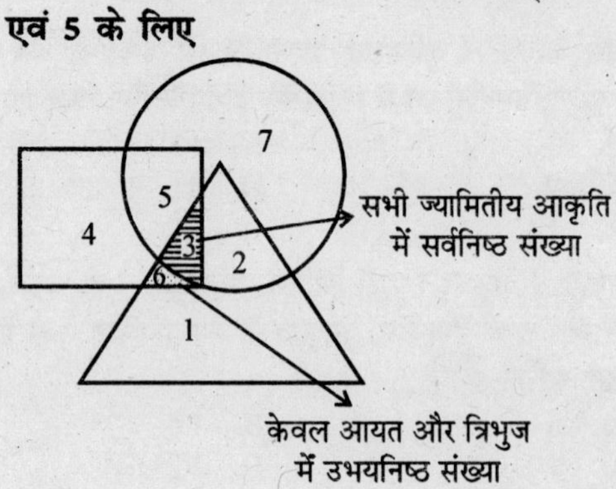

प्रश्न 6 से 9 के लिए

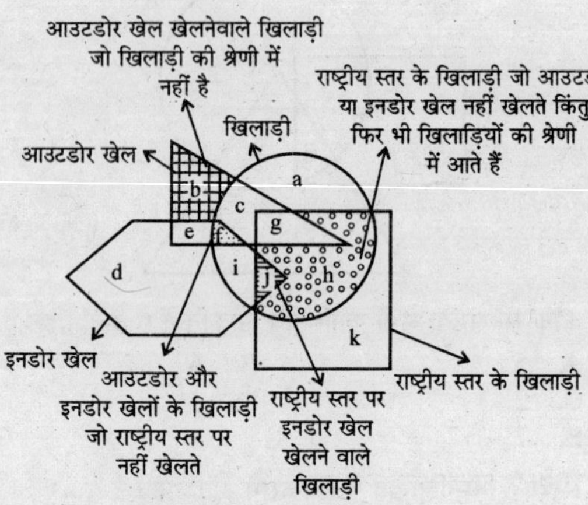

प्रश्न 10 से 15 के लिए

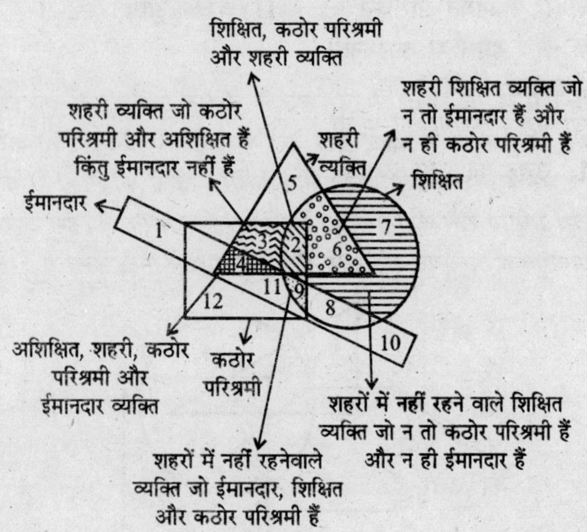

16 आंकड़ों की पर्याप्तता (Data Sufficiency)

इस प्रकार के प्रश्नों को हल करने के लिए एक सुव्यवस्थित दृष्टिकोण अपनाने की आवश्यकता है। इस प्रकार के परीक्षण में अभ्यर्थियों के लिए आवश्यक है कि वे दिए गए आंकड़ों या सूचनाओं का विश्लेषण करें और तत्पश्चात् यह निर्णय करें कि क्या दी गई सूचनाओं/आंकड़ों का प्रयोग करके प्रश्न का उत्तर ज्ञात किया जा सकता है।

निर्देश: *नीचे के प्रत्येक प्रश्न में पहले एक प्रश्न दिया गया है जिसके साथ I और II क्रमांकित दो कथन दिए गए हैं। दोनो कथनों को पढ़कर यह निर्णय करना है कि कथनों में दी गई सूचनाएं पूछे गए प्रश्न का उत्तर देने के लिए पर्याप्त हैं अथवा नहीं। अपना उत्तर (A) दें यदि केवल कथन I में ही दी गई सूचना प्रश्न का उत्तर देने के लिए पर्याप्त हो जबकि केवल कथन II में ही दी गई सूचना प्रश्न का उत्तर देने के लिए पर्याप्त न हों; उत्तर (B) दें यदि केवल कथन II में ही दी गई सूचना प्रश्न का उत्तर देने के लिए पर्याप्त हो जबकि केवल कथन I में दी गई सूचना प्रश्न का उत्तर देने के लिए पर्याप्त न हो; उत्तर (C) दें यदि या तो केवल कथन I में या फिर कथन II में दी गयी सूचना प्रश्न का उत्तर देने के लिए पर्याप्त हो; उत्तर (D) दें यदि दोनों कथनों I और II में दी गई सूचनाएं मिलकर भी प्रश्न का उत्तर देने के लिए पर्याप्त न हों; और उत्तर (E) दें यदि दोनों कथनों I और II में दी गई सूचनाएं प्रश्न का उत्तर देने के लिए अनिवार्य हों।*

उदाहरण 1: गोपाल की आयु कितनी है?

कथन : I. गोपाल अपने भाई से आठ वर्ष बड़ा है।

II. गोपाल की मां, जो उसके भाई से 35 वर्ष बड़ी है, का जन्म वर्ष 1965 में हुआ था।

उत्तर D : गोपाल अपने भाई से आठ वर्ष बड़ा है और गोपाल की मां गोपाल के भाई से 35 वर्ष बड़ी है किंतु गोपाल के भाई की आयु का उल्लेख नहीं किया गया है जिससे गोपाल की आयु ज्ञात नहीं की जा सकती। अतः I और II कथनों में दी गई सूचनाएं एक साथ मिलकर भी पूछे गए प्रश्न का उत्तर देने के लिए पर्याप्त नहीं हैं।

उदाहरण 2: क्या कॉफी पीने से सिर दर्द होता है?

कथन : I. अग्न्याशयों के अति उद्दीपन से सिर दर्द हो सकता है।

II. कॉफी में कैफीन होता है जो अग्न्याशय को अत्यधिक उद्दीपित कर देता है।

उत्तर E : दिए गए कथनों के अनुसार कॉफी में निहित कैफीन अग्न्याशय को अत्यधिक उद्दीपित कर देता है जिससे सिर दर्द होता है। पूछे गए प्रश्न का यह उत्तर दोनों कथनों से प्राप्त होता है। अतः दोनों कथनों I और II में दी गई सूचनाएं प्रश्न का उत्तर देने के लिए अनिवार्य हैं।

वस्तुनिष्ठ प्रश्न

निर्देश (प्र. सं. 1 से 5 तक): *इन प्रश्नों में एक प्रश्न दिया गया है तथा उसके नीचे दो कथन I व II दिए गए हैं। आपको पता करना है कि दोनों कथनों में दिया गया डाटा प्रश्न का उत्तर देने के लिए पर्याप्त हैं अथवा नहीं। कथनों को पढ़िए तथा प्रश्नों के सर्वोपयुक्त उत्तर दीजिए।*

1. उत्तर की ओर उन्मुख आठ व्यक्तियों की एक पंक्ति में बायीं vkjs ls R की स्थिति क्या है?

I. Y, पंक्ति के दायें छोर से चौथे स्थान पर है। Y और Z के बीच केवल दो व्यक्ति हैं। R, Z के ठीक दायें खड़ा है।

II. W पंक्ति के बायें छोर से चौथे स्थान पर खड़ा है। R, W का निकटतम पड़ोसी है।

A. कथन I में दिया गया डाटा प्रश्न का उत्तर देने के लिए अकेले पर्याप्त है जबकि कथन II का डाटा अकेले प्रश्न का उत्तर देने के लिए पर्याप्त नहीं है।

B. कथन I व II का डाटा प्रश्न का उत्तर देने के लिए दोनों आवश्यक हैं।

C. कथन I व II का डाटा संयुक्त रूप से भी प्रश्न का उत्तर देने के लिए अपर्याप्त है।

D. या तो कथन I अथवा कथन II में दिया गया डाटा प्रश्न का अकेले उत्तर देने के लिए पर्याप्त है।

E. कथन II का डाटा प्रश्न का उत्तर देने के लिए अकेले पर्याप्त है जबकि कथन I में दिया गया डाटा प्रश्न का उत्तर देने के लिए अकेले पर्याप्त नहीं है।

2. चार मित्र W, X, Y तथा Z (सबके पास कुकीज की अलग-अलग संख्या है) में सबसे अधिक कुकीज किसके पास हैं?

I. W के पास कुकीज की संख्या Z से कम है। Y के पास सबसे ज्यादा कुकीज नहीं हैं।

II. W के पास Y से अधिक कुकीज हैं। X के पास सबसे अधिक कुकीज नहीं है।

A. कथन I में दिया गया डाटा प्रश्न का उत्तर देने के लिए अकेले पर्याप्त है जबकि कथन II का डाटा अकेले प्रश्न का उत्तर देने के लिए पर्याप्त नहीं है।

B. कथन I व II का डाटा प्रश्न का उत्तर देने के लिए दोनों आवश्यक हैं।

C. कथन I व II का डाटा संयुक्त रूप से भी प्रश्न का उत्तर देने के लिए अपर्याप्त हैं।

D. या तो कथन I अथवा कथन II में दिया गया डाटा अकेले प्रश्न का उत्तर देने के लिए पर्याप्त है।

E. कथन II का डाटा प्रश्न का उत्तर देने के लिए अकेले पर्याप्त है जबकि कथन I में दिया गया डाटा प्रश्न का उत्तर देने के लिए अकेले पर्याप्त नहीं है।

3. एक कूट भाषा में 'my dear family' को '624' लिखा जाता है। 'dear' के लिए कूटांक क्या है?

I. उसी कूट भाषा में 'my small family' को '256' लिखा जाता है।

II. उसी कूट भाषा में 'dear family friend' को '647' लिखा जाता है।

A. कथन I में दिया गया डाटा प्रश्न का उत्तर देने के लिए अकेले पर्याप्त है जबकि कथन II का डाटा अकेले प्रश्न का उत्तर देने के लिए पर्याप्त नहीं है।

B. कथन I व II का डाटा संयुक्त रूप से प्रश्न का उत्तर देने के लिए दोनों आवश्यक हैं।

C. कथन I व II का डाटा संयुक्त रूप से भी प्रश्न का उत्तर देने के लिए अपर्याप्त हैं।

D. या तो कथन I अथवा कथन दो में दिया गया डाटा अकेले प्रश्न का उत्तर देने के लिए पर्याप्त है।

E. कथन II का डाटा प्रश्न का उत्तर देने के लिए अकेले पर्याप्त है जबकि कथन I में दिया गया डाटा प्रश्न का उत्तर देने के लिए अकेले पर्याप्त नहीं है।

4. P, Q से किस प्रकार सम्बन्धित है?

I. Q, T की माता है। M, T का एकमात्र सगा है। H, M तथा P की पुत्री है।

II. M का विवाह P के साथ हुआ है। T, M का भाई है। Q, T का भाई है।

A. कथन I में दिया गया डाटा प्रश्न का उत्तर देने के लिए अकेले पर्याप्त है जबकि कथन II का डाटा अकेले प्रश्न का उत्तर देने के लिए पर्याप्त नहीं है।

B. कथन I व II का डाटा संयुक्त रूप से प्रश्न का उत्तर देने के लिए दोनों आवश्यक हैं।

C. कथन I व II का डाटा संयुक्त रूप से भी प्रश्न का उत्तर देने के लिए अपर्याप्त है।

D. या तो कथन I अथवा कथन II में दिया गया डाटा अकेले प्रश्न का उत्तर देने के लिए पर्याप्त है।

E. कथन II का डाटा प्रश्न का उत्तर देने के लिए अकेले पर्याप्त है जबकि कथन I में दिया गया डाटा प्रश्न का उत्तर देने के लिए अकेले पर्याप्त नहीं है।

5. कितने विद्यार्थियों ने कॉलेज के सांस्कृतिक मेले में भाग लिया?

I. सांस्कृतिक मेले में भाग लेने वाले विद्यार्थियों की संख्या महिला विद्यार्थियों की संख्या की दो गुनी थी।

II. सांस्कृतिक मेले में भाग लेने वाली महिला विद्यार्थियों की संख्या पिछले वर्ष भाग लेने वाली महिला विद्यार्थियों से 25 ज्यादा थी।

A. कथन I में दिया गया डाटा प्रश्न का उत्तर देने के लिए अकेले पर्याप्त है जबकि कथन II का डाटा अकेले प्रश्न का उत्तर देने के लिए पर्याप्त नहीं है।

B. कथन I व II का डाटा संयुक्त रूप से प्रश्न का उत्तर देने के लिए दोनों आवश्यक हैं।

C. कथन I व II का डाटा संयुक्त रूप से भी प्रश्न का उत्तर देने के लिए अपर्याप्त हैं।

D. या तो कथन I अथवा कथन II में दिया गया डाटा अकेले प्रश्न का उत्तर देने के लिए पर्याप्त है।

E. कथन II का डाटा प्रश्न का उत्तर देने के लिए अकेले पर्याप्त है जबकि कथन I में दिया गया डाटा प्रश्न का उत्तर देने के लिए अकेले पर्याप्त नहीं है।

निर्देश (प्र.सं. 6-10): *नीचे प्रत्येक प्रश्न में एक प्रश्न तथा दो कथन I और II दिए गए हैं। आपको निर्धारित करना है कि कथनों मेंउपलब्ध कराई गयी सूचना प्रश्नों के उत्तर देने के लिए पर्याप्त है या नहीं। दोनों कथनों को पढ़िए और*

उत्तर A दीजिए	यदि केवल कथन I में दी गई जानकारी प्रश्न का उत्तर देने के लिए पर्याप्त है। जबकि कथन II में दी गई जानकारी प्रश्न का उत्तर देने के लिए अकेले पर्याप्त नहीं है।
उत्तर B दीजिए	यदि कथन II में दी गई जानकारी अकेले ही प्रश्न के उत्तर देने के लिए पर्याप्त है तथा कथन I में दी गई जानकारी अकेले प्रश्न का उत्तर देने के लिए पर्याप्त नहीं है।
उत्तर C दीजिए	यदि कथन अकेले I अथवा II में दी गई जानकारी प्रश्न का उत्तर देने के लिए पर्याप्त है।
उत्तर D दीजिए	यदि कथन I तथा II दोनों मिलकर भी प्रश्न का उत्तर देने के लिए पर्याप्त नहीं हैं। और
उत्तर E दीजिए	यदि कथन I तथा II दोनों में दी गयी जानकारी दोनों मिलकर प्रश्न का उत्तर देने के लिए आवश्यक है।

6. क्या D, S की माता है?

कथन : I. L, D का पति है। L के केवल तीन बच्चे हैं।

II. N, S और P का भाई है। P, L की पुत्री है।

7. कक्षा में कितने विद्यार्थी हैं?

कथन : I. कक्षा में 20 से अधिक परन्तु 27 से कम विद्यार्थी हैं।

II. कक्षा में 24 से अधिक परन्तु 31 से कम विद्यार्थी हैं। यदि बच्चों को समूह में बाँटा जाता है तो प्रत्येक समूह में पाँच विद्यार्थी आते हैं।

8. J, K, L, M और N की ऊँचाई भिन्न-भिन्न है। इनमें दूसरा सबसे ऊँचा कौन है?

कथन : I. N, M और K से लम्बा है।
K, M से छोटा है।

II. L, N से लम्बा है।
J सबसे लम्बा नहीं है।

9. पाँच व्यक्ति A, B, C, D और E एक वृत्त के केन्द्र की ओर मुंह करके वृत्त पर बैठे हैं। कौन D के ठीक बायें बैठा है?

कथन : I. C, A के बायें दूसरे स्थान पर बैठा है। B और D एक-दूसरे के पड़ोसी नहीं हैं।

II. D, B के ठीक बायें बैठा है। E, D व B का पड़ोसी नहीं है।

10. किसी कूट भाषा में 'cost' को कैसे लिखा जाता है?

कथन : I. 'tell me the cost' को '@ 0 # 9' तथा 'cost was very high' को '& 6 # 1' कूट भाषा में लिखा जाता है।

II. 'some cost was discount' को '1 8 7 #' लिखा जाता है और 'some people like discount' को '8 7 5 %' कूट भाषा में लिखते हैं।

निर्देश (प्र.सं. 11 से 20): *नीचे दिए गए प्रत्येक प्रश्न में एक प्रश्न और उसके नीचे दो कथन I और II दिए गए हैं। आपको यह तय करना है कि कथनों में दिया गया डाटा प्रश्न का उत्तर देने के लिए पर्याप्त है या नहीं है। दोनों कथनों को पढ़िए और*

उत्तर (A) दीजिए यदि केवल कथन I में दिया गया डाटा प्रश्न का उत्तर देने के लिए पर्याप्त है जबकि केवल कथन II में दिया गया डाटा प्रश्न का उत्तर देने के लिए पर्याप्त नहीं है।

उत्तर (B) दीजिए यदि केवल कथन II में दिया गया डाटा प्रश्न का उत्तर देने के लिए पर्याप्त है जबकि केवल कथन I में दिया गया डाटा प्रश्न का उत्तर देने के लिए पर्याप्त नहीं है।

उत्तर (C) दीजिए यदि या तो केवल कथन I या केवल कथन II में दिया गया डाटा प्रश्न का उत्तर देने के लिए पर्याप्त है।

उत्तर (D) दीजिए यदि कथन I और II दोनों का डाटा मिलकर भी प्रश्न का उत्तर देने के लिए पर्याप्त नहीं है।

उत्तर (E) दीजिए यदि कथन I और II दोनों का डाटा मिलकर प्रश्न का उत्तर देने के लिए आवश्यक है।

11. कॉलेज 'X' के कोर्स 'A' में विद्यार्थियों की कुल संख्या कितनी है?

I. लड़कियों एवं लड़कों का अनुपात क्रमशः 2 : 3 है।

II. इस वर्ष विद्यार्थियों की संख्या में 5 प्रतिशत की वृद्धि हुई जबकि विगत वर्ष 4 प्रतिशत की वृद्धि हुई थी और उसके पहले वाले वर्ष में विद्यार्थियों की कुल संख्या 1000 थी।

12. कॉलेज 'X' के फाल्कन टीम का कुल स्कोर कितना था?

I. मयंक को ठीक तरह से याद है कि फाल्कन टीम ने 82 से अधिक परंतु 91 से कम स्कोर किया।

II. अनिमेष को ठीक तरह से याद है कि फाल्कन टीम ने 77 से अधिक परंतु 84 से कम स्कोर किया।

13. अभी अजय का मुख किस दिशा की ओर है?

I. सुबह बिंदु 'P' से 5 मीटर चलने के बाद अजय सूर्य के विपरीत दिशा की ओर मुख किए हुए है।

II. अजय छह मीटर चलने के बाद दो बार लगातार दायीं ओर मुड़कर बिंदु 'P' पर पहुँचा।

14. M का H से क्या संबंध है?

I. H, P की पुत्री है और K की बहन है।

II. S, M का पुत्र है तथा P का पति है।

15. कोड भाषा में 'healthy' किस प्रकार लिखा गया है?

I. उस कोड भाषा में 'eat and drink healthy' को 'se ta pa me' तथा 'drink hot beverages' को 'ta nu fa' लिखा गया है।

II. उस कोड भाषा में 'eat hot meal daily' को 'fa me la du' तथा 'cold and hot' को 'pa fa ga' लिखा गया है।

16. P, Q, R, S और T में सबकी आयु अलग-अलग है। निश्चित रूप से सबसे छोटा कौन है?

I. R केवल T व P से छोटा है।

II. Q, T से छोटा है लेकिन सबसे छोटा नहीं है।

17. Q ने जब चलना बंद किया तो उसका मुँह किस दिशा को था?

I. Q पश्चिम की ओर 30 मीटर चला, बाएं मुड़ा और 20 मीटर चला। वह फिर बाएं मुड़ा और 30 मीटर चलने के बाद रुक गया।

II. Q पूर्व की ओर 30 मीटर चला, दाएं मुड़ा और 20 मीटर चला और बाएं मुड़ा और 30 मीटर चलने के बाद रुक गया।

18. कोड भाषा में 'always' कैसे लिखा जाता है?

I. उस कोड भाषा में 'rain is always good' को '5 3 9 7' लिखा जाता है।

II. उस कोड भाषा में 'he is always there' को '3 6 8 5' लिखा जाता है।

19. M का D से क्या संबंध है?

I. M का केवल एक पुत्र और दो पुत्रियाँ हैं।

II. D का भाई M की पत्नी का पुत्र है।

20. अप्रैल की किस तारीख को निश्चित रूप से प्रवीण की माता का जन्मदिन था?

I. प्रवीण को ठीक से याद है कि उसकी माता का जन्मदिन अप्रैल की चौदह तारीख के बाद लेकिन उन्नीस तारीख से पहले था।

II. प्रवीण की बहन को ठीक से याद है कि उनकी माता का जन्मदिन अप्रैल की सोलह तारीख के बाद लेकिन इक्कीस से पहले है।

निर्देश (प्र.सं. 21 से 35): *नीचे दिए गए प्रत्येक प्रश्न में एक प्रश्न और उसके नीचे दो कथन I और II दिए गए हैं। आपको यह निर्णय करना है कि क्या कथनों में दिए गए समंक प्रश्न का उत्तर देने के लिए पर्याप्त हैं। दोनों कथनों को पढ़ें और अपना उत्तर इस प्रकार दें:*

A. यदि कथन I अकेले उत्तर देने के लिए पर्याप्त हो जबकि II अकेले पर्याप्त न हो;
B. यदि कथन II का समंक अकेले उत्तर देने के लिए पर्याप्त हो पर कथन I में दिए समंक अकेले पर्याप्त न हों;
C. यदि कथन I या II में दिए गए समंक अकेले प्रश्न का उत्तर देने के लिए पर्याप्त न हों;
D. यदि दोनों कथनों I और II में दिए गए समंक मिलकर प्रश्न का उत्तर देने के लिए पर्याप्त न हों; और
E. जब प्रश्न का उत्तर देने के लिए I और II दोनों कथनों की सम्मिलित रूप से आवश्यकता हो।

21. राकेश की मासिक आय 4,000 रुपए है। अनिल की मासिक आय क्या है ?
I. अनिल अपनी और राकेश के औसत वेतन से 500 रुपए अधिक पाता है।
II. राकेश और अनिल के वेतन का औसत 4,500 रुपए है।

22. कमरे में मौजूद कितने बच्चे लड़के हैं ?
I. 50% बच्चे सफेद पोशाक में हैं ?
II. केवल लड़के सफेद पोशाक में हैं।

23. शीला, नुपूर, मोहिनी और चंदा में सबसे लंबी कौन है ?
I. शीला मोहिनी से लंबी है
II. चंदा नुपूर से लंबी है

24. अमोल, प्रभु, नारायण और नवीन में सबसे भारी कौन है ?
I. अमोल और प्रभु का वजन बराबर है।
II. प्रभु का वजन नारायण से ज्यादा और नवीन से कम है।

25. शुभा की जन्मतिथि क्या है ?
I. 21 सितंबर, 1994 को शुभा ने 15 वर्ष, 3 महीने और 5 दिन पूरे किए।
II. शुभा का छोटा भाई जो उससे बिल्कुल दो वर्ष छोटा है का जन्म 16 जून, 1981 को हुआ था।

26. एक लाइब्रेरी में केवल अंग्रेजी, हिन्दी और तेलुगू के उपन्यास हैं। लाइब्रेरी में तेलुगू के कितने उपन्यास हैं ?
I. लाइब्रेरी में मौजूद 1,000 उपन्यासों में 50% हिन्दी और अंग्रेजी के उपन्यास हैं।
II. हिन्दी उपन्यासों की संख्या अंग्रेजी उपन्यासों से दोगुनी है।

27. रमेश, नंदा और रोहित बुधवार को दोपहर 12 बजे से 5 बजे के बीच आपस में मिलना चाहते हैं। वे किस समय मिल सकते हैं ?
I. केवल बुधवार और शनिवार को छोड़कर प्रत्येक दिन दोपहर 12 बजे से 5 बजे तक रमेश की ट्यूशन होती है।
II. नंदा रविवार को छोड़कर प्रतिदिन दोपहर 2 बजे से 4 बजे के बीच तैरने जाती है और रोहित केवल बृहस्पतिवार को छोड़कर प्रतिदिन दोपहर 3 बजे से 5 बजे क्राफ्ट की कक्षा में सम्मिलित होता है।

28. बॉय-बैक योजना में नयी कार खरीदने के लिए चंद्रमौली को कितनी राशि चुकाने की आवश्यकता है ?
I. नई कार का मूल्य उसकी पुरानी कार से तीन गुणा ज्यादा था।
II. बॉय-बैक योजना के तहत उसकी कार का मूल्य 25 हज़ार रुपए लगाया गया।

29. एक पंक्ति में उत्तर दिशा की ओर खड़ा होने की स्थिति में E, F, G, H और I, में से कौन बीच में है।
I. F, जो दायीं ओर से चौथे स्थान पर है वह G के तत्काल बायीं तरफ है।
II. H, जो E और F के पड़ोस में है वह I के तत्काल बायीं ओर है जो दाहिने सिरे पर है।

30. सुरेश ऑफिस के लिए घर से कब निकला ?
I. सुरेश ने सुबह 9:15 को अपने घर में फोन कॉल प्राप्त किया।
II. सुरेश की कार घर छोड़ने के 45 मिनट बाद सुबह 10:15 पर ऑफिस पहुंची।

31. इस हाउसिंग कॉम्प्लेक्स में कितने फ्लैट हैं ?
I. प्रत्येक खण्ड में 16 फ्लैट हैं जो संयोगवश भवन की कुल संख्या के बराबर हैं।
II. प्रत्येक भवन में चार खण्ड हैं— A, B, C और D।

32. रमेश, रोहित और अनवर के बीच आप लाभ का बंटवारा किस अनुपात में करेंगे ?
I. रमेश को लाभ का $\frac{2}{5}$ भाग मिलता है।
II. रोहित और अनवर ने कुल निवेश में 75 प्रतिशत का योगदान दिया है।

33. किट का दाम केवल पत्तों की संख्या पर आधारित है। किट में कितने पत्ते हैं ?
I. मध्यम आकार वाले किट का मूल्य 850 रुपए है।
II. छोटे आकार वाले किट में 55 पत्ते हैं।

34. मोहन ने 1996 में किस दिन फ्लैट खरीदा ?
I. निश्चित रूप से 18 दिसंबर, 1996 से पहले, लेकिन 15 दिसंबर, 1996 से पहले नहीं।
II. निश्चित रूप से 16 दिसंबर, 1996 से पहले, पर 19 दिसंबर, 1996 के बाद नहीं।

35. अभी शाम के 8 बजे हैं। हरीश को पनवेल से बेलापुर के लिए अगली बस कब मिलेगी ?
I. रात्रि 10 बजे तक बेलापुर के लिए प्रत्येक आधे घंटे के बाद बस छूटती है।
II. 15 मिनट पहले एक बस ने बेलापुर के लिए प्रस्थान किया है।

निर्देश (प्रश्न 36 से 40): *इस प्रश्न में एक प्रश्न और दो कथन I व II हैं। आपको निर्धारित करना है कि कथनों में दिया गया डाटा प्रश्न का उत्तर देने के लिए पर्याप्त है अथवा नहीं। दोनों कथनों को पढ़िए तथा प्रश्नों के उत्तर दीजिए।*

36. एक छः मंजिला इमारत में जिसमें सभी तलों को 1 से 6 तक की संख्या दी गयी है। सबसे उपरी तल को तल-6 तथा भू-तल को तल-1 लिखा गया है। T, U, V, W, X और Y छः मित्रों में से प्रत्येक अलग-अलग तल पर रहते हैं आवश्यक नहीं कि वे इसी क्रम में रहते हों। निम्न में से कौन सबसे ऊपरी तल पर रहता है?

I. X तल संख्या-3 पर रहता है। U, X के ठीक नीचे रहता है। U व T के बीच केवल एक व्यक्ति रहता है। V, W के ठीक नीचे रहता है।

II. T संख्या-4 वाले तल पर रहता है। T व V के बीच केवल एक व्यक्ति रहता है। U, Y के ठीक ऊपर रहता है। X एक विषम संख्या वाले तल पर रहता है।

A. कथन I व II दोनों का डाटा प्रश्न का उत्तर देने के लिए आवश्यक हैं।

B. या तो कथन I या कथन II का डाटा अकेले प्रश्न का उत्तर देने के लिए पर्याप्त है।

C. दोनों कथनों I व II मिलाकर भी प्रश्न का उत्तर देने के लिए अपर्याप्त है।

D. अकेले कथन II का डाटा प्रश्न का उत्तर देने के पर्याप्त है जबकि अकेले कथन I का डाटा प्रश्न का उत्तर देने के लिए अपर्याप्त है।

E. अकेले कथन I का डाटा प्रश्न का उत्तर देने के लिए पर्याप्त है जबकि कथन II का डाटा अकेले प्रश्न का उत्तर देने के लिए अपर्याप्त है।

37. K, H से किस प्रकार सम्बन्धित है?

I. D, K का पुत्र है। S, D का भाई है। S का विवाह H के साथ हुआ है। H, N की पुत्रवधू है।

II. T, H की पुत्री है। H का विवाह S के साथ हुआ है। S, K का पुत्र है। N, K का पति है।

A. कथन I व II दोनों का डाटा प्रश्न का उत्तर देने के लिए आवश्यक हैं।

B. या तो कथन I या कथन II का डाटा अकेले प्रश्न का उत्तर देने के लिए पर्याप्त है।

C. दोनों कथनों I व II मिलाकर भी प्रश्न का उत्तर देने के लिए अपर्याप्त है।

D. अकेले कथन II का डाटा प्रश्न का उत्तर देने के पर्याप्त है जबकि अकेले कथन I का डाटा प्रश्न का उत्तर देने के लिए अपर्याप्त है।

E. अकेले कथन I का डाटा प्रश्न का उत्तर देने के लिए पर्याप्त है जबकि कथन II का डाटा अकेले प्रश्न का उत्तर देने के लिए अपर्याप्त है।

38. 18 लोगों की एक सीधी पंक्ति में R व T के बीच कितने लोग खड़े हैं। (नोटः सभी लोग उत्तर की ओर मुंह करके सीधी पंक्ति में खड़े हैं।)

I. S पंक्ति के अंतिम बायें छोर पर खड़ा है। T दांये छोर पर खड़ा है। U और S के बीच केवल तीन लोग खड़े हैं व U और R के बीच केवल दो व्यक्ति खड़े हैं। I, R के तुरंत बाएं खड़ा है।

II. K पंक्ति के दाएं छोर पर खड़ा है। K व J के बीच केवल दो लोग खड़े हैं। J व T के बीच केवल तीन लोग हैं। L, T के बायें पाँचवें स्थान पर खड़ा है। L और R के बीच केवल एक व्यक्ति खड़ा है। R, L के दायें खड़ा है।

A. कथन I व II दोनों का डाटा प्रश्न का उत्तर देने के लिए आवश्यक हैं।

B. या तो कथन I या कथन II का डाटा अकेले प्रश्न का उत्तर देने के लिए पर्याप्त है।

C. दोनों कथनों I व II मिलाकर भी प्रश्न का उत्तर देने के लिए अपर्याप्त है।

D. अकेले कथन II का डाटा प्रश्न का उत्तर देने के पर्याप्त है जबकि अकेले कथन I का डाटा प्रश्न का उत्तर देने के लिए अपर्याप्त है।

E. अकेले कथन I का डाटा प्रश्न का उत्तर देने के लिए पर्याप्त है जबकि कथन II का डाटा अकेले प्रश्न का उत्तर देने के लिए अपर्याप्त है।

39. M, N, O, P, Q और R सभी मित्रों में कौन सबसे अधिक भारी है?

I. P केवल तीन लोगों से भारी है। M, O से भारी है परन्तु N से हल्का है। O, R से भारी है परन्तु Q से हल्का है।

II. P केवल दो लोगों से हल्का है। M, O और R दोनों से भारी है परन्तु P से हल्का है। Q सबसे भारी नहीं है।

A. कथन I व II दोनों का डाटा प्रश्न का उत्तर देने के लिए आवश्यक हैं।

B. या तो कथन I या कथन II का डाटा अकेले प्रश्न का उत्तर देने के लिए पर्याप्त है।

C. दोनों कथनों I व II मिलाकर भी प्रश्न का उत्तर देने के लिए अपर्याप्त है।

D. अकेले कथन II का डाटा प्रश्न का उत्तर देने के पर्याप्त है जबकि अकेले कथन I का डाटा प्रश्न का उत्तर देने के लिए अपर्याप्त है।

E. अकेले कथन I का डाटा प्रश्न का उत्तर देने के लिए पर्याप्त है जबकि कथन II का डाटा अकेले प्रश्न का उत्तर देने के लिए अपर्याप्त है।

40. छः लोग R, S, T, U, V और W एक वृत्त के चारों ओर खड़े हैं। उनमें से कुछ का मुँह वृत्त के केन्द्र की ओर तथा कुछ का केन्द्र से बाहर की ओर है। V के सापेक्ष S की स्थिति क्या है?

[**नोटः** *एक ही दिशा की ओर उन्मुख होने का अर्थ है कि यदि एक केन्द्र की ओर उन्मुख है तो दूसरा भी केन्द्र की ओर उन्मुख होगा, और ठीक ऐसे ही इसके विपरीत क्रम में भी।*]

I. R, V के बायें दूसरे स्थान पर खड़ा है। V का मुख बाहर की ओर है। R और W के बीच केवल दो व्यक्ति हैं। W और T के बीच केवल एक व्यक्ति खड़ा है। S, T का निकटतम पड़ोसी है।

II. V और T के मध्य केवल दो व्यक्ति हैं। V और T एक दूसरे की विपरीत दिशा में हैं। W, V के तुरन्त दाएं खड़ा है। U, W के बायें दूसरे स्थान पर खड़ा है। T, S और R का निकटतम पड़ोसी है।

A. कथन I व II दोनों का डाटा प्रश्न का उत्तर देने के लिए आवश्यक हैं।

B. या तो कथन I या कथन II का डाटा अकेले प्रश्न का उत्तर देने के लिए पर्याप्त है।

C. दोनों कथनों I व II मिलाकर भी प्रश्न का उत्तर देने के लिए अपर्याप्त है।

D. अकेले कथन II का डाटा प्रश्न का उत्तर देने के पर्याप्त है जबकि अकेले कथन I का डाटा प्रश्न का उत्तर देने के लिए अपर्याप्त है।

E. अकेले कथन I का डाटा प्रश्न का उत्तर देने के लिए पर्याप्त है जबकि कथन II का डाटा अकेले प्रश्न का उत्तर देने के लिए अपर्याप्त है।

उत्तरमाला

1	2	3	4	5	6	7	8	9	10
A	B	A	C	C	E	E	D	E	A
11	12	13	14	15	16	17	18	19	20
B	E	A	D	E	E	C	D	B	D
21	22	23	24	25	26	27	28	29	30
C	D	D	E	C	A	E	E	A	B
31	32	33	34	35	36	37	38	39	40
E	D	D	E	E	E	B	B	D	E

व्याख्यात्मक उत्तर

1. कथन I से,

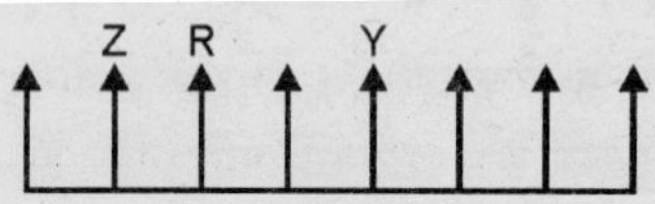

बायें छोर से R तीसरे स्थान पर है।

कथन II के अनुसार,

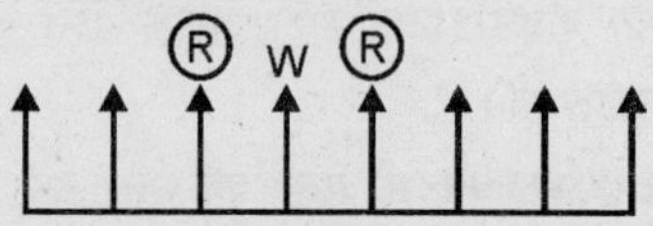

2. कथन I के अनुसार,

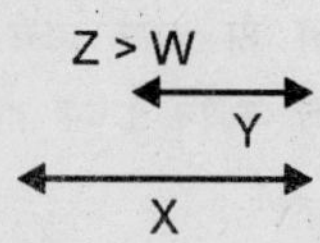

कथन II के अनुसार,

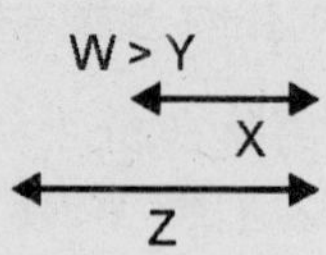

दोनों कथनों के अनुसार,

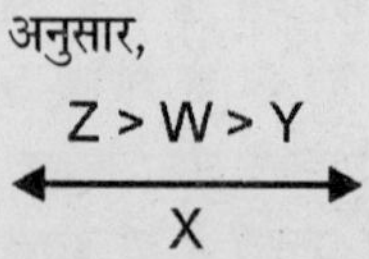

इस प्रकार Z के पास सर्वाधिक कुकीज हैं।

3. कथन I के अनुसार,

[my] dear [family] → [6] [2] 4

[my] small [family] → [2] 5 [6]

'dear' का कूट '4' है।

कथन II के अनुसार,

my [dear family] → [6] 2 [4]

[dear family] friend → [6 4] 7

'dear' के लिए कूट '6' अथवा '4' है।

4. कथन I के अनुसार,

Q, T की माता है। M, Q का बच्चा है। M और P शादीशुदा जोड़ा हैं। इस प्रकार, P, Q की बहु अथवा दामाद है।

कथन II के अनुसार,

Q, M का भाई है। P का लिंग अज्ञात है। P, Q का साला अथवा साली है।

5. कथन I के अनुसार,

$2x$ विद्यार्थियों ने सांस्कृतिक मेले में हिस्सा लिया।

कथन II के अनुसार,

$x + 25$ महिला विद्यार्थियों ने मेले में हिस्सा लिया।

8. दी गई जानकारी से हम J और N की लम्बाई की तुलना नहीं कर सकते।

9. दोनों कथनों को मिलाने के बाद की व्यवस्था के अनुरूप A, D के ठीक बाईं ओर होगा।

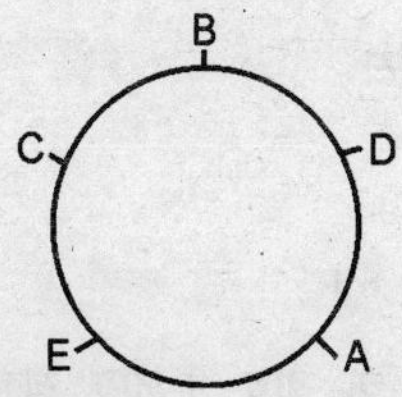

10. 'Cost' का कूट # है।

16. दोनों कथनों से

T P R Q S

17. कथन I से,

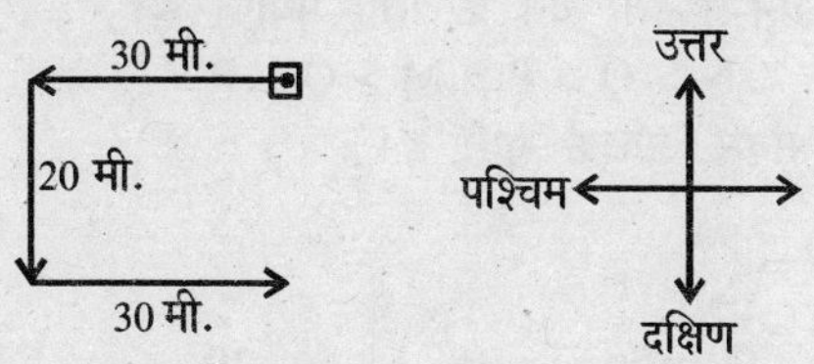

Q का मुँह पूर्व दिशा की ओर था।
कथन II से,

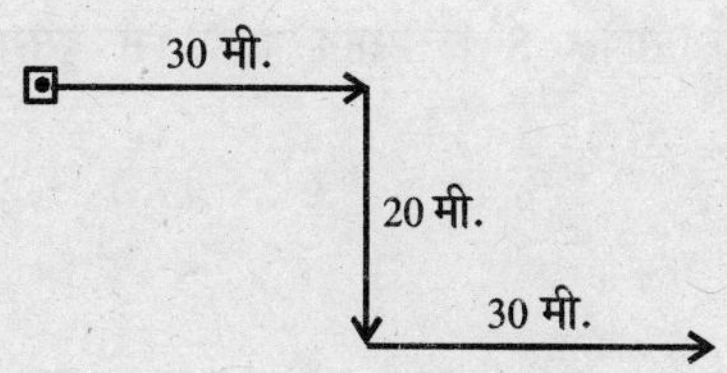

Q का मुँह पूर्व दिशा की ओर था।

18. दोनों कथनों से

rain [is always] good → [5 3] 9 7

he [is always] there → [3] 6 8 [5]

19. कथन II से,
M, D का पिता है।

20. दोनों कथनों से
प्रवीण के अनुसार उसकी माता का जन्मदिन
⇒ 15, 16, 17 या 18 अप्रैल को था।
प्रवीण की बहन के अनुसार उनकी माता का जन्मदिन
⇒ 17, 18, 19 या 20 अप्रैल को था।

21. कथन I के अनुसार अनिल का वेतन उसके और राकेश के औसत वेतन से 500 रुपए अधिक है, अर्थात 4000 + 500 = 4500 रुपए। कथन II के अनुसार राकेश और अनिल का औसत वेतन 4500 रुपए है। जिसका अर्थ है कि अनिल का मासिक वेतन 4500 रुपए है। अत: दोनों में से कोई भी कथन उत्तर देने के लिए पर्याप्त है।

22. सफेद ड्रेस पहने लड़कों का प्रतिशत 50 है लेकिन कमरे में बच्चों की संख्या की गणना नहीं की जा सकती है। अत: दोनों कथन मिलकर भी उत्तर देने के लिए पर्याप्त नहीं हैं।

23. दोनों कथन संबंधित नहीं हैं। अत: दोनों मिलकर भी प्रश्न का उत्तर नहीं दे सकते।

24. दोनों कथनों के अनुसार घटता हुआ क्रम इस प्रकार होगा: नवीन > प्रभु और अमोल > नारायण। यहां नवीन सबसे भारी है। अत: प्रश्न का उत्तर देने के लिए एक साथ दोनों कथनों की आवश्यकता है।

25. कथन I अनुसार 15 वर्ष, 3 माह और 5 दिन घटाकर शुभा का जन्म दिन 21 सितंबर 1994 है, अर्थात 16 जून, 1979।

कथन II के अनुसार दो वर्ष घटाकर शुभा की जन्म तिथि 16 जून, 1981 है, अर्थात 16 जून, 1979। अत: दोनों में से कोई भी कथन प्रश्न का उत्तर देने के लिए पर्याप्त है।

26. कथन I के अनुसार, लाइब्रेरी में मौजूद 50 प्रतिशत उपन्यास हिन्दी और अंग्रेजी में हैं, अर्थात 500 किताबें। बचे हुए 500 उपन्यास तेलुगू में हैं। कथन II में उपन्यासों की कुल संख्या नहीं दी गई है। अत: कथन I में दिए गए समंक प्रश्न का उत्तर देने के लिए काफी हैं।

27. रमेश की ट्यूशन दोपहर 12 बजे से 5 बजे तक है। नंदा दोपहर 2 बजे से 4 बजे तक तैरने जाती है। चूंकि रमेश बुधवार को छुट्टी पर होता है सभी लोग इस दिन दोपहर 12 बजे से 2 बजे के बीच मिल सकते हैं। इस प्रकार उत्तर देने के लिए एक साथ दोनों कथनों की आवश्यकता है।

28. बॉय-बैक योजना के अंतर्गत पुरानी कार की कीमत 25 हजार रुपए लगायी गई। नई कार की कीमत 25,000 × 3 = 75,000 है। नयी कार के लिए चंद्रमौली को जो राशि चुकानी है वह है 75,000 – 25,000 अर्थात 50,000 रुपए। अत: प्रश्न का उत्तर देने के लिए एक साथ दोनों कथनों की आवश्यकता है।

30. कथन I प्रश्न से संबंधित नहीं है। कथन II के अनुसार सुरेश दफ्तर के लिए घर से सुबह 10 : 15 से 45 मिनट घटाने पर, अर्थात 9 : 30 बजे निकला। अत: प्रश्न का उत्तर देने के लिए केवल कथन II ही पर्याप्त है।

31. दोनों कथनों के अनुसार प्रत्येक भवन में 4 खण्ड हैं, प्रत्येक खण्ड में 16 फ्लैट हैं और यहां 16 भवन हैं। फ्लैटों की कुल संख्या होगी 4 × 16 × 16 = 1024। अत: प्रश्न का उत्तर देने के लिए एक साथ दोनों कथनों की आवश्यकता है।

32. कथन अपर्याप्त जानकारी देते हैं। अत: दोनों कथनों को मिलाकर भी प्रश्न का उत्तर नहीं दिया जा सकता।

33. मध्यम आकार वाले किट में पत्तों की संख्या और छोटे आकार वाले किट के मूल्य के बारे में जानकारी नहीं है। अत: दोनों कथनों को मिलाकर भी प्रश्न का उत्तर नहीं दिया जा सकता।

34. कथन I अनुसार फ्लैट 15 से 18 दिसंबर के मध्य खरीदा गया और कथन II के अनुसार 16 से 19 दिसंबर के बीच। यह निश्चित है कि मोहन ने 17 दिसंबर, 1996 को फ्लैट खरीदा। अत: प्रश्न का उत्तर देने के लिए एक साथ दोनों कथनों की आवश्यकता है।

35. दोनों कथनों के अनुसार बस ने 8 बजे से 15 मिनट पहले प्रस्थान किया, अर्थात 7 : 45 पर और हरीश को बेलापुर के लिए अगली बस 30 मिनट बाद मिल सकती है, अर्थात शाम 8 : 15 पर। अतः प्रश्न का उत्तर देने के लिए एक साथ दोनों कथनों की आवश्यकता है।

36. कथन–I

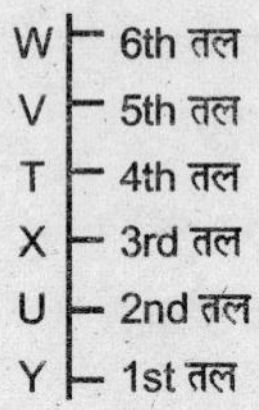

इस प्रकार, W सबसे ऊपर के तल पर रहता है। कथन-II उत्तर देने के लिए पर्याप्त नहीं है।

37. **कथन-I**

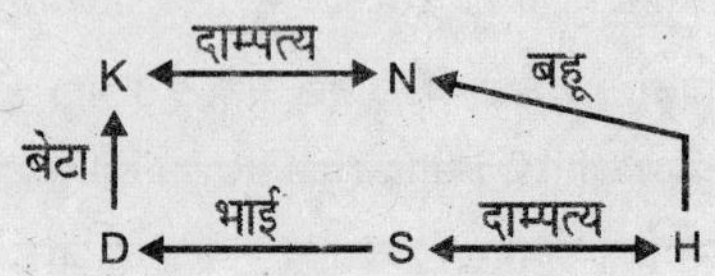

अतः K, H का ससुर है।

कथन-II

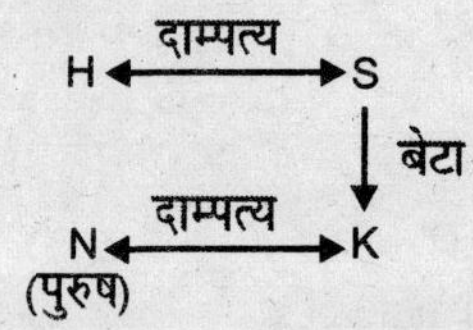

अतः K, H की सास है।

38. **कथन**-I से, T और R के बीच 9 लोग खड़े हैं।

कथन-II

R तथा T के बीच दो व्यक्ति हैं।

39. केवल कथन-II उत्तर देने के लिए पर्याप्त है।

$$N > Q > P > M > O > R$$

अतः N, सबसे अधिक भारी है।

40.

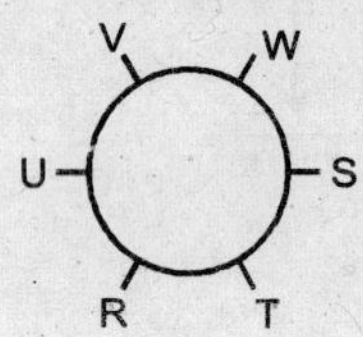

अतः V के सापेक्ष S का स्थान दाहिने से दूसरा है।

OOO

17 स्थान व्यवस्थीकरण (Place Arrangement)

स्थान व्यवस्थीकरण का सामान्य अर्थ है दी गई सूचनाओं के आधार पर व्यक्तियों या वस्तुओं का स्थान-क्रम निर्धारित करना। इसके लिए आवश्यक है कि स्थान-क्रम को अच्छी तरह समझा जाए और तत्पश्चात् दिए गए प्रश्नों को उपलब्ध कराई गई सूचना के आधार पर हल करने का प्रयास किया जाए।

उदाहरण 1: पांच लड़के एक सीढ़ी पर चढ़ रहे हैं। सीढ़ी पर डेविड लड़कों के बीच में है। कार्तिक सबसे पीछे है। अनमोल नीतिन से आगे है जो अनमोल और डैनी दोनों के पीछे है। सीढ़ी पर सबसे आगे कौन है ?

A. डैनी
B. अनमोल
C. डैनी या अनमोल
D. कहा नहीं जा सकता
E. इन दोनों में से कोई नहीं

उत्तर C : लड़कों के सीढ़ी पर चढ़ने का निम्नलिखित क्रम है:

डैनी		अनमोल
अनमोल		डैनी
डेविड	या	डेविड
नीतिन		नीतिन
कार्तिक		कार्तिक

अतः इस बात की पूर्ण संभावना है कि सीढ़ी पर सबसे आगे डैनी या अनमोल है।

उदाहरण 2. पांच व्यक्ति किसी पंक्ति में एक दूसरे के पीछे चल रहे हैं। पंक्ति में सबसे आगे और सबसे पीछे चल रहे व्यक्तियों में एक व्यक्ति बुद्धिमान और दूसरा मूर्ख है। एक नाटे व्यक्ति के पीछे एक मजबूत कद काठी का व्यक्ति चल रहा है। मूर्ख व्यक्ति के सामने एक दुबला व्यक्ति चल रहा है। नाटा व्यक्ति बुद्धिमान व्यक्ति और मजबूत कद काठी के व्यक्ति के बीच में है। पंक्ति में बीचों-बीच कौन चल रहा है ?

A. नाटा व्यक्ति
B. मजबूत कद-काठी का व्यक्ति
C. दुबला व्यक्ति
D. बुद्धिमान व्यक्ति
E. कहा नहीं जा सकता

उत्तर B: पांचों व्यक्तियों का पंक्ति में स्थान-क्रम निम्नवत् है:

मूर्ख, दुबला व्यक्ति, मजबूत कद-काठी का व्यक्ति, नाटा व्यक्ति, बुद्धिमान व्यक्ति।

वस्तुनिष्ठ प्रश्न

निर्देश (प्र.सं. 1-3): *दी गयी सूचना को ध्यानपूर्वक पढ़िए और नीचे दिए गये प्रश्नों का उत्तर दीजिए।*

छः व्यक्ति K, L, M, N, O व P सभी (एक इमारत की) अलग-अलग मंजिल (फ्लोर) पर रहते हैं जिनको एक से छः तक अंकित किया गया है। (इनमें भूतल को 1, इसके ऊपर के फ्लोर को 2 और अन्य को इसी प्रकार छः तक संख्या दी गयी है। सबसे ऊपर वाले फ्लोर की संख्या 6 है)।

L एक सम संख्या वाले फ्लोर पर रहता है। L, K के फ्लोर के ठीक नीचे तथा M के फ्लोर के ठीक ऊपर के फ्लोर पर रहता है। P, N के फ्लोर के ठीक ऊपर वाले फ्लोर पर रहता है। P एक सम संख्या वाले फ्लोर पर रहता है। O संख्या चार वाले फ्लोर पर नहीं रहता है।

1. निम्न में से कौन K व P फ्लोर के ठीक बीच में रहता है?
A. O और L
B. L और N
C. L और M
D. M और N
E. M और O

2. O कौन-से फ्लोर पर रहता है?
A. छठे
B. दूसरे
C. तीसरे
D. पाँचवें
E. निर्धारित नहीं किया जा सकता

3. निम्न में से कौन पाँचवें फ्लोर पर रहता है?
A. O
B. M
C. N
D. K
E. निर्धारित नहीं किया जा सकता

निर्देश (प्र.सं. 4 से 6): *निम्नलिखित जानकारी को ध्यान से पढ़िए और नीचे दिए गए प्रश्नों के उत्तर दीजिए:*

एक छह मंजिली इमारत में सबसे निचली तल को क्रमांक एक दिया गया है, उसके ऊपर वाली तल को दो तथा इसी प्रकार सबसे ऊपरी तल को क्रमांक

छह दिया गया है। छह व्यक्तियों– A, B, C, D, E एवं F — में से प्रत्येक तल पर एक-एक व्यक्ति रहता है। C और F के बीच कोई नहीं रहता है। A और D के तलों के बीच दो तल हैं। A, D से ऊपर वाले तल पर रहता है। E विषम क्रमांक वाले तल पर रहता है। B, E के ठीक ऊपर या निचले तल पर नहीं रहता है।

4. भूतल पर कौन रहता है?
A. E B. B
C. D D. A
E. निर्धारित नहीं किया जा सकता

5. A किस क्रमांक वाले तल पर रहता है?
A. क्रमांक 2 B. क्रमांक 3
C. क्रमांक 5 D. क्रमांक 4
E. इनमें से कोई नहीं

6. D के ठीक ऊपर वाले तल पर कौन रहता है?
A. A B. C
C. F D. B
E. निर्धारित नहीं किया जा सकता

निर्देश (प्र.सं. 7 से 11): *निम्नलिखित जानकारी को ध्यान से पढ़ें और नीचे दिए गए प्रश्नों के उत्तर दीजिए :*

P, Q, R, S, T, V और W कक्षा IV, V और VI में इस तरह पढ़ते हैं कि इनमें से किसी भी कक्षा में कम से कम दो छात्र पढ़ते हैं। इनमें से प्रत्येक को एक रंग पसंद है यथा काला, लाल, पीला, हरा, सफेद, नीला और गुलाबी, पर जरूरी नहीं कि उसी क्रम में।

Q को पीला पसंद है और वह कक्षा VI में नहीं पढ़ता है। जिसे काला पसंद है वह उसी कक्षा में है जिसमें T है। R को नीला पसंद है और वह उसी कक्षा में है जिसमें W है। S कक्षा V में केवल उसके साथ है जिसे गुलाबी पसंद है। W न तो कक्षा V न ही कक्षा VI में पढ़ता है। V को काला पसंद नहीं है। W को न तो हरा पसंद है न ही सफेद। S को हरा पसंद नहीं है। T को गुलाबी पसंद नहीं है।

7. सफेद रंग किसे पसंद है?
A. P B. W
C. S D. V
E. इनमें से कोई नहीं

8. निम्न में कौन-सा संयोजन सही है?
A. P–काला–V B. S--सफेद–IV
C. Q–लाल–IV D. R–नीला–IV
E. सभी सही हैं

9. P की पसंद का रंग कौन-सा है?
A. लाल B. काला
C. सफेद D. काला या सफेद
E. इनमें से कोई नहीं

10. कौन-से छात्र कक्षा IV में पढ़ते हैं?
A. Q, R B. Q, W
C. Q, R एवं S D. Q, R एवं W
E. इनमें से कोई नहीं

11. लाल रंग किसे पसंद है?
A. W B. S
C. P D. डाटा अपर्याप्त
E. इनमें से कोई नहीं

निर्देश (प्र.सं. 12 से 16): *निम्नलिखित जानकारी को ध्यान से अध्ययन कर दिए गए प्रश्नों के उत्तर दीजिए:*

पांच मित्र P, Q, R, S और T अलग-अलग चेन्नई, कोलकाता, दिल्ली, हैदराबाद और मैंगलोर इन पांच शहरों की अलग-अलग प्रकार के परिवहन माध्यम से अर्थात् बस, ट्रेन, विमान, कार और नाव से गोवा से यात्रा करते हैं।

दिल्ली की यात्रा करने वाले व्यक्ति ने नाव से यात्रा नहीं की। R ने मैंगलोर की यात्रा कार से की और S ने नाव से यात्रा की। Q ने विमान से कोलकाता की यात्रा की और T ने ट्रेन से यात्रा की। गोवा, दिल्ली और चेन्नई से बस से नहीं जुड़ा है।

12. स्थान और परिवहन का निम्नलिखित में से कौन-सा संयोजन सही है?
A. कोलकाता-बस B. दिल्ली-विमान
C. मैंगलोर-ट्रेन D. चेन्नई-नाव
E. हैदराबाद-कार

13. Q : कोलकाता तथा S : ?
A. हैदराबाद B. चेन्नई
C. मैंगलोर D. दिल्ली
E. निर्धारित नहीं किया जा सकता है

14. निम्नलिखित में से किसने दिल्ली की यात्रा की?
A. T B. R
C. S D. P
E. Q

15. P के लिए निम्नलिखित में से कौन-सा संयोजन सही है?
A. बस से कोलकाता की यात्रा की
B. ट्रेन से दिल्ली की यात्रा की
C. नाव से चेन्नई की यात्रा की
D. बस से हैदराबाद की यात्रा की
E. इनमें से कोई नहीं

16. S ने .... की यात्रा .... से की।
A. हैदराबाद, ट्रेन B. चेन्नई, नाव
C. चेन्नई, ट्रेन D. दिल्ली, नाव
E. दिल्ली, ट्रेन

निर्देश (प्र.सं. 17 से 19): *निम्नलिखित प्रश्नों में व्यवस्थीकरण के पैटर्न को समझें और तत्पश्चात दिए गए विकल्पों में से सही उत्तर का चयन करें।*

17. O, P, Q, R, S और T एक बेंच पर अपनी लंबाई के घटते क्रम में खड़े हैं। P, O से अधिक लंबा है किंतु S से उसकी लंबाई कम है। केवल S ही T से अधिक लंबा है। R, P से कम लंबा है किंतु वह Q से अधिक लंबा है। इनमें किसकी लंबाई सबसे कम है?
A. O B. Q

C. P D. कहा नहीं जा सकता
E. इनमें से कोई नहीं

18. पांच व्यक्ति एक बहुमंजिली इमारत में रहते हैं। मि. एफर्टलेस, मि. ऐक्टिव से ऊपर वाले फ्लैट में रहते हैं, मि. चार्ज का फ्लैट मि. डिलिजेन्ट के फ्लैट से नीचे वाला है। मि. ऐक्टिव, मि. डिलिजेन्ट के फ्लैट से ऊपर के फ्लैट में रहते हैं और मि. बीहैव्ड, मि. चार्ज के फ्लैट से नीचे वाले फ्लैट में रहते हैं। सबसे ऊपर के फ्लैट में कौन रहता है ?

A. मि. चार्ज B. मि. डिलिजेन्ट
C. मि. एफर्टलेस D. मि. बीहैव्ड
E. कहा नहीं जा सकता

19. 10 पुस्तकों के एक ढेर में 3 पुस्तकें इतिहास की, 3 हिंदी की, 2 गणित की और 2 अंग्रेजी की पुस्तकें हैं। यदि ऊपर से देखा जाए तो इतिहास और गणित की एक-एक पुस्तकों के बीच अंग्रेजी की एक पुस्तक है, गणित और अंग्रेजी की एक-एक पुस्तकों के बीच इतिहास की एक पुस्तक है, अंग्रेजी और गणित की एक-एक पुस्तकों के बीच एक हिंदी की पुस्तक है, हिंदी की दो पुस्तकों के बीच गणित की एक पुस्तक है तथा गणित और इतिहास की एक-एक पुस्तकों के बीच हिंदी की दो पुस्तकें हैं। इस ढेर में किस विषय की पुस्तक ऊपर से छठे स्थान पर है ?

A. अंग्रेजी B. हिंदी
C. इतिहास D. गणित
E. दी गई सूचना अपर्याप्त है

निर्देश (प्रश्न 20-21) : *निम्नलिखित कथनों को सावधानी पूर्वक पढ़ें और पूछे गए प्रश्नों के उत्तर दें :*

एक शेल्फ में पांच कमीजें एक ढेर में एक के ऊपर एक रखी हुई हैं। इस ढेर में लाल कमीज नीली कमीज के ऊपर रखी गई है और हरे रंग की कमीज नारंगी रंग की कमीज के नीचे रखी गई है। नीली कमीज नारंगी रंग की कमीज के ऊपर तथा सफेद कमीज हरी कमीज के नीचे रखी गई है।

20. लाल और नारंगी रंग की कमीजों के बीच रखी कमीज किस रंग की है ?

A. सफेद रंग की B. हरे रंग की
C. नीले रंग की D. आंकड़े अपर्याप्त हैं
E. इनमें से कोई नहीं

21. सबसे नीचे किस रंग की कमीज है ?

A. लाल B. सफेद
C. नारंगी D. कहा नहीं जा सकता
E. इनमें से कोई नहीं

निर्देश (प्रश्न 22 से 24) : *निम्नलिखित प्रश्नों को ध्यानपूर्वक पढ़ें और पूछे गए प्रश्नों के उत्तर दें :*

(i) A, B, C, D और E एक पांच मंजिली इमारत में रहते हैं।
(ii) B और E भूतल पर नहीं रहते।
(iii) D, A से एक मंजिल ऊपर और C से एक मंजिल नीचे के तल पर रहता है
(iv) E सबसे ऊपर वाली मंजिल पर नहीं रहता।

22. D किस मंजिल पर रहता है ?

A. दूसरी B. चौथी
C. पांचवीं D. पहली
E. सूचना अपर्याप्त है

23. इनमें से कितने व्यक्ति C से ऊपर वाली मंजिल पर रहते हैं ?

A. 3 B. 2
C. 4 D. 1
E. सूचना अपर्याप्त है

24. उपर्युक्त दोनों प्रश्नों का उत्तर ज्ञात करने के लिए दिए गए चार कथनों में से किसे छोड़ा जा सकता है ?

A. केवल *(iv)* B. केवल *(ii)* और *(iii)*
C. कोई नहीं D. केवल *(i)*
E. केवल *(ii)* और *(iv)*

निर्देश (प्रश्न 25 से 27) : *निम्नलिखित सूचना को ध्यान से पढ़ें और नीचे पूछे गए प्रश्नों के उत्तर दें :*

(i) एक मेज पर एक के ऊपर एक मनोविज्ञान, हिंदी, अंग्रेजी, समाज विज्ञान, अर्थशास्त्र, शिक्षाशास्त्र और लेखाशास्त्र विषयों की सात पुस्तकें रखी हैं।
(ii) इनमें समाज विज्ञान की पुस्तक सभी पुस्तकों के ऊपर है।
(iii) लेखाशास्त्र की पुस्तक शिक्षाशास्त्र की पुस्तक के ठीक नीचे है जो समाजविज्ञान की पुस्तक के ठीक नीचे रखी गई है।
(iv) अर्थशास्त्र की पुस्तक मनोविज्ञान की पुस्तक के ठीक ऊपर किंतु सभी पुस्तकों के बीच में नहीं रखी गई है।
(v) हिंदी की पुस्तक मनोविज्ञान की पुस्तक के ठीक नीचे रखी गई है।

25. लेखाशास्त्र और हिंदी की पुस्तकों के बीच किन विषयों की तीन पुस्तकें रखी गई हैं ?

A. अर्थशास्त्र, मनोविज्ञान और हिंदी
B. अर्थशास्त्र, मनोविज्ञान और शिक्षाशास्त्र
C. अंग्रेजी, अर्थशास्त्र और मनोविज्ञान
D. कहा नहीं जा सकता
E. इनमें से कोई नहीं

26. अर्थशास्त्र की पुस्तक निम्नलिखित में से किन पुस्तकों के बीच रखी गई है ?

A. लेखाशास्त्र और शिक्षाशास्त्र
B. मनोविज्ञान और हिंदी
C. अंग्रेजी और मनोविज्ञान
D. कहा नहीं जा सकता
E. इनमें से कोई नहीं

27. यदि समाज विज्ञान और अंग्रेजी, लेखाशास्त्र और हिंदी तथा शिक्षाशास्त्र और मनोविज्ञान की पुस्तकें एक-दूसरे के स्थान पर रख दी जाएं तो मनोविज्ञान और समाज विज्ञान की पुस्तकों के बीच किस विषय की पुस्तक होगी ?

A. हिंदी B. लेखाशास्त्र
C. मनोविज्ञान D. अर्थशास्त्र
E. इनमें से कोई नहीं

उत्तरमाला

1	2	3	4	5	6	7	8	9	10
C	A	D	A	C	E	C	D	B	D
11	**12**	**13**	**14**	**15**	**16**	**17**	**18**	**19**	**20**
A	D	B	A	D	B	D	C	B	C
21	**22**	**23**	**24**	**25**	**26**	**27**			
B	D	B	C	C	C	A			

व्याख्यात्मक उत्तर

1-3. तल 1 — 2 — 3 — 4 — 5 — 6

N — P — M — L — K — O

7-11.

विद्यार्थी	कक्षा	पसंदीदा रंग
P	VI	काला
Q	IV	पीला
R	IV	नीला
S	V	सफेद
T	VI	हरा
V	V	गुलाबी
W	IV	लाल

7. S को सफेद रंग पसंद है।

8. संयोजन R–नीला–IV सही है।

9. P का पसंदीदा रंग काला है।

10. Q, R एवं W कक्षा IV में पढ़ते हैं।

11. W को लाल रंग पसंद है।

निर्देशः प्रश्न 12-16 तक के लिए

मैंगलोर	हैदराबाद	दिल्ली	कोलकाता	चेन्नई		बस	ट्रेन	विमान	कार	नाव
×	✓	×	×	×	P	✓	×	×	×	×
×	×	×	✓	×	Q	×	×	✓	×	×
✓	×	×	×	×	R	×	×	×	✓	×
×	×	×	×	✓	S	×	×	×	×	✓
×	×	✓	×	×	T	×	✓	×	×	×

17. लंबाई के घटते क्रम में ये व्यक्ति बेंच पर निम्नलिखित विन्यास में खड़े होंगे :

S		S
T		T
P	या	P
R		R
O		Q
Q		O

इनमें या तो O या फिर Q सबसे छोटा है। दी गई सूचना उत्तर ज्ञात करने के लिए पर्याप्त नहीं है।

18. इस बहुमंजिली इमारत में इन पांच व्यक्तियों को आवंटित फ्लैटों की मंजिल निम्नलिखित क्रम में है :

मि. एफर्टलेस — पांचवीं मंजिल
मि. ऐक्टिव — चौथी मंजिल
मि. डिलिजेन्ट — तीसरी मंजिल
मि. चार्ज — दूसरी मंजिल
मि. बिहैव्ड — पहली मंजिल

(**नोट :** इस बहुमंजिली इमारत में भूतल का उपयोग गैरेज के रूप में किया जाता है)

19. पुस्तकें निम्नलिखित विषय-क्रम में एक-दूसरे के ऊपर रखी गई हैं :

पहला — इतिहास
अंग्रेजी
गणित
इतिहास
अंग्रेजी
छठा — हिंदी
गणित
हिंदी
हिंदी
दसवां — इतिहास

20-21.

प्रश्न संख्या 20 और 21 के संदर्भ में शेल्फ में कमीजों को निम्नलिखित क्रम में रखा गया है:

लाल कमीज

नीली कमीज

नारंगी रंग की कमीज

हरे रंग की कमीज

सफेद कमीज

22-24.

प्रश्न संख्या 22 से 24 के संदर्भ में दी गई सूचना के अनुसार पांच मंजिली इमारत में A, B, C, D और E निम्नलिखित क्रम में रहते हैं :

B

E

C

D

A – भूतल

25. पुस्तकें निम्नलिखित क्रम में एक-दूसरे के ऊपर रखी गई हैं :

समाज विज्ञान

शिक्षाशास्त्र

लेखाशास्त्र

अंग्रेजी

अर्थशास्त्र

मनोविज्ञान

हिंदी

27. पुस्तकों का स्थान-क्रम बदल दिए जाने पर बदली हुई स्थिति में पुस्तकें एक दूसरे के ऊपर निम्नलिखित क्रम में होंगी :

अंग्रेजी

मनोविज्ञान

हिंदी

समाजशास्त्र

अर्थशास्त्र

शिक्षाशास्त्र

लेखाशास्त्र

OOO

18 घड़ी और समय (Clock & Time)

घड़ी

प्रत्याशी समय को लेकर कितना सजग है इसे जांचने के लिए परीक्षा में घड़ी का इस्तेमाल किया जाता है। ये सरल होने के साथ-साथ मजेदार भी होते हैं। ये प्रत्याशियों के मस्तिष्क का विकास करने के साथ-साथ समय पर निर्णय लेने की प्रेरणा भी देते हैं।

दिशा-निर्देश

घड़ी में 12 घंटे होते हैं। दिन और रात 24 घंटे बनाते हैं। घड़ी की बड़ी सुई मिनट दर्शाती है। छोटी सुई घंटा दर्शाती है। दोनों सुइयां 360° के कोण पर घूमती हैं। लेकिन मिनट की सुई 1 घंटे में 360° के कोण पर घूमती है, जबकि घंटे की सुई 12 घंटे में 360° के कोण पर घूमती है।

इसके अलावा, एक घड़ी में मिनट के 60 विभाजन होते हैं

60 मिनट = 360°

1 मिनट = 6°

एक घड़ी में घंटे के 12 विभाजन होते हैं

12 घंटे = 360°

1 घंटा = 30°

इसके अलावा, जितने समय में मिनट की सुई 60 मिनट का फासला तय करती है, उतनी देर में छोटी सुई 5 मिनट की दूरी तय करती है। याद रखें कि जब कभी भी मिनट की सुई घंटे के सुई के ऊपर आती है उनके बीच 0° का कोण होता है। उनके घुमाव के बिंदु पर दोनों सुइयों के बीच के कोण को ज्ञात करने के लिए उनके बीच पूर्ण इकाइयों की संख्या को 6° से गुणा करें। अब जिस खण्ड में मिनट की सुई रहती है और जिन्हें देखा जाना है, उनकी गणना कर और अधिक कोण जोड़ें।

उदाहरण : समय दोपहर के 1:41:30 बजे हैं। हम घंटे और मिनट की सुई के बीच कोण ज्ञात करना चाहते हैं।

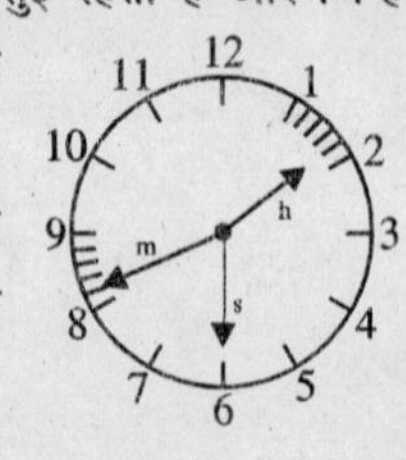

घंटे की सुई और मिनट की सुई के बीच पूर्ण इकाइयों की संख्या = 4

एक इकाई में मिनटों की संख्या = 5

4 इकाइयों में मिनटों की संख्या = 20

चार इकाइयों में अंशों की संख्या = 20 × 6 = 120°

अब 1 और 2 के बीच तथा 7 और 8 के बीच कुछ कोण रह गए हैं हमें जिनकी गणना करनी है।

1 और 2 के बीच घंटे की सुई वृत्त-खंड के चौथे मिनट के आरंभ में स्थित है।

अतः, कुल संपूर्ण भाग = 4

या कुल मिनट = 4

या कुल अंश = 4 × 6 = 24°

इसी प्रकार 7 और 8 के बीच

कुल संपूर्ण भाग = 3

अपूर्ण भाग = 1

अतः, कुल भाग = 3.5

या कुल मिनट = 3.5

या कुल अंश = 3.5 × 6 = 21°

अतः, घंटे और मिनट की सुई के बीच कुल कोण = 120 + 24 + 21 = 165° परिणाम केवल सन्निकट (Approx.) है।

समय

समय घड़ी के समान ही है। लेकिन यहाँ विषय घड़ी की सुइयों के घूमने पर केंद्रित नहीं है। इसके विपरीत परीक्षक घंटे, मिनट और सेकेंडों की गणना पर आधारित प्रश्न पूछ सकता है।

दिशा-निर्देश

1 दिन = 24 घंटे

1 घंटा = 60 मिनट

1 मिनट = 60 सेकेंड

मध्याह्न = 12 बजे (दोपहर)

अर्द्धरात्रि = 12 बजे (प्रात:काल)

प्रत्येक रात्रि 12 बजे (ए.एम.) तिथि बदल जाती है। वास्तव में यह दिन की शुरुआत होती है जिसे हम रात्रि समझते हैं।

उदाहरण 1 : 12 घंटे में घड़ी की सुइयां कितने बार समकोण पर आएंगी ?

A. 12 B. 16
C. 18 D. 24
E. 36

व्याख्या D : प्रत्येक घंटे में सुइयां दो बार समकोण पर आती हैं।

उदाहरण 2: यदि एक रेलगाड़ी प्रति घंटे 92.7 किलोमीटर की रफ्तार से चलती है, तब 20 मिनट में मीटर में तय की गई दूरी क्या होगी ?

A. 3009 B. 308.9
C. 309 D. 3090
E. 30900

व्याख्या E : रेलगाड़ी की गति 92.7 किमी/घंटा है, अर्थात

60 मिनट में 92700 मीटर

20 मिनट में तय की गई दूरी होगी:

$$\frac{92700}{60} \times 20 = 30900 \text{ मीटर}$$

वस्तुनिष्ठ प्रश्न

1. एक कार्यालय में 20 व्यक्ति कार्य करते हैं। 5 व्यक्तियों का पहला समूह प्रात: 8 बजे से दोपहर 2 बजे तक कार्य करता है। दस व्यक्तियों का दूसरा समूह प्रात: 10 बजे से दोपहर 4 बजे तक कार्य करता है, तथा 5 व्यक्तियों का तीसरा समूह दोपहर 12 बजे से शाम 6 बजे तक कार्य करता है। कार्यालय में तीन कम्प्यूटर हैं जिनका कर्मचारीगण बहुधा इस्तेमाल करते हैं। निम्नलिखित में से कौन-सी अवधि में कम्प्यूटर के सबसे अधिक इस्तेमाल होने की संभावना है ?

A. दोपहर 1:00 बजे से 3:00 बजे (दोपहर) तक
B. दोपहर 12 से दोपहर 2:00 बजे तक
C. दोपहर 2:00 बजे से दोपहर 4:00 बजे तक
D. सुबह 10:00 से दोपहर 12 बजे तक
E. इनमें से कोई नहीं

2. एक घड़ी इस प्रकार से रखी गई है कि दोपहर 12 बजे इसकी मिनट की सुई उत्तर-पूर्व दिशा की ओर रहती है। दोपहर 1:30 बजे घंटे की सुई किस दिशा को इंगित करेगी ?

A. पूर्व B. पश्चिम
C. उत्तर D. दक्षिण
E. इनमें से कोई नहीं

3. यदि उपर्युक्त प्रश्न में घड़ी को 135° के कोण पर घड़ी की सुइयों की विपरीत दिशा में घुमा दिया जाए तो शाम 8:45 पर इसके मिनट की सुई किस दिशा को इंगित करेगी ?

A. पूर्व B. पश्चिम
C. उत्तर D. दक्षिण
E. इनमें से कोई नहीं

4. परसों मेरा जन्मदिन है। अगले सप्ताह इसी दिन होली है। आज सोमवार है, तो होली के बाद कौन-सा दिन होगा ?

A. बुधवार B. गुरुवार
C. शुक्रवार D. शनिवार
E. इनमें से कोई नहीं

5. एक घड़ी दोपहर 3:30 का समय दर्शाती है। यदि मिनट की सुई प्रत्येक घंटे में दो मिनट आगे बढ़ती जाती है, तो 4 बजे सुबह तक घड़ी कितने मिनट आगे बढ़ पाएगी ?

A. 23 मिनट B. 24 मिनट
C. 25 मिनट D. 26 मिनट
E. इनमें से कोई नहीं

6. एक रेलगाड़ी 48 किमी/घंटा की रफ्तार से स्टेशन 'A' से 'B' की ओर बढ़ती है। 45 मिनट बाद एक दूसरी रेलगाड़ी 'B' स्टेशन से आंरभ होकर 50 किमी/घंटा की रफ्तार से स्टेशन 'A' की ओर चलती है। यदि दोनों स्टेशनों के बीच 232 किमी की दूरी है तो रेलगाड़ियां स्टेशन 'A' से कितनी दूरी पर आपस में मिलेंगी ?

A. 132 किमी B. 144 किमी
C. 108 किमी D. 160 किमी
E. इनमें से कोई नहीं

7. प्रति एक घंटे में मिनट की सुई घंटे की सुई से कितने मिनट आगे बढ़ती है ?

A. 55 मिनट B. 60 मिनट
C. 65 मिनट D. कोई बढ़त नहीं
E. इनमें से कोई नहीं

8. यदि एक घड़ी में 1 से लेकर 12 अंकों को वर्णमाला से बदल दिया जाए जिसकी शुरुआत F से हो रही हो, तो निम्नलिखित में कौन-सा विकल्प 9 बजे का संकेत करेगा ? (नोट: विकलपों में पहला अक्षर घंटे तथा दूसरा अक्षर मिनट के लिए दिए गए हैं)

A. M - P B. Q-N
C. P - M D. N - P
E. N - Q

9. प्रबीर प्रत्येक दिन प्रात: 9:15 बजे ऑफिस के लिए प्रस्थान करता है तथा प्रात: 9:55 पर वहां पहुंच जाता है। बुधवार को उसने शुक्रवार की अपेक्षा 5 मिनट देर से प्रस्थान किया। एक सप्ताह में 5 में से 3 दिन उसने देर से प्रस्थान किया, जिसमें से शुक्रवार भी एक है। कितने दिन वह ठीक समय से घर से निकला ?

A. दो B. तीन
C. चार D. एक
E. इनमें से कोई नहीं

10. प्रश्न 9 में वह बुधवार को किस समय घर से निकला था ?

A. सुबह 9.25 पर B. सुबह 9.15 पर

C. अपर्याप्त आंकड़े
D. सुबह 9.20 पर
E. इनमें से कोई नहीं

निर्देश (प्रश्न 11 से 13): *निम्नलिखित सूचनाओं को पढ़कर दिए गए प्रश्नों का उत्तर दें:*

(*i*) मंगलवार, गुरुवार और रविवार को कुंदनमल घर पर दोपहर 12 बजे से शाम 4 बजे तक मौजूद रहता है।

(*ii*) उसका छोटा भाई नैनामल सोमवार, गुरुवार, शुक्रवार और रविवार को घर पर सुबह 10 बजे से दोपहर 2 बजे तक रहता है।

(*iii*) उसका बड़ा भाई जेठमल सोमवार, बुधवार और गुरुवार को सुबह 9 बजे से दोपहर 12 बजे तक और शुक्रवार, शनिवार और रविवार को दोपहर 2 से 4 बजे तक घर पर मौजूद रहता है।

11. सप्ताह के किस/किन दिन/दिनों सबसे छोटा और सबसे बड़ा भाई घर में एक ही समय में मौजूद होते हैं?

A. केवल सोमवार
B. केवल गुरुवार
C. केवल शुक्रवार
D. सोमवार और गुरुवार (दोनों दिन)
E. रविवार और शुक्रवार (दोनों दिन)

12. सप्ताह के किस दिन तीनों भाई एक ही समय में घर पर मौजूद होते हैं?

A. रविवार
B. गुरुवार
C. किसी दिन नहीं
D. निर्धारित नहीं किया जा सकता
E. सोमवार

13. कितने दिनों तक एक भाई सप्ताह में एक खास समय पर घर में उपलब्ध रहता है?

A. चार
B. तीन
C. दो
D. एक
E. इनमें से कोई नहीं

निर्देश (प्रश्न 14 से 17): *निम्नलिखित सूचनाओं को पढ़कर दिए गए प्रश्नों का उत्तर दें:*

(*i*) एक सिटी बस कंपनी पर्यटक स्थलों को देखने के लिए 7 बसें M, N, O, P, Q, R और S चलाती है। जिनमें से प्रत्येक 4 घंटे चलती है।

(*ii*) सोमवार से शुक्रवार को पहली बस ठीक 8 बजे सुबह प्रस्थान करती है। परवर्ती बसें क्रमबद्ध रूप से 45 मिनट, इसके बाद 30 मिनट, फिर से 45 मिनट और 35 मिनट और इसी क्रम में आगे, के अंतराल पर प्रस्थान करती हैं।

(*iii*) शनिवार और रविवार को पहली बस सुबह 7:30 बजे प्रस्थान करती है तथा अन्य बसें लगातार 1 घंटे के अंतराल पर रवाना होती हैं।

(*iv*) 'Q' नामक बस 'M' के तत्काल बाद चल देती है तथा उसके तत्काल बाद 'S' की यात्रा आरंभ होती है।

(*v*) 'O' नामक बस के बाद कोई दूसरी बस नहीं जाती।

(*vi*) 'R' नामक बस 'M' के तत्काल पहले चलती है, पर 'P' के तत्काल बाद नहीं।

14. शनिवार को 'M' नामक बस किस समय प्रस्थान करती है?

A. सुबह 10 बजे
B. सुबह 9.45 बजे
C. सुबह 10.30 बजे
D. आंकड़े अपर्याप्त हैं
E. इनमें से कोई नहीं

15. रविवार को जब 'P' नामक बस अपनी यात्रा पूरी करती है तो निम्नलिखित में से कौन–सी बस अपनी यात्रा आरंभ करती है?

A. Q
B. S
C. O
D. अपर्याप्त आंकड़े
E. इनमें से कोई नहीं

16. यदि शनिवार और रविवार को 'M' बस के प्रस्थान करने के बाद परवर्ती यात्राओं के लिए समय के अंतराल को 30 मिनट बढ़ा दिया जाए तो 'O' नामक बस की यात्रा किस समय पूरी होगी?

A. दोपहर 3 बजे
B. दोपहर 2 बजे
C. शाम 6 बजे
D. शाम 7 बजे
E. इनमें से कोई नहीं

17. यदि सोमवार से शुक्रवार तक दो बसों के बीच समय अंतराल को सतत रूप से 45 मिनट रखा जाए तो 'O' नामक बस के प्रस्थान करने का समय निम्नलिखित में से किस बस की यात्रा संपन्न हो जाने को इंगित करेगा?

A. N
B. R
C. M
D. आंकड़े अपर्याप्त हैं
E. इनमें से कोई नहीं

निर्देश (प्रश्न 18 से 20): *निम्नलिखित सूचनाओं को पढ़कर पूछे गए प्रश्नों का उत्तर दें :*

(*i*) छुट्टी के दिन अर्थात सोमवार को छोड़कर आठ डॉक्टर क्रमशः P, Q, R, S, T, U, V और W श्रम-मंदिर न्यास द्वारा संचालित चेरिटेबल डिस्पेंसरी का दौरा करते हैं।

(*ii*) प्रत्येक डॉक्टर शनिवार को छोड़कर मंगलवार से रविवार तक 1 घंटे तक डिस्पेंसरी में रहता है। समय है सुबह 9 बजे से दोपहर 1 बजे तक और पुनः दोपहर 2 बजे से शाम 6 बजे तक। दोपहर 1 से 2 का समय भोजनावकाश का है।

(*iii*) शनिवार को डिस्पेंसरी केवल सुबह के सत्र के लिए खुलती है, अर्थात सुबह 9 बजे से दोपहर 1 बजे तक। प्रत्येक डॉक्टर इस दिन केवल आधे घंटे के लिए आता है।

(*iv*) डॉक्टर 'Q' से पहले और डॉक्टर 'U' के बाद कोई डॉक्टर डिस्पेंसरी नहीं जाता।

(*v*) डॉक्टर 'W' भोजनावकाश के तत्काल बाद आता है तथा उसके बाद डॉक्टर 'R' आता है।

(*vi*) 'S' दोपहर पहले के सत्र में उसी क्रम में आता है जिस क्रम में डॉक्टर 'P' आता है।

18. शनिवार को किस समय डॉक्टर 'T' का डिस्पेंसरी दौरा संपन्न हो जाएगा?

A. सुबह 10 बजे
B. सुबह 11 बजे
C. या तो सुबह 10 बजे या 11 बजे
D. आंकड़े अपर्याप्त हैं
E. इनमें से कोई नहीं

19. डॉक्टर 'P' निम्नलिखित में से किस डॉक्टर युग्म के दौरे के बीच डिस्पेंसरी आता है ?

A. R और W B. S और T
C. U और W D. S और V
E. इनमें से कोई नहीं

20. यदि भोजनावकाश और परवर्ती 'विजिटिंग ऑवर' को 15 मिनट कम कर दिया जाए तो डॉक्टर 'U' के किस समय डिस्पेंसरी पहुंचने की संभावना है ?

A. दोपहर 3.15 बजे B. दोपहर 4.15 बजे
C. शाम 4.45 बजे D. शाम 4 बजे
E. इनमें से कोई नहीं

उत्तरमाला

1	2	3	4	5	6	7	8	9	10
B	A	D	B	C	A	A	E	A	C
11	**12**	**13**	**14**	**15**	**16**	**17**	**18**	**19**	**20**
D	C	E	C	A	D	E	C	E	D

व्याख्यात्मक उत्तर

1. 1. 5 लोग सुबह 8 बजे से दोपहर 2 बजे तक कार्य करते हैं
2. 10 लोग सुबह 10 बजे से शाम 4 बजे तक कार्य करते हैं
3. 5 लोग दोपहर 12 बजे से शाम 6 बजे तक कार्य करते हैं
अत: दोपहर 12 बजे से 2 बजे तक कम्प्यूटर का सर्वाधिक इस्तेमाल होता है।

3. पहले वाले प्रश्न में घड़ी को घुमाने के बाद इसके मिनट की सुई शाम 8:45 पर दक्षिण की ओर होगी।

4. आज सोमवार है
परसों बुधवार है
अगले सप्ताह होली भी बुधवार को है
अत:, होली के बाद वाला दिन गुरुवार होगा

5. दोपहर 3:30 बजे और सुबह 4 बजे के बीच 12½ घंटे हैं। अत: बढ़े हुए मिनट 12½ × 2 = 25 होंगे।

6. $A \xleftarrow{\quad d \quad} | \xrightarrow{\quad 232-d \quad} B$

अर्थात, $\dfrac{d}{48} = \dfrac{232-d}{50} + \dfrac{3}{4}$

$\Rightarrow \quad \dfrac{d}{48} = \dfrac{464-2d+75}{100}$

$100\,d = (539 - 2d)\,48$

$\Rightarrow \quad 100\,d = 25872 - 96\,d$

$196\,d = 25872$

$\Rightarrow \quad d = 25872 \div 196 = 132$ किमी.

7. प्रत्येक घंटे में मिनट की सुई 60 मिनट घूमती है, जबकि घंटे की सुई 5 मिनट

8.

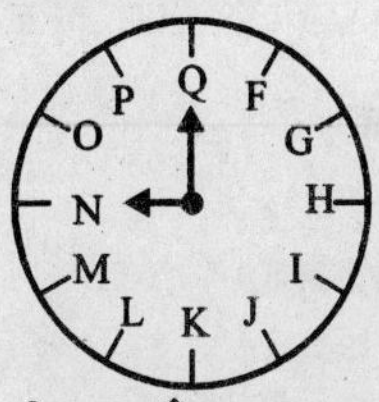

नोट: यहाँ Q – 12 तथा N, 9 को दर्शाता है।
अत: N – Q, 9 बजे को दर्शाएंगे।

9. 5 दिनों में से वह तीन दिन देर से प्रस्थान करता है अर्थात दो दिन ठीक समय से निकलता है।

10. शुक्रवार का समय नहीं दिया गया है।

11. सप्ताह में भाइयों की उपस्थिति इस प्रकार है:

	जेठमल	कुंदनमल	नैनामल
सोमवार	सुबह 9–दोपहर 12 बजे	×	सुबह 10 बजे से दोपहर 2 बजे
मंगलवार	×	दोपहर 12–4 बजे	×
बुधवार	सुबह 9–दोपहर 12 बजे	×	×
गुरुवार	सुबह 9–दोपहर 12 बजे	दोपहर 12–4 बजे	सुबह 10 से दोपहर 2 बजे
शुक्रवार	दोपहर 2–4 बजे	×	सुबह 10 बजे से दोपहर 2 बजे
शनिवार	दोपहर 2–4 बजे	×	×
रविवार	दोपहर 2–4 बजे	दोपहर 12–4 बजे	सुबह 10–2 बजे

प्र.सं. 14 से 17

14.

जिस क्रम से बसें प्रस्थान करती हैं	*सोमवार से शुक्रवार प्रस्थान का समय*	*शनिवार और रविवार को प्रस्थान का समय*
P	सुबह 8 बजे	सुबह 7:30 बजे
N	सुबह 8:45 बजे	सुबह 8:30 बजे
R	सुबह 9:15 बजे	सुबह 9:30 बजे
M	सुबह 10 बजे	सुबह 10:30 बजे
Q	सुबह 10:35 बजे	सुबह 11:30 बजे
S	सुबह 11:20 बजे	दोपहर 12:30 बजे
O	दोपहर 12 बजे	दोपहर 1:30 बजे

15. P नामक बस सुबह 7:30 बजे प्रस्थान कर चार घंटे के दृश्य अवलोकन यात्रा को 11:30 बजे समाप्त कर लेती है। Q नामक बस सुबह 11:30 बजे यात्रा आरंभ करती है।

16. M नामक बस सुबह 10:30 बजे प्रस्थान करती है। यदि 1 घंटे के समय अंतराल को 30 मिनट बढ़ा दिया जाए तो Q नामक बस दोपहर 12 बजे, S नामक बस दोपहर 1:30 बजे और O नामक बस दोपहर 3 बजे प्रस्थान करेगी। O नामक बस 4 घंटे की अपनी यात्रा शाम को 7 बजे पूरी करेगी।

17. N नामक बस सुबह 8:45 बजे प्रस्थान करेगी, R सुबह 9:30 पर, M सुबह 10:15 बजे, Q सुबह 11 बजे, S सुबह 11:45 बजे, और O दोपहर 12:30 बजे। 12:30 बजे से 4 घंटा पूर्व सुबह के 8:30 हुए। कोई भी बस सुबह 8:30 बजे नहीं चलती।

प्र.सं. 18 से 20

मंगलवार से शुक्रवार और रविवार की समय-सारणी	*शनिवार की समय सारणी*	*डॉक्टरों के दौरों का क्रम*
सुबह 9 से 10 बजे	सुबह 9 से 9:30 बजे	Q
सुबह 10 से 11 बजे	सुबह 9:30 से 10 बजे	T या V
सुबह 11 से दोपहर 12 बजे	सुबह 10 से 10:30 बजे	S
दोपहर 12 से 1 बजे	सुबह 10:30 से 11 बजे	T या V
(भोजनावकाश दोपहर 1 से 2 बजे)		
दोपहर 2 से 3 बजे	सुबह 11 से 11:30 बजे	W
दोपहर 3 से 4 बजे	सुबह 11:30 से 12 बजे	R
दोपहर 4 से 5 बजे	दोपहर 12 से 12:30 बजे	P
शाम 5 से 6 बजे	दोपहर 12:30 से 1 बजे	U

20. डॉक्टरों के लिए भोजनावकाश की नई सारणी निम्नवत होगी:

भोजनावकाश	—	दोपहर 1 बजे	-	1:45 बजे
W	—	दोपहर 1:45 बजे	-	2:30 बजे
R	—	दोपहर 2:30 बजे	-	3:15 बजे
P	—	दोपहर 3:15 बजे	-	4 बजे
U	—	दोपहर 4 बजे	-	4:45 बजे

डॉक्टर U दोपहर 4 बजे अस्पताल सम्भालेगा।

○○○

19 घन और पासे (Cubes & Dices)

घन और पासों पर आधारित समस्याओं से संबद्ध प्रश्नों का उद्देश्य उम्मीदवार की कल्पना शक्ति का परीक्षण करना होता है। एक त्रिआयामी वस्तु और उसके किस संदर्भ में प्रश्न पूछा गया है उम्मीदवार को इसे तुरंत समझ लेना चाहिए। इस प्रकार के प्रश्नों को हल करते समय कुछ आधारभूत तथ्यों को ध्यान में रखना चाहिए तथा तेजी के साथ सही गणना को अपनी कल्पनाशक्ति के साथ मिश्रित करना चाहिए।

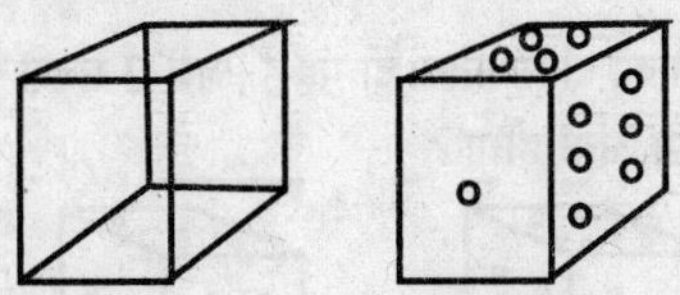

दिशा-निर्देश

- एक घन के 8 किनारे होते हैं
- एक पासे के 6 फलक/भुजाएं होते हैं
- समस्याएं एक ही प्रकार के या अलग-अलग रंग वाली भुजाओं से संबंधित हो सकती हैं
- समस्याएं केवल इन 6 भुजाओं पर अंकित मान पर निर्धारित होती हैं
- समस्याएं वर्गों को निर्धारित संख्या में छोटे और बराबर भागों में काटने से संबद्ध हो सकती हैं

यह घन $3 \times 3 \times 3 = 27$ छोटे घन में विभाजित होता है

यहां किनारों के 4 टुकड़े 'a' होते हैं, अर्थात $4 \times 2 = 8$ टुकड़े 3 ओर पेंट किए गए होंगे

यहां बीच के चार टुकड़े 'b' होते हैं, अर्थात $4 \times 3 = 12$ टुकड़े 2 ओर पेंट किए गए होंगे

यहां एक बीच का टुकड़ा 'c' होता है, अर्थात $1 \times 6 = 6$ टुकड़े केवल 1 ओर पेंट किए गए होंगे

इस घन के ठीक मध्य में एक टुकड़ा होगा, अर्थात इस टुकड़े पर कोई पेंट नहीं होगा

अत: इस घन के 8 + 12 + 6 + 1, अर्थात 27 छोटे घन बनेंगे

जब एक घन या पासे को खोला या काटा जाए तो उसकी आकृति निम्नवत होगी। फलक के स्तर पर ये संख्याएं बदल सकती हैं। फलक पर रंग चढ़े हो सकते हैं। आपको सावधानीपूर्वक यह जांच करनी होगी कि कौन-सा रंग चढ़ा फलक प्रश्न में दिए गए रंगीन फलक के ठीक उल्टी ओर आ रहा है।

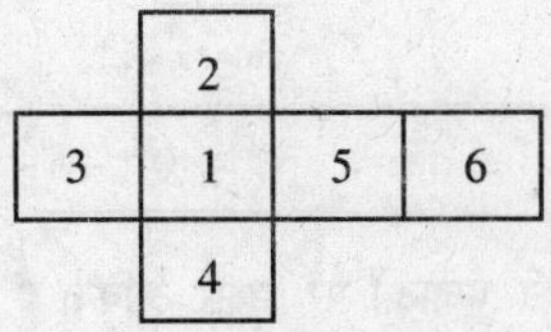

निर्देश (उदाहरण 1 एवं 2) : *16 सेमी. फलक वाले एक घन को विपरीत दिशा में युग्म (जोड़े) फलक पर नारंगी, लाल और काले रंगों से रंगा गया है। इसे प्रत्येक भुजा को 4 सेमी. रखते हुए घनाकार खंडों में काटा गया है:*

1. कितने घन ऐसे होंगे जिनके तीन फलक अलग-अलग रंगों से रंगे होंगे?

A. 4 B. 8
C. 12 D. 16
E. 18

व्याख्या B : जब 16 सेमी. भुजा वाले एक घन को 4 सेमी. भुजा वाले घनाकार खंडों में काटा जाएगा तब इसमें 16 पंक्तियां (कालम) होंगी, जिसमें प्रत्येक में 4-4 खंड होंगे। इस प्रकार कुल 64 छोटे घन होंगे।

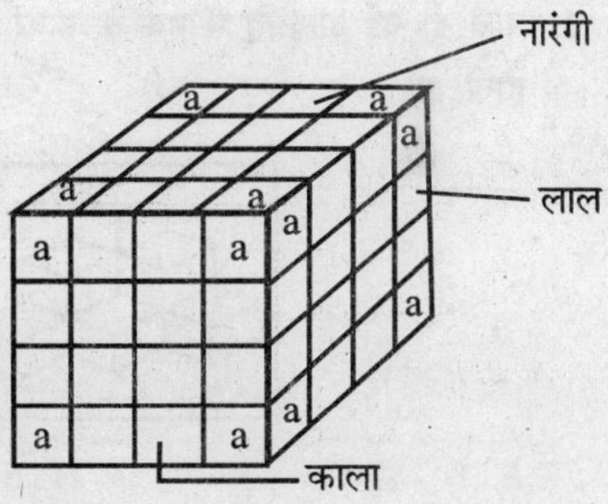

'a' किनारे वाले टुकड़े हैं जिनके तीन फलक (चेहरे) अलग-अलग रंगों से रंगे होंगे, अत: इस प्रकार के 8 घन होंगे।

2. कितने घनों का कोई भी फलक पेंट किया गया नहीं होगा?

A. 6 B. 11
C. 8 D. 12
E. 15

व्याख्या C : घन की एक भुजा (फलक) को लेते हुए आरेख रूप में इसकी निम्नवत व्याख्या की जा सकती है :

a	b	b	a
b	c	c	b
b	c	c	b
a	b	b	a

a = यहां 4 × 2, अर्थात 8 घन हैं जिनके 3 ओर पेंट किए गए हुए हैं

b = यहां 8 × 3, अर्थात 24 घन हैं जिनके 2 ओर पेंट किए गए हुए हैं

c = यहां 4 × 6, अर्थात 24 घन हैं जिनके 1 ओर पेंट किया गया हुआ है

कुल 64 घन हैं

अत: बिना किसी भी भुजा के पेंट किए हुए घन होंगे

= 64 – (8 + 24 + 24), अर्थात 8 घन

निर्देश (प्रश्न 3 एवं 4) : *नीचे एक ही पासे की तीन स्थितियां दी गई हैं, जिनमें 1 से 6 नंबर हैं*

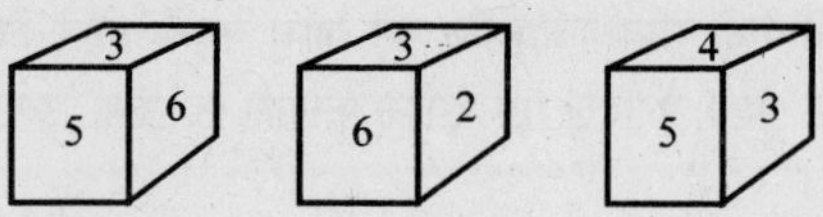

3. 5 के विपरीत फलक (फेस) पर कौन-सा अंक आएगा?

A. 1 B. 2
C. 3 D. 6
E. 8

व्याख्या B : 5 के निकटवर्ती अंक 3, 6, और 4 हैं
3 के विपरीत फलक पर जो अंक होगा वह 1 है तथा 5 के विपरीत फलक पर जो अंक होगा वह 2 है

4. दूसरे पासे के तल पर जो अंक होगा, वह है :

A. 5 B. 4
C. 1 D. 6
E. निर्धारित नहीं किया जा सकता

व्याख्या C : पासे की भुजाओं पर अंकित अंक हैं 5, 6, 2 और 4 और चूंकि ऊपरी फलक पर अंक 3 मौजूद है अत: तल वाले फलक पर अंकित अंक 1 होगा।

वस्तुनिष्ठ प्रश्न

1. एक घन, जिसकी भुजाओं पर अक्षर अंकित हैं, को नीचे अलग-अलग स्थितियों में दर्शाया गया है, जैसा कि अलग-अलग दिशाओं से देखा जा सकता है, लुप्त अक्षर को ज्ञात करें।

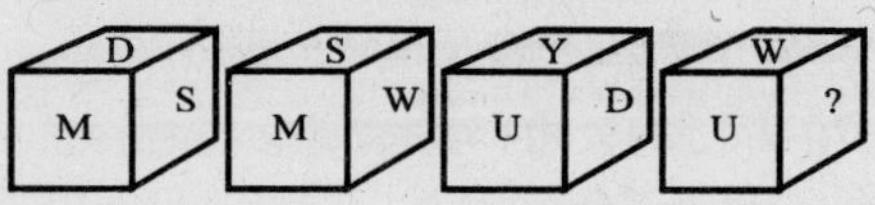

A. S B. D
C. Y D. W
E. M

2. नीचे दी गई आकृति में एक के ऊपर एक रखे गए घनों की संख्या होगी:

A. 8 B. 6
C. 5 D. 10
E. 12

3. नीचे एक खण्ड की दो स्थितियां दर्शायी गई हैं, 5 और 6 विपरीत भुजा पर मौजूद हैं

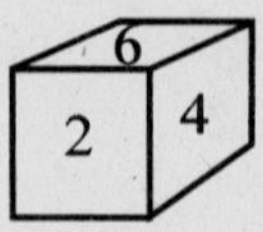 और 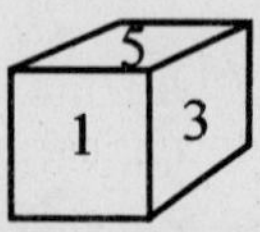

जब 2 तल पर होगा, तो शिखर पर कौन-सी संख्या होगी?

A. 1 B. 3
C. 4 D. 5
E. 6

4. नीचे एक पासे की दो स्थितियां दी गई हैं। जब 2 सबसे नीचे है तो सबसे ऊपर कौन-सा अंक होगा?

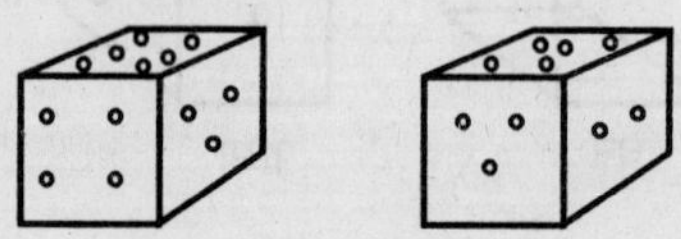

A. 1 B. 2
C. 3 D. 4
E. 5

5. एक घन के 6 तरफ निम्नलिखित तरीके से रंग किया गया है

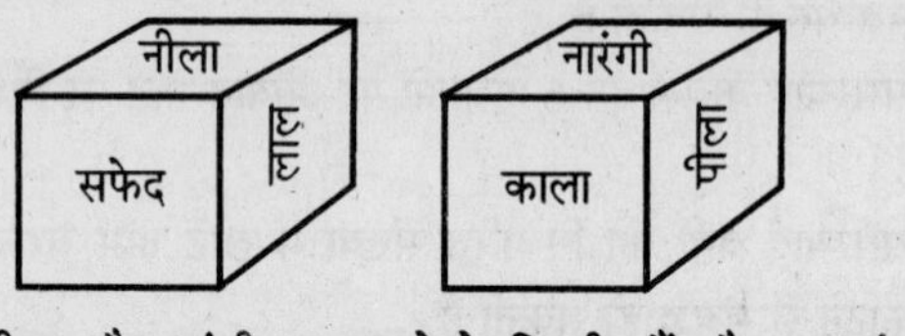

यदि नीला और नारंगी एक-दूसरे के विपरीत हैं और लाल रंग सबसे ऊपर है तो सबसे नीचे कौन-सा रंग होगा?

A. नारंगी B. गुलाबी
C. काला D. पीला
E. इनमें से कोई नहीं

6. नीचे दिए गए पासे में कौन-सा अंक 6 के विपरीत दिशा वाले फलक पर आएगा?

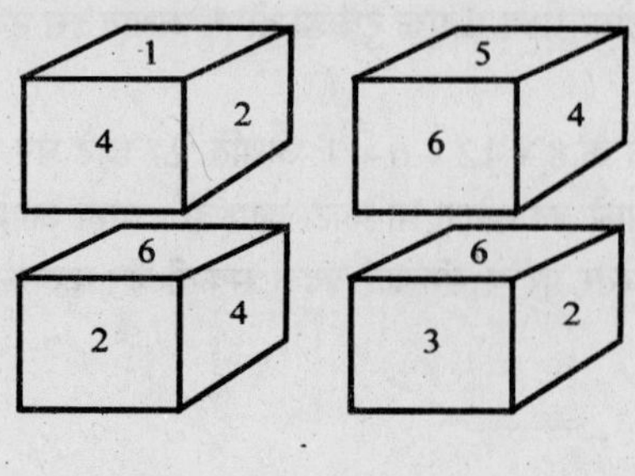

A. 2 B. 3
C. 1 D. 5
E. 6

7. नीचे दिए गए पासे में निम्नलिखित में से कौन-सा अंक युग्म विपरीत भुजा पर आने वाले सही अंक नहीं देता ?

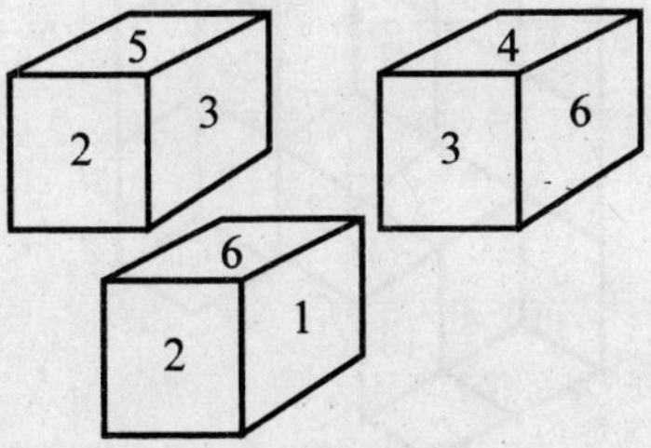

A. 2 – 4 B. 4 – 1
C. 3 – 1 D. 6 – 5
E. इनमें से कोई नहीं

8. एक घन के फलक इंद्रधनुष के रंग दर्शाते हैं। नीचे पासे की दो स्थितियां दी गई हैं। इंद्रधनुष का कौन-सा रंग छूट गया है ?

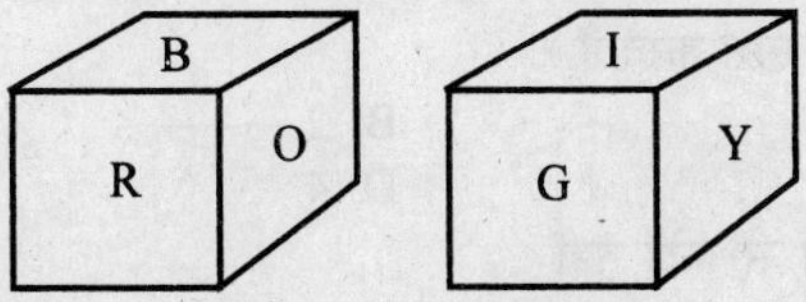

A. पीला B. बैंगनी
C. हरा D. नीला
E. इनमें से कोई नहीं

9. नीचे एक पासे की चार स्थितियां दी गई हैं:

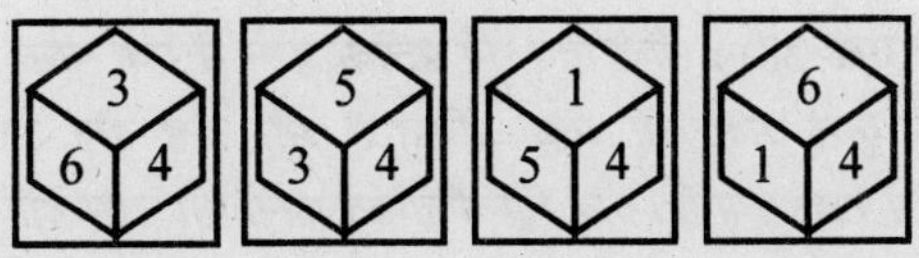

जब शीर्ष पर 2 हो तो तल (नीचे) का अंक कौन-सा होगा ?
A. 6 B. 4
C. 3 D. 1
E. इनमें से कोई नहीं

निर्देश (प्रश्न 10 एवं 11) : *एक पासे की तीन स्थितियां दी गई हैं। जिन फलकों पर ? चिह्न अंकित है, उनके लिए अंक ज्ञात करें।*

10.

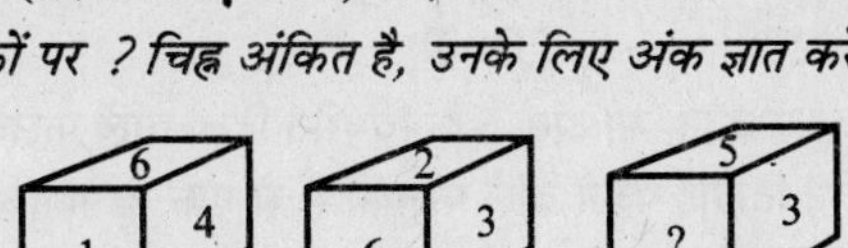

A. 1 B. 2
C. 4 D. 6
E. 5

11.

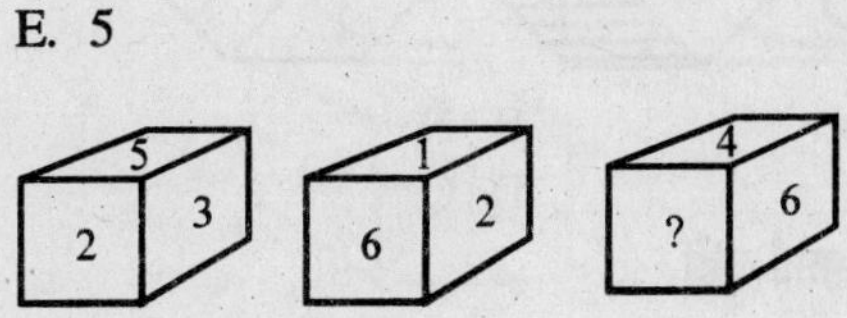

A. 2 B. 1
C. 3 D. 5
E. 7

निर्देश (प्रश्न 12 से 14) : *प्रश्न निम्नलिखित कथन पर आधारित हैं :*
एक घन की दो निकटवर्ती भुजाएं लाल रंग से रंगी हैं, विपरीत दो भुजाओं पर पीला रंग और बची हुई भुजाओं पर हरा रंग चढ़ा है। इसे 64 छोटे बराबर टुकड़ों में काटा जाता है।

12. कितने घनों की केवल दो ही भुजाएं पेंट की हुई हैं और वह भी एक ही रंग से ?
A. 0 B. 4
C. 8 D. 16
E. 19

13. कितने घनों की केवल एक भुजा पेंट की हुई है, पीले रंग से ?
A. 32 B. 16
C. 8 D. 4
E. 2

14. कितने घनों की सभी भुजाएं पेंट की गई हुई हैं ?
A. 0 B. 4
C. 8 D. 64
E. इनमें से कोई नहीं

निर्देश (प्रश्न 15 से 17) : *नीचे दी गई सूचना का अध्ययन करें :*
एक घन के 6 फलक काले, भूरे, हरे, लाल, सफेद और नीले रंग से रंगे हैं

(*i*) लाल काले की विपरीत दिशा में है
(*ii*) हरा लाल और काला के बीच में है
(*iii*) नीला सफेद के सन्निकट है
(*iv*) भूरा नीले के सन्निकट है
(*v*) लाल रंग तल पर है

15. भूरे रंग की विपरीत दिशा में कौन-सा रंग है ?
A. सफेद B. लाल
C. हरा D. नीला
E. काला

16. (i) और (v) से क्या निष्कर्ष निकाला जा सकता है ?
A. काला रंग सबसे ऊपर है
B. नीला शीर्ष पर है
C. भूरा रंग शीर्ष पर है
D. भूरा काले के विपरीत है
E. इनमें से कोई नहीं

17. चार निकटवर्ती रंग हैं:
A. काला, नीला, भूरा, लाल
B. काला, नीला, भूरा, सफेद
C. काला, नीला, लाल, सफेद
D. काला, नीला, लाल, सफेद
E. इनमें से कोई नहीं

निर्देश (प्रश्न 18 एवं 19) : *नीचे दिए गए प्रत्येक प्रश्न में एक पासा दिया गया है जिस पर कुछ अक्षर या अंक अंकित हैं और इसे अलग-अलग तरह से रखा गया है, जैसा कि चित्र में दर्शाया गया है*

18. 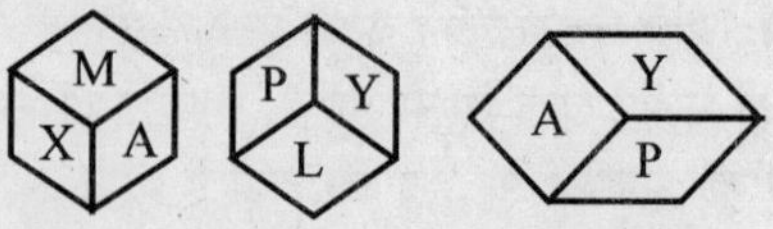

कौन-सा अक्षर L के उल्टी तरफ होगा ?

A. A B. P
C. M D. X
E. Y

19. 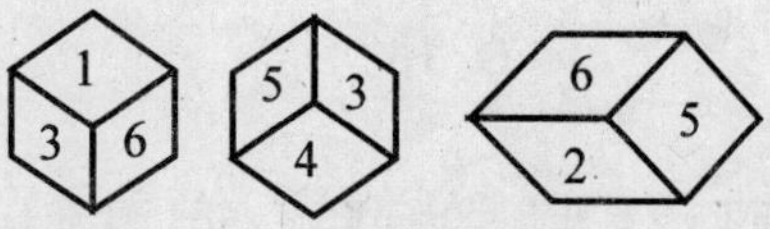

कौन-सा अंक 4 के विपरीत होगा ?

A. 1 B. 2
C. 5 D. 6
E. 3

निर्देश (प्रश्न 20 से 23) : *निम्नलिखित प्रश्न पासे पर आधारित हैं, जिसमें 1 से 6 अंक अलग-अलग तरह से दिए गए हैं, जैसा कि प्रत्येक प्रश्न में दर्शाया गया है।*

20. यदि '1', 2, 3 और 5 का निकटवर्ती अंक है, तो निम्नलिखित में से कौन-सा कथन अनिवार्यत: सत्य है :

A. '1' '4' का निकटवर्ती है B. '1' '6' का निकटवर्ती है
C. '2' '5' का निकटवर्ती है D. '4' '6' का निकटवर्ती है
E. इनमें से कोई नहीं

21. यदि '1' '5' के विपरीत है और '2' '3' के तो :

A. '4' '5' और '6' का निकटवर्ती है
B. '6' '3' और '4' का निकटवर्ती है
C. '2' '4' और '6' का निकटवर्ती है
D. '4' '3' और '6' का निकटवर्ती है
E. इनमें से कोई नहीं

22. यदि '1' 2, 4 और 6 का निकटवर्ती है, तो निम्नलिखित में से कौन-सा कथन अनिवार्यत: सत्य है :

A. '3' '5' का विपरीत है B. '3' '5' का निकटवर्ती है
C. '1' '3' का निकटवर्ती है D. '2' '6' के विपरीत है
E. इनमें से कोई नहीं

23. यदि '2' '3' के विपरीत है और 4 एवं 6 का निकटवर्ती है, तो निम्नलिखित में से कौन-सा कथन अनिवार्यत: सत्य है ?

A. '1', 2 और 3 का निकटवर्ती है
B. '4' 2 और 6 का निकटवर्ती है
C. '4' '6' के विपरीत है
D. '1' '5' के विपरीत है
E. इनमें से कोई नहीं

निर्देश (प्रश्न 24 से 26) : *नीचे दी गई आकृति में 27 घन हैं। अब निम्नलिखित प्रश्नों के उत्तर दीजिए :*

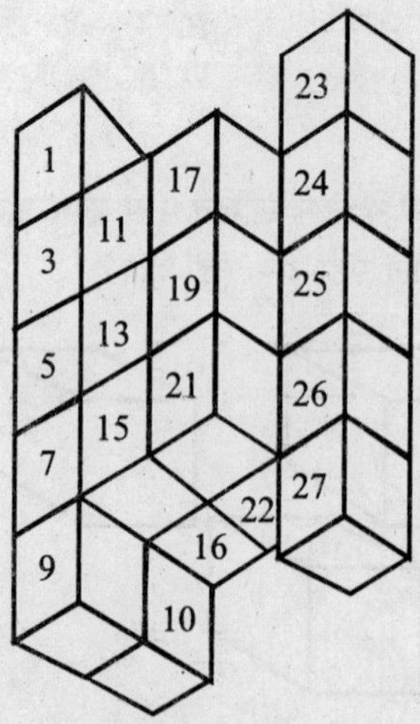

24. 3, 8, 20 या 27 में से कौन-सा घन सबसे अधिक घनों को स्पर्श करता है ?

A. 3 B. 8
C. 20 D. 27
E. इनमें से कोई नहीं

25. उन घनों की संख्या कितनी है जिनके फलक सर्वाधिक संख्या में अन्य घनों को स्पर्श करते हैं ?

A. 1 B. 2
C. 3 D. 4
E. इनमें से कोई नहीं

26. 7, 21, 22 या 23 में से कौन-सा घन सबसे कम घनों को स्पर्श करता है ?

A. 7 B. 21
C. 22 D. 23
E. इनमें से कोई नहीं

निर्देश (प्रश्न 27 एवं 28) : *नीचे दिए गए प्रत्येक प्रश्न में एक पासा दिया गया है जिस पर कुछ अक्षर या अंक अंकित हैं और उन्हें तीन अलग-अलग स्थितियों में रखा गया है। अब निम्नलिखित प्रश्नों का उत्तर दीजिए:*

27. कौन-सा अक्षर Q के विपरीत है ?

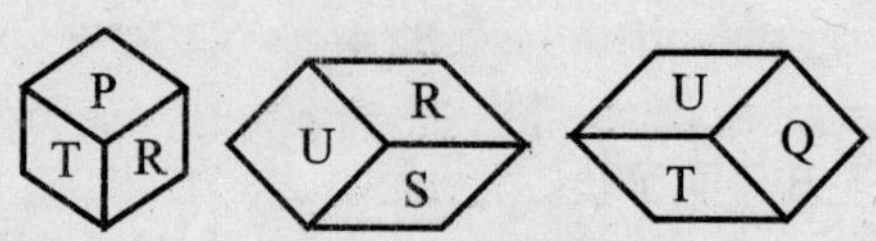

A. P B. R
C. S D. T
E. Q

28. यदि घन के तीन दिखाई पड़ने वाले फलकों में से एक छिपा हुआ है तो O के विपरीत कौन-सा अक्षर होगा ?

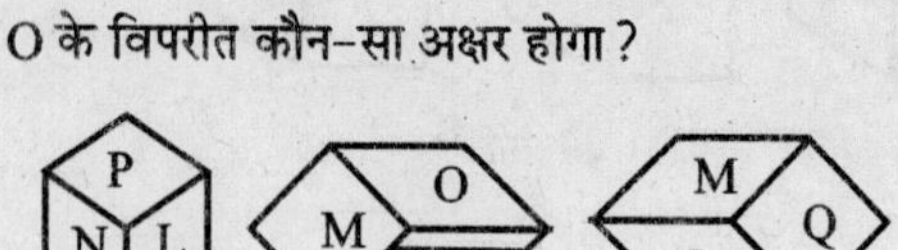

A. L B. N
C. P D. Q
E. इनमें से कोई नहीं

निर्देश (प्रश्न 29 एवं 30) : *प्रत्येक भुजा 3 सेमी. वाले एक ठोस घन को विपरीत युग्म फलकों में लाल, नीले और हरे रंग से रंगा गया है। इसके बाद इसे 1 सेमी. प्रत्येक भुजा वाले छोटे घनों में काट लिया गया है। अब निम्नलिखित प्रश्नों का उत्तर दीजिए:*

29. कितने घनों की केवल एक ओर (फलक) पेंट किया हुआ है?
A. 6 B. 4
C. 12 D. 9
E. 15

30. कितने घनों का एक फलक नीले रंग से और दूसरा फलक लाल या हरे रंग से रंगा है?
A. 4 B. 6
C. 8 D. 12
E. 15

निर्देश (प्र.सं. 31 से 33): *नीचे दी गई जानकारियों को पढ़ें तथा उस पर आधारित प्रश्नों के उत्तर दें।*

(i) किसी आयताकार लकड़ी के टुकड़े की लंबाई, चौड़ाई तथा ऊँचाई क्रमशः 4 सेंमी., 3 सेंमी. तथा 5 सेंमी. है।

(ii) 5 सेंमी. × 4 सेंमी. सतह के विपरीत सतह लाल रंग से रंगी हुई है।

(iii) 4 सेंमी. × 3 सेंमी. वाली सतह के विपरीत सतह नीले रंग से रंगी हुई है।

(iv) शेष 5 सेंमी. × 3 सेंमी. वाली सतह दोनों तरफ हरे रंग से रंगी हुई है।

(v) अब एक 1 सेंमी. × 1 सेंमी. × 1 सेंमी. का एक टुकड़ा घनाभ के रूप में काटा गया हे।

31. कितने घनाभों में तीनों रंग मौजूद होंगे?
A. 8 B. 10
C. 12 D. 14
E. इनमें से कोई नहीं

32. कितने घनाभों में कोई भी रंग मौजूद नहीं होगा?
A. कोई नहीं B. 2
C. 4 D. 6
E. इनमें से कोई नहीं

33. कितने घनाभों में सिर्फ दो रंग लाल तथा हरा क्रमशः दो सतहों पर होगा?
A. 8 B. 12
C. 16 D. 20
E. इनमें से कोई नहीं

उत्तरमाला

1	2	3	4	5	6	7	8	9	10
C	D	B	D	D	C	B	B	B	B
11	**12**	**13**	**14**	**15**	**16**	**17**	**18**	**19**	**20**
B	B	C	A	A	A	D	A	D	D
21	**22**	**23**	**24**	**25**	**26**	**27**	**28**	**29**	**30**
A	D	B	C	A	D	B	A	A	C
31	**32**	**33**							
A	D	B							

व्याख्यात्मक उत्तर

1. ऊपर और नीचे अंकित अक्षर क्रमश: W और D हैं तथा घड़ी की सुइयों की दिशा में फलकों पर अंकित अक्षर U, Y, M और S हैं।

2. यहां तीन पंक्तियां हैं जिनमें प्रत्येक में 1 घन है। दो पंक्तियों में प्रत्येक में 2-2 घन हैं। केवल एक कॉलम ऐसा है जिसमें प्रत्येक में 3 घन हैं। इस प्रकार घनों की कुल संख्या है: $(3 \times 1) + (2 \times 2) + (1 \times 3)$, अर्थात, $3 + 4 + 3 = 10$.

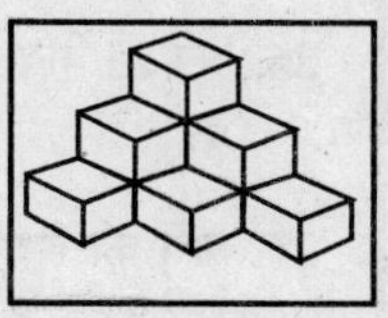

3. जब 5 और 6 विपरीत फलकों पर हैं तो विपरीत फलकों की संख्या होगी 4—1 और 2—3. अत: यदि 2 सबसे नीचे है, तो 3 शीर्ष पर होगा।

4. जिन भुजाओं को ठीक तरह से विपरीत समझा जा सकता है, वे हैं, 1—3, 2—4 और 5—6. अत: जब 2 नीचे है, तो 4 ऊपर होगा।

5. यदि abcd भुजा लाल है तब abef सफेद और aceg नीला होगा। यदि भुजा bdfh नारंगी (नीला के विपरीत) है तब cdgh काला और efgh पीला होगा (लाल के विपरीत और सबसे नीचे)

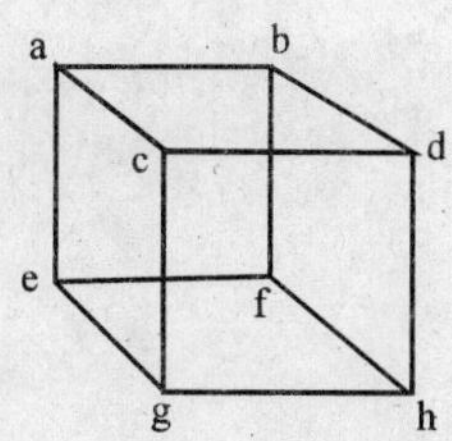

6. एक ही पासे की दी गई आकृतियों के अनुसार 6 के निकटवर्ती अंक हैं 5, 4, 2 और 3. अत: 6 के विपरीत फलक पर अंक 1 होगा।

7. एक ही पासे की अलग-अलग स्थिति को देखने के उपरांत जिन भुजाओं को साफतौर से एक-दूसरे के विपरीत समझा जा सकता है वे हैं : 2 – 4, 3 – 1 और 5 – 6

8. इंद्रधनुष के रंगों का क्रम VIBGYOR है, केवल V अर्थात बैंगनी छूट गया है।

9. एक ही पासे की अलग-अलग स्थितियां देखकर यह आसानी से समझा जा सकता है कि:

(*i*) 1 के निकटवर्ती भुजाएं 5, 4, 6 और 2 हैं। अत: 1 के विपरीत भुजा 3 है।

(*ii*) 5 के निकटवर्ती भुजाएं 3, 4, 1 और 2 हैं। अत: 5 के विपरीत भुजा 6 है।

(*iii*) 4 के निकटवर्ती भुजाएं 3, 6, 5 और 1 हैं। अत: 4 के विपरीत भुजा 2 है।

अत: जब 2 शीर्ष पर है तो 4 तल पर होगा।

10. संख्या 1, 2, 3 और 4 पासे पर निकटवर्ती भुजाओं पर मौजूद हैं, जबकि 5 और 6 विपरीत भुजाओं पर हैं। यहां अंकों के निकटवर्ती क्रम पर ध्यान दें तो जिस भुजा पर ? चिह्न मौजूद है वहां 2 आएगा। यदि अंक 6 शीर्ष पर है तो 4 उस भुजा पर आएगा जिस पर ? चिह्न मौजूद है।

11. 2 के निकटवर्ती अंक हैं : 5, 3, 1 और 6. अत: 2 और 4 विपरीत भुजाओं पर हैं। यदि 2 सबसे नीचे वाली भुजा पर है, तो 5 और 3 निकटवर्ती अंक हैं। अत: जब 4 शीर्ष पर हो तो 1 और 6 निकटवर्ती अंक होंगे।

प्र.सं. 12-14 तक के लिए

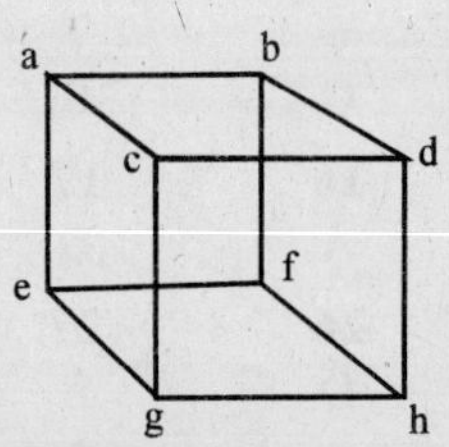

abcd और abef लाल रंग से रंगी भुजाएं हैं, aceg और bdfh पीली भुजाएं हैं, efgh और cdgh हरी भुजाएं हैं। ध्यान दें कि लाल और हरे रंग वाली भुजाएं आपस में निकटवर्ती हैं। अत: लाल के दो कोने वाले घन खण्ड और 2 हरे कोने वाले घन खण्ड (कुल 4 घन) के दो फलकों को रंगा गया होगा और वो भी एक ही रंग से। घन के सभी किनारे वाले टुकड़ों की तीन भुजाओं को रंगा गया होगा, अर्थात 8 घन को। पीला रंग विपरीत भुजाओं पर है। घन की एक भुजा को लेकर आरेख रूप में इस प्रकार व्याख्या की जा सकती है :

a	b	b	a
b	c	c	b
b	c	c	b
a	b	b	a

'c' बीच वाले टुकड़े हैं जिनकी 1 भुजा को पीले रंग से रंगा गया है। अत: 4 × 2 (भुजाएं) अर्थात 8 घनों की केवल 1 भुजा पीले रंग से रंगी गई होगी। यह भी ध्यान दें कि जब एक रंग किए गए घन को इसी तरह छोटे घन के रूप में काटा जाता है तो सभी टुकड़े रंगे गए हुए नहीं होते। एक छोटे घन में रंगी गई भुजाओं की अधिकतम संख्या 3 होगी। किसी भी घन की सभी भुजाएं नहीं रंगी गई होंगी।

प्र.सं. 15-17 तक के लिए

दी गई सूचना के अनुसार घन की दो स्थितियां इस प्रकार होंगी:

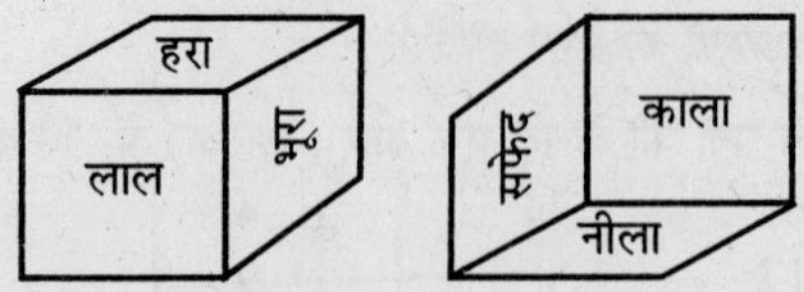

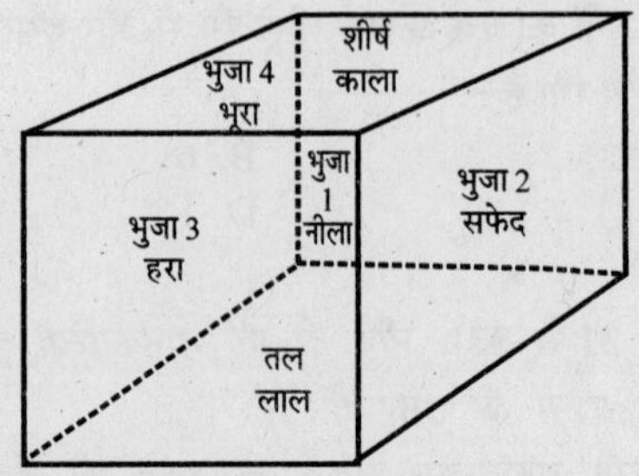

पूरा घन इस प्रकार होगा :

विपरीत भुजाओं पर रंग इस प्रकार से होंगे : लाल—काला, हरा—नीला और भूरा—सफेद

18. पासे की स्थिति से यह स्पष्ट है कि A के निकटवर्ती अक्षर X, M, Y और P हैं। अत: A और L विपरीत अक्षर हैं।

19. पासे की स्थिति से यह स्पष्ट है कि 3 के निकटवर्ती अंक 1, 6, 5, 4 हैं। अत: 3 का विपरीत अंक 2 है। 6 के निकटवर्ती अंक 1, 3, 2 और 5 हैं। अत: 6 के विपरीत अंक 4 मौजूद है। स्पष्टतया अब विपरीत अंक 3—2, 6—4 और 1—5 होंगे।

24. अंक 20 से अंकित घन की भुजाएं पांच अन्य घनों को छूती हैं अर्थात सबसे अधिक घनों को। वे पांच घन हैं : 14, 18, 19, 22 और 25.

25. जिस घन की सबसे अधिक भुजाएं अन्य घनों को छूती हैं उसे 20 अंक से चिह्नित किया गया है। यहां केवल 1घन है जो दी गई स्थितियों को संतुष्ट करता है।

26. घन 23 केवल 1घन को छूता है अर्थात घन 24 को स्पर्श करता है।

27. पासे की स्थिति से यह स्पष्ट है कि R के निकटवर्ती अक्षर P, T, U और S हैं। अत: R के विपरीत Q भुजा है। साथ ही U के निकटवर्ती अक्षर R, S, T और Q हैं। अत: U के विपरीत भुजा P है। अब स्पष्ट तौर पर विपरीत भुजाएं हैं: R—Q, U—P और S—T

28. पासे की स्थितियों से यह स्पष्ट है कि L के निकटवर्ती अक्षर P, N, M और Q हैं। अत: इसका साफ अर्थ है कि विपरीत भुजाएं O और L हैं।

प्र.सं. 29 एवं 30 तक के लिए

सम्पूर्ण घन इस प्रकार है :

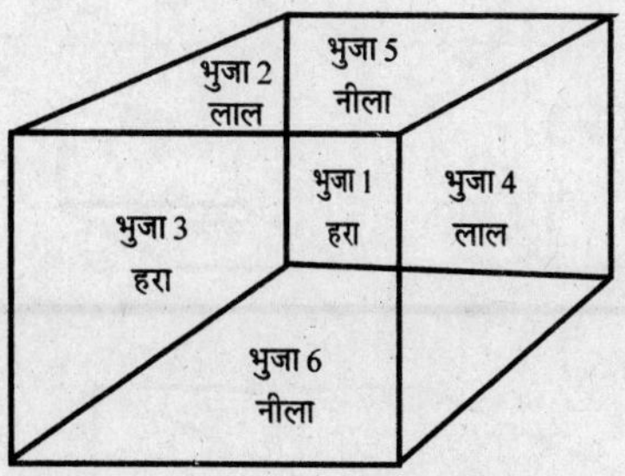

विभाजित घन है

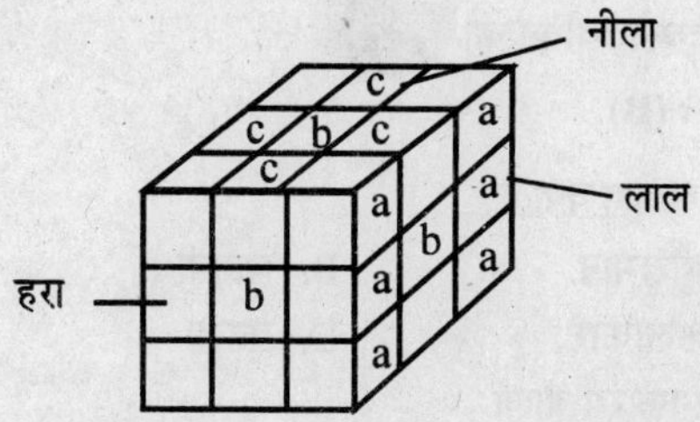

'a'— 12 घनों (6 प्रत्येक विपरीत भुजाओं पर) के एक भुजा पर लाल और दूसरे पर हरा रंग चढ़ा है

'b'— 6 घनों (प्रत्येक भुजा पर 1) की केवल एक भुजा रंगी हुई है

'c'— 8 घनों (4 प्रत्येक विपरीत भुजा पर) की एक भुजा पर नीला और दूसरे पर लाल या हरा रंग चढ़ा है।

प्र.सं. 31-33 तक के लिए

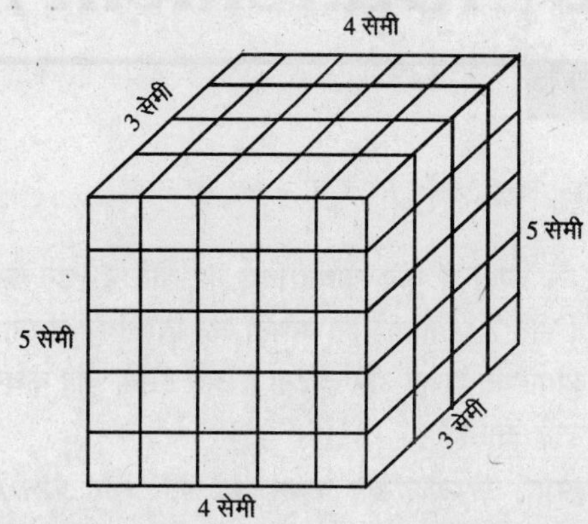

31. इनके आठों किनारे (कोना) पर अवस्थित घन में तीनों रंग अवस्थित होंगे।

32. छः घन जो उनके अंदर भाग में अवस्थित होंगे जिनके सभी सतह रंगहीन होंगे।

○○○

20 कथन विश्लेषण (Statement Analysis)

इस प्रकार के प्रश्नों में कुछ कथन दिए गए होते हैं। इन कथनों में कुछ तथ्य मौजूद होते हैं। आपको इन कथनों का विश्लेषण करना है, दिए गए तथ्यों को व्यवस्थित करना और छांटना है और इसके बाद कथन से संबंधित प्रश्नों का उत्तर देना है।

उदाहरण: *निम्नलिखित कथन को पढ़ें और प्रश्न 1 तथा 2 का उत्तर दें :*

पांच व्यक्ति एक के पीछे एक होकर दौड़ रहे हैं। इनमें से एक भारी, एक मोटा, एक पतला, एक नाटा और एक लंबा है। भारी और लंबे व्यक्ति में से एक कलाकार है और दूसरा बातूनी। दुबला व्यक्ति, जो बुद्धिमान है, मध्य में है। नाटा व्यक्ति काला नहीं है और जिसका रंग साफ है वह दुबले व्यक्ति से आगे है। भारी व्यक्ति, जो कलाकार नहीं है, मोटे व्यक्ति के सामने है।

1. किसका रंग साफ है?

A. लंबे व्यक्ति का B. मोटे व्यक्ति का
C. नाटे व्यक्ति का D. भारी व्यक्ति का
E. दुबले व्यक्ति का

उत्तर : (B)

2. लंबा व्यक्ति क्या है?

A. बुद्धिमान B. बातूनी
C. कलाकार D. काला
E. साफ रंग वाला

उत्तर : (C)

पांचों व्यक्तियों के गुणों की तालिका :

भारी व्यक्ति बातूनी है
मोटा व्यक्ति साफ रंग वाला है
दुबला व्यक्ति बुद्धिमान है
नाटा व्यक्ति काला नहीं है
लंबा व्यक्ति कलाकार है

वस्तुनिष्ठ प्रश्न

1. विपुल हंस से लंबा है। हंस आनंद से लंबा है। अलोक अशोक से लंबा है। अशोक हंस से लंबा है। इनमें से कौन सबसे लंबा है ?

A. विपुल B. अलोक
C. अशोक D. निर्धारित नहीं किया जा सकता
E. इनमें से कोई नहीं

2. सुषमा रश्मि से धनी है जबकि आनंद प्रिया से अमीर है। अरुण रश्मि जितना अमीर है। शोभा सुषमा से अमीर है।

उपर्युक्त कथन के आधार पर निम्नलिखित में से कौन-सा कथन सही है।

A. रश्मि प्रिया से गरीब है B. प्रिया अरुण से अमीर है
C. अरुण सुषमा से गरीब है D. आनंद रश्मि से अमीर है
E. इनमें से कोई नहीं

3. अंग्रेजी में सुबोध के अंक इतिहास में गोपाल के अंक से उतने ही अधिक हैं जितने अंग्रेजी में प्रमोद के अंक से कम हैं। अंग्रेजी में सुबोध के अंक जानने के लिए (*a*) और (*b*) में दिए गए कौन-से कथन पर्याप्त होंगे ?

(*a*) इतिहास में गोपाल के अंक
(*b*) इतिहास में प्रमोद के अंक

A. (*a*) और (*b*) दोनों की एक साथ जरूरत है
B. केवल (*b*) पर्याप्त है
C. या तो (*a*) या (*b*) पर्याप्त है
D. (*a*) और (*b*) दोनों पर्याप्त नहीं हैं
E. केवल (*a*) पर्याप्त है

4. अशोक प्रबीर और गोपाल से आयु में छोटा है। सोहन प्रबीर से छोटा है पर गोपाल से बड़ा है। निम्नलिखित में से कौन-सा कथन सुनिश्चित रूप से सत्य है ?

A. अशोक सोहन से बड़ा है
B. सोहन सबसे बड़ा है

C. गोपाल अशोक से छोटा है
D. गोपाल प्रबीर से बड़ा है
E. गोपाल इनमें से सबसे छोटे व्यक्ति के बाद आता है

निर्देश (प्रश्न 5 एवं 6) : *A. गोपाल अशोक से कम लंबा है पर कुहव से लंबा है; B. नवीन कुहव से नाटा है; C. जयेश नवीन से लंबा है; D. अशोक जयेश से लंबा है।*

5. इनमें से कौन सबसे लंबा है ?

A. गोपाल | B. अशोक
C. जयेश | D. नवीन
E. कुहव

6. उपर्युक्त प्रश्न का उत्तर देने के लिए निम्नलिखित में से कौन-सी सूचना जरूरी नहीं है ?

A. A | B. B
C. C | D. D
E. सभी अनिवार्य हैं

निर्देश (प्रश्न 7 एवं 8) : *निम्नलिखित निर्देशों को पढ़कर नीचे दिए गए प्रश्नों का उत्तर दीजिए :*

रवि, हरि, मनु और जतिन चार दोस्त हैं। इनमें से एक कानपुर में रहता है और उसे पढ़ने-लिखने का शौक है। हरि और जतिन लखनऊ में रहते हैं। हरि को डाक टिकट संग्रह का शौक है। लखनऊ में रह रहे दो दोस्तों का एक ही शौक है सिक्के संग्रहीत करना। इलाहाबाद में रहने वाले लड़के को यात्रा करने और कॉमिक्स पढ़ने का शौक है। यदि प्रत्येक लड़के के दो-दो शौक हैं, तो निम्नलिखित प्रश्नों का उत्तर दें :

7. कानपुर में कौन रहता है ?

A. जतिन | B. मनु
C. रवि | D. हरि
E. इनमें से कोई नहीं

8. निम्नलिखित में से कौन रवि का शौक नहीं है ?

A. कॉमिक्स पढ़ना | B. पढ़ना
C. यात्रा करना | D. कुछ नहीं कहा जा सकता
E. इनमें से कोई नहीं

निर्देश (प्रश्न 9 से 11) : *चार युवकों राज, प्रेम, वेद और अशोक के सुषमा, कुसुम, विमला और पूनम नाम की चार लड़कियों के साथ मित्रतापूर्ण संबंध हैं सुषमा और विमला आपस में सहेलियां हैं। वेद की गर्ल फ्रेंड सुषमा और विमला को पसंद नहीं करती। कुसुम को वेद की परवाह नहीं है। प्रेम की गर्ल फ्रेंड सुषमा की सहेली है। सुषमा राज को पसंद नहीं करती।*

9. कौन सुषमा और विमला को पसंद नहीं करता ?

A. राज | B. अशोक
C. वेद | D. पूनम
E. आंकड़े अपर्याप्त हैं

10. पूनम का ब्वाय फ्रेंड कौन है ?

A. राज | B. अशोक
C. प्रेम | D. वेद
E. आंकड़े अपर्याप्त हैं

11. राज की गर्ल फ्रेंड कौन है ?

A. पूनम | B. विमला
C. सुषमा | D. कुसुम
E. आंकड़े अपर्याप्त हैं

निर्देश (प्रश्न 12 से 14) : *नीचे दिए गए प्रश्नों का उत्तर देने के लिए निम्नलिखित सूचना पढ़ें:*

निम्नलिखित के अनुसार सोमवार से रविवार तक प्रत्येक दिन केवल एक बार छह लेक्चर A, B, C, D, E और F आयोजित किए जाने हैं......

(*i*) C शुक्रवार को आयोजित नहीं किया जाना चाहिए
(*ii*) A को D के तत्काल बाद आयोजित किया जाना चाहिए
(*iii*) B और F के बीच दो दिन का अंतर होना चाहिए
(*iv*) एक दिन कोई भी लेक्चर नहीं होगा (यह दिन शनिवार नहीं है), इस दिन से ठीक पहले F आयोजित होगा
(*v*) E को बुधवार को आयोजित किया जाना चाहिए तथा इसके बाद F को आयोजित नहीं होना चाहिए

12. लेक्चरों के आयोजन के संपूर्ण अनुक्रम को जानने के लिए किस सूचना की आवश्यकता नहीं होगी ?

A. केवल (*i*) | B. केवल (*ii*)
C. केवल (*v*) | D. केवल (*i*) और (*ii*)
E. सभी की आवश्यकता है

13. F और D के बीच कितने लेक्चर आयोजित किए जाएंगे ?

A. कोई नहीं | B. एक
C. दो | D. तीन
E. इनमें से कोई नहीं

14. किस दिन कोई भी लेक्चर नहीं होगा ?

A. रविवार
B. शुक्रवार
C. सोमवार
D. निर्धारित नहीं किया जा सकता
E. इनमें से कोई नहीं

निर्देश (प्रश्न 15 से 17): *नीचे दी गई जानकारी का सावधानीपूर्वक अध्ययन करें और फिर इसके नीचे दिए गए प्रश्नों का उत्तर दें:*

(*i*) A, B, C, D, E, F और G एक परिवार के सात सदस्य हैं
(*ii*) इनमें से छह लोगों का अलग-अलग पेशा हैङ्कएकाउंटेंट, वकील, शिक्षक, मैनेजर, डॉक्टर और इंजीनियर तथा एक विद्यार्थी है
(*iii*) परिवार में दो विवाहित दंपत्ति हैं
(*iv*) A और F क्रमशः एकाउंटेंट और डॉक्टर हैं
(*v*) 'D' 'B' का पिता है और G के दादा इंजीनियर हैं
(*vi*) कोई भी स्त्री न तो इंजीनियर है न डॉक्टर
(*vii*) G, जो एक विद्यार्थी है E का पोता है

15. निम्नलिखित में से कौन एक विवाहित दंपत्ति है ?

A. BC | B. BD
C. BF | D. AC
E. इनमें से कोई नहीं

16. 'C' 'G' से किस प्रकार संबंधित है ?

A. माता
B. चाची
C. बहन
D. आंकड़े अपर्याप्त हैं
E. इनमें से कोई नहीं

17. E का व्यवसाय क्या है ?

A. शिक्षक
B. मैनेजर
C. शिक्षक या मैनेजर
D. डॉक्टर
E. इनमें से कोई नहीं

निर्देश (प्रश्न 18 से 20) : *यहां A, B, C, D और E पांच पुरुष हैं तथा P, Q, R, S, T, और U छह स्त्रियां हैं। A, B और R वकील हैं, C, D, P, Q और S डॉक्टर हैं और बाकी सभी शिक्षक हैं। निम्नलिखित शर्तों के आधार पर इन ग्यारह लोगों में से कुछ टीमें चुनी जानी हैं:*

A, P और U को एक साथ रहना है
'B' D या R के साथ नहीं जा सकता
E और Q को एक साथ रहना है
C और T को एक साथ रहना है
D और P एक साथ नहीं रह सकते
'C' Q के साथ नहीं जा सकता

18. यदि एक टीम में एक वकील, दो डॉक्टर और तीन शिक्षक हों और C को T के साथ नहीं जाना हो तो टीम के सदस्य होंगे :

A. AEPQSU
B. AEPQTU
C. BEQSTU
D. EQRSTU
E. इनमें से कोई नहीं

19. यदि एक टीम में एक पुरुष वकील, एक पुरुष डॉक्टर, एक महिला डॉक्टर और दो शिक्षक हों तो टीम के सदस्य होंगे :

A. ACPTU
B. BCEQT
C. ADEPT
D. ADEPU
E. इनमें से कोई नहीं

20. यदि एक टीम में एक वकील, तीन डॉक्टर और एक पुरुष शिक्षक हों तो टीम के सदस्य होंगे:

A. ADPSU
B. DEQRS
C. CDRST
D. DEQRT
E. इनमें से कोई नहीं

निर्देश (प्रश्न 21 एवं 22) : *दिए गए प्रश्नों का उत्तर देने के लिए निम्नलिखित जानकारी को ध्यान से पढ़ें:*

रविवार से शनिवार, इन सात दिनों के बीच A, B, C, D, E और F छह लेक्चर आयोजित किए जाने हैं। निम्नलिखित के अनुसार एक दिन में केवल एक लेक्चर होना है:

(*i*) A बृहस्पतिवार को आयोजित नहीं होना है
(*ii*) C को F के तत्काल बाद आयोजित किया जाना है
(*iii*) E और D के बीच दो दिन का अंतर होना चाहिए
(*iv*) एक दिन कोई लेक्चर नहीं होगा (शुक्रवार वह दिन नहीं है), इस दिन से ठीक पहले D का आयोजन होगा।
(*v*) B को मंगलवार को आयोजित किया जाना है तथा इसके बाद D का आयोजन नहीं होना चाहिए।

21. किस दिन कोई भी लेक्चर नहीं होगा ?

A. रविवार
B. शुक्रवार
C. सोमवार
D. निर्धारित नहीं किया जा सकता
E. इनमें से कोई नहीं

22. लेक्चरों के आयोजन के संपूर्ण अनुक्रम को ज्ञात करने के लिए किस सूचना की आवश्यकता नहीं होगी ?

A. केवल (*i*)
B. केवल (*ii*)
C. केवल (*v*)
D. केवल (*i*) और (*ii*)
E. सभी की आवश्यकता होगी

निर्देश (प्रश्न 23 से 25) :

(*i*) P, Q, R, S, T और U 6 सदस्यों का एक समूह है जिसमें तीन पुरुष और तीन महिलाएं हैं
(*ii*) इनमें दो इंजीनियर, दो वकील तथा एक डॉक्टर और एक शिक्षक हैं
(*iii*) Q, T, P और R दो विवाहित सदस्य हैं और इस समूह में हर एक का पेशा अलग-अलग है
(*iv*) नीले ड्रेस वाली T जो एक शिक्षिका है, का विवाह पुरुष वकील से हुआ है जिसकी ड्रेस भूरी है
(*v*) दोनों पतियों के ड्रेस एक जैसे हैं और दोनों पत्नियों की ड्रेसें भी एक जैसी हैं
(*vi*) दो व्यक्तियों की ड्रेसें नीली तथा दो की भूरी हैं, बाकी दो व्यक्तियों में से एक की ड्रेस काली है और दूसरे की हरी
(*vii*) P एक पुरुष है जो एक इंजीनियर है जिसकी बहन S भी एक इंजीनियर है
(*viii*) Q एक डॉक्टर है

23. निम्नलिखित में से कौन-सा महिला सदस्यों का समूह है ?

A. QSU
B. QSR
C. QST
D. QTU
E. इनमें से कोई नहीं

24. U के ड्रेस का रंग क्या है ?

A. काला
B. हरा
C. काला या हरा
D. आंकड़े अपर्याप्त हैं
E. इनमें से कोई नहीं

25. R का व्यवसाय क्या है ?

A. शिक्षक
B. वकील
C. इंजीनियर
D. डॉक्टर
E. निर्धारित नहीं किया जा सकता

निर्देश (प्रश्न 26 से 28): *दी गई सूचना 1, 2, 3, 4, 5 तथा 6 का ध्यानपूर्वक अध्ययन कीजिए तथा पूछे गए प्रश्नों के उत्तर दीजिए।*

वैज्ञानिक इस बात को लेकर परेशान हैं कि फॉगिंग में बहुत अधिक कीटनाशकों के प्रयोग के कारण मच्छर अधिक से अधिक प्रतिरोधी होते जा रहे हैं। इस कारण प्रतिरोधकों का असर समय के साथ कम होने लगा है।

1. मच्छरों में विकसित प्रतिरोधकता अन्य कीटों की अपेक्षा सर्वाधिक है। यह प्रदर्शित करता है कि मच्छर अन्य कीटों की अपेक्षा अधिक अनुकूलता ग्रहण करते हैं।

2. यदि कीटनाशकों की अधिकता को नहीं रोका गया तो यह इतना जहरीला हो जाएगा कि मनुष्य के स्वास्थ्य के साथ पूरे पारिस्थितिकी तंत्र को नष्ट कर देगा।
3. जहाँ पर मच्छरों के लिए कीटनाशकों का अधिक प्रयोग किया जाता है वहाँ अन्य क्षेत्रों की तुलना में मच्छरों का नियंत्रण अधिक प्रभावी है।
4. मच्छरों को भगाने के लिए प्रयोग होने वाले कीटनाशकों को सरकारी आदेश पर सस्ते दामोंपर बेचा जाना चाहिए परन्तु केवल अधिक कीटनाशक की सान्द्रता वाले कीटनाशकों से ही अधिक मुनाफा मिलता है।
5. सरकार को अधिक कीटनाशकों की सान्द्रता के लिए एक नीति बनानी चाहिए तथा उनका सख्त कार्यान्वयन सुनिश्चित करना चाहिए।
6. मच्छरों में अनुकूलता की क्षमता उनके अन्दर ही होती है इसके लिए वह कीटनाशकों की प्रयुक्त मात्रा पर निर्भर नहीं रहते।

26. दिए गए कथनों में से कौन-सा कथन उपरोक्त सूचनाओं को क्षीण करता है?
A. 1　B. 4
C. 5　D. 2
E. 6

27. एक उद्योग विशेषज्ञ के अनुसार, मच्छरों में पैदा हुई अनुकूलता किसी कम्पनी द्वारा अपने बिजनेस को बढ़ाने के मकसद से की गई हो सकती है।
कौन-सा कथन विशेषज्ञ के कथन को प्रमाणित करता है?
A. 3 और 4 दोनों　B. केवल 3
C. केवल 4　D. केवल 2
E. केवल 1

28. निम्न में से कौन कीटनाशकों की अधिकता का परिणाम है?
A. 6　B. 4
C. 1　D. 2
E. 3

निर्देश (प्र.सं. 29–33) : *निम्नलिखित कथन को पढ़ें और पूछे गए प्रश्नों के उत्तर दें :*

ईना, मीरा, मीना और मोना चार लड़कियां हैं। इनमें से एक लड़की चेन्नई में रहती है और उसे मिट्टी की मूर्तियां बनाने और पढ़ने का शौक है। मीरा मुंबई में रहती है। ईना भी मुंबई में रहती है और उसे नृत्य का शौक है। मुंबई में रहने वाली दोनों लड़कियों को बागवानी का शौक है। मोना दिल्ली में रहती है और उसे चित्रकारी और फोटोग्राफी का शौक है। मुंबई में रहने वाली एक लड़की को यात्राएं करना अच्छा लगता है। यदि इन सभी लड़कियों में से प्रत्येक के दो-दो शौक हों, तो इस वक्तव्य के आधार पर निम्नलिखित प्रश्नों के उत्तर दें:

29. यात्राएं करना किसे अच्छा लगता है?
A. ईना　B. मीरा
C. मीना　D. मोना
E. इनमें से कोई नहीं

30. किस लड़की को नृत्य और बागवानी का शौक है?
A. ईना　B. मोना
C. मीरा　D. मीना
E. इनमें से कोई नहीं

31. चेन्नई में कौन रहती है?
A. मीना　B. ईना
C. ये दोनों　D. इनमें से कोई नहीं
E. कहा नहीं जा सकता

32. निम्नलिखित में से किसे बागवानी का शौक है?
A. मीना　B. मीरा
C. इन दोनों को　D. इनमें से कोई नहीं
E. कहा नहीं जा सकता

33. मीना के निम्नलिखित में से कौन-से शौक हैं?
A. पढ़ना, नृत्य
B. बागवानी, चित्रकारी
C. यात्राएं करना, नृत्य
D. मिट्टी की मूर्तियां बनाना, पढ़ना
E. इनमें से कोई नहीं

निर्देश (प्र.सं. 34–36): *दिए गए प्रश्नों के उत्तर देने के लिए निम्न जानकारी को ध्यान से पढ़िए:*

A, B, C, D, E और F नामक छह मित्रों में से प्रत्येक को एक परीक्षा में अलग-अलग अंक मिले। C को केवल A व E से अधिक अंक मिले। D को केवल B से कम अंक मिले। E को सबसे कम अंक नहीं मिले। जिसे तीसरे सर्वाधिक अंक मिले उसे 81 अंक मिले। E को 62 अंक मिले।

34. संभावित रूप से C के अंक निम्न में से कौन से हो सकते हैं?
A. 70　B. 94
C. 86　D. 61
E. 81

35. दी गई जानकारी के संबंध में निम्न में से कौन सत्य हो सकते हैं?
A. D के अंक निश्चित तौर पर 60 से कम थे।
B. F को सर्वाधिक अंक मिले।
C. केवल दो लोगों को C से अधिक अंक मिले।
D. संभावना है कि B को 79 अंक मिले।
E. कोई सत्य नहीं है।

36. जिस व्यक्ति को सर्वाधिक अंक मिले, उसे F के अंकों से 13 अंक अधिक मिले। निम्न में से D के अंक कौन से हो सकते हैं?
A. 94　B. 60
C. 89　D. 78
E. 81

निर्देश (प्र.सं. 37 एवं 38): *निम्नलिखित जानकारी का अध्ययन कर दिए गए प्रश्नों का उत्तर दीजिए:*

A, B, C, D, E एवं F एक इमारत, जिसमें छह मंजिलें हैं, के अलग-अलग मंजिलों पर रहते हैं। मंजिलों को 1 से 6 तक क्रम दिया

गया है (भूतल को क्रम 1, इसके ऊपर वाले मंजिल को 2 तथा इसी प्रकार अन्य मंजिलों को क्रम दिया गया है तथा सबसे ऊपरी मंजिल को क्रम 6 दिया गया है।)

A सम संख्या वाली मंजिल पर रहता है। D एवं F की मंजिलों के बीच दो मंजिलें हैं। F, D के ऊपर वाली मंजिल पर रहता है। D, मंजिल संख्या 2 पर नहीं रहता है। B विषम संख्या वाली मंजिल पर नहीं रहता है। C, F के नीचे वाली किसी मंजिल पर नहीं रहता है। E, B के एकदम ऊपर या एकदम नीचे वाली मंजिल पर नहीं रहता है।

37. निम्नलिखित में से कौन D एवं F के ठीक बीच में रहता है?
A. E, B
B. C, B
C. E, C
D. A, E
E. B, A

38. निम्नलिखित किस मंजिल पर B रहता है?
A. छठी
B. चौथी
C. दूसरी
D. पांचवीं
E. निर्धारित नहीं किया जा सकता

निर्देश (प्र.सं. 39–43): *निम्नलिखित जानकारी को ध्यान से पढ़ें और नीचे दिए गए प्रश्नों के उत्तर दीजिए :*

P, Q, R, S, T, V, W और Z तीन गंतव्य स्थानों दिल्ली, चेन्नई और हैदराबाद की तीन भिन्न-भिन्न वाहनों–होंडा सिटी, स्विफ्ट डिजाइर और फोर्ड आइकन में यात्रा कर रहे हैं। इनमें प्रत्येक कार में एक महिला है यानी तीन महिलाएं हैं। प्रत्येक कार में कम-से-कम दो व्यक्ति हैं।

R, Q व W के साथ यात्रा नहीं कर रहा है। T पुरुष है और केवल Z के साथ यात्रा कर रहा है और वे चेन्नई की यात्रा नहीं कर रहे हैं। P, होंडा सिटी में हैदराबाद की यात्रा पर है। S, P की बहन है और फोर्ड आइकन में यात्रा पर है। V व R एक साथ यात्रा कर रहे हैं। W चेन्नई की यात्रा पर नहीं है।

39. किस कार के सदस्य चेन्नई की यात्रा कर रहे हैं?
A. होंडा सिटी
B. स्विफ्ट डिजाइर
C. फोर्ड आइकन
D. या तो स्विफ्ट डिजाइर या फोर्ड आइकन
E. इनमें से कोई नहीं

40. किस कार में चार सदस्य यात्रा कर रहे हैं?
A. कोई नहीं
B. होंडा सिटी
C. स्विफ्ट डिजाइर
D. फोर्ड आइकन
E. होंडा सिटी या फोर्ड आइकन

41. निम्न में से कौन-सा संयोजन तीन महिला सदस्यों को निरूपित करता है?
A. QSZ
B. WSZ
C. PSZ
D. निर्धारित नहीं किया जा सकता
E. इनमें से कोई नहीं

42. W के साथ यात्रा पर कौन है?
A. केवल Q
B. केवल P
C. P व Q दोनों
D. निर्धारित नहीं किया जा सकता
E. इनमें से कोई नहीं

43. निम्न में से किस संयोजन के सदस्य होंडा सिटी में यात्रा कर रहे हैं?
A. PRS
B. PQW
C. PWS
D. डाटा अपर्याप्त है
E. इनमें से कोई नहीं

निर्देश (प्र.सं. 44 से 48): *नीचे दी गई जानकारी का अध्ययन कर दिए गए प्रश्नों का उत्तर दीजिए।*

I. सात व्यक्ति क्रमशः P, Q, R, S, T, V तथा X अलग-अलग शहरों के निवासी हैं, यथा– दिल्ली, मुम्बई, चेन्नई, कोलकाता, बेंगलुरू, हैदराबाद तथा त्रिवेन्द्रम; यह अनिवार्य नहीं है कि इनका क्रम भी यही है। ये सभी व्यक्ति एक अधिवेशन में भाग लेने के लिए अमेरिका गए। इनमें प्रत्येक का अलग-अलग कार्यक्षेत्र है यथा–भाषा साहित्य, भौतिकी, अर्थशास्त्र, मार्केटिंग, कम्प्यूटर, टेक्स्टाइल इंजीनियरिंग तथा सूचना प्रौद्योगिकी।

II. S चेन्नई का है तथा Q का कार्य क्षेत्र टेक्स्टाइल या अर्थशास्त्र नहीं है। R मार्केटिंग का आदमी है तथा मुम्बई का है। कोलकाता का रहने वाला कम्प्यूटर का जानने वाला है। P, जो भाषा साहित्य जानने वाला है दिल्ली का रहने वाला नहीं है। V, भौतिकी का ज्ञाता है तथा त्रिवेन्द्रम का है। सूचना प्रौद्योगिकी का ज्ञाता X है तथा जो बेंगलुरू का है।

44. निम्नलिखित में से कौन आदमी दिल्ली का है?
A. P
B. S
C. T
D. S या T
E. इनमें से कोई नहीं

45. टेक्स्टाइल इंजीनियर कौन है?
A. R
B. T
C. V
D. S या V
E. S या T

46. भाषा साहित्य कार्य क्षेत्र का व्यक्ति निम्नलिखित में से किस शहर का है?
A. बेंगलुरू
B. कोलकाता
C. दिल्ली
D. हैदराबाद
E. इनमें से कोई नहीं

47. निम्नलिखित में से कौन-सा व्यक्ति, शहर तथा कार्य क्षेत्र का संयोजन सही है?
A. S – चेन्नई – अर्थशास्त्र
B. S – चेन्नई – टेक्स्टाइल

C. Q – कोलकाता – कम्प्यूटर
D. T – दिल्ली – अर्थशास्त्र
E. इनमें से कोई नहीं

48. कम्प्यूटर का ज्ञाता कौन है?
A. Q
B. S
C. T
D. डाटा पूर्ण नहीं है
E. इनमें से कोई नहीं

निर्देश (प्र.सं. 49-53) : *निम्नलिखित जानकारी को ध्यान से पढ़िए और नीचे दिए गए प्रश्नों के उत्तर दीजिए।*

A, B, C, D, E, F, G और H एक संस्था के आठ कर्मचारी हैं जो तीन विभागों यथा कार्मिक, प्रशासन व विपणन विभाग में इस तरह काम करते हैं कि किसी एक विभाग में तीन से ज्यादा नहीं हैं। इनमें से प्रत्येक को फुटबाल, क्रिकेट, वालीबाल, बैडमिंटन, लान टेनिस, बास्केट बाल, हाकी और टेबल टेनिस में से कोई एक भिन्न खेल पसंद है लेकिन जरूरी नहीं कि उसी क्रम में।

D प्रशासन में काम करता है और फुटबाल या क्रिकेट पसंद नहीं करता है। F, कार्मिक विभाग में केवल A के साथ काम करता है, जिसे टेबल टेनिस पसंद है। E व H उस विभाग में काम नहीं करते जिसमें D करता है। C को हॉकी पसंद है और विपणन में काम नहीं करता है। G प्रशासन में काम नहीं करता है और न तो क्रिकेट न ही बैडमिंटन पसंद करता है। इनमें से एक जो प्रशासन में काम करता है उसे फुटबाल पसंद है। जिसे वालीबाल पसंद है, वह कार्मिक में काम करता है। प्रशासन में काम करने वालों में से किसी को भी या तो बैडमिंटन या लॉन टेनिस पसंद नहीं है। H को क्रिकेट पंसद नहीं है।

49. निम्न में से कर्मचारियों का कौन-सा समूह प्रशासन विभाग में काम करता है?
A. EGH
B. AF
C. BCD
D. BGD
E. डाटा अपर्याप्त

50. E किस विभाग में काम करता है?
A. कार्मिक
B. विपणन
C. प्रशासन
D. डाटा अपर्याप्त
E. इनमें से कोई नहीं

51. कर्मचारी – विभाग – पसंदीदा खेल का निम्न में से कौन-सा संयोजन सही है?
A. E – प्रशासन – क्रिकेट
B. F – कार्मिक – लान टेनिस
C. H – विपणन – लान टेनिस
D. B – प्रशासन – टेबल टेनिस
E. इनमें से कोई नहीं

52. E का पसंदीदा खेल कौन-सा है?
A. क्रिकेट
B. बैडमिंटन
C. बास्केटबाल
D. लान टेनिस
E. इनमें से कोई नहीं

53. G का पसंदीदा खेल कौन-सा है?
A. क्रिकेट
B. बैडमिंटन
C. बास्केटबाल
D. लान टेनिस
E. इनमें से कोई नहीं

निर्देश (प्र.सं. 54 से 58): *निम्नलिखित सूचना का अध्ययन कीजिए तथा प्रश्नों के उत्तर दीजिए।*

सात मित्र A, B, C, D, E, G तथा I हैं जो कि अलग-अलग कक्षाओं जैसे कि 5वीं, 6ठी तथा 7वीं में इस प्रकार पढ़ते हैं कि दो मित्रों से कम किसी भी कक्षा में नहीं पढ़ते। प्रत्येक मित्र का एक अलग प्रिय विषय है, जैसेकि इतिहास, नागरिक शास्त्र, अंग्रेजी, मराठी, हिंदी, गणित तथा अर्थशास्त्र, किन्तु यह आवश्यक नहीं कि इसी क्रम में हो।

A को गणित पसंद है और वह 5वीं कक्षा में पढ़ता है, 1 जिसे मराठी पसंद है, अपने केवल एक मित्र के साथ पढ़ता है। I अपने दो अन्य मित्रों के साथ 7वीं में पढ़ता है। I के साथ पढ़ने वाले दोनों ही मित्रों को भाषा पसंद हैं (यहाँ भाषा के अंतर्गत हिंदी, मराठी तथा अंग्रेजी आता है)। D केवल एक मित्र के साथ 6ठी कक्षा में पढ़ता है और नागरिक शास्त्र को पसंद नहीं करता। E केवल एक मित्र के साथ पढ़ता है। जो इतिहास को पसंद करता है वह 5वीं या 6ठी कक्षा में नहीं पढ़ता। E को भाषा पसंद नहीं है। C को अंग्रेजी, हिंदी या नागरिक शास्त्र अच्छा नहीं लगता है।

54. कौन-सा संयोजन E के प्रिय विषय तथा उसकी कक्षा को दर्शाता है?
A. नागरिक शास्त्र और 7वीं
B. अर्थशास्त्र और 5वीं
C. नागरिक शास्त्र और 6ठी
D. इतिहास और 7वीं
E. अर्थशास्त्र और 7वीं

55. निम्नलिखित में से I का प्रिय विषय कौन-सा है?
A. इतिहास
B. नागरिक शास्त्र
C. मराठी
D. अंग्रेजी या मराठी
E. अंग्रेजी या हिंदी

56. निम्नलिखित में से कौन 7वीं कक्षा में पढ़ता है?
A. G
B. C
C. E
D. D
E. D या B

57. निम्न में से कौन-सा संयोजन **निश्चित रूप से सही** है?
A. I और हिंदी
B. G और अंग्रेजी
C. C और मराठी
D. B और हिंदी
E. E और अर्थशास्त्र

58. G को निम्न में से कौन-सा विषय पसंद है?
A. या तो गणित या मराठी
B. या तो हिंदी या अंग्रेजी
C. या तो हिंदी या नागरिक शास्त्र
D. या तो हिंदी या मराठी
E. या तो नागरिक शास्त्र या अर्थशास्त्र

निर्देशः (प्र.सं. 59–61): *निम्नलिखित प्रश्न नीचे दी गयी अक्षर शृंखला पर आधारित हैं–*

M J L I T Q S R K U F H C B D E A V P O G N

59. उपरोक्त अक्षर शृंखला के आधार पर निम्नलिखित शृंखला में प्रश्नवाचक चिह्न के स्थान पर क्या आएगा?

N PO BDE ?

A. UKR
B. SRKU
C. RKUF
D. QSRK
E. FUK

60. उपरोक्त शृंखला के आधार पर यदि एक निश्चित कूट भाषा में 'BIND' को 'CLGB' लिखा जाता है तथा 'HELD' को 'FDJB' लिखा जाता है तो उसी कूट भाषा में 'FORK' किस प्रकार लिखा जाएगा?

A. HGKU
B. UPKR
C. KPSR
D. UPSR
E. UGSR

61. एक निश्चित प्रकार से 'HC' संबंधित है 'KQ' से। उसी प्रकार 'OG' संबंधित है 'AB' से। उसी पैटर्न के अनुसार 'RK' निम्नलिखित में से किससे संबंधित है?

A. TJ
B. SI
C. TI
D. HD
E. IM

निर्देश (प्र.सं. 62-65 तक) : *निम्नलिखित जानकारी और उसके नीचे दिए गए पांच कथनों 1, 2, 3, 4 और 5 को ध्यान से पढ़िए और उनके बाद दिए गए प्रश्नों के उत्तर दीजिए:*

कई सारी विदेशी कंपनियां एक मजबूत, छोटे वाहक, वायुयान B 150 को बेचने के लिए भारत सरकार से बातचीत कर रही हैं। यह वायुयान छोटे शहरों को जोड़ने के लिए आदर्श है, जो सुविधा भारत में इस समय नहीं है।

1. B 150 वायुयानों की सेजाना जैसे प्रतिस्पर्धी विमानों की तुलना में न केवल कम परिचालन लागत है बल्कि सुरक्षा और कार्यक्षमता की दृष्टि से पिछला रिकार्ड भी काफी अच्छा है।
2. B 150 विमानों से जुड़े छोटे शहरों के सड़क परिवहन ऑपरेटरों के लाभ मार्जिन काफी कम हो गए हैं क्योंकि अधिकांश लोग परिवहन के दूसरे माध्यमों की तुलना में हवाई परिवहन को पसंद करते हैं।
3. वर्तमान में छोटे शहर, हवाई सेवा की तुलना में सड़क और रेल द्वारा बेहतर ढंग से जुड़े हैं।
4. B 150 विमान ऐसे क्षेत्रों में परिचालन करने में सक्षम हैं जहां धुंध, छोटे रनवे आदि जैसी चुनौतीपूर्ण स्थितियों के कारण बड़े विमान नहीं उड़ सकते। ऐसे विमान कार्गो विमान और अमीर व संभ्रांत लोगों के लिए चार्टर उड़ानों जैसा दोहरा काम भी कर सकते हैं।
5. B 150 वायुयानों को मौजूदा हवाई अड्डों से ही परिचालन करना होगा जो केवल बड़े शहरों में हैं और छोटे शहरों से अच्छे तरीके से नहीं जुड़े हैं।

62. कथन में दिए गए तथ्यों/जानकारी से कथन 1, 2, 3, 4 और 5 में से किसका **अनुमान** लगाया जा सकता है?
(**अनुमान** वह होता है जो सीधे-सीधे व्यक्त नहीं किया जाता किंतु दिए गए तथ्यों से लगाया जा सकता है।)

A. केवल 1
B. केवल 2
C. केवल 3
D. दोनों 2 व 4
E. केवल 5

63. विदेशी कंपनियों द्वारा भारत सरकार को B 150 वायुयान बेचने के प्रस्ताव को ऊपर उल्लिखित 1, 2, 3, 4 और 5 में से कौन-सा कथन **कमजोर** करेगा?

A. 1
B. 2
C. 3
D. 4
E. 5

64. छोटे शहरों में B 150 विमानों की सफलता से संभावित **परिणाम** को ऊपर उल्लिखित 1, 2, 3, 4 व 5 में से कौन-सा कथन कमजोर करेगा?

A. 1
B. 2
C. 3
D. 4
E. 5

65. भारत में B 150 विमानों को बेचने की विदेशी कंपनियों की बोली के **पक्ष** में 1, 2, 3, 4 व 5 में कौन-सा कथन होगा?

A. केवल 1
B. केवल 2
C. 2 व 3 दोनों
D. 1 व 4 दोनों
E. 5 व 3 दोनों

उत्तरमाला

1	2	3	4	5	6	7	8	9	10
D	C	D	E	B	C	B	B	D	D
11	**12**	**13**	**14**	**15**	**16**	**17**	**18**	**19**	**20**
D	E	B	C	E	D	C	B	A	B
21	**22**	**23**	**24**	**25**	**26**	**27**	**28**	**29**	**30**
C	E	C	C	B	A	E	D	B	A
31	**32**	**33**	**34**	**35**	**36**	**37**	**38**	**39**	**40**
A	B	D	A	E	C	D	A	C	A
41	**42**	**43**	**44**	**45**	**46**	**47**	**48**	**49**	**50**
D	C	B	C	E	D	C	A	C	B

51	52	53	54	55	56	57	58	59	60
C	A	D	C	A	A	C	B	B	D
61	62	63	64	65					
A	D	C	B	D					

व्याख्यात्मक उत्तर

1. ऊंचाई के आधार पर घटता हुआ क्रम इस प्रकार होगा—विपुल/अलोक, अशोक, हंस आनंद। या तो विपुल या अलोक सबसे लंबा है।

2. संपत्ति के आधार पर घटता हुआ क्रम इस प्रकार होगा :
1. शोभा, सुषमा, रश्मि/अरुण
2. आनंद और प्रिया

(दोनों कथन अंतर संबंधित नहीं हैं)

3. अंकों के बीच तुलना यह स्पष्ट नहीं करती कि एक विषय में सुबोध को कितने अंक मिले हैं।

4. आयु के आधार पर घटता हुआ क्रम इस प्रकार होगा—प्रबीर, सोहन, गोपाल, अशोक

5. ऊंचाई के आधार पर घटता हुआ क्रम इस प्रकार होगा :
अशोक, गोपाल/जयेश, कुहव, नवीन
या अशोक, गोपाल, कुहव/जयेश, नवीन

प्रश्न 7- 8 के लिए उत्तर तालिका

नाम	*स्थान*	*शौक*
रवि	इलाहाबाद	यात्रा करना, कॉमिक्स पढ़ना
हरि	लखनऊ	डाक टिकट और सिक्का संग्रह
मनु	कानपुर	पढ़ना-लिखना
जतिन	लखनऊ	संगीत तथा सिक्का संग्रह

प्रश्न 9 से 11 के लिए उत्तर तालिका

लड़के→	*के साथ मित्रता है ←*	*लड़कियां*
राज		कुसुम
प्रेम	→	विमला
वेद	सहेलियां	पूनम
अशोक	→	सुषमा

9. वेद की गर्ल फ्रेंड विमला और सुषमा को पसंद नहीं करती

प्रश्न 12 से 14 तक उत्तरों का सारांश

दिन		*लेक्चर*
सोमवार	—	कोई लेक्चर नहीं
मंगलवार	—	C
बुधवार	—	E
बृहस्पतिवार	—	B
शुक्रवार	—	D
शनिवार	—	A
रविवार	—	F

प्रश्न 15 से 17 तक उत्तरों का सारांश

सदस्य		*व्यवसाय*		*लिंग*
A	—	एकाउंटेंट	—	ज्ञात नहीं
B	—	वकील	—	ज्ञात नहीं
C	—	शिक्षक या मैनेजर	—	ज्ञात नहीं
D	—	इंजीनियर	—	पुरुष
E	—	शिक्षक या मैनेजर	—	स्त्री
F	—	डॉक्टर	—	पुरुष
G	—	विद्यार्थी	—	पुरुष

1. 'D' 'G' का दादा/नाना है
   'G' 'E' का पोता/नाती है
   अत:, E अवश्य ही G की दादी/नानी है
2. 'D' 'B' का पिता है और G का दादा/नाना है, अत: 'B' 'G' का पिता है
3. कोई भी महिला वकील नहीं है अत: B वकील है
4. इस प्रकार, C या A या F 'B' की पत्नी है ('E' 'D' की पत्नी है)

प्रश्न 18 से 20 के उत्तरों के लिए सूचना का सारांश

पुरुष	*स्त्री*
A - वकील	P - डॉक्टर
B - वकील	Q - डॉक्टर
C - डॉक्टर	R - वकील
D - डॉक्टर	S - डॉक्टर
E - शिक्षक	T - शिक्षक, U - शिक्षक

जो लोग एक साथ टीम में अवश्य होने चाहिएं वे हैं : (1) A, P, U (2) E, Q (3) C, T

जो लोग एक साथ टीम में नहीं जा सकते वे हैं : (1) B, D (2) B, R (3) D, P (4) C, Q

प्रश्न 21 से 22 के उत्तरों के लिए सूचना का सारांश

दिन		*लेक्चर*
रविवार	→	D
सोमवार	→	कोई लेक्चर नहीं
मंगलवार	→	B
बुधवार	→	E
बृहस्पतिवार	→	F
शुक्रवार	→	C
शनिवार	→	A

प्रश्न 23 से 25 के उत्तरों की तालिका

सदस्य	*व्यवसाय*	*ड्रेस*	*लिंग*
P	इंजीनियर	भूरा	M
Q	डॉक्टर	नीला	F
R	वकील	भूरा	M
S	इंजीनियर	काला या हरा	F
T	शिक्षक	नीला	F
U	वकील	काला या हरा	M

P और Q — दंपत्ति 1

R और T — दंपत्ति 2

प्रश्न 29 से 33 तक के उत्तर के लिए चार्ट

लड़कियों के नाम		शहर का नाम	शौक
ईना	—	मुंबई	नृत्य, बागवानी
मीरा	—	मुंबई	यात्राएं करना, बागवानी
मीना	—	चेन्नई	मिट्टी की मूर्तियां बनाना, पढ़ना
मोना	—	दिल्ली	चित्रकारी, फोटोग्राफी

प्रश्न 34 से 36 तक के लिए

$$A < E < C < F < D < B$$

E ↓ 62, F ↓ 81 + 13 = 94, B ↓

प्रश्न 37 एवं 38 तक के लिए

6 → B
5 → C
4 → F
3 → E
2 → A
1 → D

प्रश्न 39 से 43 तक के लिए

TZ	PQW	SVR
स्विफ्ट डिजाइर	होंडा सिटी	फोर्ड आइकन
दिल्ली	हैदराबाद	चेन्नई

प्रश्न 44 से 48 तक के लिए

व्यक्ति	शहर	कार्य क्षेत्र
P	हैदराबाद	भाषा साहित्य
Q	कोलकाता	कंप्यूटर
R	मुंबई	मार्केटिंग
S	चेन्नई	टैक्सटाइल इंजीनियरिंग/अर्थशास्त्र
T	दिल्ली	टेक्सटाइल इंजीनियरिंग/अर्थशास्त्र
V	त्रिवेंद्रम	भौतिकी
X	बेंगलुरु	सूचना प्रौद्योगिकी

प्रश्न 54 से 58 तक के लिए

दिये गये सूत्रों के आधार पर,

A	–	गणित	–	5वीं कक्षा
B	–	हिन्दी/अंग्रेजी	–	7वीं कक्षा
C	–	मराठी	–	5वीं कक्षा
D	–	अर्थशास्त्र	–	6ठी कक्षा
E	–	नागरिक शास्त्र	–	6ठी कक्षा
G	–	अंग्रेजी/हिन्दी	–	7वीं कक्षा
I	–	इतिहास	–	7वीं कक्षा

OOO

संख्यात्मक योग्यता
(Numerical Ability)

1 शृंखला (Series)

श्रेणी से सम्बंधित प्रश्नों में एक संख्या श्रेणी दी होती है जिसमें संख्याएँ किसी विशेष क्रम में बायीं से दायीं ओर बदलती हैं। अतः उस विशेष क्रम को जानने के लिए सबसे पहले श्रेणी का सावधानीपूर्वक अध्ययन करके अभ्यर्थी को यह ज्ञात करना चाहिए कि श्रेणी में पद किस नियम के अनुसार बदल रहे हैं।

जैसे: 15 26 39 54 [69] 90 111

+11 +13 +15 +17 +19 +21

स्पष्टतः यहाँ 69 गलत है क्योंकि 54 में 17 जोड़ने से 71 प्राप्त होता है। यह संख्या श्रेणी 11 से शुरू होने वाली लगातार विषम संख्याओं के योग पर आधारित है।

दूसरे पैटर्न के अंतर्गत संख्या श्रेणी में किसी भी स्थान पर एक प्रश्नवाचक चिह्न (?) होता है। अन्य संख्याएं एक निश्चित गणितीय नियम के आधार पर सजी होती हैं। अभ्यर्थियों को यह ज्ञात करना होता है कि यदि उस संख्या श्रेणी में बायें से दायें उसी गणितीय नियम के अनुसार चला जाए, तो प्रश्नवाचक चिह्न के स्थान पर कौन-सी संख्या आएगी। दिये गये विकल्पों में से उस संख्या को ढूँढना होता है।

जैसे: 1 2 5 15 52.5 210 ?

×2 ×2.5 ×3 ×3.5 ×4 ×4.5

अतः प्रश्नवाचक चिन्ह (?) के स्थान पर 210 × 4.5 होगा। यह संख्या श्रेणी 2 से शुरू होकर उत्तरोत्तर 0.5 से अधिक प्राप्त होने वाले अंक के क्रमशः गुणनफल पर आधारित है।

मिश्रित श्रेणी (Mixed Series) : जिस श्रेणी के अन्तर्गत दो या दो से अधिक श्रेणी अलग-अलग एक विशेष क्रम में बदलती हों, इस प्रकार की श्रेणी को मिश्रित श्रेणी कहते हैं।

श्रेणी 1, 1, 4, 3, 9, 5, 16, 7, 25, 9, ? में रिक्त स्थान पर आने वाला पद ज्ञात करना है। श्रेणी का सावधानीपूर्वक अध्ययन करके पता लगाया जा सकता है कि उपरोक्त श्रेणी के अन्तर्गत दो प्रकार की श्रेणी 1, 4, 9, 16, 25 तथा 1, 3, 5, 7, 9 एक विशेष क्रम बनाती है। अतः रिक्त स्थान पर आने वाला पद 36 होना चाहिए क्योंकि $1^2, 2^2, 3^2, 4^2, 5^2, 6^2$ जो कि प्रथम श्रेणी में एक विशेष क्रम बनाता है।

संख्या श्रेणी के प्रकार (Types of Number Series)

संख्या श्रेणी निम्नलिखित प्रकार की होती हैं:

1. जोड़/घटाव पर आधारित (Based on Addition/Subtraction)

2. गुणा/भाग पर आधारित (Based on Multiplication/Division)

3. वर्ग तथा घन पर आधारित (Based on Square and Cube)

4. मिश्रित (Mixed)

हल सहित उदाहरण

उदाहरण 1. 112 130 149 169 200 212 235 इसमें एक संख्या गलत है। वह संख्या कौन-सी है? सही संख्या ज्ञात कीजिए।

हल: 112 130 149 169 [200] 212 235

+18 +19 +20 +21 +22 +23

अतः गलत सख्या = 200

सही संख्या = 169 + 21 = 190

उदाहरण 2. 59 97 156 206 277 359 452 इसमें एक संख्या गलत दी गई है। वह गलत संख्या कौन-सी है? सही संख्या ज्ञात कीजिए।

हल: 59 97 [156] 206 277 359 452

+38 +49 +60 +71 +82 +93

+11 +11 +11 +11 +11

अतः गलत सख्या = 156

सही संख्या = 97 + 49 = 146

उदाहरण 3. 2 3 8 16 32 57 93 इसमें एक संख्या गलत दी गई है। वह गलत संख्या कौन-सी है? सही संख्या ज्ञात कीजिए।

हल: 2 3 [8] 16 32 57 93

$+1^2$ $+2^2$ $+3^2$ $+4^2$ $+5^2$ $+6^2$

अतः गलत सख्या = 8

सही संख्या = $3 + 2^2$

= 7

उदाहरण 4. 4 8 24 96 490 2880 20160 इसमें एक संख्या गलत दी गई है। वह गलत संख्या कौन-सी है? सही संख्या ज्ञात कीजिए।

हल: 4 8 24 96 [490] 2880 20160

×2 ×3 ×4 ×5 ×6 ×7

अतः गलत सख्या = 490

सही संख्या = 96 × 5 = 480

वस्तुनिष्ठ प्रश्न

निर्देश : *शृंखलाओं को पूरा करने के लिए दिए गए विकल्पों में से लुप्त पद/संख्या ज्ञात करें।*

1. 3, 9, 27, 81, 243, ?
A. 489 B. 729
C. 512 D. 343
E. 510

2. 3, 15, 35, 63, 99, ?
A. 145 B. 143
C. 146 D. 144
E. 152

3. 2, 4, 8, 3, 9, 27, 4, 16, ?
A. 64 B. 56
C. 80 D. 72
E. 75

4. 19200, 1920, 240, 40, 10, ?
A. 1 B. 0
C. 5 D. 10
E. 15

5. 14, 56, 448, 5376, ?
A. 75264 B. 86016
C. 84816 D. 129024
E. 85156

6. 0, 2, 10, 30, 68, ?
A. 128 B. 126
C. 132 D. 130
E. 135

7. 10, 26, 50, 82, 122, ?
A. 160 B. 170
C. 180 D. 150
E. 152

8. 4, 32, 288, ?, 31680
A. 2880 B. 25600
C. 7420 D. 10,000
E. 4520

9. 6, 9, 18, 45, 126, 369, ?
A. 1088 B. 1094
C. 1090 D. 1098
E. 1025

10. 1/2, 3/4, 5/8, 7/16, ?
A. 10/17 B. 9/32
C. 11/34 D. 12/35
E. 14/35

11. 0.5, 1.5, 5.5, 14.5, ?
A. 30.5 B. 39.5
C. 40.5 D. 45.5
E. 46.5

12. 3, 8, 22, 63, 185, ?
A. 540 B. 520
C. 550 D. 530
E. 542

13. 7, 12, 19, ?, 39
A. 21 B. 22
C. 24 D. 28
E. 34

14. 6, 3, 11, 8, 18, 15, 27, 24, ?, ?
A. 36, 33 B. 36, 35
C. 38, 35 D. 38, 34
E. 42, 46

15. 24, 60, 120, 210, ?
A. 332 B. 336
C. 342 D. 328
E. 329

16. 3, 5, 9, 15, 25, 41, 67, ?
A. 106 B. 109
C. 111 D. 107
E. 105

17. 1, 2, 5, 12, 27, 58, 121, ?
A. 246 B. 247
C. 248 D. 249
E. 250

18. 1, 1, 3, 9, 6, 36, 10, 100, ?, 225
A. 15 B. 16
C. 20 D. 22
E. 25

19. 3, 8, 15, 24, ?, 48, 63
A. 32 B. 28
C. 35 D. 33
E. 38

20. 5, 14, 41, 86, ?
A. 149 B. 147
C. 148 D. 146
E. 145

निर्देश : *दी गई शृंखलाओं में गलत या बेमेल संख्या ज्ञात करें :*

21. 905, 180, 175, 35, 30, 6, 1
A. 6 B. 1
C. 175 D. 905
E. इनमें से कोई नहीं

22. 5040, 840, 160, 42, 14, 7
A. 7 B. 160
C. 14 D. 840
E. इनमें से कोई नहीं

23. 3, 32, 363, 3993, 43923
A. 363 B. 3
C. 32 D. 43923
E. इनमें से कोई नहीं

24. 3, 18, 38, 78, 123, 178, 243
A. 78 B. 3
C. 123 D. 18
E. इनमें से कोई नहीं

25. 0, 1, 2, 2, 4, 4, 6, 8, 8, 10
A. 6 B. 0
C. 1 D. 10
E. इनमें से कोई नहीं

26. 5, 12, 16, 24, 27
A. 12 B. 16
C. 24 D. 27
E. इनमें से कोई नहीं

27. 27, 36, 45, 60, 71, 99
A. 27 B. 45
C. 60 D. 71
E. इनमें से कोई नहीं

28. 81, 64, 49, 35, 25, 16
A. 64 B. 35
C. 25 D. 16
E. इनमें से कोई नहीं

29. 625, 125, 25, 5, 0
A. 0 B. 125
C. 5 D. 625
E. इनमें से कोई नहीं

30. 25, 19, 17, 13, 11, 7
A. 25 B. 17
C. 13 D. 7
E. इनमें से कोई नहीं

निर्देश : *नीचे की प्रत्येक शृंखला में प्रश्न चिह्न के स्थान पर क्या आएगा ?*

31. 2B, 4C, 8E, 14H, ?
A. 20L B. 22L
C. 21I D. 16K
E. इनमें से कोई नहीं

32. C(1)L, F(4)O, I(9)R, L(16)U, ?
A. P(27)W B. N(24)Y
C. M(23)X D. O(25)X
E. इनमें से कोई नहीं

33. 3F, 6G, 11I, 18L, ?
A. 27P B. 21O
C. 27Q D. 25N
E. इनमें से कोई नहीं

34. W(1)A, X(4)Z, Y(9)Y, ?, A(25)W
A. X(11)Z B. Z(21)A
C. Z(16)X D. Z(14)X
E. इनमें से कोई नहीं

35. 81Y, 27S, 9N, 3J, ?
A. 0H B. 1G
C. 0F D. 1E
E. इनमें से कोई नहीं

36. E5, K11, Q17, ?
A. X20 B. Y24
C. V22 D. W25
E. इनमें से कोई नहीं

37. D2, I3, N6, S18, ?
A. V72 B. W36
C. Y90 D. X108
E. इनमें से कोई नहीं

38. 3J, 6M, 12L, ?, 48N
A. 24O B. 18M
C. 26M D. 22O
E. इनमें से कोई नहीं

निर्देश : *नीचे की प्रत्येक अक्षर-संख्या शृंखला में कौन सा पद बेमेल/ शृंखला में उपयुक्त नहीं है ?*

39. G4T, J10R, M20P, P43N, S90L
A. J10R B. S90L
C. M20P D. G4T
E. इनमें से कोई नहीं

40. B0R, G3U, E3P, J7S, H9N
A. E3P B. J7S
C. H9N D. G3U
E. इनमें से कोई नहीं

उत्तरमाला

1	2	3	4	5	6	7	8	9	10
B	B	A	C	B	D	B	A	D	B
11	**12**	**13**	**14**	**15**	**16**	**17**	**18**	**19**	**20**
A	C	D	C	B	B	C	A	C	A
21	**22**	**23**	**24**	**25**	**26**	**27**	**28**	**29**	**30**
D	B	C	B	D	C	D	B	A	A
31	**32**	**33**	**34**	**35**	**36**	**37**	**38**	**39**	**40**
B	D	A	C	B	C	D	A	A	B

व्याख्यात्मक उत्तर

1. शृंखला में निहित संख्याओं को अगली संख्या प्राप्त करने के लिए 3 से गुणा किया गया है।

2. शृंखला में 2 से आरंभ करके क्रमागत सम संख्याओं का वर्ग घटा 1 के पैटर्न का अनुपालन किया गया है।

3. इस शृंखला में 3 संख्याओं से एक समुच्चय निर्मित होता है जिनमें से प्रत्येक समुच्चय की पहली संख्याएं प्राकृतिक क्रम में हैं तथा प्रत्येक समुच्चय की दूसरी संख्या पहली संख्या का वर्ग है तथा तीसरी संख्या पहली संख्या का घन है।

4. शृंखला में पहली संख्या को 10 से आरंभ करके घटते हुए क्रम में सम संख्याओं से भाग देने पर अगली संख्या प्राप्त होती है।

19200 1920 240 40 10 5

÷10 ÷8 ÷6 ÷4 ÷2

5. शृंखला में संख्याओं को 4 के गुणज से गुणा किया गया है।

14 56 448 5376 86016

×4 ×8 ×12 ×16

6. शृंखला की आनुक्रमिक संख्याएं प्राकृतिक क्रम में ली गई संख्याओं के घनफल में स्वयं उस संख्या को जोड़ने पर प्राप्त होती हैं।

$0^3 + 0, 1^3 + 1, 2^3 + 2, 3^3 + 3, 4^3 + 4, 5^3 + 5$

7. 3 से आरंभ करके क्रमागत विषम संख्याओं के वर्ग में 1 जोड़ने पर शृंखला की संख्याएं प्राप्त होती हैं।

8. शृंखला की संख्याओं को 8 से आरंभ करके प्राकृतिक क्रम में संख्याओं से गुणा किया गया है।

4 32 288 2880 31680

×8 ×9 ×10 ×11

9. शृंखला की आनुक्रमिक संख्याओं के बीच अंतर 3 की घात में वृद्धि के साथ बढ़ता है।

6 9 18 45 126 369 1098

$+3$ $+9=3^2$ $+27=3^3$ $+81=3^4$ $+243=3^5$ $+729=3^6$

10. इस भिन्नात्मक शृंखला (fraction series) में निहित आनुक्रमिक भिन्न संख्याओं के अंश में क्रमश: 2 की वृद्धि होती है जबकि उनका हर प्रत्येक चरण पर दो गुना हो जाता है।

11. शृंखला की आनुक्रमिक संख्याओं में प्राकृतिक क्रम में संख्याओं के वर्ग को जोड़ा गया है।

0.5 1.5 5.5 14.5 30.5

$+1^2$ $+2^2$ $+3^2$ $+4^2$

12. शृंखला में पूर्ववर्ती संख्या को 3 से गुणा करके गुणनफलों में 1 से आरंभ करके क्रमागत प्राकृतिक संख्याओं को घटाने पर अगली संख्या प्राप्त होती है।

3 8 22 63 185 550

(3 × 3)–1 (8 × 3)–2 (22 × 3)–3 (63 × 3)–4 (185 × 3)–5

13. शृंखला में दो आनुक्रमिक संख्याओं के बीच अंतर में प्रत्येक चरण में 2 की वृद्धि होती है।

7 12 19 28 39

+5 +7 +9 +11

14. शृंखला में बारी-बारी से दो शृंखलाएं अंतर्निहित हैं :

+5 +7 +9 +11

6 3 11 8 18 15 27 24 38 35

+5 +7 +9 +11

शृंखला I : 6, 11, 18, 27, 38

शृंखला II : 3, 8, 15, 24, 35

(दोनों ही शृंखलाएं +5, +7, +9, +11 पैटर्न का अनुपालन करती हैं)

15. शृंखला की संख्याएं 3 से आरंभ करके क्रमागत प्राकृतिक संख्याओं के घनफल से स्वयं उस प्राकृतिक संख्या को ही घटाने पर प्राप्त होती है।

24 60 120 210 336

↓ ↓ ↓ ↓ ↓

$3^3 - 3$ $4^3 - 4$ $5^3 - 5$ $6^3 - 6$ $7^3 - 7$

16. शृंखला में दो आनुक्रमिक संख्याओं के बीच अंतर दो पूर्ववर्ती अंतरों के योग के बराबर है।

3 5 9 15 25 41 67 109

+2 +4 +6 +10 +16 +26 +42

(2 + 4) (4 + 6) (6 + 10) (10+16) (16+26)

17. शृंखला में निहित संख्या को 2 से गुणा करके 0 से आरंभ करके प्राकृतिक क्रम में संख्याओं को जोड़ने पर अगली संख्या प्राप्त होती है।

1 2 5 12 27 58 121 248

(1 × 2) (2 × 2) (5 × 2) (12 × 2) (27 × 2) (58 × 2) (121 × 2)

+0 +1 +2 +3 +4 +5 +6

18. शृंखला में दो क्रमागत संख्याएं एक युग्म या जोड़े का निर्माण करती हैं। शृंखला में निहित इन युग्मों की पहली आनुक्रमिक संख्याओं के बीच अंतर में क्रमश: +2, +3, +4, +5 की वृद्धि होती जाती है तथा युग्म की दूसरी संख्या पहली संख्या का वर्ग है।

1^2 3^2 6^2 10^2 15^2

1 1 3 9 6 36 10 100 15 225

+2 +3 +4 +5

19. 2 से आरंभ करके प्राकृतिक क्रम में संख्याओं के वर्ग से 1 घटाने पर शृंखला की आनुक्रमिक संख्याएं प्राप्त होती हैं।

3 8 15 24 35 48 63

↓ ↓ ↓ ↓ ↓ ↓ ↓

2^2-1 3^2-1 4^2-1 5^2-1 6^2-1 7^2-1 8^2-1

20. शृंखला की आनुक्रमिक संख्याओं के बीच अंतर क्रमशः 1 से आरंभ करके क्रमागत विषम संख्याओं और 9 के गुणनफल के बराबर है।

5 14 41 86 149

5+(9 × 1) 14+(9 × 3) 41+(9 × 5) 86+(9 × 7)

21. शृंखला में ÷ 5, – 5 के पैटर्न का अनुपालन किया जाता है जिसकी आगे भी पुनरावृत्ति होती है।

900 180 175 35 30 6 1

÷5 –5 ÷5 –5 ÷5 –5

∴ शृंखला में 905 के स्थान पर 900 होना चाहिए।

22. शृंखला की आनुक्रमिक संख्याएं 6 से आरंभ करके विपरीत क्रम में क्रमागत संख्याओं से भाग देने पर प्राप्त होती हैं :

5040 840 168 42 14 7

÷6 ÷5 ÷4 ÷3 ÷2

∴ शृंखला में 160 के स्थान पर 168 होना चाहिए।

23. शृंखला में पूर्ववर्ती संख्या को 11 से गुणा करने पर अगली संख्या प्राप्त होती है।

3 33 363 3993 43923

× 11 × 11 × 11 × 11

∴ शृंखला में 32 के स्थान पर 33 होना चाहिए।

24. शृंखला में 3 एकमात्र अविभाज्य संख्या है।

25. शृंखला में बारी-बारी से दो शृंखलाएं अंतर्निहित हैं :

+2 +2 +2 +2

0 1 2 2 4 4 6 8 8 16

× 2 × 2 × 2 × 2

शृंखला I : 0, 2, 4, 6, 8, (प्रत्येक चरण पर 2 का योग)

शृंखला II : 1, 2, 4, 8, 16 (प्रत्येक चरण पर 2 से गुणा)

∴ शृंखला में 10 के स्थान पर 16 होना चाहिए।

26. शृंखला में +7, +4 के पैटर्न का अनुपालन किया गया है, अर्थात्

5 12 16 23 27

+7 +4 +7 +4

∴ शृंखला में 24 के स्थान पर 23 होना चाहिए।

27. अन्य सभी संख्याएं 3 से भाग देने पर प्राप्त होती हैं।

28. शृंखला के पद 9 से आरंभ करके घटते क्रम में क्रमागत संख्याओं के वर्ग हैं।

$9^2 = 9 \times 9 = 81$ $8^2 = 8 \times 8 = 64$

$7^2 = 7 \times 7 = 49$ $6^2 = 6 \times 6 = 36$

$5^2 = 5 \times 5 = 25$ $4^2 = 4 \times 4 = 16$

∴ शृंखला में 35 के स्थान पर 36 होना चाहिए।

29. शृंखला में पूर्ववर्ती संख्या को 5 से भाग देने पर अगली संख्या प्राप्त होती है।

625 125 25 5 1

÷5 ÷5 ÷5 ÷5

∴ शृंखला में 0 के स्थान पर 1 होना चाहिए।

30. अन्य सभी संख्याएं अविभाज्य संख्याएं हैं।

31. शृंखला में संख्याओं का अनुक्रम +2, +4, +6, +8 का तथा अक्षरों का अनुक्रम +1, +2, +3, +4 का है।

32. समूह के संगत अक्षर 3 स्थान आगे बढ़ाए गए हैं और संख्याओं का अनुक्रम +3, +5, +7, +9 का है।

33. संख्याओं का अनुक्रम +3, +5, +7, +9 का है और अक्षर क्रमशः 1, 2, 3, 4 चरण आगे बढ़ाए गए हैं।

34. शृंखला में दिए गए समूहों में बायीं ओर के अक्षर वर्णमाला के विपरीत क्रम में हैं और दाहिनी ओर के अक्षर वर्णमाला के सीधे क्रम में हैं तथा संख्याएं 1 से आरंभ करके प्राकृतिक क्रम में क्रमागत संख्याओं के वर्ग हैं।

35. प्रत्येक चरण पर संख्याओं को 3 से भाग किया गया है तथा अक्षर क्रमशः 6, 5, 4, 3 चरण उल्टे क्रम में लिखे गए हैं।

36. शृंखला में यादृच्छिक अक्षरों को रखा गया है तथा संख्याएं वर्णमाला के क्रम में अक्षरों की स्थिति को सूचित करती हैं।

37. अक्षर +5 पैटर्न का अनुपालन करते हैं और हर तीसरी संख्या अपनी पूर्ववर्ती दो संख्याओं का गुणनफल है।

38. प्रत्येक संख्या पूर्ववर्ती संख्या की दोगुनी है तथा शृंखला में निहित अक्षर +3, –1 (3 चरण आगे, 1 चरण पीछे) पैटर्न का अनुपालन करते हैं।

39. शृंखला में दिए गए समूहों में बायीं ओर के अक्षर +3 पैटर्न का, दायीं ओर के अक्षर –2 पैटर्न का अनुपालन करते हैं तथा संख्याओं द्वारा (4 × 2) +1, (9 × 2)+2, (20 × 2) +3, (43 × 2) + 4 पैटर्न का अनुपालन किया जाता है। अत: J10R के स्थान पर शृंखला में J9R होना चाहिए।

40. शृंखला के दिए गए समूहों में बायीं ओर के अक्षर +5, –2 (5 चरण आगे, 2 चरण पीछे) पैटर्न का अनुपालन करते हैं जिसकी आगे भी पुनरावृत्ति होती है। समूहों में दायीं ओर +3, –5 (3 चरण आगे, 5 चरण पीछे) पैटर्न का अनुपालन किया जाता है जिसकी पुनरावृत्ति होती है। शृंखला की संख्याएं शृंखला में अपने पूर्ववर्ती दो संख्याओं के योग के बराबर हैं। अत: J7S के स्थान पर J6S होना चाहिए।

❍❍❍

2 संख्या पद्धति (Number System)

एक संख्या हमें बताती है कि दी हुई मात्रा में कितनी इकाइयाँ हैं। अतः यह एक या एक से अधिक इकाइयों को प्रदर्शित करती है या एक ही प्रकार की एक या अधिक भिन्न वस्तुओं को प्रकट करती है। जैसे : एक मेज, पाँच कुर्सियाँ, आठ किताबें, दस बक्से इत्यादि।

- **अंक का शुद्ध मान (Face Value of digits) :** किसी संख्या में किसी अंक का शुद्ध मान उस अंक का अपना मान होता है चाहे वह अंक किसी भी स्थान पर हो। जैसे : 25946 में 9 का शुद्ध मान 9 है और 4 का शुद्ध मान 4 है।
- **स्थानीय मान (Place Value) :** किसी संख्या में कोई अंक जिस स्थान पर होता है वह उस अंक का स्थानीय मान कहलाता है। जैसे : 26950 में 9 का स्थानीय मान 900 है तथा 6 का स्थानीय मान 6000 है।
- **संख्या (Number) :** विभिन्न अंकों को इकाई, दहाई, सैकड़ा, हजार .... के स्थान पर रखने से जो पद प्राप्त होता है, वह संख्या कहलाती है।
- **प्राकृत संख्या (Natural Numbers) :** जिन संख्याओं से गिनती की क्रिया की जाती है उन्हें प्राकृत संख्या कहते हैं। इनमें शून्य (0) शामिल नहीं है। प्राकृत संख्या अनन्त होती है। जैसे : 1, 2, 3, 4, 5, 6, 7 .....
- **पूर्ण संख्या (Whole Numbers) :** प्राकृत संख्याओं में 0 (शून्य) को शामिल करने के बाद संख्याओं का जो समुच्चय या परिवार बनता है, उन्हें पूर्ण संख्याएँ कहते हैं। जैसे : 0, 1, 2, 3, 4, 5, ... इत्यादि।
- **पूर्णांक संख्याएँ (Integer Numbers) :** जब पूर्ण संख्याओं को धनात्मक और ऋणात्मक चिह्नों के द्वारा दर्शाया जाता है तो इनसे बना समुच्चय पूर्णांक संख्याएँ कहलाता है। जैसे : ..... –4, –3, –2, –1, 0, 1, 2, 3, 4, ...
- **भाज्य संख्याएँ या यौगिक संख्याएँ (Composite Numbers):** वे प्राकृत संख्याएँ जो 1 व अपने अलावा किसी अन्य संख्या से भी विभाजित हो सकें अर्थात् जिनके आसानी से अन्य अभाज्य गुणनखण्ड (टुकड़े) हो सकें, भाज्य संख्याएँ कहलाती हैं। जैसे : 4, 6, 8, 10, 12, 14, 15, ...
- **रूढ़ संख्याएँ या अभाज्य संख्याएँ (Prime Numbers) :** वे प्राकृत संख्याएँ जो केवल स्वयं से या 1 से विभाजित हों अन्य से नहीं अर्थात् जिनकेअभाज्य गुणनखण्ड (टुकड़े) नहीं हो सकते, अभाज्य संख्याएँ कहलाती हैं। जैसे : 2, 3, 5, 7, 11, 13, 17 ......

  सबसे छोटी अभाज्य संख्या 2 है।

  2 एकमात्र एक ऐसी अभाज्य संख्या है जो सम संख्या भी है।

  1 न तो भाज्य संख्या है न ही अभाज्य संख्या है।

  1 से 25 तक अभाज्य संख्याएँ = 9

  1 से 50 तक अभाज्य संख्याएँ = 15

  1 से 75 तक अभाज्य संख्याएँ = 21

  1 से 100 तक अभाज्य संख्याएँ = 25
- **असहभाज्य संख्याएँ (Co-Prime Numbers) :** जब दो प्राकृत संख्याओं का म.स. 1 हो तो वे दोनों संख्याएँ असहभाज्य संख्याएँ कहलाती हैं। जैसे : (2, 5), (3, 7), (4, 9), ... इत्यादि।
- **सम-संख्याएँ (Even Numbers) :** वे संख्याएँ जो दो से भाज्य हों सम संख्याएँ कहलाती हैं। अर्थात् जिनके अन्त में 0, 2, 4, 6 व 8 हो। जैसे : 2, 4, 6, 8, 10, 12, ... इत्यादि।
- **विषम संख्याएँ (Odd Numbers) :** ऐसी संख्याएँ जो 2 से पूरी तरह विभाजित न हों विषम संख्याएँ कहलाती हैं।

  जैसे : 1, 3, 5, 7, ... इत्यादि।
- **परिमेय संख्याएँ (Rational Numbers) :** एक पूर्णांक को दूसरे पूर्णांक (0 को छोड़कर) से भाग देने पर जो लघुत्तम प्राप्त हो उन्हें परिमेय संख्या कहते हैं अर्थात् जिनको p/q के रूप में लिख सकें। यहाँ $q \neq 0$

  अर्थात् common factor (गुणनखण्ड) नहीं हो।
- दशमलव भिन्न वाली संख्याओं में दशमलव के बाद वाली संख्याओं की गिनती हो सके या दशमलव के बाद वाली संख्याओं की पुनरावृत्ति हो रही हो, परिमेय संख्याएँ होंगी।

  जैसे : 1, 2, 3, 4, $\frac{1}{2}$, 3, 7, $\frac{2}{5}$ ...... इत्यादि।
- **अपरिमेय संख्याएँ (Irrational Numbers) :** ऐसी संख्याएँ जिनको $\frac{p}{q}$ के रूप में न लिख सकें, अपरिमेय संख्या कहलाती हैं। अर्थात् जिनका कोई निश्चित अन्त न हो। e एवं π अपरिमेय संख्या हैं।
- ऐसी संख्याएँ प्रायः पूर्ण वर्ग संख्याएँ नहीं होती हैं।
- परिमेय संख्याओं के समुच्चय में सभी प्राकृत, पूर्ण, पूर्णांक संख्याएँ शामिल हैं।
- दो परिमेय संख्याओं का गुणनफल या योग हमेशा एक परिमेय संख्या होती है।
- एक परिमेय संख्या तथा एक अपरिमेय संख्या का गुणनफल या योग हमेशा एक अपरिमेय संख्या होती है।

- **पूर्ववर्ती संख्या :** दी गई संख्या से ठीक पहले की (छोटी) संख्या : जैसे 752 की पूर्ववर्ती संख्या 751 है।
- **अनुवर्ती संख्या :** दी गई संख्या से ठीक बाद की (बड़ी) संख्या जैसे : 16543 की अनुवर्ती संख्या 16544 है।

संख्याओं की भाजकता का नियम

संख्याओं में 2, 3, 4, 5, 6, 7, 8, 10 और 11 विभाज्यता की जाँच :

(i) **2 से विभाज्यता :** ऐसी संख्याएँ जिनके इकाई स्थान पर 0, 2, 4, 6 अथवा 8 हो, वे संख्याएँ 2 से पूर्णतः विभाजित होती हैं। जैसे : 130, 242, 356, 40328 आदि।

(ii) **3 से विभाज्यता :** ऐसी संख्याएँ जिनके अंकों का योग 3 से विभाज्य हो, वे संख्याएँ 3 से पूर्णतः विभाज्य होंगी। जैसे : 312, 213, 456 आदि संख्याओं में अंकों का योगफल क्रमशः $(3+1+2=6)$, $(2+1+3=6)$, $(4+5+6=15)$ है जोकि 3 से विभाजित है। अतः दी हुई संख्याएँ भी 3 से विभाजित होंगी।

(iii) **4 से विभाज्यता :** यदि किसी संख्या के अन्तिम दो अंक 4 से पूर्णतः विभाजित हों, तो वह संख्या 4 से पूर्णतः विभाज्य होगी। जैसे : 1132, 1312, 1400, 1348 आदि संख्याओं के इकाई और दहाई अंकों से बनी संख्याएँ क्रमशः 32, 12, 00, 48 हैं जो कि 4 से पूर्णतः विभाजित हैं। अतः दी हुई संख्याएँ भी 4 से पूर्णतः विभाजित होंगी।

(iv) **5 से विभाज्यता :** जिन संख्याओं के इकाई के स्थान पर आने वाला अंक 0 अथवा 5 हो, तो ऐसी संख्याएँ 5 से पूर्णतः विभाजित होंगी। जैसे : 100, 235, 45325 आदि।

(v) **6 से विभाज्यता :** यदि किसी सम संख्या के अंकों का योगफल 3 से विभाजित हो, तो वह संख्या 6 से भी पूर्णतः विभाजित होगी। जैसे : 312, 450, 510 आदि सम संख्याओं के अंकों का योगफल क्रमशः $(3+1+2=6)$, $(4+5+0=9)$, $(5+1+0=6)$ है जो कि 3 से विभाजित होते हैं। अतः दी हुई संख्याएँ भी 6 से पूर्णतः विभाजित होंगी।

(vi) **7 से विभाज्यता :** दी गई संख्या के इकाई के अंक को दोगुना करके शेष संख्या में से घटाते जाते हैं। यदि शेष संख्या 7 से कट जाए तो वह 7 से भाज्य होगी। जैसे : 16807, में से 7 का दोगुना 14 घटाने पर

$$1680 - 7 \times 2 = 1666$$
$$166 - 6 \times 2 = 154$$
$$15 - 4 \times 2 = 7$$

अतः यह 7 से पूर्णतः भाज्य है।

* यदि कोई संख्या समान अंकों की पुनरावृत्ति से 6 अंकों तक हो तो वह संख्या 3, 7, 9, 11, 13, 37 से विभाजित होगी। जैसे : 333333

(vii) **8 से विभाज्यता :** वे संख्याएँ जिनके अन्तिम तीन अंक 8 से विभाज्य हों अथवा अन्तिम तीनों अंक 0 हों, तो वे संख्याएँ 8 से पूर्णतः विभाजित होंगी। जैसे : 1000, 2136, 12648 आदि।

(viii) **9 से विभाज्यता :** ऐसी संख्याएँ जिनके अंकों का योग 9 से पूर्णतः विभाजित हो वे संख्याएँ 9 से पूर्णतः विभाजित होंगी। जैसे : 23409, 454554, 66636 आदि संख्याओं के अंकों का योगफल क्रमशः $(2+3+4+0+9=18)$, $(4+5+4+5+5+4=27)$, $(6+6+6+3+6=27)$ है जोकि 9 से पूर्णतः विभाजित होंगी।

(ix) **10 से विभाज्यता :** यदि किसी संख्या का अन्तिम अंक 0 हो, तो वह संख्या 10 से पूर्णतः विभाजित होगी। जैसे : 50, 80, 1310, 1480 आदि।

(x) **11 से विभाज्यता :** ऐसी संख्याएँ जिनके सम तथा विषम स्थानों के अंकों के योगफलों का अन्तर 0 अथवा 11 का गुणज हो, तो वे संख्याएँ 11 से पूर्णतः विभाजित होंगी। जैसे : 909183, 540045, 184712 आदि संख्याओं के सम तथा विषम स्थान पर आने वाले अंकों का अन्तर क्रमशः $[(9+9+8)-(0+1+3)=22]$, $[(5+0+4)-(4+0+5)=0]$, $[(8+7+2)-(1+4+1)=11]$ है जोकि 11 का गुणज है। अतः दी हुई संख्याएँ 11 से पूर्णतः विभाजित होंगी।

कुछ महत्वपूर्ण सूत्र

1. n प्राकृत संख्याओं का योग $= \dfrac{n(n+1)}{2}$

जैसे : 1 से 1000 तक प्राकृत संख्याओं का योग

$$= \frac{1000 \times (1000+1)}{2} = \frac{1000 \times 1001}{2} = 500500.$$

2. लगातार n सम संख्याओं का योग $= n(n+1)$

3. लगातार n विषम संख्याओं का योग $= n^2$

4. n प्राकृत संख्याओं के वर्गों का योग $= \dfrac{n(n+1)(2n+1)}{6}$

5. n विषम वर्ग संख्याओं का योग $= \dfrac{n(4n^2-1)}{3}$

6. n प्राकृत संख्याओं के घनों का योग $= \left[\dfrac{n(n+1)}{2}\right]^2$

7. समान्तर श्रेणी (A.P.) का nवाँ पद

$$T_n = a + (n-1)d$$

यहाँ $a =$ प्रथम पद तथा $d =$ सार्व अंतर

समान्तर श्रेणी के n पदों का योग

$$= \frac{\text{पदों की संख्या (पहला पद + अंतिम पद)}}{2}$$

8. गुणोत्तर श्रेणी (G.P.) का nवां पद

$$T_n = ar^{n-1}$$

यहाँ $a =$ प्रथम पद तथा $r =$ सार्व अनुपात

गुणोत्तर श्रेणी के n पदों का योग

$$= \frac{a(r^n - 1)}{(r-1)} \quad \{\text{जब } r > 1 \text{ हो}\}$$

$$= \frac{a(1 - r^n)}{(1-r)} \quad \{\text{जब } r < 1 \text{ हो}\}$$

वितत् संख्याएँ

यदि एक संख्या, दूसरे की परिवर्ती हो तो वे संख्याएँ वितत् संख्याएँ कहलाती हैं। जैसे : 4, 5, 6, 7 व 8 वितत् संख्याएँ हैं जबकि 4, 6, 7 व 8 वितत् संख्याएँ नहीं हैं। 2, 4, 6, 8 व 10 वितत् समसंख्याएँ हैं तथा 11, 13, 17, 19 व 23 वितत् अभाज्य संख्याएँ हैं।

वितत् संख्याओं के गुण

(*i*) दो वितत् संख्याओं का गुणनफल 2 से विभाजित होता है।

जैसे : $\begin{bmatrix} 2\times3=6 \\ 3\times4=12 \\ 4\times5=20 \\ \ldots\ldots \end{bmatrix}$

अतः 6, 12, 20....आदि 2 से विभाजित होते हैं।

(*ii*) तीन वितत् संख्याओं का गुणनफल 6 से विभाजित होता है।

जैसे : $\begin{bmatrix} 1\times2\times3=6 \\ 2\times3\times4=24 \\ 3\times4\times5=60 \\ \ldots\ldots \\ \ldots\ldots \end{bmatrix}$

अतः 6, 24, 60....आदि 6 से विभाजित होते हैं।

(*iii*) चार वितत् संख्याओं का गुणनफल 24 से विभाजित होता है।

जैसे : $\begin{bmatrix} 1\times2\times3\times4\times5=120\times1 \\ 2\times3\times4\times5\times6=120\times6 \\ 3\times4\times5\times6\times7=120\times21 \\ \ldots\ldots \\ \ldots\ldots \end{bmatrix}$

अतः 24, 120, 36....आदि 24 से विभाजित होते हैं।

(*iv*) पाँच वितत् संख्याओं का गुणनफल 120 से विभाजित होता है।

जैसे : $\begin{bmatrix} 1\times2\times3\times4\times5=120\times1 \\ 2\times3\times4\times5\times6=120\times6 \\ 3\times4\times5\times6\times7=120\times21 \\ \ldots\ldots \\ \ldots\ldots \end{bmatrix}$

अतः $120\times1, 120\times6, 120\times21$.......आदि 120 से विभाजित होते हैं।

(*v*) दो वितत् विषम संख्याओं के वर्गों का अन्तर सदैव 8 से विभाजित होता है।

जैसे : $\begin{bmatrix} 3^2-1^2=9-1=8=8\times1 \\ 5^2-3^2=25-9=16=8\times2 \\ 7^2-5^2=49-25=24=8\times3 \\ \ldots\ldots \\ \ldots\ldots \end{bmatrix}$

जोकि 8 से विभाजित होता है।

(*vi*) दो वितत् संख्याओं का योग उनके वर्गों के अन्तर के बराबर होता है।

जैसे : $\begin{bmatrix} 2+3=5=3^2-2^2=5 \\ 3+4=7=4^2-3^2=7 \\ 4+5=9=5^2-4^2=9 \\ \ldots\ldots \\ \ldots\ldots \end{bmatrix}$

(*vii*) दो वितत् सम या विषम संख्याओं के गुणनफल में 1 जोड़ दें तो प्राप्त संख्या एक पूर्ण वर्ग संख्या होगी।

जैसे : $\begin{bmatrix} 2\times4+1=9=3^2 \\ 3\times5+1=16=4^2 \\ 4\times6+1=25=5^2 \\ \ldots\ldots \\ \ldots\ldots \end{bmatrix}$

(*viii*) तीन वितत् संख्याओं के घनों का योग संख्याओं के अपने योग से विभाजित होता है।

जैसे :

$$\begin{bmatrix} 2^3+3^3+4^3=8+27+64=99=(2+3+4)\times11 \\ 4^3+5^3+6^3=64+125+216=405=(4+5+6)\times27 \\ \ldots\ldots \\ \ldots\ldots \end{bmatrix}$$

(*ix*) प्रत्येक वर्ग संख्या 3 की गुणज होगी या 3 की गुणज से 1 अधिक होगी।

जैसे : $\begin{bmatrix} 3^2=9=3\times3 \\ 4^2=16=3\times5+1 \\ 5^2=25=3\times8+1 \\ \ldots\ldots \\ \ldots\ldots \end{bmatrix}$

(*x*) यदि किसी संख्या के विषम स्थानों और सम स्थानों के अंकों के योग का अन्तर 0 अथवा 11 का गुणज हो तो वह संख्या 11 से विभाजित होती है। जैसे : 1569942 एक संख्या है।

$\therefore$ विषम स्थानों के अंकों का योग $= 1+6+9+2=18$

तथा सम स्थानों के अंकों का योग $= 5+9+4=18$

$\therefore$ विषम तथा सम स्थानों के अंकों के योग का अन्तर

$= 18-18=0$

$\therefore$ संख्या 1569942, 11 से विभाजित होती है।

महत्वपूर्ण तथ्य

संख्या पद्धति में एक अंक वाली संख्याएँ = 9

संख्या पद्धति में दो अंकों वाली संख्याएँ = 90

संख्या पद्धति में तीन अंकों वाली संख्याएँ = 900

संख्या पद्धति में चार अंकों वाली संख्याएँ = 9000

1 से 100 तक की संख्याओं में कुल शून्यों की संख्या = 11

(*a*) (*i*) 'शून्य' न तो धनात्मक और न ही ऋणात्मक पूर्णांक है।

(*ii*) धनात्मक पूर्णांकों में सबसे छोटा पूर्णांक '+1' तथा ऋणात्मक पूर्णांकों में सबसे बड़ा पूर्णांक '–1' है।

(*b*) किसी पूर्ण वर्ग संख्या के इकाई स्थान पर 0, 1, 4, 5, 6 व 9 अंकों में से कोई भी अंक हो सकता है।

(*c*) किसी भी संख्या के घन के इकाई स्थान पर 0, 1, 2, 3, 4, 5, 6, 7, 8 व 9 अंकों में से कोई भी अंक हो सकता है।

(*d*) $1+2+3+4+5+.....n$ पदों तक का योग $= \frac{n(n+1)}{2}$ जहाँ n पदों की संख्या है।

(*e*) 'शून्य' का किसी भी संख्या में जातीय मान तथा स्थानीय मान दोनों ही शून्य होते हैं।

साधित उदाहरण

1. 137 रूढ़ संख्या है या नहीं?

हल : सबसे पहले 137 से ठीक बड़ी वर्ग संख्या देखते हैं जो 144 है यह 12 की वर्ग संख्या है।

अब 12 से छोटी सभी अभाज्य संख्याएँ देखते हैं जो क्रमशः 2, 3, 5, 7, 11 हैं। इन संख्याओं में से किसी से भी 137 भाज्य नहीं हैं अतः 137 अभाज्य (रूढ़) संख्या है।

2. $517^{26} \times 313^{17} \times 402^{58}$ में इकाई का अंक क्या होगा?

हल : इस प्रकार के प्रश्नों में ध्यान रखें कि हम इसको पूरी तरह तो हल नहीं कर सकते क्योंकि प्रक्रिया बहुत लम्बी हो जाएगी। इसलिए दी गई घात में हमेशा 4 का भाग देते हैं और जितना शेष बचे उसे उस संख्या के इकाई अंक के ऊपर लगाकर हल करते हैं।

जैसे–517^{26}, $\frac{26}{4}$ शेष $2 = 7^2$

313^{17}, $\frac{17}{4}$ शेष $1 = 3^1$ 402^{58}, $\frac{58}{4}$ शेष $2 = 2^2$

अतः $7^2 \times 3^1 \times 2^2$ या $49 \times 3 \times 4 = 108$

अतः इकाई का अंक 8 होगा।

3. यदि किसी संख्या को 119 से भाग दिया जाए तो 19 शेष बचता है यदि उसी संख्या को 17 से भाग दिया जाए तो बताओ कितना शेष बचेगा?

हल : इस प्रकार के प्रश्नों में ध्यान रखें कि यदि दी गई संख्या से पहला भाजक पूर्णतः भाज्य है तो पहले शेषफल में ही दी गई संख्या का भाग दे देंगे और जो शेष बचेगा वही हमारा उत्तर होगा। यहाँ 119, 17 से पूर्णतः भाज्य है तो 19 में 17 से भाग देने पर 2 शेष बचेगा। इसलिए उत्तर 2 होगा।

4. $14^{15} \times 13^{18} \times 5^8$ में कुल कितने अभाज्य (रूढ़) गुणनखण्ड हैं?

हल : सबसे पहले आधार वाली संख्याओं को पूर्णतः अभाज्य संख्याएँ बनाते हैं।

$(2 \times 7)^{15} \times 13^{18} \times 5^8 = 2^{15} \times 7^{15} \times 13^{18} \times 5^8$

अतः कुल अभाज्य गुणनखण्ड $15 + 15 + 18 + 8 = 56$ हैं।

5. 19^{35} में 18 से भाग दें तो कितना शेष बचेगा?

हल : इस प्रकार के प्रश्नों में जो शेषफल बचता है तो उसकी भी एक निश्चित अन्तराल के बाद पुनरावृत्ति होती है।

$19^1 = 19$, इसमें 18 का भाग देने पर शेष = 1

$19^2 = 361$, इसमें 18 का भाग देने पर शेष = 1

$19^3 = 6859$, इसमें 18 का भाग देने पर शेष = 1

चूँकि यहाँ घात विषम है तो विषम वाली स्थिति में शेष 1 होगा।

इसको हम इस प्रकार भी हल कर सकते हैं :

$(18 + 1)^{35}$ में 18 का भाग दें तो शेष 1 ही बचेगा।

6. $49^{15} - 1$ किस संख्या से पूर्णतः भाज्य है?

हल : $49^1 - 1 = 48$ यह 48 के किसी भी गुणनखण्ड (2, 3, 4, 6, 8) से विभाजित हो सकता है।

7. दो अंकों की संख्या और उसे उलटने से बनी नई संख्या के अंकों का योग हमेशा 11 से विभाजित होगा।

जैसे : किसी दो अंकों की संख्या के दोनों अंकों की स्थिति अदल-बदल जाती है तो प्राप्त संख्या के अंकों का योग 66 हो जाता है तो बताओ उस संख्या के अंकों का योग क्या है?

हल : माना वह संख्या $10a + b$ है।

अंकों की स्थिति बदलने पर संख्या $= 10b + a$

अतः संख्या के अंकोंका योग

$$10a + b + 10b + a = 66$$
$$11a + 11b = 66$$
$$a + b = \frac{66}{11}$$
$$a + b = 6$$

अर्थात् अंकों का योग 11 से विभाजित होगा।

वस्तुनिष्ठ प्रश्न

1. 49587 में 5 के स्थानीय मान और जातीय मान में कितना अन्तर है?

A. 495 B. 500
C. 5 D. 260
E. 261

2. $1^2 + 2^2 + 3^2 + 4^2 + 5^2 + 6^2 + 7^2 + 8^2$ का मान होगाः

A. 703 B. 204
C. 215 D. 804
E. 208

3. $1^3 + 2^3 + 3^3 + 4^3 + 5^3 + 6^3$ का मान होगाः

A. 240 B. 441
C. 305 D. 144
E. 145

4. गुणनफल $743 \times 512 \times 417 \times 215$ में इकाई का अंक क्या है?

A. 0 B. 2
C. 3 D. 5
E. 6

5. $7^{71} \times 6^{63} \times 3^{65}$ के गुणनफल में मात्रक अंक कितना होगा?

A. 1 B. 2
C. 3 D. 4
E. 5

6. $25^{6251} + 36^{528} + 73^{54}$ व्यंजक केमात्रकोंका अंक कितना है?

A. 6 B. 5
C. 4 D. 0
E. 8

7. $17^{14} \times 15^{12} \times 14^{18}$ में कुल कितने अभाज्य गुणनखण्ड हैं?

A. 65 B. 74
C. 70 D. 84
E. 78

8. एक भिन्न का अंश 250% बढ़ा दिया जाए और हर भी 300% बढ़ा दिया जाए, तो वह भिन्न $\frac{7}{19}$ हो जाएगी, तो मूल भिन्न क्या थी?

A. $\frac{8}{19}$ B. $\frac{5}{9}$
C. $\frac{9}{5}$ D. $\frac{19}{7}$
E. इनमें से कोई नहीं

9. दो अंकों का योग 25 तथा अन्तर 13 है, तो इन अंकों का गुणनफल होगा:

A. 325 B. 315
C. 104 D. 114
E. 115

10. किसी संख्या को जब 221 से विभाजित करते हैं तो 64 शेष बचता है। यदि उस अंक को 13 से विभाजित करें, तो कितना शेष बचेगा?

A. 0 B. 1
C. 11 D. 12
E. 3

11. निम्नलिखित में * के स्थान पर क्या आएगा?

```
      8   3   5
      4   *   8
  +   9   *   4
  -------------
     22   *   7
```

A. 0 B. 4
C. 6 D. 9
E. 5

12. एक लड़के से किसी निश्चित संख्या को 25 से गुणा करने को कहा परन्तु उसने गलती से 52 से गुणा कर दिया, तो उसका प्राप्तांक सही उत्तर से 324 अधिक आया, तोबताओ वह संख्या क्या है?

A. 12 B. 15
C. 25 D. 52
E. 55

13. यदि $\frac{x}{16} = \frac{196}{x}$ हो, तो x का मान बताओ:

A. 56 B. 28
C. 24 D. 26
E. इनमें से कोई नहीं

14. संख्या $17^{1999} + 11^{1999} - 7^{1999}$ में इकाई के स्थान पर अंक होगा:

A. 7 B. 1
C. 5 D. 3
E. 6

15. अगर किसी संख्या का $\frac{2}{3}$ का 25%, 30 है तो वह संख्या क्या है?

A. 180 B. 90
C. 60 D. 120
E. 210

16. एक संख्या का वर्ग उस संख्या के दुगने से 8 अधिक है, तो वह संख्या है:

A. 7 B. 6
C. 5 D. 4
E. 3

17. प्रत्येक खंभा 15 मीटर की दूरी पर है, तो बताओ 315 मीटर के पुल को बनाने के लिए कितने खम्भों की आवश्यकता होगी?

A. 24 B. 22
C. 25 D. 23
E. 21

18. एक परीक्षा में एक छात्र को किसी संख्या का $\frac{3}{14}$ ज्ञात करने को कहा परन्तु उसने गलती से उसका $\frac{3}{4}$ निकाल दिया तो उसका उत्तर सही उत्तर से 150 अधिक आया तोबताओ वह संख्या क्या है?

A. 180 B. 240
C. 280 D. 290
E. इनमें से कोई नहीं

19. तीन अंकों वाली एक संख्या $2a3$ को दूसरी संख्या 326 में जोड़ने से तीन अंकों वाली संख्या $5b9$ प्राप्त होती है, यदि $5b9$, 9 से विभाजित हो जाती है, तो बताओ $5a - 2b$ का मान क्या होगा?

A. 2 B. 5
C. 7 D. 9
E. 3

20. यदि $\frac{x}{y} = \frac{5}{2}$ हो, तो $\frac{4x+2y}{4x-2y}$ का मान क्या होगा?

A. 4.5 B. 1.5
C. 0 D. 5
E. 2.5

21. $\left(1-\frac{1}{2}\right)\left(1-\frac{1}{3}\right)\left(1-\frac{1}{4}\right)\left(1-\frac{1}{5}\right)...\left(1-\frac{1}{n}\right) = ?$

A. $\frac{1}{n}$ B. $\frac{2}{n}$
C. $\frac{n}{1}$ D. $\frac{n}{3}$
E. इनमें से कोई नहीं

22. $(127^{127} + 97^{127})$ तथा $(12^{97} + 97^{97})$ का एक उभयनिष्ठ गुणनखण्ड ज्ञात करो:

A. 124 B. 224
C. 202 D. 125
E. इनमें से कोई नहीं

23. दो संख्याओं के वर्गों का योग 386 है। यदि एक संख्या 5 हो, तो दूसरी संख्या क्या है?
A. 18 B. 19
C. 15 D. 20
E. 25

24. किसी संख्या को 9 से भाग देने पर शेषफल 8 रहता है इससे प्राप्त भागफल को 11 से भाग देने पर शेषफल 9 रहता है। अब इस प्रकार प्राप्त भागफल को 13 से भाग देने पर शेषफल 8 रहता है। यदि संख्या और उत्तरोत्तर भागफलों को क्रमशः 13, 11 और 9 से भाग दें तो प्राप्त शेषफल ज्ञात करो?
A. 8, 2, 8 B. 10, 1, 6
C. 8, 9, 8 D. 8, 8, 9
E. इनमें से कोई नहीं

25. दो संख्याओं का गुणनफल 9375 है तथा बड़ी संख्या को छोटी संख्या से भाग देने पर भागफल 15 है, तो संख्याओं का योग होगा :
A. 395 B. 380
C. 400 D. 425
E. 405

26. किसी प्राकृत संख्या के वर्ग के तिगुने में से उस संख्या के चार गुने को घटाने पर प्राप्त संख्या उस संख्या से 50 अधिक है, तो वह संख्या है?
A. 4 B. 5
C. 10 D. 6
E. 7

27. $a * b = a + b + ab$ हो, तो $3 * 4 - 2 * 3$ बराबर है :
A. 6 B. 8
C. 10 D. 12
E. 14

28. किसी संख्या कोदोगुना करके और उसमें 20 जोड़कर वही उत्तर प्राप्त हो, जो उस संख्या को 8 से गुणा करके और गुणनफल में से 4 घटाकर प्राप्त होती है, तो वह संख्या है :
A. 2 B. 3
C. 4 D. 6
E. 8

29. वह कौन-सी संख्या है जिसको अपने में ही 20 बार जोड़ने से परिणाम 861 आता है?
A. 40 B. 41
C. 82 D. 85
E. इनमें से कोई नहीं

30. वह छोटी से छोटी संख्या क्या है जिसे 7 से गुणा करने पर गुणनफल में केवल 9-9 के अंक हों?
A. 142857 B. 54735
C. 127347 D. 124768
E. इनमें से कोई नहीं

31. एक संख्या को 4 से भाग देने पर भागफल तथा शेषफल का योग 8 है तथा उनके वर्गोंका योग 34 है, तो वह संख्या क्या है?
A. 26 B. 23
C. 73 D. 86
E. 75

32. दो अंकों की संख्या एवं उस संख्या के दोनों अंकों के योग के बीच का अनुपात 4 : 1 है, यदि इकाई स्थान पर स्थित अंक, दहाई स्थान पर स्थित अंक से 3 ज्यादा हो, तो वह संख्या क्या है?
A. 37 B. 25
C. 36 D. 63
E. 65

33. यदि a, b धनपूर्ण संख्याएँ हैं तथा $7a + 5b$, 19 से विभाज्य है, तो निम्न में से कौन-सा 19 से विभाज्य है?
A. $7a - 5b$ B. $14a + 2b$
C. $9a + 20b$ D. $13a + 6b$
E. इनमें से कोई नहीं

34. 1 से 100 तक की संख्या को लिखने में कितने अंकों की आवश्यकता होगी?
A. 180 B. 500
C. 192 D. 170
E. 190

35. दो संख्याओं का गुणनफल 1092 है और उनका योग उनके अन्तर से 42 अधिक है, तो बड़ी वाली संख्या कौन-सी है?
A. 48 B. 44
C. 52 D. 54
E. 60

36. किसी संख्या को 5 से भाग देने पर 3 शेष रहता है। यदि उसी संख्या के वर्ग को 5 से भाग दिया जाए, तो शेष क्या होगा?
A. 1 B. 2
C. 3 D. 4
E. 5

37. प्रथम विषम संख्या 1 है, द्वितीय विषम संख्या 3 है तथा इसी प्रकार आगे बढ़ते रहते हैं, तो 200वींसंख्या होगीः
A. 399 B. 421
C. 357 D. 599
E. इनमें से कोई नहीं

38. राम ने अपनी धनराशि का एक चौथाई श्याम को दे दिया। श्याम ने राम से प्राप्त धनराशि का दो पंचमांश अनिल को दे दिया। यदि अनिल को श्याम से कुल ₹ 360 रुपये प्राप्त हुए, तो राम के पास शुरू में कितनी धनराशि थी?
A. ₹ 900 B. ₹ 3900
C. ₹ 3600 D. ₹ 2600
E. इनमें से कोई नहीं

39. दो अंकों की एक संख्या में इकाई के अंक के स्थान पर 3 है तथा संख्या के अंकों का योग उस संख्या का $\frac{1}{7}$ है। तो वह संख्या कौन-सी है?
A. 83 B. 73
C. 63 D. 53
E. 43

40. एक आदमी ने 100 अंगूर 5 दिन में खाए। उसने प्रत्येक दिन उससे पहले दिन की तुलना में 6 अंगूर अधिक खाए। उसने पहले दिन कितने अंगूर खाए?
A. 8 B. 12
C. 54 D. 76
E. 44

उत्तरमाला

1	2	3	4	5	6	7	8	9	10
A	B	B	A	D	D	B	A	D	D
11	12	13	14	15	16	17	18	19	20
C	A	A	B	A	D	B	C	A	B
21	22	23	24	25	26	27	28	29	30
A	B	B	B	C	B	B	C	B	A
31	32	33	34	35	36	37	38	39	40
B	C	C	C	C	D	A	C	C	A

व्याख्यात्मक उत्तर

1. 5 का स्थानीय मान = 500 और जातीय मान 5

अन्तर $= 500 - 5 = 495.$

3. n घन संख्याओं का योग $= \left[\frac{n(n+1)}{2}\right]^2 = \left[\frac{6\times 7}{2}\right]^2 = 441.$

9. पहली संख्या $= \frac{25+13}{2} = \frac{38}{2} = 19$

दूसरी संख्या $= \frac{25-13}{2} = \frac{12}{2} = 6$

गुणनफल $= 19 \times 6 = 114.$

10. $\frac{64}{13} = 4$, शेष $= 12.$

13. $\frac{x}{16} = \frac{196}{x} \Rightarrow x^2 = 16\times 196$

$x = \sqrt{16\times 196} \Rightarrow x = 4\times 14 = 56.$

16.
$$x^2 - 2x = 8$$
$$x^2 - 2x - 8 = 0$$
$$x^2 - 4x + 2x - 8 = 0$$
$$x(x-4) + 2(x-4) = 0$$ अतः $x = 4.$

17. कुल खम्भे $= \frac{315}{15} = 21$ अर्थात् $21 + 1 = 22.$

20. $\frac{4x+2y}{4x-2y} = \frac{4(5)+2(2)}{4(5)-2(2)} = \frac{20+4}{20-4} = \frac{24}{16} = 1.5.$

23. माना दूसरी संख्या x है।

$x^2 + (5)^2 = 386 \Rightarrow x^2 = 386 - 25$

$x^2 = 361 \Rightarrow x = 19.$

26. माना वह संख्या x है।
$$3x^2 - 4x = x + 50$$
$$3x^2 - 5x - 50 = 0$$
$$3x^2 - 15x + 10x - 50 = 0$$
$$3x(x-5) + 10(x-5) = 0$$
$$(x-5)(3x+10) = 0 \Rightarrow x = 5.$$

27. $a * b = a + b + ab$

तो $3 * 4 = 3 + 4 + (3)(4) = 7 + 12 = 19$

तथा $2 * 3 = 2 + 3 + (2)(3) = 5 + 6 = 11$

$3 * 4 - 2 * 3$

$19 - 11 = 8.$

31. माना भागफल $= x$

शेषफल $= (8 - x)$
$$(x)^2 + (8-x)^2 = 34$$
$$x^2 + 64 - 16x + x^2 = 34$$
$$2x^2 - 16x + 30 = 0$$
$$x^2 - 8x + 15 = 0$$
$$(x-3)(x-5) = 0$$
$\Rightarrow x = 3$ या 5

तो संख्या = भाजक × भागफल + शेषफल

$= 4\times 5 + 3 = 23.$

33. यदि $a = 2$ तथा $b = 1$ हो तो $7(2) + 5(1) = 19$

19 से पूर्णतः विभाज्य है

विकल्प (C) से, $9(2) + 20(1) = 38$ जो 19 से पूर्णतः विभाज्य है।

35.
$$x + y - (x - y) = 42$$
$$2y = 42$$
$$y = 21$$
दोनों का गुणनफल $xy = 1092$

$21x = 1092 \Rightarrow x = 52.$

38.

राम	श्याम	अनिल
x	$\frac{x}{4}$	$\frac{2}{5}\times\frac{x}{4}$

$\frac{x}{10} = 360$

$x =$ ₹ 3600.

40. $x + x + 6 + x + 12 + x + 18 + x + 24 = 100$
$$5x + 60 = 100$$
$$5x = 40 \Rightarrow x = 8.$$

ooo

3 घातांक एवं करणी (Indices & Surds)

घातांक (Indices)

जब किसी संख्या के गुणनों को संख्या के ऊपर दिया जाए, तो वह उस संख्या का घातांक कहलाता है।

यदि x कोई संख्या तथा n कोई पूर्णांक $(n > 0)$ है, तो x^n का अर्थ है कि x को n बार गुणा किया है।

अर्थात् $x^n = x \times x \times x \times x \times \ldots . n$ बार

पद x^n में x को आधार तथा n को घातांक कहा जाता है।

घातांक के नियम

(i) $a^m \times a^n \times a^k = a^{m+n+k}$

जैसे : $2^3 \times 2^2 \times 2^4 = 2^{3+2+4}$

या 2^9

(ii) $\frac{a^m}{a^n}$ या $a^m \div a^n = a^{m-n}$

जैसे : $\frac{5^7}{5^3} = 5^{7-3}$

या 5^4

(iii) $(a^m)^n = a^{mn}$

जैसे : $(3^3)^2 = 3^{3\times 2}$ या 3^6

(iv) $a^1 = a,$

जैसे : $5^1 = 5$

(v) $a^0 = 1$. (जिसकी घात शून्य हो तो उसका मान 1 होगा।)

जैसे : $3^0 = 1$

(vi) घातांक वाली संख्या को ऊपर या नीचे बदलने पर उसकी घात के चिह्न (–, +) बदल जाते हैं।

$$\frac{1}{a^{-n}} = a^n$$

जैसे : $\frac{1}{5^{-2}} = 5^2$

(vii) $(ab)^n = a^n . b^n$

(viii) $\left(\frac{a}{b}\right)^n = \frac{a^n}{b^n}$

करणी (Surds)

यदि किसी संख्या का मूल (root) पूरी तरह से नहीं निकाला जा सके तो उसे करणी कहते हैं।

जैसे : $\sqrt[3]{4}, \sqrt[4]{5}$, यदि $\sqrt[n]{a}$ एक करणी हो, तो n को करणीघात एवं a को करणीगत कहते हैं।

प्रत्येक करणी एक अपरिमेय संख्या होती है परन्तु प्रत्येक अपरिमेय संख्या एक करणी नहीं हो सकती।

करणी के नियम

(i) $a\sqrt{x} + b\sqrt{x} + c\sqrt{x} = \sqrt{x}(a+b+c)$

जैसे : $5\sqrt{3} + 4\sqrt{3} + 2\sqrt{3} = \sqrt{3}(5+4+2)$

या $\sqrt{3}(11)$ या $11\sqrt{3}$

(ii) $\sqrt{a} \times \sqrt{b} \times \sqrt{c} = \sqrt{a \times b \times c}$

जैसे : $\sqrt{5} \times \sqrt{3} \times \sqrt{6} = \sqrt{5 \times 3 \times 6} = \sqrt{90}$

(iii) $\sqrt[n]{a} = a^{\frac{1}{n}}$ जैसे : $\sqrt{3} = 3^{\frac{1}{2}}, \sqrt[3]{5} = 5^{\frac{1}{3}}$

(iv) $\left(\sqrt[n]{a}\right)^n = \left(a^{\frac{1}{n}}\right)^n = a$

(v) $\sqrt[n]{\frac{a}{b}} = \frac{\sqrt[n]{a}}{\sqrt[n]{b}}$

जैसे : $\sqrt[3]{\frac{49}{15}} = \frac{\sqrt[3]{49}}{\sqrt[3]{15}}$

(vi) $\sqrt[m]{\sqrt[n]{a}} = \sqrt[mn]{a}$

जैसे : $\sqrt[3]{\sqrt[2]{45}} = \sqrt[3\times 2]{45}$ या $\sqrt[6]{45}$

इस प्रकार के प्रश्नों को हल करने के लिए निम्न मानों को याद रखें :

$\sqrt{2} = 1.414$ $\quad\sqrt{3} = 1.732$ $\quad\sqrt{5} = 2.236$

$\sqrt{6} = 2.449$ $\quad\sqrt{7} = 2.645$ $\quad\sqrt{8} = 2.828$

वस्तुनिष्ठ प्रश्न

1. $5\frac{19}{25}$ का वर्गमूल क्या होगा?
A. $3\frac{2}{5}$ B. $2\frac{2}{5}$
C. $2\frac{4}{5}$ D. $3\frac{1}{5}$
E. इनमें से कोई नहीं

2. $\sqrt{144}+\sqrt{196}-\sqrt{256}$ का मान क्या होगा?
A. 12 B. 11
C. 10 D. 14
E. 15

3. 0.6241 का वर्गमूल क्या है?
A. .49 B. .51
C. .79 D. .71
E. .75

4. यदि $\frac{x}{25}=\frac{36}{x}$, तो x का मान क्या होगा?
A. .97 B. .79
C. 32 D. 30
E. 35

5. यदि $\frac{x^2}{9}=\frac{192}{x}$, तो x का मान कितना होगा?
A. 18 B. 12
C. 22 D. 14
E. 15

6. $\sqrt{32+\sqrt{5+\sqrt{121}}}$ का मान बताइये।
A. 16 B. 6
C. 7 D. 12
E. 10

7. यदि $\sqrt{?}+48=1140\div 20$ हो, तो (?) चिन्ह के स्थान पर मान होगा:
A. 83 B. 79
C. 81 D. 50
E. 85

8. 8000 का घनमूल बताइये।
A. 200 B. 20
C. 30 D. 40
E. 45

9. यदि $200+\sqrt{?}=800$ का 30%, तो (?) चिन्ह पर मान होगा:
A. 180 B. 40
C. 160 D. 1600
E. 1500

10. $\sqrt[3]{1325+\sqrt{20}+\sqrt{256}}$ का मान कितना होगा?
A. 13 B. 21
C. 11 D. 25
E. 30

11. $\frac{\sqrt{225}}{16}\times\frac{\sqrt{256}}{15}\times\frac{\sqrt{289}}{17}$ का मान क्या होगा?
A. $\frac{5}{6}$ B. 1
C. $\frac{2}{3}$ D. $1\frac{2}{3}$
E. इनमें से कोई नहीं

12. $\sqrt{42.25}$ का मान कितना होगा?
A. 5.5 B. 5.6
C. 6.5 D. 6.25
E. 5.75

13. $\sqrt{4.84}+\sqrt{3.24}+\sqrt{49}$ का मान क्या होगा?
A. 11 B. 10.8
C. 12 D. 12.8
E. 10.5

14. यदि $\sqrt{.000049}=.007$, तो 490000 का वर्गमूल होगा :
A. 70 B. 700
C. 7000 D. 70.70
E. 7000.7

15. यदि $\frac{\sqrt{?}}{26}=\frac{1}{\sqrt{1521}}$, तो (?) चिन्ह के स्थान पर मान होगा:
A. $\frac{16}{27}$ B. $\frac{4}{9}$
C. $\frac{2}{3}$ D. $\frac{9}{11}$
E. इनमें से कोई नहीं

16. $\sqrt[3]{.000008}$ का मान बताइये।
A. .002 B. .02
C. .2 D. .0002
E. 0.20

17. यदि $\sqrt{?}$ का 20% = 40 का 15%, तो (?) का मान क्या है?
A. 30 B. 90
C. 900 D. 810
E. 50

18. $\sqrt{128+\sqrt{261-\sqrt{25}}}$ का मान क्या होगा?
A. 15 B. 14
C. 12 D. 13
E. 10

19. यदि $\sqrt{2+\frac{2}{49}}=\frac{x}{21}$, तो x का मान क्या होगा?

A. 90 B. 30
C. 45 D. 60
E. 75

20. $\sqrt[3]{\sqrt{.000729}}$ का मान कितना होगा?

A. .06 B. .03
C. 0.3 D. .07
E. 0.8

उत्तरमाला

1	2	3	4	5	6	7	8	9	10
B	C	C	D	B	B	C	B	D	C
11	**12**	**13**	**14**	**15**	**16**	**17**	**18**	**19**	**20**
B	C	A	B	B	B	C	C	B	C

व्याख्यात्मक उत्तर

1. $\because\ 5\frac{19}{25}=\frac{144}{25}$

$\therefore\ \sqrt{5\frac{19}{25}}=\sqrt{\frac{144}{25}}=\sqrt{\frac{12\times12}{5\times5}}$

$=\frac{12}{5}=2\frac{2}{5}.$

2. $\because\ \sqrt{144}=\sqrt{12\times12}=12$

$\sqrt{196}=\sqrt{14\times14}=14$

तथा $\sqrt{256}=\sqrt{16\times16}=16$

$\therefore\ \sqrt{144}+\sqrt{196}-\sqrt{256}=12+14-16$

$=10.$

3.

```
        .79
   7 | .62 41
     | 49
 149 | 1341
     | 1341
     |   ×
```

$\therefore$ .6241 का वर्गमूल .79 होगा।

4. $\because\ \frac{x}{25}=\frac{36}{x}$

$\therefore\ x^2=25\times36$

$\therefore\ x=\sqrt{25\times36}=5\times6=30.$

5. $\because\ \frac{x^2}{9}=\frac{192}{x}$

$\therefore\ x^3=9\times192$

$x=\sqrt[3]{9\times192}=\sqrt{\overline{3\times3\times3}\times\overline{4\times4\times4}}$

$=3\times4=12.$

6. $\because\ \sqrt{121}=\sqrt{11\times11}=11$

$\therefore\ \sqrt{32+\sqrt{5+\sqrt{121}}}=\sqrt{32+\sqrt{5+11}}$

$=\sqrt{32+\sqrt{16}}$

$\therefore\ \sqrt{16}=\sqrt{4\times4}=4$

$\therefore\ \sqrt{32+\sqrt{16}}=\sqrt{32+4}=\sqrt{36}$

$=\sqrt{6\times6}=6.$

7. $\sqrt{?}+48=\frac{1140}{20}=57$

$\therefore\ \sqrt{?}=57-48=9$

$\therefore\ ?=9\times9=81.$

8. $\sqrt[3]{8000}=\sqrt[3]{8\times1000}$

$=\sqrt[3]{\overline{2\times2\times2}\times\overline{10\times10\times10}}=2\times10=20.$

9. $200+\sqrt{?}=800$ का $30\%=800\times\frac{30}{100}=240$

$\therefore\ \sqrt{?}=240-200=40$

$\therefore\ ?=40\times40=1600.$

10. $\because\ \sqrt{256}=\sqrt{16\times16}=16$

$\therefore\ \sqrt[3]{1325+\sqrt{20+\sqrt{256}}}$

$=\sqrt[3]{1325+\sqrt{20+16}}$

$=\sqrt[3]{1325+\sqrt{36}}$

$\therefore\ \sqrt{36}=\sqrt{6\times6}=6$

$\therefore\ \sqrt[3]{1325+\sqrt{36}}=\sqrt[3]{1325+6}=\sqrt[3]{1331}$

$=\sqrt[3]{11\times11\times11}=11.$

11. $\dfrac{\sqrt{225}}{16}\times\dfrac{\sqrt{256}}{15}\times\dfrac{\sqrt{289}}{17}$

$=\dfrac{15}{16}\times\dfrac{16}{15}\times\dfrac{17}{17}=1.$

12.

$$\begin{array}{r|l} & 6.5 \\ 6 & \overline{42}.\overline{25} \\ & 36 \\ \hline 125 & 625 \\ & 625 \\ \hline & \times \end{array}$$

अत: 42.25 का वर्गमूल 6.5 होगा।

13. $\because$

$$\begin{array}{r|l} & 2.2 \\ 2 & \overline{4}.\overline{84} \\ & 4 \\ \hline 42 & 84 \\ & 84 \\ \hline & \times \end{array} \quad \text{तथा} \quad \begin{array}{r|l} & 1.8 \\ 1 & \overline{3}.\overline{24} \\ & 1 \\ \hline 28 & 224 \\ & 224 \\ \hline & \times \end{array}$$

अत: 4.84 का वर्गमूल 2.2 है तथा 3.24 का वर्गमूल 1.8 है।

$\therefore\ \sqrt{4.84}+\sqrt{3.24}+\sqrt{49}\ = 2.2+1.8+7=11.$

14. $\sqrt{490000}$

$=\sqrt{49\times10000}$

$=\sqrt{\overline{7\times7}\times\overline{10\times10}\times\overline{10\times10}}$

$=7\times10\times10=700.$

15. $\because\ \sqrt{1521}\ =\ \sqrt{\overline{3\times3}\times\overline{13\times13}}\ =3\times13=39$

$\therefore\quad \dfrac{\sqrt{?}}{26}\ =\ \dfrac{1}{\sqrt{1521}}\ =\ \dfrac{1}{39}$

$\therefore\quad \sqrt{?}\ =\ \dfrac{26}{39}=\dfrac{2}{3}$

$\therefore\quad ?=\dfrac{2}{3}\times\dfrac{2}{3}=\dfrac{4}{9}.$

16. $\sqrt[3]{.000008}\ =\ \sqrt[3]{8\times10^{-6}}$

$=\sqrt[3]{\overline{2\times2\times2}\times\overline{10^{-2}\times10^{-2}\times10^{-2}}}$

$=2\times10^{-2}=.02.$

17. $\sqrt{?}$ का 20% = 40 का 15% $= 40\times\dfrac{15}{100}\ =6$

$\therefore\quad \sqrt{?}\times\dfrac{20}{100}\ =6$

$\therefore\quad \sqrt{?}\ =\ \dfrac{6\times100}{20}\ =30$

$\therefore\quad ?=30\times30=900.$

18. $\because\ \sqrt{25}\ =\ \sqrt{5\times5}\ =5$

$\therefore\ \sqrt{128+\sqrt{261-\sqrt{25}}}$

$=\sqrt{128+\sqrt{261-5}}$

$=\sqrt{128+\sqrt{256}}$

$\because\quad \sqrt{256}\ =\ \sqrt{16\times16}\ =16$

$\therefore\ \sqrt{128+\sqrt{256}}\ =\ \sqrt{128+16}\ =\ \sqrt{144}$

$=\ \sqrt{12\times12}\ =12.$

19. $\because\ \sqrt{2+\dfrac{2}{49}}\ =\ \sqrt{\dfrac{98+2}{49}}\ =\ \sqrt{\dfrac{100}{49}}\ =\ \dfrac{10}{7}$

$\therefore\quad \dfrac{10}{7}\ =\ \dfrac{x}{21}$

$\therefore\quad x=\ \dfrac{10\times21}{7}\ =30.$

20. $\sqrt[3]{\sqrt{.000729}}\ =\ \sqrt[3]{\sqrt{729\times10^{-6}}}$

$=\sqrt[3]{\sqrt{\overline{27\times27}\times\overline{10^{-3}\times10^{-3}}}}$

$=\sqrt[3]{27\times10^{-3}}$

$=\sqrt[3]{\overline{3\times3\times3}\times\overline{10^{-1}\times10^{-1}\times10^{-1}}}$

$=3\times10^{-1}=0.3.$

OOO

4 सरलीकरण (Simplification)

यह एक महत्त्वपूर्ण अध्याय है क्योंकि बैंक क्लर्क की परीक्षाओं में इस अध्याय से 10-15 प्रश्न पूछे जाते हैं। अतः परीक्षार्थियों के लिखित परीक्षाओं में चयन हेतु यह एक प्रमुख अध्याय है।

कोष्ठक (Bracket)

कोष्ठक प्रायः चार प्रकार के होते हैं–

नाम	संकेत
❖ रेखा कोष्ठक (Bar Bracket)	'—'
❖ छोटा कोष्ठक (Circular Bracket)	'( )'
❖ मध्यम कोष्ठक (Curly Bracket)	'{ }'
❖ बड़ा कोष्ठक (Box or square Bracket)	'[ ]'

यदि किसी दिये गये व्यंजक में ये चारों कोष्ठक उपस्थित हों तो क्रम से रेखा कोष्ठक, छोटा कोष्ठक, मध्यम कोष्ठक तथा बड़े कोष्ठक की क्रिया की जाती है।

उदाहरणः $10-[6+\{2-(4-\overline{1-2+3})\}]=?$

हलः $10-[6+\{2-(4-2)\}]$

$= 10-[6+\{2-2\}]$

$= 10-[6+0] = 10-6 = 4$

BODMAS

यह पद BODMAS हमें बताता है कि यदि किसी प्रश्न में कोष्ठक, 'का', भाग, गुणा, जोड़ और घटाव रहे तो सर्वप्रथम कोष्ठक उसके बाद क्रमशः 'का', भाग, गुणा, जोड़ और अन्त में घटाव को हल किया जाता है।

❖ B ⟶	Brackets	कोष्ठक ( )
❖ O ⟶	of	का
❖ D ⟶	Division	भाग ÷
❖ M ⟶	Multiplication	गुणा ×
❖ A ⟶	Addition	जोड़ +
❖ S ⟶	Subtraction	घटाव –

उदाहरणः $18 + (44 - 13) - 35 \div 7 = ?$

हलः $18 + 31 - 35 \div 7$

$= 18 + 31 - 5 = 49 - 5 = 44$

उदाहरण 1. 80 का ?% = 14 का 200%

हलः $80 \times x = 14 \times 200$

$\Rightarrow \quad x = \dfrac{14\times200}{80} = 35$

उदाहरण 2. 30 का 40% = 60 का ?%

हलः $30 \times 40 = 60 \times x$

$\Rightarrow \quad x = \dfrac{30\times40}{60} = 20$

इसके अंतर्गत महत्वपूर्ण बीजगणितीय सूत्रों पर आधारित समस्याओं को हल किया गया है :

(i) $(a+b) = \dfrac{(a^2-b^2)}{(a-b)}$

अथवा $(a-b) = \dfrac{a^2-b^2}{(a+b)}$

(ii) $(a+b)^2 = a^2 + 2ab + b^2 = (a-b)^2 + 4ab$

(iii) $(a-b)^2 = a^2 - 2ab + b^2 = (a+b)^2 - 4ab$

(iv) $a^2 - b^2 = (a+b)\ (a-b)$

(v) $a^2 + b^2 = (a+b)^2 - 2ab$

(vi) $a^2 + b^2 = (a-b)^2 + 2ab$

(vii) $ab = \dfrac{(a+b)^2-(a-b)^2}{4}$

(viii) $(a+b+c)^2 = a^2 + b^2 + c^2 + 2\ (ab + bc + ca)$

(ix) $(a+b)^3 = a^3 + b^3 + 3ab\ (a+b)$

(x) $a^3 + b^3 = (a+b)\ (a^2 - ab + b^2)$

(xi) $a^3 - b^3 = (a-b)\ (a^2 + ab + b^2)$

(xii) यदि $a+b+c=0$ हो,

तो $a^3 + b^3 + c^3 = 3abc$

उदाहरण 3. $\dfrac{5.32\times56+5.32\times44}{(7.66)^2-(2.34)^2}$ का मान ज्ञात कीजिए।

हलः $\dfrac{5.32(56+44)}{(7.66+2.34)\,(7.66-2.34)}$

$= \dfrac{5.32\times100}{10\times5.32} = 10$

वस्तुनिष्ठ प्रश्न

1. $2-\{3-(4-\overline{3-2})\}$ का मान क्या होगा?
A. 4 B. 5
C. 3 D. 2
E. 5

2. $\frac{9}{20}-\left[\frac{1}{5}+\left\{\frac{1}{4}-\left(\frac{5}{6}-\overline{\frac{1}{3}+\frac{1}{2}}\right)\right\}\right]$ का मान क्या होगा?
A. 0 B. 4
C. 3 D. 2
E. 6

3. $\sqrt{x^{-1}y}\cdot\sqrt{y^{-1}z}\cdot\sqrt{z^{-1}x}=?$
A. 1 B. xyz
C. $\sqrt{xyz}$ D. $\frac{1}{xyz}$
E. इनमें से कोई नहीं

4. $\frac{0.25\times0.25-0.24\times0.24}{0.49}=?$
A. 0.1 B. 0.0006
C. 0.49 D. 0.01
E. इनमें से कोई नहीं

5. 100 भुजाओं वाले बहुभुज में कितने विकर्ण पाए जाते हैं?
A. 100 B. 98
C. 4850 D. 4950
E. इनमें से कोई नहीं

6. एक समषट्भुज में कुल विकर्णों की संख्या होगी?
A. 12 B. 9
C. 18 D. 15
E. इनमें से कोई नहीं

7. $45^3 - 65^3 + 20^3$ का मान है–
A. –175500 B. –165500
C. शून्य D. –174500
E. इनमें से कोई नहीं

8. $\frac{\sqrt{5}+\sqrt{3}}{\sqrt{5}-\sqrt{3}}$ को सरल करो।
A. $8+\sqrt{15}$ B. $4+2\sqrt{15}$
C. $5+2\sqrt{15}$ D. $4+\sqrt{15}$
E. इनमें से कोई नहीं

9. किसी संख्या को दोगुना करके उसमें 9 जोड़ा जाता है इस प्रकार प्राप्त संख्या का तिगुना 75 के बराबर है तो वह संख्या है:
A. 10 B. 7
C. 8 D. 9
E. इनमें से कोई नहीं

10. किन्हीं तीन क्रमागत विषम प्राकृत संख्याओं का योग 147 हो तो बीच वाली संख्या क्या होगी?
A. 51 B. 52
C. 49 D. 53
E. इनमें से कोई नहीं

11. दो संख्याओं का योग 70 है और उनका अन्तर 20 है तो उन संख्याओं के वर्गों का योग क्या होगा?
A. 2640 B. 2450
C. 2650 D. 2560
E. इनमें से कोई नहीं

12. यदि $x=7-4\sqrt{3}$ हो, तो $\left(x+\frac{1}{x}\right)$ का मान बताओ:
A. 12 B. 7
C. 13 D. 14
E. इनमें से कोई नहीं

13. दिया गया है कि 1 + 2 + 3 + ... + 10 = 55 हो, तो 11 + 12 + 13 + ... + 20 किसके बराबर है?
A. 155 B. 135
C. 145 D. 125
E. इनमें से कोई नहीं

14. $\frac{(12+12+12)\div4}{(6+6+6)\div12}=?$
A. 3 B. 5
C. 6 D. 7
E. इनमें से कोई नहीं

15. 24 का ? = $2\frac{2}{11}\times1331$
A. 10000 B. 12100
C. 9600 D. 14400
E. इनमें से कोई नहीं

16. 260 का 15% – 125 का 32% = ?%
A. –100 B. 200
C. 125 D. 150
E. इनमें से कोई नहीं

17. 225 का ? – 115 का 10% = 3800
A. 1694 B. 1674
C. 1684 D. 1664
E. इनमें से कोई नहीं

18. $\frac{19\times9+19}{4+10-13.5}=?$
A. 390 B. 370
C. 380 D. 360
E. इनमें से कोई नहीं

19. 450 का 35% + 20 का ?% = 1296 – 248
A. 4372 B. 4402.5
C. 4302 D. 4452.5
E. इनमें से कोई नहीं

20. $39.84 \div 3.32 \times 12^2 \div 12 = ?$
A. 36 B. 144
C. 108 D. 180
E. इनमें से कोई नहीं

21. 1200 का 65% – 1150 का 30% = 870 का ?%
A. 60 B. 70
C. 50 D. 45
E. इनमें से कोई नहीं

22. $\frac{(413-48)\times(49-16)}{(369-303)\times(76-39.5)}=?$
A. 5 B. 8
C. 7 D. 9
E. इनमें से कोई नहीं

23. 8436 का $33\frac{1}{3}\%$ + 128 = ? का $66\frac{2}{3}\%$
A. 4420 B. 4430
C. 4410 D. 4440
E. इनमें से कोई नहीं

24. $\frac{1}{4}\times\frac{1}{4}\div\frac{1}{4}\times\frac{1}{4}=?$
A. 1 B. $\frac{1}{16}$
C. $\frac{1}{4}$ D. 16
E. इनमें से कोई नहीं

25. 8 + 8 × 8 ÷ 8 × 8 – 8 ÷ 8 = ?
A. 72 B. 64
C. 48 D. 71
E. इनमें से कोई नहीं

26. 4600 का 20% – 3200 का 30% + 502 = 50 का ?%
A. 934 B. 824
C. 914 D. 924
E. इनमें से कोई नहीं

27. $\frac{32\times32-24}{\frac{1}{2}\div2}=?$
A. 4000 B. 5000
C. 3000 D. 2000
E. इनमें से कोई नहीं

28. 84 का 40% = ? का 60%
A. 48 B. 56
C. 63 D. 42
E. इनमें से कोई नहीं

29. 180 का ?% = 90 का 90%
A. 52 B. 46
C. 45 D. 44
E. इनमें से कोई नहीं

30. 1400 का ?% = 4637 – 4245
A. 23 B. 28
C. 25 D. 27
E. इनमें से कोई नहीं

31. 13.2 का 30% = 3.3 का ?%
A. 80 B. 110
C. 130 D. 120
E. इनमें से कोई नहीं

32. (1300 × 7 ÷ 91) × 2 = ?
A. 200 B. 100
C. 175 D. 210
E. इनमें से कोई नहीं

33. 0.72 ÷ 0.09 × 90 = ?
A. 730 B. 740
C. 720 D. 710
E. इनमें से कोई नहीं

34. दो धनात्मक संख्याओं के वर्गों का योग 100 तथा उनके वर्गों का अन्तर 28 है। इन संख्याओं का योग क्या होगा?
A. 12 B. 13
C. 14 D. 15
E. इनमें से कोई नहीं

35. एक परीक्षा में एक विद्यार्थीकोकिसी संख्या का $\frac{3}{14}$ ज्ञात करना था। उस विद्यार्थी ने इस संख्या का $\frac{3}{4}$ ज्ञात कर दिया जो कि ठीक उत्तर से 150 अधिक है। वह संख्या कितनी है?
A. 248 B. 280
C. 250 D. 240
E. इनमें से कोई नहीं

उत्तरमाला

1	2	3	4	5	6	7	8	9	10
D	A	A	D	C	B	A	D	C	C
11	**12**	**13**	**14**	**15**	**16**	**17**	**18**	**19**	**20**
C	D	A	C	B	A	A	C	D	B
21	**22**	**23**	**24**	**25**	**26**	**27**	**28**	**29**	**30**
C	A	C	B	D	D	A	B	C	B
31	**32**	**33**	**34**	**35**					
D	A	C	C	B					

व्याख्यात्मक उत्तर

1. $2-\{3-4-\overline{3-2})\}$

$2-\{3-(4-1)\}$

$2-\{3-3\}=2$

2. $\frac{9}{20}-\left[\frac{1}{5}+\left\{\frac{1}{4}+\left(\frac{5}{6}-\frac{5}{6}\right)\right\}\right]$

$=\frac{9}{20}-\left[\frac{1}{5}+\frac{1}{4}\right]=\frac{9}{20}-\frac{9}{20}=0$

3. $\sqrt{x^{-1}y}\cdot\sqrt{y^{-1}z}\cdot\sqrt{z^{-1}x}=\sqrt{\frac{y}{x}}\sqrt{\frac{z}{y}}\sqrt{\frac{x}{z}}$

या $\frac{\sqrt{y}}{\sqrt{x}}\cdot\frac{\sqrt{z}}{\sqrt{y}}\cdot\frac{\sqrt{x}}{\sqrt{z}}=1$

4. $\frac{0.25\times0.25-0.24\times0.24}{0.49}=\frac{(0.25)^2-(0.24)^2}{(0.25+0.24)}$

माना कि $0.25 = a$ तथा $0.24 = b$

$=\frac{a^2-b^2}{a+b}=\frac{(a+b)(a-b)}{(a+b}$

$=a-b=.25-0.24=0.01$

5. n भुजा वाले बहुभुज में विकर्णों की संख्या $=\frac{n(n-3)}{2}$

$=\frac{100\times97}{2}=4850$

6. समषट्भुज में विकर्णों की संख्या $=\frac{n(n-3)}{2}$

$=\frac{6\times3}{2}=9$ विकर्ण

7. $45^3-65^3+20^3$

$(5\times9)^3-(5\times13)^3+(5\times4)^3$

$5^3(9^3-13^3+4^3)=125(729-2197+64)$

$=125(-1404)$

$=-175500$

8. $\frac{\sqrt{5}+\sqrt{3}}{\sqrt{5}-\sqrt{3}}\times\frac{\sqrt{5}+\sqrt{3}}{\sqrt{5}+\sqrt{3}}$

$\frac{(\sqrt{5}+\sqrt{3})^2}{5-3}=\frac{5+2\sqrt{5}\cdot\sqrt{3}+3}{2}$

$=\frac{8+2.\sqrt{5}\sqrt{3}}{2}=\frac{2(4+\sqrt{5}\cdot\sqrt{3})}{2}$

$=4+\sqrt{5}.\sqrt{3}=4+\sqrt{15}$

9. माना वह संख्या a है

$3(2a+9)=75$

$6a+27=75$

$6a=75-27$

$6a=48$

$a=8$

10. $x+x+2+x+4=147$

$3x+6=147$

$3x=147-6$

$3x=141$

$x=47$

अतः अभीष्ट संख्या = 47 + 2 = 49

11. पहली संख्या $=\frac{70+20}{2}=45$

दूसरी संख्या $=\frac{70-20}{2}=25$

$45^2+25^2=2650$

12. $x=7-4\sqrt{3}$ हो तो $x+\frac{1}{x}=?$

$x+\frac{1}{x}=\frac{x^2+1}{x}$

$\frac{(7-4\sqrt{3})^2+1}{7-4\sqrt{3}}=\frac{49-56\sqrt{3}+48+1}{7-4\sqrt{3}}$

$\frac{14(7-4\sqrt{3})}{7-4\sqrt{3}}=14$

13. यदि $1+2+3+\ldots+10=55$

तो $11+12+13+\ldots+20=?$

1 से 20 तक का योग $=\frac{20\times21}{2}=210$

तो 11 से 20 तक का योग = 210 − 55 = 155

14. $x=\frac{(12+12+12)\div4}{(6+6+6)\div12}=\frac{36\div4}{18\div12}=\frac{36}{4}\times\frac{12}{18}=6$

15. 24 का $x\%=\frac{24}{11}\times1331$

या, $x=\frac{24\times1331\times100}{11\times24}=12100$

16. 260 का 15% − 125 का 32% = x%

या, $260\times15-125\times32=x$

या, $x=3900-4000=-100$

17. 225 का $x\%$ − 115 का 10% = 3800

या, $\frac{225 \times x}{100} - 11.50 = 3800$

या, $x = \frac{3811.5 \times 100}{225} = 1694$

18. $x = \frac{19 \times 9 + 19}{4 + 10 - 13.5} = \frac{171 + 19}{14 - 13.5} = \frac{190}{0.5} = 380$

19. 450 का 35% + 20 का $x\%$ = 1296 −248

या, $157.5 + \frac{20}{100} \times x = 1048$

या, $\frac{x}{5} = 1048 - 157.5 = 890.5$

$\therefore$ $x = 5 \times 890.5 = 4452.5$

20. $x = 39.84 \div 3.32 \times 12^2 \div 12$

$= 12 \times 12 \times 12 \times \frac{1}{12} = 144$

21. 1200 का 65% − 1150 का 30% = 870 का $x\%$

या, $780 - 345 = 870 \times \frac{x}{100}$

या, $435 = \frac{87}{10} \times x$

$\therefore$ $x = \frac{435 \times 10}{87} = 50$

22. $x = \frac{(413 - 48)(49 - 16)}{(369 - 303)(76 - 39.5)} = \frac{365 \times 33}{66 \times 36.5} = 5$

23. 8436 का $33\frac{1}{3}\%$ + 128 = $x \times \frac{200}{3 \times 100}$

या, $2812 + 128 = x \times \frac{2}{3}$

या, $x = 2940 \times \frac{3}{2} = 4410$

24. $x = \frac{1}{4} \times \frac{1}{4} + \frac{1}{4} \times \frac{1}{4} = \frac{1}{4} \times \frac{1}{4} \times \frac{4}{1} \times \frac{1}{4} = \frac{1}{16}$

25. $x = 8 + 8 \times 8 \div 8 \times 8 - 8 \div 8$

$= 8 + 8 \times 8 \times \frac{1}{8} \times 8 - 8 \times \frac{1}{8}$

$= 8 + 64 - 1 = 71$

26. 4600 का 20% − 3200 का 30% + 502 = 50 का $x\%$

या, $920 - 960 + 502 = 50 \times \frac{x}{100}$

या, $x = \frac{462 \times 100}{50} = 924$

27. $x = \frac{32 \times 32 - 24}{\frac{1}{2} \div 2}$

$= \frac{1024 - 24}{\frac{1}{2} \times \frac{1}{2}} = 1000 \times \frac{4}{1} = 4000$

28. 84 का 40% = x का 60%

या, $84 \times 40 = x \times 60$

या, $x = \frac{84 \times 40}{60} = 56$

29. 180 का $x\%$ = 90 का 90%

या, $180 \times x = 90 \times 90$

या, $x = \frac{90 \times 90}{180} = 45$

30. 1400 का $x\%$ = 4637 − 4245

या, $14 \times x = 392$

या, $x = \frac{392}{14} = 28$

31. 13.2 का 30% = 3.3 का $x\%$

या, $13.2 \times 30 = 3.3 \times x$

$\therefore$ $x = \frac{13.2 \times 30}{3.3} = 120$

32. $x = (1300 \times 7 \div 91) \times 2$

$= \left(1300 \times \frac{7}{91}\right) \times 2$

$= 100 \times 2 = 200$

33. $x = 0.72 \div 0.09 \times 90$

$= 8 \times 90 = 720$

34. माना अभीष्ट संख्यायें a तथा b हैं।

तब $a^2 + b^2 = 100$ तथा $a^2 - b^2 = 28$

जोड़ने पर, $2a^2 = 128 \Leftrightarrow a^2 = 64 \Leftrightarrow a = 8.$

$a = 8$ रखने पर $64 + b^2 = 100 \Leftrightarrow b^2 = 36$

$\Leftrightarrow$ $b = 6$

$\therefore$ $(a + b) = (8 + 6) = 14$

35. माना अभीष्ट संख्या = x,

तब $\frac{3}{4}x - \frac{3}{14}x = 150$

$\therefore$ $(21x - 6x) = (150 \times 28)$

$\Leftrightarrow$ $15x = (150 \times 28)$

$\Leftrightarrow$ $x = 280$

○○○

5 प्रतिशतता (Percentage)

वह भिन्न जिसका हर 100 होता है, प्रतिशत कहलाता है तथा उस भिन्न के अंश कोप्रतिशत दर कहते हैं। इसे प्रायः % चिह्न द्वारा लिखा जाता है। जैसे– $\frac{20}{100} = 20\%$ और इसे 20 प्रतिशत पढ़ा जाता है अर्थात् प्रत्येक 100 पर 20।

कुछ आवश्यक नियम

(*i*) साधारण भिन्न या दशमलव भिन्न को प्रतिशत भिन्न में बदलने के लिए उस भिन्न में 100 से गुणा करते हैं।

(*ii*) किसी वस्तु के भाव में $x\%$ वृद्धि हो जाने पर, इस मद पर खर्च न बढ़े इसके लिए वस्तु की खपत में कमी

$$= \frac{x}{(100 + x)} \times 100\%.$$

(*iii*) किसी वस्तु के भाव में $x\%$ कमी हो जाने पर, इस मद पर खर्च कम न हो, इसके लिए वस्तु की खपत में वृद्धि

$$= \frac{x}{(100 - x)} \times 100\%.$$

साधित उदाहरण

1. वह राशि कौन-सी है जो ₹ 540 से 30% कम है?

हल : यहाँ ₹ 540 से 30% कम का अर्थ :

$$= 540 \times \frac{70}{100} = 378.$$

2. राम के पास ₹ 8000 थे। उसने कुल धन का 30% खर्च कर दिया, तो बताओ उसके पास अब कितना धन शेष बचा?

हल : माना कुल धन = ₹ 100

खर्च = 30%

तो शेष = 100 – 30

= ₹ 70

$$\text{तो शेष} = \frac{70}{100} \times 8000$$

= ₹ 5600.

वस्तुनिष्ठ प्रश्न

1. राजीव का वेतन सुनील से 25% अधिक है तथा सुनील का वेतन मनोज के वेतन का 40% है। यदि तीनों का वेतन ₹ 5700 हो, तो राजीव का वेतन क्या है?

A. ₹ 1200 B. ₹ 1500
C. ₹ 1300 D. ₹ 1800
E. ₹ 1400

2. किसी परीक्षा मेंएक परीक्षार्थी ने कुल अंक का 25% अंक प्राप्त किया और 60 अंकों से अनुत्तीर्ण हो गया। उसी परीक्षा में एक अन्य परीक्षार्थी ने 50% अंक प्राप्त किया जो उत्तीर्णांक से 40 अंक अधिक है। उस परीक्षा के उत्तीर्णांक को कितने प्रतिशत से बढ़ा दिया जाए कि पूर्णांक प्राप्त हो जाए?

A. 120%
B. 130%
C. 145%
D. 150%
E. 135%

3. किसी परीक्षा में 80% विद्यार्थी हिन्दी में तथा 75% गणित में उत्तीर्ण हुए। 18% विद्यार्थी दोनों विषयों में अनुत्तीर्ण रहे। यदि 438 विद्यार्थी दोनों विषयों में उत्तीर्ण रहे हों, तो परीक्षा में कुल कितने विद्यार्थी सम्मिलित हुए?

A. 600 B. 500
C. 400 D. 300
E. 200

4. किसी मिश्रण की मात्रा 60 लीटर है जिसमें 20% दूध है तथा शेष पानी है। उसमें कितना लीटर पानी डाला जाए जिससे कि मिश्रण में दूध 15% हो जाए?

A. 12 लीटर B. 15 लीटर
C. 20 लीटर D. 25 लीटर
C. 40 लीटर

5. एक कमरे के फर्श की लम्बाई एवं चौड़ाई मापने में त्रुटि कर दी जाती है। लम्बाई की माप इसकी वास्तविक माप से 30% अधिक तथा

चौड़ाई की माप इसकी वास्तविक माप से 10% कम माप ली जाती है। यदि इस त्रुटि के कारण इस कमरे में ₹ 10 प्रति वर्ग मी. वाली कालीन बिछाने का खर्च ₹ 680 बढ़ गया हो, तो कमरे का वास्तविक क्षेत्रफल ज्ञात कीजिए।

A. 400 वर्ग मी. B. 375 वर्ग मी.
C. 225 वर्ग मी. D. 450 वर्ग मी.
E. 235 वर्ग मी.

6. चीनी के भाव में 25% वृद्धि हो जाने के कारण कोई गृहिणी उसकी खपत कितने % कम करे ताकि परिवार का खर्च बिलकुल न बढ़ सके?

A. 15% B. 20%
C. 18% D. 16%
E. 25%

7. एक परीक्षा में 42% विद्यार्थी गणित में तथा 52% विद्यार्थी अंग्रेजी में फेल हुए। यदि 19% विद्यार्थी दोनों विषयों में फेल हुए हों, तो दोनों विषयों में कितने प्रतिशत विद्यार्थी पास हुए?

A. 25% B. 20%
C. 18% D. 27%
E. 30%

8. एल्कोहल और पानी के 50 लीटर मिश्रण में पानी की मात्रा 40% है। उस मिश्रण में कितना पानी और डाला जाए ताकि मिश्रण में पानी की मात्रा 50% हो जाए?

A. 8 लीटर B. 10 लीटर
C. 6 लीटर D. 12 लीटर
E. 11 लीटर

9. 10%, 20% तथा 30% के क्रमवार बट्टे किस एकमात्र बट्टे के समतुल्य हैं?

A. 60% B. 49.6%
C. 40.5% D. 36%
E. 42.7%

10. किसी वस्तु के मूल्य में पहले 10% की वृद्धि तथा उसके उपरांत 20% की वृद्धि की गई। यदि अन्तिम बढ़ा हुआ मूल्य ₹ 33 हो, तो प्रारंभिक मूल्य कितना था?

A. ₹ 30 B. ₹ 27.50
C. ₹ 26.50 D. ₹ 25
E. ₹ 28.50

11. यदि किसी वर्ग की प्रत्येक भुजा को 10% बढ़ा दिया जाए, तो इसके क्षेत्रफल में कितनी वृद्धि होगी?

A. 10% B. 21%
C. 44% D. 100%
E. 90%

12. यदि किसी आयताकार भूखण्ड की लम्बाई में 5% की वृद्धि तथा चौड़ाई में 10% की कमी की जाए, तो इसके क्षेत्रफल में कितना परिवर्तन होगा?

A. 5.5% की वृद्धि B. 5.5% की कमी
C. 0.55% की कमी D. कोई परिवर्तन नहीं
E. इनमें से कोई नहीं

13. चीनी के भाव में 20% की कमी हो गयी है। अब एक व्यक्ति ₹ 36 में 500 ग्राम अधिक चीनी खरीद सकता है। चीनी का प्रति किलोग्राम प्रारंभिक भाव था :

A. ₹ 14.40 B. ₹ 18
C. ₹ 15.60 D. ₹ 16.50
E. ₹ 18.60

14. एक पेन का अंकित मूल्य ₹ 12 है। इस पर 15% का एक बट्टा दिया गया है। एक दूसरा बट्टा भी दिया गया है जिससे पेन का विक्रय मूल्य ₹ 8.16 हो जाता है। दूसरे बट्टे की दर है :

A. 20% B. 15%
C. 18% D. 25%
E. 30%

15. एक पुस्तक विक्रेता एक पुस्तक को 10% के लाभ पर बेचता है। यदि उसने इसे 4% कम पर खरीदा होता तथा ₹ 6 अधिक पर बेचा होता, तो उसे $18\frac{3}{4}\%$ का लाभ हुआ होता। पुस्तक का क्रय मूल्य है :

A. ₹ 130 B. ₹ 140
C. ₹ 150 D. ₹ 160
E. ₹ 170

16. कृष्णन ने एक कैमरा उसके आरंभिक मूल्य से 20% कम पर खरीदा। उसने जितने का खरीदा उसके 40% लाभ पर उसे बेच दिया। कृष्णन को कैमरे के आरंभिक मूल्य पर जो लाभ प्रतिशत प्राप्त हुआ, वह है :

A. 22% B. 32%
C. 12% D. 15%
E. 14%

17. यदि एक व्यक्ति अपनी कुर्सी को ₹ 720 में बेचता है, तो उसे 25% की हानि होती है। 25% लाभ प्राप्त करने के लिए उसेकुर्सी को कितने में बेचना चाहिए?

A. ₹ 1200 B. ₹ 1000
C. ₹ 960 D. ₹ 900
E. ₹ 750

18. यदि किसी वस्तु को 5% की हानि के स्थान पर 5% के लाभ पर बेचा जाए, तो एक व्यक्ति को ₹ 5 अधिक प्राप्त होते हैं। उस वस्तु का क्रय मूल्य कितना है?

A. ₹ 100 B. ₹ 105
C. ₹ 50 D. ₹ 110
E. ₹ 200

19. रवि कुछ टॉफियां ₹ 1 की 2 की दर से खरीदता है और उन्हें ₹ 1 की 5 की दर से बेचता है। उसकी हानि का प्रतिशत है:

A. 120% B. 90%
C. 30% D. 60%
E. 50%

20. एक व्यक्ति दो पाइपों में से प्रत्येक को ₹ 12 में बेचता है। उसे एक पर 20% का लाभ हुआ और दूसरे पर 20% की हानि। पूरे सौदे में उसे :

A. न हानि हुई न लाभ B. ₹ 1 का लाभ हुआ
C. ₹ 1 की हानि हुई D. ₹ 2 का लाभ हुआ
E. इनमें से कोई नहीं

उत्तरमाला

1	2	3	4	5	6	7	8	9	10
B	D	A	C	A	B	A	B	B	D
11	**12**	**13**	**14**	**15**	**16**	**17**	**18**	**19**	**20**
B	B	B	A	C	C	A	C	D	C

व्याख्यात्मक उत्तर

1. माना कि मनोज का वेतन = ₹ x

$\therefore$ सुनील का वेतन $= x$ का $\frac{40}{100} = ₹\frac{2x}{5}$

तथा राजीव का वेतन $= \frac{2x}{5}$ का $\frac{(100+25)}{100}$

$= \frac{2x}{5} \times \frac{125}{100} = ₹\frac{x}{2}$

कुल वेतन $= x + \frac{2x}{5} + \frac{x}{2} = ₹\frac{19x}{10}$

प्रश्नानुसार, $\frac{19x}{10} = 5700$

$\Rightarrow x = \frac{5700 \times 10}{19} = 3000$

$\therefore$ राजीव का वेतन $= \frac{x}{2} = \frac{3000}{2} = ₹1500.$

2. माना कि पूर्णांक $= x$

पहले परीक्षार्थी का उत्तीर्णांक $= x$ का $\frac{25}{100} + 60 = \frac{x}{4} + 60$

दूसरे परीक्षार्थी का उत्तीर्णांक $= x$ का $\frac{50}{100} - 40 = \frac{x}{2} - 40$

$\frac{x}{4} + 60 = \frac{x}{2} - 40$

$\Rightarrow \frac{x}{2} - \frac{x}{4} = 60 + 40$

$\Rightarrow \frac{2x - x}{4} = 100$

$\Rightarrow \frac{x}{4} = 100$

$\Rightarrow x = 400$

पूर्णांक = 400

उत्तीर्णांक $= 400 \times \frac{25}{100} + 60 = 160$

अभीष्ट उत्तर $= \frac{(400-160)}{160} \times 100$

$= \frac{240}{160} \times 100 = 150\%.$

3. माना कि परीक्षा में शामिल विद्यार्थियों की संख्या = 100

हिन्दी में अनुत्तीर्ण विद्यार्थी $= 100 - 80 = 20$

गणित में अनुत्तीर्ण विद्यार्थी $= 100 - 75 = 25$

केवल हिन्दी में अनुत्तीर्ण विद्यार्थी $= 20 - 18 = 2$

केवल गणित में अनुत्तीर्ण विद्यार्थी $= 25 - 18 = 7$

दोनों विषयों में अनुत्तीर्ण विद्यार्थी = 18

कुल अनुत्तीर्ण विद्यार्थी $= 2 + 7 + 18 = 27$

कुल उत्तीर्ण विद्यार्थी $= 100 - 27 = 73$

73 विद्यार्थी उत्तीर्ण हुए जब कुल विद्यार्थी = 100

438 विद्यार्थी उत्तीर्ण हुए जब कुल विद्यार्थी $= \frac{100}{73} \times 438$

$= 100 \times 6 = 600$

$\therefore$ अभीष्ट उत्तर = 600

4. दूध की मात्रा = 60 का $\frac{20}{100} = 12$ लीटर

$\therefore$ पानी की मात्रा $= 60 - 12 = 48$ लीटर

माना कि पानी की डाली गयी मात्रा $= x$ लीटर

प्रश्नानुसार, $(48 + x) = (60 + x)$ का $\frac{(100-15)}{100}$

$\Rightarrow (48 + x) = (60 + x) \times \frac{85}{100}$

$\Rightarrow 48 + x = (60 + x) \times \frac{17}{20}$

$\Rightarrow 48 + x = 51 + \frac{17x}{20}$

$\Rightarrow x - \frac{17x}{20} = 51 - 48 \Rightarrow \frac{3x}{20} = 3$

$\therefore x = \frac{20 \times 3}{3} = 20$

अतः पानी की अभीष्ट मात्रा = 20 लीटर।

5. माना कि कमरे की लम्बाई = 100 मी. तथा कमरे की चौड़ाई = 100 मी.

कमरे का क्षेत्रफल $= 100 \times 100 = 10000$ वर्ग मी.

30% अधिक होने पर लम्बाई $= 100 \times \frac{130}{100} = 130$ मी.

10% कमी होने पर चौड़ाई $= 100 \times \frac{90}{100} = 90$ मी.

परिवर्तित क्षेत्रफल = $130 \times 90 = 11700$ वर्ग मी.

क्षेत्रफल में वृद्धि = $11700 - 10000$

= 1700 वर्ग मी.

₹ 10 प्रतिवर्ग मी. वाली कालीन का खर्च ₹ 680 बढ़ जाने का अर्थ है क्षेत्रफल में वास्तविक वृद्धि

$= \frac{680}{10} = 68$ वर्ग मी.

1700 वर्ग मी. की वृद्धि होती है तो कमरे का क्षेत्रफल

= 10000 वर्ग मी.

68 वर्ग मी. की वृद्धि होती है तो कमरे का क्षेत्रफल

$= \frac{68}{1700} \times 10000 = 400$ वर्ग मी.

6. माना कि चीनी का भाव = ₹ 100 प्रति किलोग्राम

तथा चीनी की खपत = 100 किलोग्राम

$\therefore$ परिवार का खर्च = 100×100 = ₹ 10000

अब चीनी का भाव = ₹ 125 प्रति किलोग्राम

तथा चीनी की खपत = x किलोग्राम

$\therefore$ परिवार का खर्च = $125 \times x$ = ₹ $125x$

परिवार का खर्च न बढ़ने की स्थिति में

$125x = 10000$

$\Rightarrow \quad x = \frac{10000}{125} = 80$

खपत 80 किलोग्राम होनी चाहिए।

खपत में कमी = $100 - 80 = 20$ किलोग्राम

प्रतिशत कमी = 20%

अतः गृहिणी को चीनी की खपत में 20% कमी करनी चाहिए।

7. गणित में फेल हुए विद्यार्थी = 42%

अंग्रेजी में फेल हुए विद्यार्थी = 52%

तथा दोनों विषयों में फेल हुए विद्यार्थी = 19%

$\therefore$ केवल गणित में फेल हुए विद्यार्थी = 42% − 19% = 23%

तथा केवल अंग्रेजी में फेल हुए विद्यार्थी = 52% − 19% = 33%

कुल फेल हुए विद्यार्थी = 23% + 33% + 19%

= 75%

$\therefore$ दोनों विषयों में पास हुए विद्यार्थी = 100% − 75%

= 25%

8. माना कि मिश्रण में x लीटर पानी और डालने पर पानी की मात्रा 50% हो जाएगी।

प्रथम स्थिति में, 50 लीटर मिश्रण में पानी की मात्रा 50 लीटर का 40% = 20 लीटर

द्वितीय स्थिति में, $(50 + x)$ लीटर मिश्रण में पानी की मात्रा

$= (50 + x)$ लीटर का 50% = $\left(\frac{50+x}{2}\right)$ लीटर

परन्तु $(50 + x)$ लीटर मिश्रण में पानी की मात्रा = $(20 + x)$ लीटर होगी।

$\therefore \quad \frac{50+x}{2} = 20 + x$

$\Rightarrow \quad 50 + x = 40 + 2x$

$\Rightarrow \quad 2x - x = 50 - 40$

$\Rightarrow \quad x = 10$

अतः मिश्रण में 10 लीटर पानी और डालने पर मिश्रण में पानी की मात्रा 50% हो जाएगी।

9. क्रमवार बट्टे 10% तथा 20% के समतुल्य एकल बट्टा

$\left(10 + 20 - \frac{20 \times 10}{100}\right)\% = 28\%$

28% और 30% के समतुल्य एकल बट्टा

$= \left(28 + 30 - \frac{30 \times 28}{100}\right)\% = 49.6\%.$

10. प्रभावी प्रतिशत वृद्धि = $\left(10 + 20 + \frac{20 \times 10}{100}\right)\% = 32\%$

प्रश्नानुसार, $\quad x \times \frac{132}{100} = 33$

$\Rightarrow \quad x = \frac{33 \times 100}{132}$ = ₹ 25.

11. क्षेत्रफल में प्रतिशत वृद्धि = $\left(10 + 10 + \frac{10 \times 10}{100}\right)\% = 21\%$

12. माना कि आयत की लम्बाई x मी. तथा चौ. y मी.है।

आयत का क्षेत्रफल = ल. × चौ. = $x \times y = xy$ वर्ग मी.

आयत की लम्बाई में 5% की वृद्धि करने पर,

$x + x$ का 5% $= x + \frac{x \times 5}{100}$

$= \frac{105x}{100} = \frac{21x}{20}$

तथा आयत की चौड़ाई में 10% की कमी करने पर,

$y - y$ का 10% $= y - \frac{y \times 10}{100} = y - \frac{y}{10} = \frac{9y}{10}$

नये आयत का क्षेत्रफल = $\frac{21x}{20} \times \frac{9y}{10} = \frac{189y}{200}$

क्षेत्रफल में कमी = $xy - \frac{189xy}{200}$

$= \frac{200xy - 189xy}{200} = \frac{11xy}{200}$

क्षेत्रफल में प्रतिशत कमी = $\frac{\frac{11xy}{200}}{xy} \times 100$

$= \frac{11xy \times 100}{200 \times xy} = \frac{11}{2}\% = 5.5\%.$

13. 500 ग्राम चीनी का मूल्य = ₹ 36 का 20%

$$= 36 \times \frac{20}{100} = ₹\ 7.20$$

$\therefore$ 1000 ग्राम चीनी का मूल्य = 7.20 × 2 = ₹ 14.40

माना कि चीनी का प्रारंभिक मूल्य ₹ x था, तो

घटा हुआ मूल्य = $x - x$ का 20%

$$= x - x \times \frac{20}{100} = x - \frac{x}{5} = \frac{4x}{5}$$

प्रश्नानुसार, $\frac{4x}{5} = 14.40$

$$\Rightarrow \quad x = \frac{14.40 \times 5}{4} = 18.00$$

अतः चीनी का प्रारम्भिक मूल्य = ₹ 18.00 प्रति कि.ग्रा.

14. 12 का 15% = $\frac{15}{100} \times 12 = 1.80$

विक्रय मूल्य = ₹ 12 – 1.80 = ₹ 10.20

माना कि दूसरा बट्टा = x%

अब, $10.20 - \frac{x}{100} \times 10.20 = ₹\ 8.16$

$$\Rightarrow \quad \frac{x}{100} \times 10.20 = 10.20 - 8.16 = 2.04$$

$$\therefore \quad x = \frac{2.04 \times 100}{10.20} = 20\%.$$

15. माना कि पुस्तक का क्रय मूल्य = ₹ x

अतः विक्रय मूल्य = $x + \frac{10x}{100} = \frac{11x}{10}$

नया विक्रय मूल्य = $\left(\frac{11x}{10} + 6\right)$

नया क्रय मूल्य = $x - \frac{4}{100} \times x = ₹\ \frac{96x}{100}$

लाभ = $\frac{11x}{10} + 6 - \frac{96x}{100}$

$$= \frac{110x + 600 - 96x}{100} = \frac{14x + 600}{100}$$

प्रतिशत लाभ = $\frac{\text{लाभ}}{\text{क्रय मूल्य}} \times 100$

$$\Rightarrow \quad \frac{75}{4} = \frac{\frac{14x+600}{100}}{\frac{96x}{100}} \times 100$$

$$\Rightarrow \quad \frac{75}{100} = \frac{(14x+600)}{100} \times \frac{100}{96x} \times 100$$

$$\Rightarrow \quad 18x = (14x + 600)$$

$$\Rightarrow \quad 4x = 600 \Rightarrow x = 150$$

अतः पुस्तक का क्रय मूल्य = ₹ 150.

16. माना कि कैमरे का आरंभिक मूल्य = ₹ x

कृष्णन द्वारा अदा की गयी राशि

$$= x - \frac{20x}{100} = ₹\ \frac{4x}{5}$$

कैमरे का विक्रय मूल्य = $\frac{4x}{5} + \frac{40}{100} \times \frac{4x}{5}$

$$= \frac{4x}{5}\left(1 + \frac{2}{5}\right) = \frac{28x}{25}$$

आरंभिक मूल्य पर लाभ = $\frac{28x}{25} - x = \frac{3x}{25}$

लाभ प्रतिशत = $\frac{3x}{2x} \times 100 = 12\%$.

17. माना कि क्रय मूल्य = ₹ x

$\therefore$ विक्रय मूल्य = $x - \frac{25x}{100} \Rightarrow 720 = \frac{3x}{4}$

$$\therefore \quad x = \frac{720 \times 4}{3} = ₹\ 960$$

25% लाभ प्राप्त करने के लिए विक्रय मूल्य

$$= 960 + \frac{25}{100} \times 960$$

$$= 960\left(1 + \frac{25}{100}\right) = 960 \times \frac{5}{4} = ₹\ 1200.$$

18. माना कि क्रय मूल्य = ₹ x

प्रश्नानुसार, $\frac{105x}{100} - \frac{95x}{100} = 5$

$$\Rightarrow \quad \frac{10x}{100} = 5$$

$$\Rightarrow \quad x = ₹\ 50$$

19. एक टॉफी का क्रय मूल्य = ₹ $\frac{1}{2}$ = 50 पैसे

एक टॉफी का विक्रय मूल्य = ₹ $\frac{1}{5}$ = 20 पैसे

हानि = 50 – 20 = 30 पैसे

प्रतिशत हानि = $\frac{30}{50} \times 100 = 60\%$.

20. पहले पाइप का क्रय मूल्य = $\frac{100}{120} \times 12 = ₹\ 10$

दूसरे पाइप का क्रय मूल्य = $\frac{100}{80} \times 12 = ₹\ 15$

दोनों पाइपों का कुल क्रय मूल्य = 10 + 15 = ₹ 25

दोनों पाइपों का कुल विक्रय मूल्य = 12 + 12 = ₹ 24

हानि = 25 – 24 = ₹ 1

○○○

6 औसत (Average)

किन्हीं एक ही प्रकार की राशियों का औसत ज्ञात करने के लिए उन समस्त राशियों के योग को उनकी संख्याओं से भाग देते हैं। अर्थात्

$$\text{औसत} = \frac{\text{समस्त राशियों का योग}}{\text{राशियों की संख्या}}$$

समस्त राशियों का योग = औसत × राशियों की संख्या

$$\text{राशियों की संख्या} = \frac{\text{समस्त राशियों का योग}}{\text{औसत}}$$

उदाहरण 1: 17, 23, 26, 29, 30 का औसत मान कितना होगा?

हल : समस्त राशियों का योग

$= 17 + 23 + 26 + 29 + 30 = 125$

राशियों की संख्या $= 5$

$$\text{औसत} = \frac{125}{5} = 25$$

उदाहरण 2: एक दुकानदार 6 दिनों में ₹ 1950 की बिक्री करता है। उसकी दैनिक औसत बिक्री कितनी है?

हल : कुल बिक्री = ₹ 1950

कुल दिन = 6

∴ दैनिक औसत बिक्री

$= \frac{1950}{6} =$ ₹ 325

वस्तुनिष्ठ प्रश्न

1. पाँच संख्याओं का औसत मान 25 है। यदि पहली दो संख्याओं का औसत मान 20 तथा अन्तिम दो संख्याओं का औसत मान 28 हो, तो तीसरी संख्या का मान क्या होगा?

A. 28 B. 29
C. 30 D. 31
E. 35

2. एक परिवार के पाँच सदस्यों की औसत आयु 13 वर्ष है। यदि उस परिवार में सबसे छोटे बच्चे की आयु 3 वर्ष हो, तो उस बच्चे के जन्म से पहले परिवार की औसत आयु क्या थी?

A. 12.5 वर्ष B. 13.5 वर्ष
C. 11.5 वर्ष D. 14 वर्ष
E. 15.5 वर्ष

3. एक कक्षा के 20 छात्रों का औसत वजन 21 किग्रा. है। यदि उनमें अध्यापक को भी सम्मिलित कर लिया जाए, तो उनका औसत वजन एक किग्रा. और अधिक हो जाता है। तो बताओ अध्यापक का वजन क्या होगा?

A. 41 किग्रा. B. 44 किग्रा.
C. 42 किग्रा. D. 48 किग्रा.
E. 45 किग्रा.

4. 13 लड़के और 10 लड़कियों के एक समूह की औसत आयु 15 वर्ष है। यदि समूह में लड़कियों की औसत आयु 11.1 वर्ष हो, तो समूह में लड़कों की औसत आयु क्या होगी?

A. 16.5 वर्ष B. 17 वर्ष
C. 17.5 वर्ष D. 18 वर्ष
E. 20.5 वर्ष

5. तीन संख्याएँ इस प्रकार हैं कि दूसरी और तीसरी संख्या, पहली संख्या से दो गुनी व चार गुनी है। यदि उनका औसत मान 28 हो, तो वे संख्याएँ क्रमशः होंगी :

A. 12, 24, 48 B. 6, 12, 24
C. 8, 16, 32 D. 12, 18, 36
E. 15, 10, 35

6. तीन लड़कों की औसत आयु 16 वर्ष है। यदि उनकी आयु में क्रमशः 1 : 2 : 3 का अनुपात हो, तो सबसे बड़े लड़के की आयु कितनी होगी?

A. 48 वर्ष B. 32 वर्ष
C. 24 वर्ष D. 28 वर्ष
E. 25 वर्ष

7. A की 8 दिन की औसत आय ₹ 60 है। यदि A की पहले 7 दिन की औसत आय ₹ 58 हो, तो उसकी अन्तिम दिन की आय होगी :

A. ₹ 47
B. ₹ 74
C. ₹ 72
D. ₹ 70
E. ₹ 65

8. यदि किसी कक्षा में 12 लड़कों की औसत आयु 18 वर्ष तथा 8 लड़कियों की औसत आयु 15 वर्ष हो, तो उस कक्षा के बच्चों की औसत आयु कितनी होगी?

A. 17.8 वर्ष B. 16.8 वर्ष
C. 15.6 वर्ष D. 16.6 वर्ष
E. 16.5 वर्ष

9. 9 संख्याओं का औसत मान 16 है। यदि पहली पाँच संख्याओं का औसत मान 18 तथा अन्तिम पाँच संख्याओं का औसत मान 15 हो, तो पाँचवीं संख्या का मान क्या होगा?

A. 18 B. 17
C. 11 D. 21
E. 12

10. A, B और C की प्रतिदिन औसत आय ₹ 43 है। यदि A की आय B और C से क्रमशः ₹ 4 तथा ₹ 5 कम हो, तो C की प्रतिदिन की आय क्या होगी?

A. ₹ 54 B. ₹ 48
C. ₹ 45 D. ₹ 60
E. ₹ 55

11. 25 राशियों का औसत 15 है, उनमें से 15 राशियों का औसत 17 है, तो शेष राशियों का औसत ज्ञात करो।

A. 10 B. 13
C. 11 D. 12
E. 21

12. एक कक्षा में 23 छात्रों की औसत आयु 16 वर्ष है। यदि अध्यापक की आयु भी सम्मिलित कर ली जाए, तो औसत आयु एक वर्ष बढ़ जाती है। अध्यापक की आयु क्या है ?

A. 35 वर्ष B. 40 वर्ष
C. 50 वर्ष D. 30 वर्ष
E. 45 वर्ष

13. दी गई सात संख्याओं में से प्रथम चार संख्याओं का औसत 4 तथा अन्तिम चार संख्याओं का औसत भी 4 है। यदि इन सात संख्याओं का औसत 3 है, तो चौथी संख्या क्या है ?

A. 11 B. 10
C. 12 D. 9
E. 14

14. राजू, शशि और महेश के वेतनों का औसत 800 रुपये है और शशि, महेश और प्रभा के वेतनों का औसत 900 रुपये है। यदि प्रभा का वेतन ₹ 900 हो, तो राजू का वेतन होगा।

A. ₹ 700 B. ₹ 600
C. ₹ 400 D. ₹ 500
C. ₹ 650

15. एक बालक को 5 संख्याओं का औसत निकालने को कहा गया। परन्तु लिखते समय उसने 73 के स्थान पर 37 और 54 के स्थान पर 45 लिख दिया। इस प्रकार उसका औसत 59 प्राप्त हुआ, तो वास्तविक संख्याओं का औसत ज्ञात करो।

A. 68 B. 86
C. 70 D. 67
E. 75

16. 8 संख्याओं का औसत 12 है। यदि प्रत्येक संख्या में 2 की वृद्धि की जाए, तो नयी प्राप्त संख्याओं का औसत होगा।

A. 12 B. 14
C. 13 D. 15
E. 17

17. 5 वर्ष पहले A, B, C, D की औसत आयु 45 वर्ष थी। E को शामिल करने पर पाँचों की वर्तमान आयु की औसत 49 है। E की वर्तमान आयु है।

A. 46 वर्ष B. 48 वर्ष
C. 45 वर्ष D. 50 वर्ष
E. 55 वर्ष

18. तीन वर्ष पूर्व 5 सदस्यों के एक परिवार की औसत आयु 17 वर्ष थी। एक शिशु के जन्म लेने पर भी परिवार की औसत आयु आज भी 17 वर्ष ही है। शिशु की वर्तमान आयु है।

A. 1 वर्ष B. 3 वर्ष
C. 2 वर्ष D. 4 वर्ष
E. 5 वर्ष

19. किसी कक्षा में 30 छात्रों की औसत आयु 12 वर्ष है। 5 छात्रों के एक समूह की औसत आयु 10 वर्ष है तथा 5 छात्रों के दूसरे समूह की औसत आयु 14 वर्ष है। बचे हुए छात्रों की औसत आयु है।

A. 13 वर्ष B. 10 वर्ष
C. 11 वर्ष D. 12 वर्ष
E. 15 वर्ष

20. प्रथम पाँच अभाज्य संख्याओं का औसत क्या होगा?

A. 6.5 B. 5.6
C. 5.5 D. 6.6
E. 6.7

उत्तरमाला

1	2	3	4	5	6	7	8	9	10
B	A	C	D	A	C	B	B	D	C
11	**12**	**13**	**14**	**15**	**16**	**17**	**18**	**19**	**20**
D	B	A	B	A	B	C	C	D	B

व्याख्यात्मक उत्तर

1. ∵ पाँच संख्याओं का औसत मान = 25

∴ पाँच संख्याओं का योग = 25 × 5 = 125

∵ पहली दो संख्याओं का औसत मान = 20

∴ पहली दो संख्याओं का योग = 20 × 2 = 40

इसी प्रकार अन्तिम दो संख्याओं का योग = 28 × 2 = 56

∴ तीसरी संख्या का मान = 125 – (40 + 56) = 29

2. पाँच सदस्यों की आयु का योग = 13 × 5 = 65 वर्ष

∴ पाँच सदस्यों की बच्चे के जन्म के बाद बढ़ी आयु = 5 × 3 = 15 वर्ष

∴ परिवार के चार सदस्यों की बच्चे के जन्म से पहले आयु का योग = 65 – 15 = 50 वर्ष

∴ बच्चे के जन्म से पहले परिवार की औसत आयु

$= \frac{50}{4} = 12.5$ वर्ष।

3. 20 छात्रों के वजन का कुल योग = 20 × 21 = 420 किग्रा.

अध्यापक को शामिल करने से कुल संख्या = 21

∴ अध्यापक सहित 20 छात्रों का कुल वजन = 21 × 22 = 462 किग्रा.

∴ अध्यापक का वजन = 462 – 420 = 42 किग्रा.।

4. ∵ 23 लड़के-लड़कियों की औसत आयु = 15 वर्ष

∴ 23 लड़के-लड़कियों की कुल आयु का योग = 23 × 15 = 345 वर्ष

प्रश्नानुसार,

∵ 10 लड़कियों की औसत आयु = 11.1 वर्ष

∴ 10 लड़कियों की कुल आयु का योग

= 11.1 × 10 = 111 वर्ष

∴ 13 लड़कों की कुल आयु का योग

= 345 – 111 = 234 वर्ष

∴ समूह में 13 लड़कों की औसत आयु $= \frac{234}{13} = 18$ वर्ष।

5. माना पहली संख्या x है।

∴ दूसरी संख्या = $2x$ तथा तीसरी संख्या = $4x$

∴ औसत मान $= \frac{\text{संख्याओं का योग}}{\text{संख्याओं की गिनती}}$

या $28 = \frac{x+2x+4x}{3} = \frac{7x}{3}$

या $x = \frac{28\times3}{7} = 12$

अतः वे संख्याएँ क्रमशः 12, 24 व 48 होंगी।

6. ∵ तीन लड़कों की औसत आयु = 16 वर्ष

∴ तीन लड़कों की आयु का योग = 16 × 3 = 48 वर्ष

तथा अनुपाती संख्याओं का योग = 1 + 2 + 3 = 6

∴ बड़े लड़के की आयु $= \frac{3\times48}{6} = 24$ वर्ष।

7. ∵ A की 8 दिन की औसत आय = ₹ 60

∴ A की 8 दिन की आय = 60 × 8 = ₹ 480

∵ A की पहले 7 दिन की औसत आय = ₹ 58

∴ A की पहले 7 दिन की कुल आय = 58 × 7 = ₹ 406

∴ A की अन्तिम दिन की आय = 480 – 406 = ₹ 74

8. 12 लड़कों की आयु का योग = 18 × 12 = 216 वर्ष

तथा 8 लड़कियों की आयु का योग = 15 × 8 = 120 वर्ष

∴ कक्षा में लड़के-लड़कियों की औसत आयु

$= \frac{216+120}{12+8} = \frac{336}{20} = 16.8$ वर्ष।

9. ∵ 9 संख्याओं का औसत मान = 16

∴ 9 संख्याओं का कुल योग = 16 × 9 = 144

∵ पहली पाँच संख्याओं का औसत मान = 18

∴ पहली पाँच संख्याओं का कुल योग = 18 × 5 = 90

तथा अन्तिम पाँच संख्याओं का औसत मान = 15

∴ अन्तिम पाँच संख्याओं का कुल योग = 15 × 5 = 75

∴ पहली पाँच संख्याओं तथा अन्तिम पाँच संख्याओं का कुल योग = 90 + 75 = 165

∴ पांचवीं संख्या का मान = 165 – 144 = 21

नोट : पांचवीं संख्या कुल योग में दो बार शामिल की गई है।

11. ∵ 25 राशियों का औसत = 15

∴ 25 राशियों का योग = 25 × 15 = 375

इनमें से 15 राशियों का औसत = 17

∴ इन 15 राशियों का योग = 15 × 17 = 255

∴ शेष 25 –15 = 10 राशियों का योग = 375 – 255 = 120

∴ शेष राशियों का औसत $= \frac{120}{10} = 12$

सूत्र द्वारा–

शेष 10 राशियों का औसत $= \frac{25\times15-15\times17}{25-15}$

$= \frac{375-255}{10}$

$= \frac{120}{10} = 12.$

12. ∵ 23 छात्रों की आयु का औसत = 16 वर्ष

∴ 23 छात्रों की आयु का योग = 23 × 16 = 368 वर्ष

∴ 23 + 1 = 24 जनों की आयु का औसत = 16 + 1 = 17 वर्ष

∴ इनकी आयु का योग = 24 × 17 = 408 वर्ष

∴ अध्यापक की आयु = 408 − 368 = 40 वर्ष।

13. ∵ 7 संख्याओं का औसत = 3

∴ 7 संख्याओं का योगफल = 7 × 3 = 21

∴ प्रथम 4 संख्याओं का औसत = 4

∴ प्रथम चार संख्याओं का योग = 4 × 4 = 16

अन्तिम 4 संख्याओं का औसत = 4

∴ अन्तिम चार संख्याओं का योग = 4 × 4 = 16

∴ चौथी संख्या होगी = 16 + 16 − 21 = 11.

14. ∵ राजू, शशि और महेश का औसत वेतन = ₹ 800

∴ इनका कुल वेतन = 3 × 800 = ₹ 2400

∴ शशि, महेश और प्रभा का औसत वेतन = ₹ 900

∴ इन तीनों का कुल वेतन = 3 × 900 = ₹ 2700

∴ प्रभा का वेतन = ₹ 900

∴ राजू, शशि, महेश व प्रभा का कुल वेतन

= 2400 + 900 = ₹ 3300

∴ राजू का वेतन = 3300 − 2700 = ₹ 600.

15. ∵ 73 − 37 = 36 तथा 54 − 45 = 9

∴ 5 संख्याओं के योग में कमी = 36 + 9 = 45

∴ 5 संख्याओं के औसत में कमी = $\frac{45}{5}$ = 9

∴ वास्तविक संख्याओं का औसत = 59 + 9 = 68.

16. ∵ 8 संख्याओं का औसत = 12

∴ 8 संख्याओं का योग = 12 × 8 = 96

प्रत्येक संख्या में 2 की वृद्धि करने पर,

8 संख्याओं के योग में वृद्धि = 2 × 8 = 16

∴ नयी प्राप्त 8 संख्याओं का योग = 96 + 16 = 112

∴ नयी प्राप्त 8 संख्याओं का औसत = $\frac{112}{8}$ = 14

नोट–यदि प्रत्येक संख्या में 2 की वृद्धि की जाए तो औसत भी 2 बढ़ जाएगा।

अत: नयी प्राप्त 8 संख्याओं का औसत

= 12 + 2 = 14

इसी प्रकार, प्रत्येक संख्या में से 2 की कमी कर दी जाए, तो औसत 2 कम हो जाएगा।

17. ∵ A, B, C, D की 5 वर्ष पूर्व की औसत आयु = 45 वर्ष

∴ इन चारों की वर्तमान में औसत आयु

= 45 + 5 = 50 वर्ष

∴ इन चारों की वर्तमान आयु का योग

= 50 × 4 = 200 वर्ष

∴ A, B, C, D तथा E की वर्तमान औसत आयु

= 49 वर्ष

∴ इनकी कुल आयु = 49 × 5 = 245 वर्ष

∴ E की वर्तमान आयु = 245 − 200 = 45 वर्ष।

18. ∵ 3 वर्ष पूर्व 5 सदस्यों की औसत आयु = 17 वर्ष

∴ वर्तमान में 5 सदस्यों की औसत आयु = 20 वर्ष

और वर्तमान में 6 सदस्यों की औसत आयु = 17 वर्ष

∴ शिशु की वर्तमान आयु = 17 × 6 − 20 × 5

= 102 − 100 = 2 वर्ष।

19. ∵ 30 छात्रों की कुल आयु = 30 × 12 = 360 वर्ष

5 छात्रों के पहले समूह की कुल आयु

= 5 × 10 = 50 वर्ष

और दूसरे समूह की कुल आयु = 5 × 14 = 70 वर्ष

∴ शेष (30 − 10) = 20 छात्रों की कुल आयु

= 360 − (50 + 70) = 240 वर्ष

∴ उनकी औसत आयु = $\frac{240}{20}$ = 12 वर्ष।

20. ∵ प्रथम पांच अभाज्य संख्याएं = 2, 3, 5, 7, 11 हैं।

∴ उनका औसत = $\frac{2+3+5+7+11}{5} = \frac{28}{5}$ = 5.6.

○○○

7 लाभ एवं हानि (Profit & Loss)

- **क्रय मूल्य :** कोई भी वस्तु जिस मूल्य पर खरीदी जाती है, वह उसका क्रय मूल्य कहलाता है।
- **विक्रय मूल्य :** कोई भी वस्तु जिस मूल्य पर बेची जाती है, वह उसका विक्रय मूल्य कहलाता है।
- **लाभ :** जब किसी वस्तु का विक्रय मूल्य, वस्तु के क्रय मूल्य से अधिक होता है, तो उस वस्तु पर लाभ होता है।

$$\text{लाभ} = \text{विक्रय मूल्य} - \text{क्रय मूल्य}$$

$$\text{प्रतिशत लाभ} = \frac{\text{लाभ} \times 100}{\text{क्रय-मूल्य}}$$

- **हानि :** जब किसी वस्तु का क्रय मूल्य, वस्तु के विक्रय मूल्य से अधिक होता है, तो उस वस्तु पर हानि प्राप्त होती है।

$$\text{हानि} = \text{क्रय मूल्य} - \text{विक्रय मूल्य}$$

$$\text{प्रतिशत हानि} = \frac{\text{हानि} \times 100}{\text{क्रय-मूल्य}}$$

आवश्यक नियम

(*i*) जब किसी वस्तु का क्रय-मूल्य और प्रतिशत लाभ दिया गया हो, तब

$$\text{विक्रय मूल्य} = \text{क्रय मूल्य}\left(1 + \frac{\text{लाभ \%}}{100}\right)$$

(*ii*) जब किसी वस्तु का क्रय मूल्य और प्रतिशत हानि दी गई हो, तब

$$\text{विक्रय मूल्य} = \text{क्रय मूल्य}\left(1 - \frac{\text{हानि \%}}{100}\right)$$

(*iii*) जब किसी वस्तु का विक्रय मूल्य और प्रतिशत लाभ दिया गया हो, तब

$$\text{क्रय मूल्य} = \text{विक्रय मूल्य}\left(\frac{1}{1 + \frac{\text{लाभ \%}}{100}}\right)$$

(*iv*) जब किसी वस्तु का विक्रय मूल्य और प्रतिशत हानि दी गई हो, तब

$$\text{क्रय मूल्य} = \text{विक्रय मूल्य}\left(\frac{1}{1 - \frac{\text{हानि \%}}{100}}\right)$$

(*v*) जब दो वस्तुएँ एक ही मूल्य पर बेची जाएँ, एक वस्तु पर निश्चित प्रतिशत लाभ तथा दूसरी वस्तु पर उतने ही प्रतिशत हानि हो, तो उस स्थिति में हमेशा हानि होगी।

$$\text{अर्थात् प्रतिशत हानि} = \left(\frac{\text{हानि \%} \times \text{लाभ \%}}{100}\right)$$

नोट : लाभ अथवा हानि हमेशा क्रय मूल्य पर ज्ञात किए जाते हैं।

साधित उदाहरण

1. कोई वस्तु ₹ 800 में खरीदकर ₹ 900 में बेच दी गई, तो लाभ प्रतिशत बताओ।

हल : क्रय मूल्य = ₹ 800, विक्रय मूल्य = ₹ 900

$$\text{लाभ} = \text{विक्रय मूल्य} - \text{क्रय मूल्य}$$

$$= 900 - 800 = ₹\ 100$$

$$\text{लाभ \%} = \frac{\text{लाभ}}{\text{क्रय मूल्य}} \times 100$$

$$= \frac{100}{800} \times 100$$

$$= 12\frac{1}{2}\%.$$

2. किसी वस्तु को 15% की हानि से बेचने पर ₹ 2550 प्राप्त होते हैं, तो बताओ 20% लाभ प्राप्त करने के लिए उसे कितने में बेचना चाहिए?

हल : माना कि क्रय मूल्य = ₹ 100

वास्तविक विक्रय मूल्य = ₹ 2550

हानि पर विक्रय मूल्य = 85%

लाभ पर विक्रय मूल्य = 120%

रामबाण विधि से यहाँ विक्रय मूल्य दो हैं परन्तु ध्यान रखना है कि निकालने वाले विक्रय मूल्य को ही ऊपर लिखेंगे–

$$\frac{120}{85} \times 2550 = ₹\ 3600$$

दूसरी विधि–

85 : 2550 : : 120 : x

समानुपात के नियम से–

$$85 \times x = 2550 \times 120$$

$$x = \frac{2550 \times 120}{85} = 3600.$$

वस्तुनिष्ठ प्रश्न

1. एक व्यक्ति किसी वस्तु को ₹ 30 में खरीदकर उसे ₹ 33 में बेच देता है। बताइये उसका प्रतिशत लाभ कितना होगा?
A. 8% B. 12%
C. 15% D. 10%
E. 14%

2. एक पुस्तक को ₹ 31 में बेचने पर 7% की हानि होती है। यदि इस पुस्तक को ₹ 35 में बेचा जाए, तो बताइये कितने प्रतिशत लाभ या हानि होगी?
A. 5% हानि B. 7% लाभ
C. 5% लाभ D. 8% हानि
E. 10% लाभ

3. यदि किसी वस्तु को 60% हानि पर बेचा जाए, तो उस वस्तु का क्रय मूल्य, उसके विक्रय मूल्य का कितने गुणा होगा?
A. $\frac{3}{5}$ गुणा B. $\frac{2}{5}$ गुणा
C. $\frac{1}{5}$ गुणा D. $\frac{3}{4}$ गुणा
E. इनमें से कोई नहीं

4. यदि 21 वस्तुओं का क्रय मूल्य, 18 वस्तुओं के विक्रय मूल्य के बराबर हो, तो प्रतिशत लाभ कितना होगा?
A. $8\frac{1}{3}\%$ B. 20%
C. $16\frac{2}{3}\%$ D. 25%
E. इनमें से कोई नहीं

5. तरुण ने एक टी.वी. सेट उस पर अंकित मूल्य के 20% छूट पर खरीदा। यदि उसने उसे 25% छूट पर खरीदा होता, तो उसे ₹ 500 का फायदा होता। बताइये उसने किस मूल्य पर टी.वी. खरीदा?
A. ₹ 7500 B. ₹ 8000
C. ₹ 8100 D. ₹ 7900
E. ₹ 8500

6. दो मेजों का मूल्य पाँच कुर्सियों के मूल्य के बराबर है। यदि एक मेज और एक कुर्सी के मूल्यों में ₹ 1200 का अन्तर हो, तो बताइये एक कुर्सी का मूल्य कितना होगा?
A. ₹ 700 B. ₹ 600
C. ₹ 800 D. ₹ 850
E. ₹ 900

7. कमलकान्त ने 25 किग्रा. चावल ₹ 6 प्रति किग्रा. की दर से तथा 35 किग्रा. चावल ₹ 7 प्रति किग्रा. की दर से खरीदा। यदि वह दोनों प्रकार के चावलों को मिलाकर बने मिश्रण को ₹ 6.75 प्रति किग्रा. की दर से बेचे, तो उसे कितने प्रतिशत लाभ या हानि होगी?
A. $4\frac{1}{3}\%$ B. $2\frac{1}{11}\%$
C. $2\frac{3}{11}\%$ D. $3\frac{3}{4}\%$
E. इनमें से कोई नहीं

8. संजू ने एक ट्रांजिस्टर उसकी मूल कीमत से 25% कम मूल्य पर खरीदा। यदि उसने इसे खरीद मूल्य से 40% अधिक में बेच दिया हो, तो बताइये नया विक्रय मूल्य उसकी मूल कीमत से कितने प्रतिशत अधिक होगा?
A. 6% B. 3%
C. 5% D. 2%
E. 7%

9. एक खिलौने को ₹ 10.80 में बेचनेपर 10% की हानि होती है। तो बताइये उस खिलौने को कितने रुपये में बेचा जाए ताकि 20% लाभ हो?
A. ₹ 14.40 B. ₹ 14.50
C. ₹ 13.60 D. ₹ 15.80
E. ₹ 16.60

10. राम ने 4 दर्जन सेब ₹ 12 प्रति दर्जन की दर से तथा 2 दर्जन सेब ₹ 16 प्रति दर्जन की दर से खरीदे। यदि वह सभी सेबों पर 20% लाभ कमाना चाहे, तो बताइये उसे कितने रुपये प्रति दर्जन के हिसाब से सेबों को बेचना चाहिए?
A. ₹ 18 B. ₹ 16
C. ₹ 17 D. ₹ 16.50
E. ₹ 19

11. राजेश को एक टेलीविजन ₹ 1530 में बेचने पर 10% की हानि होती है। वह टेलीविजन को कितने रुपये में बेचे कि उसे 10% का लाभ हो?
A. ₹ 1770 B. ₹ 1870
C. ₹ 1930 D. ₹ 1970
E. ₹ 1730

12. संजय ने ₹ 18 प्रति बनियान की दर से कुछ बनियानें खरीदीं। यदि दुकानदार उसको प्रति बनियान 20% छूट देता है, तो उसे ₹ 18 की बचत हो जाती है। संजय ने कितनी बनियान खरीदीं।
A. 4 B. 6
C. 5 D. 8
E. 7

13. 44 संतरे बेचने से किसी दुकानदार को 11 संतरे के विक्रय मूल्य के बराबर लाभ होता है। दुकानदार का प्रतिशत लाभ कितना है?
A. $16\frac{2}{3}\%$ B. $33\frac{1}{3}\%$
C. 50% D. $47\frac{1}{3}\%$
E. 30%

14. A एक घड़ी B को 10% के लाभ पर बेचता है। B उस घड़ी को 15% लाभ पर C को बेच देता है। यदि C उसी घड़ी को ₹ 506 में खरीदता है, तो A के लिए घड़ी का क्रय मूल्य क्या है?

A. ₹ 370 B. ₹ 410
C. ₹ 440 D. ₹ 400
E. ₹ 540

15. एक दुकानदार किसी वस्तु केअंकित मूल्य पर 10% की छूट देने के बाद 25% लाभ कमाता है। उस वस्तु का लागत मूल्य बताओ जिसका अंकित मूल्य ₹ 50 है।

A. ₹ 36 B. ₹ 34
C. ₹ 32 D. ₹ 38
E. ₹ 31

16. एक व्यापारी एक घड़ी तथा एक साइकिल ₹ 500 में खरीदता है। घड़ी को 20% के लाभ से तथा साइकिल को 10% की हानि से बेचता है। इस प्रकार उसे 2% का लाभ होता है। घड़ी तथा साइकिल का क्रय मूल्य क्रमशः है :

A. ₹ 300, ₹ 200 B. ₹ 200, ₹ 300
C. ₹ 400, ₹ 300 D. ₹ 250, ₹ 350
E. ₹ 250, ₹ 300

17. एक व्यवसायी को किसी वस्तु पर 50% हानि हुई। उसे उस पर दुबारा 50% हानि हो गयी, तो बताइये उसे कितने प्रतिशत हानि हुई?

A. $66\frac{2}{3}\%$ B. 50%
C. 70% D. 75%
E. 80%

18. 80 पैसे के 9 केले के भाव से खरीदकर एक ठेलेवाला 11 केले 120 पैसे के भाव से बेचता है, तो उसे कितने प्रतिशत लाभ या हानि हुई?

A. $22\frac{8}{11}\%$ लाभ B. $23\frac{8}{11}\%$ लाभ
C. $22\frac{8}{11}\%$ हानि D. $23\frac{8}{11}\%$ हानि
E. इनमें से कोई नहीं

19. एक आदमी दो गायों में से प्रत्येक को ₹ 960 में बेचता है। एक पर उसे 20% का लाभ तथा दूसरे पर उसे 20% की हानि होती है। उसे कितने प्रतिशत लाभ या हानि होगी?

A. 4% हानि B. 5% लाभ
C. 4% लाभ D. 6% लाभ
E. 7% लाभ

20. एक सिलाई मशीन बनाने वाली कम्पनी दुकानदार को उसके अंकित मूल्य पर 20% की छूट देती है। परन्तु दुकानदार उस अंकित मूल्य को 20% और बढ़ाकर अंकित करता है। फिर उस पर 10% की छूट देता है। इस प्रकार दुकानदार को ₹ 140 की बचत हो जाती है। सिलाई मशीन का अंकित मूल्य क्या है?

A. ₹ 625 B. ₹ 575
C. ₹ 525 D. ₹ 500
E. ₹ 550

उत्तरमाला

1	2	3	4	5	6	7	8	9	10
D	C	B	C	B	C	C	C	A	B
11	**12**	**13**	**14**	**15**	**16**	**17**	**18**	**19**	**20**
B	C	B	D	A	B	D	A	A	D

व्याख्यात्मक उत्तर

1. वस्तु का क्रय मूल्य = ₹ 30 तथा विक्रय मूल्य = ₹ 33

∴ लाभ = विक्रय मूल्य − क्रय मूल्य
= 33 − 30 = ₹ 3

$$\therefore \text{प्रतिशत लाभ} = \frac{\text{लाभ}\times 100}{\text{क्रय मूल्य}} = \frac{3\times 100}{30} = 10\%.$$

2. प्रथम स्थिति में,

पुस्तक का विक्रय मूल्य = ₹ 31 तथा हानि = 7%

∴ पुस्तक का क्रय मूल्य

$$= \text{विक्रय मूल्य} \times \frac{100}{(100 - \%\text{ हानि})}$$

$$= 31\times\frac{100}{(100-7)} = \frac{31\times 100}{93} = ₹\ \frac{100}{3}$$

द्वितीय स्थिति में,

क्रय मूल्य = ₹ $\frac{100}{3}$ तथा विक्रय मूल्य = ₹ 35

∴ लाभ = विक्रय मूल्य − क्रय मूल्य

$$= 35 - \frac{100}{3} = \frac{(105-100)}{3} = ₹\ \frac{5}{3}$$

$$\therefore \text{प्रतिशत लाभ} = \frac{\text{लाभ}\times 100}{\text{क्रय मूल्य}} = \frac{\frac{5}{3}\times 100}{\frac{100}{3}} = 5\%.$$

3. माना कि वस्तु का क्रय मूल्य = ₹ x

प्रश्नानुसार,

वस्तु को 60% हानि पर बेचने से वस्तु का विक्रय मूल्य

$= ₹\, x - ₹\, x$ का 60%

$= x - \frac{3x}{5} = \frac{5x-3x}{5} = ₹\, \frac{2x}{5} = \frac{2}{5} \times$ क्रय मूल्य

अतः स्पष्ट होता है कि वस्तु का क्रय मूल्य, उसके विक्रय मूल्य का $\frac{2}{5}$ गुणा होगा।

4. माना कि 21 वस्तुओं का क्रय मूल्य = ₹ x

$\therefore$ 1 वस्तु का क्रय मूल्य = ₹ $\frac{x}{21}$

तथा 18 वस्तुओं का विक्रय मूल्य = ₹ x होगा

$\therefore$ 1 वस्तु का विक्रय मूल्य = ₹ $\frac{x}{18}$

$\therefore$ लाभ = विक्रय मूल्य − क्रय मूल्य $= \frac{x}{18} - \frac{x}{21} = ₹\, \frac{x}{126}$

$\therefore$ प्रतिशत लाभ $= \frac{\text{लाभ} \times 100}{\text{क्रय मूल्य}} = \frac{\frac{x}{126} \times 100}{\frac{x}{21}}$

$= \frac{100}{6}\% = 16\frac{2}{3}\%$

5. माना कि टी.वी. सेट का अंकित मूल्य = ₹ x

$\therefore$ तरुण के लिए टी.वी. का क्रय मूल्य = ₹ x − ₹ x का 20%

$= ₹\, \frac{4}{5}x$

प्रश्नानुसार,

25% छूट पर तरुण के लिए टी.वी. सेट का क्रय मूल्य

$= ₹\, x -$ ₹ x का 25% $= ₹\, \frac{3}{4}x$

$\therefore \frac{4}{5}x = \frac{3}{4}x + 500$

$\therefore \frac{4x}{5} - \frac{3x}{4} = 500$

$\Rightarrow \frac{x}{20} = 500 \quad \Rightarrow x = 10000$

अतः तरुण ने टी.वी. को $\frac{4}{5} \times 10000 = ₹\, 8000$ में खरीदा।

6. माना कि एक मेज और एक कुर्सी का मूल्य क्रमशः ₹ x व ₹ y है।

प्रश्नानुसार,

$$2x = 5y \text{ या } x = \frac{5}{2}y \quad \ldots(i)$$

तथा $$x - y = 1200 \quad \ldots(ii)$$

समीकरण (*i*) व (*ii*) से,

$$\frac{5}{2}y - y = 1200$$

$$\Rightarrow \frac{3y}{2} = 1200$$

$$\Rightarrow y = \frac{1200 \times 2}{3} = 800$$

अतः एक कुर्सी का मूल्य = ₹ 800 होगा

7. $\because$ 25 किग्रा. चावलों का ₹ 6 प्रति किग्रा. की दर से क्रय मूल्य = 25 × 6 = ₹ 150

तथा 35 किग्रा. चावलों का ₹ 7 प्रति किग्रा. की दर से क्रय मूल्य = 35 × 7 = ₹ 245

$\therefore$ कुल (25 + 35 = 60) किग्रा. चावलों का क्रय मूल्य = 150 + 245 = ₹ 395

$\therefore$ चावलों का क्रय मूल्य $= \frac{396}{60} = ₹\, 6.60$ प्रति किलो

तथा चावलों का विक्रय मूल्य = ₹ 6.75 प्रति किलो (दिया हुआ है)

$\therefore$ लाभ = विक्रय मूल्य − क्रय मूल्य = 6.75 − 6.60 = ₹ .15 प्रति किग्रा.

$\therefore$ प्रतिशत लाभ

$= \frac{\text{लाभ} \times 100}{\text{क्रय मूल्य}} = \frac{.15 \times 100}{6.60} = 2\frac{3}{11}\%.$

8. माना कि ट्रांजिस्टर की मूल कीमत = ₹ x

$\therefore$ संजू के लिए ट्रांजिस्टर का क्रय मूल्य

₹ x − ₹ x का 25% $= ₹\, \frac{3x}{4}$

तथा ट्रांजिस्टर का नया विक्रय मूल्य

$= ₹\, \frac{3x}{4} + ₹\, \frac{3x}{4}$ का 40%

$= \frac{3x}{4} + \frac{3x}{4} \times \frac{2}{5} = ₹\, \frac{21x}{20}$

$\therefore$ नया विक्रय मूल्य ट्रांजिस्टर की मूल कीमत से अधिक

$= \frac{21x}{20} - x = ₹\, \frac{x}{20}$

$\therefore$ प्रतिशत अधिक $= \frac{\frac{x}{20} \times 100}{x} = 5\%.$

9. पहली स्थिति में,

खिलौने का विक्रय मूल्य = ₹ 10.80

तथा हानि = 10%

$\therefore$ खिलौने का क्रय मूल्य $= 10.80 \times \frac{100}{90} = ₹\, 12$

दूसरी स्थिति में,

क्रय मूल्य = ₹ 12 तथा लाभ = 20%

$\therefore$ खिलौने का विक्रय मूल्य $= 12 \times \frac{120}{100} =$ ₹ 14.40

अतः 20% लाभ के लिए खिलौने को ₹ 14.40 में बेचा जाना चाहिए।

10. ₹ 12 प्रति दर्जन की दर से 4 दर्जन सेबों का क्रय मूल्य
= 12 × 4 = ₹ 48
तथा ₹ 16 प्रति दर्जन की दर से 2 दर्जन सेबों का क्रय मूल्य
= 16 × 2 = ₹ 32
$\therefore$ कुल 4 + 2 = 6 दर्जन सेबों का क्रय मूल्य
= 48 + 32 = ₹ 80

प्रश्नानुसार,

6 दर्जन सेबों पर 20% लाभ के कारण विक्रय मूल्य

$= 80 \times \frac{120}{100} =$ ₹ 96

$\therefore$ प्रति दर्जन सेबों का विक्रय मूल्य $= \frac{96}{6} =$ ₹ 16 होगा।

11. पहली स्थिति में : विक्रय मूल्य = ₹ 1530, हानि = 10%

$\therefore$ क्रय मूल्य $= \frac{1530 \times 100}{90} =$ ₹ 1700

दूसरी स्थिति में : क्रय मूल्य = ₹ 1700, लाभ = 10%

$\therefore$ विक्रय मूल्य $= \frac{1700 \times 110}{100} =$ ₹ 1870

अतः उसे 10% लाभ के लिए टेलीविजन को ₹ 1870 में बेचना होगा।

12. 20% छूट के हिसाब से ₹ 18 का 20% = ₹ 3.60
यदि ₹ 3.60 की बचत होती है तो खरीदी गई बनियान = 1
$\therefore$ यदि ₹ 1 की बचत होती है तो खरीदी गई बनियान

$= \frac{1}{3.60}$

$\therefore$ यदि ₹ 18 की बचत होती है तो खरीदी गई बनियान

$= \frac{1 \times 18}{3.60} = 5$

$\therefore$ खरीदी गई बनियानों की संख्या = 5 होगी।

13. माना एक सन्तरे का क्रय मूल्य = ₹ x

प्रश्नानुसार,

44 सन्तरों का विक्रय मूल्य = 44 सन्तरों का क्रय मूल्य + 11 सन्तरों का विक्रय मूल्य

$\therefore$ 33 सन्तरों का विक्रय मूल्य = 44 सन्तरों का क्रय मूल्य

$\therefore$ 1 सन्तरे का विक्रय मूल्य $= \frac{44}{33}$ सन्तरों का क्रय मूल्य

$=$ ₹ $\frac{44 \times x}{33} =$ ₹ $\frac{4x}{3}$

$\therefore$ यथार्थ लाभ = विक्रय मूल्य − क्रय मूल्य

$= \frac{4x}{3} - x = \frac{4x - 3x}{3} =$ ₹ $\frac{x}{3}$

$\therefore$ लाभ % $= \frac{\text{यथार्थ लाभ} \times 100}{\text{क्रय मूल्य}}$

$= \frac{\frac{x}{3} \times 100}{x} = \frac{100}{3} = 33\frac{1}{3}\%$

14. माना A के लिए घड़ी का क्रय मूल्य = ₹ 100
$\because$ A ने घड़ी B को 10% लाभ पर बेची
$\therefore$ B के लिए घड़ी का क्रय मूल्य = ₹ 110
तथा B ने घड़ी C को 15% लाभ पर बेची
$\therefore$ C के लिए घड़ी का क्रय मूल्य = ₹ 110 + ₹ 110 का 15% = 110 + 16.50 = ₹ 126.50
$\therefore$ यदि C घड़ी को ₹ 126.50 में खरीदता है तो A के लिए घड़ी का क्रय मूल्य = ₹ 100
$\therefore$ यदि C घड़ी को ₹ 506 में खरीदता है तो A के लिए घड़ी का

क्रय मूल्य $= \frac{100 \times 506}{126.50} =$ ₹ 400.

15. वस्तु का अंकित मूल्य = ₹ 50
$\therefore$ 10% छूट देने के बाद वस्तु का विक्रय मूल्य
= ₹ 50 − ₹ 50 का 10% = 50 − 5 = ₹ 45
= वस्तु का विक्रय मूल्य = ₹ 45, लाभ = 25%

$\therefore$ क्रय मूल्य $= \frac{45 \times 100}{125} =$ ₹ 36

अतः वस्तु का लागत मूल्य ₹ 36 है।

16. माना कि घड़ी और साइकिल का क्रय मूल्य क्रमशः ₹ x तथा ₹ y है।

$\therefore \quad (x + y) = 500 \quad \ldots(i)$

$\therefore$ घड़ी को 20% लाभ पर बेचने पर घड़ी का विक्रय मूल्य

= ₹ x + ₹ x का 20% $= x + \frac{x}{5} =$ ₹ $\frac{6x}{5}$

तथा साइकिल को 10% हानि पर बेचने पर साइकिल का विक्रय मूल्य

₹ y − ₹ y का 10% $= y - \frac{y}{10} =$ ₹ $\frac{9y}{10}$

$\therefore$ कुल विक्रय मूल्य = ₹ $\left(\frac{6x}{5} + \frac{9y}{10}\right)$

प्रश्नानुसार,

दोनों का विक्रय मूल्य = ₹ 500 + ₹ 500 का 2%

$= 500 + 10 = ₹ 510$

$\therefore \frac{6x}{5}+\frac{9y}{10} = 510$ या $12x + 9x = 5100$ …(*ii*)

समीकरण (*i*) और (*ii*) से,

$x = 200$ तथा $y = 300$

अतः घड़ी का क्रय मूल्य = ₹ 200

तथा साइकिल का क्रय मूल्य = 500 – 200 = ₹ 300

17. माना व्यवसाय में लगी धनराशि = ₹ 100

∴ 50% हानि के कारण

शेष बची धनराशि = ₹ 100 – ₹ 100 का 50% = ₹ 50

दुबारा 50% हानि के कारण शेष बची धनराशि

= ₹ 50 – ₹ 50 का 50% = ₹ 25

∴ व्यवसाय में कुल हानि = ₹ 100 – ₹ 25 = ₹ 75

∴ प्रतिशत हानि = 75%

18. 9 केलों का क्रय मूल्य = 80 पैसे

∴ 1 केले का क्रय मूल्य = $\frac{80}{9}$ पैसे

तथा 11 केलों का विक्रय मूल्य = 120 पैसे

∴ 1 केले का विक्रय मूल्य = $\frac{120}{11}$ पैसे

∴ यथार्थ लाभ = $\frac{120}{11}-\frac{80}{9}=\frac{200}{99}$ पैसे

लाभ % = $\frac{\text{यथार्थ लाभ} \times 100}{\text{क्रय मूल्य}} = \frac{\frac{200}{99}}{\frac{80}{9}}\times 100 = 22\frac{8}{11}\%$

19. **पहली गाय के लिए :** विक्रय मूल्य = ₹ 960,

लाभ = 20%

∴ क्रय मूल्य = $\frac{960\times100}{120}$ = ₹ 800

दूसरी गाय के लिए : विक्रय मूल्य = ₹ 960,

हानि = 20%

∴ क्रय मूल्य = $\frac{960\times100}{80}$ = ₹ 1200

∴ दोनों गायों का क्रय मूल्य = 800 + 1200

= ₹ 2000

तथा दोनों गायों का विक्रय मूल्य = 960 + 960 = ₹ 1920

∴ यथार्थ हानि = 2000 – 1920 = ₹ 80

∴ हानि %

= $\frac{\text{यथार्थ हानि} \times 100}{\text{क्रय मूल्य}} = \frac{80\times100}{2000} = 4\%$

20. माना सिलाई मशीन का अंकित मूल्य = ₹ 100

∴ 20% छूट के कारण दुकानदार के लिए क्रय मूल्य = ₹ 80

∵ दुकानदार अंकित मूल्य को 20% बढ़ा देता है

∴ नया अंकित मूल्य = ₹ 120

∴ अब 10% छूट देने के कारण दुकान के लिए विक्रय मूल्य = ₹ 120 – ₹ 120 का 10% = ₹ 108

∴ यथार्थ लाभ = 108 – 80 = ₹ 28

∴ यदि दुकानदार को ₹ 28 का लाभ होता है तो सिलाई मशीन का अंकित मूल्य = ₹ 100

∴ यदि दुकानदार को ₹ 140 का लाभ होता है तो सिलाई मशीन का अंकित मूल्य = $\frac{100\times140}{28}$ = ₹ 500

OOO

8 अनुपात एवं समानुपात (Ratio & Proportion)

अनुपात

अनुपात सदैव दो सजातीय राशियों में होता है। एक राशि का, दूसरी में भाग देने पर अनुपात प्राप्त होता है। जैसे यदि a राशि को b राशि से भाग दिया जाये तब $\frac{a}{b}$ को a तथा b का अनुपात कहते हैं। इसे निम्न प्रकार लिखते हैं।

$$\frac{a}{b} = a : b$$

अतः अनुपात $a : b$ में a को प्रथम पद तथा b को द्वितीय पद कहा जाता है। यदि किसी अनुपात के प्रत्येक पद को 0 को छोड़कर किसी निश्चित संख्या से गुणा या भाग करते हैं तो वह अनुपात अपरिवर्तित रहता है।

समानुपात

जब दो अनुपात बराबर होते हैं तो वे समानुपात कहलाते हैं। जैसे–

$a : b = c : d \Rightarrow a : b :: c : d$

इसमें a और d को बाह्य पद तथा b और c को मध्य पद कहते हैं।

अतः $a : b :: c : d \Rightarrow a \times d = b \times c$

अर्थात् बाह्य पदों का गुणनफल = मध्य पदों का गुणनपफल

मध्यानुपाती

यदि दो पदों a और b का मध्यानुपाती x हो तब, $x = \sqrt{ab}$ होगा।

तृतीयानुपाती

यदि दो पदों a और b का तृतीयानुपाती x हो तब,

$$a : b :: b : x \Rightarrow a \times x = b \times b \Rightarrow x = \frac{b^2}{a}$$

चतुर्थानुपाती

यदि तीन पदों a, b तथा c का चतुर्थानुपाती x हो तब,

$a : b :: c : x$

$$\Rightarrow a \times x = b \times c \Rightarrow x = \frac{bc}{a}$$

समानुपाती भाग

यदि किसी पद x को $a : b$ में समान रूप में बांटना है तो

$$\text{पहला भाग} = \left(\frac{a}{a+b}\right) \times x$$

$$\text{दूसरा भाग} = \left(\frac{b}{a+b}\right) \times x$$

इसी प्रकार यदि राशि x को $a : b : c$ में समान रूप में बांटना है तब,

$$\text{पहला भाग} = \left(\frac{a}{a+b+c}\right) \times x$$

$$\text{दूसरा भाग} = \left(\frac{b}{a+b+c}\right) \times x$$

$$\text{तथा तीसरा भाग} = \left(\frac{c}{a+b+c}\right) \times x$$

आवश्यक नियम

(i) $\frac{a}{b} > \frac{c}{d} \Rightarrow (a : b) > (c : d)$

(ii) $\frac{a}{b} = \frac{c}{d} \Rightarrow \frac{a+b}{a-b} = \frac{c+d}{c-d}$

(iii) $\frac{a}{b} = \frac{c}{d} \Rightarrow \frac{a-b}{a+b} = \frac{c-d}{c+d}$

साधित उदाहरण

1. $18 : 12 :: 21 : x$ में x का मान बताओ।

हल : समानुपात से –

बाह्य पदों का गुणनफल = मध्य पदों का गुणनफल

$$18 \times x = 12 \times 21$$

$$x = \frac{12 \times 21}{18} = 14.$$

2. दो संख्याओं के मध्य 2 : 3 का अनुपात है। दोनों का गुणनफल 54 हो तो वे संख्याएँ क्या हैं?

हल : पहली   दूसरी

2 : 3

$$2x \times 3x = 54$$

$$6x^2 = 54$$

$$x = 3$$

पहली संख्या = 6, दूसरी संख्या = 9

नोट : इस प्रकार के प्रश्नों में ध्यान रखना है कि वह योग, अन्तर, गुणन के लिए कहता है तो हम भी वही प्रक्रिया करते हैं।

3. तीन संख्याओं के मध्य 2 : 3 : 4 का अनुपात है और इनके वर्गों का योग 1044 हो तो पहली संख्या क्या है?

हल : पहली दूसरी तीसरी

2 : 3 : 4

$$(2x)^2 + (3x)^2 + (4x)^2 = 1044$$
$$4x^2 + 9x^2 + 16x^2 = 1044$$
$$29x^2 = 1044$$
$$x^2 = \frac{1044}{29}$$
$$x^2 = 36$$
$$x = 6$$

पहली संख्या = 2 × 6 = 12.

4. एक मिश्रण में दूध व पानी का अनुपात 3 : 5 है यदि इसमें 5 लीटर दूध और डाल दिया जाए तो दूध व पानी के मध्य 2 : 3 का अनुपात हो जाता है, तो बताओ प्रारम्भ में दूध की मात्रा क्या थी?

हल : दूध : पानी

3 : 5

$$\frac{3x+5}{5x} = \frac{2}{3}$$
$$10x = 9x + 15$$
$$10x - 9x = 15$$
$$x = 15$$

प्रारम्भ में दूध = 3 × 15 = 45 लीटर

5. एक कार्यालय में कर्मचारियों की संख्या में 11 : 8 में कमी कर दी जाती है और प्रत्येक कर्मचारी के वेतन में 12 : 17 में वृद्धि कर दी जाती है तो उसकेखर्च में ₹ 2400 की वृद्धि हो जाती है तो बताओ प्रारम्भ में कर्मचारियों का कुल वेतन कितना था?

हल :

	पहले	अब
कर्मचारी	$11x$	$8x$
वेतन	$12y$	$17y$
कुल वेतन =	$132xy$	$136xy$

खर्च में वृद्धि = $136xy - 132xy = 2400$

$4xy = 2400$

$xy = 600$

पहले वेतन = 132 × 600 = ₹ 79,200.

6. ₹ 395 को ABC में इस प्रकार बांटिये कि B को A से 25% अधिक तथा C से 20% अधिक प्राप्त हो, तो A का भाग क्या होगा?

हल : माना C का भाग = 100

तो B का भाग = 120

तो A का भाग = $x \times \frac{125}{100} = 120 \Rightarrow 96$

A	:	B	:	C
96	:	120	:	100
24	:	30	:	25

अनुपातों का योग = 24 + 30 + 25 = 7

A का हिस्सा = $\frac{24}{79} \times 395$ = ₹ 120.

वस्तुनिष्ठ प्रश्न

1. यदि 8 : x : : 48 : 36 हो तो x का मान है:

A. 6 B. 7
C. 8 D. 9
E. 11

2. यदि $m : n = 3 : 2$ हो तो $(4m + 5n) : (4m - 5n)$ किसके बराबर होगा?

A. 4 : 9 B. 9 : 4
C. 11 : 1 D. 9 : 1
E. इनमें से कोई नहीं

3. यदि $x : y = 2 : 1$ हो तो $(5x^2 - 13xy + 6y^2)$ किसके बराबर होगा?

A. $\frac{3}{4}$ B. $\frac{4}{3}$
C. 0 D. $\frac{55}{4}$
E. इनमें से कोई नहीं

4. 3 : 5, 5 : 2, 7 : 3 का मिश्रानुपात क्या होगा?

A. 2 : 7 B. 7 : 2
C. 5 : 3 D. 3 : 7
E. इनमें से कोई नहीं

5. A : B : C = 2 : 3 : 4 हो तो $\frac{A}{B} : \frac{B}{C} : \frac{C}{A}$ बराबर है:

A. 8 : 9 : 16 B. 8 : 9 : 12
C. 8 : 9 : 24 D. 4 : 9 : 16
E. इनमें से कोई नहीं

6. यदि $a : b = 2 : 3$ तथा $b : c = 4 : 5$ हो तो $a^2 : b^2 : bc$ ज्ञात कीजिए:

A. 4 : 9 : 45 B. 16 : 36 : 20
C. 16 : 36 : 45 D. 45 : 36 : 20
E. इनमें से कोई नहीं

7. दो संख्याओं में 2 : 3 का अनुपात है। यदि प्रत्येक संख्या में 5 जोड़ दिया जाए तो उनमें 5 : 7 का अनुपात हो जाता है, तो बड़ी संख्या बताओ:

A. 20 B. 40
C. 30 D. 60
E. 25

8. 340 को A, B तथा C में इस प्रकार बाँटे कि A तथा B के हिस्सों का अनुपात 1 : 2 और B तथा C के हिस्सोंका अनुपात 3 : 4 हो:
A. 60, 120, 160
B. 50, 100, 190
C. 65, 130, 145
D. 55, 110, 225
E. इनमें से कोई नहीं

9. दो संख्याएं 2 : 3 के अनुपात में हैं और उनका गुणनफल 96 है। उन संख्याओं का योगफल है:
A. 5 B. 20
C. 101 D. 102
E. 103

10. A, B तथा C के मासिक वेतन 2 : 3 : 5 के अनुपात में हैं। यदि C का मासिक वेतन A के मासिक वेतन से ₹ 12000 अधिक हो, तो B का वार्षिक वेतन होगा :
A. ₹ 1,20,000 B. ₹ 1,44,000
C. ₹ 1,80,000 D. ₹ 2,40,000
E. इनमें से कोई नहीं

11. एक महिला के पर्स में 25 पैसे और 50 पैसे के सिक्के हैं। उसके पास कुल 120 सिक्के हैं और कुल राशि ₹ 50 है तो उसके पर्स में प्रत्येक प्रकार के सिक्कों की संख्या क्रमशः है :
A. 40, 80 B. 70, 50
C. 90, 30 D. 60, 60
E. इनमें से कोई नहीं

12. राम और श्याम की आय का अनुपात 3 : 4 है तथा उनके व्ययों का अनुपात 2 : 3 है। यदि इनमें से प्रत्येक ₹ 1500 की बचत करता हो तो राम की आय क्या है?
A. ₹ 3000 B. ₹ 4500
C. ₹ 6000 D. ₹ 5000
E. इनमें से कोई नहीं

13. शशांक तथा समीर के वेतन का अनुपात 3 : 2 है तथा उनके खर्च का अनुपात 5 : 3 है। यदि दोनों में से प्रत्येक ने ₹ 1000 बचाया हो, तो उनकी क्रमशः आय क्या है?
A. ₹ 2000, ₹ 3000 B. ₹ 1500, ₹ 1000
C. ₹ 1000, ₹ 2000 D. ₹ 6000, ₹ 4000
E. इनमें से कोई नहीं

14. किसी मिश्रण में स्पिरिट और पानी 3 : 2 के अनुपात में है। यदि इसमें पानी से स्पिरिट 3 लीटर अधिक हो, तो इस मिश्रण में स्पिरिट की कितनी मात्रा है?
A. 10 लीटर B. 12 लीटर
C. 8 लीटर D. 9 लीटर
E. 11 लीटर

15. किसी मिश्रण में दूध व पानी का अनुपात 7 : 6 है। इसमें 10 लीटर दूध और डाल दिया जाए तो अब दूध व पानी का अनुपात 5 : 4 हो जाता है, तो बताओ प्रारम्भ में मिश्रण की कुल मात्रा कितनी थी?
A. 260 लीटर B. 82 लीटर
C. 149 लीटर D. 80 लीटर
E. इनमें से कोई नहीं

16. एक विद्यालय में लड़कों का $\frac{1}{6}$ भाग तथा लड़कियों का $\frac{1}{4}$ भाग भ्रमण के लिए गया। विद्यालय में कुल 540 विद्यार्थी हैं। यदि लड़के तथा लड़कियों का अनुपात 5 : 4 हो तो कुल कितने विद्यार्थी भ्रमण के लिए गए?
A. 110 B. 140
C. 240 D. 125
E. 130

17. एक स्कूल में लड़कों और लड़कियों का अनुपात क्रमशः 4 : 5 है। जब 100 लड़कियां स्कूल छोड़ देती हैं तो अनुपात क्रमशः 6 : 7 हो जाता है, तो स्कूल में लड़कों की संख्या बताओ :
A. 1300 B. 1200
C. 2700 D. 1600
E. 2500

18. दूध तथा पानी के 40 लीटर मिश्रण में दूध का पानी से अनुपात 7 : 1 है। दूध तथा पानी का अनुपात 3 : 1 करने के लिए मिश्रण में पानी की कितनी मात्रा मिलानी होगी?
A. 6 B. $6\frac{1}{2}$
C. $6\frac{2}{3}$ D. $6\frac{3}{4}$
E. इनमें से कोई नहीं

19. किसी एक संख्या के 5% और दूसरी संख्या के 4% का योग, पहली संख्या के 6% और दूसरी संख्या के 8% के योग का $\frac{2}{3}$ है, तो पहली संख्या का दूसरी संख्या से अनुपात क्या है?
A. 2 : 3 B. 3 : 2
C. 3 : 4 D. 4 : 3
E. इनमें से कोई नहीं

20. 15 : 19 के अनुपात की दोनों संख्याओं में से कौन-सी संख्या घटाई जाए ताकि यह अनुपात 3 : 4 हो जाए?
A. 9 B. 6
C. 5 D. 3
E. 7

21. एक बॉक्स में 1 रु., 50 पैसे तथा 25 पैसे वाले सिक्के 8 : 5 : 3 के अनुपात में हैं। यदि बॉक्स में कुल धनराशि ₹ 112.50 हो, तो 50 पैसे के सिक्कों की संख्या क्या है?
A. 80 B. 50
C. 30 D. 42
E. 35

22. ₹ 33630 की राशि को A, B तथा C में इस प्रकार विभाजित किया जाता है कि A द्वारा प्राप्त धनराशि का B की धनराशि से अनुपात 3 : 7 है तथा B की धनराशि का C की धनराशि से अनुपात 6 : 5 है। B द्वारा प्राप्त की गई धनराशि है:

A. ₹ 14868 B. ₹ 16257
C. ₹ 13290 D. ₹ 12390
E. इनमें से कोई नहीं

23. बराबर धारिताओं के तीन बर्तन हैं। पहले बर्तन में गंधक के अम्ल और पानी का अनुपात 3 : 2 है। दूसरे बर्तन में यह अनुपात 7 : 3 है तथा तीसरे बर्तन में यह 11 : 4 है। यदि इन सभी को मिला दिया जाए, तो इस मिश्रण में गंधक के अम्ल तथा पानी का अनुपात क्या होगा?

A. 61 : 29 B. 61 : 28
C. 60 : 29 D. 59 : 29
E. इनमें से कोई नहीं

24. A, B और C की आय 7 : 9 : 12 के अनुपात में है तथा उसके व्यय 8 : 9 : 15 के अनुपात में है। यदि A अपनी आय का $\frac{1}{4}$ बचाता है तो A, B, C की बचतों का अनुपात है:

A. 56 : 99 : 69 B. 69 : 56 : 99
C. 99 : 56 : 69 D. 99 : 69 : 56
E. इनमें से कोई नहीं

25. दो क्रमागत वर्षों की मेरी आय में 2 : 3 का अनुपात है और व्यय में 5 : 9 का अनुपात है। यदि मेरी आय दूसरे वर्ष में ₹ 45000 हो और पहले वर्ष में मेरा व्यय ₹ 25000 हो, तो दो वर्षों में कुल बचत कितनी है?

A. ₹ 5000 B. ₹ 10000
C. ₹ 15000 D. ₹ 12000
E. इनमें से कोई नहीं

उत्तरमाला

1	2	3	4	5	6	7	8	9	10
A	C	C	B	C	C	C	A	B	B
11	**12**	**13**	**14**	**15**	**16**	**17**	**18**	**19**	**20**
A	B	D	D	A	A	B	C	D	D
21	**22**	**23**	**24**	**25**					
B	A	A	A	A					

व्याख्यात्मक उत्तर

1. $8 : x :: 48 : 36$

$$48 \times x = 8 \times 36$$

$$x = \frac{8 \times 36}{48} = 6.$$

2. $m : n = 3 : 2$

या $\frac{m}{n} = \frac{3}{2}$

तो $(4m + 5n) : (4m - 5n)$

$(12 + 10) : (12 - 10)$

$22 : 2$

$11 : 1.$

4. मिश्रानुपात $= \frac{3}{5} \times \frac{5}{2} \times \frac{7}{3} = \frac{7}{2}$

या 7 : 2.

5. $A : B : C = 2 : 3 : 4$

$$\frac{A}{B} : \frac{B}{C} : \frac{C}{A}$$

$$\frac{2}{3} : \frac{3}{4} : \frac{4}{2}$$

सरलानुपात = 8 : 9 : 24.

8.

A	:	B	:	C
1	:	2		
		3	:	4
3	:	6	:	8

अनुपातों का योग = 3 + 6 + 8 = 17

A का हिस्सा $= \frac{3}{17} \times 340 =$ ₹ 60

B का हिस्सा $= \frac{6}{17} \times 340 =$ ₹ 120

C का हिस्सा $= \frac{8}{17} \times 340 =$ ₹ 160.

9. माना संख्याएं $2x$ और $3x$ हैं।

$\therefore \quad 2x \times 3x = 96$

$\Rightarrow \quad 6x^2 = 96$

$\therefore \quad x = 4$

$\therefore$ संख्याओं का योगफल = 8 + 12 = 20.

10. $5 - 2 = 12000$

$\therefore$ 3 = 12000 = B के अनुपात की राशि

$\therefore$ B का वार्षिक वेतन = 12 × 12000

= ₹ 144000.

12. राम और श्याम की आय का अनुपात = $3x, 4x$

व्यय का अनुपात = $2x, 3y$

बचत $3x - 2y = ₹\ 1500$ ...(i)

$4x - 3y = ₹\ 1500$ ...(ii)

समीकरण (i) को 3 व समीकरण (ii) को 2 से गुणा करने पर–

$9x - 6y = ₹\ 4500$

$8x - 6y = ₹\ 3000$

$- \quad + \quad -$ घटाने पर

$x = ₹\ 1500$

राम की आय = $3x$

या $3 \times 1500 = ₹\ 4500.$

14. माना, मिश्रण में स्प्रिट व पानी की मात्रा = $3x, 2x$

$3x - 2x = 3$

$x = 3$

$\therefore$ स्प्रिट की मात्रा = $3 \times 3 = 9$ लीटर

15. दूध : पानी

7 : 6

$$\frac{7x+10}{6x} = \frac{5}{4}$$

$$30x = 28x + 40$$

$$2x = 40$$

$$x = 20$$

मिश्रण की कुल मात्रा = $13x$

या $13 \times 20 = 260$ लीटर

17. लड़के लड़कियां

$4x \quad 5x$

$$\frac{4x}{5x-100} = \frac{6}{7}$$

$$x = 300$$

तो लड़के = 1200.

19. (x का 5% + y का 4%)

$= \frac{2}{3}$(x का 6% + y का 8%)

$$\left(\frac{5x}{100} + \frac{4y}{100}\right) = \frac{2}{3}\left(\frac{6x}{100} + \frac{8y}{100}\right)$$

$$5x + 4y = \frac{12x + 16y}{3}$$

$$15x + 12y = 12x + 16y$$

$$15x - 12x = 16y - 12y$$

$$3x = 4y$$

$\frac{x}{y} = \frac{4}{3}$ या 4 : 3.

21. 1 रु. 50 पैसे 25 पैसे

8 : 5 : 3

$$8x \times 1 + 5x \times \frac{1}{2} + 3x \times \frac{1}{4} = ₹\ 112.50$$

$$8x + \frac{5x}{2} + \frac{3x}{4} = ₹\ 112.50$$

$$32x + 10x + 3x = ₹\ 450.00$$

$$45x = 450$$

$$x = 10.$$

50 पैसे के सिक्कों की संख्या = $5 \times 10 = 50.$

22. A : B B : C

3 : 7 6 : 5

A : B : C

3 : 7

6 : 5

18 : 42 : 35

अनुपातों का योग = 18 + 42 + 35 = 95

B द्वारा प्राप्त की गई धन राशि = $\frac{42}{95} \times 33630$

= ₹ 14868.

❍❍❍

9 साझेदारी (Partnership)

❖ **साझेदारी (Partnership):** जब दो या दो से अधिक व्यक्ति किसी शर्त के अनुसार किसी व्यापार को चलाने के लिए सहमत होते हैं, तब ऐसी व्यवस्था को साझेदारी कहते हैं।

❖ **साझेदार (Partners):** वे व्यक्ति जो साझेदारी के अन्तर्गत व्यापार करते हैं, साझेदार कहलाते हैं।

❖ **पूँजी (Capital):** किसी व्यापार को चलाने के लिए आवश्यक धन पूँजी कहलाता है।

❖ **शुद्ध लाभ (Net Profit):** किसी व्यापार में कुल आय में से कुल खर्च और मशीन इत्यादि को हुई क्षति का मौद्रिक मूल्य घटाने के बाद जो राशि शेष बचती है, वह शुद्ध लाभ कहलाता है।

❖ **लाभांश (Dividend):** कोई भी कम्पनी प्रायः शुद्ध लाभ की सम्पूर्ण राशि को साझेदारों में नहीं बाँटती है। उसका कुछ अंश कम्पनी अपना विस्तार, आधुनिकीकरण इत्यादि के लिए रखती है और शेष राशि अपने साझेदारों के बीच बाँटती है। यही राशि लाभांश कहलाती है।

❖ **कार्यकारी साझेदार (Working Partner):** किसी कम्पनी या व्यापार के साझेदारों में एक या कुछ साझेदार ऐसे हो सकते हैं, जो व्यापार में पूर्णतः सक्रिय होते हैं। ऐसे साझेदारों को शुद्ध लाभ में से अलग से कुछ राशि दी जाती है तथा शेष राशि को सभी साझेदारों के बीच पूँजी तथा समय के अनुपात में बाँट दिया जाता है।

❖ **निष्क्रिय साझेदार (Sleeping Partner):** ऐसे साझेदार व्यापार में सक्रिय रूप सेभाग नहीं लेते हैं। उनकी मात्र पूँजी एक निश्चित समय के लिए लगी होती है। कुल शुद्ध लाभ में से कार्यकारी साझेदार को अलग से दी जाने वाली राशि के बाद जो शेष बचता है उसे निष्क्रिय साझेदारों के बीच पूँजी तथा समय के अनुपात में बाँट दिया जाता है।

नीचे इस अध्याय से संबंधित विभिन्न प्रकार के प्रश्न दिये गये हैं तथा कुछ वैसे प्रश्नों को सन्निहित किया गया है जो बैंक, क्लर्क की परीक्षाओं में पूछे गये हैं।

साधित उदाहरण

1. सौरव, गौरव व अंशुल ने क्रमशः ₹ 5000, ₹ 6000 , ₹ 8000 लगाए। सौरव को सक्रिय साझेदार के कारण कुल लाभ का 10% प्राप्त होता है। यदि वर्ष के अन्त में कुल ₹ 19,000 का कुल लाभ हुआ हो तो बताओ सौरव को कुल कितना लाभ मिला?

हलः

सौरव		गौरव		अंशुल
5000	:	6000	:	8000
5	:	6	:	8

अनुपातों का योग = 5 + 6 + 8 = 19

सौरव को सक्रिय साझेदार के कारण मिलता है

$$= \frac{10}{100} \times 19000 = ₹\ 1900$$

शेष लाभ = 19000 – 1900 = ₹ 17,100

$$\text{सौरव का लाभ} = \frac{5}{19} \times 17100 = ₹\ 4,500$$

कुल लाभ = 4500 + 1900 = ₹ 6400

2. A, B, C ने मिलकर एक व्यापार में ₹ 28,100 लगाए। यदि A ने B से ₹ 400 कम लगाए तथा C ने B से ₹ 1500 अधिक लगाऐ और वर्ष के अन्त में कुल ₹ 19,670 का लाभ हुआ हो तो बताओ A का हिस्सा क्या है?

हलः माना B ने राशि लगाई = ₹ x

A ने राशि लगाई = ₹ $(x - 400)$

C ने राशि लगाई = ₹ $(x + 1500)$

कुल राशि $x + x - 400 + x + 1500$ = ₹ 28100

$3x = 28100 - 1500 + 400$

x = ₹ 9000

A		B		C
(9000 – 400)		9000		(9000 + 1500)
8600	:	9000	:	10500
86	:	90	:	105

अनुपातों का योग = 86 + 90 + 105 = 281

$$\text{A का हिस्सा} = \frac{86}{281} \times 19670 = ₹\ 6020$$

4. सुनील ने ₹ 36,000 लगाकर एक व्यापार प्रारम्भ किया और बाद में मुकेश ₹ 27,000 लगाकर व्यापार में शामिल हो गया यदि वर्ष के अन्त में लाभ का अनुपात 8 : 5 हो तोबताओ मुकेश नेकितने समय बाद पूंजी लगाई?

हल:

सुनील	:	मुकेश
36000×12	:	$27000 \times x$
48	:	$3x$
16	:	x

पूँजी का अनुपात : : लाभ का अनुपात

$16 : x : : 8 : 5$

$8x = 16 \times 5 \Rightarrow x = 10$ माह

अर्थात् $12 - 10 = 2$ माह बाद साझेदार हुआ।

वस्तुनिष्ठ प्रश्न

1. A, B तथा C ने मिलकर कुल ₹ 19,800 कमाए। A तथा B के बीच इस कमाई का अनुपात क्रमशः 2 : 1 तथा B और C के बीच इस कमाई का अनुपात क्रमशः 3 : 2 है। B ने कितने रुपए कमाए?

A. ₹ 5,500 B. ₹ 5,400
C. ₹ 5,100 D. ₹ 5,800
E. इनमें से कोई नहीं

2. A, B एवं C ने मिलकर क्रमशः 5 : 7 : 6 के अनुपात में धन लगाकर एक व्यवसाय आरम्भ किया। 6 महीने बाद C ने अपने द्वारा लगाई गई धनराशि का आधा भाग निकाल दिया। यदि A द्वारा लगाई गई धनराशि ₹ 40,000 थी और वर्ष के अंत में प्राप्त लाभ ₹ 33,000 था तो उस लाभ में C का हिस्सा क्या था?

A. ₹ 8,000 B. ₹ 7,000
C. ₹ 9,000 D. ₹ 8,500
E. इनमें से कोई नहीं

3. A और B साझेदारी में एक व्यापार क्रमशः ₹ 20,000 तथा 15,000 रु. लगाकर शुरू करते हैं। 6 महीने बाद C ₹ 20,000 के साथ साझे में शामिल होता है। बताइए कि 2 साल के अन्त में हुए ₹ 25,000 के लाभ में से B को कितना हिस्सा मिलेगा?

A. ₹ 7,500 B. ₹ 8,500
C. ₹ 6,500 D. ₹ 7,200
E. इनमें से कोई नहीं

4. सुनेत्रा ने ₹ 50,000 की राशि निवेश करके सॉफ्टवेयर व्यवसाय शुरू किया। छः महीने के बाद ₹ 80,000 राशि के साथ निखिल उसका सहयोगी बना। तीन वर्ष के अन्त में उन्होंने ₹ 24,500 लाभ अर्जित किया, तो उस लाभ में सुनेत्रा का हिस्सा कितना था?

A. ₹ 9,500 B. ₹ 7,600
C. ₹ 10,500 D. ₹ 8,500
E. इनमें से कोई नहीं

5. M, P और Q ने मिलकर साझे में एक व्यापार प्रारम्भ किया। M ने 6 महीने तक ₹ 6500, P ने 5 महीने तक ₹ 8,400 तथा Q ने 3 महीने तक ₹ 10,000 लगाए। M उस व्यापार में क्रियाशील सदस्य है, जिसके लिए उसके लाभ का 5% अतिरिक्त मिलता है। यदि कुल लाभ ₹ 7,400 है तो लाभ में Q का हिस्सा कितना है?

A. ₹ 1,850 B. ₹ 1,800
C. ₹ 1,950 D. ₹ 1,900
E. इनमें से कोई नहीं

6. अरविन्द, प्रवीण एवं नितिन मिलकर एक व्यापार प्रारम्भ करते हैं। अरविन्द ₹ 15,000 8 महीने के लिए, प्रवीण ₹ 12,000 9 महीने के लिए तथा नितिन ₹ 8,000 पूरे वर्ष के लिए लगाता है। वर्ष के अंत में उन्हें ₹ 10,800 का लाभ होता है तो अरविंद एवं नितिन के लाभांश में अंतर ज्ञात कीजिए :

A. ₹ 900 B. ₹ 800
C. ₹ 950 D. ₹ 990
E. इनमें से कोई नहीं

7. एक चरागाह में A, 10 भेड़ों को 3 सप्ताह तक चराता है, जबकि B, 15 भेड़ों को 4 सप्ताह तक चराता है। 60 रु. किराए को दोनों किस अनुपात में बाटेंगे?

A. 1 : 15 B. 3 : 4
C. 1 : 2 D. 4 : 3
E. इनमें से कोई नहीं

8. सुजाता ₹ 45,000 निवेश कर एक व्यवसाय प्रारम्भ करती है। 6 माह के बाद नीता ₹ 80,000 उस व्यवसाय में निवेश करती है। एक साल बाद रमेश ₹ 1,20,000 निवेश करता है। 2 वर्षों के बाद सुजाता, नीता एवं रमेश के बीच लाभ किस अनुपात में बांटा जाना है?

A. 9 : 16 : 24 B. 3 : 4 : 4
C. 3 : 4 : 8 D. 3 : 3 : 8
E. इनमें से कोई नहीं

9. मनोज ने ₹ 4000 एक व्यापार में निवेश किये और अनिल ने उसी व्यापार में ₹ 4500 निवेश किये। ₹ 2890 के लाभ में मनोज का हिस्सा क्या होगा?

A. ₹ 1320 B. ₹ 1380
C. ₹ 1360 D. ₹ 1440
E. इनमें से कोई नहीं

10. A और B ने बराबर पूँजी निवेशित कर एक व्यापार प्रारम्भ किया लेकिन A 9 महीने तक उस व्यापार में रहा और B 15 महीने रहा। यदि उस व्यापार में कुल लाभ ₹ 2256 हुआ हो, तो B का हिस्सा क्या होगा?

A. ₹ 1420 B. ₹ 1460
C. ₹ 1430 D. ₹ 1410
E. इनमें से कोई नहीं

11. दो साझेदारों ने क्रमशः ₹ 9500 और ₹ 10500 लगाकर एक व्यापार आरम्भ किया। यदि दूसरे साझेदार को ₹ 1701 लाभ के रूप में प्राप्त हुआ हो, तो पहले साझेदार को कितने रुपये प्राप्त होंगे?

A. ₹ 1513 B. ₹ 1539
C. ₹ 1542 D. ₹ 1532
E. इनमें से कोई नहीं

12. सुरेन्द्र ने ₹ 120000 की पूँजी लगाकर एक ऑडियो कैसेट की दुकान खोली, 6 महीने बाद जयन्त भी उसमें आधी पूँजी के साथ शामिल हो गया। यदि दो वर्षों के बाद कुल ₹ 27500 का लाभ हुआ हो, तो उसमें जयन्त का हिस्सा क्या होगा?
A. ₹ 6500 B. ₹ 6800
C. ₹ 7500 D. ₹ 7000
E. इनमें से कोई नहीं

13. जगमोहन ने ₹ 63000 की पूँजी निवेश कर एक लघु उद्योग की स्थापना की और 3 महीने बाद विजय भी कुछ पूँजी निवेश कर उसमें शामिल हो गया। यदि दो वर्षों के बाद दोनों को समान लाभ प्राप्त हुआ हो तो विजय ने कितने रुपये पूँजी के रूप में निवेश किये था?
A. ₹ 64000 B. ₹ 68000
C. ₹ 72000 D. ₹ 74000
E. इनमें से कोई नहीं

14. A ने कुछ पूँजी लगाकर एक व्यापार शुरू किया और 9 महीने बाद B भी ₹ 80000 के साथ शामिल हो गया। यदि तीन वर्षों के बाद उसने लाभ को 4 : 5 अनुपात में बाँटा हो, तो A ने उस व्यापार में कितने रुपये की पूँजी निवेश किया था?
A. ₹ 46000 B. ₹ 48000
C. ₹ 42000 D. ₹ 44000
E. इनमें से कोई नहीं

15. A ने ₹ 3000 तथा B ने ₹ 4500 निवेश कर एक किराना की दुकान खोली और 8 महीने बाद A उससे अलग हो गया। एक निश्चित समय बाद A और B ने क्रमशः ₹ 200 तथा 450 लाभ के रूप में प्राप्त किए। B कुल कितने समय तक उस दुकान में शामिल था?
A. 8 महीना B. 7 महीना
C. 9 महीना D. 12 महीना
E. इनमें से कोई नहीं

16. अमित द्वारा निवेशित पूँजी चंद्रा से 20% अधिक है लेकिन उसका व्यापार में रहने का समय चंद्रा के समय का 20% कम है। उस व्यापार से हुए लाभ को वे किस अनुपात में बाँटेंगे?
A. 15 ; 16 B. 24 : 25
C. 29 : 30 D. 20 : 21
E. इनमें से कोई नहीं

17. A और B द्वारा किसी व्यापार में निवेशित पूँजी का अनुपात 5 : 7 है तथा उसके व्यापार में रहने के समय का अनुपात 14 : 15 है। यदि कुल लाभ ₹ 4895 हुआ हो, तो उनके द्वारा प्राप्त लाभों का अंतर क्या होगा?
A. ₹ 975 B. ₹ 979
C. ₹ 977 D. ₹ 974
E. इनमें से कोई नहीं

18. A और B द्वारा किसी व्यापार में निवेशित पूँजी का अनुपात क्या होगा यदि उनके उस व्यापार में रहने के समय का अनुपात 12 : 13 और प्राप्त लाभों का अनुपात 4 : 3 है?
A. 12 : 7 B. 10 : 7
C. 13 : 9 D. 9 : 4
E. इनमें से कोई नहीं

19. 3 मित्र A, B और C ने क्रमशः ₹ 450, ₹ 600 और ₹ 900 लगाकर एक छोटा-सा व्यापार शुरू किया तथा तीन महीने बाद कुल ₹ 1430 लाभ कमाया। C को A से कितना रुपया अधिक मिला?
A. ₹ 340 B. ₹ 345
C. ₹ 335 D. ₹ 330
E. इनमें से कोई नहीं

20. विजय और अजय ने क्रमशः ₹ 40000 और ₹ 45000 लगाकर एक व्यापार शुरू किया और 9 महीने बाद भूषण भी ₹ 30000 के साथ उसमें शामिल हो गया। यदि दो वर्षों के बाद कुल लाभ ₹ 9960 हुआ हो, तो उसमें से भूषण का हिस्सा कितना होगा?
A. ₹ 1700 B. ₹ 1650
C. ₹ 1800 D. ₹ 1750
E. इनमें से कोई नहीं

21. तीन मित्रों ने क्रमशः ₹ 10000, ₹ 12000 और ₹ 15000 लगाकर एक व्यापार शुरू किया लेकिन 18 महीने बाद दूसरे मित्र ने उस व्यापार से अपने-आपको अलग कर लिया। यदि दो वर्षों के अन्त में कुल लाभ ₹ 8500 हुआ हो तो दूसरा मित्र, तीसरे मित्र से कितने रुपये कम प्राप्त करेगा?
A. ₹ 1680 B. ₹ 1500
C. ₹ 1575 D. ₹ 1525
E. इनमें से कोई नहीं

22. किसी चारागाह को चार दोस्तों ने मिलकर किराये पर लिया। पहले ने 18 भैंस 24 दिनों तक दूसरे ने 30 भैंस 15 दिनों तक, तीसरे ने 27 भैंस 21 दिनों तक और चौथे ने 24 भैंस 12 दिनों तक उस चारागाह में चराया। यदि कुल किराया ₹ 3860 हो, तो दूसरे और चौथे दोस्त को कुल कितने रुपये अदा करने पड़ेंगे?
A. ₹ 1640 B. ₹ 1650
C. ₹ 1590 D. ₹ 1680
E. इनमें से कोई नहीं

23. जगदीश और मनोज ने दो वर्षों के लिए एक घास के मैदान को भाड़े पर लिया। जगदीश ने 16 महीने तक 12 भैंस 4 घंटे प्रतिदिन चरायीं और मनोज ने शेष समय में 15 गाय 3 घंटे प्रतिदिन चराया। यदि भैंस और गाय के घास चरने की क्षमता समान हो तो जगदीश को कितना भाड़ा देना पड़ेगा जबकि मनोज ₹ 225 भाड़ा के रूप में देता है?
A. ₹ 460 B. ₹ 480
C. ₹ 410 D. ₹ 490
E. इनमें से कोई नहीं

24. A, B और C ने एक कार को एक महीने (दिसम्बर) के लिए भाड़े पर लिया। A ने 8 दिनों तक 5 घंटे प्रतिदिन चलाया; B ने 12 दिनों तक 6 घंटे प्रतिदिन चलाया तथा C ने शेष दिनों में 4 घंटे प्रतिदिन चलाया। यदि B को कुल ₹ 9000 भाड़ा देना पड़ा हो, तो A और C द्वारा चुकाया गया भाड़ा का अन्तर क्या है?

A. ₹ 575 B. ₹ 525
C. ₹ 495 D. ₹ 500
E. इनमें से कोई नहीं

25. A और B ने 4 : 5 के अनुपात में पूँजी लगाकर एक व्यापार प्रारम्भ किया। उस व्यापार में हुए कुल लाभ का 9.1% दान में दे दिया गया। यदि A का हिस्सा ₹ 404 हो तो कुल लाभ कितने रुपये का हुआ?

A. ₹ 900 B. ₹ 980
C. ₹ 1000 D. ₹ 1020
E. इनमें से कोई नहीं

उत्तरमाला

1	2	3	4	5	6	7	8	9	10
B	C	A	C	D	B	C	B	C	D
11	**12**	**13**	**14**	**15**	**16**	**17**	**18**	**19**	**20**
B	C	C	B	D	B	B	C	D	C
21	**22**	**23**	**24**	**25**					
B	A	B	D	C					

व्याख्यात्मक उत्तर

1. A : B : C = 2 × 3 : 1 × 3 : 2 = 6 : 3 : 2

B की राशि = $\frac{19800\times3}{6+3+2}=\frac{19800\times3}{11}$ = ₹ 5,400

2. A : B : C = $5\times12 : 7\times12 : \left[(6\times6)+\left(\frac{6}{2}\times6\right)\right]$

= 5 × 12 : 7 × 12 : 54 = 10 : 14 : 9

C का हिस्सा = $\frac{33000\times9}{33}$ = ₹ 9,000

3. A : B : C = 20,000 × 24 : 15,000 × 24 : 20,000 × 18
= 16 : 12 : 12

B का हिस्सा = $\frac{12\times25,000}{40}$ = ₹ 7,500

4. धनों का अनुपात = 50,000 × 36 : 80,000 × 30
= 3 : 4

सुनेत्रा का लाभ में हिस्सा = $\frac{3\times24,500}{7}$ = ₹ 10,500

5. M को कार्य करने का अतिरिक्त लाभ = 7,400 का 5%
= ₹ 370

M : Q : P = 6 × 6500 : 3 × 10,000 : 5 × 8400
= 13 : 10 : 14

शेष लाभ = 7,400 – 370 = ₹ 7,030

लाभ में Q का हिस्सा = $\frac{10}{37}\times7,030$ = ₹ 1900

6. अरविन्द : प्रवीण : नितिन
= 15,000 × 8 : 12,000 × 9 : 8000 × 12
= 10 : 9 : 8

$(10+9+8)\xrightarrow{\times 400}10,800$

$(10-8)\xrightarrow{\times 400}800$

लाभांश में अंतर = 2 × 400 = ₹ 800

7. A एवं B के किराए के बीच अनुपात
= 10 × 3 : 15 × 4 = 1 : 2

8. सुजाता : नीता : रमेश
45000 × 24 : 80000 × (24 – 6) : 120000 × (24 – 12)
1080000 : 1440000 : 1440000
108 : 144 : 144
लाभों का अनुपात
3 : 4 : 4

9. 4000 : 4500 = $P_M : P_A$ या, $P_M : P_A$ = 8 : 9

∴ मनोज का अभीष्ट हिस्सा = $\frac{8}{8+9}\times2890$

$=\frac{8}{17}\times2890$ = ₹ 1360

10. 9 : 15 = $P_A : P_B$ या, $P_A : P_B$ = 3 : 5

∴ B का अभीष्ट हिस्सा = $\frac{5}{3+5}\times2256$

$=\frac{5}{8}\times2256$ = ₹ 1410

11. 9500 : 10500 = $P_1 : P_2$
या, $P_1 : P_2$ = 95 : 105 = 19 : 21

∴ पहले साझेदार को प्राप्त लाभ = $\frac{19}{21}\times1701$ = ₹ 1539

12. $120000 \times 24 : 60000 \times (24-6) = P_S : P_J$

या, $12 \times 24 : 6 \times 18 = P_S : P_J$

या, $P_S : P_J = 8 : 3$

जयन्त का अभीष्ट हिस्सा $= \frac{3}{8+3} \times 27500$

$= \frac{3}{11} \times 27500 =$ ₹ 7500

13. $63000 \times 24 = C_V \times (24-3)$

या, $63000 \times 24 = C_V \times 21$

या, $C_V = \frac{63000 \times 24}{21} =$ ₹ 72000

14. $C_A \times 36 : 80000 \times (36-9) = 4 : 5$

या, $\frac{C_A \times 36}{80000 \times 27} = \frac{4}{5}$

या, $C_A = \frac{80000 \times 27 \times 4}{36 \times 5} =$ ₹ 48000

$\therefore$ A की अभीष्ट पूँजी = ₹ 48000

15. $3000 \times 8 : 4500 \times T = 200 : 450$

या, $\frac{3000 \times 8}{4500 \times T} = \frac{200}{450}$

या, $\frac{2 \times 8}{3 \times T} = \frac{4}{9}$

या, $T = \frac{2 \times 8 \times 9}{3 \times 4} = 12$

$\therefore$ अभीष्ट समय = 12 महीने

16. $120 \times 80 : 100 \times 100 = P_A : P_C$

या, $96 : 100 = P_A : P_C$

या, $P_A : C_C = 24 : 25$

$\therefore$ अभीष्ट अनुपात = 24 : 25

17. $5 \times 14 : 7 \times 15 = P_A : P_B$

या, $P_A : B_B = 2 : 3$

$\therefore$ लाभों का अभीष्ट अंतर $= \frac{3-2}{2+3} \times 4895$

$= \frac{1}{5} \times 4895 =$ ₹ 979

18. $C_A \times 12 : C_B \times 13 = 4 : 3$

या, $\frac{C_A \times 12}{C_B \times 13} = \frac{4}{3}$ या, $\frac{C_A}{C_B} = \frac{4 \times 13}{12 \times 3} = \frac{13}{9}$

$\therefore$ अभीष्ट अनुपात = 13 : 9

19. व्यापार में रहने का समय तीनों के लिए समान है।

$\therefore$ $450 \times 600 : 900 = P_A : P_B : P_C$

$\therefore$ $P_A : P_B : P_C = 3 : 4 : 6$

$\therefore$ अभीष्ट उत्तर $= \frac{6-3}{3+4+6} \times 1430$

$= \frac{3}{13} \times 1430 =$ ₹ 330

20. $40000 \times 24 : 45000 \times 24 : 30000 \times 15 = P_S : P_B : P_{BH}$

या $P_S : P_B : P_{BH} = 40 \times 24 : 45 \times 24 : 30 \times 15$

$= 32 : 36 : 15$

$\therefore$ भूषण का हिस्सा $= \frac{15}{32+36+15} \times 9960$

$= \frac{15}{83} \times 9960 =$ ₹ 1800

21. $10000 \times 24 : 12000 \times 18 : 15000 \times 24 = P_1 : P_2 : P_3$

या $P_1 : P_2 : P_3 = 10 \times 24 : 12 \times 18 : 15 \times 24$

$= 10 : 9 : 15$

$\therefore$ अभीष्ट उत्तर $= \frac{15-9}{10+9+15} \times 8500 = \frac{6}{34} \times 8500$

= ₹ 1500

22. $18 \times 24 : 30 \times 15 : 27 \times 21 : 24 \times 12 = P_1 : P_2 : P_3 : P_4$

या $P_1 : P_2 : P_3 : P_4 = 48 : 50 : 63 : 32$

$\therefore$ अभीष्ट उत्तर $= \frac{50+32}{48+50+63+32} \times 3860$

$= \frac{82}{193} \times 3860 =$ ₹ 1640

23. $16 \times 12 \times 4 : 8 \times 15 \times 3 = P_J : P_M$

या $P_J : P_M = 32 : 15$

$\therefore$ जगदीश द्वारा प्रदत्त भाड़ा $= \frac{32}{15} \times 225 =$ ₹ 480

24. $8 \times 5 : 12 \times 6 : 11 \times 4 = P_A : P_B : P_C$

या $P_A : P_B : P_C = 40 : 72 : 44$

$= 10 : 18 : 11$

$\therefore$ अभीष्ट उत्तर $= \frac{11-10}{18} \times 9000 = \frac{1}{18} \times 9000 =$ ₹ 500

25. A और B में बाँटा गया कुल लाभ $= \frac{4+5}{4} \times 404$

या $= \frac{9}{4} \times 404 =$ ₹ 909

$\therefore$ कुल लाभ $= \frac{100}{(100-9.1)} \times 909 = \frac{100}{90.9} \times 909 =$ ₹ 1000

○○○

10 मिश्रण एवं मिश्रानुपात (Mixture and Alligation)

मिश्रानुपात (Alligation): जब दो या दो से अधिक पदार्थों को एक निश्चित अनुपात में मिलाते हैं तो वह पदार्थ मिश्रण (Mixture) कहलाता है तथा उन वस्तुओं की मात्राओं का अनुपात मिश्रानुपात (Alligation) कहलाता है।

साधित उदाहरण

उदाहरण 1. ₹ 48 प्रति किलो और ₹ 32 प्रति किलो की चाय किस अनुपात में मिलाई जाए कि मिश्रण का मूल्य ₹ 36 प्रति किलो हो जाए?

हलः

48   32

36

(36 – 32) = 4   (48 – 36) = 12

∴ अभीष्ट अनुपात = 4 : 12 = 1 : 3

उदाहरण 2. एक सुनार के पास 12 कैरेट एवं 16 कैरेट दो प्रकार का सोना है। इन दोनों प्रकार के सोने को किस अनुपात में मिलाया जाए ताकि उससे बनने वाला आभूषण 15 कैरेट का हो जाए?

हलः

12   16

15

(16 – 15) = 1   (15 – 12) = 3

∴ अभीष्ट अनुपात = 1 : 3

उदाहरण 3. 30% अल्कोहल की मात्रा वाले शराब में 23% अल्कोहल की मात्रा वाली एक अन्य शराब को मिलाने से प्राप्त मिश्रण में अल्कोहल की मात्रा 26% है। इस प्रकार बने मिश्रित शराब में अल्कोहल किस अनुपात में है?

हलः

% अल्कोहल   % अल्कोहल

30   23

26

(26 –23) = 3   (30 – 26) = 4

∴ अभीष्ट अनुपात = 3 : 4

उदाहरण 4. एक धातु A पानी से 25 गुना अधिक भारी है तथा एक अन्य धातु B पानी से 13 गुना अधिक भारी है। A और B से बनी मिश्रधातु पानी से 18 गुना अधिक भारी है। मिश्रधातु में A और B का अनुपात क्या है?

हलः

A   B

25   13

18

(18 – 13) = 5   (25 – 18) = 7

∴ A : B = 5 : 7

वस्तुनिष्ठ प्रश्न

1. एक दुकानदार ₹ 25 प्रति किग्रा. तथा ₹ 34 प्रति किग्रा. वाली चीनी को मिलाकर ₹ 29 प्रति किग्रा. की दर से बेचता है, तो बताओ उसने इस मिश्रण को किस अनुपात में मिलाया?

A. 5 : 4
B. 4 : 3
C. 4 : 5
D. 3 : 4
E. इनमें से कोई नहीं

2. दो अलग-अलग शराब में एल्कोहल की मात्रा क्रमशः 40% व 22% है। उन दोनों को मिलाकर एक मिश्रण बनाया गया तो उसमें एल्कोहल की मात्रा 28% हो जाती है। यदि पहले प्रकार की शराब की मात्रा 15 लीटर हो, तो बताओ दूसरे प्रकार की शराब की कितनी मात्रा मिलाई?

A. 30 लीटर   B. 28 लीटर
C. 26 लीटर   D. 32 लीटर
E. इनमें से कोई नहीं

3. एक दुकानदार दो प्रकार की चाय ₹ 120 प्रति किग्रा. तथा ₹ 160 प्रति किग्रा. वाली चाय कोमिलाकर ₹ 156.40 प्रति किग्रा. की दर से बेचता है और इस पर 15% लाभ कमाता है, तो बताओ दुकानदार ने चाय किस अनुपात में मिलाई थी?

A. 2 : 3 B. 3 : 2
C. 3 : 4 D. 5 : 2
E. इनमें से कोई नहीं

4. एक बर्तन जिसमें शुद्ध दूध है। इसमें से 20% दूध निकालकर उसके स्थान पर पानी डाल दिया जाता है। यह प्रक्रिया कुल तीन बार दोहराई गई तो तीसरी क्रिया के अन्त में शुद्ध दूध की प्रतिशतता क्या है?

A. 48% B. 52%
C. 51.2% D. 50.8%
E. इनमें से कोई नहीं

5. एक बर्तन में 500 लीटर दूध है। इसमें से 25 लीटर दूध निकालकर उतना ही पानी डाल दिया जाता है। यही प्रक्रिया दो बार और दोहराई गई तो अन्त में उसमें कितना दूध बच जाएगा?

A. 284.48 लीटर B. 428.68 लीटर
C. 468.28 लीटर D. 348.38 लीटर
E. इनमें से कोई नहीं

6. एक व्यक्ति ने कार द्वारा अपनी यात्रा का कुछ भाग 60 किमी./घंटा की गति से तथा शेष भाग 48 किमी./घंटा की गति से तय किया। यदि कुल दूरी के लिए उसकी औसत चाल 52 किमी./घंटा हो, तो 48 किमी/घंटा की गति से वह कितनी दूरी तय करेगा?

A. 80 किमी. B. 96 किमी.
C. 120 किमी. D. 160 किमी.
E. इनमें से कोई नहीं

7. वह अनुपात, जिसमें ₹ 192 किग्रा मूल्य वाली चाय को ₹ 150 किग्रा. मूल्य वाली चाय के साथ मिलाकर, मिश्रित चाय को ₹ 194.40 किग्रा. के भाव से बेचने पर 20% का लाभ हो, है:

A. 2 : 5 B. 3 : 5
C. 5 : 3 D. 5 : 2
E. इनमें से कोई नहीं

8. 15% तथा 40% सान्द्रता वाले दो चीनी के घोलों को किस अनुपात में मिलाया जाये, ताकि 30% सान्द्रता वाला घोल प्राप्त हो?

A. 2 : 3 B. 3 : 2
C. 8 : 9 D. 9 : 8
E. इनमें से कोई नहीं

9. सोना, पानी से 19 गुना तथा तांबा पानी से 9 गुना भारी है इन्हें किस अनुपात में मिलाया जाए ताकि मिश्र धातु पानी से 15 गुनी हो जाए?

A. 1 : 2 B. 1 : 1
C. 2 : 3 D. 3 : 2
E. इनमें से कोई नहीं

10. एक व्यक्ति के पास 100 किग्रा. चीनी थी जिसका कुछ भाग उसने 7% लाभ पर तथा बाकी 17% लाभ पर बेचा। ऐसा करने से उसे सम्पूर्ण पर 10% लाभ हुआ, तो 7% लाभ पर उसने कितनी चीनी बेची?

A. 55 किग्रा. B. 65 किग्रा.
C. 75 किग्रा. D. 70 किग्रा.
E. इनमें से कोई नहीं

11. एक बर्तन में दूध व पानी क्रमशः 4 : 3 के अनुपात में हैं। दूसरे बर्तन में यह अनुपात 2 : 3 के अनुपात में हैं। दोनों बर्तनों के मिश्रणों को किस अनुपात में मिलाया जाए ताकि उसमें दूध व पानी का अनुपात 3 : 2 हो जाए?

A. 4 : 3 B. 2 : 3
C. 1 : 7 D. 7 : 1
E. इनमें से कोई नहीं

12. एक धातु A, B से 21 गुना अधिक भारी है तथा अन्य धातु C, B से 30 गुना अधिक भारी है। A तथा C को किस अनुपात में मिलाया जाए जिससे दोनों का मिश्रण B से 24 गुना अधिक भारी हो?

A. 4 : 3 B. 3 : 2
C. 2 : 1 D. 3 : 1
E. इनमें से कोई नहीं

13. एक मर्चेंट ने 220 किग्रा. चीनी में से कुछ मात्रा 20% लाभ पर तथा शेष को 9% लाभ पर बेच दिया और इस तरह से कुल मिलाकर 13% लाभ प्राप्त करता है। 9% लाभ पर बेची गयी मात्रा क्या है?

A. 125 किग्रा. B. 130 किग्रा.
C. 135 किग्रा. D. 140 किग्रा.
E. इनमें से कोई नहीं

14. एक ग्लास में शराब की कुछ मात्रा है जिसमें 36% एल्कोहल है। इसमें दूसरे प्रकार के शराब की कुछ मात्रा डाल दी जाती है, जिसमें एल्कोहल की मात्रा 26% है। ग्लास में दूसरे प्रकार की शराब की मात्रा कुल शराब का कितना भाग है?

A. $\frac{1}{3}$ B. $\frac{2}{3}$
C. $\frac{3}{4}$ D. $\frac{1}{4}$
E. इनमें से कोई नहीं

15. एक बर्तन में 200 लीटर दूध रखा है। उसमें से 5 लीटर दूध निकालकर उसमें उतना ही पानी मिला दिया जाता है। यह क्रिया एक बार दुबारा की जाती है। उस बर्तन में दूध की कितनी मात्रा बच जाएगी?

A. 188.20 लीटर
B. 189.255 लीटर
C. 182.50 लीटर
D. 190.125 लीटर
E. इनमें से कोई नहीं

उत्तरमाला

1	2	3	4	5	6	7	8	9	10
A	A	B	C	B	B	A	A	D	D
11	**12**	**13**	**14**	**15**					
D	C	D	B	D					

व्याख्यात्मक उत्तर

1. ₹ 25/किग्रा. ₹ 34/किग्रा.

₹ 29/किग्रा.

5 4

अभीष्ट अनुपात = 5 : 4

2. 40% 22%

28%

6% 12%

1 : 2

दोनों में अनुपात = 1 : 2

जब पहले प्रकार की शराब की मात्रा 15 लीटर है तो

दूसरे प्रकार की शराब की मात्रा = $\frac{2}{1}\times 15 = 30$ लीटर

3. मिश्रण पर लाभ कमाया 15%

तो मिश्रण का क्रय मूल्य = $\frac{100}{115}\times 156.40$ = ₹ 136 प्रति किग्रा.

₹ 120/किग्रा. ₹ 160/किग्रा.

₹ 136/किग्रा.

24 16

अभीष्ट अनुपात = 3 : 2

4. अन्त में दूध की मात्रा

$$= \text{प्रारम्भिक मात्रा} \times \left(1-\frac{\text{निकाली}_1}{\text{प्रारम्भिक मात्रा}}\right)^T$$

$$= 100\times\left(1-\frac{20}{100}\right)^3$$

$$= 100\times\frac{80}{100}\times\frac{80}{100}\times\frac{80}{100} = 51.2\%$$

5. अन्त में दूध की मात्रा

$$= \text{प्रारम्भिक मात्रा} \times \left(1-\frac{\text{निकाली}_1}{\text{प्रारम्भिक मात्रा}}\right)$$

$$= 500\times\left(1-\frac{25}{500}\right)^3$$

$$= 500\times\frac{19}{20}\times\frac{19}{20}\times\frac{19}{20}$$

= 428.68 लीटर

6. मिश्रण नियम द्वारा:

60 48

52

4 8

या 1 : 2

तो 48 किमी./घंटा की चाल से दूरी = 48 × 2 = 96 किमी.

7. ₹ 194.40 किग्रा के भाव से बेचने पर लाभ = 20%

तो क्र.मू. = $\frac{100}{120}\times 194.40$ = ₹ 162 किग्रा.

192 150

162

12 30

अभीष्ट अनुपात = 2 : 5

8. 15% 40%

30%

10% 15%

अभीष्ट अनुपात = 2 : 3

9.

ताँबा		पानी
19		9
	15	
6		4 या 3 : 2

10.

7%		17%
	10%	
7%		3%

अर्थात् 7 : 3

अनुपातों का योग = 7 + 3 = 10

7% लाभ पर चीनी बेची $= \frac{7}{10} \times 100 = 70$ किग्रा.

11. पहले बर्तन में दूध $= \frac{4}{7}$

दूसरे बर्तन में दूध $= \frac{2}{5}$

मिश्रण में दूध $= \frac{3}{5}$

पहला		दूसरा
$\frac{4}{7}$		$\frac{2}{5}$
	$\frac{3}{5}$	
$\frac{1}{5}$		$\frac{1}{35}$

या 7 : 1

12.

A		B
21		30
	24	
30 – 24 = 6		24 – 21 = 3

∴ अभीष्ट अनुपात $= \frac{6}{3} = \frac{2}{1} = 2 : 1$

13.

% लाभ		% लाभ
20		9
	13	
(13 – 9) = 4		(20 – 13) = 7

अतः चीनी की मात्रा का अनुपात = 4 : 7

∴ 9% लाभ पर बेची गयी चीनी की मात्रा

$= \frac{7}{4+7} \times 220 = \frac{7}{11} \times 220 = 140$ किग्रा.

14.

% एल्कोहल मात्रा		% एल्कोहल मात्रा
36		21
	26	
26 – 21 = 5		36 – 26 = 10

∴ अनुपात $= \frac{5}{10} = \frac{1}{2} = 1 : 2$ अतः अभीष्ट उत्तर $= \frac{2}{3}$

15. बर्तन में दूध की बची मात्रा

$= 200\left(1 - \frac{5}{200}\right)^2 = 200\left(1 - \frac{1}{40}\right)^2 = 200 \times \frac{39}{40} \times \frac{39}{40}$

= 190.125 लीटर

○○○

11 आयु संबंधी प्रश्न (Problems on Age)

आयु संबंधी प्रश्न सामान्यतः अनुपात अथवा गुणा पर आधारित होते हैं। अतः ऐसे प्रश्नों का उत्तर देने से पूर्व सर्वप्रथम इसकी भाषा समझने का प्रयास करना चाहिए। इसमें गुणा पर आधारित प्रश्नों को भी अनुपात के आधार पर ही हल करना चाहिए।

साधित उदाहरण

उदाहरण 1. राजेन्द्र और महेन्द्र की आयु में 4 : 5 का अनुपात है। उनकी आयु का योग 72 वर्ष है। राजेन्द्र की आयु क्या है?

हलः राजेन्द्र की आयु $= \frac{4}{4+5} \times 72$

$= \frac{4}{9} \times 72 = 32$ वर्ष

उदाहरण 2. A तथा B के आयु का अनुपात 7 : 3 है। यदि उनकी आयु का योग 60 वर्ष है, तो उनकी आयु का अन्तर क्या है?

हलः A तथा B के आयु में अन्तर $= \frac{(7-3)}{(7+3)} \times 60$

$= \frac{4}{10} \times 60 = 24$ वर्ष

उदाहरण 3. पिता और पुत्र की आयु का अनुपात 14 : 5 है। यदि उनकी आयु का योग 76 वर्षहै, तो 8 वर्षबाद उनकी आयु का अनुपात क्या होगा?

हलः पिता की आयु $= \frac{14}{19} \times 76 = 56$ वर्ष

पुत्र की आयु $= \frac{5}{19} \times 76 = 20$ वर्ष

8 वर्ष बाद उनकी आयु का अनुपात

$= \frac{56+8}{20+8} = \frac{64}{28} = 16 : 7$

वस्तुनिष्ठ प्रश्न

1. जॉन की वर्तमान आयु अपने पिता की वर्तमान आयु की एक चौथाई है। 4 वर्ष बाद इनकी आयु का योग 68 वर्ष हो जाएगा। जॉन की वर्तमान आयु कितनी है?

A. 6 वर्ष B. 9 वर्ष
C. 12 वर्ष D. 11 वर्ष
E. इनमें से कोई नहीं

2. उर्मिला की आयु उसके पुत्र की आयु से चार गुनी है। यदि चार वर्ष बाद दोनों की आयु का योग 43 वर्ष हो, तो पुत्र की आयु क्या है?

A. 7 वर्ष B. 5 वर्ष
C. 6 वर्ष D. 12 वर्ष
E. इनमें से कोई नहीं

3. 5 वर्ष बाद पिता की आयु अपने पुत्र की आयु की तिगुनी हो जाएगी और 5 वर्ष पूर्व पिता की आयु, पुत्र की आयु की सात गुनी थी। पिता की वर्तमान आयु क्या है?

A. 35 वर्ष B. 38 वर्ष
C. 40 वर्ष D. 42 वर्ष
E. इनमें से कोई नहीं

4. जयेश, प्रकाश और समीर की आयु का कुल योग 93 वर्ष है। 10 वर्ष पहले उनकी आयु का अनुपात 2 : 3 : 4 था। समीर की वर्तमान आयु क्या है?

A. 40 वर्ष B. 38 वर्ष
C. 37 वर्ष D. 36 वर्ष
E. इनमें से कोई नहीं

5. जगदीश की वर्तमान आयु उसके 5 बच्चों की वर्तमान आयु के योग के बराबर है। 15 वर्ष बाद उसके 5 बच्चों की आयु का योग उसकी आयु से दुगुना हो जाएगा। जगदीश की वर्तमान आयु क्या है?

A. 41 वर्ष B. 43 वर्ष
C. 44 वर्ष D. 45 वर्ष
E. इनमें से कोई नहीं

6. एक पिता और उसके पुत्र की आयु का योग 45 है। यदि 5 वर्ष पूर्व दोनों की आयु का गुणनफल उस समय पिता की आयु का 4 गुना था, तो पुत्र की वर्तमान आयु क्या है?

A. 9 वर्ष B. 7 वर्ष
C. 8 वर्ष D. 10 वर्ष
E. इनमें से कोई नहीं

7. सुनीता तथा बबीता की वर्तमान आयु का अनुपात 4 : 3 है। 6 वर्ष बाद सुनीता 30 वर्ष की हो जाती है। बबीता की वर्तमान आयु क्या है?

A. 15 वर्ष B. 16 वर्ष
C. 12 वर्ष D. 18 वर्ष
E. इनमें से कोई नहीं

8. A, B तथा C की औसत आयु 30 वर्ष है। यदि उनकी आयु का अनुपात 3 : 5 : 7 है, तो A की आयु क्या है?

A. 18 वर्ष B. 17 वर्ष
C. 15 वर्ष D. 20 वर्ष
E. इनमें से कोई नहीं

9. A तथा B की आयु में 5 वर्ष का अन्तर है। B तथा C की आयु में 3 : 2 का अनुपात है। D की आयु A की आयु की दोगुनी है। यदि C तथा D की आयु का योग 50 वर्ष है, तो A की आयु कितनी है?

A. 20 वर्ष B. 19 वर्ष
C. 18 वर्ष D. 22 वर्ष
E. इनमें से कोई नहीं

10. दो व्यक्तियों की आयु में 20 वर्ष का अन्तर है। 5 वर्ष पूर्व बड़े व्यक्ति की आयु छोटे व्यक्ति की आयु की 5 गुनी थी। उनकी वर्तमान आयु क्रमशः है?

A. 30 वर्ष, 10 वर्ष B. 25 वर्ष, 5 वर्ष
C. 29 वर्ष, 9 वर्ष D. 50 वर्ष, 30 वर्ष
E. इनमें से कोई नहीं

उत्तरमाला

1	2	3	4	5	6	7	8	9	10
C	A	C	B	D	A	D	A	A	A

व्याख्यात्मक उत्तर

1. जॉन तथा उसके पिता की वर्तमान आयु का अनुपात = 1 : 4

$\therefore$ 4 वर्ष बाद उनकी आयु का अनुपात $= (x + 4) : (4x + 4)$

प्रश्नानुसार, $x + 4 + 4x + 4 = 68$

$\Rightarrow \quad 5x = 68 - 8 \Rightarrow 5x = 60$

$\therefore \quad x = 12$ वर्ष

2. उर्मिला तथा उसके पुत्र की वर्तमान आयु का अनुपात = 4 : 1

$\therefore$ 4 वर्ष बाद उनकी आयु का अनुपात $= (4x + 4) : (x + 4)$

प्रश्नानुसार, $(4x + 4) + (x + 4) = 43 \Rightarrow 5x = 43 - 8$

$\Rightarrow \quad 5x = 35 \Rightarrow x = 7$ वर्ष

3. 5 वर्ष बाद पिता और पुत्र की आयु का अनुपात = 3 : 1 और 5 वर्ष पूर्व इनकी आयु का अनुपात = 7 : 1

$\therefore \quad \frac{7x+5+5}{x+5+5} = \frac{3}{1} \Rightarrow \frac{7x+10}{x+10} = \frac{3}{1}$

$\Rightarrow \quad 7x + 10 = 3x + 30$

$\Rightarrow \quad 4x = 20$ वर्ष

$\therefore \quad x = 5$

$\therefore$ पिता की वर्तमान आयु $= (7x + 5) = (7 \times 5 + 5) = 40$ वर्ष

4. $(2x + 10) + (3x + 10) + (4x + 10) = 93$

$\Rightarrow \quad 9x = 93 - 30 = 63 \Rightarrow x = 7$

$\Rightarrow$ समीर की वर्तमान आयु $= (4x + 10)$

$= (4 \times 7 + 10) = 38$ वर्ष

5. माना जगदीश की वर्तमान आयु = उसके 5 बच्चों की वर्तमान आयु का योग $= x$

प्रश्नानुसार, $2(x + 15) = x + 5 \times 15$

$\Rightarrow \quad 2x + 30 = x + 75 \Rightarrow x = 45$ वर्ष

6. माना पिता की वर्तमान आयु = F तथा पुत्र की वर्तमान आयु = S

$\therefore \quad (F - 5)(S - 5) = 4(F - 5)$

$\Rightarrow \quad S - 5 = 4$

$\Rightarrow \quad S = 9$ वर्ष

7. $4x + 6 = 30$

$\Rightarrow \quad 4x = 24$

$\Rightarrow \quad x = 6$

$\therefore$ बबीता की वर्तमान आयु $= 3x = (3 \times 6) = 18$ वर्ष

8. A, B तथा C की आयु का योग $= 3 \times 30 = 90$ वर्ष

$\therefore$ A की आयु $= \frac{3}{(3+5+7)} \times 90 = \left(\frac{3}{15} \times 90\right) = 18$ वर्ष

9. $A - B = 5 \Rightarrow B = A - 5$

$\frac{B}{C} = \frac{3}{2} \Rightarrow C = \frac{2}{3} B = \frac{2}{3}(A - 5)$ तथा $D = 2A$

$\therefore C + D = 50 \Rightarrow \frac{2}{3}(A - 5) + 2A = 50$

$\Rightarrow 2A - 10 + 6A = 150 \Rightarrow 8A = 160$

$\therefore A = 20$ वर्ष

10. माना, 5 वर्ष पूर्व छोटे व्यक्ति की आयु $= x$ वर्ष

$\therefore$ बड़े व्यक्ति की आयु $= 5x$ वर्ष

अब, $(5x + 5) - (x + 5) = 20$

$\Rightarrow 4x = 20 \Rightarrow x = 5$

$\therefore 5x + 5 = (5 \times 5 + 5) = 30$ वर्ष तथा

$x + 5 = 5 + 5 = 10$ वर्ष

○○○

12 साधारण एवं चक्रवृद्धि ब्याज (Simple & Compound Interest)

मूलधन (Principal)

उधार दी गई या ली गई राशि मूलधन कहलाती है।

साधारण ब्याज (Simple Interest)

जब कोई व्यक्ति, किसी व्यक्ति से कोई राशि उधार लेता है, तो उस राशि के अतिरिक्त वह जो धन (राशि) लौटाता है वही साधारण ब्याज कहलाता है।

मिश्रधन (Amount)

ब्याज सहित लौटाई गई राशि या मूलधन ही सम्मिलित रूप से मिश्रधन कहलाता है।

- जब दो तिथियों के बीच समय निकालना हो, तो उधार देने वाली तिथि को न जोड़कर केवल चुकाने वाली तिथि को ही जोड़ते हैं। जैसे—15 मार्च, 2005 को राशि उधार दी गई तथा 20 नवम्बर, 2005 को राशि लौटाई तो समय =

  मार्च + अप्रैल + मई + जून + जुलाई + अगस्त + सितम्बर + अक्टूबर + नवम्बर

  $16 + 30 + 31 + 30 + 31 + 31 + 30 + 31 + 20 = 250$ दिन

  वर्ष बनाने के लिए 365 का भाग देते हैं।

  अर्थात् $= \frac{250}{365} = \frac{50}{73}$ वर्ष

कभी-कभी कुछ परीक्षाओं में ब्याज का सूत्र पूछते हैं, तो साधारण ब्याज = मूलधन × समय × दर

नोट : सूत्र में कभी-भी नीचे 100 नहीं लगा होता है क्योंकि दर के अनुसार ही नीचे 100 लगाते हैं। परन्तु जब ब्याज की शर्त वार्षिक है और दर प्रति सैकड़ा पर हो, तो—

$$\text{साधारण ब्याज} = \frac{\text{मूलधन} \times \text{समय} \times \text{दर}}{100}$$

$$\text{मूलधन} = \frac{\text{ब्याज} \times 100}{\text{समय} \times \text{दर}}$$

$$\text{समय} = \frac{\text{ब्याज} \times 100}{\text{मूलधन} \times \text{दर}}$$

$$\text{दर} = \frac{\text{ब्याज} \times 100}{\text{मूलधन} \times \text{समय}}$$

चक्रवृद्धि ब्याज (Compound Interest)

जब कोई राशि किसी निश्चित समय के लिए उधार दी जाती है तो प्राप्त ब्याज तथा मूलधन के योग (मिश्रधन) को अगली अवधि के लिए मूलधन मानकर पुनः वही प्रक्रिया दोहराते हैं। इस प्रकार प्राप्त ब्याज को चक्रवृद्धि ब्याज कहते हैं। अर्थात् प्राप्त ब्याज को मूल राशि में जोड़कर पुनः ब्याज पर ब्याज ही चक्रवृद्धि ब्याज कहलाता है।

$$\text{मिश्रधन} = \text{मूलधन} \times \left(1 + \frac{\text{दर}}{100}\right)^{\text{समय}}$$

$$\text{चक्रवृद्धि ब्याज} = \text{मूलधन} \times \left(1 + \frac{\text{दर}}{100}\right)^{\text{समय}} - \text{मूलधन}$$

$$\text{चक्रवृद्धि ब्याज} = \text{मिश्रधन} - \text{मूलधन}$$

राशि कई प्रकार की शर्तों पर उधार देते हैं—

(*i*) वार्षिक दर (*ii*) अर्द्धवार्षिक दर (*iii*) त्रैमासिक दर

(*i*) **वार्षिक दर :** वार्षिक दर का अर्थ होता है कि उधार दी गई राशि का एक वर्ष में हिसाब करके प्राप्त ब्याज को मूलधन में जोड़ते हैं।

(*ii*) **अर्द्धवार्षिक दर :** इसका अर्थ है कि वर्ष में दो बार हिसाब करके प्राप्त ब्याज को मूलधन में जोड़ते हैं।

- जब ब्याज की शर्त अर्द्धवार्षिक हो, तो दर को आधा तथा समय को दुगुना कर देते हैं।

(*iii*) **त्रैमासिक दर :** इसका अर्थ है कि राशि का एक वर्ष में 4 बार (3-3 माह के बाद) हिसाब करके प्राप्त ब्याज को मूलधन में जोड़ते हैं।

- जब ब्याज की शर्त त्रैमासिक हो तो दर को चौथाई व समय को चौगुना कर देते हैं।
- किसी भी राशि पर 1 वर्ष का चक्रवृद्धि ब्याज व साधारण ब्याज का अन्तर शून्य होता है।

साधित उदाहरण

1. किस राशि का 15% साधारण ब्याज की दर से 8 मास का साधारण ब्याज ₹ 54 हो जाएगा?

हल : मूलधन = ?, समय $= \frac{8}{12} = \frac{2}{3}$ वर्ष, दर = 15%

ब्याज = ₹ 54

$$\text{मूलधन} = \frac{\text{ब्याज} \times 100}{\text{समय} \times \text{दर}} = \frac{54 \times 100 \times 3}{15 \times 2} = ₹\,540.$$

2. ₹ 6500 की राशि पर कितने समय में $6\frac{1}{2}\%$ वार्षिक साधारण ब्याज की दर से ₹ 845 साधारण ब्याज प्राप्त होगा?

हल : मूलधन = ₹ 6500

दर = $6\frac{1}{2}\%$ या $\frac{13}{2}\%$

ब्याज = ₹ 845

$$\text{समय} = \frac{\text{ब्याज} \times 100}{\text{मूलधन} \times \text{दर}} = \frac{845 \times 100 \times 2}{6500 \times 13} = 2 \text{ वर्ष}$$

3. कोई राशि 10% की दर से कितने समय में तिगुनी हो जाएगी?

हल : माना वह राशि = ₹ x

ब्याज = $3x - x$ = ₹ $2x$

समय = ?

$$\text{समय} = \frac{\text{ब्याज} \times 100}{\text{मूलधन} \times \text{दर}} = \frac{2x \times 100}{x \times 10} = 20 \text{ वर्ष में}$$

नोट : यहाँ x के स्थान पर हम 100 भी मानकर हल कर सकते हैं।

4. कोई राशि साधारण ब्याज की दर से 3 वर्ष में ₹ 4800 हो जाती है तथा 5 वर्ष में ₹ 5600 हो जाती है, तो वह राशि बताओ।

हल : 3 वर्ष का मिश्रधन = ₹ 4800

5 वर्ष का मिश्रधन = ₹ 5600

2 वर्ष का ब्याज = ₹ 800

तो 3 वर्ष का ब्याज = $\frac{800}{2} \times 3$ = ₹1200

अतः मूलधन = मिश्रधन – ब्याज

= 4800 – 1200 = ₹ 3600

नोट : यहाँ 3 वर्ष के बजाय 5 वर्ष का ब्याज निकालकर भी हल कर सकते हैं।

5. कोई राशि समान दर व समान समय पर उधार दी जाती है। यदि साधारण ब्याज, मूलधन का $\frac{4}{9}$ हो जाता है, तो साधारण ब्याज की दर बताओ।

हल : माना मूलधन = ₹ x (यहाँ हम मूलधन 100 भी मान सकते हैं)

दर = R%, समय = R वर्ष

ब्याज = ₹ $\frac{4x}{9}$

$$\text{साधारण ब्याज} = \frac{\text{मूलधन} \times \text{समय} \times \text{दर}}{100}$$

$$\frac{4x}{9} = \frac{x \times R \times R}{100} \Rightarrow \frac{4}{9} = \frac{R^2}{100}$$

$9R^2 = 400$

$$R^2 = \frac{400}{9} \quad \Rightarrow R = \sqrt{\frac{400}{9}}$$

$$R = \frac{20}{3} \text{ या } 6\frac{2}{3}\%$$

6. ₹ 5680 की राशि 10% चक्रवृद्धि ब्याज की दर से $1\frac{1}{2}$ वर्ष के लिए उधार दी जाती है। यदि ब्याज की शर्त अर्द्धवार्षिक हो, तो चक्रवृद्धि ब्याज बताओ।

हल : मूलधन = ₹ 5680,

समय = $1\frac{1}{2}$ वर्ष = 3 वर्ष [ऐसा समझते हैं]

दर = 10% = 5%

[जब ब्याज की शर्त अर्द्धवार्षिक हो, तो दर को आधा, समय को दोगुना करते हैं।]

ब्याज की शर्त = अर्द्धवार्षिक

$$\text{चक्रवृद्धि ब्याज} = \text{मूलधन} \times \left(1 + \frac{\text{दर}}{100}\right)^{\text{समय}} - \text{मूलधन}$$

$$= 5680 \times \frac{105}{100} \times \frac{105}{100} \times \frac{105}{100} - 5680$$

= 6575.31 – 5680

= ₹ 895.31.

7. कोई राशि 10% की दर से उधार दी जाती है और 3 वर्ष के अंत में ₹ 1331 प्राप्त होते हैं, तो बताओ उधार दी गई राशि क्या है?

हल : मूलधन = x दर = 10%

समय = 3 वर्ष मिश्रधन = ₹ 1331

$$\text{मिश्रधन} = \text{मूलधन} \times \left(1 + \frac{\text{दर}}{100}\right)^{\text{समय}}$$

$$x \times \left(1 + \frac{10}{100}\right)^3 = ₹\ 1331$$

$$x \times \frac{110}{100} \times \frac{110}{100} \times \frac{110}{100} = ₹\ 1331 \Rightarrow x = ₹\ 1000.$$

8. ₹ 6000 की राशि 10% चक्रवृद्धि ब्याज की दर से ₹ 7986 हो जाती है, तो वह समयावधि बताओ।

हल : मूलधन = ₹ 6000, दर = 10%, समय = ? वर्ष

मिश्रधन = ₹ 7986

$$\text{मिश्रधन} = \text{मूलधन} \times \left(1 + \frac{\text{दर}}{100}\right)^{\text{समय}}$$

$$6000 \times \left(\frac{110}{100}\right)^T = 7986$$

$$\left(\frac{11}{10}\right)^T = \frac{7986}{6000} \Rightarrow \left(\frac{11}{10}\right)^T = \frac{1331}{1000}$$

$$\left(\frac{11}{10}\right)^T = \left(\frac{11}{10}\right)^3$$

T = 3 वर्ष

नोट : जब दो आधार समान हों, तो उनकी घात भी बराबर होती है।

वस्तुनिष्ठ प्रश्न

1. ₹ 1500 की राशि किस साधारण ब्याज की दर से उधार दी जाए ताकि 3 वर्ष में उसका साधारण ब्याज ₹ 180 हो जाए?

A. 3% B. 4%
C. 5% D. 6%
E. 7%

2. एक धनराशि 2 वर्षों में बढ़कर ₹ 6000 हो जाती है। यदि उतने समय के लिए उस धनराशि पर ₹ 1000 ब्याज प्राप्त होता है, तो सामान्य ब्याज दर ज्ञात करें?

A. 5% B. 10%
C. 20% D. 25%
E. 30%

3. कोई राशि 8% की दर से कितने समय में तिगुनी हो जाएगी?

A. 20 वर्ष B. 25 वर्ष
C. 30 वर्ष D. 40 वर्ष
E. इनमें से कोई नहीं

4. साधारण ब्याज की $6\frac{1}{4}\%$ वार्षिक दर से कोई धनराशि कितने वर्षों में स्वयं की दोगुनी हो जाएगी?

A. 24 B. 20
C. 16 D. 12
E. 14

5. साधारण ब्याज की किसी दर से कोई धनराशि 10 वर्ष में स्वयं की दुगुनी हो जाती है। वह राशि स्वयं की तिगुनी कितने समय में हो जाएगी?

A. 15 वर्ष B. 18 वर्ष
C. 20 वर्ष D. 30 वर्ष
E. इनमें से कोई नहीं

6. किसी राशि पर साधारण ब्याज मूलधन का $\frac{1}{4}$ है और वर्षों की संख्या प्रतिशत दर के बराबर है। प्रतिशत दर है :

A. 2.5 B. 5
C. 7.5 D. 10
E. 8

7. किसी धनराशि पर वार्षिक ब्याज की दर से साधारण ब्याज, मूलधन का $\frac{25}{16}$ है। यदि दर प्रतिशत तथा वर्षों में समय को निरूपित करने वाली संख्याएँ बराबर हों, तो ब्याज की दर है :

A. 8% B. $11\frac{1}{2}\%$
C. $12\frac{1}{2}\%$ D. $12\frac{1}{4}\%$
E. इनमें से कोई नहीं

8. कोई राशि 4% की दर से 3 वर्ष के लिए उधार दी जाती है। यदि यही राशि इसी समय पर 2% अधिक दर पर उधार दी जाती, तो साधारण ब्याज ₹ 360 अधिक प्राप्त होता, बताओ वह राशि क्या है?

A. ₹ 6000 B. ₹ 8000
C. ₹ 9000 D. ₹ 10000
E. इनमें से कोई नहीं

9. साधारण ब्याज पर उधार दी गई कोई धनराशि 2 वर्ष में ₹ 880 तथा 3 वर्ष में ₹ 920 हो जाती है। वह धनराशि (₹ में) है:

A. ₹ 700 B. ₹ 760
C. ₹ 784 D. ₹ 800
E. इनमें से कोई नहीं

10. 4 वर्ष के बाद 6% साधारण ब्याज की दर से मूलधन व साधारण ब्याज का अन्तर ₹ 228 है, तो बताओ मूलधन की राशि क्या है?

A. ₹ 300 B. ₹ 400
C. ₹ 500 D. ₹ 600
E. इनमें से कोई नहीं

11. किसी व्यक्ति ने ₹ 25,000 की राशि का कुछ भाग 4% की दर से तथा कुछ भाग 9% की दर से उधार दिया। उसे 2 वर्ष के अन्त में कुल ₹ 3,000 ब्याज प्राप्त हुआ, तो बताओ 4% की दर से उसने कितनी राशि उधार दी?

A. ₹ 15000 B. ₹ 16000
C. ₹ 10000 D. ₹ 9000
E. इनमें से कोई नहीं

12. एक आदमी ने ₹ 6000 में से कुछ 5% की दर सेतथा शेष 4% की दर से, साधारण ब्याज पर उधार दिया। यदि कुल वार्षिक ब्याज ₹ 2560 हो, तो 4% की दर से उधार दी गई धनराशि कितनी थी?

A. ₹ 4000 B. ₹ 44000
C. ₹ 30000 D. ₹ 45000
E. इनमें से कोई नहीं

13. सुभाष ने ₹ 6800 उधार के रूप में लिए जिनका ब्याज सहित दो समान वार्षिक किश्तों में भुगतान किया जाना है। यदि वार्षिक रूप से संयोजित ब्याज की दर $12\frac{1}{2}\%$ है, तोप्रत्येक किश्त की राशि होगी :

A. ₹ 3200 B. ₹ 4150
C. ₹ 4050 D. ₹ 4000
E. इनमें से कोई नहीं

14. किसी धन पर 4% वार्षिक की दर से 8 मास का साधारण ब्याज, उसी धनराशि पर 5% वार्षिक की दर से 15 मास के साधारण ब्याज से ₹ 129 कम है, तो वह धन राशि क्या है?

A. ₹ 2580 B. ₹ 2400
C. ₹ 2529 D. ₹ 3600
E. इनमें से कोई नहीं

15. कोई धनराशि साधारण ब्याज की दर से 2 वर्षों में ₹ 756 हो जाती है तथा $3\frac{1}{2}$ वर्षों में ₹ 873 हो जाती है, तो वार्षिक ब्याज की दर क्या है?

A. 10% B. 11%
C. 12% D. 13%
E. 15%

16. A, ₹ 800, 12% वार्षिक साधारण ब्याज की दर पर उधार लेता है तथा B, ₹ 910, 10% वार्षिक साधारण ब्याज की दर पर उधार लेता है। कितने वर्ष बाद उनके ऋण के मिश्रधन बराबर हो जाएंगे?

A. 18 वर्ष B. 20 वर्ष
C. 22 वर्ष D. 24 वर्ष
E. इनमें से कोई नहीं

17. ₹ 500 की एक धनराशि 12% वार्षिक साधारण ब्याज की दर से निवेशित की जाती है तथा एक अन्य धनराशि 10% वार्षिक साधारण ब्याज की दर से निवेशित की जाती है। यदि दोनों धनराशियों पर प्राप्त कुल ब्याज ₹ 480 है, तो अन्य धन राशि क्या है?

A. ₹ 450 B. ₹ 4200
C. ₹ 6000 D. ₹ 550
E. इनमें से कोई नहीं

18. किसी राशि पर 5% वार्षिक की दर से 3 वर्षों और 4 वर्षों में प्राप्त साधारण ब्याजों में ₹ 42 का अन्तर है, तो वह राशि क्या है?

A. ₹ 210 B. ₹ 750
C. ₹ 280 D. ₹ 840
E. इनमें से कोई नहीं

19. ₹ 1600 का $7\frac{1}{2}$% वार्षिक ब्याज की दर से 2 वर्ष 4 माह का साधारण ब्याज क्या होगा?

A. ₹ 280 B. ₹ 290
C. ₹ 275 D. ₹ 285
E. इनमें से कोई नहीं

20. साधारण ब्याज पर कोई राशि 2 वर्ष में ₹ 1062 तथा $3\frac{1}{2}$ वर्ष में ₹ 1183.50 हो जाती है, ब्याज की वार्षिक दर है :

A. 7% B. 6%
C. 9% D. 5%
E. 10%

21. ₹ 12000 की राशि 10% वार्षिक चक्रवृद्धि ब्याज की दर से उधार दी जाती है, तो बताओ 3 वर्ष का मिश्रधन क्या होगा?

A. ₹ 14748 B. ₹ 16000
C. ₹ 15972 D. ₹ 16500
E. इनमें से कोई नहीं

22. अर्द्धवार्षिक रूप में संयोजित, ₹ 6250 का 12% वार्षिक की दर से एक वर्ष का चक्रवृद्धि ब्याज क्या होगा?

A. ₹ 772.50 B. ₹ 772
C. ₹ 672.50 D. ₹ 672
E. इनमें से कोई नहीं

23. ₹ 4500 की राशि 16% चक्रवृद्धि ब्याज की दर से 9 माह के लिए उधार दी जाती है। यदि ब्याज की शर्त त्रैमासिक हो, तो मिश्रधन की राशि बताओ?

A. ₹ 5061.88 B. ₹ 4947.60
C. ₹ 6032.40 D. ₹ 4945.30
E. इनमें से कोई नहीं

24. कोई राशि 4 वर्ष में 3 गुनी हो जाती है, तो बताओ वह कितने वर्ष में स्वयं की 9 गुनी हो जाएगी?

A. 6 वर्ष B. 8 वर्ष
C. 12 वर्ष D. 10 वर्ष
E. 11 वर्ष

25. ₹ 6400 की राशि 5% वार्षिक की दर से 2 वर्ष के लिए उधार दी जाती है, तो चक्रवृद्धि ब्याज व सरल ब्याज का अन्तर क्या होगा?

A. ₹ 20 B. ₹ 16
C. ₹ 8 D. ₹ 64
E. ₹ 12

26. कोई राशि 15% की दर से 2 वर्ष के लिए उधार दी जाती है, तो चक्रवृद्धि ब्याज व सरल ब्याज का अन्तर ₹ 540 प्राप्त होता है, तो वह राशि बताओ :

A. ₹ 24000 B. ₹ 20000
C. ₹ 26000 D. ₹ 20500
E. इनमें से कोई नहीं

27. कोई राशि 10% की दर से 3 वर्ष के लिए उधार दी जाती है, तो चक्रवृद्धि ब्याज व सरल ब्याज का अन्तर ₹ 279 प्राप्त होता है, तो वह राशि क्या है?

A. ₹ 8000 B. ₹ 9000
C. ₹ 10000 D. ₹ 11000
E. ₹ 10500

28. चक्रवृद्धि ब्याज पर उधार दी गई कोई धनराशि 2 वर्ष में ₹ 1460 तथा 3 वर्ष में ₹ 1606 होती है। ब्याज की वार्षिक दर क्या होगी?

A. 12% B. 11%
C. 10.5% D. 10%
E. 11.5%

29. किसी धन का 2 वर्ष का साधारण ब्याज ₹ 160 और उसी धन का उसी दर से चक्रवृद्धि ब्याज ₹ 164 हो, तो ब्याज की दर क्या है?

A. 5% B. 8%
C. 10% D. 12%
E. 10.5%

30. किसी धन का 10% की दर से 2 वर्ष का साधारण ब्याज ₹ 600 है, तो बताओ उसी राशि का उसी दर से 2 वर्ष का चक्रवृद्धि ब्याज क्या होगा?

A. ₹ 630 B. ₹ 650
C. ₹ 660 D. ₹ 700
E. ₹ 760

31. यदि किसी राशि का 12% वार्षिक की दर से हर छह महीने बाद जोड़े जाने वाले चक्रवृद्धि ब्याज और साधारण ब्याज का 1 वर्ष का अन्तर ₹ 36 हो, तो वह राशि है:

A. ₹ 10000 B. ₹ 12000

C. ₹ 15000 D. ₹ 9000
E. ₹ 11000

32. किसी धनराशि का 4% वार्षिक की दर से 2 वर्ष का साधारण ब्याज ₹ 80 है। उसी धनराशि का उतनी ही समयावधि का चक्रवृद्धि ब्याज कितना होगा?

A. ₹ 82.60 B. ₹ 82.20
C. ₹ 81.80 D. ₹ 81.60
E. ₹ 80.80

33. एक भवन निर्माता ने ₹ 2550 उधार लिए, जो उसे 4% वार्षिक चक्रवृद्धि ब्याज की दर पर दो वर्षों के अन्तराल से दो बराबर की वार्षिक किश्तों में लौटाने थे। तब प्रत्येक किश्त की राशि क्या होगी?

A. ₹ 1352 B. ₹ 1377
C. ₹ 1275 D. ₹ 1283
E. ₹ 1280

34. एक धन पर 4% की दर से प्रथम वर्षका चक्रवृद्धि ब्याज ₹ 25 है, तो उसी धन पर उसी दर से 2 वर्ष का चक्रवृद्धि ब्याज क्या होगा?

A. ₹ 50 B. ₹ 51
C. ₹ 52 D. ₹ 54
E. ₹ 55

35. अर्द्ध-वार्षिक रूप में संयोजित चक्रवृद्धि ब्याज की 10% वार्षिक दर से ₹ 800 की धनराशि कितने वर्षों में ₹ 926.10 होगी?

A. $1\frac{1}{2}$ B. $1\frac{2}{3}$
C. $2\frac{1}{3}$ D. $2\frac{1}{2}$
E. इनमें से कोई नहीं

उत्तरमाला

1	2	3	4	5	6	7	8	9	10
B	B	B	C	C	B	C	A	D	A
11	**12**	**13**	**14**	**15**	**16**	**17**	**18**	**19**	**20**
A	B	A	D	D	C	B	D	A	C
21	**22**	**23**	**24**	**25**	**26**	**27**	**28**	**29**	**30**
C	A	A	B	B	A	B	D	A	A
31	**32**	**33**	**34**	**35**					
A	D	A	B	A					

व्याख्यात्मक उत्तर

1. दर $= \frac{\text{ब्याज} \times 100}{\text{मूलधन} \times \text{समय}} = \frac{180 \times 100}{1500 \times 3} = 4\%.$

3. समय $= \frac{(n_2 - 1)}{\text{दर}} \times 100$

Trick: $= \frac{(3-1)}{8} \times 100 = \frac{2}{8} \times 100 = 25$ वर्ष

4. समय $= \frac{n-1}{R} \times 100$

अभीष्ट समय $= \frac{(2-1) \times 100}{6.25} = 16$ वर्ष

5. 10 वर्ष – 2 गुनी n_1

? = 3 गुनी n_2

समय $= \frac{n_2 - 1}{n_1 - 1} \times t \Rightarrow \frac{3-1}{2-1} \times 10 = 20$ वर्ष

7. दर % व समय के संख्यात्मक मान बराबर हों, तो दर निकालने के लिए–

दर $= \sqrt{\text{ब्याज} \times 100} = \sqrt{100 \times \frac{25}{16}} = 12\frac{1}{2}\%.$

8. मूलधन $= \frac{\text{ब्याज का अन्तर} \times 100}{\text{दर का अन्तर} \times \text{समय}}$

हम इसको इस प्रकार भी समझ सकते हैं कि जितना समय या दर बढ़ेगी/घटेगी। उतना ही ब्याज बढ़ेगा/घटेगा।

$= \frac{360 \times 100}{2 \times 3} = ₹\ 6000$

9. एक वर्ष का ब्याज = 920 – 880 = ₹ 40

∴ दो वर्ष का ब्याज = ₹ 80

$= x = ₹\ (880 - 80) = ₹\ 800.$

11. कुल राशि = ₹ 25000

पूरी राशि पर 2 वर्ष में कुल ब्याज = ₹ 3000

दर $= \frac{\text{ब्याज} \times 100}{\text{मूलधन} \times \text{समय}} = \frac{3000 \times 100}{25000 \times 2} = 6\%$

पहला दूसरा
4% 9%
6%
3 : 2

अनुपातों का योग = 3 + 2 = 5

4% की दर पर उधार राशि $= \frac{3}{5} \times 25000 = ₹\ 15000.$

12. $\text{दर} = \frac{2560}{60000} \times 100 = \frac{64}{15}\%$

5%　　4%

$\frac{64}{15}\%$

$\frac{4}{15}\%$　　$\frac{11}{15}\%$

या　4 : 11

4% की दर पर उधार राशि $= \frac{11}{15} \times 60000 =$ ₹ 44000.

13. दो किश्तों की राशि

$100 + 12.5 \times 1 =$ ₹ 112.5

$100 + 12.5 \times 0 =$ ₹ 100 = ₹ 212.5

$212.5 =$ ₹ 6800

तो　$100 = \frac{6800}{212.5} \times 100 =$ ₹ 3200.

16. $\frac{800 \times 12 \times x}{100} + 800 = \frac{910 \times 10 \times x}{100} + 910$

$96x + 800 = 91x + 910$

$5x = 110$

$x = 22.$

17. $\frac{500 \times 12 \times 1}{100} + \frac{x \times 10 \times 1}{100} =$ ₹ 480

$60 + \frac{x}{10} =$ ₹ 480

$x =$ ₹ 4200.

19. $\frac{1600 \times 15 \times 7}{100 \times 2 \times 3} \left\{2.\frac{4}{12} = 2\frac{1}{3} \text{ या } \frac{7}{3}\right\} =$ ₹ 280.

20. 2 वर्ष　　1062

$3\frac{1}{2}$ वर्ष　　1183.50

(3717)　　(2367)

$\text{दर} = \frac{\text{मिश्रधनों का अन्तर}}{\text{वज्रगुणन का अन्तर}} \times 100 = \frac{121.5}{1350} \times 100 = 9\%.$

21. $\text{मिश्रधन} = \text{मूलधन} \times \left(1 + \frac{\text{दर}}{100}\right)^{\text{समय}}$

$= 12000 \times \frac{110}{100} \times \frac{110}{100} \times \frac{110}{100}$

= ₹ 15972.

22. $6250 \times \frac{106}{100} \times \frac{106}{100} =$ ₹ 7022.50

ब्याज = ₹ 772.50.

24. 4 वर्ष में 3 गुनी $= 3^1$

? = 9 गुनी 3^2

$\text{समय} = \frac{\text{बाद वाली घात}}{\text{पहली घात}} \times t = \frac{2}{1} \times 4 = 8$ वर्ष

26. यहाँ समय 2 वर्ष देकर चक्रवृद्धि ब्याज व सरल ब्याज का अन्तर है, तो–

$\text{अन्तर} = \text{मूलधन} \times \left(\frac{\text{दर}}{100}\right)^2$

$540 = x\left(\frac{15}{100}\right)^2$

$540 = x \times \frac{9}{400}$

$x =$ ₹ 24000.

28. 2 वर्ष का मिश्रधन = ₹ 1460

3 वर्ष का मिश्रधन = ₹ 1606

$\text{दर} = \left(\frac{A_2}{A_1} - 1\right) \times 100 = \left(\frac{1606}{1460} - 1\right) \times 100$

$= \frac{146}{1460} \times 100 = 10\%.$

30. $\frac{200 + R}{200} = \frac{\text{चक्रवृद्धि ब्याज}}{\text{सरल ब्याज}}$

$\frac{200 + R}{200} = \frac{x}{600}$

$\frac{210}{200} = \frac{x}{600}$

$x =$ ₹ 630.

32. $\frac{\text{चक्रवृद्धि ब्याज}}{\text{सरल ब्याज}} = \frac{200 + R}{200}$

$\frac{x}{80} = \frac{204}{200}$

$x =$ ₹ 81.60.

35. $\because$　$926.10 = 800\left(1 + \frac{5}{100}\right)^n$

$\Rightarrow \frac{926.1}{800} = \left(\frac{21}{20}\right)^n$

$\Rightarrow \left(\frac{21}{20}\right)^3 = \left(\frac{21}{20}\right)^n$

$\therefore$　$n = 3$ छमाही $= \frac{3}{2}$ वर्ष $= 1\frac{1}{2}$ वर्ष

○○○

13 समय, कार्य एवं मजदूरी (Time, Work and Wages)

समय, कार्य और मजदूरी से संबंधित समस्याओं को हल करने के लिए निम्नलिखित बातों का ध्यान रखना आवश्यक होता है–

(i) यदि कोई आदमी किसी कार्य को n दिनों में पूरा करता है तो वह एक दिन में उस कार्य का $\frac{1}{n}$ भाग ही पूरा करता है।

(ii) यदि कोई आदमी एक दिन में $\frac{1}{n}$ काम करता हो तो उसे पूरा काम समाप्त करने में n दिन लगेंगे।

(iii) यदि किसी व्यक्ति A की अन्य व्यक्ति B से कार्य करने की क्षमता दोगुनी हो तो किसी कार्य को समाप्त करने में A, B से आधा समय लेगा।

(iv) किसी कार्य को करते समय आदमियों की संख्या जिस अनुपात में बढ़ाई या घटाई जाती है, कार्य को समाप्त करने में लगा समय उसी अनुपात में घट या बढ़ जाता है।

(v) मजदूरी से संबंधित समस्याओं को हल करते समय यह ध्यान रखना जरूरी है कि उनकी मजदूरी का बँटवारा उनके द्वारा किए गए कार्य के अनुपात में ही हो।

साधित उदाहरण

1. राम किसी कार्य को 12 दिन में तथा श्याम उसे 15 दिन में पूरा कर सकता है, तो बताओ वे दोनों मिलकर उसे कितने दिनों में पूरा कर लेंगे?

हल : राम करता है = 12 दिन में

तो 1 दिन में करेगा = $\frac{1}{12}$ भाग

श्याम करता है = 15 दिन में

तो 1 दिन में करेगा = $\frac{1}{15}$ भाग

दोनों मिलकर 1 दिन में करेंगे

$$= \frac{1}{12} + \frac{1}{15} = \frac{3}{20} \text{ भाग}$$

अर्थात् पूरा कार्य करेंगे = $\frac{20}{3} = 6\frac{2}{3}$ दिन में

2. रमेश व नरेश किसी कार्य को 6 दिन में पूरा कर सकते हैं। यदि अकेला रमेश उसे 10 दिन में पूरा कर सकता है, तो बताओ अकेला नरेश उसे कितने दिनों में पूरा करेगा?

हल : अकेला नरेश पूरा करेगा

$= \frac{1}{6} - \frac{1}{10} = \frac{1}{15}$ भाग या 15 दिन

3. A और B किसी कार्य को 4 दिन में, B तथा C उसे 6 दिन में तथा A और C उसे 8 दिन में पूरा कर सकते हैं, तो बताओ A, B व C उसे कितने दिनों में पूरा कर सकते हैं?

हल :

$$A + B = \frac{1}{4} \text{ भाग}$$

$$B + C = \frac{1}{6} \text{ भाग}$$

$$A + C = \frac{1}{8} \text{ भाग}$$

$$2(A + B + C) = \frac{1}{4} + \frac{1}{6} + \frac{1}{8} = \frac{13}{24} \text{ भाग}$$

$$A + B + C = \frac{13}{24} \times \frac{1}{2} = \frac{13}{48} \text{ भाग}$$

अर्थात् $3\frac{9}{13}$ दिन में

4. राम किसी कार्य के $\frac{1}{3}$ भाग को 5 दिन में व हरि उस कार्य के $\frac{1}{4}$ भाग को 4 दिन में पूरा कर सकता है तो बताओ दोनों मिलकर उसे कितने दिन में पूरा कर सकते हैं?

हल : राम $\frac{1}{3}$ भाग करता है 5 दिन में

1 दिन में करेगा = $\frac{1}{3} \times \frac{1}{5} = \frac{1}{15}$ भाग

हरि $\frac{1}{4}$ भाग करता है 4 दिन में

1 दिन में करेगा = $\frac{1}{4} \times \frac{1}{4} = \frac{1}{16}$ भाग

दोनों मिलकर 1 दिन में करेंगे = $\frac{1}{15} + \frac{1}{16} = \frac{31}{240}$ भाग

दोनों मिलकर पूरा काम = $7\frac{23}{31}$ दिन में करेंगे।

वस्तुनिष्ठ प्रश्न

1. 24 आदमी एक मशीन को 12 दिन में तैयार करते हैं तो 36 आदमी ऐसी ही मशीन को कितने दिन में तैयार करेंगे?

A. 10 दिन B. 4 दिन
C. 12 दिन D. 8 दिन
E. 15 दिन

2. A, B और C मिलकर कोई काम करके ₹ 380 कमाते हैं। यदि उनके कामों में 4 : 7 : 8 अनुपात हो, तो वे अपनी मजदूरी को क्रमशः बाँटेंगे:

A. ₹ 80, 140, 160 B. ₹ 100, 120, 160
C. ₹ 80, 160, 140 D. ₹ 140, 80, 160
E. ₹ 60, 140, 120

3. A, B और C किसी काम को क्रमशः 4, 6 तथा 8 दिन में पूरा कर सकते हैं। यदि उस काम की मजदूरी ₹ 390 हो, तो B की मजदूरी में हिस्सा ज्ञात कीजिए?

A. ₹ 110 B. ₹ 130
C. ₹ 120 D. ₹ 125
E. ₹ 140

4. A एक काम को 6 दिन में तथा B उसी काम को 10 दिन में पूरा करता है। A और B दोनों मिलकर उस काम को कितने दिनों में पूरा कर सकते हैं?

A. $2\frac{3}{4}$ दिन B. $3\frac{3}{4}$ दिन
C. $3\frac{1}{4}$ दिन D. $2\frac{1}{4}$ दिन
E. इनमें से कोई नहीं

5. एक काम को 6 आदमी और 5 औरतें मिलकर 6 दिन में तथा उसी काम को 3 आदमी और 4 औरतें मिलकर 10 दिन में पूरा करते हैं। 9 आदमी और 15 औरतें मिलकर उस काम को कितने दिनों में पूरा करेंगे?

A. 4 दिन B. 3 दिन
C. 2 दिन D. 7 दिन
E. 5 दिन

6. एक हौज को एक नल 4 घंटे में तथा दूसरा नल उसी हौज को 5 घंटे में भरता है। यदि दोनों नल एक साथ खोल दिये जाएं, तो हौज कितने घंटे में भर जाएगा?

A. $3\frac{2}{9}$ घंटे B. $2\frac{2}{9}$ घंटे
C. $2\frac{1}{9}$ घंटे D. $3\frac{5}{9}$ घंटे
E. इनमें से कोई नहीं

7. A, B तथा C मिलकर ₹ 480 कमाते हैं। यदि उनके कामों का अनुपात 2 : 3 : 5 हो, तो बताइये B को अपने हिस्से का कितना धन प्राप्त होगा?

A. ₹ 145 B. ₹ 144
C. ₹ 160 D. ₹ 170
E. ₹ 180

8. एक काम को 2 आदमी और 3 बच्चे मिलकर 6 दिन में कर सकते हैं। उसी काम को 4 आदमी और 3 बच्चे मिलकर 4 दिन में कर सकते हैं। बताइये 8 आदमी और 3 बच्चे मिलकर उस काम को कितने दिनों में पूरा कर सकते हैं?

A. $2\frac{2}{5}$ दिन B. $1\frac{1}{5}$ दिन
C. $3\frac{1}{5}$ दिन D. $3\frac{2}{5}$ दिन
E. इनमें से कोई नहीं

9. जिस काम को 12 आदमी 80 दिनों में कर सकते हों, तो उसी काम को 16 आदमी कितने दिनों में करेंगे?

A. 30 B. 60
C. 45 D. 15
E. 50

10. 12 आदमी एक काम को 8 दिन में कर सकते हैं। काम शुरू करने के 3 दिन बाद 3 आदमी और काम में सम्मिलित हो गये। शेष काम को पूरा होने में कितने दिन लगेंगे?

A. 2 B. 5
C. 3 D. 4
E. 6

11. 6 व्यक्ति 168 खिलौने 7 दिन में बनाते हैं। 8 व्यक्ति 5 दिन में कितने खिलौने बनायेंगे?

A. 180 B. 154
C. 168 D. 160
E. 165

12. 40 मजदूर किसी दीवार को 28 दिन में बना सकते हैं। यदि दीवार को 35 दिन में बनाना हो, तो कितने मजदूरों की आवश्यकता होगी?

A. 36 B. 32
C. 64 D. 18
E. 54

13. एक नल एक टंकी को 15 मिनट में भरता है जबकि दूसरा नल उसे 10 मिनट में भरता है। यदि दोनों नल एक साथ खोल दिये जाएं, तो टंकी कितने मिनट में भरेगी?

A. 4 B. 6
C. 8 D. 5
E. 7

14. 12 औरतें या 18 लड़के एक काम को 7 दिनों में कर सकते हैं। यदि 4 औरतें तथा 8 लड़कों को काम पर लगा दिया जाए, तो काम कितने दिनों में समाप्त होगा?

A. 9 दिन B. 8 दिन
C. 6 दिन D. 5 दिन
E. 4 दिन

15. A किसी काम को अकेला 16 दिनों में तथा B उसी काम को अकेला 12 दिनों में पूरा कर सकता है। दोनों बारी-बारी से एकांतर दिवस पर काम करते हैं। काम A ने शुरू किया, कितने दिनों में काम पूरा हो जाएगा?

A. 12 दिन B. 13 दिन
C. $13\frac{5}{7}$ दिन D. $13\frac{3}{4}$ दिन
E. 15 दिन

16. A तथा B किसी काम को 15 दिनों में पूरा कर सकते हैं जबकि B तथा C उसी काम को 20 दिनों में पूरा कर सकते हैं तथा C और A उसे 30 दिनों में पूरा कर सकते हैं। A अकेला उस काम को कितने दिनों में पूरा करेगा?

A. 20 दिन B. 28 दिन
C. 52 दिन D. 40 दिन
E. 25 दिन

17. प्रशान्त किसी काम को 20 दिनों में समाप्त करता है। वह 8 दिनों तक काम करता है तथा शेष काम को प्रदीप अकेला 15 दिनों में पूरा करता है। प्रदीप पूरे काम को कितने दिनों में कर सकता है?

A. 18 दिन B. 25 दिन
C. 24 दिन D. 28 दिन
E. 42 दिन

18. सुरेश किसी काम को 15 दिनों में तथा महेश उसी काम को 18 दिनों में पूरा करता है। महेश अकेला 6 दिनों तक काम करता है। शेष काम को सुरेश अकेला कितने दिनों में पूरा करेगा?

A. 10 दिन B. 12 दिन
C. 15 दिन D. 16 दिन
E. 25 दिन

19. A किसी काम को 15 दिन में तथा B उसी काम को 21 दिन में पूरा कर सकता है। दोनों ने एक साथ काम करना शुरू किया किन्तु काम समाप्ति के 3 दिन पूर्व A ने काम करना छोड़ दिया। अब काम को पूरा होने में कुल कितने दिन लगेंगे?

A. $10\frac{1}{5}$ दिन B. $6\frac{2}{5}$ दिन
C. $8\frac{2}{5}$ दिन D. $13\frac{1}{5}$ दिन
E. 10 दिन

20. A, B से तिगुना काम करता है। यदि दोनों मिलकर किसी काम को 15 दिनों में करते हैं, तो A अकेला उस काम को कितने दिनों में पूरा करेगा?

A. 15 दिन B. 20 दिन
C. 18 दिन D. 21 दिन
E. 25 दिन

21. राजू किसी काम को 6 दिन में कर सकता है। जबकि मोहन उसी काम को 8 दिन में कर सकता है। दोनों मिलकर उसी काम को कितने दिन में कर लेंगे?

A. $4\frac{3}{7}$ दिन B. $3\frac{3}{7}$ दिन
C. $2\frac{3}{7}$ दिन D. $2\frac{1}{7}$ दिन
E. 4 दिन

22. A किसी काम को 10 दिन में, B 15 दिन में तथा C 18 दिन में कर सकता है। तीनों मिलकर उसी काम को कितने दिन में पूरा कर लेंगे?

A. $4\frac{1}{2}$ दिन B. 5 दिन
C. $5\frac{1}{2}$ दिन D. $7\frac{1}{2}$ दिन
E. 6 दिन

23. 8 आदमी किसी काम को 10 दिन में कर सकते हैं। काम शुरू होने के तीन दिन बाद 4 आदमी काम छोड़कर चले जाते हैं। तो शेष बचे आदमी उस काम को कितने दिन में पूरा कर लेंगे?

A. 12 दिन B. 14 दिन
C. $15\frac{1}{2}$ दिन D. 17 दिन
E. 6 दिन

24. A और B मिलकर किसी काम को 15 दिन में कर सकते हैं। A अकेले उस काम को 24 दिन में कर सकता है। तो बताइये अकेले B उस काम को कितने दिन में पूरा कर लेगा?

A. 42 दिन B. 40 दिन
C. 38 दिन D. 22 दिन
E. 36 दिन

25. प्रमोद किसी काम को 12 दिन में कर सकता है। उसने 2 दिन तक अकेले काम किया, फिर शेष बचे काम को दीपक के साथ मिलकर 4 दिन में पूरा कर लिया। तो बताइये दीपक उस काम को कितने दिन में पूरा कर सकता है?

A. 5 दिन B. 10 दिन
C. 7 दिन D. 8 दिन
E. 9 दिन

उत्तरमाला

1	2	3	4	5	6	7	8	9	10
D	A	C	B	B	B	B	A	B	D
11	**12**	**13**	**14**	**15**	**16**	**17**	**18**	**19**	**20**
D	B	B	A	D	D	B	A	A	B
21	**22**	**23**	**24**	**25**					
B	A	B	B	D					

व्याख्यात्मक उत्तर

1. $\because$ 24 आदमी किसी मशीन को 12 दिन में तैयार करते हैं

$\therefore$ 1 आदमी उस मशीन को 24 × 12 दिनों में तैयार करेगा

$\therefore$ 36 आदमी उस मशीन को $\frac{24\times12}{36}=8$ दिनों में तैयार करेंगे।

2. कुल मजदूरी = ₹ 380

A : B : C = 4 : 7 : 8

A का हिस्सा = $\frac{4}{19}\times380$ = ₹ 4 × 20 = ₹ 80

B का हिस्सा = $\frac{7}{19}\times380$ = ₹ 7 × 20 = ₹ 140

C का हिस्सा = $\frac{8}{19}\times380$ = ₹ 8 × 20 = ₹ 160

3. $\because$ A का 1 दिन का काम = $\frac{1}{4}$

B का 1 दिन का काम = $\frac{1}{6}$

C का 1 दिन का काम = $\frac{1}{8}$

$\therefore$ A, B तथा C के कामों का अनुपात

$=\frac{1}{4}:\frac{1}{6}:\frac{1}{8}=6:4:3$

अनुपाती संख्याओं का योग = 6 + 4 + 3 = 13

B का हिस्सा = $\frac{4}{13}\times$ ₹ 390 = ₹ 4 × 30 = ₹ 120

4. A का 1 दिन का काम = $\frac{1}{6}$

B का 1 दिन का काम = $\frac{1}{10}$

(A + B) का 1 दिन का काम = $\frac{1}{6}+\frac{1}{10}=\frac{5+3}{30}=\frac{8}{30}=\frac{4}{15}$

अतः दोनों मिलकर $\frac{15}{4}$ दिन = $3\frac{3}{4}$ दिनों में करेंगे।

5. $\because$ (6 आदमी + 5 औरतें) का 1 दिन का काम = $\frac{1}{6}$ ...(*i*)

तथा (3 आदमी + 4 औरतें) का 1 दिन का काम = $\frac{1}{10}$

$\therefore$ (6 आदमी + 8 औरतें) का 1 दिन का काम

$=\frac{1}{10}\times2=\frac{1}{5}$ ...(*ii*)

समीकरण (*i*) तथा (*ii*) से,

3 औरतों का 1 दिन का काम = $\frac{1}{5}-\frac{1}{6}=\frac{6-5}{30}=\frac{1}{30}$

$\therefore$ 15 औरतों का 1 दिन का काम = $\frac{1}{30}\times\frac{15}{3}=\frac{1}{6}$

4 औरतों का 1 दिन का काम = $\frac{1}{30}\times\frac{4}{3}=\frac{2}{45}$

3 आदमियों का 1 दिन का काम

$=\frac{1}{10}-\frac{2}{45}=\frac{9-4}{90}=\frac{5}{90}=\frac{1}{18}$

9 आदमियों का 1 दिन का काम = $\frac{1}{18}\times\frac{9}{3}=\frac{1}{6}$

$\therefore$ (9 आदमी + 15 औरतें) का 1 दिन का काम

$=\frac{1}{6}+\frac{1}{6}=\frac{2}{6}=\frac{1}{3}$

अतः (9 आदमी + 15 औरतें) मिलकर उस काम को 3 दिनों में पूरा कर लेंगी।

6. पहले नल द्वारा 1 घंटे में हौज का भरा भाग = $\frac{1}{4}$

तथा दूसरे नल द्वारा 1 घंटे में हौज का भरा भाग = $\frac{1}{5}$

दोनों नल द्वारा 1 घंटे में हौज का भरा भाग

$=\frac{1}{4}+\frac{1}{5}=\frac{5+4}{20}=\frac{9}{20}$

अतः दोनों नल $\frac{20}{9}$ घंटे = $2\frac{2}{9}$ घंटे में हौज को पूरा भर देंगे।

7. A, B, C की कुल मजदूरी = ₹ 480

कामों का अनुपात = 2 : 3 : 5

अतः B का हिस्सा = $\frac{3}{10}\times$ ₹ 480 = ₹ 144

8. $\because$ (2 आदमी + 3 बच्चे) का 1 दिन का काम = $\frac{1}{6}$

तथा (4 आदमी + 3 बच्चे) का 1 दिन का काम = $\frac{1}{4}$

2 आदमी का 1 दिन का काम = $\frac{1}{4}-\frac{1}{6}=\frac{3-2}{12}=\frac{1}{12}$

8 आदमी का 1 दिन का काम = $\frac{1}{12}\times\frac{8}{2}=\frac{1}{3}$

3 बच्चे का 1 दिन का काम = $\frac{1}{6}-\frac{1}{12}=\frac{2-1}{12}=\frac{1}{12}$

(8 आदमी + 3 बच्चे) का 1 दिन का काम

$=\frac{1}{3}+\frac{1}{12}=\frac{4+1}{12}=\frac{5}{12}$

अतः 8 आदमी तथा 3 बच्चे मिलकर उस काम को $\frac{12}{5}=2\frac{2}{5}$ दिनों में पूरा करेंगे।

9. ∵ 12 आदमी किसी काम को 80 दिनों में पूरा करते हैं
∴ 1 आदमी उसी काम को 12 × 80 दिनों में पूरा करेगा

∴ 16 आदमी उसी काम को $\frac{12\times80}{16}$ = 60 दिनों में पूरा करेंगे।

10. चूँकि 3 दिन काम होने के बाद 3 आदमी बढ़ गये।
8 दिन – 3 दिन = 5 दिन
आदमियों की संख्या = 12 + 3 = 15 आदमी
∵ 12 आदमी शेष काम को 5 दिनों में पूरा कर सकते हैं
∴ 1 आदमी उस काम को 12 × 5 दिनों में पूरा करेगा

∴ 15 आदमी उस काम को $\frac{12\times5}{15}$ = 4 दिनों में पूरा करेंगे।

11. ∵ 6 आदमी 7 दिन काम करके 168 खिलौने बनाते हैं

∴ 1 आदमी 1 दिन काम करके $\frac{168}{6\times7}$ खिलौने बनायेंगे

∴ 8 आदमी 5 दिन काम करके $\frac{168\times8\times5}{6\times7}$ खिलौने
= 4 × 8 × 5 = 160 खिलौने बनायेंगे

12. ∵ किसी दीवार को 28 दिन में बनाने के लिए 40 मजदूरों की आवश्यकता होती है
∴ उस दीवार को 1 दिन में बनाने के लिए 40 × 28 मजदूरों की आवश्यकता पड़ेगी

∴ उस दीवार को 35 दिन में बनाने के लिए $\frac{40\times28}{35}$ = 32 मजदूरों की आवश्यकता होगी।

13. पहले नल द्वारा 1 मिनट में टंकी का भरा भाग = $\frac{1}{15}$

दूसरे नल द्वारा 1 मिनट में टंकी का भरा भाग = $\frac{1}{10}$

दोनों नल द्वारा 1 मिनट में टंकी का भरा भाग

$$= \frac{1}{15}+\frac{1}{10} = \frac{2+3}{30}=\frac{5}{30}=\frac{1}{6}$$

अतः दोनों नल 6 मिनट में पूरी टंकी को भर देंगे।

14. ∵ 12 औरतें = 18 लड़के

1 औरत = $\frac{18}{12}$ लड़के = $\frac{3}{2}$ लड़के

4 औरतें + 8 लड़के = $\left(4\times\frac{3}{2}+8\right)$लड़के

= (6 + 8) लड़के = 14 लड़के
∵ 18 लड़के किसी काम को 7 दिनों में पूरा करते हैं
∴ 1 लड़का उस काम को 18 × 7 दिनों में पूरा करेगा

∴ 14 लड़के उसी काम को $\frac{18\times7}{14}$ = 9 दिनों में पूरा करेंगे।

15. $\left(\frac{1}{16}+\frac{1}{12}\right)$ भाग = 2 दिन

$\Rightarrow \left(\frac{3+4}{48}\right)$ भाग = 2 दिन

$\Rightarrow \frac{7}{48}$ भाग = 2 दिन

$\Rightarrow \left(\frac{7}{48}\times6\right)$ भाग = 2 × 6 दिन

$\Rightarrow \frac{42}{48}$ भाग = 12 दिन

शेष काम = 1 – $\frac{42}{48}$ भाग = $\frac{6}{48}$ भाग = $\frac{1}{8}$ भाग

13वें दिन A कोकाम करने के बाद शेष काम = $\frac{1}{8}-\frac{1}{16}=\frac{1}{16}$

$\frac{1}{16}$ काम को B को करने में लगा समय = $\frac{1}{16}\times12=\frac{3}{4}$ दिन

∴ कुल समय = $13\frac{3}{4}$ दिन

16. (A + B) का 1 दिन का काम = $\frac{1}{15}$ ...(*i*

(B + C) का 1 दिन का काम = $\frac{1}{20}$ ...(*ii*

समीकरण (*i*) और (*ii*) से,
(A – C) का 1 दिन का काम

$= \frac{1}{15}-\frac{1}{20}=\frac{4-3}{60}=\frac{1}{60}$ ...(*iii*

(A + C) का 1 दिन का काम = $\frac{1}{30}$ ...(*iv*

समीकरण (*iii*) और (*iv*) से,

2A का 1 दिन का काम = $\frac{1}{30}+\frac{1}{60}=\frac{2+1}{60}=\frac{3}{60}=\frac{1}{20}$

A का 1 दिन का काम = $\frac{1}{20\times2}=\frac{1}{40}$

अतः A अकेले उस काम को 40 दिनों में पूरा करेगा।

17. प्रशांत का 1 दिन का काम = $\frac{1}{20}$

प्रशांत का 8 दिन का काम = $\frac{1}{20}\times8 = \frac{2}{5}$

शेष काम = 1 – $\frac{2}{5}=\frac{3}{5}$

शेष काम प्रदीप 15 दिनों में करता है।

प्रदीप काम का $\frac{3}{5}$ भाग 15 दिनों में करता है

प्रदीप पूरा काम $15\times\frac{5}{3}$ दिनों में करेगा

अतः प्रदीप अकेले पूरा काम = 25 दिनों में पूरा करेगा।

18. सुरेश का 1 दिन का काम = $\frac{1}{15}$ भाग

महेश का 1 दिन का काम = $\frac{1}{18}$ भाग

महेश का 6 दिन का काम = $\frac{1}{18}\times6 = \frac{1}{3}$ भाग

शेष काम $= 1 - \frac{1}{3} = \frac{2}{3}$ भाग

सुरेश $\frac{1}{15}$ भाग 1 दिन में करता है

सुरेश $\frac{2}{3}$ भाग $\frac{1}{\frac{1}{15}} \times \frac{2}{3}$ दिन में करेगा

$= 15 \times \frac{2}{3} = 10$ दिन में करेगा

अतः सुरेश अकेले शेष काम को 10 दिनों में पूरा करेगा।

19. काम समाप्त होने में लगा कुल समय

$= \frac{(14+3)\times 21}{14+21} = \frac{17\times 21}{35} = \frac{51}{5} = 10\frac{1}{5}$ दिन

20. A द्वारा पूरे काम को समाप्त करने में लगा समय

$= \frac{(3+1)\times 15}{3} = \frac{4\times 15}{3} = 20$ दिन

21. राजू के द्वारा 1 दिन में किया गया काम $= \frac{1}{6}$

तथा मोहन के द्वारा 1 दिन में किया गया काम $= \frac{1}{8}$

$\therefore$ (राजू + मोहन) के द्वारा 1 दिन में किया गया काम

$= \frac{1}{6} + \frac{1}{8} = \frac{7}{24}$

$\because \frac{7}{24}$ काम (राजू + मोहन) करते हैं = 1 दिन में

$\therefore$ 1 काम (राजू + मोहन) करेंगे $= \frac{24}{7} = 3\frac{3}{7}$ दिन में

22. A के द्वारा 1 दिन में किया गया काम $= \frac{1}{10}$

B के द्वारा 1 दिन में किया गया काम $= \frac{1}{15}$

तथा C के द्वारा 1 दिन में किया गया काम $= \frac{1}{18}$

$\therefore$ (A + B + C) के द्वारा 1 दिन में किया गया काम

$= \frac{1}{10} + \frac{1}{15} + \frac{1}{18} = \frac{2}{9}$

$\because \frac{2}{9}$ काम (A + B + C) करते हैं = 1 दिन में

$\therefore$ 1 काम (A + B + C) करेंगे $= \frac{9}{2} = 4\frac{1}{2}$ दिन में।

23. 8 आदमियों के द्वारा 1 दिन में किया गया काम $= \frac{1}{10}$

$\therefore$ 8 आदमियों के द्वारा 3 दिन में किया गया काम

$= \frac{1}{10} \times 3 = \frac{3}{10}$

$\therefore$ शेष बचा काम $= 1 - \frac{3}{10} = \frac{7}{10}$

$\therefore$ 4 आदमी काम छोड़कर चले जाते हैं

$\therefore$ शेष बचे आदमी $= 8 - 4 = 4$

8 आदमी $\frac{1}{10}$ काम पूरा करते हैं = 1 दिन में

$\therefore$ 1 आदमी 1 काम पूरा करेगा $= 8 \times 10 = 80$ दिन में

$\therefore$ 4 आदमी $\frac{7}{10}$ काम पूरा करेंगे $= \frac{80}{4} \times \frac{7}{10} = 14$ दिन में।

24. (A + B) के द्वारा 1 दिन में किया गया काम $= \frac{1}{15}$

तथा A के द्वारा 1 दिन में किया गया काम $= \frac{1}{24}$

$\therefore$ B के द्वारा 1 दिन में किया गया काम

$= \frac{1}{15} - \frac{1}{24} = \frac{3}{120} = \frac{1}{40}$

$\therefore \frac{1}{40}$ काम B करता है = 1 दिन में

$\therefore$ 1 काम B करेगा = 40 दिन में।

25. प्रमोद के द्वारा 1 दिन में किया गया काम $= \frac{1}{12}$

$\therefore$ प्रमोद के द्वारा 2 दिन में किया गया काम $= \frac{1}{12} \times 2 = \frac{1}{6}$

$\therefore$ शेष बचा काम $= 1 - \frac{1}{6} = \frac{5}{6}$

$\because$ (प्रमोद + दीपक) के द्वारा 4 दिन में किया गया काम $= \frac{5}{6}$

$\therefore$ (प्रमोद + दीपक) के द्वारा 1 दिन में किया गया काम =

$\frac{5}{6} \times \frac{1}{4} = \frac{5}{24}$

$\therefore$ दीपक के द्वारा 1 दिन में किया गया काम $= \frac{5}{24} - \frac{1}{12} = \frac{1}{8}$

$\because \frac{1}{8}$ काम दीपक करता है = 1 दिन में

$\therefore$ 1 काम दीपक करेगा = 8 दिन में।

OOO

14 चाल, समय एवं दूरी (Speed, Time and Distance)

आवश्यक नियम

- जब समान दूरी को x, y तथा z चालों से तय किया गया हो तो।
- जब दो चाल हों तो औसत चाल $= \dfrac{2xy}{x+y}$
- जब तीन चाल हों तो औसत चाल $= \dfrac{3xyz}{xy+yz+xz}$
- विपरीत दिशा में जाने पर सापेक्ष चाल के लिए चालों का योग करते हैं।
- एक ही दिशा में जाने पर सापेक्ष चाल के लिए चालों का अन्तर करते हैं।

रेल सम्बन्धी

1. जब कोई ट्रेन पटरी के पास खड़े किसी व्यक्ति या खम्भे को पार करती है, तो दूरी के लिए ट्रेन की लम्बाई को लेते हैं।
2. जब कोई ट्रेन किसी प्लेटफॉर्म, पुल, सुरंग या किसी दूसरी ट्रेन को पार करती है, तो कुल दूरी के लिए इस ट्रेन की लम्बाई में उन लम्बाइयों को जोड़ देते हैं।
3. जब कोई दो ट्रेन एक ही दिशा में जा रही है, तो सापेक्ष चाल निकालने के लिए उनकी चालों का अन्तर करते हैं।
4. जब कोई दो ट्रेन विपरीत दिशा में जा रही हैं, तो सापेक्ष चाल निकालने के लिए उनकी चालों का योग करते हैं।
5. जब कोई ट्रेन किसी दूसरी ट्रेन में बैठे व्यक्ति या ड्राइवर को पार करती है, तो दूरी के लिए पार करने वाली ट्रेन की लम्बाई को लेते हैं। जबकि जिस ट्रेन में व्यक्ति बैठा हुआ है उसे स्थिर मानते हैं।
6. जब किमी. प्रति घंटा की चाल को मीटर/सेकेण्ड में बदलते हैं, तो $\dfrac{5}{18}$ से गुणा करते हैं।
7. जब मीटर/सेकेण्ड की चाल को किमी./घंटा में बदलते हैं, तो $\dfrac{18}{5}$ से गुणा करते हैं।
   - जब km/h को अर्थात् बड़ी इकाई को छोटी इकाई (m/sec.) में बदलें, तो छोटी संख्या $\left(\dfrac{5}{18}\right)$ से गुणा करेंगे।
   - जब m/sec. को अर्थात् छोटी इकाई को बड़ी इकाई (km/h) में बदलें, तो बड़ी संख्या $\left(\dfrac{18}{5}\right)$ से गुणा करेंगे।

नाव-धारा सम्बन्धी

- धारा की दिशा में चाल : जब नाव, नाविक (तैराक) नदी या धारा की दिशा में जा रहे हों, तो वह दिशा, धारा की दिशा या अनुप्रवाह कहलाता है।
- जब नाव, नाविक (तैराक) नदी, धारा की दिशा में जा रहे हैं, तो उसके वेग में वृद्धि होगी।
- अतः धारा की दिशा में चाल (x) = नाव + धारा
- धारा की विपरीत दिशा में चाल : जब कोई नाव, नाविक (तैराक) धारा के विपरीत दिशा में जा रहा है, तो उसे धारा की विपरीत दिशा में चाल या ऊर्ध्वप्रवाह कहते हैं।
- जब कोई नाव, नाविक (तैराक) नदी/धारा की विपरीत दिशा में जा रहे हैं, तो उसके वेग में कमी होगी।
- अतः धारा की विपरीत दिशा में चाल (y) = नाव – धारा
- यदि धारा की दिशा में चाल x km/h तथा धारा की विपरीत दिशा में चाल y km/h हो, तो—

  नाव, नाविक (तैराक) या शान्त जल में चाल $= \dfrac{x+y}{2}$

  नदी/धारा की चाल $= \dfrac{x-y}{2}$
- जब हम नाव/धारा संबंधी प्रश्नों को हल करते हैं, तो सबसे पहले हमारा ध्यान—धारा की दिशा में चाल, धारा की विपरीत दिशा में चाल पर ही मुख्यतः केन्द्रित होना चाहिए।

साधित उदाहरण

1. एक व्यक्ति 1 घंटे में 36 किमी. जाता है, तो बताओ वह 1 सेकेण्ड में कितने मीटर जाएगा?

हल : 1 घंटे में 36 किमी. का अर्थ है = 36 किमी./घंटा

$$= 36 \times \frac{5}{18} = 10 \text{ मी./से.}$$

अर्थात् 1 सेकेण्ड में 10 मीटर जाएगा।

2. एक कार 4 घंटे में 144 किमी. जाती है, तो बताओ वह 9 घंटे में कितनी दूरी तय करेगी?

हल : 4 घंटे में जाती है = 144 कि.मी.

1 घंटे में जाएगी $= \dfrac{144}{4} = 36$ कि.मी.

9 घंटे में जाएगी = 36 × 9 = 324 कि.मी.

3. मोहन जब 4 किमी./घंटा की चाल से विद्यालय जाता है, तो 6 मिनट देरी से पहुँचता है। जब 5 किमी./घंटा की चाल से विद्यालय जाता है, तो 9 मिनट पहले पहुँच जाता है, तो घर से विद्यालय की दूरी क्या है?

हल : माना घर से विद्यालय की दूरी = x किमी.

पहली शर्त से पहुँचने में लगा वास्तविक समय = $\left(\frac{x}{4}-\frac{6}{60}\right)$ घंटा

दूसरी शर्त से पहुँचने में लगा वास्तविक समय = $\left(\frac{x}{5}+\frac{9}{60}\right)$ घंटा

$$\frac{x}{4}-\frac{6}{60} = \frac{x}{5}+\frac{9}{60}$$

$$3x = 15$$

$$x = 5 \text{ किमी.}$$

4. एक बस 900 किमी. की दूरी को समान चाल से तय करती है। यदि बस चालक बस की चाल को 15 किमी./घंटा बढ़ा दे, तो उसे दूसरी को तय करने में 3 घंटे कम लगते हैं। तो बताओ बस की प्रारम्भिक चाल क्या है?

हल : माना बस की प्रारम्भिक चाल = x किमी./घंटा

पहले यात्रा में लगा समय = $\frac{900}{x}$ घंटा

चाल बढ़ाने के बाद यात्रा में लगा समय = $\left(\frac{900}{x+15}\right)$ घंटा

प्रश्नानुसार $\frac{900}{x}-\left(\frac{900}{x+15}\right) = 3$

$$900\left(\frac{1}{x}-\frac{1}{x+15}\right) = 3$$

$$\left(\frac{x+15-x}{x^2+15x}\right) = \frac{3}{900}$$

$$3x^2 + 45x = 13500$$

$$x^2 + 15x - 4500 = 0$$

$$x(x + 75) - 60\ (x + 75) = 0$$

$$x = -75 \text{ किमी./घंटा}$$

$$x = 60 \text{ किमी./घंटा}$$

5. दो बन्दूकें एक ही स्थान से 12 मिनट के अन्तराल पर छोड़ी गईं। लेकिन उसी स्थान की ओर आती हुई एक ट्रेन, जिसकी चाल 54 किमी./घंटा है, में बैठे हुए व्यक्ति को 20 मिनट के अन्तराल पर सुनाई पड़ती है। तो ध्वनि की चाल क्या है?

हल : ध्वनि 1 मिनट में जितनी दूरी तय करती है उतनी ही दूरी ट्रेन 20 मिनट में तय करती है

तो ट्रेन की चाल = 54 किमी./घंटा

या $54\times\frac{5}{18} = 15$ मी./से.

समय = 20 मिनट या 20 × 60 = 1200 से.

तो ट्रेन ने 20 मिनट में दूरी तय की = चाल × समय

= 15 × 1200 = 18000 मीटर

∵ ध्वनि की 1 मीटर की दूरी = ट्रेन की 20 मिनट की दूरी

तो ध्वनि 1 मिनट में दूरी तय करेगी = 18000 मी.

तो ध्वनि की चाल = $\frac{18000}{60}$ = 300 मी./से.

6. एक रेलगाड़ी की चाल 72 किमी./घंटा है, तोइसकी चाल मी.से. में बताओ।

हल : $\frac{72\times1000}{3600} = 20$ मी./से. या $72\times\frac{5}{18} = 20$ मी./से.

7. एक 300 मीटर लम्बी रेलगाड़ी 72 किमी./घंटा की चाल से जा रही है, तो बताओ वह 200 मीटर लम्बे प्लेटफॉर्म को कितने समय में पार कर जाएगी?

हल : रेलगाड़ी की लम्बाई = 300 मीटर

प्लेटफॉर्म की लम्बाई = 200 मीटर

कुल दूरी = 300 + 200 = 500 मीटर

रेलगाड़ी की चाल = 72 किमी./घंटा

$= 72\times\frac{5}{18} = 20$ मी./से.

समय = $\frac{\text{दूरी}}{\text{चाल}}$

$= \frac{500}{20} = 25$ सेकेण्ड

8. 150 मीटर लम्बी रेलगाड़ी 54 किमी./घंटा की चाल से जा रही है उसके सामने से 100 मीटर लम्बी रेलगाड़ी 36 किमी./घंटा की चाल से आ रही है, तो बताओ वे दोनों एक-दूसरे को कितने समय में पार जाएंगी?

हल : कुल दूरी = पहली ट्रेन + दूसरी ट्रेन

= 150 + 100 = 250 मी.

सापेक्ष चाल = 54 + 36 = 90 किमी./घंटा

[क्योंकि विपरीत दिशा में जा रही है]

$= 90\times\frac{5}{18} = 25$ मी./सेकेण्ड

समय = $\frac{\text{दूरी}}{\text{चाल}} = \frac{250}{25} = 10$ सेकेण्ड

9. किसी व्यक्ति की धारा की दिशा में चाल 10 किमी./घंटा है तथा धारा की विपरीत दिशा में चाल 6 किमी./घंटा है, तो शान्त जल में व्यक्ति की चाल क्या है?

हल : माना व्यक्ति की शान्त जल में चाल = x किमी./घंटा

धारा की चाल = y किमी./घंटा

दिशा में चाल $x + y = 10$ ...(*i*)

विपरीत दिशा में चाल $x - y = 6$ ...(*ii*)

समीकरण (*i*) व (*ii*) को जोड़ने पर

$$2x = 16$$

$$x = 8 \text{ किमी./घंटा}$$

10. एक नाविक धारा की दिशा में 32 किमी. जाने में 4 घंटे लेता है। परन्तु धारा के विपरीत 30 किमी. जाने में 1 घंटा अतिरिक्त लेता है, तो बताओ शान्त जल में नाविक की चाल क्या है?

हल : नाविक की धारा की दिशा में चाल

$$x = \frac{32}{4} = 8 \text{ किमी./घंटा}$$

नाविक की धारा की विपरीत दिशा में चाल

$$y = \frac{30}{5} = 6 \text{ किमी./घंटा}$$

11. एक नाव की शान्त जल में चाल 6 किमी./घंटा है तथा धारा की चाल 4 किमी./घंटा है। नाव किसी स्थान A से B तक जानेव आने में 7 घंटे 12 मिनट लेती है, तो बताओ उन स्थानों (A व B) के बीच की दूरी क्या है?

हल : माना उन दोनों स्थानों के बीच की दूरी = x किमी.

धारा की दिशा में चाल = 6 + 4 = 10 किमी./घंटा

धारा की विपरीत दिशा में चाल = 6 – 4 = 2 किमी./घंटा

समय = 7 घंटे 12 मिनट या $7 \times \frac{12}{60} = 7\frac{1}{5} = \frac{36}{5}$ घंटे

जाने व आने में लगा कुल समय

$$\frac{x}{10} + \frac{x}{2} = \frac{36}{5} \quad \Rightarrow \frac{x + 5x}{10} = \frac{36}{5}$$

$$6x = 72 \quad \Rightarrow x = 12 \text{ किमी.}$$

वस्तुनिष्ठ प्रश्न

1. मोहन 1 घंटे में 108 किमी. की दूरी तय करता है, तो बताओ वह 1 सेकण्ड में कितनी दूरी तय करेगा?

A. 6 मीटर B. 8 मीटर
C. 30 मीटर D. 12 मीटर
E. 40 मीटर

2. एक हवाई जहाज किसी दूरी को 40 मिनट में तय करता है। उसकी औसत चाल 240 किमी./घंटा है। यदि उस दूरी को 30 मिनट में तय करना हो, तो हवाई जहाज की चाल क्या होगी?

A. 260 किमी./घंटा B. 320 किमी./घंटा
C. 380 किमी./घंटा D. 330 किमी./घंटा
E. इनमें से कोई नहीं

3. हरि अपनी यात्रा की 60 किमी. की दूरी 30 किमी. प्रति घंटा की चाल से और 40 किमी. की दूरी 20 किमी. प्रति घंटा की चाल से तय करता है, तो पूरी यात्रा में उसकी औसत चाल क्या है?

A. 20 किमी./घंटा B. 25 किमी./घंटा
C. 30 किमी./घंटा D. 35 किमी./घंटा
E. 40 किमी./घंटा

4. A 3 किमी./घंटा की चाल से चलने पर अपने घर से अपने स्कूल 5 मिनट की देरी से पहुँचता है। यदि वह 4 किमी./घंटा की चाल से चले, तो स्कूल समय से 5 मिनट पहले पहुँच जाता है। उसके घर से उसके स्कूल की दूरी है :

A. 1 किमी. B. 2 किमी.
C. 3 किमी. D. 4 किमी.
E. 5 किमी.

5. अरुण जब 4 किमी. प्रति घंटा की चाल से विद्यालय जाता है, तो 12 मिनट देरी से पहुँचता है। जब वह 5 किमी. प्रति घंटा की चाल से जाता है, तो 6 मिनट देरी से पहुँचता है, तो बताओ उसके घर से विद्यालय की दूरी क्या है?

A. 8 किमी. B. 5 किमी.
C. 4 किमी. D. 2 किमी.
E. 3 किमी.

6. दो रेलगाड़ियों की चाल 6 : 7 के अनुपात में हैं। यदि दूसरी रेलगाड़ी 4 घंटे में 364 किमी. चले, तो पहली रेलगाड़ी की चाल है :

A. 60 किमी./घंटा B. 72 किमी./घंटा
C. 78 किमी./घंटा D. 84 किमी./घंटा
E. 75 किमी./घंटा

7. मैं एक नियत दूरी तक पैदल चलता हूँ। लेकिन वापसी में वाहन से यात्रा करता हूँ। इस प्रकार कुल 37 मिनट लगते हैं। यदि मैं दोनों ओर से पैदल ही जाता हूँ, तो मुझे 55 मिनट लगते हैं। तदनुसार दोनों ओर से वाहन से यात्रा करने में मुझे कितना समय लगेगा?

A. 9.5 मिनट B. 19 मिनट
C. 18 मिनट D. 20 मिनट
E. 25 मिनट

8. एक चोर ने रात्रि 9.00 बजे चोरी की और वह 8 किमी. प्रति घंटा की चाल से भागा। उसके 2 घंटे बाद सिपाही ने 10 किमी. प्रति घंटा की चाल से उसका पीछा किया, तो बताओ वह सिपाही उस चोर को कितनी दूरी पर पकड़ लेगा?

A. 40 किमी. B. 50 किमी.
C. 80 किमी. D. 70 किमी.
E. इनमें से कोई नहीं

9. एक कार को 40 मीटर की दूरी तय करने में जितना समय लगता है उतना ही समय मिलिन्द को 15 मीटर दौड़ने में लगता है। जितने समय में कार 2 किमी. की दूरी तय करेगी। उतने ही समय में मिलिन्द कितनी दूरी तय करेगा?

A. 100 मी. B. 600 मी.
C. 650 मी. D. 750 मी.
E. 250 मी.

10. A, B तथा C एक ही स्थान से 12 क़िमी. लम्बाई वाले एक वृत्ताकार पथ पर एक साथ रवाना होते हैं। A, 4 किमी./घंटा, B, 3 किमी./घंटा तथा C, $\frac{3}{2}$ किमी./घंटा की चाल से चलता है। वे प्रस्थान बिन्दु पर एक साथ कितने समय बाद मिलेंगे?
A. 10 घंटे B. 12 घंटे
C. 15 घंटे D. 24 घंटे
E. 25 घंटे

11. रामू, श्यामू को 30 मीटर या 10 सेकण्ड से हराता है, तो रामू द्वारा 1200 मीटर की दूरी की दौड़ को पूरा करने में कितना समय लगेगा?
A. 6 मिनट 30 सेकेण्ड B. 6 मिनट 40 सेकेण्ड
C. 5 मिनट 10 सेकेण्ड D. 2 मिनट 20 सेकेण्ड
E. इनमें से कोई नहीं

12. एक नाव की चाल 4 किमी./घंटा है तथा नदी की चाल 2 किमी./घंटा है। नाव किसी स्थान A से स्थान B तक जाने व आने में कुल कितना समय लेगी, यदि दोनों स्थानों के बीच की दूरी 8 किमी. हो?
A. 4 घंटे 10 मिनट B. 6 घंटे 15 मिनट
C. 6 घंटे 10 मिनट D. 5 घंटे 20 मिनट
E. इनमें से कोई नहीं

13. एक नाव 8 घंटे में धारा की विपरीत दिशा में 40 किमी. चलती है तथा 6 घंटे में धारा के अनुकूल 36 किमी. चलती है। तो शान्त जल में नाव की चाल क्या है?
A. 6.5 किमी./घंटा B. 5.5 किमी./घंटा
C. 6 किमी./घंटा D. 2.5 किमी./घंटा
E. इनमें से कोई नहीं

14. शांत जल में एक नाव की चाल 10 किमी./घंटा है। यह धारा के प्रतिकूल 6 घंटे में 45 किमी. की दूरी तय करती है। धारा की चाल (किमी./घंटा में) है :
A. 2.5 B. 3
C. 3.5 D. 4
E. 5

15. एक नाविक धारा प्रवाह की दिशा में 18 किमी. जाने तथा धारा प्रवाह के विरुद्ध 12 किमी. जाने में समान समय लेता है। यदि धारा की चाल 3 किमी./घंटा हो तो बताओ नाविक की चाल क्या है?
A. 10 किमी./घंटा B. 15 किमी./घंटा
C. 20 किमी./घंटा D. 25 किमी./घंटा
E. इनमें से कोई नहीं

16. एक आदमी धारा के विपरीत 15 मिनट में तीन-चौथाई किलोमीटर नाव खे सकता है, तथा उसी दूरी को वापस तय करने में उसे 10 मिनट लगते हैं। उसकी चाल का धारा की चाल से अनुपात है :
A. 3 : 5 B. 5 : 3
C. 1 : 5 D. 5 : 1
E. 2 : 5

17. किसी व्यक्ति को नाव द्वारा किसी गन्तव्य पर धारा के अनुकूल जाने तथा धारा के प्रतिकूल प्रस्थान बिन्दु पर लौटने में 5 घंटे लगते हैं। यदि शान्त जल में नाव की चाल तथा धारा की चाल क्रमशः 10 किमी./घंटा तथा 4 किमी./घंटा हो, तो प्रस्थान बिन्दु से गन्तव्य की दूरी होगी :
A. 16 किमी. B. 18 किमी.
C. 21 किमी. D. 25 किमी.
E. 30 किमी.

18. एक नौका B से A तक ऊर्ध्वप्रवाह और A से B तक अनुप्रवाह 3 घंटे में चलती है। यदि स्थिर पानी में नौका की चाल 9 किमी./घंटा है और धारा की चाल 3 किमी./घंटा है, तो A और B के बीच दूरी है :
A. 12 किमी. B. 8 किमी.
C. 6 किमी. D. 4 किमी.
E. 10 किमी.

19. एक नाव धारा के प्रतिकूल 24 किलोमीटर तथा धारा के अनुदिश 36 किलोमीटर 6 घंटे में जाती है। यही नाव 36 किमी. धारा के प्रतिकूल तथा धारा के अनुदिश 24 किलोमीटर की दूरी तय करने में 6½ घंटे लेती है। धारा की चाल है :
A. 1 किमी./घंटा B. 2 किमी./घंटा
C. 1.5 किमी./घंटा D. 2.5 किमी./घंटा
E. इनमें से कोई नहीं

20. 300 मीटर लम्बी रेलगाड़ी 50 किमी./घंटा की चाल से जा रही है। उसके सामने से दूसरी ट्रेन 40 किमी./घंटे की चाल से आ रही है। दोनों ट्रेनें एक-दूसरे को 20 सेकेण्ड में पार कर जाती हैं, तो दूसरी ट्रेन की लम्बाई क्या है?
A. 200 मीटर B. 300 मीटर
C. 400 मीटर D. 500 मीटर
E. इनमें से कोई नहीं

21. 100 मीटर लम्बी रेलगाड़ी 40 किमी./घंटा की चाल से जा रही है। उसके सामने से 180 मीटर लम्बी रेलगाड़ी 32 किमी./घंटा की चाल से आ रही है, तो बताओ पहली ट्रेन के ड्राइवर को दूसरी ट्रेन कितने समय में पार कर जाएगी?
A. 8 सेकेण्ड B. 9 सेकेण्ड
C. 12 सेकेण्ड D. 14 सेकेण्ड
E. इनमें से कोई नहीं

22. 80 मीटर तथा 120 मीटर लम्बी दो रेलगाड़ियाँ समान्तर रेल पटरियों पर एक ही दिशा में क्रमशः 25 किमी./घंटा तथा 35 किमी./घंटा की चाल से चल रही हैं। वे एक-दूसरे को पार करने में कितने सेकेण्ड लेंगी?
A. 48 B. 64
C. 70 D. 72
E. 75

23. दो रेलगाड़ी क्रमशः 70 किमी./घंटा तथा 52 किमी./घंटा की चाल से एक ही दिशा में जा रही हैं तो धीमी गति वाली ट्रेन में बैठा एक व्यक्ति अनुभव करता है कि तेज गति वाली ट्रेन उसे 22 सेकेण्ड में पार कर जाती है, तो बताओ तेज गति वाली रेलगाड़ी की लम्बाई क्या है?

A. 100 मीटर B. 110 मीटर

C. 150 मीटर D. 200 मीटर

E. इनमें से कोई नहीं

24. दो रेलगाड़ी क्रमशः 90 किमी./घंटा तथा 54 किमी./घंटा की चाल से जा रही हैं, तो तेज गति से चलने वाली ट्रेन कम गति से चलने वाली ट्रेन में बैठे एक व्यक्ति को 9 सेकेण्ड में पार कर जाती है, तो तेज गति से चलने वाली रेलगाड़ी की लम्बाई क्या है?

A. 80 मीटर B. 90 मीटर

C. 150 मीटर D. 200 मीटर

E. इनमें से कोई नहीं

25. दो स्टेशनों P व Q के बीच की दूरी 497 किमी. है। एक ट्रेन स्टेशन P से प्रातः 9.00 बजे 65 किमी./घंटा की चाल से रवाना होती है। दूसरी ट्रेन स्टेशन Q से 10.00 बजे 43 किमी. प्रति घंटा की चाल से रवाना होती है, तो बताओ दोनों ट्रेनें एक-दूसरे से कितने बजे मिलेंगी?

A. 1.00 बजे B. 12.00 बजे

C. 2.00 बजे D. 3.00 बजे

E. इनमें से कोई नहीं

उत्तरमाला

1	2	3	4	5	6	7	8	9	10
C	B	B	B	D	C	B	C	D	D
11	**12**	**13**	**14**	**15**	**16**	**17**	**18**	**19**	**20**
B	D	B	A	B	D	C	A	B	A
21	**22**	**23**	**24**	**25**					
B	D	B	B	C					

व्याख्यात्मक उत्तर

2. $\text{दूरी} = \text{चाल} \times \text{समय} = \frac{240}{60} \times 40 = 160$ किमी.

$\text{अभीष्ट चाल} = \frac{160 \times 60}{30}$

$= 320$ किमी./घंटा

3. 60 किमी. की दूरी को तय करने में लगा समय

$= \frac{60}{30} = 2$ घंटे

40 किमी. की दूरी को तय करने में लगा समय

$\frac{40}{20} = 2$ घंटे

कुल समय = 2 + 2 = 4 घंटे

कुल दूरी = 60 + 40 = 100 किमी.

$\text{चाल} = \frac{\text{दूरी}}{\text{समय}} = \frac{100}{4} = 25$ किमी./घंटा

4. $\text{दूरी} = \frac{\text{चालों का गुणन}}{\text{चालों का अन्तर}} \times \text{समय का अन्तर}$

$= \frac{3 \times 4}{4-3} \times \frac{(5+5)}{60}$

$= \frac{12}{1} \times \frac{10}{60} = 2$ किमी.

5. $\text{दूरी} = \frac{\text{चालों का गुणन}}{\text{चालों का अन्तर}} \times \text{समय का अन्तर}$

$= \frac{4 \times 5}{(4-5)} \times \frac{(12-6)}{60}$

[यहाँ 12 मिनट देरी से व 6 मिनट देरी से है जबकि पिछले प्रश्न में देरी व पहले से था।]

$= \frac{20}{1} \times \frac{6}{60} = 2$ किमी.

6. दूसरी रेलगाड़ी की चाल $= \frac{364}{4} = 91$ किमी./घंटा

$\therefore \quad 7x = 91$

$\Rightarrow \quad x = 13$

$\therefore \quad 6x = 6 \times 13$

$= 78$ किमी./घंटा

8. चोर ने 2 घंटे में दूरी तय की = 8 × 2 = 16 किमी.

दोनों की सापेक्ष चाल = 10 − 8 = 2 किमी./घंटा

$\text{समय} = \frac{16}{2} = 8$ घंटे

सिपाही चोर को पकड़ेगा = 11.00 + 8.00

= 19.00 बजे या 7.00 बजे

दूरी = 10 × 8 = 80 किमी.

10. समय = $\frac{12}{4}$ = 3 घंटे,

$\frac{12}{3}$ = 4 घंटे,

$\frac{12}{3}\times 2$ = 8 घंटे

3, 4 व 8 की ल.स. = 24 घंटे

11. रामू 30 मीटर दूरी तय करता है = 10 सेकेण्ड में तो 1200 मीटर की दूरी तय करेगा

= $\frac{10}{30}\times 1200$ = 400 सेकेण्ड

या 6 मिनट 40 सेकेण्ड।

12. धारा की दिशा में चाल = 4 + 2 = 6 किमी./घंटा

विपरीत दिशा में चाल = 4 – 2 = 2 किमी./घंटा

आने व जाने में कुल समय = $\frac{8}{6}+\frac{8}{2}=\frac{16}{3}$ घंटे

= $\frac{16}{3}$ या $5\frac{1}{3}$ घंटे या 5 घंटे 20 मिनट।

13. धारा के विपरीत दिशा में चाल = $\frac{40}{8}$

= 5 किमी./घंटा

धारा की दिशा में चाल = $\frac{36}{6}$ = 6 किमी./घंटा

14. शांत जल में नाव की चाल = 5.5 कि.मी./घंटा

धारा के प्रतिकूल नाव की चाल

= $\frac{\text{दूरी}}{\text{समय}}=\frac{45}{6}=\frac{15}{2}$ = 7.5 किमी./घंटा

∴ धारा की चाल = 10 – 7.5 = 2.5 किमी./घंटा

17. धारा की दिशा में चाल = 10 + 4 = 14 किमी./घंटा

धारा की विपरीत दिशा में चाल

= 10 – 4 = 6 किमी./घंटा

माना दूरी = x किमी.

$\frac{x}{14}+\frac{x}{6}=5$

x = 21 किमी.

18. नौका की दिशा में चाल = 9 + 3 = 12 किमी./घंटा

नौका की विपरीत दिशा में चाल = 9 – 3 = 6 किमी./घंटा

$\frac{x}{12}+\frac{x}{6}=3,$

x = 12 किमी.

21. दूरी = 180 मी.

चाल = 40 + 32 = 72 किमी./घंटा

या $72\times\frac{5}{18}$ = 20 मी./सेकेण्ड

समय = ?

समय = $\frac{180}{20}$ = 9 सेकेण्ड

नोट : इस प्रकार के प्रश्नों में दूरी के लिए हमेशा पार करने वाली ट्रेन की लम्बाई को लेते हैं।

23. दोनों की सापेक्ष = 70 – 52 = 18 किमी./घंटा

या $18\times\frac{5}{18}$ = 5 मी./सेकेण्ड

दूरी = 5 × 22 = 110 मीटर

24. सापेक्ष चाल = 90 – 54 = 36 किमी./घंटा

$36\times\frac{5}{18}$ = 10 मी./सेकेण्ड

समय = चाल × समय = 10 × 9 = 90 मीटर

25.

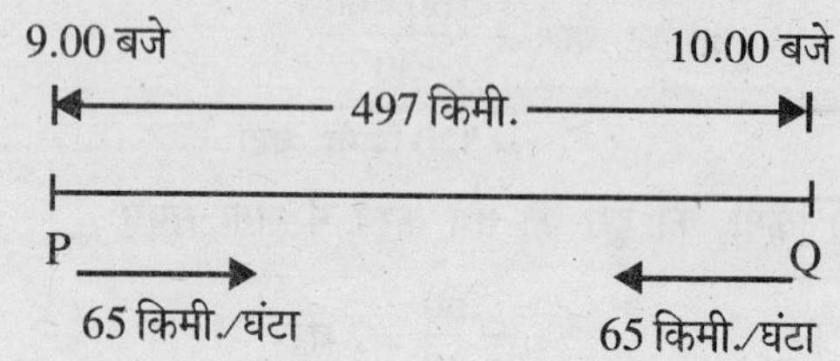

P की ओर से चलने वाली ट्रेन ने 1 घंटे में दूरी तय की

= 1 × 65 = 65 किमी.

शेष दूरी = 497 – 65 = 432 किमी.

दोनों की सापेक्ष चाल = 65 + 43

= 108 किमी./घंटा

समय = $\frac{432}{108}$ = 4 घंटे

दोनों ट्रेनें मिलेंगी = 10.00 + 4.00

= 14.00 बजे या 2.00 बजे

○○○

15 क्रमचय तथा संचय (Permutation and Combination)

xम गुणित संकेतन (Factorial Notation)

अंर्थात् $\lfloor n$ या $n!$ का अर्थः

आरोही या अवरोही क्रम (Ascending or Descending order) में 1 से लगातार n तक की प्राकृत संख्याओं के गुणन को $n!$ या $\lfloor n$ द्वारा दर्शाया जाता है।

अतः $\lfloor n = n(n-1)(n-2)$ .... $3\cdot2\cdot1$

या $1\cdot2\cdot3$ .... $(n-2)(n-1)(n)$

जैसेः $\lfloor 4 = 4\times3\times2\times1$ या $1\times2\times3\times4$

$\lfloor 8 = 8\times7\times6\times5\times4\times3\times2\times1$

या $1\times2\times3\times4\times5\times6\times7\times8$

$\lfloor 0 = 1$ होता है। $\lfloor 1 = 1$, $\lfloor 2 = 2\times1 = 2$ होता है।

xमचय (Permutation)

दी गई वस्तुओं के समुदाय में से क्रम को ध्यान में रखते हुए कुछ या सभी वस्तुओं को चुनना क्रमचय कहलाता है। इन्हें ^np_r से सूचित करते हैं।

$$^np_r = \frac{\lfloor n}{\lfloor n-r}$$

तीन राशियों a, b तथा c में से किन्हीं दो को लेकर बने क्रमचय ab, bc, ca, ba, cb, ac. इन क्रमचयों की संख्या 6 होगी।

संचय (Combination)

कुछ दी गई वस्तुओं में से कुछ को या सभी को लेकर बनाये गये ग्रुपों को संचय कहते हैं। इन्हें ^nC_r से सूचित करते हैं।

$$^nC_r = \frac{\lfloor n}{\lfloor n\lfloor n-r}$$

तीन राशियों A, B तथा C में से तीनों एक बार लेकर बनाने से केवल एक संचय ABC बनेगा।

यदि तीन राशियों a, b, c में से दो-दो राशियों को लेकर समूह बनाया जाए तथा सभी समूहों की संख्या ज्ञात की जाए तो ab, ba, bc, cb, ac तथा ca होंगी, परन्तु संचय में क्रम का कोई महत्व नहीं होता है। इसलिए संचयों की संख्या तीन होगी क्योंकि ab, bc तथा ca तीन समूह होंगे।

महत्वपूर्ण सूत्र (Important Formulae)

क्रमचय पर आधारित सूत्र :

1. $\lfloor 0 = 1$, $\lfloor 1 = 1$, $\lfloor 2 = 2\times1 = 2$
2. $^np_r = \frac{\lfloor n}{\lfloor n-r}$ या $\frac{n!}{(n-r)!}$
3. यदि n वस्तुओं में से p वस्तुएं एक प्रकार की, q वस्तुएं एक प्रकार की, r वस्तुएं एक प्रकार की और शेष वस्तुएं विभिन्न प्रकार की हों, तो क्रमचयों की संख्या $= \frac{\lfloor n}{\lfloor p\cdot\lfloor q\cdot\lfloor r}$
4. $^np_n = \lfloor n$

संचय पर आधारित सूत्र :

1. $^nC_r = \frac{\lfloor n}{\lfloor r\lfloor n-r} = \frac{^np_r}{\lfloor r}$
2. $^nC_0 = 1$
3. $^nC_n = 1$
4. $^nC_r = {}^nC_{n-r}$
5. $^nC_a = {}^nC_b \Rightarrow a = b \Rightarrow a+b = n$
6. $^nC_0 + {}^nC_1 + {}^nC_2 + {}^nC_3 + \ldots\ldots\ldots + {}^nC_n = 2^n$

साधित उदाहरण

उदाहरण 1. $\lfloor 7$, $\lfloor 11$ तथा $\lfloor 15$ का लघुत्तम समापवर्त्य (L.C.M.) ज्ञात कीजिए।

हलः $\because \lfloor 7 < \lfloor 11 < \lfloor 15$ अतः ल.स. $= \lfloor 15$

उदाहरण 2. $\lfloor 13$, $\lfloor 19$ तथा $\lfloor 21$ का महत्तम समापवर्तक (H.C.F.) ज्ञात कीजिए।

हलः $\because \lfloor 13 < \lfloor 19 < \lfloor 21$ अतः म.स. $= \lfloor 13$

उदाहरण 2. $\lfloor 1 + \lfloor 2 + \lfloor 3 + \ldots\ldots\ldots + \lfloor 40$ में 4 से भाग देने पर शेषफल क्या मिलेगा?

हलः $\lfloor 1 + \lfloor 2 + \lfloor 3 = 1+2+6 = 9$.

9 में 4 से भाग देने पर शेषफल = 1

अतः अभीष्ट शेषफल = 1

उदाहरण 3. यदि दिल्ली से मुम्बई तक जाने के लिए 3 विभिन्न रास्ते हैं और मुम्बई से चेन्नई तक जाने के लिए 4 विभिन्न रास्ते हैं तो दिल्ली से मुम्बई होते हुए चेन्नई तक जाने के लिए कुल कितने रास्ते होंगे?

हलः दिल्ली से मुम्बई तक जाने के लिए 3 विभिन्न रास्ते हैं और मुम्बई से चेन्नई तक जाने के लिए 4 विभिन्न रास्ते हैं।

अतः दिल्ली से चेन्नई तक जाने के लिए कुल रास्तों की संख्या $= 3 \times 4 = 12$

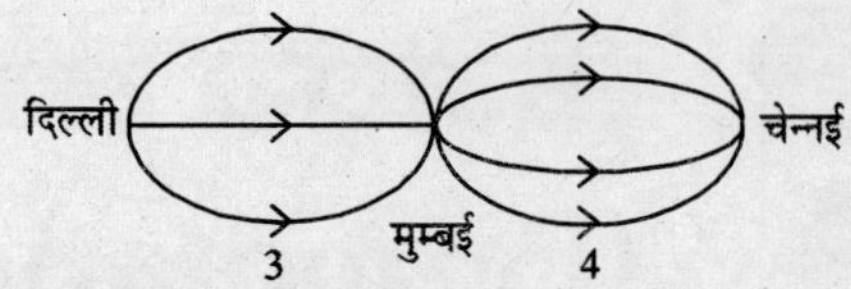

उदाहरण 4. किसी गाड़ी में खाली तीन स्थानों पर 5 व्यक्तियों को कितने तरीकों से बैठाया जा सकता है?

हलः कुल तरीकों की संख्या $= {}^5p_3 = \frac{\lfloor 5}{\lfloor 5-3} = \frac{5\times4\times3\times\lfloor 2}{\lfloor 2} = 60$

वस्तुनिष्ठ प्रश्न

1. चार अंकों की कितनी सम संख्याएँ अंक 1, 2, 3, 4, 5, 6 से बनाई जा सकती हैं। यदि अंकों की पुनरावृत्ति होती है।
A. 624 B. 648
C. 658 D. 638
E. इनमें से कोई नहीं

2. 6 भिन्न-भिन्न प्रकार के फूलों से एक हार कितनी प्रकार से बनाया जा सकता है?
A. 45 B. 55
C. 60 D. 70
E. इनमें से कोई नहीं

3. एक चेस बोर्ड पर 9 उर्ध्वाधर तथा 9 क्षैतिज लाइनें हैं तो इनसे कितने आयत बन सकते हैं?
A. 1296 B. 1024
C. 1600 D. 900
E. इनमें से कोई नहीं

4. ALLAHABAD शब्द के अक्षरों को कितने तरीकों से सजाकर शब्द बनाये जा सकते हैं जिसमें स्वर हमेशा सम स्थान पर रहे?
A. 360 B. 30
C. 180 D. 60
E. इनमें से कोई नहीं

5. DAUGHTER शब्द के अक्षरों से कुल कितने शब्द बनाये जा सकते हैं जबकि सारे स्वर एक साथ हों?
A. 120 B. 240
C. 720 D. 4320
E. इनमें से कोई नहीं

6. 8 पुरुषों तथा 10 औरतों में से 5 पुरुषों तथा 6 औरतों की कमेटी कितने तरीके से बनाई जा सकती है?
A. 266 B. 5040
C. 11760 D. 80400
E. इनमें से कोई नहीं

7. APPLE शब्द के अक्षरों से कितने क्रमचय बनेंगे?
A. 60 B. 45
C. 30 D. 24
E. इनमें से कोई नहीं

8. DETAIL शब्द के अक्षरों को कितने तरीकों से क्रमबद्ध किया जा सकता है जबकि स्वर केवल विषम स्थानों पर हों?
A. 24 B. 32
C. 60 D. 36
E. इनमें से कोई नहीं

9. 5 व्यक्ति 3 खाली सीटों पर कितने प्रकार से बैठ सकते हैं?
A. 6 B. 30
C. 15 D. 60
E. इनमें से कोई नहीं

10. SIGNATURE शब्द के अक्षरों से कितने शब्द बन सकते हैं जबकि प्रत्येक शब्द में सभी स्वर एक साथ हों?
A. 17280 B. 8400
C. 1440 D. 810
E. इनमें से कोई नहीं

11. CORPORATION शब्द के अक्षरों को कितने तरीके से क्रमबद्ध किया जा सकता है जबकि प्रत्येक शब्द में सभी स्वर एक साथ हों?
A. 50400 B. 8400
C. 120 D. 72600
E. इनमें से कोई नहीं

12. BOOKLET शब्द के अक्षरों को कितनेतरीके से क्रमबद्ध किया जा सकता है जबकि प्रत्येक शब्द में B और T एक साथ रहें?
A. 240 B. 360
C. 720 D. 5040
E. इनमें से कोई नहीं

13. DISTANCE शब्द के अक्षरों को कितने तरीकों से क्रमबद्ध किया जा सकता है जबकि सभी स्वर एक साथ हों?
A. 5040 B. 120
C. 4032 D. 4320
E. इनमें से कोई नहीं

14. CAPITAL शब्द के अक्षरों को कितने तरीके से क्रमबद्ध किया जा सकता है जबकि सभी स्तर एक साथ हों?
A. 360 B. 360
C. 720 D. 60
E. इनमें से कोई नहीं

15. RUMOUR शब्द के अक्षरों को कितने तरीकों से क्रमबद्ध किया जा सकता है?
A. 360 B. 30
C. 180 D. 60
E. इनमें से कोई नहीं

16. 7 पुरुषों तथा 8 औरतों में से 4 पुरुषों तथा 4 औरतों के ग्रुप कितने तरीके से बनाये जा सकते हैं?

A. 105 B. 1170
C. 2450 D. 2520
E. इनमें से कोई नहीं

17. n भुजाओं के बहुभुज में कितने विकर्ण होंगे?

A. $\frac{1}{2}n(n-1)$ B. $\frac{1}{2}n(n-2)$
C. $\frac{1}{2}n(n-3)$ D. $\frac{1}{2}n(n-4)$
E. इनमें से कोई नहीं

18. एक तल में 10 बिन्दु हैं। इनमें से चार बिन्दु एक रेखीय हैं। इन बिन्दुओं में से दो-दो को मिलाने पर कितनी सरल रेखाएँ बनेंगी?

A. 42 B. 40
C. 46 D. 44
E. इनमें से कोई नहीं

19. एक क्लब के 20 सदस्य हैं। ये अपना सभापति तथा उपसभापति कितने तरीके से चुन सकते हैं?

A. 180 B. 120
C. 360 D. 380
E. इनमें से कोई नहीं

20. एक पार्टी में 12 व्यक्ति थे। यदि इनमें से प्रत्येक जोड़ा एक-दूसरे से हाथ मिलाये तो पार्टी में कुल हाथ मिलाने की सम्भव क्रियायें कितनी हुईं?

A. 6 B. 24
C. 66 D. 88
E. इनमें से कोई नहीं

21. EQUATION शब्द के अक्षरों में E से प्रारम्भ होने वाले चार-चार अक्षरों के कुल कितने विभिन्न शब्द-युग्म बनाये जा सकते हैं?

A. 120 B. 210
C. 320 D. 220
E. इनमें से कोई नहीं

22. एक पंक्ति में 5 लड़कों तथा 2 लड़कियों को कुल कितने विभिन्न प्रकार से बैठाया जा सकता है ताकि दोनों लड़कियाँ हमेशा एक साथ रहें?

A. 1210 B. 1320
C. 1440 D. 1430
E. इनमें से कोई नहीं

23. RECOVER शब्द के अक्षरों से कितनी विभिन्न व्यवस्थाएँ बनायी जा सकती हैं?

A. 1296 B. 1260
C. 1210 D. 720
E. इनमें से कोई नहीं

24. 5 अंकों वाले टेलीफोन नम्बर की कितनी संख्याएँ बनाई जा सकती हैं जबकि कम-से-कम एक अंक का प्रयोग दुबारा किया गया हो?

A. 69770 B. 69750
C. 69760 D. 69769
E. इनमें से कोई नहीं

25. यदि ${}^nC_{12} = {}^nC_8$ हो, तो ${}^nC_{17}$ का मान ज्ञात कीजिए।

A. 1140 B. 1240
C. 1340 D. 1040
E. इनमें से कोई नहीं

26. यदि ${}^{18}C_r = {}^{18}C_{r+2}$ हो, तो r का मान क्या होगा?

A. 26 B. 8
C. 29 D. 22
E. इनमें से कोई नहीं

27. यदि ${}^np_r = 2520$ तथा ${}^nC_r = 21$ हो, तो $\underline{|r}$ का मान क्या होगा?

A. 130 B. 110
C. 140 D. 120
E. इनमें से कोई नहीं

28. एक डिब्बे में 2 सफेद, 3 काली तथा 4 लाल गेंदें हैं। कितने प्रकार से इस तरह के 3 गेंदें उस डिब्बे से निकाले जा सकते हैं जिससे कम से कम एक गेंद काली निकले?

A. 63 B. 62
C. 60 D. 64
E. इनमें से कोई नहीं

29. किसी प्रश्न-पत्र में दोवर्ग हैं। प्रत्येक वर्ग में 4 प्रश्न हैं। परीक्षार्थी को कुल 5 प्रश्न करने हैं, परन्तु किसी वर्ग में 3 से अधिक प्रश्न नहीं करने हैं। 5 प्रश्नोंके चुननेके कुल कितनेढंग हो सकते हैं?

A. 45 B. 52
C. 48 D. 44
E. इनमें से कोई नहीं

30. 3 गणित, 4 विज्ञान और 5 साहित्य की पुस्तकों में से ऐसे कितने विभिन्न संग्रह किये जा सकते हैं कि प्रत्येक संग्रह में प्रत्येक विषय की कम-से-कम एक पुस्तक अवश्य हो?

A. 3355 B. 3255
C. 3555 D. 3655
E. इनमें से कोई नहीं

उत्तरमाला

1	2	3	4	5	6	7	8	9	10
B	C	A	D	D	C	A	D	D	A
11	**12**	**13**	**14**	**15**	**16**	**17**	**18**	**19**	**20**
A	C	D	B	C	C	C	B	D	C
21	**22**	**23**	**24**	**25**	**26**	**27**	**28**	**29**	**30**
B	C	B	C	A	B	D	D	C	B

व्याख्यात्मक उत्तर

1. समसंख्याओं की संख्या $= 6 \times 6 \times 6 \times 3 = 648$

2. बनाये गये हारों की संख्या $= \frac{1}{2} \times \underline{|6-1}$

$= 5 \times 4 \times 3 = 60$

3. अभीष्ट आयतों की संख्या $= {}^9C_2 \times {}^9C_2$

$= 36 \times 36 = 1296$

4. ALLAHABAD इसमें कुल 9 अक्षर हैं जिनमें 4 स्वर हैं। 4 स्वरों को $\frac{\underline{|4}}{\underline{|4}}$ तरीके से तथा 5 व्यंजनों को $\frac{\underline{|5}}{\underline{|2}}$ तरीके से सजाया जा सकता है।

अतः $\frac{\underline{|5}}{\underline{|2}} \times \frac{\underline{|4}}{\underline{|4}} = \frac{5\times4\times3\times2}{2} \times 1 = 60$

5. तीनों स्वरों कोएक साथ लेकर एक अक्षर मानने पर अक्षर D, G, H, T, R, (A U E) होंगे, जिनकी संख्या 6 है।

इनको क्रमबद्ध करने के तरीके $= 6! = 6 \times 5 \times 4 \times 3 \times 2 \times 1$

$= 720$

तीन अक्षर A, U, E आपस में क्रमबद्ध करने के तरीके $= 3!$

$= 3 \times 2 = 6$

अतः कुल शब्दों की अभीष्ट संख्या $= 720 \times 6 = 4320$

6. अभीष्ट तरीके $= {}^8C_5 \times {}^{10}C_6$

$= \frac{8!}{5!(8-5)!} \times \frac{10!}{6!(10-6)!}$

$= \frac{8\times7\times6}{3\times2\times1} \times \frac{10\times9\times8\times7}{4\times3\times2\times1} = 11760$

7. दिये गये शब्द में 5 अक्षर हैं जिनमें से दो P हैं तथा शेष अक्षर अलग-अलग हैं।

$\therefore$ अभीष्ट क्रमचयों की संख्या $= \frac{5!}{2!} = \frac{5\times4\times3\times2}{2} = 60$

8. तीन स्वर E, A, I केवल पहले, तीसरे, पाँचवें स्थान पर हो सकते हैं।

अतः स्वरों को क्रमबद्ध करने के कुल तरीके $= {}^3p_3 = 3! = 6$

शेष 3 अक्षरों को ${}^3p_3 = 3! = 6$ तरीके से क्रमबद्ध किया जा सकता है।

अतः अभीष्ट तरीके $= 6 \times 6 = 36$

9. पहली सीट पर 5 में से किसी को बैठाया जा सकता है।

अतः इस सीट को भरने के 5 तरीके हैं।

दूसरी सीट पर शेष 4 में से किसी को बैठाया जा सकता है।

अतः इस सीट को भरने के 4 तरीके हैं।

तीसरी सीट पर शेष 3 में से किसी को बैठाया जा सकता है।

अतः इस सीट को भरने के 3 तरीके हैं।

$\therefore$ अभीष्ट तरीके $= 5 \times 4 \times 3 = 60$

10. इसमें कुल 9 अक्षर हैं जिसमें 5 व्यंजन तथा 4 स्वर हैं।

चारों स्वरों को एक अक्षर मानने पर कुल 6 बनते हैं।

अतः इन्हें $6! = 6 \times 5 \times 4 \times 3 \times 1 = 720$ तरीके से क्रमबद्ध किया जा सकता है।

चारों स्वरों को $4! = 4 \times 3 \times 2 \times 1 = 24$ तरीके सेक्रमबद्ध किया जा सकता है।

अतः शब्दों की अभीष्ट संख्या $= 720 \times 24 = 17280$

11. इसमें कुल 11 अक्षर हैं जिसमें 5 स्वर तथा 4 व्यंजन हैं।

पांचों स्वरों को एक अक्षर मानने पर कुल 7 अक्षर होते हैं।

जिनमें 'R' अक्षर दो बार आया है।

इनको क्रमबद्ध करने के तरीके $= \frac{7!}{2!} = \frac{7\times6\times5\times4\times3\times2}{2}$

$= 2520$

पांचों स्वरों में 'O' अक्षर 3 बार आया है।

इनको क्रमबद्ध करने के तरीके $= \frac{5!}{3!} = \frac{5\times4\times3!}{3!} = 20$

अतः अभीष्ट तरीके $= 2520 \times 20 = 50400$

12. B और T को एक साथ लेने पर (BT) OOKLE बनता है।

इनमें क्रमचयों की संख्या $= \frac{6!}{2!} = 6\times5\times4\times3 = 360$

BT को क्रमबद्ध करने के तरीके $= 2$

$\therefore$ अभीष्ट संख्या $= 360 \times 2 = 720$

13. इसमें कुल 8 अक्षर हैं जिसमें 3 स्वर तथा 5 व्यंजन हैं।

स्वरों को एक अक्षर मानने पर 6 अक्षर होते हैं।

इन्हें क्रमबद्ध करने के तरीके $= 6!$

$= 6 \times 5 \times 4 \times 3 \times 2 = 720$

स्वरों को क्रमबद्ध करने के तरीके

$= 3! = 3 \times 2 = 6$

$\therefore$ अभीष्ट तरीके $= 720 \times 6 = 4320$

14. इसमें कुल 7 अक्षर हैं जिसमें 3 स्वर तथा 4 व्यंजन हैं।

स्वरों को एक अक्षर मानने पर 5 अक्षर बनते हैं इन्हें क्रमबद्ध करने के तरीके $= 5! = 5 \times 4 \times 3 \times 2 = 120$

स्वरों को क्रमबद्ध करने के तरीके $= \frac{3!}{2!} = 3$

$\therefore$ अभीष्ट तरीके $= 120 \times 3 = 360$

15. RUMOUR में कुल 6 अक्षर हैं जिनमें R दो बार, U दो बार तथा शेष सभी एक-एक बार हैं।

$\therefore$ अभीष्ट तरीके $= \frac{6!}{(2!)(2!)} = \frac{6\times5\times4\times3\times2}{2\times2} = 180$

16. अभीष्ट तरीके $= {}^7C_4 \times {}^8C_4$

$= \dfrac{7\times6\times5}{3\times2\times1}\times\dfrac{8\times7\times6\times5}{4\times3\times2\times1} = 35 \times 70 = 2450$

17. n-भुजा वाले बहुभुज में विकर्णों की संख्या $= \dfrac{n(n-3)}{2}$ होती है।

18. दस बिन्दुओं में से दो-दो बिन्दु लेकर मिलाने से बनी सरल रेखाओं की संख्या $= {}^{10}C_2 = \dfrac{10\times9}{2} = 45$

चार बिन्दुओंमें सेदो-दो बिन्दु लेकर मिलानेसे बनी सरल रेखाओं की संख्या $= {}^4C_2 = \dfrac{4\times3}{2} = 6$

इन चारों बिन्दुओं को मिलाने से 1 रेखा बनती है।

$\therefore$ अभीष्ट सरल रेखाओं की संख्या $= 45 - 6 + 1 = 40$

19. सभापति चुनने के कुल तरीके $= {}^{20}C_1 = 20$

सभापति चुने जाने पर शेष व्यक्ति $= 19$

उपसभापति चुने जाने के कुल तरीके $= {}^{19}C_1 = 19$

$\therefore$ अभीष्ट तरीके $= 20 \times 19 = 380$

20. अभीष्ट तरीके $= {}^{12}C_2 = \dfrac{12\times11}{2} = 66$

21. E से शुरू होने वाले चार-चार अक्षरों केशब्द अर्थात् सभी शब्दों में प्रथम अक्षर E, Fixed है तथा उसके बाद शेष 7 अक्षरों में से तीन अक्षरों की शब्दों की संख्या $= {}^7P_3$

$= \dfrac{7!}{(7-3)!} = \dfrac{7!}{4!}$

$= \dfrac{7\times6\times5\times4\times3\times2\times1}{4\times3\times2\times1} = 210$

22. दोनों लड़कियाँ एक साथ रहेंगी। इसलिए इन्हें एक मान लेंगे।

दो लड़कियों को एक साथ बैठाने के तरीके $= {}^2P_2 = 2$

$\therefore$ कुल बैठाने के तरीके $= 6! \times 2!$

$= 6 \times 5 \times 4 \times 3 \times 2 \times 1 \times 2 \times 1$

$= 1440$

23. कुल अक्षरों की संख्या = 7, R = दो बार तथा E = दो बार

$\therefore$ कुल शब्दों की संख्या $= \dfrac{7!}{2!\times2!} = \dfrac{7\times6\times5\times4\times3\times2}{2\times2} = 1260$

24. पाँच अंकों वाले टेलीफोन नम्बरों की कुल संख्या

$= 10 \times 10 \times 10 \times 10 \times 10$

$= 100000$

जब किसी अंक का प्रयोग दुबारा नहीं किया जाए तो कुल संख्या

$= 10 \times 9 \times 8 \times 7 \times 6 = 30240$

$\therefore$ अभीष्ट संख्या $= 69760$

25. $\because {}^nC_{12} = {}^nC_8$

$\Rightarrow 12 + 8 = n \qquad \Rightarrow n = 20$

$\therefore \quad {}^nC_{17} = {}^{20}C_{17} = \dfrac{20!}{17!\times3!}$

$= \dfrac{20\times19\times18\times17!}{17!\times3\times2\times1} = 1140$

26. $\because {}^{18}C_r = {}^{18}C_{r+2}$

$\Rightarrow r + r + 2 = 18$

$\Rightarrow 2r = 16 \qquad \Rightarrow r = 8$

27. ${}^nP_r = 2520$ तथा ${}^nC_r = 21$

$\because \quad r! \times {}^nC_r = {}^nP_r$

$r! \times 21 = 2520$

$\Rightarrow \quad r! = \dfrac{2520}{21} = 120$

28. अभीष्ट संख्या $= {}^9C_3 - {}^6C_3$

$= \dfrac{9!}{3!\,6!} - \dfrac{6!}{3!\times3!}$

$= \dfrac{9\times8\times7}{3\times2} - \dfrac{6\times5\times4}{3\times2}$

$= 84 - 20 = 64$

29. कुल तरीकों की संख्या $= {}^4C_3 \times {}^4C_2 + {}^4C_2 \times {}^4C_3$

$= 4 \times 6 + 6 \times 4$

$= 24 + 24$

$= 48$

30. विभिन्न संग्रहों की संख्या $= (2^3 - 1)\,(2^4 - 1)\,(2^5 - 1)$

$= 7 \times 15 \times 31$

$= 3255$

○○○

16 क्षेत्रमिति (Mensuration)

आयत (Rectangle)

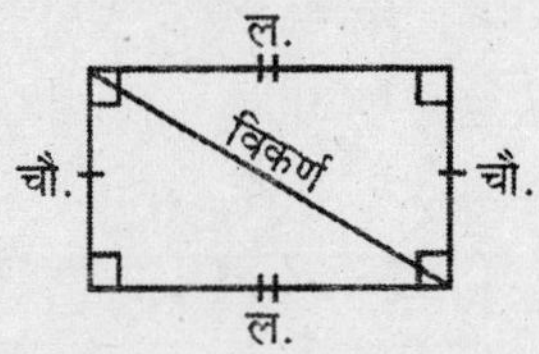

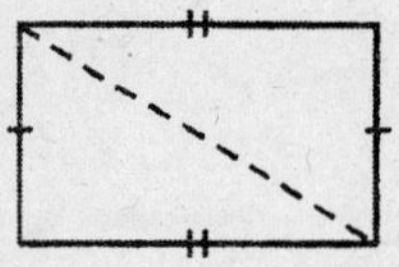

- आयत का क्षेत्रफल = लम्बाई × चौड़ाई
- आयत का परिमाप = 2(लम्बाई + चौड़ाई)
- आयत का विकर्ण = $\sqrt{(\text{लम्बाई})^2 + (\text{चौड़ाई})^2}$
- (आयत के विकर्ण बराबर होते हैं और एक-दूसरे को समद्विभाजित करते हैं।)

वर्ग (Square)

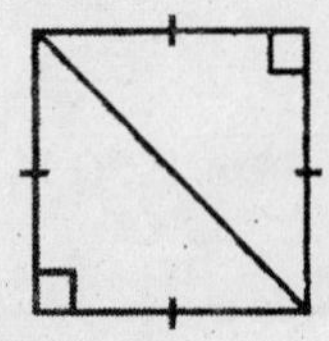

- वर्ग का क्षेत्रफल = $(\text{भुजा})^2$
- वर्ग का क्षेत्रफल = $\frac{(\text{विकर्ण})^2}{2}$

  (क्योंकि विकर्ण पर बने वर्ग का क्षेत्रफल मूल वर्ग के क्षेत्रफल का दुगुना होता है।)
- वर्ग का परिमाप = 4 × भुजा
- वर्ग का विकर्ण = $\sqrt{(\text{लम्बाई})^2 + (\text{चौड़ाई})^2}$

  $= \sqrt{(\text{भुजा})^2 + (\text{भुजा})^2} = \sqrt{2(\text{भुजा})^2}$
- (क्योंकि वर्ग की लम्बाई व चौड़ाई समान होती है।)

  अतः वर्ग का विकर्ण = $\sqrt{2} \times$ भुजा

  अर्थात् वर्ग का विकर्ण उसकी भुजा का $\sqrt{2}$ गुना होता है।

  नोटः वर्ग को आयत तो कह सकते हैं परन्तु आयत को वर्ग नहीं।
- आयताकार/वर्गाकार मैदान के बाहर या भीतर बने रास्ते का क्षेत्रफल $= 2x$ (लम्बाई + चौड़ाई $\pm 2x$) बाहर है तो (+) भीतर है तो (–)।

समकोण त्रिभुज (Right Angle Triangle)

- (इसमें एक कोण 90° का होता है।)

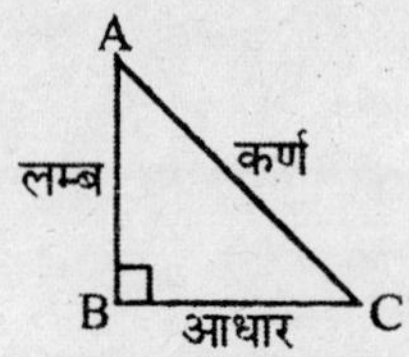

- समकोण त्रिभुज में सबसे बड़ी भुजा हमेशा कर्ण होती है।

  (अर्थात् त्रिभुज में जो कोण जितना बड़ा होता है उसके सामने वाली भुजा उतनी ही बड़ी होती है।)
- बौद्धायन सूत्र–

$$(\text{कर्ण})^2 = (\text{आधार})^2 + (\text{लम्ब})^2$$
$$(\text{आधार})^2 = (\text{कर्ण})^2 - (\text{लम्ब})^2$$
$$(\text{लम्ब})^2 = (\text{कर्ण})^2 - (\text{आधार})^2$$

- कई बार हम भूल जाते हैं कि इनके बीच (+) का चिह्न है या (–) का तो ध्यान रखें जब सबसे बड़ी भुजा (कर्ण) निकालें तभी (+) का चिह्न होगा अन्यथा (–) का चिह्न होगा।
- समकोण त्रिभुज का क्षेत्रफल = $\frac{1}{2} \times$ आधार × ऊँचाई

  क्योंकि

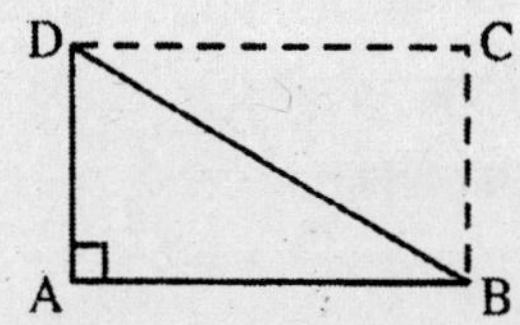

ABCD का क्षेत्रफल = आधार × ऊँचाई

- यदि किसी त्रिभुज और आयत के आधार एवं ऊँचाई एक ही हों तो त्रिभुज का क्षेत्रफल आयत के क्षेत्रफल का आधा होगा।

  तो Δ BAD का क्षेत्रफल = $\frac{1}{2} \times$ आधार × ऊँचाई

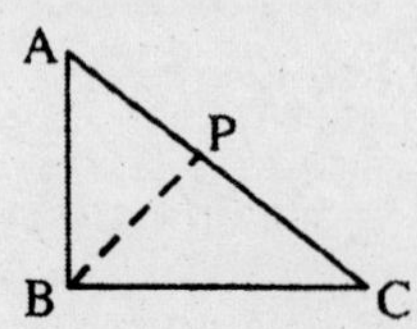

- शीर्ष लम्ब (BP) की लम्बाई = $\frac{\text{आधार} \times \text{लम्ब}}{\text{कर्ण}}$

समद्विबाहु त्रिभुज (Isosceles Triangle)

- (इसमें दो भुजाएं समान होती हैं।)

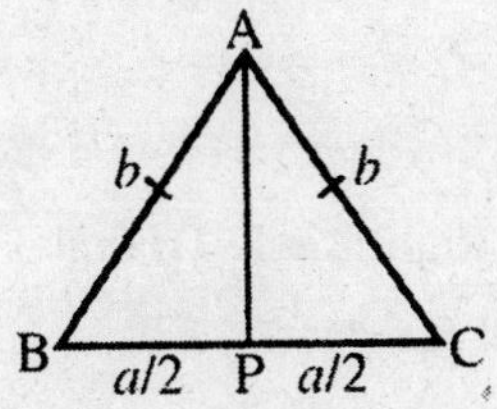

- समद्विबाहु त्रिभुज का क्षेत्रफल

$$= \frac{a}{4}\sqrt{4b^2 - a^2}$$

- समद्विबाहु त्रिभुज का क्षेत्रफल

$$= s(s-b)\sqrt{s-a}$$

यहाँ s = अर्द्ध परिमाप

b = समान भुजाएँ

समबाहु त्रिभुज (Equilateral Triangle)

- इसकी तीनों भुजाएँ समान हैं।

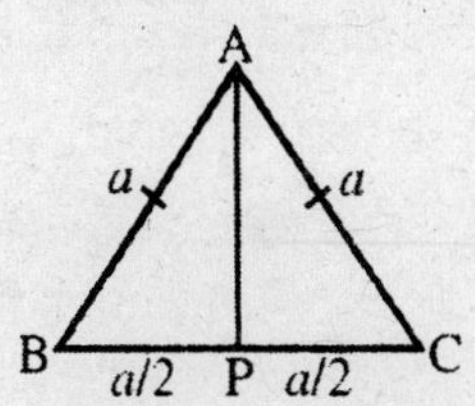

परिमिति = 3 × भुजा

- समबाहु त्रिभुज का क्षेत्रफल = $\frac{(\text{अर्न्तलम्बों के योग})^2}{\sqrt{3}}$

- समबाहु त्रिभुज का क्षेत्रफल = $\frac{(\text{ऊँचाई})^2}{\sqrt{3}}$

त्रिभुज (Triangle)

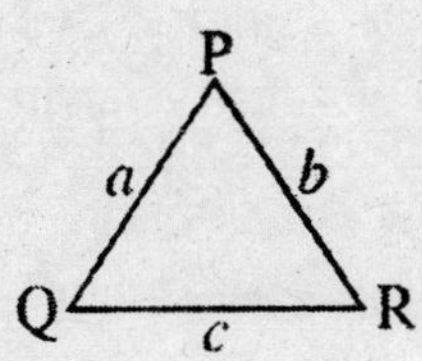

हीरो का सूत्र $(s) = \frac{a+b+c}{2}$

यहाँ s = अर्द्ध परिमाप (Sub-Perimetere)

क्षेत्रफल = $\sqrt{s(s-a)(s-b)(s-c)}$

नोटः यह सूत्र तभी लगेगा जब त्रिभुज की तीनों भुजाएँ दी हुई हों।

चतुर्भुज (Quadrilateral)

- इसमें असमान भुजाएँ होती हैं और विकर्णों पर लम्ब नहीं डाले गए हों तोः

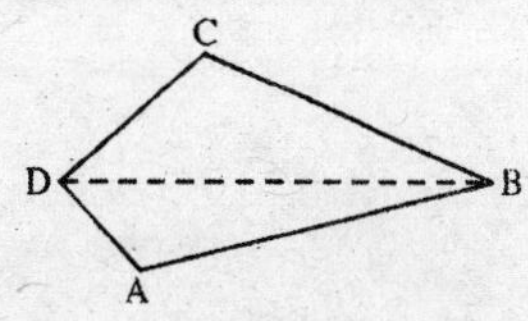

Δ ABD + Δ BDC का क्षेत्रफल (हीरो के सूत्र से)

- **दूसरी अवस्था–**जब किसी चतुर्भुज में विकर्ण और उस पर लम्ब डाले गए हों तबः

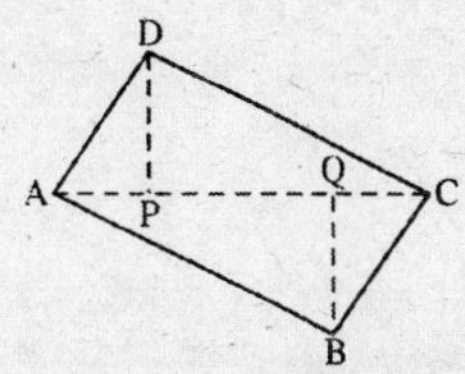

चतुर्भुज का क्षेत्रफल = $\frac{1}{2}$ × विकर्ण × विकर्ण पर डाले गए लम्बों का योग

वृत्त (Circle)

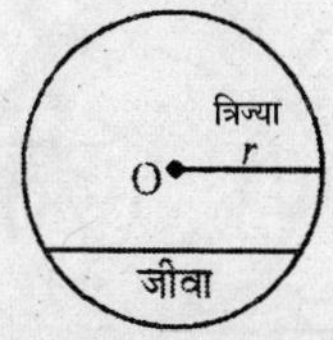

- व्यास (D), त्रिज्या का दुगुना होता है।
- व्यास वृत्त की सबसे बड़ी जीवा होती है।

  वृत्त की परिधि = $2\pi r$

  वृत्त का क्षेत्रफल = πr^2

- यहाँ π एक ग्रीक शब्द है जो स्थिरांक है इसका मान $\frac{22}{7}$ होता है। इसकी खोज आर्यभट्ट ने की थी।

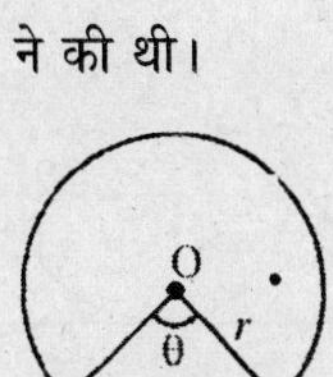

- चाप की लम्बाई = $2\pi r \frac{\theta}{360°}$

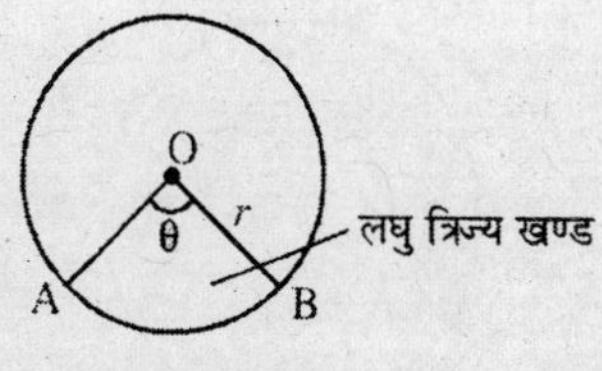

क्योंकि यहाँ चाप (AB), परिधि का छोटा-सा, θ कोण वाला टुकड़ा है।

- लघु त्रिज्य खण्ड (AOB) का क्षेत्रफल $= \pi r^2 \dfrac{\theta}{360^\circ}$
- त्रिज्य खण्ड का क्षेत्रफल $= \dfrac{1}{2} lr$

  यहाँ l चाप की लम्बाई है।

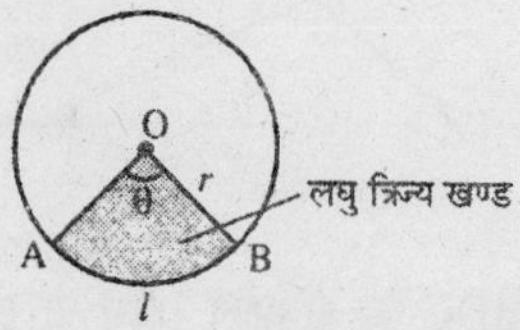

नोटः ऊपर वाले त्रिज्य खण्ड में दो त्रिज्याओं के मध्य θ कोण है जबकि नीचे वाली स्थिति में कोण नहीं चाप की लम्बाई है।

वृत्त खण्ड

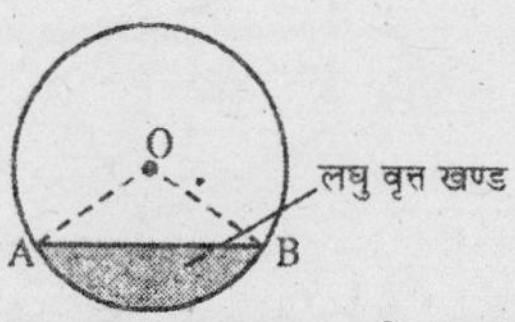

- लघु वृत्त खण्ड का क्षेत्रफल $= \pi r^2 \dfrac{\theta}{360^\circ} - \dfrac{1}{2} r^2 \sin\theta$

वलय (Annullus)

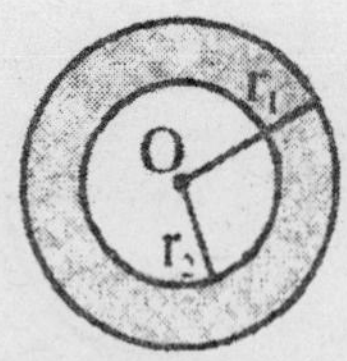

- वलय का परिमाप $= 2\pi (r_1 + r_2)$
- वलय का क्षेत्रफल $= \pi r_1^2 - \pi r_2^2 = \pi\left(r_1^2 - r_2^2\right)$
- समबाहु त्रिभुज में अन्तः वृत्त की त्रिज्या $= \dfrac{\text{भुजा}}{2\sqrt{3}}$

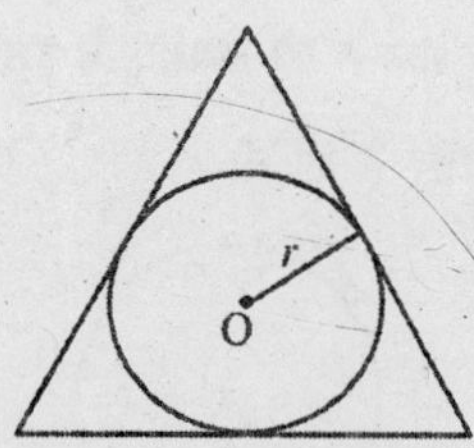

- समबाहु त्रिभुज में अन्तः वृत्त का क्षेत्रफल $= \dfrac{\pi}{12} (\text{भुजा})^2$
- समबाहु त्रिभुज में परिवृत्त की त्रिज्या $= \dfrac{\text{भुजा}}{\sqrt{3}}$

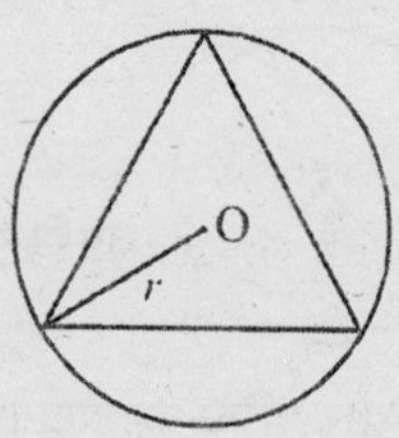

- समबाहु त्रिभुज में परिवृत्त का क्षेत्रफल $= \dfrac{\pi}{3} (\text{भुजा})^2$

मुख्य बिन्दु
• जब आयत का परिमाप और वर्ग का परिमाप समान हो तो वर्ग का क्षेत्रफल अधिक होगा।
• जब आयत, वृत्त, चतुर्भुज व त्रिभुज की परिमितियां समान हों तो इनमें वृत्त का क्षेत्रफल सबसे अधिक होगा।
• जब वृत्त की परिधि और वर्ग का परिमाप समान हो तो उनकी त्रिज्या व भुजाओं के मध्य 7 : 11 का अनुपात होगा।
• जब वृत्त की परिधि और वर्ग का परिमाप समान हो तो उनके क्षेत्रफलों के मध्य 14 : 11 का अनुपात होगा।
• वर्ग के विकर्ण पर बना वर्ग पहले वर्ग के क्षेत्रफल का दुगुना होगा।

साधित उदाहरण

1. एक वर्गाकार मैदान की तिरछी माप अर्थात् एक किनारे से दूसरे किनारे की दूरी $30\sqrt{2}$ मीटर है तो बताओ वर्गाकार मैदान का क्षेत्रफल क्या होगा?

हल :
$$\text{वर्ग की भुजा} = \frac{\text{विकर्ण}}{\sqrt{2}}$$
$$\text{भुजा} = \frac{30\sqrt{2}}{\sqrt{2}} = 30 \text{ मी.}$$
$$\text{वर्गाकार मैदान का क्षेत्रफल} = (\text{भुजा})^2 = (30)^2 = 900 \text{ वर्ग मी.}$$

दूसरी विधि–
$$\text{वर्गाकार मैदान का क्षेत्रफल} = \frac{(\text{विकर्ण})^2}{2} = \frac{\left(30\sqrt{2}\right)^2}{2} = \frac{900 \times 2}{2} = 900 \text{ वर्ग मी.}$$

2. एक समलम्ब चतुर्भुज में दो समान्तर भुजाएँ क्रमशः 10 मीटर व 14 मीटर हैं तथा समान्तर भुजाओं के मध्य की दूरी 3 मीटर है तो उसका क्षेत्रफल व परिमाप बताओ।

हल : समलम्ब चतुर्भुज का क्षेत्रफल
$$= \frac{1}{2} \times \text{समान्तर भुजाओं का योग} \times \text{बीच की दूरी}$$
$$= \frac{1}{2} \times (10 + 14) \times 3$$
$$= \frac{1}{2} \times 24 \times 3 = 36 \text{ वर्ग मी.}$$

परिमाप–

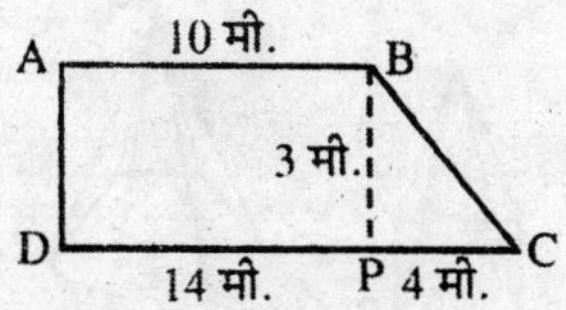

$$(BC)^2 = (PC)^2 + (BP)^2$$
$$= (4)^2 + (3)^2$$
$$= 16 + 9 = 25$$
$$= 5 \text{ मी.}$$

तो, परिमाप $= 3 + 14 + 5 + 10$

$= 32$ मी.

आयतन

- **आयतन**–कोई वस्तु जितना स्थान घेरती है उसे उस वस्तु का आयतन कहते हैं।
- घन, घनाभ में 12 किनारें, 6 सतह (फलक) तथा 8 कोने होते हैं।
- किसी भी चीज के आयतन का मतलब होता है = आधार का क्षेत्रफल × ऊँचाई

घनाभ (Cubiod)

- घनाभ में 6 आयताकार सतह होती हैं।
- घनाभ का सम्पूर्ण पृष्ठीय क्षेत्रफल
  = 2 (लम्बाई × चौड़ाई + चौड़ाई × ऊँचाई + लम्बाई × ऊँचाई)
- घनाभ का विकर्ण = $\sqrt{(\text{लम्बाई})^2 + (\text{चौड़ाई})^2 + (\text{ऊँचाई})^2}$
- घनाभ का आयतन = लम्बाई × चौड़ाई × ऊँचाई

घन (Cube)

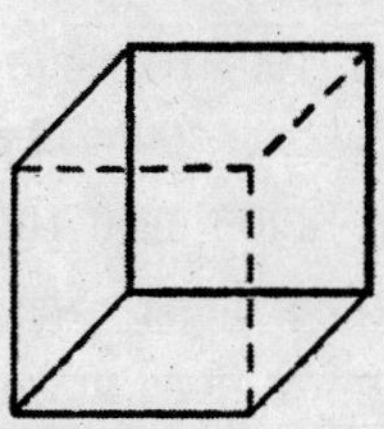

- घन में 6 वर्गाकार सतह होती हैं।
- घन का सम्पूर्ण पृष्ठीय क्षेत्रफल = 6 $(\text{भुजा})^2$
- घन का विकर्ण = $\sqrt{3} \times$ भुजा
- घन का आयतन = $(\text{भुजा})^3$

बेलन (Cylinder)

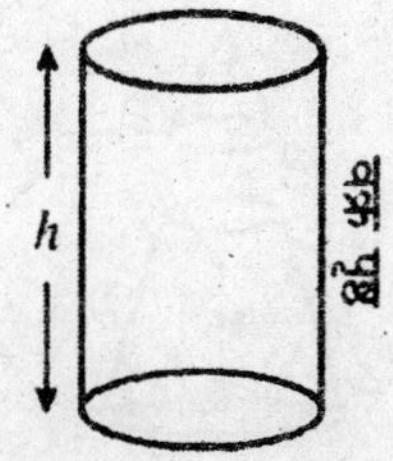

- बेलन के वक्रपृष्ठ का क्षेत्रफल = $2\pi rh$
- बेलन के सम्पूर्ण पृष्ठ का क्षेत्रफल = $2\pi r(h + r)$
- बेलन का आयतन = $\pi r^2 h$
- बेलन का आयतन = आधार का क्षेत्रफल × ऊँचाई

खोखला बेलन (Hollow Cylinder)

- वक्र पृष्ठ का क्षेत्रफल = $2\pi r_1 h + 2\pi r_2 h$
  $= 2\pi h\,(r_1 + r_2)$
- क्योंकि बाह्य व अन्तः पृष्ठ दोनों का निकालना है।
- खोखले बेलन का सम्पूर्ण पृष्ठीय क्षेत्रफल
  = वक्रपृष्ठों का क्षेत्रफल + एक सिरे के दोनों वृत्तों का क्षेत्रफल का अन्तर
  $= 2\pi h\,(r_1 + r_2) + 2\pi\,(r_1^2 - r_2^2)$
  या $2\pi\,(r_1 + r_2)\,(h + r_1 - r_2)$
- खोखले बेलन का आयतन
  $= \pi r_1^2 h - \pi r_2^2 h$
  $= \pi h(r_1^2 - r_2^2)$

शंकु (Cone)

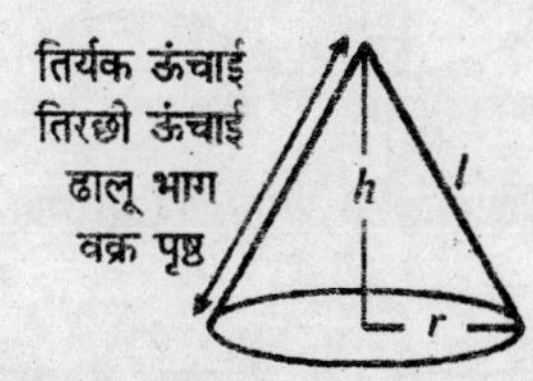

- शंकुके वक्र पृष्ठ का क्षेत्रफल $= \pi rl$
- शंकु के ढालू भाग की लम्बाई $(l)^2 = h^2 + r^2$
- शंकुका आयतन $= \frac{1}{3}\pi r^2 h$

छिन्नक (Frustrum)

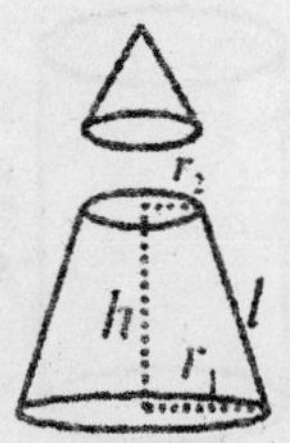

- छिन्नक के वक्र पृष्ठ का क्षेत्रफल $= \pi(R + r)l$
- छिन्नक की लम्बाई $= l^2 = h^2 + (R - r)^2$
- छिन्नक का सम्पूर्ण पृष्ठ का क्षेत्रफल $= \pi[R^2 + r^2 + (R + r)l]$
- छिन्नक का आयतन $= \dfrac{\pi h}{3}(R^2 + r^2 + Rr)$

गोला (Sphere)

- गोले का सम्पूर्ण पृष्ठीय क्षेत्रफल $= 4\pi r^2$
- गोले का आयतन $= \dfrac{4}{3}\pi r^3$

अर्द्ध गोला (Hemisphere)

- अर्द्धगोले का सम्पूर्ण पृष्ठीय क्षेत्रफल $= 3\pi r^2$
- अर्द्धगोले का क्षेत्रफल $= 2\pi r^2$
- अर्द्धगोले का आयतन $= \dfrac{2}{3}\pi r^3$

प्रिज्म (Prism)

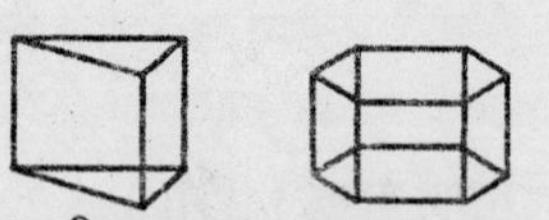

आधार त्रिभुजाकार   षट्भुजाकार आधार

- प्रिज्म का पृष्ठीय क्षेत्रफल = आधार का परिमाप × ऊँचाई
- प्रिज्म का सम्पूर्ण पृष्ठीय क्षेत्रफल = 2(आधार का क्षेत्रफल) + पार्श्व सतहों का क्षेत्रफल
- प्रिज्म की लम्बाई $(l)^2 = h^2 + \dfrac{a^2}{12}$
- प्रिज्म का आयतन = आधार का क्षेत्रफल × ऊँचाई

पिरामिड (Pyramid)

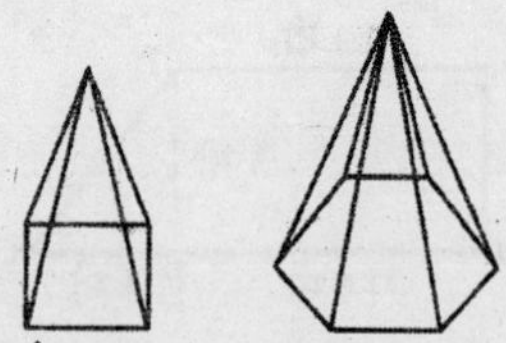

वर्गाकार आधार   षट्भुजाकार आधार

- पिरामिड का पृष्ठीय क्षेत्रफल $= \dfrac{1}{2}$ × आधार का परिमाप × तिरछी ऊँचाई
- पिरामिड का सम्पूर्ण पृष्ठीय क्षेत्रफल = आधार का क्षेत्रफल + पार्श्व सतहों का क्षेत्रफल
- पिरामिड का आयतन $= \dfrac{1}{3}$ × आधार का क्षेत्रफल × ऊँचाई

साधित उदाहरण

1. एक कमरे की लम्बाई 15 मीटर तथा चौड़ाई 8 मीटर तथा ऊँचाई 6 मीटर है तो इसमें रखे जा सकने वाले बाँस की अधिकतम लम्बाई क्या होगी?

हल : कमरे का विकर्ण

$= \sqrt{(\text{लम्बाई})^2 + (\text{चौड़ाई})^2 + (\text{ऊँचाई})^2}$

$= \sqrt{(15)^2 + (8)^2 + (6)^2}$

$= \sqrt{225 + 64 + 36}$

$= \sqrt{325} = 18.02$ मीटर

2. यदि किसी लम्ब वृत्ताकार बेलन के आधार की त्रिज्या तथा उसकी ऊँचाई, दोनों में ही 20% की वृद्धि कर दी जाती है, तो उसके आयतन में कितने प्रतिशत वृद्धि होगी?

हल : इस प्रकार के प्रश्नों में जब कभी आयतन पर प्रभाव पूछता है, तो–

आयतन पर प्रभाव

$$= \frac{(100 \pm A)(100 \pm B)(100 \pm C)}{100 \times 100}$$

$$= \frac{120 \times 120 \times 120}{100 \times 100} = 172.8\%$$

तो % वृद्धि = 172.8 – 100 = 72.8%.

क्योंकि पहले वाला आयतन हमेशा 100 होता है।

3. 5 सेमी. किनारे वाले एक घन को 1 सेमी. किनारे वाले घनों में काटा जाता है तो छोटे घन के सम्पूर्ण पृष्ठ का क्षेत्रफल व बड़े घन के सम्पूर्णपृष्ठ के क्षेत्रफल के मध्य अनुपात होगा?

हल : अनुपात $= \dfrac{\text{छोटे घन का सम्पूर्ण पृष्ठीय क्षेत्रफल}}{\text{बड़े घन का सम्पूर्ण पृष्ठीय क्षेत्रफल}}$

$= \dfrac{6 \times (1)^2}{6 \times (5)^2} = \dfrac{1}{25}$ या 1 : 25.

वस्तुनिष्ठ प्रश्न

1. एक आयताकार मैदान की लम्बाई 80 मीटर है तथा इसके विकर्ण की माप 100 मीटर है, तो बताओ मैदान का क्षेत्रफल कितना है?
A. 4000 वर्ग मी.   B. 8000 वर्ग मी.
C. 4800 वर्ग मी.   D. 8500 वर्ग मी.
E. इनमें से कोई नहीं

2. किसी वर्ग के एक विकर्ण की लम्बाई $15\sqrt{2}$ सेमी. है। इसका क्षेत्रफल होगा :
A. 112.5 सेमी.^{2} B. 450 सेमी.^{2}
C. $\frac{225\sqrt{2}}{2}$ सेमी.^{2} D. 225 सेमी.^{2}
E. इनमें से कोई नहीं

3. समलम्ब चतुर्भुज की समान्तर भुजाओं में से बड़ी भुजा की माप 10 सेमी. है और उनके मध्य की दूरी 4 सेमी. है। यदि समलम्ब चतुर्भुज का क्षेत्रफल 30 वर्ग सेमी. हो, तो बताओ दूसरी समान्तर भुजा की लम्बाई क्या है?
A. 6 सेमी.   B. 8 सेमी.
C. 5 सेमी.   D. 12 सेमी.
E. इनमें से कोई नहीं

4. एक आयताकार आकृति की लम्बाई उसकी चौड़ाई से 30 सेमी. अधिक है। यदि इसका क्षेत्रफल 2800 वर्ग सेमी. हो, तो बताओ इसका परिमाप क्या होगा?
A. 220 सेमी.   B. 80 सेमी.
C. 430 सेमी.   D. 85 सेमी.
E. इनमें से कोई नहीं

5. यदि किसी आयत की लम्बाई को 10% अधिक तथा उसकी चौड़ाई को 10% कम कर दिया जाए, तो उसका क्षेत्रफल–
A. 1% कम हो जाएगा   B. 1% अधिक हो जाएगा
C. 2% कम हो जाएगा   D. अपरिवर्तित रहेगा
E. इनमें से कोई नहीं

6. 132 सेमी. लम्बे तार को वृत्ताकार आकृति में मोड़ दिया जाता है, तो इसके द्वारा घिरे क्षेत्रफल का मान बताओ–
A. 1386 वर्ग सेमी.   B. 1496 वर्ग सेमी.
C. 1320 वर्ग सेमी.   D. 1535 वर्ग सेमी.
E. इनमें से कोई नहीं

7. एक आयताकार क्षेत्र की लम्बाई तथा चौड़ाई क्रमशः 25 मी. तथा 15 मी. है। क्षेत्र के बीचोंबीच 5 मी. चौड़ा रास्ता लम्बाई व चौड़ाई के अनुदिश है, तो बताओ शेष क्षेत्र का क्षेत्रफल क्या होगा?
A. 200 वर्ग मी.   B. 240 वर्ग मी.
C. 320 वर्ग मी.   D. 250 वर्ग मी.
E. इनमें से कोई नहीं

8. एक वृत्त की परिधि तथा वर्ग की परिमिति बराबर हों तो वृत्त के क्षेत्रफल व वर्ग के क्षेत्रफल के मध्य क्या अनुपात होगा?
A. 11 : 14   B. 7 : 22
C. 14 : 11   D. 8 : 11
E. इनमें से कोई नहीं

9. किसी घड़ी की मिनट की सुई की लम्बाई 7 सेमी. है, तो 15 मिनट में मिनट की सुई द्वारा तय किए गए क्षेत्र का क्षेत्रफल क्या होगा?
A. 55 सेमी.^{2} B. 40 सेमी.^{2}
C. 38.5 सेमी.^{2} D. 45 सेमी.^{2}
E. इनमें से कोई नहीं

10. एक आयत की लम्बाई में 40% की वृद्धि कर दी जाए, तो बताओ उसकेक्षेत्रफल पर क्या प्रभाव पड़ेगा?
A. 96%   B. 30%
C. 40%   D. 50%
E. इनमें से कोई नहीं

11. किसी पहिये की त्रिज्या 21 सेमी. है, तो 528 मीटर की दूरी तय करने में इसको कितने चक्कर लगाने पड़ेंगे?
A. 400   B. 11
C. 200   D. 700
E. इनमें से कोई नहीं

12. एक आयताकार भूखण्ड का क्षेत्रफल 2400 वर्गमीटर है तथा उसकी भुजाएँ 3 : 2 के अनुपात में हैं, तो उसका परिमाप होगाः
A. 60 मी.   B. 40 मी.
C. 100 मी.   D. 200 मी.
E. इनमें से कोई नहीं

13. एक वर्ग और वृत्ताकार मैदान के परिमाप समान हैं। यदि वृत्ताकार मैदान का क्षेत्रफल 3850 वर्ग मीटर हो, तो वर्ग का क्षेत्रफल कितना वर्गमीटर होगा?
A. 4225   B. 3025
C. 2550   D. 2025
E. इनमें से कोई नहीं

14. d व्यास वाले एक पाइप के द्वारा कोई पानी की टंकी 40 मिनट में खाली की जा सकती है, तो 2 d व्यास वाले पाइप को उसे खाली करने में कितना समय लगेगा?
A. 5 मिनट   B. 10 मिनट
C. 20 मिनट   D. 80 मिनट
E. इनमें से कोई नहीं

15. एक समान्तर चतुर्भुज का एक कोण बगल वाले कोण का 4/5 भाग है, तो समान्तर चतुर्भुज के कोणों का मान क्या होगा?
A. 80°, 90°, 80°, 110°   B. 80°, 100°, 80°, 100°
C. 45°, 135°, 45°, 135°   D. 45°, 90°, 90°, 135°
E. इनमें से कोई नहीं

16. एक कुएँ के ऊपर एक घिरनी लगी हुई है जिसकी त्रिज्या 3.5 सेमी. है। घिरनी से पानी के तल की गहराई 132 मीटर है। घिरनी के ऊपर एक रस्सी लगी हुई है। जिसके एक सिरे से एक बाल्टी बंधी हुई है। इस कुएँ से पानी निकालने के लिए घिरनी कितनी बार घूमेगी?

A. 6 B. 500
C. 600 D. 700
E. इनमें से कोई नहीं

17. किसी समकोण त्रिभुज की समकोण बनाने वाली भुजाएँ 5 : 12 के अनुपात में हैं। यदि त्रिभुज का क्षेत्रफल 270 सेमी^{2} है, तो कर्ण की लम्बाई क्या होगी?

A. 39 सेमी. B. 42 सेमी.
C. 45 सेमी. D. 51 सेमी.
E. इनमें से कोई नहीं

18. एक घड़ी की मिनट की सुई की लम्बाई 14 सेमी. है। 8.00 am (पूर्वाह) से 8.45 am (पूर्वाह) तक जाने में घड़ी के फलक पर मिनट की सुई द्वारा कितना क्षेत्रफल आच्छादित किया जाएगा?

A. 512 वर्ग सेमी. B. 462 वर्ग सेमी.
C. 264 वर्ग सेमी. D. 196 वर्ग सेमी.
E. इनमें से कोई नहीं

19. एक तार को एक वर्ग के आकार में मोड़ने पर आवृत्त क्षेत्र का क्षेत्रफल 121 सेमी.^{2} है। यदि उसी तार को एक वृत्त के आकार में मोड़ा जाए, तो वृत्त का क्षेत्रफल होगा।

A. 144 सेमी.^{2} B. 180 सेमी.^{2}
C. 154 सेमी.^{2} D. 176 सेमी.^{2}
E. इनमें से कोई नहीं

20. ABC एक 2 सेमी. भुजा वाला समत्रिबाहु त्रिभुज है। A, B, C को केन्द्र लेकर 1 सेमी. अर्द्धव्यास से तीन चाप खींचे गए हैं। तीनों चापों से घिरे हुए त्रिभुज के अन्तर्क्षेत्र का क्षेत्रफल क्या होगा?

A. $\left(3\sqrt{3}-\frac{\pi}{2}\right)$सेमी ^{2} B. $\left(\sqrt{3}-\frac{3\pi}{2}\right)$सेमी ^{2}
C. $\left(\sqrt{3}-\frac{\pi}{2}\right)$सेमी.^{2} D. $\left(\frac{\pi}{2}-\sqrt{3}\right)$सेमी.^{2}
E. इनमें से कोई नहीं

21. एक घास के मैदान में बछड़ा बँधा है। यदि बछड़े से बंधी रस्सी की लम्बाई 12 मीटर से बढ़ाकर 23 मीटर कर दी जाए, तो वह कितनी अतिरिक्त घास के क्षेत्र को चर सकेगा?

A. 1200 वर्ग मी. B. 1210 वर्ग मी.
C. 1225 वर्ग मी. D. 1250 वर्ग मी.
E. इनमें से कोई नहीं

22. एक प्लॉट की लम्बाई उसकी चौड़ाई की पाँच गुनी है। उस प्लॉट में एक खेल का मैदान है जिसका क्षेत्रफल 245 वर्ग मी. है जो पूरे प्लॉट का आधा है, तोप्लॉट की लम्बाई क्या है?

A. $5\sqrt{2}$ मी. B. $35\sqrt{2}$ मी.
C. $175\sqrt{2}$ मी. D. 490 मी.
E. इनमें से कोई नहीं

23. एक 8 सेमी. आधार वाले किसी त्रिभुज का क्षेत्रफल उतना ही है जितना कि एक 8 सेमी. त्रिज्या वाले वृत्त का, तो त्रिभुज का संगत शीर्ष लम्ब होगाः

A. 12π B. 20π
C. 16π D. 32π
E. इनमें से कोई नहीं

24. एक वर्गाकार खेत को ₹ 135 प्रति हेक्टेयर की दर से जुताई करने पर ₹ 1215 लागत आती है, तो इस खेत के चारों ओर 75 पैसे प्रति मीटर की दर से बाड़ लगाने पर क्या लागत आएगी?

A. ₹ 360 B. ₹ 810
C. ₹ 900 D. ₹ 1800
E. इनमें से कोई नहीं

25. एक वर्ग के रूप में मोड़ा गया तार 484 वर्ग सेमी. क्षेत्रफल घेरता है। यदि इस तार को एक वृत्त के रूप में मोड़ दिया जाए, तो उसके द्वारा घेरा गया क्षेत्रफल कितना होगा?

A. 484 वर्ग सेमी. B. 616 वर्ग सेमी.
C. 644 वर्ग सेमी. D. 744 वर्ग सेमी.
E. इनमें से कोई नहीं

26. एक समद्विबाहु त्रिभुजाकार भूखण्ड का ₹ 125 प्रति वर्ग मीटर की दर से कुल मूल्य ₹ 50000 है। यदि इसके आधार की लम्बाई 40 मी. हो, तो भूखण्ड की बराबर भुजाओं में से प्रत्येक की लम्बाई क्या है?

A. $22\sqrt{2}$ मी. B. $20\sqrt{2}$ मी.
C. $20\sqrt{3}$ मी. D. $22\sqrt{3}$ मी.
E. इनमें से कोई नहीं

27. किसी समबाहु त्रिभुज के अर्न्तभाग में स्थित किसी बिन्दु से, तीनों भुजाओं पर डाले गए लम्बों की लम्बाईयाँ क्रमशः 6 सेमी., 7 सेमी. तथा 8 सेमी. हैं, तो त्रिभुज की भुजा की लम्बाई क्या है?

A. 7 सेमी. B. 10.5 सेमी.
C. $14\sqrt{3}$ सेमी. D. $\frac{14\sqrt{3}}{3}$ सेमी.
E. इनमें से कोई नहीं

28. यदि एक वृत्तीय पहिया 11 किमी. की दूरी तय करने में 1000 परिक्रमण करता है, तो पहिए की त्रिज्या हैः

A. 1.85 मी. B. 1.80 मी.
C. 1.75 मी. D. 1.70 मी.
E. इनमें से कोई नहीं

29. 4 सेमी. भुजा वाले एक वर्ग के चारों कोनों से 2 सेमी. त्रिज्या वाले वृत्त के चाप के आकार में चार टुकड़े काटकर अलग कर दिए गए हैं। तदनुसार शेष आकृति का क्षेत्रफल कितना है?

A. $(8-\pi)$ वर्ग सेमी. B. $(16-4\pi)$ वर्ग सेमी.
C. $(16-8\pi)$ वर्ग सेमी. D. $(4-2\pi)$ वर्ग सेमी.
E. इनमें से कोई नहीं

30. यदि किसी समबाहु त्रिभुज का अंतःकेन्द्र उस त्रिभुज के अंदर हो, और त्रिज्या 3 सेमी. हो, तो उस समबाहु त्रिभुज की भुजा कितनी लंबी होगी?

A. $9\sqrt{3}$ सेमी. B. $6\sqrt{3}$ सेमी.
C. $3\sqrt{3}$ सेमी. D. 6 सेमी.
E. इनमें से कोई नहीं

31. एक डिब्बे की माप $10 \times 8 \times 6$ मीटर है, तो इसके सम्पूर्ण पृष्ठ पर ₹ 2 प्रति वर्ग मीटर की दर से रंग कराने का खर्चा कितना होगा?

A. ₹ 600 B. ₹ 752
C. ₹ 800 D. ₹ 490
E. इनमें से कोई नहीं

32. एक घनाकार कमरे की माप 20 मीटर है, तो इसमें रखे जा सकने वाले बाँस की अधिकतम माप क्या होगी?

A. $20\sqrt{2}$ मी. B. $30\sqrt{3}$ मी.
C. 34.64 मी. D. 35.70 मी.
E. इनमें से कोई नहीं

33. एक घनाभ की माप 20 मीटर $\times$ 10 मीटर $\times$ 8 मीटर है, तो इसमें 4 मीटर माप के रखे जा सकने वाले डिब्बों की संख्या बताओः

A. 20 B. 25
C. 30 D. 35
E. इनमें से कोई नहीं

34. एक शंकु की ऊँचाई 15 मीटर तथा इसकी त्रिज्या 8 मीटर है, तो बताओ इसके चारों ओर लगाए जा सकने वाले कपड़े की माप कितनी होगी?

A. 472.03 वर्ग मी. B. 420 वर्ग मी.
C. 520 वर्ग मी. D. 427.43 वर्ग मी.
E. इनमें से कोई नहीं

35. 20 मीटर व्यास वाला एक कुआँ 14 मीटर की गहराई तक खोदा जाता है और इससे निकाली गई मिट्टी कोचारों ओर 5 मीटर की चौड़ाई तक फैलाकर एक चबूतरा बना दिया जाता है, तो इस चबूतरे की ऊँचाई कितनी होगी?

A. 10 मी. B. 11 मी.
C. 11.2 मी. D. 11.5 मी.
E. इनमें से कोई नहीं

36. धातु की एक खोखली गेंद का बाहरी व्यास 10 सेमी. है तथा उसकी मोटाई 1 सेमी. है, तो इस गेंद का आयतन हैः

A. 340 सेमी.^{3} B. 255.62 सेमी.^{3}
C. 450 सेमी.^{3} D. 250.68 सेमी.^{3}
E. इनमें से कोई नहीं

37. एक शंक्वाकार टंकी की ऊँचाई 60 सेमी. है और उसके आधार का व्यास 64 सेमी. है। ₹ 35 प्रति वर्ग मीटर की दर से बाहर से पेंट कराने का खर्च क्या होगा?

A. ₹ 55 B. ₹ 52
C. ₹ 23.94 D. ₹ 39.24
E. इनमें से कोई नहीं

38. धातु के एक अर्द्ध गोले को पिघलाकर एक ऐसे शंकु के रूप में ढाला जाता है जिसके आधार की त्रिज्या वही है जो कि अर्द्ध गोले की थी, तो शंकु की ऊँचाई कितनी होगी?

A. 2R B. $\frac{2}{3}$R
C. $\sqrt{3}$R D. 3R
E. इनमें से कोई नहीं

39. एक घन का विकर्ण $\sqrt{12}$ सेमी. है, तो उसका आयतन क्या होगा?

A. 8 सेमी.^{3} B. 24 सेमी.^{3}
C. 12 सेमी.^{3} D. $3\sqrt{2}$ सेमी.^{3}
E. इनमें से कोई नहीं

40. एक शंकु के ढालू भाग में 20% की वृद्धि तथा त्रिज्या में 30% की कमी कर दी जाती है, तो शंकु के वक्र पृष्ठ के क्षेत्रफल पर क्या प्रभाव पड़ेगा?

A. 4% की कमी B. 4% की वृद्धि
C. 10% कमी D. 16% की कमी
E. इनमें से कोई नहीं

41. 8 सेमी. ऊँचाई तथा 7 सेमी. आधार त्रिज्या वाले एक खोखले लम्ब वृत्तीय बेलन को एक आयत के रूप में खोला जाता है। इस आयत की लम्बाई व चौड़ाई क्रमशः हैः

A. 22 सेमी., 16 सेमी. B. 44 सेमी., 8 सेमी.
C. 22 सेमी., 8 सेमी. D. 44 सेमी., 16 सेमी.
E. इनमें से कोई नहीं

42. किसी ठोस गोलार्द्ध का सम्पूर्ण पृष्ठ 108π सेमी^{2} है। तो गोलार्द्ध का आयतन होगाः

A. 72π सेमी^{3} B. 144π सेमी^{3}
C. $108\sqrt{6}$ सेमी^{3} D. $54\sqrt{6}$ सेमी^{3}
E. इनमें से कोई नहीं

43. 8 सेमी. अर्द्ध व्यास वाले एक ठोस धातु के गोले को पिघलाकर 64 बराबर छोटे ठोस गोले बनाए गए हैं। इस गोले के पृष्ठीय क्षेत्रफल का एक छोटे गोले के पृष्ठीय क्षेत्रफल से अनुपात होगाः

A. 4 : 1 B. 1 : 16
C. 16 : 1 D. 1 : 4
E. इनमें से कोई नहीं

44. 3 डेसीमीटर अर्द्ध व्यास वाले एक ठोस धातु के गोले को पिघलाकर 1 मिलीमीटर मोटाई की वृत्ताकार शीट बनायी गई है। इस प्रकार बनाई गई शीट का व्यास होगाः

A. 26 मी. B. 24 मी.
C. 12 मी. D. 6 मी.
E. इनमें से कोई नहीं

45. एक पिरामिड के आधार का क्षेत्रफल 66 वर्ग सेमी है और उसकी ऊँचाई 10 सेमी. है, तो उसका आयतन क्या होगा?

A. 220 घन सेमी. B. 660 घन सेमी.
C. 770 घन सेमी. D. 680 घन सेमी.
E. इनमें से कोई नहीं

46. किसी लम्बवृत्तीय शंकु के आधार का अर्द्ध-व्यास तथा उसकी ऊँचाई 5 : 12 के अनुपात में है। यदि शंकु का आयतन 100 सेमी^{3} हो तो शंकु की तिर्यक ऊँचाई होगी:

A. 12 सेमी. B. 13 सेमी.
C. 15 सेमी. D. 17 सेमी.
E. इनमें से कोई नहीं

47. एक ठोस धातु वाले शंकु को गलाया जाता है तथा शंकु के समान आधार वाले एक ठोस बेलन में परिवर्तित किया गया है। यदि बेलन की ऊँचाई 7 सेमी. हो, तो शंकु की ऊँचाई थी:

A. 20 सेमी. B. 21 सेमी.
C. 28 सेमी. D. 24 सेमी.
E. इनमें से कोई नहीं

48. किसी धातु के एक ठोस बेलन के आधार का अर्द्ध-व्यास तथा उसकी ऊँचाई क्रमशः r सेमी. तथा 6 सेमी. है। इसे पिघलाकर उतने ही आधार के अर्द्धव्यास वाला एक ठोस शंकु बनाया जाता है। तो शंकु की ऊँचाई होगी:

A. 54 सेमी. B. 27 सेमी.
C. 18 सेमी. D. 9 सेमी.
E. इनमें से कोई नहीं

49. टंकी की आकृति उस घनाभ की है जिसकी लम्बाई 3 मी., चौड़ाई 1.4 मी. और गहराई 80 सेमी. है। यदि बहने वाले पानी की दर 100 घन सेमी./से. है, तो 5 मिनट के बाद टंकी में पानी की ऊँचाई होगी:

A. $79\frac{1}{7}$ सेमी. B. $79\frac{2}{7}$ सेमी.
C. $69\frac{1}{7}$ सेमी. D. $69\frac{2}{7}$ सेमी.
E. इनमें से कोई नहीं

50. एक कमरा 6 मी. लम्बा, 5 मी. चौड़ा तथा 4 मी. ऊँचा है। यदि इस कमरे की चारों दीवारों को 50 सेमी. चौड़े कागज से ढका जाए, तो उस कागज की लम्बाई कितनी होनी चाहिए?

A. 176 मी. B. 88 मी.
C. 170 मी. D. 80 मी.
E. इनमें से कोई नहीं

उत्तरमाला

1	2	3	4	5	6	7	8	9	10
C	D	C	A	A	A	A	C	C	C
11	**12**	**13**	**14**	**15**	**16**	**17**	**18**	**19**	**20**
A	D	B	B	B	C	A	B	C	C
21	**22**	**23**	**24**	**25**	**26**	**27**	**28**	**29**	**30**
B	B	C	C	B	B	C	C	B	B
31	**32**	**33**	**34**	**35**	**36**	**37**	**38**	**39**	**40**
B	C	B	D	C	B	C	A	A	D
41	**42**	**43**	**44**	**45**	**46**	**47**	**48**	**49**	**50**
B	B	C	C	A	B	B	C	B	A

व्याख्यात्मक उत्तर

1. $(\text{मैदान की चौड़ाई})^2 = (\text{विकर्ण})^2 - (\text{लम्बाई})^2$

$$= (100)^2 - (80)^2$$
$$= 10000 - 6400 = 3600$$
$$\text{चौड़ाई} = 60 \text{ मी.}$$
$$\text{तो क्षेत्रफल} = 80 \times 60 = 4800 \text{ वर्ग मी.}$$

2. $\text{क्षेत्रफल} = \frac{1}{2} \times (\text{विकर्ण})^2 = \frac{1}{2} \times 15\sqrt{2} \times 15\sqrt{2}$

$$= 225 \text{ वर्ग सेमी.}$$

3. समलम्ब चतुर्भुज का क्षेत्रफल

$$= \frac{1}{2} \times \text{समान्तर भुजाओं का योग} \times \text{उनके बीच की दूरी}$$

$$= \frac{1}{2} \times (x+10) \times 4 = 30$$
$$x + 10 = 15$$
$$x = 5 \text{ सेमी.}$$

5. $\text{क्षेत्रफल पर प्रभाव} = \frac{(100+10)(100-10)}{100}$

$$= \frac{110 \times 90}{100} = 99\% = 1\% \text{ कम}$$

6. $\text{वृत्त की परिधि} = 2\pi r = 132$

$$r = \frac{132}{2\pi}$$

या $\frac{132}{2 \times 22} \times 7 = 21$ सेमी.

वृत्त का क्षेत्रफल $= \pi r^2$

$\frac{22}{7} \times 21 \times 21 = 1386$ वर्ग सेमी.

10. इस प्रकार के प्रश्नों में जब केवल एक भुजा में वृद्धि हो तथा दूसरी भुजा में कोई प्रभाव नहीं हो, तो क्षेत्रफल में भी उतनी ही वृद्धि होगी।

क्षेत्रफल पर प्रभाव $= \frac{140 \times 100}{100}$

$= 140$ या 40% वृद्धि

11. परिधि $= 2\pi r$

$2 \times \frac{22}{7} \times 21 = 132$ सेमी.

132 सेमी. दूरी तय करने में लगाए चक्कर 1

52800 सेमी. की दूरी करने में लगाए चक्कर

$= \frac{52800}{132} = 400.$

14. $d : 40 :: 4d : x$ यहाँ व्युत्क्रमानुपाती होगा।

$x = \frac{40}{4}$

$x = 10$ मिनट

16. घिरनी की परिधि $= 2\pi r$

$d = 22$ सेमी.

132 मीटर या 13200 सेमी. दूरी कोतय करने में लगे चक्कर

$= \frac{13200}{22} = 600$ चक्कर

21. $\pi r_1^2 - \pi r_2^2$

$= \pi(23)^2 - \pi(12)^2$

$= \pi\,(23^2 - 12^2)$

$= \frac{22}{7} \times 385 = 1210$ वर्ग मी.

22. प्लॉट का क्षेत्रफल $= 245 \times 2$

$= 490$ वर्ग मी.

माना चौड़ाई $= x$ मी.,

तो लम्बाई $= 5x$ मी.

$5x \times x = 490$

$x^2 = 98$ तो $x = 7\sqrt{2}$

अतः लम्बाई $= 5 \times 7\sqrt{2} = 35\sqrt{2}$ मी.

23. $\frac{1}{2} \times$ आधार $\times$ ऊँचाई $= \pi r^2$

$\frac{1}{2} \times 8 \times$ ऊँचाई $= \pi \times 8 \times 8$

ऊँचाई $= 16\pi$ सेमी.

28. 11 किमी. = 1000 चक्कर

वृत्त की परिधि $= \frac{11000}{1000} = 11$ मी.

$2\pi r = 11$

$\Rightarrow \quad r = \frac{11}{2 \times 22} \times 7$

$= 1.75$ मी.

29.

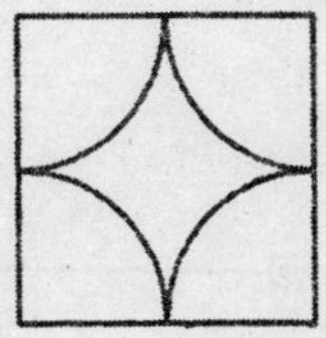

वृत्त खण्डों का क्षेत्रफल $= \pi r^2 = 4\pi$ वर्ग सेमी.

वर्ग का क्षेत्रफल $= 4 \times 4 = 16$ वर्ग सेमी.

शेष आकृति का क्षेत्रफल $= (16 - 4\pi)$ वर्ग सेमी.

30. अंतःत्रिज्या $= \frac{\text{भुजा}}{2\sqrt{3}} \quad \Rightarrow 3 = \frac{\text{भुजा}}{2\sqrt{3}}$

भुजा $= 3 \times 2\sqrt{3} = 6\sqrt{3}$ सेमी.

31. डिब्बे का सम्पूर्ण पृष्ठीय क्षेत्रफल

= 2 (लम्बाई × चौड़ाई + चौड़ाई × ऊँचाई + लम्बाई × ऊँचाई)

$= 2(10 \times 8 + 8 \times 6 + 10 \times 6)$

$= 2(80 + 48 + 60) = 2(188) = 376$ वर्ग मी.

₹ 2 प्रति वर्ग मी. से खर्चा = 376 × 2 = ₹ 752.

33. रखे जा सकने वाले डिब्बों की संख्या

$= \frac{\text{घनाभ का आयतन}}{\text{डिब्बे का आयतन}} = \frac{20 \times 10 \times 8}{4 \times 4 \times 4} = 25.$

35. कुएँ से निकाली गई मिट्टी का आयतन $= \pi r^2 h$

$= \pi \times 10 \times 10 \times 14 = 1400\,\pi$ घन मी.

चबूतरे की मिट्टी का क्षेत्रफल $= \pi\,(r_1^2 - r_2^2)$

$= \pi(15^2 - 10^2) = 125\pi$

चबूतरे की ऊँचाई $= \frac{\text{आयतन}}{\text{क्षेत्रफल}} = \frac{1400\pi}{125\pi} = 11.2$ मी.

37. शंक्वाकार टंकी केवक्र पृष्ठ का क्षेत्रफल $= \pi r l$

$l = \sqrt{h^2 + r^2} = \sqrt{60^2 + 32^2}$

$= \sqrt{3600 + 1024} = \sqrt{4624} = 68$ सेमी.

₹ 35 प्रति वर्गमीटर सेखर्चा

$= \frac{22}{7} \times 0.32 \times 0.68 \times 35$

= 23.936 या ₹ 23.94

38. शंकु की ऊँचाई $= \dfrac{\text{अर्द्ध गोले का आयतन}}{\frac{1}{3}\pi r^2}$

$$\frac{\frac{2}{3}\times\pi\times R\times R\times R}{\frac{1}{3}\times\pi\times R\times R} = 2R$$

39. घन की भुजा $= \dfrac{\text{विकर्ण}}{\sqrt{3}}$

$= \dfrac{\sqrt{12}}{\sqrt{3}} = \sqrt{4}$

$= 2$ सेमी.

आयतन $= (2)^3 = 8$ घन सेमी.

40. क्षेत्रफल पर प्रभाव $= \dfrac{(100 \pm A)(100 \pm B)}{100}$

$= \dfrac{120\times70}{100} = 84$

कमी $= 100 - 84 = 16\%$.

41. आधार की त्रिज्या $= 7$ सेमी.

परिधि $= 2\pi r$

$= 2\times\dfrac{22}{7}\times 7 = 44$ सेमी.

नोटः बेलन के आधार की परिधि, आयत की लम्बाई का कार्य करती है।

यहाँ लम्बाई $= 44$ सेमी.,

चौड़ाई $= 8$ सेमी.

42. गोलार्द्ध का क्षेत्रफल $= 3\pi r^2$

$3\pi r^2 = 108\pi$

$r^2 = 36, r = 6$ सेमी.

तो गोलार्द्ध का आयतन $= \dfrac{2}{3}\pi r^3$

$\dfrac{2}{3}\pi\times6\times6\times6 = 144\pi$ सेमी^{3}

45. आयतन $= \dfrac{1}{3}\pi r^2 h = \dfrac{1}{3}\times66\times10$

($\because \pi r^2 = 66$ वर्ग सेमी.)

$= 220$ घन सेमी.

47. शंकु का आयतन = बेलन का आयतन

$\dfrac{1}{3}\pi r^2 h = \pi r^2 h$

$\dfrac{1}{3}\pi r^2 h = \pi r^2 7$

$h = 3\times7 = 21$ सेमी.

48. शंकु का आयतन = बेलन का आयतन

$\dfrac{1}{3}\pi r^2 h = \pi r^2 h$

$\dfrac{1}{3}\pi r^2 h = \pi r^2 \times 6$

$h = 18$ सेमी.

50. कमरे की चारों दीवारों का क्षेत्रफल

$= 2\times$ ऊँचाई (लम्बाई + चौड़ाई)

लम्बाई $= \dfrac{88}{0.50} = 176$ मी.

○○○

17 आँकड़ों की पर्याप्तता (Data Sufficiency)

आँकड़ों की पर्याप्तता वाले प्रश्न प्राथमिक रूप से आपके परिमाणात्मक बुद्धि की जाँच से सम्बन्धित होते हैं। यह सांख्यिकी विभाग से काफी अलग है जो आपके कुशलतापूर्वक संख्याओं की जाँच की योग्यता दर्शाता है जबकि पर्याप्त आँकड़े आपकी तर्कशक्ति की योग्यता को दर्शाते हैं।

आँकड़ों की पर्याप्तता वाले प्रश्नों के हल के लिए आवश्यक तथ्य (Concepts necessary to solve Data Sufficiency Questions)

आँकड़ों की पर्याप्तता वाले प्रश्न गणित तथा बीजगणित में उच्च विद्यालय तथा महाविद्यालयों में दी गई जानकारी के आधार पर पूरा कर लिए जाते हैं। इसके अलावा साधारण अंकगणित के औसत, भिन्न, दशमलव, बीजगणित, गुणनखण्ड तथा ज्यामिति के सिद्धान्तों से प्रश्न अपनी जानकारी के अनुसार पूरा कर लिए जाते हैं। त्रिभुज, वृत्त से क्षेत्रफल तथा आयतन निकालने की जानकारी।

ऐसे प्रश्नों में दो कथन दिए जाते हैं जैसे—कथन I तथा कथन II। पता लगाना होता है कि कौन-सा कथन प्रश्न के उत्तर देने में सक्षम है।

विकल्पों में से उत्तर छाँटना (Elimination of Answer Choices): विकल्पों में से सही उत्तर छाँटने के एक से ज्यादा तरीके हैं। तरीके आने पर यह मुश्किल नहीं होता है।

जटिल गणना को छोड़ना (Avoid lengthy Calculations): सबसे अच्छा तरीका है कि गलत उत्तरों को अन्त में छोड़ दिया जाए। छोटी गणना के लिए तरीका है कि दिए गए कथन के अनुसार प्रश्न को हल करें।

चित्र (Diagrams): कथन के साथ कुछ आँकड़ों की पर्याप्तता के प्रश्नों में चित्र दिए होते हैं। इन चित्रों की सहायता से उत्तर देना आसान हो जाता है। इस प्रकार आपकी गणना छोटी होगी तथा समय की बचत होगी।

ग्रिड बनाना (Drawing grid): पूर्वधारणाओं को अलग करने के लिए स्क्रेच पेपर पर ग्रिड बनाते हैं। विकल्पों को वर्णमाला के क्रमानुसार लिखते हैं। अब ग्रिड में से गलत विकल्प को हटाते हैं। उदाहरणस्वरूप, यदि विकल्प में से B, C, D गलत हैं तो ग्रिड में इन्हें क्रॉस कर देते हैं।

कथनों का संयोजक (Combining the Statements): एक प्रश्न का उत्तर देने के लिए दोनों विकल्पों को मिलाकर उत्तर देना होता है। ऐसी परिस्थितियों में, दोनों कथनों में दी गई सूचना को चुनें और उनका संयोजक बनाने की कोशिश करते हैं।

कथनों का मूल्यांकन (Evaluating Statements): कुछ कथनों के विचार एक जैसे लगते हैं। कथनों का मूल्यांकन वह सार्व क्षेत्र है जहाँ से जाँचकर्ता कमी को खोजकर लेता है।

वस्तुनिष्ठ प्रश्न

निर्देश (प्र. सं. 1–5): *निम्न प्रत्येक प्रश्न के लिए एक प्रश्न एवं तीन कथन I, II तथा III दिये गये हैं। आपको प्रश्न तथा कथनों को अध्ययन करके सुनिश्चित करना है कि कौन-सा (से) कथन प्रश्न का उत्तर देने के लिए आवश्यक है (हैं)?*

1. स्थिर जल में नाव की गति कितनी है?

I. धारा की अनुकूल दिशा में नाव 2 घंटे में 12 किमी. की दूरी तय करती है।

II. धारा की प्रतिकूल दिशा में नाव उतनी ही दूरी 4 घंटे में तय करती है।

III. धारा की गति स्थिर जल में नाव की गति की एक-तिहाई है।

A. I तथा II दोनों
B. I तथा या तो II या III
C. सभी I, II तथा III
D. तीनों कथनों के तथ्यों पर प्रश्न का उत्तर नहीं दिया जा सकता है।
E. इनमें से कोई नहीं

2. रेलगाड़ी की गति कितनी है?

I. रेलगाड़ी की लम्बाई 240 मीटर है।

II. रेलगाड़ी एक खम्भे को 24 सेकेण्ड में पार करती है।

III. रेलगाड़ी एक प्लेटफार्म को 48 सेकेण्ड में पार करती है।

A. I तथा III दोनों
B. I तथा II दोनों
C. II तथा III दोनों
D. तीनों में से कोई दो
E. इनमें से कोई नहीं

3. कक्षा-अध्यापक की आयु कितनी है?

I. कक्षा में 11 छात्र हैं।

II. छात्रों तथा शिक्षक की औसत आयु 14 वर्ष है।

III. शिक्षक तथा छात्रों की औसत आयु छात्रों की औसत आयु से 3 वर्ष ज्यादा है।

A. I तथा III दोनों
B. I तथा II दोनों
C. II तथा या तो I या III
D. I, II तथा III सभी
E. इनमें से कोई नहीं

4. श्री गुप्ताजी ने एक धनराशि चक्रवृद्धि ब्याज पर उधार ली। 2 वर्ष के बाद उनको कितनी राशि लौटानी होगी?

I. ब्याज की दर 5% वार्षिक है।

II. एक वर्ष के लिए उस राशि का साधारण ब्याज 600 होता है।

III. उधार ली गयी राशि 2 साल में प्राप्त साधारण ब्याज की 10 गुणी है।

A. केवल I

B. केवल III

C. II तथा III दोनों

D. या तो I या III

E. I, II तथा III सभी

5. दिये गये समकोण त्रिभुज का क्षेत्रफल कितना है?

I. विकर्ण की लम्बाई 5 सेमी. है।

II. त्रिभुज की परिमिति इसके आधार की चार गुणा है।

III. त्रिभुज का एक कोण 60° है।

A. केवल II

B. केवल III

C. या तो II या III

D. I तथा III दोनों

E. दिये गये सभी तीनों कथनों के तथ्यों से प्रश्न का उत्तर नहीं दिया जा सकता है।

निर्देश (प्र. सं. 6 से 10): *नीचे प्रत्येक प्रश्न में एक प्रश्न और उसके बाद तीन कथन I, II और III दिए गए हैं। आपको तय करना है कि कथनों में दिया गया डाटा प्रश्न का उत्तर देने के लिए पर्याप्त है या नहीं।*

6. कंपनी ने वर्ष 2002 में कितना लाभ अर्जित किया?

I. कंपनी ने 2001 में कमाए लाभ से वर्ष 2003 में 40 प्रतिशत अधिक लाभ कमाया।

II. कंपनी ने 2001 और 2002 में मिलाकर कुल ₹ 20 करोड़ का लाभ कमाया।

III. कंपनी ने वर्ष 2003 में, वर्ष 2002 में कमाए लाभ का 80 प्रतिशत कमाया।

A. I, II और III में कोई दो पर्याप्त हैं

B. या तो I और II और III पर्याप्त हैं

C. I और II या III पर्याप्त हैं

D. I, II और III, तीनों प्रश्न का उत्तर देने के लिए आवश्यक हैं

E. प्रश्न का उत्तर I, II और III, तीनों के साथ भी नहीं दिया जा सकता

7. प्रबंधकों, पर्यवेक्षकों और सहायकों को नियोजित करने वाली संस्था में एक सहायक का मासिक वेतन कितना है?

I. प्रत्येक पर्यवेक्षक एक सहायक से प्रतिमाह ₹ 12,000 अधिक पाता है

II. एक पर्यवेक्षक और एक सहायक का कुल मासिक वेतन ₹ 32,000 है

III. एक प्रबंधक और एक पर्यवेक्षक का कुल मासिक वेतन ₹ 57,000 है

A. या तो I या III और II पर्याप्त हैं

B. केवल I और II पर्याप्त हैं

C. I, II और III में से कोई दो पर्याप्त हैं

D. I, II और III तीनों प्रश्न का उत्तर देने के लिए आवश्यक हैं

E. प्रश्न का उत्तर I, II और III, तीनों के साथ नहीं दिया जा सकता

8. अर्द्धवृत्त का सेमी॰ में परिमाप क्या है?

I. अर्द्धवृत्त का क्षेत्रफल समांतर चतुर्भुज के आधे क्षेत्रफल के बराबर है

II. समांतर चतुर्भुज की लंबाई अर्द्धवृत्त के व्यासार्ध की 1.5 गुना है

III. समांतर चतुर्भुज की लंबाई और चौड़ाई के बीच अंतर 8 सेमी॰ है

A. केवल II और III पर्याप्त हैं

B. केवल I और III पर्याप्त हैं

C. केवल I और II पर्याप्त हैं

D. I, II और III, तीनों प्रश्न का उत्तर देने के लिए आवश्यक हैं

E. प्रश्न का उत्तर I, II और III, तीनों के साथ भी नहीं दिया जा सकता

9. A, B और C के संयुक्त उद्यम में 2 वर्षों के अंत में B को कितना लाभ हुआ?

I. A और B ने क्रमशः 3 : 5 के अनुपात में एक पूंजी से उद्यम आरंभ किया।

II. C छः माह बाद ₹ 4.00 लाख के साथ उनसे मिल गया।

III. दो वर्ष के अंत में A का लाभ में हिस्सा ₹ 60,000 था।

A. केवल I और III पर्याप्त हैं

B. केवल II और III पर्याप्त हैं

C. या तो I या II और III पर्याप्त हैं

D. I, II और III, तीनों प्रश्न का उत्तर देने के लिए आवश्यक हैं

E. I, II और III, तीनों के बावजूद प्रश्न का उत्तर नहीं दिया जा सकता

10. 240 छात्रों की एक कक्षा में कितने छात्रों ने गणित में कम-से-कम 60 प्रतिशत अंक प्राप्त किए?

I. कक्षा के 20 प्रतिशत छात्रों ने गणित में 80 या अधिक प्रतिशत अंक प्राप्त किए।

II. 80 छात्रों ने गणित में 50 प्रतिशत से अधिक लेकिन 60 प्रतिशत से कम अंक प्राप्त किये।

III. गणित में 60 से 79 प्रतिशत तक अंक प्राप्त करने वाले छात्रों की संख्या 50 प्रतिशत से कम अंक प्राप्त करने वाले छात्रों की संख्या के बराबर थी।

A. I, II और III, तीनों प्रश्न के उत्तर देने के लिए आवश्यक हैं

B. केवल I और III पर्याप्त हैं

C. केवल II और III पर्याप्त हैं

D. केवल I और II पर्याप्त हैं

E. I, II और III, तीनों के बावजूद प्रश्न का उत्तर नहीं दिया जा सकता।

निर्देश (प्र. सं. 11-15 तक) *इनमें से प्रत्येक प्रश्न में, एक प्रश्न और उसके तीन कथन I, II और III में डाटा दिया गया है। आपको प्रश्न और कथनों के डाटा का अध्ययन कर यह तय करना है कि किस कथन के डाटा से प्रश्न का उत्तर दिया जा सकता है और तदनुसार अपना उत्तर दर्शाना है।*

11. प्र.श.प्र.व. ब्याज की दर क्या है?

I. निवेशित राशि पर 2 वर्ष में अर्जित चक्रवृद्धि और साधारण ब्याज के बीच अंतर ₹ 100 है।

II. साधारण ब्याज पर यह राशि तीन वर्ष में ₹ 19,500 हो जाती है।

III. इसी राशि पर ब्याज की इसी दर पर दो वर्ष में उपचित साधारण ब्याज ₹ 3,000 है।

A. केवल I और II B. केवल I और III
C. केवल II और III D. केवल I और या तो II या III
E. इनमें से कोई नहीं

12. कि.मी.प्र.घं. में ट्रेन की गति क्या है?

I. यह ट्रेन एक '*x*' मीटर लंबा प्लेटफार्म '*n*' सेकण्ड में पार करती है।

II. इस ट्रेन की लंबाई '*y*' मीटर है।

III. यह ट्रेन एक सिग्नल का खंभा '*m*' सेकण्ड में पार करती है।

A. तीन में से कोई भी दो
B. केवल II और III
C. केवल I और III
D. I, II और III सभी
E. तीनों कथनों की जानकारी के साथ भी इस प्रश्न का उत्तर नहीं दिया जा सकता है

13. कितने विद्यार्थी प्रथम श्रेणी में पास हुए थे?

I. परीक्षा में बैठे विद्यार्थियों में से 85% या तोप्रथम या द्वितीय या पास श्रेणी में पास हुए हैं।

II. 750 विद्यार्थी द्वितीय श्रेणी में पास हुए हैं।

III. पास श्रेणी में पास हुए विद्यार्थियों की संख्या द्वितीय श्रेणी में पास हुए विद्यार्थियों की 28% है।

A. I, II और III सभी
B. केवल I और III
C. केवल II और III
D. तीनों कथनों की जानकारी के साथ भी प्रश्न का उत्तर नहीं दिया जा सकता है
E. इनमें से कोई नहीं

14. स्कीम 'B' में निवेशित राशि क्या है?

I. स्कीम 'A' और 'B' में निवेशित राशि क्रमशः 2 : 3 के अनुपात में है।

II. स्कीम 'A' में निवेशित राशि कुल निवेशित राशि का 40% है।

III. स्कीम 'A' में निवेशित राशि ₹ 45,000 है।

A. केवल I और II B. केवल I और III
C. केवल II और III D. I, II और III सभी
E. केवल III और या तो I या II

15. आयताकार हॉल में फर्श बिछाने की लागत क्या होगी?

I. आयत की लंबाई 6 मीटर है।

II. आयत की चौड़ाई उसकी लंबाई का दो-तिहाई है।

III. 100 सेमी^{2} क्षेत्रफल में फर्श बिछाने की लागत ₹ 45 है।

A. केवल I और III
B. केवल II और III
C. I, II और III सभी
D. सभी तीनों कथनों के डाटा से प्रश्न का उत्तर नहीं दिया जा सकता है
E. इनमें से कोई नहीं

निर्देश (प्र. सं. 16-20 तक): *अगले पाँच प्रश्नों में से प्रत्येक प्रश्न में, एक प्रश्न और उसके बाद तीन कथनों में जानकारी दी गई है। आपको प्रश्न के साथ कथनों का अध्ययन करके यह तय करना है कि किस कथन/कथनों में दी गई जानकारी प्रश्न का उत्तर देने के लिए आवश्यक है/हैं।*

16. कक्षा में कितने बच्चे हैं?

I. 20% बच्चे केवल हिंदी बोलते हैं।

II. 44 बच्चे हिंदी के अलावा दूसरी भाषाएं बोल सकते हैं।

III. कक्षा में 30 लड़के हैं।

A. I, II व III सभी B. तीनों में कोई दो
C. II तथा या तो I या II D. केवल I व II
E. इनमें से कोई नहीं

17. सिलिंड्रिकल टैंक का आयतन क्या है?

I. आधार का क्षेत्रफल X वर्ग मीटर है।

II. टैंक की ऊँचाई Y मीटर है।

III. आधार का व्यास टैंक की ऊँचाई के बराबर है।

A. केवल I व II B. I तथा या तो II या III
C. केवल II व III D. तीनों में से कोई दो
E. तीनों कथनों की जानकारी के बावजूद प्रश्न का उत्तर नहीं दिया जा सकता।

18. ट्रेन की गति कितनी है?

I. प्लेटफॉर्म की लंबाई, ट्रेन की लंबाई की 150% है।

II. ट्रेन प्लेटफॉर्म को 25 सेकेंड में पार करती है।

III. ट्रेन सिग्नल पोल को 10 सेकेंड में पार करती है।

A. I, II व III सभी B. I तथा या तो II या III
C. केवल II या III D. तीनों में से कोई दो
E. तीनों कथनों की जानकारी के बावजूद प्रश्न का उत्तर नहीं दिया जा सकता।

19. टीवी सेट की बिक्री मूल्य क्या होगा, यदि कोई छूट न दी जा रही हो?

I. अर्जित लाभ 20% था।

II. बिक्री मूल्य पर 10% छूट दी जाती तो लाभ ₹ 1200 होता।

III. लागत मूल्य ₹ 15,000 है।

A. तीनों में से कोई दो B. केवल I व II
C. केवल I या III D. केवल II व III
E. तीनों कथनों की जानकारी के बावजूद प्रश्न का उत्तर नहीं दिया जा सकता।

20. कक्षा में लड़कियों का औसत भार कितना है?

I. सभी 60 विद्यार्थियों का औसत भार 42 कि.ग्रा. है।

II. लड़कों का औसत भार 43 कि.ग्रा. है।

III. सभी लड़कियों का कुल मिलाकर भार 1144 कि.ग्रा. है।

A. तीनों में से कोई दो B. I, II व III सभी

C. केवल I या II D. केवल II व III

E. तीनों कथनों की जानकारी के बावजूद प्रश्न का उत्तर नहीं दिया जा सकता।

निर्देश (प्र. सं. 21-25 तक): *नीचे प्रत्येक प्रश्न में एक प्रश्न और उसके तीन कथन दिए गए हैं, आप प्रश्न और कथनों का अध्ययन कीजिए और यह तय कीजिए कि कौन-सा/से कथनों में दी गई जानकारी प्रश्न का उत्तर देने के लिए आवश्यक है/हैं।*

21. हॉल का क्षेत्रफल क्या है?

I. फर्श के लिए सामग्री की लागत प्रति वर्गमीटर ₹ 250 है।

II. हॉल के फर्श की श्रमिक (Labour) लागत ₹ 3500 है।

III. हॉल के फर्श की कुल लागत ₹ 1,45,000 है।

A. केवल I और II B. केवल II और III

C. I, II और III सभी D. डाटा अपर्याप्त है

E. इनमें से कोई नहीं

22. प्रदान की गई छूट का प्रतिशत कितना था?

I. छूट देने के बाद ₹ 252 में बेची गई वस्तु पर अर्जित किया गया लाभ ₹ 52 था।

II. अगर छूट नहीं होती तो लाभ ₹ 80 अर्जित किया गया होगा।

III. अगर छूट नहीं होती तो लाभ 40 प्रतिशत अर्जित किया गया होता।

A. केवल I और II

B. II और या तो केवल I अथवा II

C. केवल I और II

D. I और या तो केवल II अथवा III

E. इनमें से कोई नहीं

23. ट्रेन की गति कितनी है?

I. ट्रेन सिग्नल के खम्भे को 13 सेकेण्ड में पार करती है?

II. ट्रेन 250 मीटर लम्बाई वाले प्लेटफॉर्म को 27 सेकेण्ड में पार करती है।

III. ट्रेन उसी दिशा में जाने वाली अन्य ट्रेन को 32 सेकेंड में पार करती है।

A. केवल I और II B. केवल I और III

C. केवल II और III D. तीनों में से कोई भी दो

E. इनमें से कोई नहीं

24. राज्य 'A' की जनसंख्या कितनी है?

I. राज्य 'A' की जनसंख्या में 15% से वृद्धि होने के बाद जनसंख्या 1.61 लाख बढ़ती है।

II. राज्य 'A' का राज्य 'B' के साथ जनसंख्या का अनुपात क्रमशः 7 : 8 है।

III. राज्य 'B' की जनसंख्या 1.6 लाख है।

A. केवल I

B. केवल II और III

C. केवल I और II

D. या तो केवल I अथवा और III

E. सभी I, II और III

25. निर्माण कार्य 10 दिनों में पूरा करने के लिए मजदूरों की आवश्यकता है?

I. 8 मजदूर, 8 दिनों में 25 प्रतिशत कार्य पूरा कर सकते हैं।

II. 20 मजदूर, 16 दिनों में कार्य पूरा कर सकते हैं।

III. 8 मजदूर, 5 दिनों में कार्य पूरा कर सकते हैं।

A. केवल I और III B. केवल II और III

C. केवल I D. केवल III

E. तीनों में से कोई भी एक

निर्देश (प्र.सं. 26-30 तक): *निम्नलिखित प्रश्नों के प्रत्येक में एक प्रश्न पूछा गया है तथा उसके बाद तीन कथन हैं। आपको प्रश्न तथा दिए गए सभी तीनों कथनों का अध्ययन करना है और तब यह निश्चित करना है कि क्या कथन/कथनों में दी गई जानकारी प्रश्नों का उत्तर देते समय अनावश्यक है तथा उसे छोड़ा जा सकता है?*

26. 8 पुरुष तथा 14 स्त्रियाँ मिलकर एक खेत में काम कर रहे हैं। तीन दिन काम करने के बाद 5 पुरुषों तथा 8 स्त्रियों ने काम छोड़ दिया। काम को पूरा करने में और कितने अधिक दिनों की आवश्यकता होगी?

I. 19 पुरुष 12 स्त्रियाँ मिलकर काम को 18 दिनों में पूरा कर सकते हैं।

II. 16 पुरुष उस काम के दो-तिहाई भाग को 16 दिन में पूरा कर सकते हैं।

III. एक दिन में तीन पुरुषों द्वारा किया गया काम 4 स्त्रियों द्वारा किए गए काम के बराबर होता है।

A. केवल I

B. केवल II

C. केवल III

D. केवल II अथवा III

E. I अथवा II अथवा III

27. दिए गए समकोण वाले त्रिभुज का क्षेत्रफल क्या है?

I. विकर्ण की लम्बाई 5 सेमी है।

II. त्रिभुज का परिमाप इसके आधार से चौगुना है।

III. त्रिभुज कोणों में से एक 60° का है।

A. केवल III

B. केवल II

C. केवल II या III

D. II और III दोनों

E. तीनों कथनों में मिलाकर दी गई सूचना इस प्रश्न का उत्तर देने के लिए अपर्याप्त है

28. तीन मित्र X, Y और Z ने हिस्सेदारी में एक व्यापार शुरू किया जिसमें तीन वर्षों के लिए क्रमशः 5 : 4 : 2 के अनुपात से धन का निवेश किया। कुल लाभ में X के हिस्सों की राशि क्या है?

I. व्यापार में निवेश किया गया कुल धन ₹ 22000 है।

II. लाभ 2 वर्ष के बाद बांटा जाता है।

III. प्रतिवर्ष कमाए गए लाभ का औसत ₹ 2750 है।

A. केवल I
B. केवल II
C. केवल III
D. केवल I या III
E. I अथवा II अथवा III

29. एक 'X' रेलगाड़ी दूसरी 'Y' रेलगाड़ी को जो विपरीत दिशा से आ रही है उसे पार करने में कितना समय लेगी?

I. रेलगाड़ी 'X' एक सिग्नल के खम्भे को 6 सेकण्ड में पार करती है।

II. रेलगाड़ी 'X' और रेलगाड़ी 'Y' की रफ्तार का अनुपात 3 : 2 है।

III. दोनों रेलगाड़ियों की लम्बाई मिलाकर 500 मीटर है।

A. केवल I
B. केवल II
C. केवल III
D. केवल I या II
E. तीनों कथनों में मिलाकर दी गई सूचना इस प्रश्न का उत्तर देने के लिए अपर्याप्त है

30. एक कमरा जिसकी लम्बाई, चौड़ाई तथा ऊँचाई क्रमशः 5 मीटर, 3 मीटर तथा 8 मीटर हैं। उसकी चारों दीवारों को रंगने में क्या खर्च आएगा? कमरे में एक दरवाजा तथा एक खिड़की है।

I. प्रति वर्गमीटर रंगाई का खर्च ₹ 25.00 है

II. खिड़की का क्षेत्रफल 2.25 वर्ग मीटर है जो दरवाजे के क्षेत्रफल का आधा है

III. कमरे का क्षेत्रफल 15 वर्गमीटर है

A. केवल I
B. केवल II
C. केवल III
D. II या III
E. प्रश्न के उत्तर के लिए सभी आवश्यक हैं

उत्तरमाला

1	2	3	4	5	6	7	8	9	10
B	B	D	D	D	D	B	E	A	E
11	**12**	**13**	**14**	**15**	**16**	**17**	**18**	**19**	**20**
B	A	D	E	C	D	D	E	A	B
21	**22**	**23**	**24**	**25**	**26**	**27**	**28**	**29**	**30**
C	D	A	D	E	A	C	A	C	C

व्याख्यात्मक उत्तर

1. कथन I तथा II से,

धारा की अनुकूल दिशा में गति

$$= u + v = 6 \text{ किमी./घंटा}$$

धारा की विपरीत दिशा में गति

$$= u - v = 3 \text{ किमी./घंटा}$$

$$u = \frac{1}{2}((u+v)+(u-v))$$

$$= \frac{1}{2}(6+3) = \frac{9}{2} \text{ किमी./घंटा}$$

कथन I तथा III से,

$$u + v = 6 \text{ किमी./घंटा}$$

$$\Rightarrow \quad u + \frac{u}{3} = 6$$

$$\Rightarrow \quad 4u = 18$$

$$\Rightarrow \quad u = \frac{18}{4} = \frac{9}{2} \text{ किमी./घंटा।}$$

2. कथन I और II से,

$$\text{रेलगाड़ी की गति} = \frac{240}{24} = 10 \text{ मी./सेकेण्ड।}$$

3. सभी तीनों कथनों से,

कुल 11 छात्रों की आयु + 1 शिक्षक की आयु

$$= 14 \times 12 = 168 \text{ वर्ष}$$

11 छात्र + शिक्षक की औसत आयु

= 11 छात्र + 3 की औसत आयु

⇒ 11 छात्रों की औसत आयु

$$= 14 - 3 = 11 \text{ वर्ष}$$

उनकी कुल आयु = $11 \times 11 = 121$ वर्ष

शिक्षक की आयु = $168 - 121 = 47$ वर्ष।

4. कथन I तथा III से,

2 वर्ष का साधारण ब्याज = ₹ 1200

मूलधन = 10×1200 = ₹ 12000

इस प्रकार हम चक्रवृद्धि ब्याज तथा मिश्रधन निकाल सकते हैं।

5.

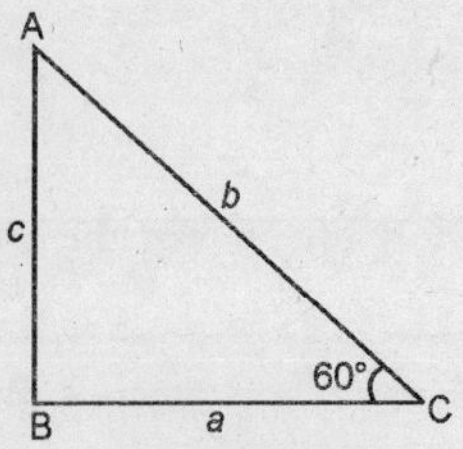

कथन I तथा III से,

$$\cos 60° = \frac{BC}{AC}$$

$$\Rightarrow \quad \frac{1}{2} = \frac{BC}{AC}$$

$$\Rightarrow \quad AC = 2BC$$

$$\Rightarrow \quad 5 = 2BC$$

$$\Rightarrow \quad BC = \frac{5}{2}$$

$$\Rightarrow \quad a = \frac{5}{2}$$

यहाँ पर, $a = \frac{5}{2}, b = 5$ तथा $\theta = 60°$

अतः त्रिभुज का क्षेत्रफल = $\frac{1}{2}ab \sin C$ के सूत्र से निकाला जा सकता है।

14. स्कीम A और B में निवेशित राशि का अनुपात

= 2 : 3

स्कीम A में निवेशित राशि = ₹ 45000

माना कि स्कीम A और B में निवेशित कुल राशि = ₹ x

अतः $\frac{2}{5} \times x = 45000$

$$x = \frac{45000 \times 5}{2} = ₹\ 112500$$

अतः स्कीम B में निवेशित राशि

= 112500 − 45000 = ₹ 67500

15. आयत की लम्बाई = 6 मीटर = 600 सेंटीमीटर

अतः आयत की चौड़ाई = $6 \times \frac{2}{3}$ = 4 मीटर = 400 सेमी

आयत का क्षेत्रफल = 600 × 400

= 240000 वर्ग सेमी.

100 वर्ग सेमी. पर खर्च = ₹ 45

240000 वर्ग सेमी पर खर्च = $\frac{45}{100} \times 240000$

= ₹ 60000

16. कथन I से,

हिन्दी के अलावा दूसरी भाषाएँ बोलने वाले बच्चों का प्रतिशत

= 100 − 20 = 80%

अब कथन II से,

80% = 44

$\therefore \quad 100\% = \frac{44}{80} \times 100 = 55$

अर्थात्, कक्षा में कुल बच्चों की संख्या = 55.

20. कथन I से,

60 विद्यार्थियों का कुल भार = 60 × 42 = 2520 कि.ग्रा.

कथन III से,

लड़कियों का कुल भार = 1144 कि.ग्रा.

कथन I तथा III से,

लड़कों का कुल भार = 2520 − 1144 = 1376 कि.ग्रा.

कथन II से,

लड़कियों का औसत भार = 43 कि.ग्रा.

$\therefore$ लड़कों की संख्या = $\frac{1376}{43} = 32$

तब लड़कियों की संख्या = 60 − 32 = 28

$\therefore$ कक्षा में लड़कियों का औसत भार

$= \frac{1144}{28}$

= 40.85 कि.ग्रा.

❍❍❍

18 कथन विश्लेषण (Statement Analysis)

इस प्रकार के प्रश्नों में कुछ प्रश्न दिए गए होते हैं। इन कथनों में कुछ तथ्य मौजूद होते हैं। आपको इन कथनों का विश्लेषण करना है, दिए गए तथ्यों कोव्यवस्थित करना और छांटना है और इसके बाद कथन से संबंधित प्रश्नों का उत्तर देना है।

वस्तुनिष्ठ प्रश्न

निर्देश (प्र. सं. 1–5): *निम्नलिखित का अध्ययन कर नीचे दिए गए प्रश्नों के उत्तर दीजिए:*

एक बैंक के परिसर का नवीकरण किया जाना है। नवीकरण फर्श का किया जाना है। कुछ स्थानों पर या तो संगमरमर या लकड़ी का फर्श बनाया जाना है। सभी कमरे/कक्ष और पेन्ट्री आयताकार है। ग्राहक लेन-देन के 23 मी गुणा, 29 मी माप के कक्ष, शाखा प्रबंधक के 13 मी गुणा, 17 मी माप के कमरे, 14 मी गुणा, 13 मी माप की पैंट्री, 21 मी गुणा, 13 मी के अभिलेख व सर्वर कमरे और 29 मी गुणा, 21 मी माप के लाकर क्षेत्र का नवीकरण किया जाना है। बैंक का कुल क्षेत्रफल 2000 वर्ग मीटर है। लकड़ी के फर्श की प्रति वर्ग मीटर लागत ₹ 170 और संगमरमर के फर्श की प्रति वर्ग मीटर लागत ₹ 190 है। लाकर क्षेत्र, अभिलेख व सर्वर कमरा और पैंट्री की फर्श संगमरमर का और शाखा प्रबंधक के कमरे और ग्राहक लेन-देन कक्ष का फर्श लकड़ी का बनाया जाना है। किसी अन्य क्षेत्र का फर्श नहीं बनाया जाना है।

1. लकड़ी के फर्श की कुल लागत का संगमरमर के फर्श की कुल लागत से क्रमशः अनुपात क्या है?
A. 1879 : 2527 B. 1887 : 2386
C. 1887 : 2527 D. 1829 : 2527
E. 1887 : 2351

2. शाखा प्रबंधक के कमरे की चार दीवार और छत (कमरे की ऊंचाई 12 मीटर है) को प्रति वर्ग मीटर ₹ 190 की लागत से पेंट करना है तो फर्श की लागत सहित शाखा प्रबंधक के कमरे के नवीकरण की कुल लागत क्या होगी?
A. ₹ 1,36,800 B. ₹ 2,16,660
C. ₹ 1,78,790 D. ₹ 2,11,940
E. इनमें से कोई नहीं

3. बैंक के शेष क्षेत्र पर ₹ 110/- प्रति वर्ग मीटर की दर से कालीन बिछाया जाना है तो बैंक परिसर के नवीकरण की कुल लागत में कितनी वृद्धि होगी?
A. ₹ 5,820 B. ₹ 4,848
C. ₹ 3,689 D. ₹ 6,890
E. इनमें से कोई नहीं

4. बैंक के कितने प्रतिशत क्षेत्र का नवीकरण नहीं हुआ है?
A. 2.2 B. 2.4
C. 4.2 D. 4.4
E. इनमें से कोई नहीं

5. ग्राहक लेन-देन कक्ष और लाकर क्षेत्र के नवीकरण की कुल लागत क्या है?
A. ₹ 2,29,100 B. ₹ 2,30,206
C. ₹ 2,16,920 D. ₹ 2,42,440
E. इनमें से कोई नहीं

निर्देश (प्र. सं. 6 से 10) : *निम्नलिखित कोध्यांन से पढ़कर नीचे दिए गए प्रश्नों के उत्तर दीजिए।*

एक स्कूल में 1200 विद्यार्थी हैं जिन्होंने अलग-अलग पांच शहर अर्थात् दिल्ली, कोलकाता, वाराणसी, मुंबई और जोधपुर का दौरा किया है। कुल विद्यार्थियों में से 45% लड़के हैं। कुल लड़कियों में से 30% ने मुंबई का दौरा किया था। कुल लड़कियों में से दो बटा पांच लड़कियों ने दिल्ली का दौरा किया। जोधपुर का दौरा करने वाली लड़कियां दिल्ली का दौरा करने वाली लड़कियों से आधी थीं। शेष दो-तिहाई लड़कियों ने कोलकाता का दौरा किया। मुंबई का दौरा करने वाले विद्यार्थियों की कुल संख्या 300 है। कुल लड़कों में से 20% ने दिल्ली का दौरा किया। कुल लड़कों में से 40% ने जोधपुर का दौरा किया। कोलकाता और वाराणसी का दौरा करने वाले विद्यार्थियों की संख्या समान थी।

6. दिल्ली, मुंबई और वाराणसी का दौरा करने वाली लड़कियों की कुल संख्या कितनी है?
A. 464 B. 484
C. 536 D. 556
E. इनमें से कोई नहीं

7. जोधपुर का दौरा करने वाले विद्यार्थियों की कुल संख्या दिल्ली का दौरा करने वाली लड़कियों की संख्या का **लगभग** कितना प्रतिशत है?
A. 111 B. 91
C. 132 D. 32
E. 72

8. कोलकाता, वाराणसी और जोधपुर का दौरा करने वाले लड़कोंकी औसत संख्या क्या है?

A. 110 B. 122
C. 101 D. 104
E. इनमें से कोई नहीं

9. वाराणसी का दौरा करने वाले विद्यार्थियों की कुल संख्या क्या है?

A. 78 B. 69
C. 102 D. 103
E. इनमें से कोई नहीं

10. कोलकाता का दौरा करने वाली लड़कियों की संख्या और मुंबई का दौरा करने वाले लड़कों की संख्या के बीच का क्रमशः अनुपात क्या है?

A. 22 : 51 B. 23 : 51
C. 21 : 55 D. 51 : 22
E. इनमें से कोई नहीं

निर्देश (प्र. सं. 11-15) : *इन प्रश्नों का उत्तर देने के लिए निम्नलिखित जानकारी को ध्यान से पढ़िए:*

कुल 1560 छात्रों वाले एक स्कूल में लड़के और लड़कियां 7 : 5 के अनुपात में हैं। सभी छात्र अलग-अलग तरह की हॉबी क्लासों में दाखिल हैं यथा गायन, नृत्य और चित्रकला। एक बटा पांच लड़के सिर्फ नृत्य की कक्षाओं में दाखिल हैं। बीस प्रतिशत लड़कियाँ केवल चित्रकला की कक्षा में दाखिल हैं। दस प्रतिशत लड़के केवल गायन की कक्षाओं में दाखिल हैं। चौबीस प्रतिशत लड़कियाँ गायन और नृत्य दोनों कक्षाओं में दाखिल हैं। केवल गायन की कक्षाओं में दाखिल लड़कियों की संख्या उसी कक्षा में दाखिल लड़कों का दो सौ प्रतिशत है। एक बटा तेरह लड़के तीनों कक्षाओं में दाखिल हैं। नृत्य और चित्रकला दोनों कक्षाओं में दाखिल लड़कों का इन कक्षाओं में दाखिल लड़कियों से क्रमशः 2 : 1 का अनुपात है। दस प्रतिशत लड़कियां केवल नृत्य की कक्षाओं में दाखिल हैं जबकि आठ प्रतिशत लड़कियां नृत्य और चित्रकला दोनों में दाखिल हैं। बाकी लड़कियां तीनों कक्षाओं में मिलाकर दाखिल हैं। गायन और नृत्य की कक्षाओं में मिलाकर दाखिल लड़कों की संख्या उनमें दाखिल लड़कियों की संख्या का पचास प्रतिशत है। बाकी लड़के केवल चित्रकला की कक्षाओं में दाखिल हैं।

11. नृत्यकला में दाखिल लड़कों की कुल संख्या कितनी है?

A. 318 B. 364
C. 292 D. 434
E. इनमें से कोई नहीं

12. गायन की कक्षा में दाखिल लड़कियों की कुल संख्या स्कूल में छात्रों की कुल संख्या का **लगभग** कितने प्रतिशत है?

A. 37 B. 19
C. 32 D. 14
E. 26

13. तीनों कक्षाओं को मिलाकर दाखिल छात्रों की कुल संख्या कितनी है?

A. 135 B. 164
C. 187 D. 142
E. इनमें से कोई नहीं

14. केवल नृत्य की कक्षाओं में दाखिल लड़कियों की संख्या उसी कक्षा में दाखिल लड़कों का कितने प्रतिशत है? (दशमलव के बाद दो अंकों तक पूर्णांकित)

A. 38.67 B. 35.71
C. 41.83 D. 28.62
E. इनमें से कोई नहीं

15. चित्रकला की कक्षाओं में दाखिल लड़कियों की संख्या का उसी में दाखिल लड़कों की संख्या से क्रमशः क्या अनुपात है?

A. 77 : 26 B. 21 : 73
C. 26 : 77 D. 73 : 21
E. इनमें से कोई नहीं

निर्देश (प्र. सं. 16-20 तक) *ये प्रश्न निम्नलिखित डाटा पर आधारित है। इसका ध्यान से अध्ययन कर नीचे दिए प्रश्नों के उत्तर दीजिए।*

400 विद्यार्थियों वाले एक स्कूल में लड़के और लड़कियां क्रमशः 3 : 5 के अनुपात में हैं। विद्यार्थी हिन्दी, अंग्रेजी या दोनों भाषाएं बोलते हैं। 12% लड़के केवल हिन्दी बोलते हैं, 22% लड़कियां केवल अंग्रेजी बोलती हैं। कुल विद्यार्थियों में 24% विद्यार्थी केवल हिन्दी बोलते हैं और दोनों भाषाएं बोलने वाले लड़कों की संख्या केवल हिन्दी बोलने वाले लड़कों की संख्या का छह गुना है।

16. कुल कितने लड़के हिन्दी बोलते हैं?

A. 18 B. 126
C. 108 D. 26
E. इनमें से कोई नहीं

17. कितनी लड़कियां केवल हिन्दी बोलती हैं?

A. 55 B. 117
C. 96 D. 78
E. इनमें से कोई नहीं

18. कुल कितने विद्यार्थी अंग्रेजी बोलते हैं?

A. 304 B. 79
C. 225 D. 117
E. इनमें से कोई नहीं

19. केवल हिन्दी बोलने वाली लड़कियों की संख्या केवल हिन्दी बोलने वाले कुल विद्यार्थियों की संख्या का कितना प्रतिशत है?

A. 38.2 B. 71.8
C. 31.2 D. 78
E. इनमें से कोई नहीं

20. दोनों भाषाएं बोलने वाले लड़कों और लड़कियों की संख्या के बीच क्रमशः अनुपात क्या है?

A. 23 : 25 B. 12 : 25
C. 12 : 13 D. 25 : 13
E. इनमें से कोई नहीं

निर्देश (प्र. सं. 21 से 23): *इन प्रश्नों का उत्तर देने के लिए इस जानकारी को ध्यान से पढ़िए।*

एक टीम में 240 सदस्य हैं (पुरुष व महिलाएं)। उनमें से दो-तिहाई पुरुष हैं। पंद्रह प्रतिशत पुरुष ग्रेजुएट हैं। शेष पुरुष नॉन-ग्रेजुएट हैं। तीन-चौथाई महिलाएं ग्रेजुएट हैं। शेष महिलाएं नॉन-ग्रेजुएट हैं।

21. नॉन-ग्रेजुएट महिलाओं की संख्या और ग्रेजुएट पुरुषों की संख्या के बीच कितना अंतर है?

A. 2 B. 24
C. 4 D. 116
E. 36

22. ग्रेजुएट महिलाओं की संख्या और नॉन-ग्रेजुएट पुरुषों की संख्या का योग कितना है?

A. 184 B. 96
C. 156 D. 84
E. 196

23. पुरुषों की कुल संख्या और नॉन-ग्रेजुएट महिलाओं की संख्या के बीच अनुपात कितना है?

A. 6 : 1 B. 8 : 1
C. 8 : 3 D. 5 : 2
E. 7 : 2

निर्देश (प्र. सं. 24-25): *प्रश्नों का उत्तर देने के लिए निम्नलिखित जानकारी का ध्यानपूर्वक अध्ययन करें:*

किसी प्रतियोगिता में भाग लेने के लिए पांच राज्यों से 650 प्रतिभागी आए हैं। राज्य-1 से आए प्रतिभागियों की संख्या कुल प्रतिभागियों की संख्या का 12 प्रतिशत है। राज्य-2 से कुल प्रतिभागियों के $\frac{1}{5}$ प्रतिभागी आए हैं। कुल प्रतिभागियों का 8% राज्य-3 से हैं। राज्य-4 एवं राज्य-5 से आए प्रतिभागी समान हैं।

24. राज्य-4 से कितने प्रतिभागी प्रतियोगिता में शामिल हुए?

A. 390 B. 195
C. 78 D. 187
E. इनमें से कोई नहीं

25. राज्य-2 एवं राज्य-3 से शामिल हुए प्रतिभागियों का क्रमशः अनुपात है :

A. 3 : 5 B. 2 : 5
C. 5 : 2 D. 5 : 3
E. इनमें से कोई नहीं

निर्देश (प्र. सं. 26-30 तक): *निम्नलिखित को सावधानीपूर्वक पढ़िए और उसके नीचे दिए गए प्रश्नों के उत्तर दीजिए।*

P, Q, R, S, T और W ये छः व्यक्ति किसी संगठन में काम करते हैं। प्रत्येक की अलग-अलग मासिक आय है और प्रत्येक की अलग-अलग रंग की पसंद, जैसे–काला, सफेद, नीला, हरा, लाल और पीला है। वह व्यक्ति जो सबसे अधिक कमाता है, उसको नीला अथवा सफेद रंग पसंद नहीं है। वह व्यक्ति जो सबसे कम कमाता है, उसको काला अथवा लाल रंग पसंद नहीं है। R को पीला रंग अच्छा लगता है और उसकी कमाई दूसरे क्रमांक पर उच्चतम है। P को सफेद रंग पसंद है और वह T से अधिक कमाता है, किन्तु W से कम। Q जो P से कम, किन्तु T से अधिक कमाता है उसे काला रंग पसंद है। S को नीला तथा T को लाल रंग पसंद है।

26. उनमें से कितने Q से अधिक कमाते हैं?

A. एक B. दो
C. तीन D. जानकारी अधूरी है
E. इनमें से कोई नहीं

27. कौन सबसे कम कमाता है?

A. Q B. P
C. R D. S
E. इनमें से कोई नहीं

28. उनमें से कौन, अपनी आय के अवरोही क्रमानुसार व्यवस्थित करने के बाद तीसरे स्थान पर आएगा?

A. P B. R
C. T D. जानकारी अधूरी है
E. इनमें से कोई नहीं

29. W को कौन-सा रंग अच्छा लगता है?

A. सफेद B. हरा
C. नीला D. सफेद अथवा हरा
E. इनमें से कोई नहीं

30. S को कौन-सा रंग अच्छा लगता है?

A. सफेद
B. हरा
C. नीला
D. लाल
E. इनमें से कोई नहीं

निर्देश (प्र. सं. 31-35 तक): *अगले पाँच प्रश्न निम्नलिखित जानकारी पर आधारित हैं:*

एक कक्षा के बच्चे तीन खेलों बैडमिंटन, फुटबॉल और क्रिकेट में से सिर्फ एक या दो या तीनों खेल खेलते हैं। 5 बच्चे सिर्फ क्रिकेट खेलते हैं, 8 बच्चे सिर्फ फुटबॉल खेलते हैं और 7 बच्चे सिर्फ बैडमिंटन खेलते हैं। 3 बच्चे सिर्फ दो खेल बैडमिंटन और फुटबॉल खेलते हैं, 4 बच्चे सिर्फ दो खेल क्रिकेट और फुटबॉल और दूसरे 4 बच्चे सिर्फ दो खेल बैडमिंटन और क्रिकेट खेलते हैं। 2 बच्चे सभी तीनों खेल खेलते हैं।

31. कितने बच्चे बैडमिंटन के साथ क्रिकेट खेलते हैं?

A. 9 B. 10
C. 4 D. 6
E. इनमें से कोई नहीं

32. कितने बच्चे फुटबॉल के साथ-साथ क्रिकेट खेलते हैं?

A. 7 B. 4
C. 6 D. 15
E. इनमें से कोई नहीं

33. कक्षा में कुल कितने बच्चे हैं?

A. 33 B. 31
C. 36 D. 35
E. इनमें से कोई नहीं

34. कुल मिलाकर कितने बच्चे बैडमिंटन खेलते हैं?

A. 14 B. 17
C. 12 D. 13
E. इनमें से कोई नहीं

35. कुल मिलाकर कितने बच्चे फुटबॉल खेलते हैं?

A. 8 B. 17
C. 18 D. 14
E. इनमें से कोई नहीं

उत्तरमाला

1	2	3	4	5	6	7	8	9	10
C	E	E	B	A	B	C	A	E	A
11	12	13	14	15	16	17	18	19	20
E	E	A	B	B	B	D	A	E	C
21	22	23	24	25	26	27	28	29	30
C	E	B	B	C	C	D	A	B	C
31	32	33	34	35					
D	C	A	E	B					

व्याख्यात्मक उत्तर

1. संगमरमर के फर्श का क्षेत्रफल $= 29 \times 21 + 21 \times 13 + 13 \times 14$
$= 609 + 273 + 182$
$= 1064 \text{ m}^2$

संगमरमर फर्श पर लागत $= 1064 \times 190$
$=$ ₹ 202160

लकड़ी के फर्श का क्षेत्रफल $= 17 \times 13 + 29 \times 23$
$= 221 + 667 = 888 \text{ m}^2$

लकड़ी के फर्श पर लागत $= 888 \times 170$
$=$ ₹ 150960

$\therefore$ अभीष्ट अनुपात $= \dfrac{150960}{202160}$
$= 1887 : 2527$

2. चारों दीवारों का क्षेत्रफल $= 2(l + b)h$
$= 2(17 + 13) \times 12$
$= 30 \times 24 = 720 \text{ m}^2$

ऊपरी छत का क्षेत्रफल $= l \times b = 17 \times 13 = 221 \text{ m}^2$

छत तथा चारों दीवारों का क्षेत्रफल
$= 720 + 221 = 941 \text{ m}^2$

लागत $= 941 \times 190 =$ ₹ 178790

फर्श की लागत $= 221 \times 170 =$ ₹ 37570

कुल लागत $= 178790 + 37570$
$=$ ₹ 216360

3. शेष का क्षेत्रफल $= 2000 - (1064 + 888)$
$= 2000 - 1952 = 48 \text{ m}^2$

कालीन बिछाने पर लागत $= 110 \times 48 =$ ₹ 5280

4. 2000 का $x\% = 48$

$$x = \frac{48 \times 100}{2000} = 2.4\%$$

5. कुल लागत $= 609 \times 190 + 667 \times 170$
$= 115710 + 113390$
$=$ ₹ 229100

7. अभीष्ट प्रतिशत $= \dfrac{216 + 132}{264} \times 100 = 132$

8. अभीष्ट औसत

$$= \frac{57 + 57 + 216}{3}$$

$$= \frac{330}{3} = 110$$

10. अभीष्ट अनुपात
$= 44 : 102 = 22 : 51$

16. कुल विद्यार्थियों की संख्या $= 400$

माना कि लड़कों की संख्या $3x$ तथा
लड़कियों की संख्या $5x$ है।

प्रश्नानुसार, $3x + 5x = 400$
$8x = 400$
$x = 50$

लड़कों की संख्या $= 50 \times 3 = 150$

लड़कियों की संख्या $= 50 \times 5 = 250$

लड़कों की संख्या जो सिर्फ हिन्दी बोलते हैं

$$= \frac{12}{100} \times 150 = 18$$

लड़कों की संख्या जो हिन्दी और अंग्रेजी दोनों बोलते हैं
$= 18 \times 6 = 108$

हिन्दी बोलने वाले लड़कों की संख्या
$= 108 + 18 = 126$

17. लड़कियों की संख्या जो सिर्फ हिन्दी बोलती हैं

$$= \frac{24}{100} \times 400 - 18$$

$= 96 - 18 = 78$

18. अंग्रेजी बोलने वाले विद्यार्थियों की संख्या
$= 400 - 96 = 304$

21-23. पुरुषों की संख्या $= 240 \times \frac{2}{3} = 160$

महिलाओं की संख्या $= 240 \times \frac{1}{3} = 80$

ग्रेजुएट पुरुषों की संख्या $= 160 \times \frac{15}{100} = 24$

नॉन ग्रेजुएट पुरुषों की संख्या $= 160 - 24 = 136$

ग्रेजुएट महिलाओं की संख्या $= 80 \times \frac{3}{4} = 60$

नॉन ग्रेजुएट महिलाओं की संख्या $= 20$.

21. अभीष्ट अन्तर $= 24 - 20 = 4$.

22. अभीष्ट संख्या $= 136 + 60 = 196$.

23. अभीष्ट अनुपात $= \frac{160}{20} = 8 : 1$.

24. प्रश्न 24-25 के लिए

कुल छात्रों की संख्या $= 650$

राज्य-1 से आए छात्रों की संख्या $= \frac{12}{100} \times 650 = 78$

राज्य-2 से आए छात्रों की संख्या $= \frac{1}{5} \times 650 = 130$

राज्य-3 से आए छात्रों की संख्या $= \frac{8}{100} \times 650 = 52$

राज्य-4 तथा राज्य-5 से आए छात्रों की संख्या

$$= 650 - (130 + 52 + 78)$$
$$= 650 - 260 = 390$$

राज्य-4 से आए छात्रों की संख्या $= \frac{390}{2} = 195$

अतः राज्य-4 से 195 छात्र परीक्षा में शामिल हुए।

25. अभीष्ट अनुपात $= \frac{130}{52} = 5 : 2$.

प्रश्न संख्या 26 से 30 तक के लिए:

दी गई जानकारी के आधार पर संगठन के छः व्यक्तियों की रंग पसन्दगी तथा आय के आधार पर सही अवरोही क्रम निम्नवत् हैं—

$$W > R > P > Q > T > S$$

(हरा) (पीला) (सफेद) (काला) (लाल) (नीला)

प्रश्न संख्या 31 से 35 तक के लिए:

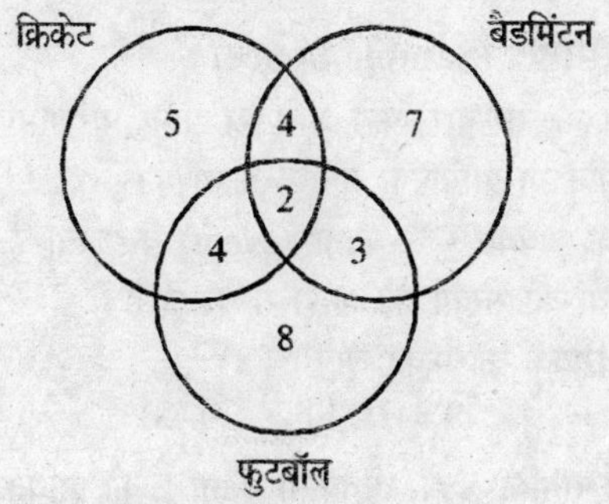

○○○

19 प्रायिकता (Probability)

किसी घटना की निश्चितता या अनिश्चितता की माप को संख्याओं में निरूपित करना ही प्रायिकता या सम्भाविता कहलाती है।

यादृच्छिक प्रयोग (Random Experiment)

ऐसा प्रयोग जिसके परिणामों के बारे में कोई भविष्यवाणी न की जा सके वह यादृच्छिक प्रयोग कहलाता है।

जैसे: एक सिक्के को उछालना या पासे को फेंकना। वैसे प्रायिकता से जुड़े अधिकांश प्रश्न यादृच्छिक प्रयोगों पर आधारित होते हैं।

प्रतिदर्श समष्टि (Sample Space)

किसी प्रयोग के बार-बार किये जाने पर प्राप्त परिणामों के समुच्चय को प्रतिदर्श समष्टि या प्रायिकता समष्टि कहते हैं।

इसका प्रत्येक अवयव एक घटना (event) कहलाता है। इसे S से तथा इसके अवयवों की संख्या को $n(S)$ से दर्शाते हैं।

जैसे : एक सिक्के को फेंका जाए तो

$$S = (H, T) \quad \because n(S) = 2$$

यदि प्रतिदर्श समष्टि S हो, तो किसी घटना E की प्रायिकता

$$P(E) = \frac{n(E)}{n(S)} \text{ या प्रायिकता} = \frac{\text{अनुकूल स्थिति}}{\text{कुल स्थिति}}$$

यहाँ, $n(E)$ = घटना है। $n(S)$ = अवयवों की संख्या

यहाँ ध्यान रखना है कि E कोई घटना है। जैसे : एक पासे को फेंका जाए तो E किसी एक अंक आने की घटना है जबकि (S) उसमेंकुल अवयव (6 अंक) हैं। ताश की गड्डी में इक्का, बादशाह, बेगम तथा गुलाम को चित्र वाला पत्ता कहा जाता है।

उदाहरण 1 : एक पासा फेंकने पर 5 आने की प्रायिकता क्या होगी?

हल: यहाँ $S = \{1, 2, 3, 4, 5, 6\}$

अत: $n(S) = 6$ तथा $E = \{5\}$

$$\therefore P(E) = \frac{n(E)}{n(S)} = \frac{1}{6}$$

उदाहरण 2 : एक पासे को फेंकने पर 5 से कम अंक आने की प्रायिकता क्या है?

हल: यहाँ पर, $n(S) = 6$, $n(E) = 4$

$$\therefore P(E) = \frac{n(E)}{n(S)} = \frac{4}{6} = \frac{2}{3}$$

उदाहरण 3 : ताश की एक गड्डी में से एक पत्ता यादृच्छिक निकाला जाता है तो हुक्म का पत्ता आने की क्या संभावना है?

हल: ताश में कुल पत्ते = 52

तथा हुक्म के पत्ते की संख्या = 13

$$\therefore P(E) = \frac{n(E)}{n(S)} = \frac{13}{52} = \frac{1}{4}$$

उदाहरण 4 : एक थैले में 5 लाल, 4 सफेद एवं 3 काली गेंदे हैं तो एक लाल गेंद निकालने की प्रायिकता क्या होगी?

हल: कुल गेंद = 5 + 4 + 3 = 12

$$n(S) = {}^{12}C_1 = \frac{12!}{11!} = \frac{12 \times 11!}{11!} = 12$$

$$n(E) = {}^{5}C_1 = \frac{5!}{4!} = \frac{5 \times 4!}{4!} = 5$$

$$\therefore P(E) = \frac{n(E)}{n(S)} = \frac{5}{12}$$

उदाहरण 5 : एक सिक्के की उछाल में शीर्ष आने की प्रायिकता क्या है?

हल: यहाँ पर, $n(E) = 1$, $n(S) = 2$

$$\therefore P(E) = \frac{n(E)}{n(S)} = \frac{1}{2}$$

साधित उदाहरण

1. एक पासा फेंकने पर सम-संख्या आने की प्रायिकता क्या होगी?

हल: $S = \{1, 2, 3, 4, 5, 6\}$, $n(S) = 6$

$E = \{2, 4, 6\} \quad \Rightarrow n(E) = 3$

$$\therefore P(E) = \frac{n(E)}{n(S)} = \frac{3}{6} = \frac{1}{2}$$

2. दो पासेंएक साथ फेंकने पर दोनों फलकों पर आने वाली संख्याओं का योग 9 होने की प्रायिकता क्या होगी?

हल: दो पासे फेंकने पर,

$n(S) = 6 \times 6 = 36$

$E = \{(3, 6), (4, 5), (6, 3), (5, 4)\} \Rightarrow n(E) = 4$

$$\therefore P(E) = \frac{n(E)}{n(S)} = \frac{4}{36} = \frac{1}{9}$$

वस्तुनिष्ठ प्रश्न

1. एक पासे को दो बार उछाला जाता है तो उस पर आने वाले अंकों का योग 7 आने की क्या सम्भावना है?

A. $\frac{1}{6}$ B. $\frac{1}{8}$

C. $\frac{2}{6}$ D. $\frac{2}{5}$

E. इनमें से कोई नहीं

2. सीता 75% सत्य बोलती है जबकि गीता 80% सत्य बोलती है तो दोनों का विरोधाभास होने की प्रायिकता क्या है?

A. 32% B. 40%

C. 36% D. 35%

E. इनमें से कोई नहीं

3. एक बक्से में 5 काली, 4 पीली तथा 3 नीली कलमें हैं। उसमें से 3 कलम को यादृच्छिक निकाला जाता है तो क्या सम्भावना है कि निकाली गई कलमें काले रंग की नहीं हैं?

A. $\frac{7}{44}$ B. $\frac{6}{33}$

C. $\frac{3}{44}$ D. $\frac{13}{220}$

E. इनमें से कोई नहीं

4. एक पासे को फेकने में यदि सम संख्या आती हो, तो उसके 2 से अधिक होने की क्या प्रायिकता है?

A. 1/3 B. 5/6

C. 2/3 D. 1/6

E. इनमें से कोई नहीं

5. 15 बल्ब हैं जिनमें 5 दोषपूर्ण हैं इनमें से 3 बल्ब यादृच्छिक चुने जाते हैं तो केवल एक बल्ब दोषपूर्ण होने की प्रायिकता क्या होगी?

A. $\frac{30}{91}$ B. $\frac{45}{91}$

C. $\frac{65}{91}$ D. $\frac{33}{91}$

E. इनमें से कोई नहीं

6. किसी अधिवर्ष (Leap year) में 53 रविवार होनेकी प्रायिकता क्या है?

A. $\frac{2}{7}$ B. $\frac{1}{7}$

C. $\frac{7}{365}$ D. $\frac{1}{365}$

E. इनमें से कोई नहीं

7. किसी थैली में 2 लाल, 3 हरी और 2 नीली गेंदें हैं। 2 गेंदें यादृच्छिक रूप से निकाली जाती हैं। निकाली गई गेंदों में से किसी नीली गेंद के नहीं होने की प्रायिकता क्या है?

A. $\frac{5}{7}$ B. $\frac{10}{21}$

C. $\frac{2}{7}$ D. $\frac{11}{21}$

E. इनमें से कोई नहीं

8. एक थैले में 3 सफेद तथा 2 काली गोलियाँ हैं। यादृच्छया एक सफेद गोली निकालने की प्रायिकता क्या होगी?

A. 5 B. 3

C. 5/3 D. 3/5

E. इनमें से कोई नहीं

9. एक पासेको फेंकने पर 6 अंक के ऊपर आने की प्रायिकता क्या होगी?

A. 6 B. 7

C. $\frac{1}{6}$ D. $\frac{1}{7}$

E. इनमें से कोई नहीं

10. अक्षर B, G, I, N और R को पुनः व्यवस्थित किया जाए तो 'BRING' शब्द आने की क्या प्रायिकता होगी?

A. $\frac{1}{12}$ B. $\frac{1}{120}$

C. $\frac{1}{115}$ D. $\frac{1}{211}$

E. इनमें से कोई नहीं

11. 100 एक समान सिक्के, प्रत्येक को एक बार उछालने पर शीर्ष आने की प्रायिकता P है। यदि $0 < P < 1$ तथा 50 सिक्कों के शीर्ष ऊपर आने की तथा 51 सिक्कों के शीर्ष ऊपर आने की प्रायिकता बराबर है, तो P का मान है–

A. $\frac{47}{101}$ B. $\frac{53}{401}$

C. $\frac{48}{101}$ D. $\frac{51}{101}$

E. इनमें से कोई नहीं

12. एक क्रिकेट टीम में 15 सदस्य हैं जिनमें से केवल 5 गेंदबाज हैं। यदि इन खिलाड़ियों के नामों की पर्चियाँ एक टीम में रखी हों तथा 11 पर्चियाँयादृच्छया निकाली जाती हों, तब 11 खिलाड़ियों को चुनने की प्रायिकता क्या होगी, यदि कम-से-कम 3 गेंदबाज हों?

A. $\frac{7}{13}$ B. $\frac{11}{15}$

C. $\frac{12}{13}$ D. $\frac{15}{17}$

E. इनमें से कोई नहीं

13. यदि $P(B) = \frac{3}{4}$, $P(A \cap B \cap \bar{C}) = \frac{1}{3}$ और

$P(\bar{A} \cap B \cap \bar{C}) = \frac{1}{3}$,

तब $P(B \cap C)$ बराबर है–

A. $\frac{1}{12}$ B. $\frac{5}{6}$

C. $\frac{2}{15}$ D. $\frac{1}{9}$

E. इनमें से कोई नहीं

14. यदि N = S {(1, 2,......,100)} से यादृच्छया 3 विभिन्न संख्याएँ चुनी जाती हैं, तोइन तीनों के 2 और 3 दोनों से विभाजित होने की प्रायिकता होगी–

A. $\frac{4}{25}$ B. $\frac{4}{35}$

C. $\frac{4}{33}$ D. $\frac{4}{1155}$

E. इनमें से कोई नहीं

15. पत्तों की एक गड्डी जिसमें 4 इक्के, 4 बादशाह, 4 बेगम एवं 4 गुलाम हैं। दो पत्ते यादृच्छया चुन लिए जाते हैं। इनमें कम-से-कम एक इक्का होने की प्रायिकता है–

A. $\frac{9}{20}$ B. $\frac{3}{16}$

C. $\frac{1}{6}$ D. $\frac{1}{9}$

E. इनमें से कोई नहीं

उत्तरमाला

1	2	3	4	5	6	7	8	9	10
A	D	A	C	B	A	B	D	C	B
11	**12**	**13**	**14**	**15**					
D	C	A	D	A					

व्याख्यात्मक उत्तर

1. कुल स्थिति $n(S) = 6^2 = 36$

अंकों का योग 7 होने की संभावित स्थिति

(1, 6), (6, 1), (2, 5), (5, 2), (3, 4), (4, 3) = 6

तो $P(E) = \frac{n(E)}{n(S)} = \frac{6}{36} = \frac{1}{6}$

2. सीता 75% सत्य बोलती है तो झूठ = 25%

गीता 80% सत्य बोलती है तो झूठ = 20%

अतः दोनों की विरोधाभास होने की प्रायिकता

$= 75\% \times 20\% + 80\% \times 25\%$

$= \frac{75}{100} \times \frac{20}{100} + \frac{80}{100} \times \frac{25}{100}$

$= \frac{3}{4} \times \frac{1}{5} + \frac{4}{5} \times \frac{1}{4}$

$= \frac{3}{20} + \frac{1}{5} = \frac{3+4}{20} = \frac{7}{20}$

या $\frac{7}{20} \times 100 = 35\%$

3. कुल कलम = 5 + 4 + 3 =12 अर्थात् $^{12}C_3 = 220$

यदि 3 कलम, 4 पीली तथा 3 नीली यानि 7 क़लमों से निकाली जाएं तो काले रंग की नहीं होगी।

$n(E) = {}^7C_3 = 35$

तो $P(E) = \frac{35}{220} = \frac{7}{44}$

4. पासे के ऊपर सम संख्या आने की कुल घटना = (2, 4, 6)

ऊपर सम संख्या 2 से अधिक की घटना = (4, 6)

तो $P(E) = \frac{n(E)}{n(S)} = \frac{2}{3}$

5. दोषयुक्त बल्ब = 10

केवल एक दोषपूर्ण बल्ब का चुनाव $= \frac{{}^5C_1 \times {}^{10}C_2}{{}^{15}C_3}$

$= \frac{5 \times 10 \times 9 \times 3 \times 2}{2 \times 15 \times 14 \times 13} = \frac{45}{91}$

6. अधिवर्ष में 366 दिन = 52 सप्ताह + 2 दिन

ये दो दिन हो सकते हैं :

(i) सोमवार, मंगलवार (ii) मंगलवार, बुधवार

(iii) बुधवार, बृहस्पतिवार (iv) बृहस्पतिवार, शुक्रवार

(v) शुक्रवार, शनिवार (vi) शनिवार, रविवार

(vii) रविवार, सोमवार

$\therefore$ अभीष्ट प्रायिकता $= \frac{2}{7}$

7. कुल गेंदों की संख्या = (2 + 3 + 2) = 7

$n(S) = {}^7C_2$

नीली गेंदों को छोड़कर शेष गेंदों की संख्या = (2 + 3) = 5

$n(E) = {}^5C_2$

$\therefore \quad P(E) = \frac{n(E)}{n(S)} = \frac{{}^5C_2}{{}^7C_2} = \frac{10}{21}$

8. कुल गोलियों की संख्या = (3 + 2) = 5

$n(S) = {}^5C_1 = 5$

$n(E) = {}^3C_1 = 3$

$\therefore \quad P(E) = \frac{n(E)}{n(S)} = \frac{3}{5}$

9. $\because$ पासे में 6 सतहें होती हैं।

$S = \{1, 2, 3, 4, 5, 6\}$

$n(S) = 6$

$n(E) = 1$ [सिर्फ 6 अंक]

$\therefore \quad P(E) = \frac{n(E)}{n(S)} = \frac{1}{6}$

10. B, G, I, N और R से बनाए गये शब्दों की संख्या $n(S) = {}^5P_5$

$= \underline{|5} = 120$

$\therefore$ अभीष्ट प्रायिकता $= \frac{1}{120}$

11. दिया है, शीर्ष आने की प्रायिकता = P

शीर्ष ना आने की प्रायिकता = 1 – P

यहाँ $^{100}C_{50}P^{50}(1-P)^{50} = {}^{100}C_{51}\,P^{51}(1-P)^{49}$

$\Rightarrow \frac{(1-P)^{50-49}}{P^{-50+51}} = \frac{{}^{100}C_{51}}{{}^{100}C_{50}}$

$\Rightarrow \frac{1-P}{P} = \frac{100!}{51!.49!} \times \frac{50!.50}{100!}$

$\Rightarrow \frac{50!.50!}{51!.49!} = \frac{50}{51}$

$\Rightarrow 51 - 51P = 50P \Rightarrow P = \frac{51}{101}.$

12. P(11 खिलाड़ी में से कम-से-कम 3 गेंदबाज हैं)
= P (11 खिलाड़ी में से 3 गेंदबाज) + P (11 खिलाड़ी में से 4 गेंदबाज) + P(11 खिलाड़ी में से 5 गेंदबाज)

$= \frac{{}^5C_3 \times {}^{10}C_8}{{}^{15}C_{11}} + \frac{{}^5C_4 \times {}^{10}C_7}{{}^{15}C_{11}} + \frac{{}^5C_5 \times {}^{10}C_6}{{}^{15}C_{11}}$

$= \frac{\frac{5!}{2!3!} \times \frac{10!}{2!8!}}{\frac{15!}{4!11!}} + \frac{\frac{5!}{4!1!} \times \frac{10!}{3!7!}}{\frac{15!}{4!11!}} + \frac{\frac{5!}{5!0!} \times \frac{10!}{4! \times 6!}}{\frac{15!}{4!11!}}$

$= \frac{\frac{5\times4}{2\times1} \times \frac{10\times9}{2\times1} + 5 \times \frac{10\times9\times8}{3\times2\times1} + 1 \times \frac{10\times9\times8\times7}{4\times3\times2\times1}}{\frac{15\times14\times13\times12}{4\times3\times2\times1}}$

$= \frac{450+600+210}{1365} = \frac{1260}{1365} = \frac{12}{13}.$

13. दिया है, $P(B) = \frac{3}{4}, P(A \cap B \cap \overline{C}) = \frac{1}{3}$

और $P(\overline{A} \cap B \cap \overline{C}) = \frac{1}{3}$ जैसा कि वेन आरेख में दर्शाया गया है।

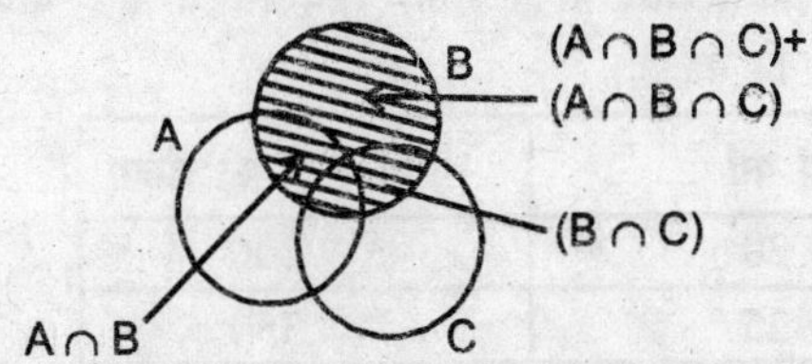

$\therefore P(B \cap C) = P(B)$

$-\{P(A \cap B \cap \overline{C}) + P(\overline{A} \cap B \cap \overline{C})\}$

$= \frac{3}{4} - \left\{\frac{1}{3} + \frac{1}{3}\right\} = \frac{3}{4} - \frac{2}{3} = \frac{1}{12}.$

14. 1 से 100 के बीच 6 से विभाज्य संख्याएँ 6, 12,..., 96 हैं। ऐसी n संख्याएँ हैं तो,

$96 = 6 + (n-1)6$

$n = 16$

$\therefore$ प्रायिकता $= \frac{{}^{16}C_3}{{}^{100}C_3} = \frac{4}{1155}.$

15. अभीष्ट प्रायिकता = 1 – P (कोई इक्का न हो)

$= 1 - \frac{{}^{12}C_2}{{}^{16}C_2} = 1 - \frac{\frac{12\times11}{2\times1}}{\frac{16\times15}{2\times1}}$

$= 1 - \frac{12\times11}{16\times15} = 1 - \frac{11}{20} = \frac{9}{20}.$

○○○

20 सारणी एवं ग्राफ (Data Interpretation)

इस प्रकार के प्रश्नों में सारणी या ग्राफ दिया होता है, उससे सम्बन्धित प्रश्न पूछे जाते हैं। अतः अभ्यर्थियों को दिए गए प्रश्नों के सही उत्तर ज्ञात करने के लिए सारणी या ग्राफ का बहुत ही सावधानीपूर्वक अध्ययन करना चाहिए।

आयत चित्र (Histogram)

यह ऐसा सांख्यिकीय ग्राफ है जिसमें आयताकार स्तंभों की ऊँचाई द्वारा यह निरूपित या प्रदर्शित किया जाता है कि किसी प्रतिदर्श या प्रयोग में किसी परिणाम विशेष का प्रत्येक वर्ग कितनी बार आ रहा है। उदाहरणः नीचे की सारणी में किसी शहर में (15-50) आयु-वर्ग के प्रौढ़ व्यक्तियों की संख्या प्रदर्शित की गई है।

आयु वर्ग	व्यक्तियों की संख्या
15-20	200
20-25	350
25-30	475
30-35	600
35-40	750
40-45	900
45-50	100

उपर्युक्त आंकड़े का आयत-चित्र नीचे दिया गया हैः

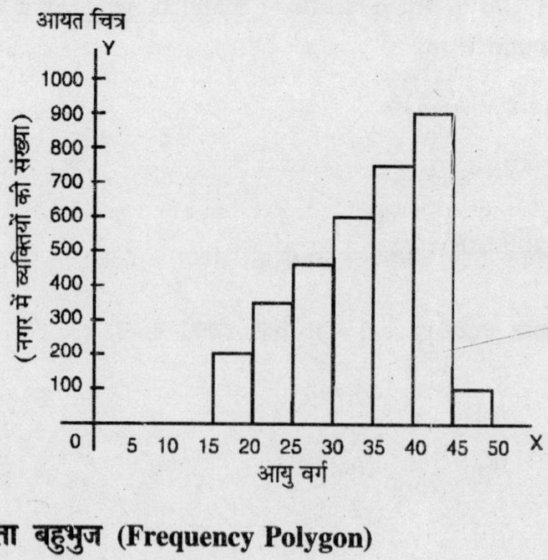

बारंबारता बहुभुज (Frequency Polygon)

समान वर्ग-अंतराल के आयत-चित्र में प्रत्येक दो क्रमागत आयतों की ऊपरी भुजाओं के मध्य बिंदुओंकोएक रेखाखंड द्वारा मिलाने से प्राप्त आकृति को बारंबारता बहुभुज कहते हैं।

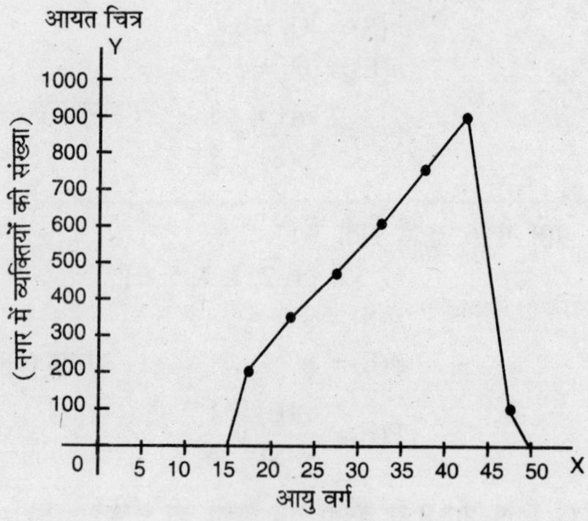

बारंबारता बहुभुज का क्षेत्रफल वही होता है जो उसके संगत आयत चित्र का है। उदाहरण : उपर्युक्त आंकड़े का बारंबारता बहुभुज चित्र में दर्शाया गया है।

दंड चार्ट (Bar Chart)

यह आंकड़ों का एक ऐसा ग्राफीय निरूपण है जिसमें आंकड़ों के किसी समुच्चय में दी गई राशियोंकी समानुपाती लंबाइयों के दंड बनेहोते हैं। इसका प्रयोग तब किया जाता है जबकि किसी एक अक्ष का कोई सांख्यिकीय पैमाना नहीं हो सकता।

उदाहरण के लिए यदि किसी अक्ष द्वारा यह निरूपित किया जाना हो कि मिश्रित बीजों के एक पैकेट से फूलों की अलग-अलग कितनी क्यारियां बनाई जा सकती हैं।

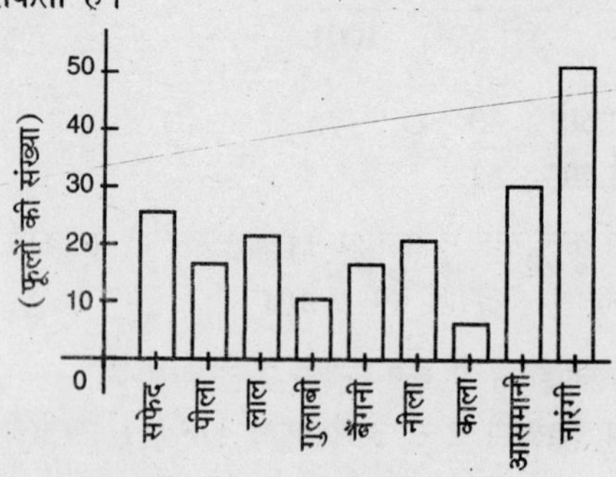

पाई चार्ट (Pie-chart)

इस प्रकार के आरेख में समानुपातों को किसी वृत्त के त्रिज्यखंडों (sectors) के रूप में प्रदर्शित किया जाता है। त्रिज्यखंडों के सापेक्षिक क्षेत्रफल विभिन्न अनुपातों कोनिरूपित करते हैं। उदाहरण : यदि 100 सैनिकों में से 25

सैनिक टैंक का, 30 सैनिक युद्धपोतों का, 40 सैनिक वायुयानों का और शेष सैनिक बंदूकों का प्रयोग करते हों तो उपर्युक्त आंकड़े का पाई-चार्ट निम्नवत् होगा :

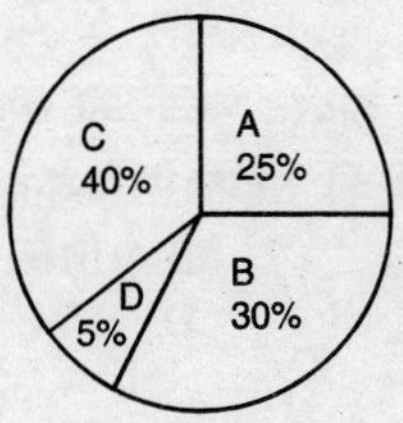

A टैंक का प्रयोग करने वाले सैनिक = $\frac{25 \times 360}{100}$ = 90°

B युद्धपोतों का प्रयोग करने वाले सैनिक = $\frac{30 \times 360}{100}$ = 108°

C वायुयानों का प्रयोग करने वाले सैनिक = $\frac{40 \times 360}{100}$ = 144°

D बंदूकों का प्रयोग करने वाले सैनिक = $\frac{5 \times 360}{100}$ = 18°

वस्तुनिष्ठ प्रश्न

निर्देश (प्र. सं. 1–5): *नीचे दिये गये ग्राफ का सावधानीपूर्वक अध्ययन करें तथा नीचे दिये प्रश्नों का उत्तर दीजिए।*

2012 में तीन कम्पनियों में अलग-अलग पदों पर नियुक्तियों की संख्याः

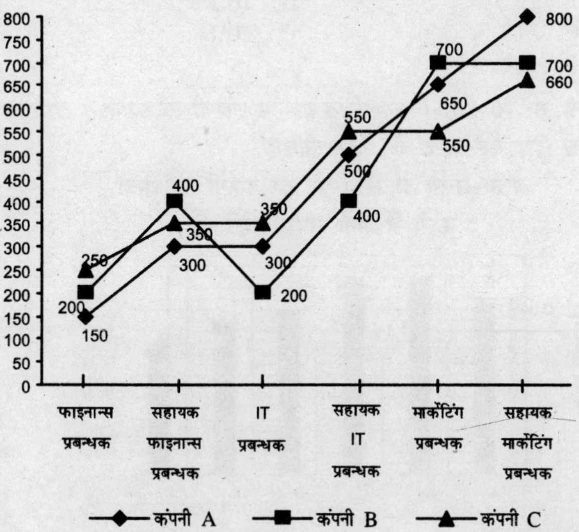

1. कम्पनी A द्वारा सभी श्रेणियों में काम करने वालों की औसत संख्या कितनी है?

A. 450 B. 460
C. 475 D. 375
E. इनमें से कोई नहीं

2. A, B और C तीनों कम्पनियों में सहायक IT प्रबन्धक पद पर कार्य करने वालों का क्रमशः अनुपात क्या है?

A. 8 : 10 : 11 B. 10 : 8 : 11
C. 11 : 10 : 8 D. 10 : 11 : 8
E. इनमें से कोई नहीं

3. कम्पनी C में फाइनान्स प्रबन्धक के पद पर नियुक्तों की संख्या इसी पद पर कम्पनी B में नियुक्तों की संख्या से कितना प्रतिशत ज्यादा है?

A. 35% B. 30%
C. 25% D. 40%
E. इनमें से कोई नहीं

4. सभी कम्पनियों में सहायक मार्केटिंग प्रबन्धक के पद पर नियुक्तों की औसत संख्या कितनी है?

A. 570 B. 520
C. 620 D. 720
E. इनमें से कोई नहीं

5. सभी A, B और C कम्पनियों में IT मैनेजर के पद पर नियुक्तियों का क्रमशः अनुपात क्या है?

A. 6 : 4 : 7 B. 5 : 3 : 7
C. 4 : 7 : 9 D. 8 : 7 : 6
E. इनमें से कोई नहीं

निर्देश (प्र. सं. 6–10): *सभी प्रश्न दिये गये पाई-चार्ट पर आधारित हैं।* सात विभिन्न संस्थानों में कला और वाणिज्य का अध्ययन करने वाले छात्रों का प्रतिशत बंटन विभिन्न संस्थायें A, B, C, D, E, F तथा G हैं।

कला में कुल अध्ययन करने वाले छात्रों की संख्या = 3800

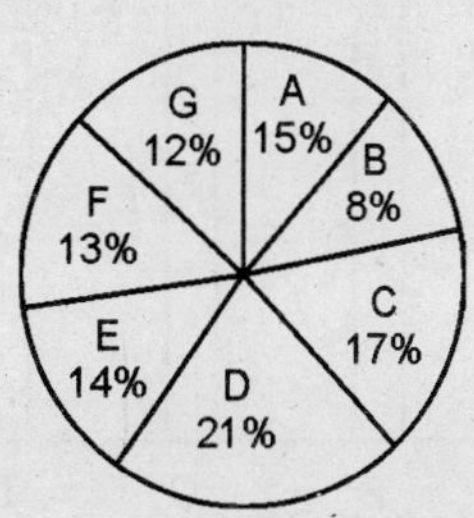

वाणिज्य में अध्ययन करने वाले कुल छात्रों की संख्या = 4200

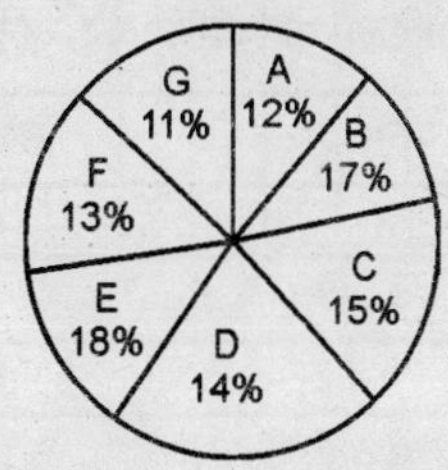

6. A और G दोनों संस्थानों में कला का अध्ययन करने वाले छात्रों की कुल संख्या कितनी है?

A. 1026 B. 1126
C. 1226 D. 1206
E. 1306

7. संस्थान B में कला और वाणिज्य का अध्ययन करने वाले छात्रों की संख्या कितनी है?

A. 1180 B. 1108
C. 1018 D. 1208
E. 1408

8. संस्थान E में कला तथा वाणिज्य का अध्ययन करने वाले छात्रों का क्रमशः अनुपात है:

A. 27 : 14 B. 19 : 27
C. 19 : 16 D. 19 : 28
E. इनमें से कोई नहीं

9. संस्थान E में कला का अध्ययन करने वाले तथा संस्थान D में वाणिज्य का अध्ययन करने वाले छात्रों का अनुपात है:

A. 12 : 17 B. 12 : 7
C. 19 : 21 D. 17 : 19
E. इनमें से कोई नहीं

10. संस्थान B और D में मिलाकर वाणिज्य का अध्ययन करने वाले छात्रों की संख्या कितनी है?

A. 1320 B. 1302
C. 1202 D. 1220
E. इनमें से कोई नहीं

निर्देश (प्र.सं. 11–15): *नीचे दिये गये दण्ड आरेख और सारणी का सावधानीपूर्वक अध्ययन करें तथा निम्न प्रश्नों के उत्तर दीजिए।*

पाँच कम्पनियों (A, B, C, D तथा E) में काम करने वाले कर्मचारियों की संख्या

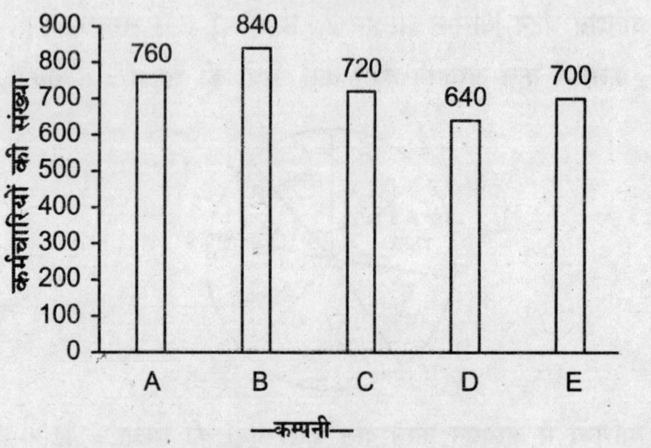

पुरुष और महिला कर्मचारियों का अनुपात

कम्पनी	पुरुष		महिला
A	13	:	6
B	4	:	3
C	7	:	8
D	9	:	11
E	23	:	12

11. सभी कम्पनियों में कार्यरत पुरुषों की संख्या कितनी है?

A. 2084 B. 2048
C. 2064 D. 2046
E. 2066

12. सभी कम्पनियों में कार्यरत महिलाओं की औसत संख्या कितनी है?

A. 340 B. 315
C. 335 D. 325
E. 321

13. A तथा C कम्पनी में कार्यरत पुरुषों की संख्या कम्पनी B तथा D में कार्यरत महिलाओं की संख्या से कितना प्रतिशत अधिक है?

A. 164 B. 146
C. 144 D. 154
E. 184

14. D तथा E कम्पनी में कार्यरत महिलाओं की संख्या का अनुपात क्रमशः कितना है?

A. 17 : 22 B. 22 : 17
C. 15 : 22 D. 22 : 15
E. इनमें से कोई नहीं

15. कम्पनी C में कार्यरत सभी कर्मचारियों की संख्या कम्पनी D में कार्यरत सभी कर्मचारियों की संख्या से कितना प्रतिशत अधिक है?

A. 12.5% B. 16.5%
C. 21% D. 20%
E. 16%

निर्देश (प्र. सं. 16–20): *निम्नलिखित ग्राफ व सारणी का ध्यान से अध्ययन कर नीचे दिए गए प्रश्नों के उत्तर दीजिए:*

अलग-अलग दो दिनों पर छह वाहनों को यात्रा करने में लगा समय (घंटों में)

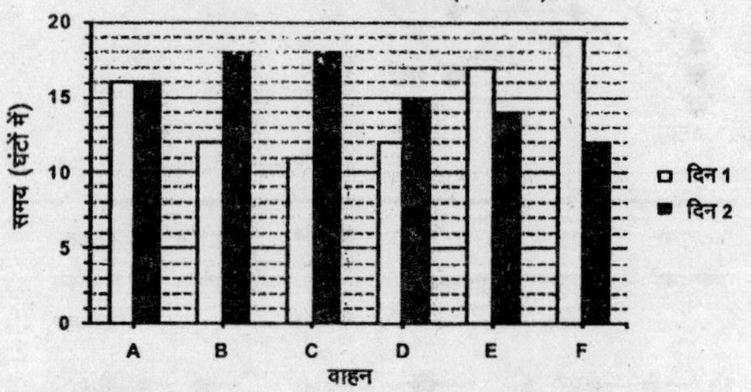

प्रत्येक दिन छह वाहनों द्वारा तय की गई दूरी (किलोमीटर में)

वाहन	दिन 1	दिन 2
A	832	864
B	516	774
C	693	810
D	552	765
E	935	546
F	703	636

16. निम्नलिखित में से कौन-सा वाहन दोनों दिन समान गति से चला था?

A. वाहन A B. वाहन C
C. वाहन F D. वाहन B
E. इनमें से कोई नहीं

17. पहले दिन वाहन A की गति और उसी दिन वाहन C की गति के बीच क्या अंतर था?

A. 7 किमी/घंटा B. 12 किमी/घंटा
C. 11 किमी/घंटा D. 8 किमी/घंटा
E. इनमें से कोई नहीं

18. मीटर प्रति सेकेंड में दूसरे दिन वाहन C की गति क्या थी?
A. 15.3 B. 12.8
C. 11.5 D. 13.8
E. इनमें से कोई नहीं

19. वाहन F द्वारा दूसरे दिन तय की गई दूरी उसके द्वारा पहले दिन तय की गई दूरी का लगभग कितना प्रतिशत है?
A. 80 B. 65
C. 85 D. 95
E. 90

20. दूसरे दिन वाहन D और वाहन E की गति के बीच का क्रमशः अनुपात क्या था?
A. 15 : 13 B. 17 : 13
C. 13 : 11 D. 17 : 14
E. इनमें से कोई नहीं

निर्देश (प्र. सं. 21–25): *निम्नलिखित पाइ चार्ट और सारणी का ध्यान से अध्ययन कर नीचे दिए गए प्रश्नों के उत्तर दीजिए:*

छह महीने के दौरान एक दुकानदार द्वारा बेचे गए मोबाइल फोनों की संख्या का प्रतिशतवार विभाजन

बेचे गए मोबाइल फोनों की कुल संख्या = 45,000

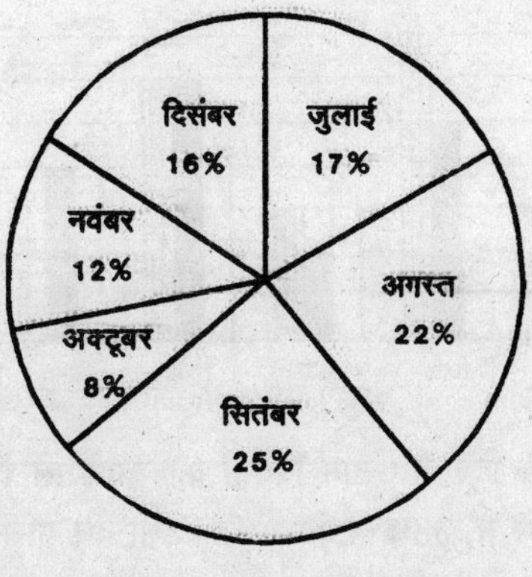

छह महीने के दौरान कंपनी A और कंपनी B के बिके हुए मोबाइल फोनों की संख्या के बीच का क्रमशः अनुपात

महीना	अनुपात
जुलाई	8 : 7
अगस्त	4 : 5
सितम्बर	3 : 2
अक्टूबर	7 : 5
नवम्बर	7 : 8
दिसम्बर	7 : 9

21. जुलाई के दौरान कंपनी B के बिके मोबाइल फोनों की संख्या उसी कंपनी के दिसंबर के दौरान बिके मोबाइल फोनों की संख्या के बीच का क्रमशः अनुपात क्या है?
A. 119 : 145 B. 116 : 135
C. 119 : 135 D. 119 : 130
E. इनमें से कोई नहीं

22. नवंबर के दौरान कंपनी A द्वारा बेचे गए मोबाइल फोनों की संख्या में से 35% छूट सहित बेचे गए थे। कंपनी A के कितने मोबाइल फोन उस महीने बिना छूट बेचे गए थे?
A. 882 B. 1635
C. 1638 D. 885
E. इनमें से कोई नहीं

23. अक्टूबर के दौरान बेचे गए कंपनी B के प्रत्येक मोबाइल फोन पर दुकानदार को ₹ 433 का लाभ हुआ था तो उसी महीने उस कंपनी के बेचे गए मोबाइल फोन पर उसका अर्जित कुल लाभ कितना था?
A. ₹ 6,49,900 B. ₹ 6,45,900
C. ₹ 6,49,400 D. ₹ 6,49,500
E. इनमें से कोई नहीं

24. जुलाई के दौरान बिके कंपनी A के मोबाइल फोनों की संख्या दिसंबर के दौरान बिके कंपनी A के मोबाइल फोनोंकी संख्या का लगभग कितना प्रतिशत थी?
A. 110 B. 140
C. 150 D. 105
E. 130

25. अगस्त और सितंबर के दौरान मिलकर कंपनी B के बिके हुए मोबाइल फोनों की कुल संख्या क्या थी?
A. 10,000 B. 15,000
C. 10,500 D. 9,500
E. इनमें से कोई नहीं

निर्देश (प्र. सं. 26–30): *निम्नलिखित जानकारी का अध्ययन कर नीचे दिए गए प्रश्नों के उत्तर दीजिए:*

नीचे दिया गया ग्राफ कंपनी A का 2006 से 2011 का उत्पादन (टन में) और विक्रय (टन में) दर्शाता है

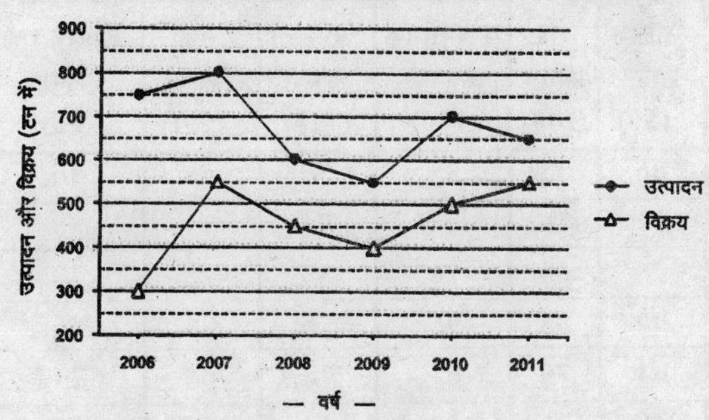

नीचे दी गई सारणी कंपनी A के उत्पादन (टन में) का कंपनी B के उत्पादन (टन में) से क्रमशः अनुपात और कंपनी A के विक्रय (टन में) का कंपनी B के विक्रय (टन में) से क्रमशः अनुपात दर्शाता है।

वर्ष	उत्पादन	विक्रय
2006	5 : 4	2 : 3
2007	8 : 7	11 : 12
2008	3 : 4	9 : 14
2009	11 : 12	4 : 5
2010	14 : 13	10 : 9
2011	13 : 14	1 : 1

26. वर्ष 2009 से वर्ष 2010 में कंपनी A के उत्पादन (टन में) लगभग कितने प्रतिशत वृद्धि हुई है?

A. 18 B. 38
C. 23 D. 27
E. 32

27. वर्ष 2009 में कंपनी A का विक्रय उसी वर्ष कंपनी A के उत्पादन का लगभग कितना प्रतिशत है?

A. 65 B. 73
C. 79 D. 83
E. 69

28. वर्ष 2006 से वर्ष 2011 में कंपनी B का औसत उत्पादन (टन में) कितना है?

A. 574 B. 649
C. 675 D. 593
E. 618

29. कंपनी A के कुल उत्पादन (टन में) कंपनी A के कुल विक्रय (टन में) से क्रमशः अनुपात क्या है?

A. 81 : 64 B. 64 : 55
C. 71 : 81 D. 71 : 55
E. 81 : 55

30. वर्ष 2006 में कंपनी B के उत्पादन (टन में) का वर्ष 2008 में कंपनी B के उत्पादन (टन में) से क्रमशः अनुपात क्या है?

A. 2 : 5 B. 4 : 5
C. 3 : 4 D. 3 : 5
E. 1 : 4

निर्देश (प्र. सं. 31-35): *इन प्रश्नों का उत्तर देने के लिए सारणी को ध्यान से पढ़िए:*

MBA के विभिन्न विषयों में विभिन्न छात्रों को प्राप्त अंकों का प्रतिशत

छात्र	विषय (अधिकतम अंक)					
	स्ट्रैटेजिक प्रबंधन (150)	ब्रांड प्रबंधन (100)	कम्पेनसेशन प्रबंधन (150)	उपभोक्ता व्यवहार (125)	सेवा विपणन (75)	प्रशिक्षण एवं विकास (50)
अनुष्का	66	75	88	56	56	90
अर्चित	82	76	84	96	92	88
अर्पन	76	66	78	88	72	70
गर्विता	90	88	96	76	84	86
गुनीत	64	70	68	72	68	74
प्रणीता	48	56	50	64	64	58

31. सभी विषयों में मिलाकर अनुष्का को कितने अंक मिले?

A. 369 B. 463
C. 558 D. 496
E. इनमें से कोई नहीं

32. गर्विता को ब्रांड प्रबंधन में प्राप्त अंक अर्चित को उसी विषय में प्राप्त अंकों का कितने प्रतिशत है? (दशमलव के बाद दो अंकों तक पूर्णांकित)

A. 86.36 B. 101.71
C. 115.79 D. 133.33
E. इनमें से कोई नहीं

33. कम्पेनसेशन प्रबंधन में सभी छात्रों को मिलाकर औसत अंक कितने मिले?

A. 116 B. 120
C. 123 D. 131
E. इनमें से कोई नहीं

34. सभी विषयों को मिलाकर सर्वाधिक कुल अंक किसे मिले हैं?

A. अर्चित B. गुनीत
C. प्रणीता D. गर्विता
E. अर्पण

35. एक से अधिक विषय में सर्वाधिक अंक कितने छात्रों को मिले हैं?

A. तीन B. दो
C. एक D. कोई नहीं
E. इनमें से कोई नहीं

निर्देश (प्र. सं. 36-40): *नीचे दिए गए ग्राफ का अध्ययन कर नीचे दिए गए प्रश्नों के उत्तर दीजिए।*

एक विश्वविद्यालय में दिए गए पांच वर्षों के दौरान तीन अलग-अलग विशेषज्ञताओं को चुनने वाले विद्यार्थियों की संख्या (हजारों में)

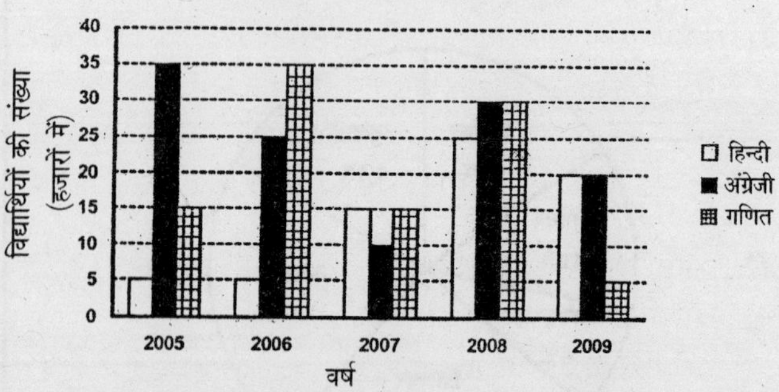

36. वर्ष 2009 में दिए गए तीन विषयों को चुननेवाले विद्यार्थियों की कुल संख्या में से, 38% लड़कियां थीं। इसी वर्ष गणित चुनने वाले लड़के कितने थे?

A. 1322
B. 1332
C. 1312
D. निर्धारित नहीं किया जा सकता
E. इनमें से कोई नहीं

37. वर्ष 2007 में विश्वविद्यालय में विद्यार्थियों की कुल संख्या 455030 है, तो दिए गए तीन विषयों को चुनने वाले विद्यार्थियों की कुल संख्या कुल विद्यार्थियों का **लगभग** कितना प्रतिशत थी?

A. 19 B. 9
C. 12 D. 5
E. 23

38. वर्ष 2006, 2007 और 2009 में मिलकर हिन्दी और गणित चुनने वाले विद्यार्थियों की कुल संख्या क्या है?

A. 97000 B. 93000
C. 85000 D. 96000
E. इनमें से कोई नहीं

39. वर्ष 2005 और 2008 में मिलकर गणित चुनने वाले विद्यार्थियों की कुल संख्या इन्हीं वर्षों में तीनों विषय चुनने वाले विद्यार्थियों की कुल संख्या का **लगभग** कितना प्रतिशत है?
A. 38 B. 28
C. 42 D. 32
E. 48

40. वर्ष 2006 और 2008 में मिलकर अंग्रेजी चुनने वाले विद्यार्थियों की संख्या और वर्ष 2005 और 2009 में मिलकर हिन्दी चुनने वाले विद्यार्थियों की संख्या के बीच क्रमशः अनुपात क्या है?
A. 11 : 5 B. 12 : 7
C. 11 : 7 D. 12 : 5
E. इनमें से कोई नहीं

निर्देश (प्र. सं. 41 से 45): *इस सारणी का ध्यानपूर्वक अध्ययन कीजिए और उसके बाद दिए गए प्रश्नों के उत्तर दीजिए।*

पांच विभिन्न शहरों में प्रत्येक माह के पहले दिन को दर्ज अधिकतम व न्यूनतम तापमान (डिग्री सेल्सियस में)

	तापमान									
माह	**भुज**		**सिडनी**		**ओंटारियो**		**काबुल**		**बीजिंग**	
	अधिकतम	**न्यूनतम**	**अधिकतम**	**न्यूनतम**	**अधिकतम**	**न्यूनतम**	**अधिकतम**	**न्यूनतम**	**अधिकतम**	**न्यूनतम**
1 सितम्बर	24	14	12	2	5	1	34	23	12	9
1 अक्टूबर	35	21	5	–1	15	6	37	30	9	3
1 नवम्बर	19	8	11	3	4	0	45	36	15	1
1 दिसम्बर	9	2	–5	–9	–11	–7	31	23	2	–3
1 जनवरी	–4	–7	–11	–13	–14	–19	20	11	5	–13

41. 1 नवंबर को ओंटारियो के अधिकतम तापमान और 1 जनवरी को भुज के न्यूनतम तापमान के बीच कितना अंतर है?
A. 3°C B. 18°C
C. 15°C D. 9°C
E. 11°C

42. क्रमशः किस महीने में काबुल का अधिकतम तापमान दूसरा सर्वाधिक और सिडनी का न्यूनतम तापमान सर्वाधिक है?
A. 1 अक्टूबर और 1 जनवरी
B. 1 अक्टूबर और 1 नवंबर
C. 1 दिसंबर और 1 जनवरी
D. 1 सितंबर और 1 जनवरी
E. 1 दिसंबर और 1 सितंबर

43. भुज के अधिकतम तापमान और न्यूनतम तापमान के बीच दूसरा सर्वाधिक अंतर किस महीने (पहले दिन) में है?
A. 1 सितंबर B. 1 अक्टूबर
C. 1 नवंबर D. 1 दिसंबर
E. 1 जनवरी

44. सभी महीनों को मिलाकर बीजिंग का **औसत** अधिकतम तापमान कितना है?
A. 8.4°C B. 9.6°C
C. 7.6°C D. 9.2°C
E. 8.6°C

45. 1 सितंबर को बीजिंग के न्यूनतम तापमान और 1 अक्टूबर को ओंटारियो के अधिकतम तापमान के बीच क्रमशः अनुपात कितना है?
A. 3 : 4 B. 3 : 5
C. 4 : 5 D. 1 : 5
E. 1 : 4

उत्तरमाला

1	2	3	4	5	6	7	8	9	10
A	B	C	D	A	A	C	B	C	B
11	**12**	**13**	**14**	**15**	**16**	**17**	**18**	**19**	**20**
A	B	C	D	A	D	C	E	E	B
21	**22**	**23**	**24**	**25**	**26**	**27**	**28**	**29**	**30**
C	C	D	E	A	D	B	C	E	C
31	**32**	**33**	**34**	**35**	**36**	**37**	**38**	**39**	**40**
E	A	E	D	B	E	B	E	D	A
41	**42**	**43**	**44**	**45**					
E	B	C	E	B					

व्याख्यात्मक उत्तर

1. अभीष्ट औसत = $\frac{2700}{6}$ = 450.

2. अभीष्ट अनुपात = 500 : 400 : 550 = 10 : 8 : 11.

3. अभीष्ट प्रतिशत = $\frac{250-200}{200}\times100$

= $\frac{50}{200}\times100 = 25\%$.

4. अभीष्ट औसत = $\frac{800+700+660}{3}$

= $\frac{2160}{3}$ = 720.

5. अभीष्ट अनुपात = 300 : 200 : 350

= 6 : 4 : 7.

6. अभीष्ट छात्रों की संख्या

= $3800 \times \frac{27}{100}$ = 1026.

7. अभीष्ट छात्रों की संख्या

= $\frac{3800\times8}{100}+\frac{4200\times17}{100}$

= 304 + 714 = 1018.

8. अभीष्ट अनुपात

= $\frac{3800\times14}{100}:\frac{4200\times18}{100}$

= 38 × 14 : 42 × 18

= 19 : 27.

9 अभीष्ट अनुपात

= $\frac{3800\times14}{100}:\frac{4200\times14}{100}$

= 19 : 21.

10. अभीष्ट छात्रों की संख्या

= $\frac{4200\times17}{100}+\frac{4200\times14}{100}$

= 714 + 588

= 1302.

12. औरतों की संख्याः

कम्पनी A = 760 – 520 = 240

कम्पनी B = 840 – 480 = 360

कम्पनी C = 720 – 336 = 384

कम्पनी D = 640 – 288 = 352

कम्पनी E = 700 – 460 = 240

अभीष्ट औसत = $\frac{240+360+384+352+240}{5}$

= $\frac{1576}{5}$ = 315.

13. कम्पनी A तथा C में कार्यरत पुरुष

= 520 + 336 = 856

कम्पनी B तथा D में कार्यरत औरत

= 360 + 352 = 712

अन्तर = 856 – 712 = 144.

14. अभीष्ट अनुपात = 352 : 240 = 22 : 15.

15. अभीष्ट प्रतिशत = $\frac{720-640}{640}\times100$

= $\frac{80}{640}\times100 = \frac{25}{2}\% = 12.5\%$.

16. वाहन B के लिए

$S_1 = \frac{516}{12}$ = 43 किमी/घंटा

$S_2 = \frac{774}{18}$ = 43 किमी/घंटा

अतः वाहन B दोनों दिन समान गति से चला था।

17. पहले दिन वाहन A की गति

= $\frac{832}{16}$ = 52 किमी/घं.

उसी दिन वाहन C की गति

= $\frac{693}{11}$ = 63 किमी/घं.

दोनों के बीच की गति का अन्तर

= 63 – 52 = 11 किमी/घं.

18. मीटर प्रति सेकेण्ड में दूसरे दिन वाहन C की गति

= $\frac{810}{18}$ किमी/घं. = 45 किमी/घं.

= $45\times\frac{5}{18}$ मी/से. = 12.5 मी/से.

19. 636 = x का 703%

$636 = \frac{703}{100}\times x$

⇒ $x = \frac{636\times100}{703}$

= $\frac{63600}{703}$ = 90.4 = 90 (लगभग)

20. दूसरे दिन वाहन D की गति $= \frac{765}{15} = 51$ किमी/घं.

दूसरे दिन वाहन E की गति $= \frac{546}{14} = 39$ किमी/घं.

$\therefore$ अभीष्ट अनुपात $= \frac{51}{39}$

$= \frac{17}{13} = 17 : 13$

21. जुलाई में कम्पनी B के बिके मोबाइल फोनों की संख्या

$= \frac{17}{100} \times 45000 = 7650$

दिसम्बर में कम्पनी B के बिके मोबाइल फोनों की संख्या

$= \frac{16}{100} \times 45000 = 7200$

जुलाई में कम्पनी B के बिके मोबाइल फोनों की संख्या

$= \frac{7}{15} \times 7650 = 3570$

दिसम्बर में कम्पनी B के बिके मोबाइल फोनों की संख्या

$= \frac{9}{16} \times 7200 = 4050$

$\therefore$ अभीष्ट अनुपात $= \frac{3570}{4050} = \frac{119}{135}$

$= 119 : 135$

22. नवम्बर में कम्पनी A के द्वारा बेचे गये फोनों की संख्या

$= \frac{12}{100} \times 45000 = 5400$

$= \frac{7}{15} \times 5400 = 2520$

अभीष्ट बेचे गये फोनों की संख्या

$= \frac{65}{100} \times 2520$

$= 126 \times 13 = 1638$

23. अक्टूबर के दौरान $= \frac{8}{100} \times 45000 = 3600$

अक्टूबर में कम्पनी B द्वारा बेचे गये मोबाइल फोनों की संख्या

$= \frac{5}{12} \times 3600 = 1500$

प्रत्येक मोबाइल पर लाभ = ₹ 433

1500 मोबाइल पर लाभ = ₹ 433 × 1500 = ₹ 649500

24. जुलाई के दौरान कम्पनी A के बेचे गये मोबाइल फोनों की संख्या

$\frac{17}{100} \times 45000 = 7650$

दिसम्बर के दौरान कम्पनी A के बेचे गये मोबाइल फोनों की संख्या

$\frac{16}{100} \times 45000 = 7200$

दिसम्बर में कम्पनी A द्वारा बेचे गये मोबाइल फोनों की संख्या

$= \frac{7}{16} \times 7200$

$= 3150$

$4080 = 3150$ का $x\%$

$4080 = \frac{x}{100} \times 3150$

$\Rightarrow \quad x = \frac{4080 \times 100}{3150} = \frac{2720}{21}$

$= 129.5 = 130$ (लगभग)

25. अगस्त के दौरान $= \frac{22}{100} \times 45000 = 9900$

सितम्बर के दौरान $= \frac{25}{100} \times 45000 = 11250$

अगस्त में कम्पनी B द्वारा बेचे गये फोनों की संख्या

$= \frac{5}{9} \times 9900 = 5 \times 1100 = 5500$

सितम्बर में कम्पनी B द्वारा बेचे गये फोनों की संख्या

$= \frac{2}{5} \times 11250 = 2 \times 2250$

$= 4500$

$\therefore$ अगस्त व सितम्बर में कम्पनी B द्वारा कुल बेचे गये फोनों की संख्या = 10,000

26. A द्वारा 2009 में उत्पादन = 550

A द्वारा 2010 में उत्पादन = 700

प्रतिशत वृद्धि $= \frac{700 - 550}{550} \times 100 = 27$

27. A द्वारा 2009 में बिक्री = 400

A द्वारा 2009 में उत्पादन = 550

$400 = 550$ का $x\%$

$400 = \frac{x}{100} \times 550$

$x = \frac{400 \times 100}{550} = \frac{800}{11} = 73$

28. B द्वारा 2006 में उत्पादन = $\frac{4}{5} \times 750 = 600$

B द्वारा 2007 में उत्पादन = $\frac{7}{8} \times 800 = 700$

B द्वारा 2008 में उत्पादन = $\frac{4}{3} \times 600 = 800$

B द्वारा 2009 में उत्पादन = $\frac{12}{11} \times 550 = 600$

B द्वारा 2010 में उत्पादन = $\frac{13}{14} \times 700 = 650$

B द्वारा 2011 में उत्पादन = $\frac{14}{13} \times 650 = 700$

B द्वारा कुल उत्पादन = 4050

$\therefore$ औसत उत्पादन = $\frac{4050}{6} = 675.$

29. A द्वारा कुल उत्पादन

= 750 + 800 + 600 + 550 + 700 + 650

= 4050

A द्वारा कुल बिक्री

= 300 + 550 + 450 + 400 + 500 + 550

= 2750

अभीष्ट अनुपात = $\frac{4050}{2750} = 81 : 55$

30. B द्वारा 2006 में उत्पादन = $\frac{4}{5} \times 750 = 600$

B द्वारा 2008 में उत्पादन = $\frac{4}{3} \times 600 = 800$

अभीष्ट अनुपात = $\frac{600}{800} = 3 : 4.$

32. $\frac{76}{88} \times 100 = \frac{950}{11} = 86.36\%$

34. अनुष्का के प्राप्तांक = 431

अर्चित के प्राप्तांक = 518

अर्पण के प्राप्तांक = 450

गर्विता के प्राप्तांक = 520

गुनीत के प्राप्तांक = 416

प्रणीता के प्राप्तांक = 360

$\therefore$ गर्विता ने सभी विषयों में मिलाकर सर्वाधिक अंक प्राप्त किए हैं।

41. अभीष्ट तापमान में अन्तर

= 4 – (–7) = 11°C.

44. बीजिंग का औसत अधिकतम तापमान

$$= \frac{12+9+15+2+5}{5} = 8.6°C.$$

45. अभीष्ट अनुपात = $\frac{9}{15} = 3 : 5.$

ENGLISH LANGUAGE

1

COMPREHENSION PASSAGES

Comprehension means the act of comprehending or the capacity of the mind to understand. In the examination papers, questions on comprehension test are included to judge your ability to understand the given passages. Practice of solving these questions will greatly help you in the examination.

Directions: *Read the following passages and answer the questions given below each passage. Certain words have been printed in italics to help you locate them while answering some of the questions.*

PASSAGE-1

A struggle for power began with Bimbisara and Ajatshatru of the Kingdom of Magadha. In the 4th century BC, the Nandas came to power, with their capital at Pataliputra. The latter were replaced by the Mauryas at the close of the same century. This came about partly as a result of Alexander's invasion and the decline of Iranian strength in India. Chandragupta Maurya took advantage of the unsettled conditions and with the help of his adviser Kautilya, built the first great empire in India. Under him and his two great successors, Bindusara and Ashoka, almost the whole of India, with the exception of the farthest south, was unified into one empire.

Many important developments took place in the social, economic and cultural life of the Indian people in this period—322 to 184 BC. Particularly important was the spread of Buddhism, which had been introduced earlier.

The decline of the Mauryan Empire after the rule of Ashoka was followed by a long period of new invasions and the formation of small states. Of the foreign invasions, the first was that of the Greeks who were the rulers of Bactria. They conquered the Punjab and parts of Sind and their contact had a lasting influence on the culture of India. Gandhara style of art emerged and flourished. The greatest Greek ruler in India was Menander (Milinda) in the 2nd century BC, who became a Buddhist.

The Greek invasion was followed by that of the Sakas. The Sakas displaced the Greek in Bactria and spread their power in Western India. One of the Saka kings was Rudradaman who, as the name suggests, was a devotee of Siva. He was responsible for important irrigation works in Saurashtra. The Sakas, like other invaders, became a part of Indian life and played an important role in the development of Indian Culture. Another group of invaders from Central Asia was that of the Kushanas early in the first century AD. The greatest of the Kushana rulers was Kanishka who, according to some historians, started the Saka Era in AD 78. Kanishka ruled his vast empire in India and Central Asia from Purushapura (modern Peshawar) for 40 years. Kanishka's empire brought to India the cultural tradition of Iran, Greece and Rome. It also provided a stimulus to trade between India and other parts of the world Kanishka patronised the Mahayan form of Buddhism. It spread to Central Asia during this period and from there to China, Korea and Japan. The Kushana Empire declined in the third century AD.

1. A suitable title for the above passage is.......
A. Alexander's invasion of India
B. Kanishka, the great Kushana ruler
C. Development of India's Culture
D. India—the Period of Empires
E. None of these

2. The Kingdom of Magadha was ruled by the Nandas about.......
A. 2000 years ago
B. 2400 years ago
C. 2800 years ago
D. over 3000 years ago
E. None of these

3. The successors of the Nandas, whose capital was at Pataliputra, were the.......
A. Greeks B. Iranians
C. Mauryas D. Sakas
E. None of these

4. The cultural traditions of Iran, Greece and Rome came to India during the rule of.......
A. Ashoka
B. Kanishka
C. Menander
D. Rudradaman
E. None of these

5. Who, amongst the following, had their capital at Purushapura (modern Peshawar)?
A. The Mauryans
B. The Nandas
C. The Kushanas
D. The Sakas
E. None of these

6. The Saka Era is believed to have been established by.......
A. the Kushanas
B. Milinda, the Greek ruler
C. the Nandas
D. The Sakas
E. None of these

7. All of the following were foreign invaders of India, except.......
A. the Greeks
B. the Kushanas
C. the Mauryas
D. the Sakas
E. None of these

8. The greatest Greek ruler in India was.......
A. Ajatshatru
B. Bimbisara
C. Bindusara
D. Milinda
E. None of these

9. Who were the founders of the first great unified empire in India?
A. The Mauryans
B. The Nandas
C. The Kushanas
D. The Sakas
E. None of these

10. Which particularly important development took place in India between 322 to 184 BC?
A. The rulers of Bactria invaded India
B. Buddhism spread far and wide
C. The Sakas displaced the Greeks
D. Gandhara style of art attained its zenith
E. None of these

PASSAGE-2

One could, in theory, conceive of a country "specialising" entirely in agriculture and obtaining all its industrial requirements from abroad. But it could never become a high income country simply because technologically developed agriculture could never absorb more than a fraction of the working population on the available land. Though in all underdeveloped countries the greater part of the working population is "occupied" in agriculture, most of this represents disguised unemployment; a rural community maintains all its members and expects everyone to share in the work. Much of the greater part of this labour could be withdrawn from agriculture if alternative employment opportunities were available without any *adverse* effect, and probably with a beneficial effect, on total agricultural output. For the relief of the pressure of labour on the land is itself a most potent factor in *inducing* improvements in technology which raise yields per acre, as well as the yield per man. These improvements normally require an increase in the capital employed on the land; but the savings necessary for the increase in capital are themselves a by-product of reduced population pressure. The reduction in the agricultural population, and the increased use of capital in agriculture are thus different aspects of the same process. As there are fewer mouths to feed, the "agricultural surplus" rises (the excess of agricultural production over the self-consumption of the farming population). The rise in the "surplus" enables the farmers to plough back a higher proportion of their output—in the form of better tools, improved seeds, fertilisers, etc., and such improvements tend to both "labour saving" and "land saving"; they *diminish* the labour requirements at the same time as they increase the yield of the land.

1. According to the passage, it is theoretically possible to think of country.......
A. advanced both in agriculture and industry
B. specialised in industry but not in agriculture
C. backward both in agriculture and industry
D. specialised in agriculture but not in industry
E. borrowing all its requirements from abroad

2. What, according to the passage, will be the achievement of inducing improvement in technology?
A. Higher specialisation in agriculture
B. Better employment opportunities
C. Beneficial effects on quality of life of people
D. Relieving the pressure of employment in industry
E. None of these

3. What could be done, according to the passage, to induce improvement in agricultural technology?
A. Import of better agricultural technology
B. Providing better weather forecasts
C. To relieve pressure of labour on land
D. Providing irrigation facilities
E. None of these

4. According to the passage, in underdeveloped countries.....
A. agriculture is in a primitive stage
B. per acre yield is very high
C. land is available in plenty
D. alternative employment opportunities will have adverse effect on the lives of people
E. significant proportion of working population works in agriculture

5. Why, according to the passage, a country specialised in agriculture only cannot become a high income country?
A. It simply cannot borrow all its industrial requirements from abroad

B. It can absorb only a fraction of its working population
C. Agriculture needs huge investments and infrastructural facilities
D. Technological advancements in agriculture has limitations
E. None of these

6. Which of the following statements is *true* in the context of the passage?
A. Underdeveloped countries are rapidly growing industrially
B. Technologically developed agriculture solves all the problems of unemployment
C. Relief of the pressure of labour on land raises yields per acre
D. Yield per acre and yield per man are unrelated
E. Surplus in agriculture is spent for domestic purposes

7. Which of the following statements is *not true* in the context of the passage?
A. Theoretically there could be a country specialised entirely in agriculture
B. Capital is required to increase the per acre yield of the land
C. Agriculture surplus will rise if there are fewer mouths to feed
D. Technologically developed agriculture will absorb most of the working population on the available land
E. A rural community maintains all its members and expects everyone to share in the work

8. Which of the following is most *opposite* in meaning of the word '*adverse*' as used in the passage?
A. Negative
B. Facilitating
C. Supplementary
D. Derogative
E. Decorative

9. Which of the following is most nearly the *same* in meaning as the word '*inducing*' as used in the passage?
A. Causing B. Augmenting
C. Reducing D. Developing
E. Increasing

10. Which of the following is most nearly the *same* in meaning as the word '*diminish*' as used in the passage?
A. Reduce B. Shorten
C. Prohibit D. Increase
E. Worsen

PASSAGE-3

Morning and afternoon, all the young girls and maidens used to *gather* around the village well with their water pots. There they exchanged pleasantries, chatted and discussed. Lakshmi was the prettiest girl at the well. But, she was an orphan.

One day, a well-built man came to Lakshmi's house. He brought with him the richest clothes and jewels as presents for her, "I am your dead father's brother," he told the astonished girl. "You have not seen me before because I have been staying abroad. You must come and live with me now." Lakshmi believed his sweet words and in a short time, locked up her little house and set out with the man.

But a terrible surprise was in store for poor Lakshmi when she got to her new-found uncle's home. The man locked her in a room. "I am not your uncle, but a robber. And I am going to marry you," he told her. Lakshmi howled and wept when she heard this. Saying he would be back in a day or two after making arrangements for the wedding, the man went away. Lakshmi continued sobbing for a while and then stopped. "I must think of a plan to escape," she told herself. Lakshmi guessed that the robber would try to enter her room. So she kept near her bed a sharp knife which she could find in the room.

One night the robber did enter her room but Lakshmi did not make any sound. She just kept a tight hold of the knife and pretended to be sound asleep. When the robber was near her bed, she stood up suddenly, brandishing the knife. The robber was taken aback and with a loud cry, he ran out. Lakshmi *gave chase* and he climbed up the nearest tall tree. Lakshmi then gathered some dry twigs and sticks around the foot of the tree and set them on fire. On seeing the rising flames, the robber gave a mighty yell and jumped down. But it was such a long way to the ground that he broke a couple of bones and was unable to move away from the place he fell.

In the meantime, the police was informed by someone about the robber. Very soon they reached the spot and arrested the robber. The people who had gathered at the spot were all praise for Lakshmi's courage and presence of mind.

1. The reason given by the man for his inability to meet Lakshmi was that.....
A. he had not known earlier where she lived
B. he was not in friendly terms with her father
C. he was living in a foreign country
D. he was not sure whether she would recognise him
E. he was staying in another village far away

2. Why did Lakshmi go with the man?
A. She was convinced that the man was her uncle
B. She wanted to get him arrested by the police
C. She intended to teach him a good lesson
D. She wanted the man to marry her
E. She felt it necessary to verify his claim by accompanying him

3. Why did the robber run out of the room?
   A. He was stabbed by Lakshmi
   B. He got scared of the rising flames
   C. Lakshmi told him to go out as fast as possible
   D. He was afraid that Lakshmi would strike him with the knife
   E. He ran out to catch hold of Lakshmi and bring her back
4. How was the robber injured?
   A. Lakshmi stabbed him with the sharp knife
   B. He fell down accidently while climbing the tree
   C. He was beaten by Lakshmi and his bones were broken
   D. He jumped down from the tree to save his life
   E. He got burnt in the rising flames
5. "But a terrible surprise was in store ..... uncle's home." What is the "*terrible surprise*" that is being referred to?
   A. The man told her that her father was dead
   B. The man refused to marry her
   C. The man took away her ornaments and locked her in a room
   D. The man told her that he was her real uncle
   E. The man turned out to be a robber interested in marrying her
6. Where did the robber apparently go after locking up Lakshmi?
   A. He went to her house to loot all the things
   B. He went out to bring a sharp knife
   C. He went away to bring clothes and jewels for her
   D. He went away to make preparations for his marriage
   E. He went out to bring the priest for performing the wedding ceremony
7. Which of the following is most nearly the *same* in meaning as the phrase, '*gave chase*' as used in the passage?
   A. escaped B. continued
   C. followed D. prevented
   E. raced
8. Which of the following is *true* in the context of the passage?
   A. Lakshmi told the robber to climb up the tall tree
   B. At night, the robber entered Lakshmi's room with a knife
   C. Lakshmi had no near relatives and she stayed alone
   D. The robber started running after jumping from the tree
   E. The people who had gathered at the spot set fire to the tree
9. Which of the following is most *opposite* in meaning of the word '*gather*' as used in the passage?
   A. Collect B. Reduce
   C. Distribute D. Break
   E. Disperse
10. Which of the following statements is *not true* in the context of the passage?
   A. The police was summoned by Lakshmi herself
   B. The well-built man was not the real brother of Lakshmi's father
   C. When the robber entered the room at night, Lakshmi was awake
   D. Lakshmi used to go to the village well to collect water
   E. Lakshmi's guess regarding the robber turned out to be correct

PASSAGE-4

Once upon a time there lived a queen in the city of Benaras. Her name was Khema and she was the wife of King Bahuputtaka. One night, the Queen had a dream of a beautiful golden goose that spoke with great wisdom, almost as if he was a sage. She told her husband that she desperately wanted to see a bird just like the one in her dream. So the King asked his ministers to find out all that they could about a bird such as this. He was told that such a bird did exist but was extremely rare and difficult to find. They advised him to build a beautiful lake on the outskirts of Benaras so that he may attract such rare and lovely creatures to reside there. In this way the queen might have her wish fulfilled.

Towards the north, on Mount Citakuta, there lived about ninety thousand wild geese headed by a beautiful golden goose called King Dhataratha. He got to hear of this exquisite lake surrounded by water lilies and lotuses floating on the surface. The King had invited all the birds to come and live on it, promising that none of them would ever be harmed. Corn was scattered on a daily basis in order to attract the birds. So a couple of geese went up to their King, the golden goose and told him that they were quite tired of living up on the mountains and would like to see this wonderful lake where they had been promised food and protection. The King agreed to their request and took the flock down south towards Benaras. Meanwhile, at the lake, King Bahuputtaka had placed hunters all around in order to capture any golden goose that happened to pass by. So the next morning when the headhunter saw this flock of geese approaching, he was very excited to see their golden leader. He immediatey went about setting up a *snare* amongst the water lilies and lotuses, as he knew that the leader would definitely be the first to alight.

The whole flock came flying down in one mighty swoop and as expected it was the King's foot that touched the water first. He was ensnared and could not escape. Seeing this, the other geese flew into a panic. But none had the courage to try to free their king and so flew back to Mount Cittacuta for safety. All except one. He was the chief captain, Sumukha. King Dhataratha entreated him to fly to safety too, as he would surely be captured if he stayed by his side. But Sumukha replied that he would never *desert* his master in the face of danger and would either try to save him or die by his side.

At this point the hunter approached and as Sumukha saw him he decided to appeal to his compassion. The hunter asked the golden goose how come he had not noticed the trap that was set. The golden goose replied that when one's time was up it was no use to struggle against what was fated and one must just accept it. The huntsman was very impressed with his grace and wisdom. He then turned to Sumukha and asked why he had not fled with the other birds even though he was free to do so. Sumukha answered that the golden goose was his King, best friend and master and that he could never desert him even at the cost of his own life. Hearing this, the hunter realised that these were a couple of rare birds of great nobility. He did not much care for his own King's reward and decided to do the right thing and set them free. He told Sumukha that as he was ready to die for his King he would set them both free to fly wherever they wish.

1. Why were the geese keen on visiting the lake in Benaras?
A. They were invited personally by king Bahuputtaka
B. They were tired of their old lake
C. They were amused by the water lilies and lotuses
D. The lake was not very far from the mountains
E. The lake was to be a source of good food and protection

2. Why did the king approach the ministers?
A. In order to find out the best location for the lake
B. In order to find out if a golden goose existed
C. To enquire about his wife's dreams
D. To devise a plan to capture all rare bird species
E. To enquire about the best hunter in the locality

3. Why did the head hunter release the king, the golden goose?
A. He was impressed by his wisdom and nobility
B. The geese were a rare species of birds
C. The golden goose, King Dhatarattha promised him a handsome reward
D. The hunter sympathised with the golden goose
E. The hunter did not want the chief captain to lose a friend

4. What was the king's intention behind building a lake?
A. To attract all rare species of living animals and birds
B. To beautify the city of Benaras
C. He did not want to go against the wishes of his wife
D. He wanted to capture the golden goose
E. He enjoyed bird watching and wanted to create a natural habitat for them

5. Why did the flock of geese panic and retreat to Mount Cittacuta?
A. Their king took the wrong route to the lake and they lost their way
B. Their king, the golden goose was captured
C. Their chief captain, Sumukha betrayed the king
D. They spotted many hunters by the lake
E. None of these

6. What advice did the minister give to the king?
A. That no such golden goose existed and he was only wasting his time searching for one
B. To create an artificial golden goose for the queen
C. To build a lake in order to attract the golden goose
D. To open a sanctuary of rare birds for the queen
E. To have a beautiful garden surrounded by flowers and trees

7. Which of the following statements would best describe the qualities of Sumukha?
1. Betrayer of the flock
2. The Selfless Goose
3. Loyal towards the king
4. The naive and ignorant goose

A. Only 1
B. Only 2
C. Only 3 and 4
D. Only 1 and 4
E. Only 2 and 3

PASSAGE-5

Progress in life depends a good deal on crossing one threshold after another. Some time ago, a man watched his little nephew try to write his name. It was hard work, very hard work. The little boy had arrived at an effort threshold. Today he writes his name with comparative ease. No new threshold confronts him. This is the way with all of us. As soon as we cross one threshold, as soon as we conquer one difficulty, a new difficulty appears, or should appear. Some people make the mistake of steering clear of thresholds. Anything that requires genuine thinking and use of energy they avoid. They prefer to stay in a rut where thresholds are not met. Probably, they have been at their job for a number of years. Things are easy for them. They make no effort to seek out new obstacles to overcome. Real progress stops under such circumstances.

Some middle-aged and elderly people greatly enrich their lives by continuing to cross thresholds. One man went into an entirely new business when he was past middle life and made success of it, De Morgan didn't start to write novels until he was past sixty. Psychologists have discovered that man can continue to learn throughout his life. And it is undoubtedly better to try and fail than not to try at all. There one can be placed in the category of the Swiss mountaineer of whom it was said, *"He died climbing"*. When a new difficulty arises to obstruct your path, do not complain. Accept the challenge. Determine to cross this threshold as you have crossed numerous other thresholds in your past. In the words of a poet, *do not rest but strive to pass from dream to grander dream.*

1. What obstructs real progress in life?
A. Remaining at one and the same post
B. Avoiding the thinking and energy
C. Shunning every work
D. Stopping education
E. Worrying about the future

2. What does progress in life depend upon?
A. Good habits
B. Hardwork
C. Overcoming one difficulty after another
D. Spirit of service and cooperation
E. None of these

3. What does '*He died climbing*' signify?
A. He died when he was climbing the hill
B. He died before getting at the top
C. He strove hard till the last moment of life
D. He climbed the hill and then died
E. He found it difficult to climb

4. What does '*to pass from dream to grander dream*' mean?
A. Always having greater and greater aspiration in life
B. Seeing one good dream and then greater aspiration in life
C. Making plan after plan
D. Seeing one dream after the other
E. None of these

5. What did the man entering a new business past middle life do of his business?
A. He miserably failed in it
B. He achieved partial success
C. He dropped the business after sometime
D. He achieved good success in it
E. He started writing novels

6. How can you accomplish the most difficult tasks?
A. By mobilizing all possible resources
B. By avoiding all obstacles
C. By sticking to hardwork
D. By getting other people to do your work for you
E. By doing it bit by bit and persisting in the effort

7. What does De Morgan's life teach?
A. That it is futile to learn many things
B. That one is never old in case he has vigour
C. That it is never too late to learn
D. That creative writing can be made even late in life
E. None of these

8. How do middle-aged and elderly people add brilliance to their lives?
A. By overcoming difficulty one after another
B. By getting sycophants to surround them
C. By making fine speeches
D. By acquiring resourcefulness
E. None of these

9. What should we do when a new difficulty obstructs our path?
A. Run away from it
B. Be bold and face it
C. Manoeuvre to get it removed
D. Enlist other people's help to get it over
E. None of these

10. When did De Morgan start to write novels?
A. When he was sixty years old
B. When he was below sixty
C. When he studied psychology
D. When he was a student
E. None of these

PASSAGE-6

In terms of the total energy consumed by different sectors, the largest consumer is understandably the industrial sector, which accounts for nearly half the total energy used in the country today. This is followed by the transport sector which consumes about 25%, the household sector (about 14%) and the agricultural sector (about 9%). This last sector has shown considerable increase in energy use over the last four decades. Among the primary fuels, the relative proportion of coal has dropped from nearly 80% to 40% and that of oil has gone up from 17% to 44% over the same period.

Total energy consumption in India today is equivalent to 291 million tons of oil of which 26% comes from wood. On a per capita basis it works out to about one litre of oil per day, which is extremely low by international standards. The future energy demand depends upon the level of development envisaged and also on the sections of people to be affected by it.

The energy disparity between the urban and the rural population is at present *as wide as* between nations on a *worldwide scale*. There is apparently a greater need to provide energy in the rural areas and to improve the efficiency of energy use than merely to increase the national figures for energy consumption limiting its use to those who are getting the bulk share already.

With the projected rate of population growth, improving upon the per capita energy consumption is a Herculean task as our coal reserves and the capacity to import oil cannot be increased beyond a point. *There is clearly no escape* from the utilisation of renewable energy sources in a big way if the gap between the desired levels of energy supply and available resources has to be kept at the minimum.

1. The author is laying greater emphasis on which of the following?
1. Efficient use of energy
2. Increasing national indices for energy consumption
3. Controlling population growth

A. Only 1
B. Only 2
C. Only 3
D. All the three
E. Both 2 and 3

2. The author feels that increasing per capita use of energy is
   A. rather difficult, but not impossible
   B. not easy, but certainly achievable
   C. not at all desirable
   D. a matter of great difficulty
   E. a routine matter

3. According to the passage, the energy requirement of the future will be decided on the basis of which of the following?
   1. Total energy already consumed by us in the past
   2. Level of development of oil industry
   3. Profile of the affected people
   A. Only 1 B. Only 2
   C. Only 3 D. Both 1 and 2
   E. Both 2 and 3

4. Which of the following shows correctly the different sectors consuming energy arranged in ascending order?
   A. Agriculture, transport, household, industrial
   B. Agriculture, household, transport, industrial
   C. Industrial, transport, household, agriculture
   D. Industrial, household, agriculture, transport
   E. None of these

5. Which of the following has been suggested by the author as the best possible solution to overcome energy crisis?
   A. Importing large quantities of coal
   B. Exploration of oil reserves
   C. Reducing share of bulk users
   D. Maximisation of renewable sources
   E. Reducing the energy disparity between urban and rural areas

6. Which of the following styles has been adopted by the author?
   A. Unsubstantiated arguments and views
   B. Data based, but coloured by socialism
   C. Highly subjective with bias for rural people
   D. Objective, descriptive, lacking clarity
   E. Data based, objective, positive, solution oriented

7. Which of the following has been mentioned as a major hurdle in enhancing per capita consumption of energy in India?
   A. Present level of development in India
   B. Increased use of energy in agriculture sector
   C. Disparity in use of energy in rural and urban areas
   D. International norm of 1 litre of oil per day per person
   E. None of these

8. Which of the following statements is *true*?
   A. The household sector has shown considerable increase in energy use
   B. Use of oil has increased from 40% to 80%
   C. Industrial sector uses 50% of total energy used in India
   D. Energy consumption in India is 26% of world consumption
   E. Import of oil to the extent required is quite possible

9. The energy disparity ..... as wide as ..... worldwide scale, the first sentence of third paragraph means
   A. disparity in urban and rural is observed in all nations
   B. in no other nation such disparity is observed
   C. developed countries consume more energy than developing countries
   D. worldwide scale is different for rural and urban areas
   E. None of these

10. There is clearly no escape ..... means.....
   A. there is a way out, but it is ambiguous
   B. there is a problem, but not without solution
   C. there is also no solution to this
   D. there is hardly any alternative except
   E. there is more than one way

PASSAGE-7

Peace and order are necessary, not just in our own country but also at the international level, if we are to secure national progress and development. The different countries in the world are coming closer today due to faster means of transport and communication. Economically, they are becoming increasingly interdependent. If peace is disturbed in one part of the world, it has adverse effects in other parts of the world as well. Nuclear weapons have already threatened the world with nuclear war. If the conflicts between different nations are not settled in time, they might *culminate* in a nuclear war destroying the whole world. It is therefore, in our own interest that the world is free of conflicts. If at all there are any, they must be settled promptly and peace should be resotred. That is why we have declared the establishment of international peace and understanding as an objective of our foreign policy.

We need the help and cooperation of other countries for our scientific, industrial and economic development, especially in those fields where we have yet to achieve self-sufficiency. We obtain the latest machinery, technology and financial aid from the developed countries. On our part we, too, offer help to the under-developed countries. We are keen on maintaining friendly relations with other countries. Such friendly relations *foster* international understanding.

We have always exerted ourselves to see that the disputes arising between the different nations are settled through peaceful negotiations. We play an active role in the United Nations, the South Asian Association for Regional Cooperation, the Commonwealth Nations and other such international organisations. We make it a point to participate in the international conferences on issues like energy crisis, environmental imbalance, nuclear arms race etc. We always offer a helping hand to other nations affected by natural calamities such as famines, earthquakes, floods and so on. We strive to maintain peaceful and friendly relations with our neighbouring countries. *Why do we do all this!* We sincerely believe that conflicts in today's world should be minimised, making way for better cooperation among the nations. If this is achieved, human resources will no longer be wasted in things like war or aggression. There will be no destruction of wealth. We believe that, in a peaceful world, there will be greater scope for the economic and cultural development of countries.

1. According to the passage, maintaining friendly relations with other countries facilitate ....
A. developing international understanding
B. exchange of scientists and technologists
C. strategic planning in defence matters
D. import and export of several vital commodities
E. None of these

2. If conflicts between nations do not cease ....
A. international bodies will have to take up these issues
B. international understanding will not be fostered
C. nuclear war will destroy the whole world
D. the means of transport and communication will be disrupted
E. None of these

3. Which of the following is obtained by us from the developed countries, according to the passage?
A. Fertilisers B. Foodgrains
C. Leather Products D. Technology
E. Crude Oil

4. Which of the following according to the passage, is facilitating the process of different countries coming together?
A. Emerging world order
B. Asian Association for Regional Cooperation
C. Our participation in international conferences
D. Need for self-sufficiency
E. Faster means of transport and communication

5. Minimising the conflicts and making way for better cooperation among the nations will result in ....
A. useful and purposive utilisation of human resources
B. better utilisation of means of transport and communication
C. culmination of nuclear war destroying the world
D. keenness on maintaining friendly relations with other countries
E. preservation of our national unity and integrity

6. Which of the following statements is *not true* in the context of the passage?
A. International conflicts must be settled promptly
B. We try to maintain friendly relations with our neighbours
C. We participate in many international conferences
D. Friendly relations with other countries foster international understanding
E. Each country can be considered isolated and insulated from the effects of other countries

7. Which of the following words is largely *similar* in meaning of the word '*culminate*' as used in the passage?
A. Reach the highest point
B. Stretch to the maximum
C. Absolute standards
D. Total destruction
E. Coming of age

8. Which of the following words is most *opposite* in meaning of the word '*foster*' as used in the passage?
A. Advocate B. Hinder
C. Obviate D. Facilitate
E. Jettison

9. The question "*Why do we do all this !*" is asked in the passage in which of the following contexts?
A. We always offer a helping hand to other nations in improving their technology
B. We endeavour to maintain peaceful and friendly relations with our neighbours
C. We obtain the latest machinery, technology and financial aid from the developed countries
D. We have shaped our foreign policy in a balanced and purposeful manner
E. None of these

10. Does any of the following sentences contain any idea expressed in the passage?
A. We have to make conscious efforts to preserve our national unity
B. Our country is huge in size and population where many languages are spoken
C. We have adopted the objective of democracy in the interest of overall development of our country
D. Citizens must be well-informed about public issues in order to participate meaningfully in public
E. None of these statements contain any idea expressed in the passage

PASSAGE-8

There is a fairly universal sentiment that the use of nuclear weapon is clearly contrary to morality and that its production does not go far enough. These activities are not only opposed to morality but also to law and if the legal objection can be added to the moral, the argument against the use and the manufacture of these weapons will considerably be reinforced. Now the time is ripe to evaluate the responsibility of scientists who knowingly use their expertise for the construction of such weapons which has *deleterious* effect on mankind.

To this must be added the fact that more than 50 per cent of the skilled scientific manpower in the world is now engaged in the armaments industry. How appropriate it is that all this valuable skill should be *devoted* to the manufacture of weapons of death in a world of poverty is a question that must touch the scientific conscience.

A meeting of biologists on the Long-Term Worldwide Biological Consequences of Nuclear War added frightening dimensions to those forecasts. Its report suggested that the long biological effects resulting from climatic changes may at least be as serious as the immediate ones.

Subfreezing temperatures, low light levels and high dose of ionizing and ultraviolet radiation extending for many months, after a large-scale nuclear war, could destroy the biological support systems of civilization, at least in the Northern Hemisphere. Productivity in natural and agricultural ecosystems could be severaly restricted for a year or more. Post-war survivors would face starvation as well as freezing conditions in the dark and be exposed to near-lethal dose of radiation. If, as now seems possible, the Southern Hemisphere were affected also, global disruption of the biosphere could ensue. In any event, there would be severe consequences, even in the areas not affected directly, because of the interdependence of the world economy. In either case the extinction of a large fraction of the earth's animals, plants, and micro-organism seems possible. The population size of Homo Sapiens conceivably could be reduced to pre-historic levels or below and extinction of the human species itself cannot be excluded.

1. The author's most important objective of writing the above passage seems to
A. highlight the use of nuclear weapons as an effective population control measure
B. illustrate the devastating effects of use of nuclear weapons on mankind
C. duly highlight the supremacy of the nations which possess nuclear weapons
D. summarise the long biological effects of use of nuclear weapons
E. explain scientifically the climatic changes resulting from use of nuclear weapons

2. The scientists possessing expertise in manufacturing destructive weapons are ....
A. very few in number
B. irresponsible and incompetent
C. more than half of the total number
D. engaged in the armaments industry against their desire
E. not conscious of the repercussions of their actions

3. According to the passage, the argument against the use and manufacture of nuclear weapons ....
A. does not stand the test of legality
B. possess legal strength although it does not have moral standing
C. is acceptable only on moral grounds
D. becomes stronger if legal and moral considerations are combined
E. None of these

4. Which of the following is one of the consequences of Nuclear War?
A. Fertility of land will last only for a year or so
B. Post-war survivors being very few will have abundant food
C. Lights would be cooler and more comfortable
D. Southern hemisphere would remain quite safe in the post-war period
E. None of these

5. Choose the word which is most *opposite* in meaning of the word '*deleterious*' as used in the passage.
A. Beneficial B. Harmful
C. Irreparable D. Non-cognizable
E. Revolutionary

6. The author of the passage seems to be of the view that ....
A. utilization of scientific skills in manufacture of weapons is appropriate
B. the evaluation of the scientists' expertise show their incompetence
C. manufacture of weapons of death would help eradication of poverty
D. spending money on manufacture of weapons may be justifiable subject to the availability of funds
E. utilization of valuable knowledge for manufacture of lethal weapons is inhuman

7. Which of the following best *explains* the word '*devoted*' as used in the passage?
A. dedicated for a good cause
B. utilized for betterment
C. abused for destruction
D. underutilized
E. overutilized

8. It appears from the passage that the use of nuclear weapons is considered against morality by ....
A. only such of those nations who cannot afford to manufacture weapons
B. almost all the nations of the world
C. only the superpowers who can afford to manufacture and sell weapons
D. a minority group of scientists who have the necessary skill and competence
E. most of the scientists who devote their valuable skills to manufacture nuclear weapons

9. Which of the following statement(s) 1, 2 and/ or 3 is/ are definitely true in the context of the passage?
1. Living organisms in the areas which are not directly affected by the consequences of nuclear war would also suffer
2. There is a likelihood of extinction of the human species as a consequence of nuclear war
3. The post-war survivors would be exposed to the risk of near-lethal radiation

A. Only 1 B. Only 2
C. Only 3 D. Only 1 and 2
E. All the three

10. The biological consequences of nuclear war as given in the passage include all the following except ....
A. fall in temperature below zero degree celsius
B. ultraviolet radiation
C. high dose of ionizing
D. low light levels
E. None of these

PASSAGE-9

An independent, able and upright judiciary is the hallmark of a free democratic country. Therefore, the process of judicial appointments is of vital importance. At present, on account of the Supreme Court's last advisory opinion, the role of the executive and its interference in the appointment of judges is minimal, which, *in the light of our previous experience,* is most welcome. However, there is a strong demand for a National Judicial Commission on the ground of wider participation in the appointment process and for greater transparency. The composition, the role and the procedures of the proposed National Judicial Commission, must be clearly spelt out, *lest* it be a case of *jumping from the frying pan into the fire.*

Recently, there has been a lively debate in England on the subject. A judicial commission has been proposed but there are not many takers for that proposal. In the paper issued this month by the Lord Chancellor's Department on judicial appointments, the Lord Chancellor has said, "I want every vacancy on the Bench to be filled by the best person available. Appointments must and will be made on merit—irrespective of ethnic origin, gender, marital status, political affiliation, sexual orientation, religion or disability. These are not mere words. They are firm principles. I will not tolerate any form of discrimination."

At present, there are hardly any persons from the ethnic minorities manning the higher judiciary and so far not a single woman has made it to the House of Lords. The most significant part of Lord Chancellor's paper is the requirement that "allegations of professional misconduct made in the course of consultations about a candidate for judicial office must be specific and subject to disclosure to the candidate." This should go a long way in ensuring that principles of natural justice and fair play are not *jettisoned* in the appointment process, which is not an uncommon phenomenon.

1. Which of the following could be in the author's mind when he says *'in the light of our previous experience'*?
A. Not having enough judges from backward communities
B. Interference of the executive in the appointment of judges
C. Professional misconduct of judges
D. Delays occurred in the judicial appointment
E. None of these

2. According to the passage, there has been a demand for a National Judicial Commission to ....
A. clear the backing of court cases
B. make judiciary see eye to eye with executive
C. wipe out corruption at the highest places
D. make the appointment process of judges more broad based and clear
E. None of these

3. What, according to the passage should go a long way in judicial appointments?
A. Decision that all sections of the society are represented
B. Candidates' qualifications and seniority are considered
C. Candidate must know the charge of professional misconduct levelled against him
D. There should be strong reason for discrimination
E. None of these

4. The role and procedure of the National Commission must be spelt out clearly
A. because executive wing will depend on it heavily
B. because judges will take judicial decisions on the basis of it
C. as it will be represented by the cross section of the society
D. as it will bring a qualitative change in the interpretation of law
E. None of these

5. Which of the following words is *similar* in meaning as the word *'jettison'* as used in the passage?
A. Sacrifice B. Accept
C. Modify D. Destroy
E. None of these

6. Which of the following group of words is *similar* in meaning as the word *'lest'* as used in the passage?
A. In spite of B. For fear that
C. For want of D. In order to
E. With regard to

7. What does the expression "*jumping from the frying pan into the fire*" mean?
A. Seeing one dream after the other
B. Making plan after plan
C. Crossing one hurdle after the other
D. Jumping from one high place to another
E. None of these

8. What, according to the author, is the typical characteristic of an independent democratic country?
A. Objective process of judicial appointments
B. Supreme Court's advisory opinion on legal matters
C. Responsible, free and fair judiciary
D. Lively and frank debate in the society on the role of judiciary
E. None of these

9. What has been the subject of lively debate in England?
A. Role of judiciary in free and democratic nations
B. Appointment of judicial commisison
C. Seniority as the basis of appointment of judges
D. Appointment of judicial posts
E. None of these

10. Which, according to the passage, is not an uncommon phenomenon?
A. An independent and upright judiciary
B. Delays taking place in legal pronouncements
C. Justice begin denied to poor people
D. Partiality and subjectivity in judicial appointments
E. None of these

11. Which one of the following forms part of what the Lord Chancellor has said?
A. Appointments to judicial posts must take into consideration the aspirations of the weaker sections of the society
B. Vacancies in the judiciary must not remain unfilled
C. Merit should be the sole criterion for judicial appointments
D. Selective discrimination may be preached and also practised
E. None of these

12. Which of the following, according to the author, is the most welcome thing?
A. The negligible role played by the executive in the appointment of judges
B. Coordinating role played by the executive in the appointment of judges
C. The appointment of judges from the ethnic minority classes
D. Appointment of judges purely on the basis of merit
E. None of these

PASSAGE-10

India has come a long way since the Bengal Famine of 1943. The food situation in India, once characterised by *chronic* shortages and the spectre of famines, has changed dramatically over the years. From being the biggest recipient of PL-480 and during the 1950s and 1960s, India today is relatively self-sufficient in foodgrain at the given level of incomes and prices; in fact, it has marginal surpluses. The General Agreement on Tariffs and Trade (GATT) has been signed, with India as one of the signatories, under which all countries will have to gradually open up their agricultural sectors.

It is, therefore, neither feasible nor desirable to keep India's foodgrain sector insulated from world markets. In fact, this is an appropriate opportunity for India to *integrate* its agriculture with global agriculture and make use of private trade (both domestic and foreign) as an important instrument for efficiently allocating her resources as well as providing food security to her people at the lowest economic cost. The time to change gears in food policy has come.

Food security, in a broader context, means that people have physical and economic access to food. Since foodgrains have the largest share in the food basket of the poor in a developing country like India, it is the availability of foodgrains that lies at the heart of the concept of food security. The first step in this direction, therefore, is to make foodgrains physically available to the people. This can be done by augmenting production, or through imports and transportation of grain to people wherever they are.

There are several ways of achieving these targets. One may rely on private entrepreneurship by *letting* the individual farmers produce, traders trade/import and make it available to consumers far and wide; or the Government may directly intervene in the production and/or the trade process. In the former case, the Government follows policies that provide appropriate market signals while in the latter, it acts as producer, importer and trader itself. Indian policy-makers have followed a mix of both these options. For production, they have *relied* on the farmers while the Government has retained control over imports. For distribution, it created public agencies to do the job along with private trade, thus creating a dual market structure.

Providing economic access to food is the second part of the concept of food security. This can be best *obtained* by adopting a cost effective technology in production so that the real price of foodgrains come down and more people have access to it. In case it still fails to reach the larger sections of the population, the Government can directly subsidise food for the poor, *launch* a drive to augment their incomes, or try a combination of the two strategies. India has followed both these policies.

1. India has come a long way means ....
A. many years have passed after the Bengal famine
B. the food position is now largely improved
C. India now handled such problems under PL-480 Scheme
D. India has advanced in science and technology
E. India is no more isolated from the world

2. According to the author, why is it necessary to make available food security to people?
A. To sustain economic growth
B. As per PL-480 guideline
C. To enable us to export foodgrains
D. Not given in the passage
E. None of these

3. The author seems to be advocating which of the following views regarding GATT?
A. India should seize the chance and make efforts to fulfill its objectives

B. India should not have signed it to insulated our foodgrains sector
C. India should handover issue of food security to only private sector
D. India should have signed GATT excluding the agricultural sector
E. None of these

4. Which of the following forms the most essential part of the concept of food security in India?
A. Availability of effective technology of food production to poor farmers
B. Availability of all food items in the market for urban poor
C. Easy access of foodgrains to the weaker sections at the affordable price
D. Providing subsidy on all food items for rural poor
E. None of these

5. If the private agencies are entrusted the work of making foodgrains available to people, what facilitative role Government should undertake?
A. Nationalise all distribution system
B. Take those decisions that give appropriate message to the market
C. Should undertake responsibilities of production and distribution
D. Make efforts to increase the income of the farmers
E. None of these

6. According to the author, food at affordable price could be made available to the poor by which of the following measures?
1. Reducing the cost of production of foodgrains by using appropriate technology
2. Offering foodgrains at lower cost and offering economic support for maintaining lower cost
3. Raising the earning of the poor

A. Only 1
B. Only 1 and 2
C. India is now poised for globalisation and privatisation
D. India is now technologically advanced country
E. None of these

7. According to the author, why have India's policy makers created mixed market structure?
A. This is a practice followed by many developing countries
B. This is a natural fallout of GATT agreement
C. India is now poised for globalisation and privatisation
D. India is now a technologically advanced country
E. None of these

8. Which of the following can be inferred about the general view of the author in the context of the passage?
A. Full advocate of liberalisation and privatisation
B. State controlled, socialistic but closed economy
C. A very practical and pragmatic approach to guard our economy in view
D. A staunch supporter of stable international relations
E. Theoretical view not concerned with ground realities

Directions (Qs. 9 to 11): *Choose the word which is most **opposite** in meaning to the word printed in bold as used in the passage.*

9. LETTING
A. demanding B. permitting
C. disallowing D. refusing
E. rejecting

10. INTEGRATE
A. isolate B. analyse
C. distinguish D. mark
E. distribute

11. CHRONIC
A. acute B. fleeting
C. irregular D. temporary
E. recurring

Directions (Qs. 12 to 14) : *Choose the word which is most **similar** in meaning to the word printed in bold as used in the passage.*

12. OBTAINED
A. combined B. procured
C. acquired D. conquered
E. attained

13. RELIED
A. Emphasised B. Depended
C. Convinced D. Followed
E. Referred

14. LAUNCH
A. Review B. Begin
C. Propel D. Push
E. Force

PASSAGE-11

In the town of Agra there lived a rich businessman. But he was also quite a miser. Various people used to flock outside his house everyday hoping for some kind of generosity, but they always had to return home disappointed. He used to ward them off with false promises and then never lived up to his word. Then one day, a poet named Raidas arrived at his house and said that he wanted to read out his poems to the rich man. As the rich man was very fond of poetry, he welcomed him in with open arms.

Raidas started to recite all his poems one by one. The rich man was very pleased and especially so when he heard the poem that Raidas had written on him. In those days it was a custom for rich men and kings to show their appreciation through a reward or a gift, as that was the only *means* of earning that a poor poet possessed. So, the rich man promised Raidas some gifts and asked him to come and collect them the next day. Raidas was *pleased*.

The next morning when he arrived at the house, the rich man pretended that he had never laid eyes on him before. When Raidas reminded him of his promise, he said that although Raidas was a good poet he liked the poem which was written on him and the rest of the poems were very ordinary. He also said that he had earlier promised a reward to Raidas not because he was really pleased or impressed, but to simply encourage him. Raidas was extremely upset, but as there was nothing that he could do, he quietly left the house. On his way home he saw his brother Kuber riding a horse. So, he stopped him and asked for his help after *narrating* the whole incident. Kuber took him to his own house in order to come up with a plan. After giving it some thought he asked Raidas to go to a friend's house with five gold coins and request the friend to plan a dinner where the rich man would also be invited. He then narrated his plan to him.

Raidas had One *trustworthy* friend whose name was Mayadas. So, he went up to him and told him the plan. The next day, Mayadas went to the rich man's house and invited him for dinner. He said that he *intended* to serve his guests in vessels of gold, which the guests would get to take home after the meal. The rich man was thrilled to hear this and jumped at the offer. After the rich man arrived at Mayadas' house, he was surprised to see no other guests there but Raidas. Anyhow, they welcomed him in and started a polite conversation. The rich man had come on an empty stomach and so was getting hungrier by the minute.

Finally at midnight the rich man could bear his hunger no longer and asked Mayadas to serve the food. Mayadas sounded extremely surprised when he asked him what food was he talking about. The rich man tried to remind him that he had been invited for dinner. At this point Raidas asked him for proof of the invitation. The rich man had no answer. At that point Raidas reminded the rich man of the same treatment that he had meted out to him. The rich man realised his mistake and begged for forgiveness. He said that Raidas was a good poet and had not asked him for any reward. He himself had promised to give him some gifts and then cheated him out of them. To make up for his mistake he took out the necklace that he was wearing and gifted it to Raidas. Then they all sat down to eat a happy meal.

1. Why was the rich businessman thrilled on being invited over to dinner by Mayadas?
- A. He was thrilled to have dinner for free
- B. No one had ever invited him over for dinner since he was very miserly
- C. Mayadas had promised to serve in gold dishes which **the guests were allowed to take home with them**
- D. Mayadas had promised many delicacies in the dinner
- E. None of these

2. Which of the following is *true* in context of the passage?
- A. It was Raidas' brother Kuber's plan to teach the rich businessman a lesson
- B. The rich businessman had to return empty stomach from Mayadas' house
- C. Mayadas was a trustworthy friend of the rich businessman
- D. None is true
- E. All A, B and C are true

3. What did Raidas and Mayadas do when the rich businessman came over for dinner?
- A. They were thrilled to have a rich businessman as their guest and served him well
- B. They served him in gold utensils which he later took with himself
- C. They did not serve him any food until he learnt a lesson on what he had done with Raidas
- D. They forced him to give away his necklace to Raidas in return of the dinner which they had served
- E. None of these

4. What did the rich businessman do when Raidas went to collect his reward from him the next day?
1. The businessman refused to award him even though he had promised so earlier
2. He said that he had promised a reward only to encourage him not because he was pleased with him
3. He said that most of the poems written by Riadas were ordinary

A. Only 2	B. Only 1 and 3
C. Only 2 and 3	D. None of these
E. All of these	

5. Why did people flock outside the rich businessman's house everyday?
- A. The businessman was very kind-hearted and generous
- B. They sought an explanation from him on not keeping the promises made to them
- C. All of them wanted to recite poem to him as he was fond of poems
- D. They would hope for some generosity from the businessman since he was rich
- E. None of these

6. Why did the people always return home disappointed from the rich businessman's house?
- A. He would donate less than what he had promised to them
- B. He made promises to them but never kept his words
- C. The rich man would only reward those who had written poetry on him
- D. Both B and C
- E. **None of these**

7. How did the rich businessman react when he realized his mistake of not keeping his promise which he had made to Raidas?

A. He asked Raidas to come to his house the next day to take his reward

B. He left Mayadas' house immediately without having dinner

C. He justified that Raidas did not deserve an award since his poems were very ordinary

D. He said that Raidas was lying and that he had already awarded him with a necklace

E. None of these

8. Which of the following is the moral of the story?

A. A house divided against itself cannot stand

B. A bird in hand is worth two in the bush

C. Never make a promise

D. Never go back on your promises

9. Why was the rich businessman pleased with Raidas?

A. Raidas had recited poems to him but had not asked for any gifts in return

B. Raidas was also as miserly as him

C. Raidas had invited him over for dinner

D. The businessman liked his poetry, especially the one written on him

E. None of these

10. Which of the following best describes Kuber ?

A. Manipulative B. Clever

C. Miserly D. Influential

E. None of these

Directions (Qs. 11 to 13) : *Choose the word which is* ***most similar*** *in meaning to the word printed in bold as used in the passage.*

11. NARRATING

A. Talking B. Performing

C. Departed D. Executing

E. Describing

12. MEANS

A. Expression B. Idea

C. Intention D. Way

E. Purpose

13. INTENDED

A. Presumed B. Wanted

C. Promised D. Confirmed

E. Expected

Directions (Qs. 14 to 15): *Choose the word which is* ***most opposite*** *in meaning to the word printed in bold as used in the passage.*

14. TRUST WORTHY

A. Worthless B. Unfair

C. Unreliable D. Discriminating

E. Awful

15. PLEASED

A. Disappointed B. Stunned

C. Hostile D. Jealous

E. Pensive

PASSAGE-12

All cultures, even the simplest, seem to be in a continuous state of change. The earlier anthropologists, as opposed to the moderns, assumed that cultures with relatively simple technology and political structure represented only slightly modified survivors of the ancient conditions of our own ancestors and for that reason dubbed them primitive. Also, largely as a device for simplifying their own theoretical studies, they assumed that such cultures were static or nearly so, persisting unchanged over long time periods. Actually, we have plenty of evidence that this is not the case. Not only do all archaeological records, fragmentary as they are, show change through time, but wherever explorers have visited a primitive tribe at intervals of a generation or more, their reports show that changes have taken place. Since there is always the possibility that these changes have been set in motion by the first explorer's visit or by contacts with other Europeans during the intervals, the archaeological evidence is more reliable. From this it appears that changes in technology are the only part of culture on which it provides conclusive evidence, were exceedingly slow during the first nine-tenths of human existence. Thousands of years have gone without the introduction of any new tool or appliance. However, during the last twenty-five or thirty thousand years, there has been a progressive speeding up of cultural change. In their operation, the process of cultural change falls into a definite sequence. The first step is the presentation to the society of a potential addition to its culture. This is followed by the new elements' acceptance or rejection. If accepted there are further processes of modification and integration by which the new elements and the pre-existing culture are brought into adjustment. Lastly, there is usually, but not always, the elimination of an older culture element, or elements where functions have been taken over by the new elements.

A potential element of culture may be invented or borrowed. In either case, the new idea or appliance originates with some individual or at work with a small series of individuals who have either pooled their ingenuity to solve a problem or contributed to improving details during the developments of the invention. There can be no invention or cultural change without an inventor. The main difference between invention and borrowing is that if the new thing originates within the setting provided by the society and its culture, we refer to it as culture borrowing, The processes of acceptance or rejection or integration will be the same, although the attitude of the receiving society towards the one in which the potential element originated may influence acceptance.

1. According to the passage ....
   A. modern anthropologists are more systematic and accurate than earlier ones
   B. a relatively simple society will see progress as spasmodic, resulting from the borrowing of cultural elements
   C. the last twenty years have seen societies rapidly becoming cultured
   D. cultural interaction is necessary for the cultural progress of primitive societies
   E. None of the above

2. According to the passage ....
   A. foreign cultural elements are never assimilated in their original form
   B. assimilation of a cultural element is partly dependent on the attitude of the borrower society to the source society
   C. the process of cultural change is usually random
   D. self-sufficient societies rely on inventions rather than cultural borrowings
   E. None of the above

3. According to the author, earlier anthropologists assumed some cultures to be static because ....
   A. of insufficient interaction with them
   B. of poor or unreliable analysis
   C. it made their task of studying these cultures more simple
   D. of fragmentary archaeological evidence
   E. None of the above

4. According to the passage ....
   A. a culture with simple technologies and political structure is likely to be static
   B. explorers seem to have begun a process of change in many societies
   C. much of the culture seen today is the result of changes in the recent past
   D. all cultures seem to have continuous rates of change
   E. None of the above

5. All the following are essential to the process of borrowing cultural elements, except ....
   A. the projection of a particular cultural element as attractive to and suitable for the recipient society
   B. the displacement of the cultural element performing the same task in the recipient society
   C. the modification of cultural elements to suit the recipient society
   D. the widespread acceptance of the new element within the recipient society
   E. None of the above

6. According to the passage ....
   A. "cultural borrowing" is primarily dependent on the relationship between the donor and recipient societies
   B. the process of assimilation of a new element, whether borrowed or indigenous, will be the same once the society becomes receptive to it.
   C. borrowing a new element carries the risk of conflict between the new element and the original element that performed the same task
   D. a technologically more complex society will always be a donor to a technologically simpler society
   E. None of the above

7. No cultural change is really possible without ....
   A. a willingness to learn and imbibe from alien cultures
   B. a process of integration, which brings the culture and the innovation into a state of adjustment
   C. the human element which acts as a source of all innovation
   D. a society's receptivity to change
   E. None of the above

8. From the passage, we can infer that ....
   A. a society takes much longer to integrate a "culture borrowing" than an "invention"
   B. altering the sequence of cultural assimilation will result in unintegrated cultural elements in a society
   C. a society with a simpler political and technological structure is more likely to be receptive to new cultural elements
   D. as the political and technological structure of a society becomes complex, cultural change becomes faster
   E. None of the above

PASSAGE-13

One of the most critical demographic events in the world today is population ageing i.e. the process by which the share of older individuals in the total population starts becoming larger. The ageing phenomenon, which has been initially experienced by developed countries, is now steadily approaching the developing world. Projections show that over the next five decades, world median age will continue to increase, resulting in enhanced old age dependency ratios in all parts of the world. Thus, population ageing would be a major global public policy *concern* in the twenty-first century posing unprecedented challenges for fiscal, monetary and overall macro-economic management.

There is a general *consensus* that ageing population reduces output growth, limits economic welfare and lowers employment. One direct effect of population ageing is labour shortages that are caused by declining birth rates and increasing life *spans*. This translates itself into a higher old-age dependency ratio (i.e. proportion of population aged 65 and older to population aged 15 to 64). Consequently, with ageing, the economy's capacity to *sustain* the elderly population would decline. An important consequence of this development is reflected in increasing fiscal pressures through higher government spending on social security, health care and other welfare programmes for the elderly accompanied by lower tax buoyancy consequent to falling proportions of the productive labour force.

Given the hard budget constraint for many developing countries, this could mean lower government spending for programmes that primarily benefit the young. With public pension schemes coming under increasing pressure to raise contribution levels or cut the size of social safety benefits, the issue of fiscal sustainability is one of the principal challenges facing policymakers worldwide, particularly in the context of intergenerational equity.

The experience of US, Western Europe and other Organization for Economic Cooperation and Development (OECD) countries suggests that substantial demographic changes have occurred in the past few decades. Improvements in life standards, health care and nutrition have increased life expectancy. As a result, the old-age dependency ratio in OECD countries is projected to reach nearly 50 per cent by 2050. This is going to pose a huge fiscal burden in terms of social security, health care, pension and other related expenditures. In this regard, an OECD exercise reveals a rise in old age pension spending, on an average, by about 3-4 percentage points of GDP over the period till 2050. Expenditure relating to health and long term medical care is estimated to increase by more than 3 percentage points of GDP over the same period. Overall, total age-related expenditures relative to GDP could rise on average by about 7 percentage points over the period 2000-2050. In turn, this would imply an average decline of 6-7 percentage points in the primary balance to GDP ratio.

1. Which of the following is definitely *true* of population ageing?
   A. It was almost simultaneously experienced by all the countries of the globe
   B. The underdeveloped countries cannot experience the phenomenon
   C. Developing and developed countries experienced the phenomenon respectively in succession
   D. The challenges posed by population ageing had been witnessed in the past also
   E. None of these

2. On which of the following points related to population ageing, there is no dispute among thinkers?
   A. The direct effect of population ageing is abundance of labourers
   B. Economic welfare will be enhanced due to availability of experienced people
   C. Employment will be lowered significantly due to population ageing
   D. Old age dependency ratio will be lowered significantly
   E. None of these

3. The term "*population ageing*" refers to ....
   A. the proportion of senior citizens in a developed country
   B. the percentage of older people in a developing nation
   C. increase in the overall population of a developed country
   D. enhancement in the proportion of older people in the population
   E. None of these

4. Which of the following factors is responsible for increase in longevity?
   1. Substantial raise in living status
   2. Adequate and timely health care
   3. Nourishing and healthy diet

   A. 1 and 2 only B. 2 and 3 only
   C. 1 and 3 only D. All the three
   E. None of these

5. Which of the following is most likely to happen by middle of the 21st century?
   1. In countries like US and Western Europe, the old-age dependency ratio is likely to touch 50%
   2. Six to seven points increase in primary balance to GDP ratio in OECD countries
   3. Raise to the extent of three to four percentage points of GDP in age old pension spending.

   A. 1 and 2 only B. 1 and 3 only
   C. 2 and 3 only D. All the three
   E. None of these

6. What is most likely to happen if the dependency ratio is higher?
   A. It would lower the economist's capacity to sustain the elderly population
   B. Government spending on social security would significantly decline
   C. Productive labour force will increase significantly
   D. Due to increased longevity expenditure on health care will reduce
   E. None of these

Directions (Qs. 7 to 8): *Choose the word which is most nearly the same in meaning as the word given in bold as given in the passage.*

7. **CONSENSUS**
   A. agreement B. consent
   C. harmony D. compromise
   E. interaction

8. SPAN

A. width
B. gap
C. duration
D. distance
E. extent

Directions (Qs. 9 to 10): *Choose the word which is most* ***opposite*** *in meaning of the word given in bold as given in the passage.*

9. CONCERN

A. reassurance
B. comfort
C. anxiety
D. indifference
E. neglect

10. SUSTAIN

A. prolong
B. uphold
C. protract
D. diminish
E. quit

PASSAGE-14

Seeking a competitive advantage, some professional service firms (for example, firms providing advertising, accounting, or health care services) have considered offering unconditional guarantees of satisfaction. Such guarantees specify what clients can expect and what the firm will do if it fails to fulfil these expectations. Particularly with first-time clients, an unconditional guarantee can be an effective marketing tool if the client is very cautious, the firm's fees are high, the negative consequences of bad service are grave, or business is difficult to obtain through referrals and word-of-mouth.

However, an unconditional guarantee can sometime hinder marketing efforts. With its implication that failure is possible, the guarantee may, paradoxically, cause clients to doubt the service firm's ability to deliver the promised level of service. It may conflict with a firm's desire to appear sophisticated, or may even suggest that firm is begging for business. In legal and health care services, it may mislead clients by suggesting that lawsuits or medical procedures will have guaranteed outcomes. Indeed, *professional service firms* with outstanding reputations and performance to match have little to gain from offering unconditional guarantees. And any firm that implements an unconditional guarantee without undertaking a commensurate commitment to quality of service is merely employing a potentially costly marketing gimmick.

1. The primary function of the passage as a whole is to ....

A. account for the popularity of practice
B. evaluate the utility of a practice
C. demonstrate how to institute a practice
D. weigh the ethics of using a strategy
E. explain the reasons for pursuing a strategy

2. Which of the following hypothetical situation best exemplifies the potential problem noted in the second sentence of the second paragraph?

A. A physician's unconditional guarantee of satisfaction encourages patients to sue for malpractice if they are unhappy with the treatment they receive
B. A lawyer's unconditional guarantee of satisfaction makes clients suspect that the lawyer needs to find new clients quickly to increase the firm's income
C. A business consultant's unconditional guarantee of satisfaction is undermined when the consultant fails to please clients
D. An accountant's unconditional guarantee of satisfaction leads clients to believe the tax returns prepared by the accountant are certain to be accurate
E. None of these

3. The passage most clearly implies which of the following about the 'professional service firms' mentioned in the second paragraph?

A. They are unlikely to have offered unconditional guarantees of satisfaction in the past
B. They are usually profitable enough to be able to compensate clients according to the terms of an unconditional guarantee
C. They usually practice in fields in which the outcomes are predictable
D. Their fees are usually more affordable than those charged by other professional service firms
E. Their clients are usually already satisfied with the quality of service that is delivered

4. The passage's description of the issue raised unconditional guarantees for health care or legal services most clearly implies that which of the following is *true*?

A. The legal medical professions have standards of practice that would be violated by attempts to fulfil such unconditional guarantees
B. The result of a lawsuit or medical procedure cannot necessarily be determined in advance by the professionals handling a client's case
C. The dignity of the legal and medical professions is undermined by any attempts at marketing of professional services, including unconditional guarantees
D. Clients whose lawsuits or medical procedures have unsatisfactory outcomes cannot be adequately compensated by financial settlements alone
E. Predicting the monetary cost of legal or health care services is more difficult than predicting the monetary cost of other types of professional services

5. All of the following are mentioned in the passage are circumstances in which professional service firm can be benefited from offering an unconditional guarantee, except ....

A. the firm is having difficulty in retaining its clients of long standing

B. the firm is having difficulty getting business through client recommendation
C. the firm charges substantial fees for its services
D. The adverse effects of poor performance by the firm are significant for the client
E. None of these

6. Which of the following is cited in the passage as a goal of some professional service firms in offering unconditional guarantees of satisfaction?
A. A limit on the firm's liability
B. Successful competition against other firms
C. Ability to justify fee increases
D. Attainment of an outstanding reputation in a field
E. Improvement in the quality of the firm's service

Passage-15

The goal of our present system of primary and secondary schooling is to prepare students for the examination system which will take them to the best technical institutions in the country. While the teaching of science and mathematics has over the years been upgraded, the teaching of the humanities and social sciences continues to be straight-jacketed in grotesque ways. Those areas of the Indian reality, which ought to form the proper subject, like caste, poverty and environmental degradation do not form part of the syllabus.

The capacity to think independently and critically about problems that plague modern Indian society, which ought really to be a prominent part of a humanities curriculum, is perceived to be intractable from the point of view of the examiner. Lest the evaluation become subjective, every effort is made to reduce both history and economics to a series of facts; a one-to-one correlation between facts ensures proper systems of grading.

1. According to the author, the present educational system ultimately helps the students in which of the following?
1. Understanding the real problems of people
2. Acquiring various techniques to face the challenges of the future
3. Getting admission to renowned technical institutions

A. Only 1 B. Only 2
C. Only 3 D. Only 1 and 2
E. Either 1 or 2

2. According to the author, the teaching of science and mathematics develops capacity of the students in which of the following?
1. Considering pros and cons of each decision
2. Examining the problem minutely with proper analysis

A. Only 1 B. Only 2
C. Either 1 or 2 D. Both 1 and 2
E. Not mentioned in the passage

3. What seems to be the purpose of the author in writing this passage?
A. To critically look into the methods of teaching of science and mathematics
B. To point out the deficiencies in the curriculum and examination system
C. To reduce importance of science and mathematics in our system of education
D. To put up a case for proper objective system of grading
E. To appreciate the present educational system

4. According to the author which of the following is the main reason leading to upgradation of teaching of science and mathematics?
A. Science and mathematics can solve our problems
B. It inculcates proper values for becoming an ideal citizen
C. The evaluation of these subjects is objective and critical
D. The syllabus of science and mathematics have been modified from time to time
E. None of these

5. The author seems to believe in which of the following?
1. The capacity to think can be developed by a properly designed curriculum of humanities and social sciences
2. Objective evaluation is necessary for social sciences
3. Proper education can help a person to become a responsible and responsive citizen

A. Only 1 B. Only 2
C. Only 3 D. Either 1 or 2
E. Both 1 & 3

6. What problems does the author see in the improvement of the teaching of humanities and social sciences?
1. The present syllabus of these subjects
2. The difficulties of the examiners
3. The present system of evaluation

A. Only 1 B. Only 2
C. Only 3 D. Either 1 or 2
E. Not mentioned in the passage

Passage-16

What is the future that awaits our children? The underlying assumption of the question, that Indian children have a common future is itself dubious. It can legitimately be asked whether a student who is well-fed, attending a boarding school in the salubrious climate of the hills and learning to use computers has any future in common with a malnourished child who goes to a school with no blackboards, if indeed he does go to school. The latter may have no worthwhile future at all. And it might be worthwhile to analyse the significance of this marginalisation of more than 75 per cent of the children of this country.

The failure to provide an infrastructure for primary education in the villages of India more than 40 years after independence is in sharp contrast with the sophisticated institutions, for technical institutes of higher education are funded by the government, which essentially means that the money to support them comes from taxes. And, since indirect taxation forms a substantial part of the taxes collected by the government, the financial burden is borne by all the people. L.K. Jha put it graphically when he observed that 25 paise of every rupee spent on educating an IIT student comes from the pockets of men and women whose children may never enter a proper classroom.

1. The author is trying to highlight which of the following?
A. Faulty system of direct taxes
B. The greatness of L.K. Jha
C. Need of sophisticated education for rural poor
D. Need to have common future for Indian children
E. None of these

2. Which of the following pairs have been termed as 'sharp contrast' by the author?
1. Infrastructure for technical education
2. Lack of infrastructure for rural primary schools
3. 25 paise of every rupee earned by Government is spent on education
4. The financial burden of higher technical education is borne by all people
5. 75% of children have limited opportunities

A. 2 and 4 B. 2 and 3
C. 3 and 4 D. 1 and 2
E. 4 and 5

3. Which of the following statements is *not true*?
1. The author welcomes Govt.'s initiative on primary education
2. 75% of the children have a bright future
3. 25% cost of educating a technocrat comes from poor people

A. Only 1 B. Only 2
C. Only 3 D. Only 1 and 2
E. Only 1 and 3

4. According to the author, who among the following does not have a hopeful and prosperous future?
1. All students from technical institutes
2. All students financially supported by the Government

A. Only 1
B. Only 2
C. Both 1 and 2
D. Neither 1 nor 2
E. Not mentioned in the passage

5. What seems to be the likely answer of the author to the question posed by him in the first sentence of the passage?
1. There is no common future for the Indian children
2. The future is worthwhile for majority of Indian children
3. The majority may never enter a proper classroom

A. Only 1 B. Only 2
C. Only 3 D. Both 1 and 2
E. Both 2 and 3

6. What seems to be the purpose of the author in writing this passage?
A. Setting goals for children of upper middle class
B. Questioning the legitimacy of public schools
C. Highlighting lack of infrastructural facilities for primary education
D. Focusing on inequality in educational opportunities
E. None of these

PASSAGE-17

The Indian scenario can be described very briefly. The apparatus of the state has become an integral part of what Americans term the iron triangle : a collusion *of* (*a*) those who benefit from the subsidies: the industry, urban populations, rich farmers; (*b*) those who decide on who is to be subsidised at whose cost: the politicians; and (*c*) those who administer the subsidies : the bureaucracy.

Let me explain what I mean. Take the example of bamboo. Bamboo has been made available to paper mills at rates as low as one to two rupees per tonne, when the basket weavers were buying it in the market at a *high* price—several thousand rupees per tonne. Cement factories receive power and raw materials at subsidised rates and pass on the costs of pollution to the society at large; the cement thus subsidised flows to metropolises. These metropolises also attract *large* quantities of bricks made from the previous topsoil of farms and baked with old banyan trees now being liquidated for kilns.

When *a giant* hydel project on a river in one State was concluded, the *bulk* of its power was given over to a single aluminium industry at a few paise per unit, well below the cost of production. Later, the State government decided to charge only a nominal flat rate per irrigation pump, ensuring that the farmers kept the pumps running whether they needed the water or not. Villagers who lose their lands and *small* homes under irrigation projects have always been inadequately compensated, thereby keeping the cost of projects low. But the beneficiaries in the command areas never have to pay for water to take care of even these artificially depressed costs.

1. Which of the following industries have been referred to in the passage?
A. Aluminium B. Brick
C. Paper D. Iron
E. Cement

2. According to the author, who decides the beneficiaries of various subsidies?
   A. The bureaucrats
   B. The Industrialists
   C. Rich farmers
   D. Villagers
   E. None of these
3. Which of the following describes correctly the approach of the author?
   A. Positive criticism followed by suggestions for improvement
   B. Prove how government has handled the situation effectively
   C. One sided, negative and highly critical
   D. Indifference to both government and welfare of people
   E. Instigate people to revolt against the government
4. Which of the following is the main reason which helps the authorities to keep cost of irrigation projects low?
   1. The beneficiaries contribute money to the project
   2. The government keeps nominal rates for the supply of water
   3. Low compensation is provided to the affected villagers

   A. Only 1
   B. Only 2
   C. Only 3
   D. Either 1 or 2
   E. Both 1 and 2
5. The author has given sufficient examples which make us feel that
   1. proper costing of the projects is not being done by the government
   2. the government is protecting interests of rich and urban people
   3. the present practice of subsidy should be reviewed

   A. Only 1 and 2
   B. Only 1 and 3
   C. Only 2 and 3
   D. All the three 1, 2 and 3
   E. Only 1
6. Four of the five words used in the passage form one group, the fifth one does not belong to that group. Find out the word that does to belong to the group.
   A. Giant
   B. Bulk
   C. High
   D. Small
   E. Large
7. Which of the following statements is *true* in the context of the passage?
   A. Paper mills and basket weavers both get bamboo at very low rates
   B. Wood from banyan trees is used by the cement industries
   C. The government machinery is taking a balanced view about development
   D. The cement industry is responsible for polluting the atmosphere
   E. The government is influenced by American terms

PASSAGE-18

Economic growth involves both benefits and costs. The desirablity of increasing production has frequently been challenged in recent years and some have even maintained that economic growth is merely a quantitative enlargement that has no human meaning or value. However, economic growth is an increase in the capacity to produce goods and services that people want. Since the product of economic growth can be measured by its value to someone, it is important to ask whose standard of valuation counts.

In the United States, the value of a product is what purchasers pay for it. This is determined by the purchasers' preferences combined with conditions of supply, which in turn reflect various other factors, such as natural and technological circumstances at any given time and the preferences of those who supply capital and labour. The value by which we measure a product synthesizes all these factors. Gross National Product (GNP) is the market value of the nation's total output of goods and services.

Gross National Product is not a perfect measure of all the activities involved in economic output. It does not account for deterioration or improvements in the environment, even when they are incidental results of the production process. On the other hand, it does not take into account many benefits provided as side effects of the economic process; it does not include 'productive but unpaid work' (such as that done by a housewife); and it does not reckon with such other factors as the burdensomeness of work, the length of the work, week and so forth.

Nonetheles, the GNP concept makes an important contribution to our understanding of how the economy is working. While it is not a complete measure of economic productivity and even less so of "*welfare*" the level and rate of increase of the GNP are clearly and positively associated with what most people throughout the world see as an improvement in the quality of life.

Although there has been much soul searching about the role of increasing material affluence in the good life, it seems quite certain that most Americans prefer a rapidly growing GNP and its consequences. This does not mean that growth of the GNP is an absolute requirement that must be furthered at all costs, and beyond a certain point they are not worth paying. Moreover people wants thing that are not measured in the GNP. Still, while human values and conditions of the life change and might conceivably make the social cost of a rising GNP seems too high, it is likely that we would still be concerned about the growth of our nation's GNP.

In any case, since there is little evidence of decline in the value assigned to economic output as a whole, the factors that influence our capacity to produce remain of great importance. In the long run, the same factors result in a growing GNP and in other social benefits. They are size and competence of population, state of knowledge, amount of capital and the effectiveness with which these are combined and utilized.

1. Those who decide the value of a product are ....
A. the GNP
B. economic theorist
C. its advertisers
D. its patent holders
E. its purchasers

2. The rhetorical purpose of the third paragraph of the passage is to ....
1. anticipate objection to what the GNP fails to take into account
2. cite examples of "products" the GNP ought to include
3. develop the definition of paragraph two with specific details

A. 1 only
B. 2 only
C. 3 only
D. 1 and 2 only
E. 1, 2 and 3

3. The main purpose of the passage is to ....
A. define the limitation of using GNP to measure the nation's well-being
B. contrast the American and the European GNPs
C. argue for the value of increased economic output
D. explain the disadvantages of measuring the quality of life using a scale of material affluence
E. define Gross National Product

4. A critic of the limitations of the measurement of the GNP might cite its failure to consider all the following except ....
A. the steady increase in American worker's leisure then
B. cooperative baby-sitting projects among parents with young children
C. the widespread existence of chemicals in American rivers
D. the value of the time a salaried stock broker spends on research
E. the valuation of family household management

5. We might assume that the authour favours the continuing growth of the GNP because ....
A. although he mentions that the GNP has its costs, he doesn't examine those costs
B. it does not include such factors as the burdensomeness of work
C. he wishes to represent a minority opinion
D. he does not believe in perfect measure of economic growth
E. he believes that human values and the conditions of life are subject to change

6. We can infer from the passage the factor that does not influence the growth of the GNP is ....
A. the condition of the population
B. a dependence on spiritual values
C. the capital available in the country
D. knowledge related to production of goods and services
E. the efficiency of the production process

7. As it is used in the fourth paragraph of the passage, the word "*welfare*" can be best defined as ....
A. a measure of economic productivity
B. the quality of life of the public as a whole
C. government-supported payments to the indigent
D. public payments for unpaid production work such as child care
E. state-supported income supplements

ANSWERS

PASSAGE-1

1	2	3	4	5	6	7
C	D	C	B	C	A	C
8	**9**	**10**				
D	A	B				

PASSAGE-2

1	2	3	4	5	6	7
D	E	C	E	B	C	D
8	**9**	**10**				
B	B	A				

PASSAGE-3

1	2	3	4	5	6	7
C	A	D	D	E	D	C
8	**9**	**10**				
C	E	A				

PASSAGE-4

1	2	3	4	5	6	7
E	B	A	A	B	C	E

PASSAGE-5

1	2	3	4	5	6	7
A	C	C	A	D	E	B
8	**9**	**10**				
A	B	E				

PASSAGE-6

1	2	3	4	5	6	7
A	D	E	B	D	E	E
8	**9**	**10**				
C	C	D				

PASSAGE-7

1	2	3	4	5	6	7
A	C	D	E	A	E	A
8	**9**	**10**				
B	B	E				

PASSAGE-8

1	2	3	4	5	6	7
B	C	D	A	A	E	C
8	**9**	**10**				
B	E	E				

PASSAGE-9

1	2	3	4	5	6	7
B	D	A	C	A	B	C
8	**9**	**10**	**11**	**12**		
A	D	C	B	D		

PASSAGE-10

1	2	3	4	5	6	7
B	D	C	C	C	C	C
8	**9**	**10**	**11**	**12**	**13**	**14**
A	C	A	D	E	B	B

PASSAGE-11

1	2	3	4	5	6	7	
C	A	C	D	D	E	E	
8	**9**	**10**	**12**	**13**	**13**	**14**	**15**
E	D	B	E	D	B	C	E

PASSAGE-12

1	2	3	4	5	6	7
A	B	C	A	B	B	B
8						
C						

PASSAGE-13

1	2	3	4	5	6	7
E	C	D	D	B	A	A
8	**9**	**10**				
C	D	D				

PASSAGE-14

1	2	3	4	5	6
B	D	E	A	B	B

PASSAGE-15

1	2	3	4	5	6
C	E	B	E	E	D

PASSAGE-16

1	2	3	4	5	6
D	A	D	A	A	E

PASSAGE-17

1	2	3	4	5	6	7
D	E	C	C	B	D	D

PASSAGE-18

1	2	3	4	5	6	7
E	A	A	A	E	B	D

2

Cloze Tests

A cloze test is a test in which you are asked to supply words which have been removed from a passage. It is meant to test your ability to comprehend text. Try and practise it in this chapter to master it.

Directions: *In the following passages, there are some blanks, each of which has been numbered. These numbers are printed below the passage and against each, five words are suggested, one of which fits the blank appropriately. Find out the appropriate word in each case.*

Passage-1

Women have ... **1** ... made ... **2** ... the corporate work-place but certainly not as much as they had ... **3** ... . We have new laws, rules and ... **4** ... relating to women in the workplace, but what we have not changed much is male ... **5** ... . Women have fallen short in their goals because we ... **6** ... the potency of the male need to ... **7** ... their power. We can abide ... **8** ... by the laws and rules we create in order to ... **9** ... women an equal opportunity in the corporate workplace and still not ... **10** ... the problems that afflicted and eventually capsized the women's raft.

1. A. seldom B. not C. optimistically D. undoubtedly E. perhaps

2. A. attempts B. progress C. decisions D. efforts E. automation

3. A. prescribed B. informed C. encompassed D. predisposed E. expected

4. A. problems B. revolutions C. policies D. cases E. activities

5. A. behaviour B. population C. achievements D. patterns E. hatred

6. A. risk B. minimize C. respect D. retaliate E. underestimate

7. A. know B. maintain C. evolve D. absolve E. diminish

8. A. them B. partially C. occasionally D. scrupulously E. excessively

9. A. deprive B. donate C. assure D. deny E. share

10. A. emphasize B. explore C. judge D. mentioned E. overcome

Passage-2

To the curious and the ... **1** ... , the sea still presents the challenge of the unknown, for ignorance is still the ... **2** ... characteristic of men's relation to the sea. But now, more than ever, necessity ... **3** ... us onward in our exploration of the sea. We now have submarines capable of ... **4** ... submergence for many months ... **5** ... missiles capable of ... **6** ... many times greater than that ... **7** ... by World War II. For ... **8** ... reasons, therefore, we need ... **9** ... to learn more about the ... **10** ... of ocean bottom, about deep ocean currents, temperature, density and so on.

Another necessity ... **11** ... us to learn to master the sea. That necessity is food. The lives of two-third of the world's people are wholly ... **12** ... by that basic necessity; they are ... **13** ... by hunger and by the weakness and disease which hunger generates.

1. A. outgoing B. courageous C. formidable D. watchful E. intelligent

2. A. outstanding B. remarkable C. valuable D. critical E. distinguishing

3. A. projects B. excites
C. goads D. propels
E. makes

4. A. provocative B. turbulant
C. deadly D. durable
E. steady

5. A. guiding B. subjecting
C. providing D. holding
E. directing

6. A. expansion B. destruction
C. projection D. domination
E. aggression

7. A. forced B. witnessed
C. experienced D. conceived
E. wrought

8. A. traditional B. academic
C. deliberate D. strategic
E. historical

9. A. urgently B. drastically
C. judiciously D. cautiously
E. wilfully

10. A. tenacity B. distribution
C. topography D. resources
E. velocity

11. A. involves B. threatens
C. presses D. wants
E. provides

12. A. projected B. galvanised
C. dictated D. developed
E. challenged

13. A. oppressed B. salvaged
C. controlled D. governed
E. perturbed

Passage-3

The world economy is in recession — the deepest and the most widespread ... **1** ... the 1930s. There are ... **2** ... of ... **3** ... in the industrial countries, but most serious economic ... **4** ... anticipate that rates of growth and levels of economic activity will remain low.

In all that has been written about world ... **5** ..., the ... **6** ... have been overwhelmingly and narrowly economic. Few have ... **7** ... the human consequences in more than a superficial manner. Not a single international study has ... **8** ... the recession's ... **9** ... on the most vulnerable half of the world's population — the children.

The need for ... **10** ... clearly the ... **11** ... between world economic conditions and child welfare has thus become even more urgent in the last few years. The worldscale of current child distress also makes it artificial to restrict the analysis of causes to the ... **12** ... level.

1. A. in B. for
C. by D. before
E. since

2. A. risks B. glimmers
C. studies D. tips
E. histories

3. A. development B. downfall
C. recovery D. slackness
E. impact

4. A. analysts B. journalists
C. surveys D. findings
E. students

5. A. development B. economy
C. wars D. recession
E. conflicts

6. A. emphasis B. aims
C. glimpses D. suppositions
E. preoccupations

7. A. delved B. taught
C. propagated D. investigated
E. manifested

8. A. understood B. analysed
C. highlighted D. prepared
E. planned

9. A. analysis B. undercurrents
C. impact D. overtures
E. study

10. A. chalking out B. curbing
C. bringing out D. implementing
E. propagating

11. A. linkages B. fallouts
C. dependence D. contrasts
E. similarities

12. A. international B. political
C. low D. national
E. highest

Passage-4

Countries which do not have a very well-developed machine tool industry can never ... **1** ... to be even a first grade ... **2** ... and economic power, much less a global industrial power. This is known from the ... **3** ... of countries like Germany, USA, Japan, Switzerland and so on. When at the end of the Second World War, Japan wanted to become an industrial power, the ... **4** ... step she took was to ... **5** ... a machine tool industry. She decided to be ... **6** ... and not depend on ... **7** ... industrial nations. This was ... **8** ... in the long-term rather than going in for ... **9** ... advantage of import of machine tools. Similarly, India also established a machine tool industry ... **10** ... after independnece to foster its **fledging industries.**

1. A. aspire B. manifest
C. agree D. prosper
E. pursue

2. A. political B. industrial
C. military D. progressive
E. rich

3. A. feelings B. perceptions
C. plans D. experience
E. establishment

4. A. important B. useful
C. economic D. wise
E. first

5. A. develop B. nurture
C. introduce D. admit
E. establish

6. A. revolutionary B. industrious
C. self-sufficient D. systematic
E. progressive

7. A. European B. developed
C. neighbouring D. technical
E. foreign

8. A. planned B. decided
C. tried D. beneficial
E. achieved

9. A. temporary B. exceptional
C. easy D. fast
E. financial

10. A. days B. months
C. immediately D. years
E. much

Passage-5

Conventional medical wisdom does not advise taking ... 1 ... vitamins as pills and capsules. On the contrary there was a strong lobby which ... 2 ... the supplementary intake of vitamins. This used to leave the ... 3 ... person confused. However, modern research is ... 4 ... a surprise. More and more scientists are beginning to ... 5 ... that ... 6 ... medical views on vitamins has been ... 7 ... . Evidence shows that ... 8 ... extra vitamins plays a role in assuring vitality and ... 9 ... health than was ... 10 ... thought.

1. A. some B. extra
C. insoluble D. strong
E. all

2. A. facilitate B. criticised
C. communicate D. projected
E. advocated

3. A. medical B. stick
C. scientific D. average
E. educated

4. A. trying B. manufacturing
C. practising D. holding
E. inventing

5. A. trust B. consider
C. refute D. forget
E. suspect

6. A. indigent B. all
C. traditional D. modern
E. allopathic

7. A. practical B. limited
C. feasible D. correct
E. confusing

8. A. marketing B. manufacturing
C. swallowing D. taking
E. buying

9. A. pleasurable B. manly
C. optimal D. stronger
E. useful

10. A. previously B. occasionally
C. seriously D. even
E. now

Passage-6

Fundamentally, all human ... 1 ... possess combinations of fixed inherited traits. All men possess the ... 2 ... highly developed nervous system, back-bones, erect posture, hair, etc. Therefore, ... 3 ... among men arise only ... 4 ... changes of this ... 5 ... pattern. Racial ... 6 ... represent one of the finest distinctions and are based on certain ... 7 ... differences. Two races may be ... 8 ... in hair colour, in eye colour but ... 9 ... in stature while two others may be ... 10 ... in stature but differ in the colour of eyes and hair.

1. A. animal B. beings
C. mind D. society
E. thinking

2. A. large B. different
C. same D. natural
E. biological

3. A. sameness B. naturalness
C. growth D. substance
E. variations

4. A. no B. large
C. fundamental D. minor
E. artificial

5. A. fluctuating B. mad
C. picturesque D. basic
E. maddening

6. A. differences B. clashes
C. hatred D. tolerance
E. sameness

7. A. clearcut B. minor
C. unnoticeable D. massive
E. neat

8. A. alike B. different
C. mismatched D. beautiful
E. untouched

9. A. matched B. same
C. different D. close
E. tall

10. A. tall B. short
C. uncouth D. ugly
E. same

Passage-7

Operation Flood Scheme was ... **1** ... with the primary objective of ... **2** ... rural milk producers with urban milk consumers, by ... **3** ... viable producers' cooperatives in the milk sheds, and thus ... **4** ... rural milk producers earn higher income from milk. The programme ... **5** ... some 72 lakh members in nearly 61,600 village societies ... **6** ... over diverse ecologies in 174 milk sheds. These cooperatives procure an average of 90 lakh litres of milk a day to ... **7** ... the evergrowing urban demand for fresh milk of the country.

1. A. visualised B. created
C. launched D. devoted
E. recognised

2. A. joining B. linking
C. bringing D. identifying
E. locating

3. A. exposing B. generating
C. bringing D. providing
E. creating

4. A. offering B. activating
C. justifying D. enabling
E. providing

5. A. covers B. relates
C. motivates D. follows
E. leads

6. A. distributed B. assembled
C. situated D. spread
E. divided

7. A. control B. meet
C. satisfy D. contain
E. respond

Passage-8

Nowadays, under the ... **1** ... system of education, however good it may be, when a young man comes out of the University, there seems to be this ... **2** ... in him that the higher the standard of living rises, the less should a man work. Thus, mathematically higher the standard of living, according to this misconceived notion, the less the ... **3** ... . Ultimately, what should be the highest standard of living then? ... **4** ... work! This leads to an unhealthy ... **5** ... among the workers. A typist who types over twenty letters a day asks his ... **6** ... how many letters he had typed that day. The latter ... **7** ... "fifteen". The former thinks, "Tomorrow I should type only fifteen or even ... **8** ..." . This tendency is quite ... **9** ... , and may ultimately lead to ... **10** ... . Even one's family life may be affected adversely due to such tendency.

1. A. developed B. extinct
C. outdated D. proposed
E. modern

2. A. anxiety B. misconception
C. realisation D. worry
E. apprehension

3. A. salary B. comfort
C. work D. energy
E. time

4. A. Minimum B. Maximum
C. Less D. No
E. Ample

5. A. competition B. dispute
C. delay D. jealousy
E. ambition

6. A. employee B. subordinate
C. boss D. client
E. colleague

7. A. suggests B. remembers
C. replies D. types
E. all

8. A. less B. all
C. more D. few
E. some

9. A. discouraging B. heartening
C. healthy D. unfortunate
E. unnatural

10. A. evil B. retardation
C. progress D. denial
E. complexity

Passage-9

Mobile banking (M-banking) involves the use of a mobile phone or any other mobile device to **...1...** financial transactions linked to a client's account. M-banking is new in most countries and most mobile payment models even in developed countries, to date operate on a **...2...** scale. A mobile network offers a **...3...** available technology platform onto which other services can be provided at low cost with effective results. For example, M-banking services which use **...4...** such as SMS can be carried at a cost of less than one US cent per message. The low cost of using existing infrastructure makes such services more **...5...** to use by customers with lower purchasing power and opens up access to services which did not reach them earlier due to ...6... cost of service delivery. Although M-banking is one aspect in the wider ...7... of e-banking there are reasons to single it out for focus—especially because there are a lot more people with mobile phones than bank accounts in India.

M-banking could provide a ...8... solution to bring more "unbanked" people to the financial mainstream. Without traditional credit, individuals are ...9... to exploitation by abusive lenders offering very high interest rates on short term loans. Also of considerable importance are public safety implications for the unbanked—they are often victims of crime because many operate on a cash only basis and end up carrying significant amounts of cash on their ...10... or store cash in their homes.

1. A. Disburse B. Undertake C. Subscribe D. Lure E. Amass
2. A. Full B. Voluminous C. Substantial D. Limited E. Rapid
3. A. Readily B. Tangible C. Routinely D. Securely E. Unique
4. A. Process B. Waves C. Deliveries D. Connection E. Channels
5. A. Valuable B. Answerable C. Amenable D. Exposed E. Responsible
6. A. Waning B. Stable C. Proportionate D. Marginal E. High
7. A. Archive B. Domain C. Purpose D. Component E. Aspect
8. A. Law abiding B. Tried C. Reassuring D. Cost effective E. Stopgap
9. A. Inclined B. Immune C. Vulnerable D. Surrendered E. Pressured
10. A. Person B. Own C. Relatives D. Purses E. Self

Passage-10

... 1 ... change is the ... 2 ... of the day, a proper orientation to ... 3 ... with the change becomes a natural necessity ... 4 ... assured organisational stability. In this ... 5 ... of organisational change and survival, the author brings in the concept of 'praxis', ... 6 ... it as the dynamo of change and uses it for ... 7 ... a conceptual and methodological ... 8 ... for the identification of training needs. Training, ... 9 ... perceived as only one of the many elements in the organisational reflection process, is believed to stand ... 10 ... as the means for relevant learning.

1. A. Few B. Many C. No D. If E. Why
2. A. order B. scope C. large D. direction E. result
3. A. assist B. renew C. become D. try E. cope
4. A. in B. for C. from D. which E. but
5. A. end B. decision C. context D. scope E. focus
6. A. describes B. throws C. rejects D. leaves E. derives
7. A. neglecting B. developing C. calculating D. experiencing E. diluting
8. A. routine B. idea C. book D. follow up E. framework
9. A. be B. may C. though D. gets E. as
10. A. in B. against C. through D. out E. with

Passage-11

I think ... 1 ... a successful old age is easiest for ... 2 ... who have strong ... 3 ... interests involving ... 4 ... activities. It is in this sphere that long ... 5 ... is really fruitful, and it is in this sphere that the ... 6 ... born of experience can be exercised without being oppressive. It is no ... 7 ... telling ... 8 ... children not to make mistakes, ... 9 ... because they will not believe you, and because mistakes are an ... 10 ... part of education.

1. A. because B. as C. really D. that E. certainly
2. A. them B. those C. they D. boys E. girls
3. A. impersonal B. personal C. good D. happy E. proper

4. A. good B. joyful
C. appropriate D. happy
E. strong

5. A. knowledge B. expertise
C. experience D. thoughtfulness
E. hobby

6. A. joy B. wisdom
C. greatness D. love
E. strength

7. A. benefit B. use
C. point D. sense
E. justice

8. A. grown up B. happy
C. little D. young
E. small

9. A. as B. since
C. after all D. actually
E. both

10. A. essential B. unavoidable
C. agreeable D. appropriate
E. admitted

Passage-12

It is not this that we have to break ... 1 ..., but with all the dust and dirt of ages that have covered her ... 2 ... and hidden her inner beauty and significance, the excrescences and abortions that ... 3 ... twisted and petrified ... 4 ... spirit, set it in rigid frames, and stunted her growth. We have to cut away these excrescences and remember afresh the core of that ... 5 ... and adapt it to our present circumstances. We have to get out of ... 6 ... ways of thought and living which for all the good in them—have ceased to have significance today. We have to make our own all the achievements of the human ... 7 ... and join up with others in the exciting adventure of man, more exciting today perhaps than in earlier ages, ... 8 ... that this has ceased to be governed by national boundaries or old divisions and is common to the race of man everywhere. We have to revive the ... 9 ... for truth and beauty and freedom which gives meaning to life, and develop afresh that dynamic outlook and spirit of adventure which distinguished those of our race who, in ages past, built our house on these strong and enduring foundations. Old ... 10 ... we are, with memories stretching back to the early dawns of human history and endeavour, we have to grow young again, in tune with our present time, with the irrepressible spirit and joy of youth in the present and its faith in the future.

1. A. in B. out
C. with D. up
E. into

2. A. up B. with
C. at D. over
E. for

3. A. has B. is
C. have D. had
E. was

4. A. her B. its
C. it's D. their
E. our

5. A. present spirit B. ancient wisdom
C. old philosophy D. modern life
E. ancient love

6. A. outdated B. useless
C. traditional D. irrational
E. superstitions

7. A. race B. life
C. kind D. efforts
E. experiments

8. A. feeling B. hoping
C. realizing D. thinking
E. loving

9. A. desire B. lust
C. longing D. passion
E. aspiration

10. A. because B. since
C. however D. though
E. as

Passage-13

Clay tablets uncovered in southern Egypt from the tomb of a king ... 1 ... Scorpion may ... 2 ... the earliest known writing by humans. If confirmed, the discovery ... 3 ... rank among the greatest ... 4 ... in the search ... 5 ... the origins of the ... 6 .... Gunter Dreyer, head of the German Archaeological Institute, said the tablets record linen and oil ... 7 ... made about 5,300 years ago as taxes paid to King Scorpion-I reports Seattle Post-Intelligencer, USA. He said the tablets have been carbon-dated with ... 8 ... to between 3300 BC and 3200 BC. The discovery opens for ... 9 ... a widely held belief ... 10 ... historians that the first people to write were the Sumerians of the Mesopotamian civilisation sometime before 3000 BC. The exact date of Sumerian writing remains in doubt.

1. A. mentioned B. named
C. designated D. nominated
E. characterized

2. A. show B. present
C. represent D. point
E. mention

3. A. would B. might
C. may D. will
E. can

4. A. also B. even
C. certainly D. ever
E. truly

5. A. for B. of
C. at D. into
E. in

6. A. printed matter B. carbon copies
C. written word D. deciphered matter
E. computerized composition

7. A. discoveries B. inventions
C. experiments D. paintings
E. sculpture

8. A. surety B. assurance
C. certainty D. definiteness
E. perfection

9. A. debate B. application
C. practice D. acceptance
E. regulations

10. A. between B. among
C. in D. by
E. for

Passage-14

Babies use a ... **1** ... undiscovered ... **2** ... for rules to master the building ... **3** ... of language, according to scientists at New York University. The discovery is ... **4** ... that the ability to think in terms of ... **5** ... and rules is not just something that must be learned through schooling, as some scholars have argued, but is also a fundamental ... **6** ... of every human mind. Working with seven month-old infants, NYU researchers determined that even the ... **7** ... young can make ... **8** ... of speech by figuring out on their own simple rules about the ... **9** ... of language structure and grammar. Babies appear to deduce these formal rules well before they can understand what words mean or how to say them. The research, published in "Science," broadens the understanding to what may be built into every human brain ... **10** ... birth.

1. A. outwardly B. anciently
C. formerly D. previously
E. finally

2. A. desire B. instinct
C. longing D. hope
E. expectation

3. A. qualities B. structures
C. blocks D. nuances
E. powers

4. A. persuasive evidence B. true proof
C. desirable virtue D. right instinct
E. happy intuition

5. A. formulas B. formulae
C. laws D. acts
E. regulations

6. A. virtue B. instinct
C. desire D. habit
E. characteristic

7. A. very B. much
C. quite D. enough
E. sufficiently

8. A. urge B. sense
C. a lot D. much
E. realization

9. A. kinds B. structures
C. designs D. patterns
E. formulas

10. A. at B. after
C. during D. before
E. in

Passage-15

Vocationalising education after high school (even before) is a ... **1** ... more sensible approach to face the job problem than ... **2** ... every Tom, Dick or Harry to go up to the gradaute level, irrespective of suitability.

... **3** ... from scholdays most students could be branched ... **4** ... to different professions. This way higher education would become ... **5** ... purposeful and also help save a fat budget spent on it.

The ... **6** ... of education also needs to be improved and teachers who are paid ... **7** ... should pay back society appropriately. Unfortunately, the standard of education with the rise in the salary of a teacher has been ... **8** ... declining. This trend should be checked and institutions should ensure that teachers do their job honestly and to the satisfaction of students and society.

This would help obtain suitable ... **9** ... from the existing system of education where the average student's education is ... **10** ... subsidised.

1. A. truly B. certainly
C. actually D. desirably
E. far

2. A. allow B. let
C. allowing D. inviting
E. allure

3. A. right B. truly
C. properly D. definitely
E. quickly

4. A. up B. out
C. away D. at
E. in

5. A. quite B. much
C. very D. more
E. truly

6. A. quality B. quantity
C. amount D. load
E. quantum

7. A. sufficiently B. satisfactorily
C. handsomely D. heavily
E. unduly

8. A. quickly B. slowly
C. rapidly D. often
E. steadily

9. A. return B. gain
C. income D. remuneration
E. compensation

10. A. strongly B. unduly
C. improperly D. certainly
E. heavily

Passage-16

September 13, 1993 ... 1 ... go ... 2 ... in world history as a fateful day. On this day Israel and the Palestine Liberation Organisation (PLO) signed a peace agreement. The agreement ... 3 ... to an end a 45 years old war or a war-like situation. Israel and the PLO recognised each other and agreed ... 4 ... a plan for Palestinian self-rule in the occupied territories. The pact was signed in Washington by the Israeli Foreign Minister and a senior PLO official. It was signed in the presence of the Israeli Prime Minister Yitzhak Robin and PLO Chairman Yasser Arafat. The US President and the Russian Foreign Miniser were also present on the ... 5 ..... A senior Israeli official listed five classes of the pact. The pact ... 6 ... as a historic act. Mr. Clinton called it "this great occasion of history" and "an extraordinary art in one of history's defining dramas." The pact granted the Palestinians limited self-rule in the occupied West Bank and Gaza Strip. It enjoined ... 7 ... the Israeli troops to begin withdrawing from Gaza and the West Bank town of Jericho within three months. The credit for bringing Mr. Ralim and Mr. Arafat closer ... 8 ... the Norweigian Foreign Minister Mr. Holst. He acted ... 9 ... a mediator and facilitated secret talks between Israeli and PLO leaders. The decks were ... 10 ... when Mr. Robin received a letter from Mr. Arafat which recognised the right of Israelis to exist.

1. A. would B. shall
C. will D. can
E. may

2. A. up B. down
C. away D. out
E. for

3. A. brought B. led
C. resulted D. caused
E. fructified

4. A. with B. for
C. to D. on
E. against

5. A. opportunity B. function
C. meeting D. agreement
E. occasion

6. A. was hailed B. was recognised
C. was accepted D. was declared
E. was announced

7. A. at B. to
C. for D. upon
E. in

8. A. rests with B. falls upon
C. belongs to D. revolves round
E. goes to

9. A. as B. for
C. upto D. against
E. in lieu of

10. A. set right B. erected
C. allowed D. cleared
E. set up

Passage-17

Compassion must be ... 1 ... at the heart of human life, in a world ... 2 ... far too ... 3 ... by principles of power and destructive control. Compassion is no longer merely an eraser of human mistakes, it is a force of prayer and action — the expression of God's love for us and our love for Him and one another. Compassion should ... 4 ... the spirit and spur us towards the constructive ... 5 ... of mankind. Compassion is ... 6 ... close to our ... 7 ... disposition as any of the other ... 8 ..... The challenge lies in not ... 9 ... animosity and prejudice to stunt its natural growth. And to keep the divisive 'isms' — racism, sexism, and chauvinism etc. — ... 10 .... .

1. A. considered B. believed
C. decided D. placed
E. accepted

2. A. governed B. controlled
C. decided D. checked
E. applied

3. A. large B. big
C. long D. powerfully
E. briefly

4. A. rule over B. control
C. sway over D. pervade
E. prevail over

5. A. freedom B. good
C. happiness D. love
E. cooperation

6. A. undoubtedly B. certainly
C. as D. quite
E. greatly

7. A. natural B. physical
C. spiritual D. actual
E. human

8. A. virtue B. virtues
C. qualities D. activities
E. characteristic

9. A. letting B. allow
C. allowing D. germinating
E. bearing

10. A. at tenterhooks B. at bay
C. in dilemma D. in a fix
E. at sixes and sevens

Passage-18

Population education is a recent ... **1** ... in the area of school curriculum. The need for population education ... **2** ... from the fact that there is an urgency ... **3** ... controlling and arresting the population growth in our country and the youth should be educated on the hazards of population ... **4** ..... .

Today's student will be tomorrow's parent and they need to be made ... **5** ... population problems and importance of small family. Similarly, a UNESCO report also urges educational institutions in all countries to ... **6** ... their curricula to include a study of population dynamics and policies, including where appropriate responsible parenthood and the role of population dynamics to ... **7** ... development and international relations.

Population education deals ... **8** ... present-day population problems and its demographic consequences. It aims at making children aware of the causes and consequences of uncontrolled fertility with stress on developing ... **9** ... towards planned parenthood among them. Mr. D.R. Ganesan defines population education as an attempt to engender in the mind of students ... **10** ... of their demographic predicament.

1. A. discovery B. addition
C. innovation D. example
E. idea

2. A. results B. stems
C. takes place D. occurs
E. comes into account

3. A. for B. of
C. in D. with
E. against

4. A. holocaust B. catastrophe
C. devastation D. trap
E. explosion

5. A. acquainted with B. familiarized with
C. aware of D. attuned to
E. inured to

6. A. increase B. relax
C. decide D. embark upon
E. expand

7. A. socio-economic B. politico-economic
C. sociolistic D. humanistic
E. economic

8. A. out B. in
C. off D. at
E. with

9. A. positive attitudes B. healthy atmosphere
C. healthy competition D. appropriate methods
E. right instincts

10. A. knowledge B. danger
C. future D. awareness
E. area

ANSWERS

PASSAGE-1

1	2	3	4	5	6	7	8	9	10
D	B	E	C	A	E	B	E	C	E

PASSAGE-2

1	2	3	4	5	6	7	8	9	10
D	B	C	E	D	B	B	D	A	C
11	12	13							
C	C	A							

PASSAGE-3

1	2	3	4	5	6	7	8	9	10
E	A	D	A	B	B	A	B	C	C
11	12								
D	D								

PASSAGE-4

1	2	3	4	5	6	7	8	9	10
A	B	D	E	E	C	B	D	A	C

PASSAGE-5

1	2	3	4	5	6	7	8	9	10
B	E	B	D	A	D	D	D	C	A

PASSAGE-6

1	2	3	4	5	6	7	8	9	10
B	C	E	C	D	D	C	A	C	E

PASSAGE-7

1	2	3	4	5	6	7
C	B	E	D	A	A	B

PASSAGE-8

1	2	3	4	5	6	7	8	9	10
E	B	C	D	E	C	C	A	A	B

PASSAGE-9

1	2	3	4	5	6	7	8	9	10
B	D	D	A	D	E	B	D	C	A

PASSAGE-10

1	2	3	4	5	6	7	8	9	10
D	A	E	B	C	A	B	E	C	D

PASSAGE-11

1	2	3	4	5	6	7	8	9	10
D	B	A	C	C	B	B	A	E	A

PASSAGE-12

1	2	3	4	5	6	7	8	9	10
C	A	C	A	B	C	A	C	A	A

PASSAGE-13

1	2	3	4	5	6	7	8	9	10
B	C	A	D	A	C	A	C	A	B

PASSAGE-14

1	2	3	4	5	6	7	8	9	10
D	B	C	A	A	E	A	B	D	A

PASSAGE-15

1	2	3	4	5	6	7	8	9	10
A	C	A	B	D	A	C	E	B	E

PASSAGE-16

1	2	3	4	5	6	7	8	9	10
C	B	A	C	E	A	D	E	A	D

PASSAGE-17

1	2	3	4	5	6	7	8	9	10
D	A	C	D	B	C	A	B	C	B

PASSAGE-18

1	2	3	4	5	6	7	8	9	10
C	B	A	C	C	E	A	E	A	D

3

Spotting Errors

The most common errors in English are of grammar and usage of words and phrases. By regular practice, the errors can be minimised. Try and practise it in this chapter to master it.

Directions: *Read each sentence to find out whether there is any error in it. The error, if any, will be in one part of the sentence. The letter of that part is the answer. If there is no error, the answer will be 'E'. (Avoid the errors of punctuation, if any).*

1. (A) Neither of the three/(B) tables/(C) is/(D) worth purchasing./(E) No error.

2. (A) The patient/(B) died/(C) before/(D) the doctor came./(E) No error.

3. (A) The jury/(B) is/(C) divided on/(D) the issue./(E) No error.

4. (A) Has/(B) both/(C) of you/(D) been to London?/(E) No error.

5. (A) It takes/(B) five days/(C) to a letter/(D) to go from Delhi to Oslo./(E) No error.

6. (A) Half of us/(B) are free on Tuesday/(C) and other half/(D) on Thursday./(E) No error.

7. (A) If I was rich/(B) I would/(C) spend all my time travelling/(D) throughout the country./(E) No error.

8. (A) Rosy admits that/(B) she's no more/(C) a great singer/(D) than me./(E) No error.

9. (A) I ought have/(B) phoned Meena/(C) this morning/(D) but I forgot./(E) No error.

10. (A) He has been undergoing/(B) the special training course/(C) which each of the employees/(D) is required to./(E) No error.

11. (A) You must had/(B) a kind and gentle heart/(C) if you want/(D) to be a successful doctor./(E) No error.

12. (A) If you cannot/(B) sympathy with the poor,/(C) how will you be/(D) able to do social work?/(E) No error.

13. (A) He loosened his temper/(B) whenever he knows/(C) things do not take place/(D) as per his planning./(E) No error.

14. (A) They wanted money/(B) to purchase certain things/(C) for themselves and/(D) for donated to their colleagues./(E) No error.

15. (A) The children/(B) were playing/(C) besides the road/(D) in the afternoon./(E) No error.

16. (A) I could not see her face as/(B) it was covered/(C) with a vale/(D) of silken cloth./(E) No error.

17. (A) The thief was/(B) caught red handedly/(C) by the police/(D) in the crowded market./(E) No error.

18. (A) A clerk/(B) cannot make/(C) his both ends meet/(D) nowadays./(E) No error.

19. (A) The news of/(B) his father's death/(C) came as a/(D) bolt form the sky./(E) No error.

20. (A) Mohan has collected/(B) assembled on the ground/(C) and are waiting for/(D) the Principal to come./(E) No error.

21. (A) The book is making/(B) waves and the sale/(C) is quite brisk in/(D) all major cities./(E) No error.

22. (A) Well, I spend six or seven years/(B) after high school/(C) trying to find a job for me/(D) but could not succeed in it./(E) No error.

23. (A) I used to go/(B) to France/(C) seven times/(D) during the last seven years./(E) No error.

24. (A) He presented/(B) a glass venetian ashtray/(C) to his father/(D) on his birthday./(E) No error.

25. (A) He placed/(B) his books/(C) on the glass round table/(D) when he went to the library./(E) No error.

26. (A) Motivating employees with/(B) traditional authority and financial/(C) incentives have become/(D) increasingly difficult./(E) No error.

27. (A) Several issues raising/(B) in the meeting could/(C) be amicably resolved/(D) due to his tactful handling./(E) No error.

28. (A) The health workers are/(B) being tried their best/(C) to popularise/(D) preventive measures./(E) No error.

29. (A) Of the two/(B) sisters/(C) Meena is/(D) the elder./(E) No error.

30. (A) Bible/(B) can be/(C) regarded as/(D) a great./(E) No error.

31. (A) Such/(B) rules do not/(C) apply to/(D) you and I./(E) No error.

32. (A) If it will rain/(B) I shall/(C) not go/(D) to college./(E) No error.

33. (A) I am quite sorry/(B) to hear/(C) of/(D) your failure./(E) No error.

34. (A) Please wait for me/(B) until/(C) I do not/(D) come back./(E) No error.

35. (A) I, you and he/(B) should be able/(C) to manage/(D) our affairs./(E) No error.

36. (A) Shyam neither/(B) respects his father/(C) nor does not/(D) helps him financially./(E) No error.

37. (A) He is/(B) not only/(C) an honest man/(D) yet also a gentleman./(E) No error.

38. (A) All the members/(B) of his family opposed him/(C) nevertheless he stuck to/(D) his decision to go abroad./(E) No error.

39. (A) An honest man sticks/(B) to his words/(C) whereas a dishonest man/(D) violates it./(E) No error.

40. (A) If your son/(B) is not regular/(C) then he will be/(D) dismissed from service./(E) No error.

41. (A) It rained/(B) during the/(C) night for two/(D) for three hours./(E) No error.

42. (A) I'll call in/(B) and see you for/(C) a few minutes/(D) during the afternoon./(E) No error.

43. (A) I write to/(B) every of my/(C) children once/(D) a week./(E) No error.

44. (A) If the teacher/(B) is good the students/(C) will respond/(D) positively to them./(E) No error.

45. (A) I will put on/(B) a note in this regard/(C) for your consideration/(D) and necessary decision./(E) No error.

46. (A) The mission provides/(B) able service to all/(C) the needy people in this area/(D) during last few years./(E) No error.

47. (A) I am pleased to sanction/(B) one special increment/(C) to all the employees/(D) with this month./(E) No error.

48. (A) The English defeated/(B) Germans/(C) in the/(D) last world war./(E) No error.

49. (A) Newly acquired freedom/(B) is sometimes/(C) liable/(D) for abuse./(E) No error.

50. (A) Neither of the/(B) two boys/(C) were successful/(D) in the examination./(E) No error.

51. (A) Many a man/(B) were/(C) drowned/(D) in the sea./(E) No error.

52. (A) They would not/(B) have able to plan/(C) the details of the job,/(D) if you had not cooperated./(E) No error.

53. (A) In the absence of/(B) clear instructions/(C) one cannot be expected/(D) to be functioned effectively./(E) No error.

54. (A) They could have/(B) helped him/(C) had they approached by him,/(D) for help well in advance./(E) No error.

55. (A) He has in/(B) his possession a/(C) price collection of very old coins/(D) and some ancient paintings./(E) No error.

56. (A) Rakesh recommended for me/(B) to the officer/(C) for a/(D) promotion./(E) No error.

57. (A) The child/(B) begged pardon/(C) from his father/(D) for his coming late./(E) No error.

58. (A) Though you have/(B) a strong body/(C) but you are/(D) a coward./(E) No error.

59. (A) Do keep us/(B) informed/(C) as mother is anxious/(D) for your welfare./(E) No error.

60. (A) I am writing/(B) a letter/(C) with green ink/(D) to my brother./(E) No error.

61. (A) They went/(B) to Faizabad/(C) in bus/(D) yesterday./(E) No error.

62. (A) She congratulated/(B) me for/(C) my promotion/(D) in the office./(E) No error.

63. (A) Everyone agrees/(B) that Kalidas/(C) is Shakespeare/(D) of India./(E) No error.

64. (A) I have been/(B) writing/(C) this book/(D) from Monday./(E) No error.

65. (A) I am suffering/(B) from fever/(C) for/(D) the past three days./(E) No error.

66. (A) The English/(B) is the mother tongue/(C) of the/(D) English./(E) No error.

67. (A) I have not eaten/(B) bananas/(C) since/(D) I have been a child./(E) No error.

68. (A) Foolishly Rajani opened/(B) the cooker when/(C) it was full steam/(D) and burnt her hands./(E) No error.

69. (A) From a tiny room in/(B) the slums, they have/(C) managed to move to a good/(D) house in a better locality./(E) No error.

70. (A) Even if the doctor/(B) put in his best efforts, he/(C) could not succeed in/(D) saving the patient./(E) No error.

71. (A) Yesterday, a visitor to/(B) the part was attacked/(C) by a tiger and/(D) had to hospitalise./(E) No error.

72. (A) You, he and I/(B) should/(C) beat/(D) him./(E) No error.

73. (A) Somnathan/(B) and Bhushan's books/(C) are/(D) worth praising./(E) No error.

74. (A) This house is/(B) built of/(C) bricks/(D) and not of stones./(E) No error.

75. (A) I do not/(B) remember/(C) the date of him/(D) leaving India./(E) No error.

76. (A) I could not find/(B) it anywhere/(C) Where is/(D) my letter's envelope?/(E) No error.

77. (A) Even at/(B) this age/(C) his hair is/(D) not grey./(E) No error.

78. (A) He has/(B) bought/(C) new furnitures/(D) for his flat./(E) No error.

79. (A) It's very/(B) kind of you/(C) to help Surinder/(D) in such a manner./(E) No error.

80. (A) His father was/(B) angry with/(C) his leaving/(D) the house in the night./(E) No error.

81. (A) We think that/(B) it is no use/(C) to go there/(D) at this late hour./(E) No error.

82. (A) The aim and the object/(B) of his association/(C) is to help/(D) the poor./(E) No error.

83. (A) This factory/(B) is not worth/(C) buying for/(D) ninety five thousand rupees./(E) No error.

84. (A) Each cigarette/(B) a person smoke/(C) does some harm and eventually/(D) it may cause a serious disease./(E) No error.

85. (A) This is one of/(B) the most interesting book/(C) I have/(D) ever read./(E) No error.

86. (A) In my opinion/(B) the balance sheet exhibits/(C) a true and fair/(D) view of the state of affairs of the bank./(E) No error.

87. (A) He neglects/(B) attending lectures/(C) regularly/(D) though college was only a few yards away from his house./(E) No error.

88. (A) We have helped them not only/(B) with money but also/(C) with new machinery/(D) and raw material./(E) No error.

89. (A) Sudha wished/(B) to thoroughly revise/(C) her plan/(D) to construct a new house./(E) No error.

90. (A) Neither he came/(B) nor did he/(C) send the money/(D) through his brother./(E) No error.

91. (A) See these words/(B) in the dictionary/(C) and write down/(D) their meanings./(E) No error.

92. (A) Two of those/(B) dreaded dacoits/(C) were hung/(D) by the neck./(E) No error.

93. (A) The school/(B) is too much small/(C) to accommodate/(D) all the students./(E) No error.

94. (A) I am/(B) quite sorry/(C) to learn about/(D) the death of your father./(E) No error.

95. (A) I went to see/(B) the film because/(C) he had told me/(D) that it was too good./(E) No error.

96. (A) Everybody says that/(B) Lucy resembles with/(C) her mother/(D) a lot./(E) No error.

97. (A) For hours/(B) I discussed on/(C) this point with him/(D) but he could not decide anything./(E) No error.

98. (A) The last year proved/(B) quite bad/(C) as major industries/(D) witness lot of problems./(E) No error.

99. (A) I offered him part-time work/(B) but he turned it over/(C) saying that he would/(D) rather wait for a full-time job./(E) No error.

100. (A) The foremost criterion of selection we adopted/(B) were the number of years of training/(C) a dancer had received/(D) under a particular guru./(E) No error.

101. (A) He fixed a metal ladder/(B) for the wall below his window/(C) so as to be able to/(D) escape if there was a fire./(E) No error.

102. (A) Scarcely had I/(B) finished washing the car/(C) than the master came/(D) and asked me to clean the floor of the house./(E) No error.

103. (A) Students/(B) as well as the teacher/(C) was/(D) playing./(E) No error.

104. (A) Neither Ram/(B) nor Shyam/(C) are/(D) at fault./(E) No error.

105. (A) Neither women/(B) nor/(C) children/(D) was admitted./(E) No error.

106. (A) If I shall /(B) go to Calcutta/(C) I shall bring/(D) a beautiful watch for you./(E) No error.

107. (A) I told him that/(B) he could/(C) go home/(D) by all mean./(E) No error.

108. (A) After the death/(B) of their father/(C) the two brothers are/(D) having their hand at the daggers./(E) No error.

109. (A) He added insult/(B) to his wounds/(C) by making/(D) sarcastic comments./(E) No error.

110. (A) He has achieved/(B) success in life/(C) from dint of/(D) hard work./(E) No error.

111. (A) He burnt a fire/(B) and started/(C) roasting/(D) the chicken./(E) No error.

112. (A) I have written/(B) a letter/(C) at him to his Delhi address/(D) today./(E) No error.

113. (A) His favourite maxim/(B) is — cut your shirt/(C) according/(D) to the cloth./(E) No error.

114. (A) His brother/(B) Dharmender is/(C) an excellent cook/(D) is it not?/(E) No error.

115. (A) I have/(B) brought a/(C) he-duck and a she-duck/(D) for my friend./(E) No error.

116. (A) Later on he/(B) became a monk/(C) and she became/(D) a monkess./(E) No error.

117. (A) By arresting the local criminals/(B) and encouraging good people/(C) we can end/(D) hostilities of that area./(E) No error.

118. (A) The apparently obvious solutions/(B) to most of his problems/(C) were overlook by/(D) many of his friends./(E) No error.

119. (A) We decided not tell to/(B) the patient about/(C) the disease he was/(D) suffering from./(E) No error.

120. (A) The principals of equal justice/(B) for all is one of/(C) the cornerstones of our/(D) democratic way of life./(E) No error.

121. (A) The Trust has succeeded/(B) admirably in raising/ (C) money for/(D) its future programmes./(E) No error.

122. (A) Honesty, integrity and being intelligent/(B) are the qualities which/(C) we look for when/(D) we interview applicants./(E) No error.

123. (A) In order to save petrol,/(B) motorists must have to/(C) be very cautious/(D) while driving along the highways./(E) No error.

124. (A) The war of/(B) Panipat was/(C) won by/(D) Babar in 1526./(E) No error.

125. (A) He applied the break/(B) to stop the scooter/(C) and averted/(D) the accident./(E) No error.

126. (A) He has recruited/(B) many persons/(C) to canvas for him/(D) during the forthcoming elections./(E) No error.

127. (A) His father is/(B) suffering from/(C) a serious heart attack/(D) and his death is eminent./(E) No error.

128. (A) Ram and Ramesh are/(B) fast friends/(C) the farmer is a merchant/(D) and the latter is an officer./(E) No error.

129. (A) It is a fact/(B) that Ferozepore is/(C) further than/ (D) Faridkot from Delhi./(E) No error.

130. (A) I feel that/(B) I have given you/(C) very trouble/ (D) in this matter./(E) No error.

131. (A) These two brothers/(B) cannot live without/(C) one another/(D) for a long time./(E) No error.

132. (A) I shall/(B) do your work/(C) in these holidays/(D) without fail./(E) No error.

133. (A) Hindustan Times/(B) of Delhi/(C) is the best/(D) newspaper in India./(E) No error.

134. (A) Gold of South Africa/(B) is exported to/(C) many/ (D) countries./(E) No error.

135. (A) The chairman/(B) as well as six other/(C) members of the committee/(D) were present./(E) No error.

136. (A) Whether he will be/(B) able to come/(C) or may not/(D) depends on the train service./(E) No error.

137. (A) He requested/(B) the director/(C) to admit his son/ (D) in his institution./(E) No error.

138. (A) On his way back/(B) he was absorbed with/(C) his own/(D) thoughts./(E) No error.

139. (A) She had no sooner/(B) arrived than/(C) she was asked/(D) to leave again./(E) No error.

140. (A) He counted the books/(B) to make sure that/(C) none of them/(D) were missing./(E) No error.

141. (A) Buses run along this road/(B) but today/(C) they didn't run/(D) because of a strike./(E) No error.

142. (A) This book is/(B) well printed and attractively bound/ (C) making altogether/(D) an attractive volume./(E) No error.

143. (A) I/(B) am thinking/(C) you are/(D) over reacting./ (E) No error.

144. (A) Tushar was trying for admission/(B) in the Medical College/(C) even though his parents wanted him/(D) to take up computers./(E) No error.

145. (A) The weather being cold and stormy/(B) we decided not to go out/(C) for the whole day and/(D) stayed indoors./(E) No error.

146. (A) The old man was leading/(B) a happy and leisurely/ (C) life after his retirement/(D) from service./(E) No error.

147. (A) Normally I don't wear spectacles/(B) but today/(C) I wear one /(D) because of the sun./(E) No error.

148. (A) A little elder/(B) to myself me,/(C) both were devoted /(D) to tennis and football./(E) No error.

149. (A) You can get/(B) all the informations/(C) you want/ (D) in this book./(E) No error.

150. (A) He was/(B) such a fast writer that/(C) he used to write a story/(D) during two hours./(E) No error.

151. (A) He took/(B) computer/(C) coaching for three full/ (D) academic years./(E) No error.

152. (A) The government has shown /(B) a lukewarm attitude/ (C) to the sufferings of /(D) the aged./(E) No error.

153. (A) It is the duty of the government /(B) of taking up measures/(C) for providing social care welfare/(D) to the old people./(E) No error.

154. (A) He is possessing/(B) this apartment/(C) for the last/ (D) five years./(E) No error.

155. (A) This company/(B) manufactures/(C) many/ (D) cold drinks./(E) No error.

156. (A) Next summer/(B) there is a chance/(C) of my visiting /(D) a hill station./(E) No error.

157. (A) The boy sitting /(B)at the corner of the classroom /(C) is constantly/(D) watching at the window./(E) No error.

158. (A) Our laxity/(B) in duty increases /(C) with our dislike/ (D) for work./(E) No error.

159. (A) His /(B) knowledge /(C) of English are /(D) very limited./(E) No error.

160. (A) How to solve the financial crisis /(B) is the main concern/(C) of the government/(D) at the moment./(E) No error.

161. (A) Everyone of the survivors /(B) of the train accident/ (C) have told/(D) the same story./(E) No error.

162. (A) Each cigarette/(B) which /(C) a person smokes/(D) does some harm to him./(E) No error.

163. (A) As soon as the Managing Director/(B) entered the factory/(C) all the workers approached him and /(D) report the matter./(E) No error.

164. (A) He studied /(B) at /(C) the Medical College/(D) during three years./(E) No error.

165. (A) This is /(B) the painting/(C) I was /(D) telling you./ (E) No error.

166. (A) The mother as well as /(B) the daughters were/(C) mysteriously missing /(D) from the house./(E) No error.

167. (A) It is/(B) extremely important /(C) for an engineer / (D) to know to use a computer./(E) No error.

168. (A) The Director has asked that/(B) each clerk and supervisor/(C) sign their name on the attendance register/(D) before leaving the office./(E) No error.

169. (A) In India/(B) as early as the nineteenth century, /(C) young boys enjoyed/(D) to play cricket./(E) No error.

170. (A) She is /(B) more clever /(C) than/(D) I thought she was./(E) No error.

171. (A) A body of volunteers/(B) have been/(C) organised to assist the committee/(D) in their attempt to collect funds./(E) No error.

172. (A) The blue curtain/(B) on the window/(C) provides an appropriate contrast/(D) with the pink wall./(E) No error.

173. (A) Her ability to/(B) interact and communicate with strangers/(C) is one of her/(D) stronger points./(E) No error.

174. (A) If he will follow/(B) his teacher's instructions/ (C) he will secure good marks/(D) in his examination./(E) No error.

175. (A) Sooner than she had arrived /(B) her friends arranged a dinner /(C) in her honour in the/(D) best restaurant in town./(E) No error.

176. (A) Ever since this child/(B) was taught by/(C) its new tutor/(D) it has done in exams./(E) No error.

177. (A) Children ran/(B) into the school building/(C) when/(D) the bell started ringing./(E) No error.

178. (A) To the volunteers/(B) who worked so hard/ (C) on campaigning, the election result was profound/(D) disappointing./(E) No error.

179. (A) It is essential that/(B) AIDS is diagnosed and treated/ (C) as early as possible in order/(D) to achieve a successful cure./(E) No error.

180. (A) There has been/(B) little change in the patient's condition /(C) until he was/(D) shifted to the intensive care unit./(E) No error.

181. (A) We have heard his speech/(B) many a time/(C) but today he was/(D) best./(E) No error.

182. (A) The people gathered there /(B) were very much surprised /(C) at hearing the news of a child surviving/ (D) under the debris./(E) No error.

183. (A) Each of the candidates whom/(B) I have chosen to contest election /(C) have indicated that/(D) he will be happy to do so./(E) No error.

184. (A) The alarmed report of/(B) earthquake in Ahmedabad /(C) frightened everyone of /(D) the adjoining region./(E) No error.

185. (A) While interrogating, he disclosed/(B) that he used to snatch chains/(C) along with his accomplice/(D) who was recently killed in a road accident./(E) No error.

186. (A) The burning of leaves/(B) have been/(C) declared illegal in Delhi /(D) due to the pollution it causes./(E) No error.

187. (A) The decomposed body of a 13-year old boy /(B) who was /(C) suspected to have been kidnapped,/(D) was find lying./(E) No error.

188. (A) On hearing/(B) Gurmeet's screams, Surjeet/(C) came rushing /(D) and he too was stabbed./(E) No error.

189. (A) The value of the rupee/(B) declines/(C) as the rate of inflation /(D) raises./(E) No error.

190. (A) Before T.V., the common man haven't got/ (B) the opportunity /(C) to see his leaders /(D) express their views./(E) No error.

191. (A) The new model of the washing machine/(B) costs/ (C) twice as much as/(D) last year's model./(E) No error.

192. (A) He hoped to finish/(B) the assignment /(C) in the last month/(D) but in fact he could not./(E) No error.

193. (A) Everybody/(B) was in the lawn/(C) enjoying/ (D) themselves./(E) No error.

194. (A) Nobody offered to give up /(B) their seat /(C) to the blind man /(D) holding his stick in his palm./(E) No error.

195. (A) Subhash Chandra Bose/(B) was a great nationalist/ (C) and a/(D) great scholar./(E) No error.

196. (A) If you would have seen/(B) yesterday's cultural programme,/(C) I am sure you /(D) would have enjoyed watching the little ones dance./(E) No error.

197. (A) In evaluating your progress/(B) I have taken/(C) into account your classroom performance, your attendance, your sincerity and /(D) how you have improved./(E) No error.

198. (A) Although the marks/(B) obtained in written examination by both the candidates/(C) are same yet the/(D) differences among them are considerable in the marks obtained in interview./(E) No error.

199. (A) Aristotle systematically /(B) set out the various forms of the syllogism/(C) that has remained /(D) an essential reference for logic./(E) No error.

200. (A) The lucky number will be announced/(B) just one time; therefore,/(C) you must listen /(D) very careful in order to tally your own number./(E) No error.

Answers

1	2	3	4	5	6	7	8	9	10
A	B	B	A	C	C	A	D	A	D
11	**12**	**13**	**14**	**15**	**16**	**17**	**18**	**19**	**20**
A	B	A	D	C	C	B	C	E	E
21	**22**	**23**	**24**	**25**	**26**	**27**	**28**	**29**	**30**
C	A	A	B	C	C	A	B	D	A
31	**32**	**33**	**34**	**35**	**36**	**37**	**38**	**39**	**40**
D	A	A	C	A	C	D	E	E	C
41	**42**	**43**	**44**	**45**	**46**	**47**	**48**	**49**	**50**
E	E	B	D	A	A	D	B	D	C
51	**52**	**53**	**54**	**55**	**56**	**57**	**58**	**59**	**60**
B	B	D	C	C	A	C	C	D	C
61	**62**	**63**	**64**	**65**	**66**	**67**	**68**	**69**	**70**
C	B	C	D	A	A	D	C	C	A
71	**72**	**73**	**74**	**75**	**76**	**77**	**78**	**79**	**80**
D	A	A	C	C	D	E	C	E	B
81	**82**	**83**	**84**	**85**	**86**	**87**	**88**	**89**	**90**
C	A	E	B	B	E	D	E	D	A
91	**92**	**93**	**94**	**95**	**96**	**97**	**98**	**99**	**100**
A	C	B	B	D	B	B	D	B	B
101	**102**	**103**	**104**	**105**	**106**	**107**	**108**	**109**	**110**
B	C	C	C	D	A	D	D	B	C
111	**112**	**113**	**114**	**115**	**116**	**117**	**118**	**119**	**120**
A	C	B	D	C	D	C	C	A	A
121	**122**	**123**	**124**	**125**	**126**	**127**	**128**	**129**	**130**
E	A	B	A	A	C	D	C	C	C
131	**132**	**133**	**134**	**135**	**136**	**137**	**138**	**139**	**140**
C	C	A	A	D	C	D	B	A	D
141	**142**	**143**	**144**	**145**	**146**	**147**	**148**	**149**	**150**
C	C	B	B	D	A	C	B	D	D
151	**152**	**153**	**154**	**155**	**156**	**157**	**158**	**159**	**160**
A	E	B	A	C	E	D	D	C	E
161	**162**	**163**	**164**	**165**	**166**	**167**	**168**	**169**	**170**
C	B	D	D	D	B	D	C	D	C
171	**172**	**173**	**174**	**175**	**176**	**177**	**178**	**179**	**180**
B	D	D	A	A	B	E	D	B	D
181	**182**	**183**	**184**	**185**	**186**	**187**	**188**	**189**	**190**
D	C	C	A	A	B	D	A	D	A
191	**192**	**193**	**194**	**195**	**196**	**197**	**198**	**199**	**200**
E	A	D	B	D	A	D	D	C	D

4

SENTENCE CORRECTIONS

One may use the same words in many ways but the best way is only one that makes the perfect usage of the words and conveys the proper meaning of the expression. Try it yourself in the following questions.

Directions: *Which of the phrases A, B, C and D given below each sentence should replace the phrase printed in bold type to make the sentence gramatically correct? If the sentence is correct as it is then mark 'E' as the answer.*

1. If Indian people are united, this nation **can become a source of** strength for the entire world.

A. could become a resource of
B. can become resourceful for
C. would be a source in
D. can become a source with
E. No correction required

2. All their efforts **were direct to** promote harmony among various groups of people.

A. were directing to B. were directed at
C. have directed for D. were directed to
E. No correction required

3. **What did happen** there in the first place is not a matter of our concern.

A. What happens
B. What would have happened
C. What happened
D. What should have happened
E. No correction required

4. The speaker highlighted the contribution of women **for bringing about** social changes.

A. for bringing in B. in bringing of
C. for the brought over D. in bringing about
E. No correction required

5. Such inequalities **can be founded** enshrined in the constitutions of other countries also.

A. could have been founded
B. can be found
C. could be founded
D. could have found
E. No correction required

6. The local authorities **were never bothering to** care about the unfortunate happenings.

A. were never bothered to
B. never bothered to
C. never were bothering to
D. were never bothering to
E. No correction required

7. India's outlook on the world **is composing of** these various elements.

A. is composed of
B. is composed by
C. is composing with
D. has been composing at
E. No correction required

8. How religious intolerance can blight social peace and harmony can be gauged from events **take place around** the globe.

A. taken place over B. taking place around
C. took place around D. taken place in
E. No correction required

9. This exploitation of the helpless tribals **need to be condemned**.

A. need to be condemned
B. needs condemnation
C. needs to be condemned
D. need to condemnation
E. No correction required

10. The fact finding team **which had been to** the area found villagers giving information to police.

A. which had been for B. that led to
C. which led to D. that has been to
E. No correction required

11. **Despite being tried his best** to persuade people to give up smoking, he could not attain success.
A. Despite his best trialing
B. Despite of his best
C. Inspite of being tried his best
D. Despite trying his best
E. No correction required

12. His suggestion were so **trivial and hence** nobody took any cognizance of them.
A. so trivial that and have
B. very trivial and hence to
C. too trivial to and hence
D. very trivial and hence
E. No correction required

13. Even on most critical moments, he is calm, but today he **appears very much disturbed**.
A. appeared very much disturb
B. appears very much to disturb
C. appeared to be very much disturbing
D. is appearing very much disturbing
E. No correction required

14. He failed in his attempt to disperse the mob before the miscreants **sets the fire on the bus.**
A. set the bus on fire
B. setting fire on the bus
C. set fire to the bus
D. set the fire on to the bus
E. No correction required

15. **But for your time of helping,** we could not have accomplished our goal in such a small time span.
A. But for your timely help
B. Because of your timely helping
C. Despite your time of helping
D. But your time for helping
E. No correction required

16. In our country women **have opportunities to rise** to the top in every walk of life.
A. have been having opportunities
B. have has opportunities for a raise
C. have opportunities to rise
D. having opportunities to rise
E. No correction required

17. Any one **who known to India's villages knows** the meaning of scarcity.
A. knowing India's villages knows
B. is known to India's villages knows
C. knows India's villages knows
D. knew India's villages knowing
E. No correction required

18. For every citizen it is mandatory to help the civic administration **for keep us the city clean.**
A. for upkeep clean the city
B. for clean and keep the city
C. for keeping of the city cleanliness
D. to keep the city clean
E. No correction required

19. How can one mobilize support from colleagues without **being cordially to** them?
A. being cordially for
B. been cordially to
C. being cordial to
D. cordially being to
E. No correction required

20. Their attempt of rioting was foiled because **of the police squad arrived** on time.
A. of the police squad being arrived
B. of the arrival of the police squad
C. the police squad arrival
D. of the police squad had arrived
E. No correction required

21. Though we **have kept in mind to try and maintain** most facilities, we would like to request you to kindly bear with us any inconvenience that may be caused.
A. must keep in mind to try and maintain
B. have kept in mind trying and maintain
C. would keep in mind to try and maintain
D. should have kept in mind to try and to maintain
E. No correction required

22. The tea-estate administration is **in such mess there** is not leader to set the things right.
A. in such a mess here
B. in a such mess that here
C. in such a mess that there
D. with such a mess that there
E. No correction required

23. We met him immediately after the session in which he **had been given** a nice speech.
A. would be giving
B. has been given
C. will have given
D. had given
E. No correction required

24. The moment the manager came to know of the fraudulent action of his assistant, he **order immediately dismissed him.**
A. immediately ordered his dismissed
B. ordered his immediate dismissal
C. immediately order dismissal of his
D. ordered for immediately dismissal him
E. No correction required

25. The drama had many scenes which were so humorous that it was **hardly possible to keep** a straight face.
A. hardly possible for keeping
B. hardly impossible keeping
C. hardly impossible to keep
D. hardly possible keeping
E. No correction required

26. He confidently asked the crowd if they thought he was right and the crowd shouted **that they did**.
A. that he did B. that they had
C. that they had D. that he didn't
E. No correction required

27. Acquisition of certain specific skills **can be facilitated from** general awareness, education and exposures to novel situations.
A. can be facilitated by
B. may facilitate through
C. can be felicitated with
D. may be felicitated with
E. No correction required

28. The man who has committed such a serious crime must **get the mostly severe** punishment.
A. be getting the mostly severely
B. get the most severe
C. have got the most severely
D. have been getting the severemost
E. No correction required

29. The research study is an eye-opener and **attempts to acquaint** us with the problems of the poor nations.
A. attempted to acquaint
B. attempts at acquainting
C. attempt to acquaint
D. attempting to acquaint
E. No correction required

30. **If I would have** realised the nature of the job earlier, I would not have accepted it.
A. If I have had B. In case I would have
C. Had I been D. had I
E. No correction required

31. He could not give a **good explanation for** his extra-ordinary behaviour.
A. account for B. be satisfied with
C. provide evidence D. count on
E. No correction required

32. **Those who pass through this gate without permission** will be prosecuted.
A. bypassers B. absconders
C. thoroughfares D. trespassers
E. No correction required

33. **A careful preservation and protection** of wild life is the need of the hour.
A. management B. embarkment
C. enhancement D. conservation
E. No correction required

34. I could achieve success through **conscious efforts**.
A. efforts made with critical awareness
B. tremendous efforts
C. efforts done after gaining consciousness
D. efforts done after being awakened
E. No correction required

35. We are **looking forward to** a good winter this year
A. predicting B. getting
C. expecting D. visualising
E. No correction required

36. **Supposing if he fails** again, will he be able to hold his head high?
A. Suppose he fails B. Suppose if he fails
C. Supposing he will fail D. Supposing if he fail
E. No correction required

37. **I have been knocking** at the door five times; I don't think anybody is in.
A. I am knocking B. I had been knocking
C. I have knocked D. I knocked
E. No correction required

38. Unless you stop **to interfere** in the matter, I'll go away.
A. by interfering B. from interfering
C. interfering D. in interfering
E. No correction required

39. A man's modesty is **in inverse proportion with** his ignorance.
A. with inverse proportion to
B. in inverse proportion to
C. at inverse proportion with
D. on inverse proportion at
E. No correction required

40. They will come if you **will invite** them.
A. would invite B. invite
C. did invite D. should
E. No correction required

41. The jury could not arrive at any decision **in the strength of** scanty evidence.
A. with the strength of
B. on the strength of
C. on strength with
D. upon the strength of
E. No correction required

42. We have read that book, **haven't we?**
A. isn't it? B. didn't we?
C. have we? D. don't we
E. No correction required

43. If only **I knew earlier** I would have sent a telegram
A. I had known earlier
B. I know earlier
C. I had been knowing earlier
D. I was knowing earlier
E. No correction required

44. **I never in all my life have heard** such nonsense!
A. I have never heard in all my life
B. Never in all my life have I heard
C. Never I have heard in all my life
D. I have never in all my life heard
E. No correction required

45. Scarcely had the people retired **than** the earthquake shook the whole area.
A. that B. when
C. while D. then
E. No correction required

46. The river **has overflown** its banks on account of the flood.
A. has overflowed B. overflew
C. had overflown D. have overflown
E. No correction required

47. Susheela **availed herself of** all the leave to her credit.
A. availed of B. availed
C. availed for D. availed her
E. No correction required

48. By the time the programme gets under way you **would know** the joy of having planned it.
A. will have known B. had known
C. could know D. have known
E. No correction required

49. He asked me **what I am doing.**
A. that what I was doing
B. what I was doing
C. what was I doing
D. what am I doing
E. No correction required

50. The doctor is not sure whether the patient died **from cholera or of over-eating.**
A. of cholera or of over-eating
B. of cholera or because of over-eating
C. from cholera or from over-eating
D. with cholera or with over-eating
E. No correction required

51. You can make **alternate** arrangements if you are going to be on leave.
A. alternating B. altering
C. alternative D. alteration
E. No correction required

52. Everything **depend upon them coming** on time.
A. depends upon them coming
B. depends upon them come
C. depends upon their coming
D. depending upon their coming
E. No correction required

53. Primitive man **believing that a crime created** an imbalance which could be rectified only by punishing the wrong-doer.
A. believes that a crime created
B. believed that a crime created
C. believed that a criminal created
D. believed that a crime creates
E. No correction required

54. The more we look at these carvings, **the more life we perceive hidden** within them.
A. the life we perceive more hidden
B. we perceive life more hidden
C. more than life we perceive hidden
D. we perceive life more than hidden
E. No correction required

55. In 1996, India exported twice as much of its national output of sugar **as that had** in 1986.
A. than it had B. than it did
C. as that had D. as it did
E. No correction required

56. We should realise that the chance of an accident **may be as great or greater in our homes than** in a train or on the road.
A. may be at least as great in our home as
B. was at least as great as in our homes
C. can be as great or greater in our homes than
D. may be at least as great or greater in our homes than
E. No correction required

57. It is difficult to prevent assault against environment as those **that are against** animals.
A. those against
B. it is against
C. preventing those against
D. it is to prevent those against
E. No correction required

58. By failing to keep his promise the candidate will earn the distrust of all the voters.
A. Because the candidate failed, he
B. If the candidate has failed, he
C. Since the candidate failed, he
D. If the candidate fails, he
E. No correction required

59. Because of scientific progress, we **expect to life better than our parents have.**
A. should expect to live better than our parents
B. expect to live as good as our parents lived
C. expect to live better than our parents did
D. expected to live better than our parents
E. No correction required

60. Most of the boys and girls like to **see these kind of movies.**
A. this kind of movies
B. this kinds of movies
C. these kind of movie
D. this kind of movie
E. No correction required

61. Calamities and indigence in the past **was afflicting more** than at present.
A. were more afflicting
B. was afflicted more
C. we more afflict
D. was afflict more
E. No correction required

62. As there was no time, the remaining items **were deferred into** the next meeting.
A. are deferred till
B. were deferred till
C. were deferred to
D. had deferred with
E. No correction required

63. **Leaving aside little room for** misinterpretation, the senior politician offered clarification about his role in the party elections.
A. Leaving little room for
B. Leaving for little room to
C. Leaving less room for
D. Having left less room for
E. No correction required

64. The principal lamented that though a detailed report was submitted to the management a month ago **no action is being took** so far.
A. no action had taken
B. no action was being taken
C. no action has been taken
D. any action had been taken
E. No correction required

65. We **must make for** our foreign policy on the basis of guarding national interest alone.
A. have made for
B. must be making to
C. must make
D. must make to
E. No correction required

66. I am **absolute confident what** we are going to move forward strongly.
A. absolutely confidence that
B. absolutely confident what
C. absolute confidential what
D. absolutely confident that
E. No correction required

67. One of the men gave first aid to Nitesh **who is injured** in a road accident.
A. which was injured
B. who had injured
C. as he was to injure
D. who was injured
E. No correction required

68. The quality of food served in this hotel is so poor that no respectable person **would want to eat** over here.
A. will want to eat
B. will have wanted to eat
C. will be wanting to eat
D. will want to have eaten
E. No correction required

69. Shilpa was going to the temple **then Jyoti came on** meet her.
A. when Jyoti was coming on to
B. when Jyoti came to
C. before Jyoti was coming to
D. after Jyoti was coming to
E. No correction required

70. The more we look at these carvings, **the more life we perceive hidden** within them.
A. the life we perceive more hidden
B. we perceive life more hidden
C. more than life we perceive hidden
D. we perceive life more than hidden
E. No correction required

ANSWERS

1	2	3	4	5	6	7	8	9	10
E	D	C	D	B	A	A	B	B	E
11	12	13	14	15	16	17	18	19	20
D	D	E	A	A	E	C	D	C	B
21	22	23	24	25	26	27	28	29	30
E	C	D	B	E	E	A	B	B	D
31	32	33	34	35	36	37	38	39	40
A	D	D	A	C	A	C	C	B	B
41	42	43	44	45	46	47	48	49	50
B	E	A	B	B	A	E	A	B	A
51	52	53	54	55	56	57	58	59	60
C	C	C	E	D	A	D	E	C	A
61	62	63	64	65	66	67	68	69	70
A	B	A	C	C	D	D	E	B	E

5

SENTENCE REARRANGEMENT

A paragraph is formed from sentences, it will convey its true meaning and purpose only when the sentences are arranged in a proper manner. Try and practise it.

Directions: *In these questions, each passage consists of six sentences. The first and the sixth sentences are given in the beginning as S_1 and S_6 respectively. The middle four sentences in each passage have been removed and jumbled up. These are labelled P, Q, R and S. Choose the proper sequence of the four sentences P, Q, R, and S from the alternatives A, B, C, D and E.*

1. S_1 : She said on the phone that she would report for duty next day.

S_6 : Eventually we reported to the police.

P : We waited for a few days, then we decided to go to her place.

Q : But she did not.

R : We found it locked.

S : Even after that we waited for her for quite a few days.

The proper sequence should be:

A. P R S Q B. Q P S R
C. Q P R S D. S Q P R
E. R P S Q

2. S_1 : A force of attraction exists between everybody in the universe.

S_6 : The greater the mass, the greater is the earth's force of attraction on it—we call this force of attraction gravity.

P : Normally it is very small but when one of the bodies is a planet, like the earth, the force is considerable.

Q : It has been investigated by many scientists including Galileo and Newton.

R : Everything on or near the surface of the earth is attracted by the mass of the earth.

S : This gravitational force depends on the mass of the bodies involved.

The proper sequence should be:

A. P R Q S B. P R S Q
C. Q S R P D. Q S P R
E. R P S Q

3. S_1 : Metals are today being replaced by polymers in many applications.

S_6 : Many Indian Institutes of Science and Technology run special programmes on polymer science.

P : Above all, they are cheaper and easier to process, making them a viable alternative to metals.

Q : Polymers are essentially long chains of hydrocarbon molecules.

R : Today polymers as strong as metals have been developed.

S : These have replaced the traditional chromium-plated metallic bumpers in cars.

The proper sequence should be:

A. Q R S P B. R S Q P
C. R Q S P D. Q R P S
E. P Q R S

4. S_1 : It is regrettable that there is widespread corruption in the country at all levels.

S_6 : This is indeed a tragedy of great magnitude.

P : So there is hardly anything that the government can do about it now.

Q : And there are graft and other malpractices too.

R : The impression that corruption is a universal phenomenon persists and the people do not cooperate in checking this evil.

S : Recently several offenders were brought to book, but they were not given deterrent punishment.

The proper sequence should be:

A. Q S R P B. S Q R P
C. R S Q P D. P Q S R
E. P Q R S

5. S_1 : It was a dark moonless night.
S_6 : They all seemed to him to be poor and ordinary—mere childish words.
P : He turned over the pages, reading passages here and there.
Q : He heard them on the floor.
R : The poet took down his books of poems from his shelves.
S : Some of them contained his earliest writings which he had almost forgotten.
The proper sequence should be:
A. R P Q S B. R Q S P
C. R S P Q D. R P S Q
E. P Q R S

6. S_1 : A noise started above their heads.
S_6 : Nearly two hundred lives were lost on the fateful day.
P : But people did not take it seriously.
Q : That was to show everyone that there was something wrong.
R : It was a dangerous thing to do.
S : For, within minutes the ship began to sink.
The proper sequence should be:
A. P Q S R B. P R Q S
C. Q P R S D. Q P S R
E. P Q R S

7. S_1 : The cooperative system of doing business is a good way of encouraging ordinary workers to work hard.
S_6 : The main object is to maintain the interest of every member of the society and to ensure that the members participate actively in the projects of the society.
P : If the society is to be well run, it is necessary to prevent insincere officials being elected to the committee which is solely responsible for the running of the business.
Q : They get this from experienced and professional workers who are not only familiar with the cooperative system, but also with efficient methods of doing business.
R : To a large extent, many cooperative societies need advice and guidance.
S : The capital necessary to start a business venture is obtained by the workers' contributions.
The proper sequence should be:
A. S Q P R B. P Q S R
C. S R Q P D. P S R Q
E. R S P Q

8. S_1 : American private lives may seem shallow.
S_6 : This would not happen in China, he said.
P : Students would walk away with books they had not paid for.
Q : A Chinese journalist commented on a curious institution: the library.
R : Their public morality, however, impressed visitors.
S : But in general they returned them.
The proper sequence should be:
A. P S Q R B. Q P S R
C. R Q P S D. R P S Q
E. S R P Q

9. S_1 : The *Bhagavadgita* recognises the nature of man and the needs of man.
S_6 : A man who does not harmonise them, is not truly human.
P : All these three aspects constitute the nature of man.
Q : It shows how the human being is a rational one, an ethical one and a spiritual one.
R : More than all, it must be a spiritual experience.
S : Nothing can give him fulfilment unless it satisfies his reason, his ethical conscience.
The proper sequence should be:
A. P S R Q B. R S P Q
C. Q P S R D. P S Q R
E. S R P Q

10. S_1 : I usually sleep quite well in the train, but this time I slept only a little.
S_6 : It was shut all night, as usual.
P : Most people wanted it shut and I wanted it open.
Q : As usual, I got angry about the window.
R : The quarrel left me completely upset.
S : There were too many people and too much luggage all around.
The proper sequence should be:
A. R S Q P B. S Q P R
C. S Q R P D. R S P Q
E. P Q R S

11. S_1 : For decades, American society has been called a melting pot.
S_6 : In recent years, such differences—accentuated by the arrival of immigrants from Asia and other parts of the world in the United States—have become something to celebrate and to nurture.
P : Differences remained—in appearance, mannerisms, customs, speech, religion and more.
Q : The term has long been a cliche, and a half-truth.
R : But homogenisation was never achieved.
S : Yes, immigrants from diverse cultures and traditions did cast off vestiges of their native lands and become almost imperceptibly woven into the American fabric.

The proper sequence should be:

A. Q R S P B. S Q R P

C. S Q P R D. Q S R P

E. P Q R S

12. S_1 : While talking to a group, one should feel self-confident and courageous.

S_6 : Any man can develop his capacity if he has the desire to do so.

P : Nor is it a gift bestowed by Providence on only a few.

Q : One should also learn how to think calmly and clearly.

R : It is like the ability to play golf.

S : It is not as difficult as most men imagine.

The proper sequence should be:

A. S Q P R B. Q S P R

C. Q R S P D. R S Q P

E. P Q R S

13. S_1 : In 1934, William Golding published a small volume of poems.

S_6 : But *Lord of the Flies* which came out in 1954 was welcomed as "a most absorbing and instructive tale".

P : During the World War II (1939-45) he joined the Royal Navy and was present at the sinking of the *Bismarck.*

Q : He returned to teaching in 1945 and gave it up in 1962, and is now a full-time writer.

R : In 1939, he married and started teaching at Bishop Wordsworth's School in Salisbury.

S : At first his novels were not accepted.

The proper sequence should be:

A. R P Q S B. R P S Q

C. S R P Q D. S Q P R

E. Q R P S

14. S_1 : Our ancestors thought that anything which moved itself was alive.

S_6 : Therefore some scientists think that life is just a very complicated mechanism.

P : The philosopher Descartes thought that both men and animals were machines.

Q : But a machine such as a motorcar or a steamship moves itself, and as soon as machines which moved themselves had been made, people asked, "Is man a machine?"

R : And before the days of machinery that was a good definition.

S : He also thought that the human machine was partly controlled by the soul action on a certain part of the brain, while animals had no souls.

The proper sequence should be:

A. P R S Q B. R P Q S

C. P S Q R D. R Q P S

E. S R P Q

15. S_1 : But how does a new word get into the dictionary?

S_6 : He sorts them according to their grammatical function, and carefully writes a definition.

P : When a new dictionary is being edited, a lexicographer collects all the alphabetically arranged citation slips for a particular word.

Q : The dictionary makers notice it and make a note of it on a citation slip.

R : The moment a new word is coined, it usually enters the spoken language.

S : The word then passes from the realm of hearing to the realm of writing.

The proper sequence should be:

A. P Q R S B. P R S Q

C. R Q P S D. R S Q P

E. S R P Q

16. S_1 : The heart is the pump of life.

S_6 : All this was made possible by the invention of the heart-lung machine.

P : They have even succeeded in heart transplants.

Q : Nowadays surgeons are able to stop a patient's heart and carry out complicated operations.

R : A few years ago it was impossible to operate on a patient whose heart was not working properly.

S : If the heart stops we die in about five minutes.

The proper sequence should be:

A. S R Q P B. S P R Q

C. S Q P R D. S R P Q

E. P Q R S

17. S_1 : Throughout history man has used energy from the sun.

S_6 : This energy comes from inside atoms.

P : Today, when we burn wood or use electric current we are drawing on energy.

Q : However, we now have a new supply of energy.

R : All our ordinary life depends on the sun.

S : This has come from the sun.

The proper sequence should be:

A. S Q P R B. R Q P S

C. Q S R P D. P S R Q

E. P Q R S

18. S_1 : In India marriages are usually arranged by parents.

S_6 : She felt she was a modern girl and not a subject for bargaining.

P : Sometimes girls and boys do not like the idea of arranged marriages.

Q : Most young people accept this state of affairs.

R : Rosy was like that.

S : They assume their parents can make good choices.

The proper sequence should be:

A. S P R Q B. P S R Q
C. Q S P R D. R Q P S
E. P Q R S

19. S_1 : I had halted on the road.
S_6 : I decided to watch him for a while and then go home.
P : As soon as I saw the elephant I knew I should not shoot him.
Q : It is a serious matter to shoot a working elephant.
R : I knew that his 'mast' was already passing off.
S : The elephant was standing eighty yards from the road.

The proper sequence should be:

A. S P Q R B. P Q S R
C. R Q P S D. S R P Q
E. P Q R S

20. S_1 : A man can be physically confined within stone walls.
S_6 : No tyranny can intimidate a lover of liberty.
P : But his mind and spirit will still be free.
Q : Thus his freedom of action may be restricted.
R : His hopes and aspirations still remain with him.
S : Hence, he will be free spiritually if not physically.

The proper sequence should be:

A. P Q R S B. S R Q P
C. Q P R S D. Q P S R
E. R S P Q

21. S_1 : The dictionary is the best friend for your task.
S_6 : Soon you will realize that this is an exciting task.
P : That may not be possible always.
Q : It is wise to look it up immediately.
R : Then it must be firmly written on the memory and traced at the first opportunity.
S : Never allow a strange word to pass unchallenged.

The proper sequence should be:

A. P Q R S B. S P Q R
C. Q R P S D. S Q P R
E. R S P Q

22. S_1 : Far away in a little street there is a poor house.
S_6 : His mother has nothing to give but water, so he is crying.
P : Her face is thin and worn and her hands are coarse, pricked by a needle, for she is a seamstress.
Q : One of the windows is open and through it I can see a poor woman.
R : He has fever and he is asking for oranges.
S : In a bed in a corner of the room her little boy is lying ill.

The proper sequence should be:

A. S R Q P B. P Q S R
C. Q P S R D. R S P Q
E. P Q R S

23. S_1 : Kolkata unlike other cities, has kept its trams.
S_6 : The foundation stone was laid in 1972.
P : As a result, there is horrendous congestion.
Q : It was going to be the first in South Asia.
R : They run down the centre of the road.
S : To ease congestion in the city it was decided to build an underground railway line.

The proper sequence should be:

A. P R S Q B. P S Q R
C. S Q R P D. R P S Q
E. Q P R S

24. S_1 : We now know that oceans are very deep.
S_6 : This reaches from India to the Antarctica.
P : For example, the Indian Ocean has a range called the Indian Ridge.
Q : Much of it is fairly flat.
R : However, there are great mountain ranges as well.
S : On average the bottom is two and a half to three and a half miles down.

The proper sequence should be:

A. S Q P R B. P Q S R
C. R S Q P D. Q P R S
E. P Q R S

25. S_1 : As he passed beneath her he heard the swish of her wings.
S_6 : The next moment he felt her wings spread outwards.
P : He was not falling head long now.
Q : Then monstrous terror seized him.
R : But it only lasted a minute.
S : He could hear nothing.

The proper sequence should be:

A. P S Q R B. Q S P R
C. Q S R P D. P R Q S
E. S R P Q

26. S_1 : When a satellite is launched, the rocket begins by going slowly upwards through the air.
S_6 : Consequently, the rocket still does not become too hot.
P : However, the higher it goes, the less air it meets.
Q : As the rocket goes higher, it travels faster.
R : For the atmosphere becomes thinner.
S : As a result there is less friction.

The proper sequence should be:

A. Q P R S B. Q S P R
C. P Q R S D. P Q S R
E. R S P Q

27. S_1 : Sunbirds are among the smallest of Indian birds.

S_6 : Our common sunbirds are the purple sunbird, the glossy black species and purple-rumped sunbird, the yellow and maroon species.

P : Though they are functionally similar to the hummingbirds of the New World, they are totally unrelated.

Q : They do eat small insects too.

R : They are also some of the most brilliantly-coloured birds.

S : Sunbirds feed on nectar mostly and help in pollination.

The proper sequence should be:

A. S Q P R B. R P S Q
C. Q P R S D. P S R Q
E. P Q R S

28. S_1 : Venice is a strange and beautiful city in the north of Italy.

S_6 : This is because Venice has no streets.

P : There are about four hundred old stone bridges joining the island of Venice.

Q : In this city there are no motor cars, no horses and no buses.

R : These small islands are near one another.

S : It is not an island but a hundred and seventeen islands.

The proper sequence should be:

A. P Q R S B. P R Q S
C. S R P Q D. P Q S R
E. Q P R S

29. S_1 : A ceiling on urban property.

S_6 : Since their value would exceed the ceiling fixed by the Government.

P : No mill-owner could own factories or mills or plants.

Q : And mass circulation papers.

R : Would mean that.

S : No press magnate could own printing presses.

The proper sequence should be:

A. Q S R P B. R P S Q
C. S R P Q D. Q P S R
E. P Q R S

30. S_1 : The weather-vane often tops a church spire, tower or high building.

S_6 : The weather-vane can, however, give us some indication of the weather.

P : They are only wind-vanes.

Q : Neither alone can tell us what the weather will be.

R : They are designed to point to the direction from which the wind is coming.

S : Just as the barometer only tells us the pressure of the air, the weather-vane tells us the direction of the wind.

The proper sequence should be:

A. P Q R S B. P S R Q
C. P R S Q D. S P Q R
E. R P S Q

31. S_1 : Most of the universities in the country are now facing financial crisis.

S_6 : The Government should realise this before it is too late.

P : Cost benefit yardstick thus should not be applied in the case of the universities.

Q : The current state of affairs cannot be allowed to continue for long.

R : Universities cannot be equated with commercial enterprises.

S : Proper development of universities and colleges must be ensured.

The proper sequence should be:

A. Q R P S B. Q S P R
C. Q R S P D. Q P R S
E. P Q R S

32. S_1 : I keep on flapping my big ears all day.

S_6 : Am I not a smart, intelligent elephant?

P : They also fear that I will flap them all away.

Q : But children wonder why I flap them so.

R : I flap them so to make sure they are safely there on either side of my head.

S : But I know what I am doing.

The proper sequence should be:

A. S R Q P B. Q P S R
C. Q P R S D. P S R Q
E. R P S Q

33. S_1 : Urban problems differ from State to State and city to city.

S_6 : There is no underground drainage system in most cities, and the narrow historical roads are already congested.

P : Most of the cities have neither water nor the required pipelines.

Q : The population in these cities has grown beyond the planners' imagination.

R : However, certain basic problems are common to all cities.

S : Only broad macro-planning was done for such cities, without envisaging the future growth, and this has failed to meet the requirements.

The proper sequence should be:

A. P Q S R B. Q P S R
C. R Q P S D. R S Q P
E. S R P Q

34. S_1 : A gentleman who lived alone always had two plates placed on the table at dinner time.

S_6 : In this way the cat showed her gratitude to her master.

P : One day just as he sat down to dine, the cat rushed into the room.

Q : One plate was for himself and the other was for his cat.

R : She dropped a mouse into her own plate and another into her master's plate.

S : He used to give the cat a piece of meat from his own plate.

The proper sequence should be:

A. Q S P R B. P S R Q
C. Q R S P D. R P Q S
E. S R Q P

35. S_1 : I took cigarettes from my case.

S_6 : Then he continued to draw on it.

P : But when the fit of coughing was over, he replaced it between his lips.

Q : I lit one of them and placed it between the lips.

R : Then with a feeble hand he removed the cigarette.

S : Slowly he took a pull at it and coughed violently.

The proper sequence should be:

A. P S Q R B. Q P S R
C. Q S R P D. S R P Q
E. R S Q P

36. S_1 : Forcasting the weather has always been a difficult business.

S_6 : He made his forecasts by watching flights of the birds or the way smoke rose from fire.

P : During a period of drought, streams and rivers dried up, the cattle died from thirst and the crops were ruined.

Q : Many different things affect the weather and we have to study them carefully to make an accurate forecast.

R : Ancient Egyptians had no need of this weather in the Nile valley hardly ever changes.

S : In early times, when there were no instruments, such as thermometer or the barometer, man looked for tell-tale signs in the sky.

The proper sequence should be:

A. P R Q S B. Q P R S
C. Q R P S D. S P Q R
E. R P Q S

37. S_1 : Once upon a time there lived three young men in a certain town of Bharat.

S_6 : All of them set out in search of their foe called Death.

P : All the people of the neighbourhood were mortally afraid of them.

Q : They were so powerful that they could catch growling lions and tear them to pieces.

R : Someone told them that they would become immortal if they killed Death.

S : The young men believed themselves to be very good friends.

The proper sequence should be:

A. Q P R S B. S Q P R
C. R S Q P D. S R P Q
E. P S R Q

38. S_1 : Duryodhana was a wicked prince.

S_6 : This enraged Duryodhana so much that he began to think of removing Bhima from his way.

P : One day Bhima made Duryodhana fall from a tree from which Duryodhana was stealing fruits.

Q : He did not like that Pandavas should be loved and respected by the people of Hastinapur.

R : Duryodhana specially hated Bhima.

S : Among the Pandavas, Bhima was extraordinarily strong and powerful.

The proper sequence should be:

A. P S Q R B. Q P R S
C. Q S R P D. P S R Q
E. R S P Q

39. S_1 : You know my wife, Maggi, always urged me to give up smoking.

S_6 : Poor girl!

P : I really gave it up.

Q : And so when I went to jail I said to myself I really must give it up, if for no other reason than of being self-reliant.

R : When I emerged from jail, I wanted to tell her of my great triumph!

S : But when I met her, there she was with a packet of cigarettes.

The proper sequence should be:

A. P S R Q B. S P Q R
C. Q P R S D. R S P Q
E. P Q R S

40. S_1 : A black-haired, young woman came tripping along.

S_6 : Both disappeared from view.

P : She was leading a young man wearing a hat.

Q : The woman swept it off and tossed it in the air.

R : The child jumped up to catch the hat.

S : The young man tossed his head to shake the hat back.

The proper sequence should be:

A. P S Q R B. R P S Q
C. Q R P S D. S Q R P
E. P Q R S

41. S_1 : Jawaharlal Nehru was born in Allahabad on 14 November, 1889.

S_6 : He died on 27 May, 1964.
P : Nehru met Mahatma Gandhi in February, 1920.
Q : In 1905 he was sent to London to study at a school called Harrow.
R : He became the first Prime Minister of Independent India on 15 August, 1947.
S : He married Kamla Kaul in 1915.
The proper sequence should be:
A. Q R P S B. Q S P R
C. R P Q S D. S Q R P
E. P S R Q

42. S_1 : An elderly lady suddenly became blind.
S_6 : The lady said that she had not been properly cured because she could not see all her furniture.
P : The doctor called daily and every time he took away some of her furniture he liked.
Q : At last, she was cured and the doctor demanded his fee.
R : She agreed to pay a large fee to the doctor who would cure her.
S : On being refused, the doctor wanted to know the reason.
The proper sequence should be:
A. P Q R S B. R P Q S
C. R S P Q D. R Q P S
E. Q P R S

43. S_1 : The path of Venus lies inside the path of the Earth.
S_6 : When at its brightest, it is easily seen with the naked eye in broad daylight.
P : When at its farthest from the Earth, Venus is 160 million miles away.
Q : With such a wide range between its greatest and least distances it is natural that at sometimes Venus appears much brighter than all others.
R : No other body ever comes so near the Earth, with the exception of the Moon and an occasional comet or asteroid.
S : When Venus is at its nearest to the earth it is only 26 million miles away.
The proper sequence should be:
A. S R P Q B. S Q R P
C. P S Q R D. Q P R S
E. R S P Q

44. S_1 : Religion is not a matter of mere dogmatic conformity.
S_6 : A man of that character is free from fear, free from hatred.
P : It is not merely going through the ritual prescribed to us.
Q : It is not a question of ceremonial piety.
R : Unless that kind of transformation occurs, you are not an authentically religious man.
S : It is the remaking of your own self, the transformation of your nature.
The proper sequence should be:
A. S P R Q B. Q P S R
C. P S R Q D. S P Q R
E. R P Q S

45. S_1 : For some time in his youth, Abraham Lincoln was manager of a shop.
S_6 : Never before had Lincoln had so much time for reading as he had then.
P : Then a chance customer would come.
Q : Young Lincoln's way of keeping shop was entirely unlike anyone else's.
R : Lincoln would jump up and attend to his needs and then revert to his reading.
S : He used to lie full length on the counter of the shop eagerly reading a book.
The proper sequence should be:
A. S R Q P B. Q S P R
C. S Q R P D. Q P S R
E. R S P Q

46. S_1 : Binnie went shopping one morning.
S_6 : She drove home with an empty shopping basket.
P : Disappointed she turned around and returned to the parking lot.
Q : She got out and walked to the nearest shop.
R : She drove her car into the parking lot and stopped.
S : It was there that she realised that she'd forgotten her purse at home.
The proper sequence should be:
A. R S Q P B. R Q S P
C. P Q R S D. Q P R S
E. P R Q S

47. S_1 : Several sub-cities have been planned around the capital.
S_6 : Hopefully the housing problem will not be as acute as at present after these sub-cities are built.
P : Dwarka is the first among them.
Q : They are expected to alleviate the problem of housing.
R : It is coming up in the south-west of the capital.
S : It will cater to over one million people when completed.
The proper sequence should be:
A. Q P R S B. P R S Q
C. P Q R S D. Q R S P
E. R S Q P

48. S_1 : Just as some men like to play football or tennis, so some men like to climb mountains.

S_6 : You look down and see the whole country below you.
P : This is often very difficult to do, for mountains are not just big hills.
Q : Paths are usually very steep, and some mountain-sides are straight up and down, so that it may take many hours to climb as little as one hundred feet.
R : There is always the danger that you may fall off and be killed or injured.
S : Men talk about conquering a mountain, and the wonderful feeling it is to reach the top of a mountain after climbing for hours and may be, even for days.

The proper sequence should be:

A. P Q R S
B. Q P S R
C. R Q P S
D. S R Q P
E. P R S Q

49. S_1 : Ms. Singh started a petrol pump in Madras.
S_6 : Thus she has shown the way for many others.
P : A total of twelve girls now work at the pump.
Q : She advertised in newspapers for women staff.
R : They operate in two shifts.
S : The response was good.

The proper sequence should be:

A. P Q S R
B. S Q P R
C. Q S P R
D. P Q R S
E. Q R P S

50. S_1 : Your letter was a big relief.
S_6 : But don't forget to bring chocolate for Reeta.
P : How did your exams go?
Q : After your result, you must come here for a week.
R : You hadn't written for over a month.
S : I am sure you will come out with flying colours.

The proper sequence should be:

A. P S R Q
B. Q R P S
C. R P S Q
D. R S P Q
E. S R P Q

ANSWERS

1	2	3	4	5	6	7	8	9	10
C	D	A	A	D	C	A	B	B	B
11	**12**	**13**	**14**	**15**	**16**	**17**	**18**	**19**	**20**
B	B	A	C	A	A	D	C	B	A
21	**22**	**23**	**24**	**25**	**26**	**27**	**28**	**29**	**30**
D	C	D	A	C	A	A	C	B	D
31	**32**	**33**	**34**	**35**	**36**	**37**	**38**	**39**	**40**
A	B	D	A	C	B	B	C	C	A
41	**42**	**43**	**44**	**45**	**46**	**47**	**48**	**49**	**50**
B	B	A	B	B	B	A	A	C	C

6

Fill in the Blanks

Fill in the blanks is such an exercise that begins with the primary schools and continues at the highest level of competitive examinations. One must practise it regularly to score well.

Directions: *In each of the following sentences, there are one or two blank spaces. Below each sentence there are five words/pair of words denoted by letters A, B, C, D and E. Find out which word/pair of words can be filled up in the blanks in the sentence in the same sequence to make the sentence meaningfully complete.*

1. Leadership defines what the future should look like and ...... people with that vision.

A. aligns B. develops
C. trains D. encourages
E. transforms

2. We upset ourselves by responding in an ...... manner to someone else's actions.

A. unabashed B. irrational
C. arduous D. arguable
E. invalid

3. All the people involved in that issue feel a great ...... to his suggestion.

A. contradiction B. adherence
C. indifference D. objection
E. repugnance

4. These elections will be remembered as much for its anti-incumbency mood as for its ...... mandate.

A. invincible B. rational
C. unprecedented D. deliberate
E. pervasive

5. How do you expect us to stay in such a ...... building even if it can be hired on a nominal rent?

A. scruffy B. disparate
C. fragmented D. robust
E. damaging

6. ...... efforts from all concerned are required to raise the social and economic conditions of our countrymen.

A. Perpetual B. Dynamic
C. Massive D. Exploring
E. Penetrative

7. Many companies see technology as a ...... for a whole host of business problems.

A. consideration B. preference
C. linking D. panacea
E. craving

8. Known as devout and serious person, she also has ...... sense of humour.

A. better B. plentiful
C. quick D. beautiful
E. good

9. The matter would have become serious if ...... action had not been taken.

A. hasty B. fast
C. timely D. unusual
E. deliberate

10. The ...... with which he is able to yield the paint-brush is really remarkable.

A. ease B. practice
C. majesty D. sweep
E. energy

11. The speaker did not properly use the time as he went on ...... on one point alone.

A. devoting B. deliberating
C. diluting D. distributing
E. dilating

12. They decided to ...... down their original plans for the bigger house and make it smaller.

A. climb B. turn
C. scale D. play
E. change

13. Esha was badly ...... by the news which she got in the letter.

A. electrified B. petrified
C. deranged D. shaken
E. frozen

14. In spite of her other ......, Madhuri still managed to find time for her hobbies.

A. occupations B. preoccupations
C. predilections D. business
E. promises

15. Success comes to those who are vigilant not to permit ...... from the chosen path.

A. distraction B. deviation
C. alienation D. diversion
E. obstruction

16. It is advisable to ...... on this issue rather than create unnecessary problem by taking a rigid stand.

A. lose B. promise
C. evade D. compromise
E. forfeit

17. After a short holiday we came back totally ....

A. rejuvenated B. reborn
C. refurbished D. revamped
E. restored

18. The victim tried to tell us what had happened but his ...... were not audible.

A. assailants B. sounds
C. letters D. proofs
E. words

19. The ...... between the twins is so slight that it is very difficult to identify one from the other.

A. similarity B. distance
C. resemblance D. difference
E. rift

20. The members were ...... of the date of the meeting well in advance.

A. communicated B. conveyed
C. ignorant D. informed
E. known

21. A ...... of ships was kept ready to scour the sea in case of an emergency.

A. group B. pack
C. unit D. fleet
E. battalion

22. I had not expected to meet him; it was quite an ...... meeting.

A. organised B. intentional
C. undesirable D. auspicious
E. accidental

23. The window of our room ...... the rear.

A. overlooks B. opens
C. opposes D. adjoins
E. precedes

24. I could ...... see the sight since it was dark.

A. clearly B. barely
C. obviously D. aptly
E. abruptly

25. The top-ranking manager ...... his success in the profession to his Managing Director's guidance.

A. account B. agrees
C. attributes D. claims
E. refers

26. Does your pride keep you ...... making the decision you know you should?

A. away B. alert
C. from D. quiet
E. intact

27. Their ...... to scale the mountain peak was an absolute failure.

A. attempt B. desire
C. anxiety D. proposal
E. dedication

28. The writer, like a spider ...... a web; the creatures caught in the web have no substance, no reality.

A. spins B. catches
C. writes D. compiles
E. finds

29. In a ...... move the Chief Minister today dropped two ministers from the cabinet.

A. secret B. delicate
C. continuous D. consistent
E. surprise

30. In his address to the teachers, the Vice-Chancellor ...... certain measures being taken for improving the quality of college education.

A. declined B. directed
C. advised D. highlighted
E. demanded

31. Changes in the legal system are inevitable for we are not working for a ...... society.

A. backward B. dynamic
C. stagnant D. modern
E. ruthless

32. Modern science began ...... the influence of Copernicus, Kepler, Galileo and Newton.

A. by B. under
C. from D. upon
E. with

33. A meeting of senior police officers was held to ...... the law and order situation of the town.

A. review B. curb
C. cover D. support
E. criticise

34. The problems that India's economic development faces are ....
A. myopic B. dubious
C. enormous D. strong
E. morbid

35. In our zeal for progress we should not ...... the executive with more powers.
A. avoid B. arm
C. give D. enhance
E. improve

36. At present, all over the world, moral standards ...... to have fallen.
A. look B. wish
C. started D. appear
E. intend

37. He was one of the ...... spirits behind the successful agitation of the citizens for keeping the city clean.
A. revolving B. moving
C. evolving D. amazing
E. rising

38. The employees were unhappy because their salary was not increased ....
A. marginally B. abruptly
C. substantially D. superfluously
E. negligibly

39. ...... the being a handicapped person, he is very co-operative and self-reliant.
A. Because B. Although
C. Since D. Basically
E. Despite

40. The child broke ...... from his mother and ran towards the painting.
A. away B. after
C. down D. with
E. heavily

41. With his ...... income, he finds it difficult to live a comfortable life.
A. brief B. sufficient
C. meagre D. huge
E. adequate

42. He could ...... a lot of money in such a short time by using his intelligence and working hard.
A. spend B. spoil
C. exchange D. accumulate
E. pay

43. Though the brothers are twins, they look ....
A. alike B. handsome
C. indifferent D. identical
E. different

44. Unfavourable weather conditions can ..... illness.
A. cure B. detect
C. treat D. enhance
E. diagnose

45. No sooner did the bell ring ...... the actor started singing.
A. when B. than
C. after D. before
E. through

46. If I ...... realised it, I would not have acted on his advice.
A. was B. had
C. were D. have
E. being

47. Why don't you ...... your work in advance before commencing it.
A. start B. complete
C. finish D. plan
E. execute

48. Contemporary economic development differs ...... from the Industrial Revolution of the 19th century.
A. usually B. specially
C. literally D. markedly
E. naturally

49. Mounting unemployment is the most serious and ...... problem faced by India today.
A. profound B. intractable
C. unpopular D. dubious
E. unattainable

50. Unemployment is not only ...... throughout the emerging world, but is growing worse, especially in urban areas.
A. endemic B. peripheral
C. absorbing D. prolific
E. endangering

51. Manpower is the ...... means of converting other resources to mankind's use and benefit.
A. inimitable B. indivisible
C. indispensable D. inequitable
E. insuperable

52. This article tries to ...... us with problems of poor nations so that we help them more effectively.
A. enable B. convince
C. allow D. deny
E. acquaint

53. Among human beings, language is the principal ...... of communication.
A. methodology B. instrument
C. accomplishment D. theory
E. appreciation

54. These essays are intellectually ...... and represent various levels of complexity.
A. persistent B. superior
C. modern D. demanding
E. revealing

55. ...... the doctor's advice my father started taking some daily exercise.
A. In B. To
C. On D. Towards
E. At

56. Do you ...... giving that book to me for a few days?
A. desires B. mind
C. call D. observe
E. thought

57. Our volunteers will ...... your donations either in cash or kind and give you a receipt.
A. lend B. borrow
C. return D. give
E. collect

58. If you need some money, I will ...... the amount from my bank and give you.
A. deposit B. return
C. withdraw D. require
E. took

59. ...... Ajay wanted to attend his friend's party, he could not attend it.
A. As B. But
C. Since D. Although
E. Because

60. The boss considered the situation and ...... only three days leave to Ashok.
A. granted B. submitted
C. sanction D. asked
E. took

61. If you want to do well, you must follow a strict ...... in your studies.
A. discipline B. belief
C. view D. report
E. ambition

62. It was very difficult to dig as the ground was very ....
A. thin B. soft
C. rigid D. volatile
E. hard

63. As a general rule, politicians do not ...... centre stage.
A. forward B. forbid
C. forgive D. forsake
E. foster

64. Shivam ...... classical music. He always prefers Bhimsen Joshi to Asha Bhonsale, and Pandit Jasraj to Kumar Sanu.
A. adores B. apprehends
C. encompasses D. cultivates
E. cares

65. Indications are that the Government is ...... to the prospect of granting bonus to the striking employees.
A. aligned B. obliged
C. reconciled D. relieved
E. authorised

66. The ...... study on import of natural gas from Iran through a pipeline would be completed shortly.
A. natural B. calculated
C. economic D. reallocation
E. feasibility

67. His party is solely to be blamed for the political ...... in the country.
A. devaluation B. revival
C. advocacy D. stalemate
E. degradation

68. We still have not given our ...... to conduct the survey of natural resources in our State.
A. projection B. consent
C. request D. compliance
E. provision

69. He is the best man for this job. He has mental ...... to carry it out.
A. predilection B. durability
C. adroitness D. persuasion
E. assimilation

70. Man is ......; however, he is more in need of mental companionship than of physical companionship.
A. egoistic B. biological
C. emotional D. democratic
E. gregarious

71. We cannot go on strike every year. Now that we have gone on strike we must ...... this issue.
A. clinch B. culminate
C. cross D. canvass
E. coordinate

72. I was totally ...... by his line of thinking and could not put forth any argument.
A. demolished B. nonplussed
C. exhausted D. refuted
E. degraded

73. Any problem to be ...... needs to be broken down to small pieces.
A. chosen B. taught
C. tackled D. posed
E. invented

74. He has ...... people visiting him at his house because he fears it will cause discomfort to neighbours.
A. forbidden B. warned
C. stopped D. request
E. curtailed

75. Nowadays, why ...... people so scared of each other?
A. were B. have
C. had D. are
E. do

76. If the perceptions of two individuals do not ...... there is bound to be problems.
A. reflect B. differ
C. match D. express
E. change

77. There are ...... educational theories that try to explain this fact.
A. one B. differing
C. entertaining D. theoretical
E. defending

78. ...... by people's perception it seems that democracy has succeeded in India.
A. Making B. Planned
C. Going D. Liked
E. Following

79. This year the number of candidates appearing for the examination has ....
A. disturbed B. crushed
C. broken D. dwindled
E. disintegrated

80. We must try to ..... new active workers to strengthen this organisation.
A. change B. bring
C. talk D. close
E. stop

81. ...... folded hands I request you to observe peace during the prayer.
A. Despite B. For
C. With D. At
E. Since

82. I cannot ...... it to you right now, tomorrow we will discuss about it.
A. demand B. disturb
C. worry D. expect
E. explain

83. Lata's programmes ...... taking place throughout the state since last week.
A. has been B. have been
C. is D. will be
E. would be

84. The pilot of the aircraft accepted a gift ...... the passengers who were happy about his skill.
A. from B. by
C. to D. about
E. with

85. Finally, the prizes were ...... to all successful participants at the hands of the Chief Guest.
A. divided B. shared
C. honoured D. distributed
E. handed

86. Can you please drop ...... ? I want to discuss some important matter.
A. for B. to
C. on D. out
E. in

87. As the Principal adopts a ...... approach towards the running of the school, the school is losing its prestige.
A. casual B. proper
C. strict D. cumulative
E. dilute

88. The account of the crime given by the accused was ..... and ..... .
A. dependable, uncognizable
B. fictitious, unreliable
C. false, appreciable
D. complete, imaginary
E. exaggerated, unpardonable

89. Problems of the country can only be aggravated by ..... and ..... citizens.
A. careful, unscrupulous
B. extraordinary, uncompromising
C. dedicated, patriotic
D. selfish, irresponsible
E. independent, practical

90. If you kindly bear ..... me for some time, I shall ..... the whole issue.
A. out, understand B. on, solve
C. for, know D. with, clarify
E. at, inform

91. The WHO has ..... the government for taking prompt ..... action.
A. lauded, preventive
B. criticise, obligatory
C. blamed, ineffective
D. appreciated, hectic
E. admired, unreasonable

92. Though the hospital is extremely rich, the conditions there are ..... .
A. equally, rich
B. apallingly, poor
C. admirably, comfortable
D. extremely, conducive
E. frequently, tolerable

93. Nine members have ..... about the decision, but the tenth one views it ..... .
A. solution, critically
B. consensus, similarly
C. disagreement, collectively
D. grievance, grudgingly
E. agreement, differently

94. Vision is usually ..... most effectively when many different ..... are used.
A. developed, manifestations
B. adapted, organisations
C. communicated, vehicles
D. exhibited, forms
E. described, thought

95. People who have been through difficult, painful and not very ..... change efforts often end up ..... both pessimistic and angry conclusions.
A. successful, drawing
B. meaningful, projecting
C. reliable, evolving
D. strong, following
E. challenging, lamenting

96. If misery is the effect of ill-fortune, it ought to be pitied; if of ..... to be ..... .
A. virtue, criticised
B. calamity, reverenced
C. virtue, protected
D. vice, reverenced
E. virtue, reverenced

97. It is the ..... of selfishness for men, who fully ..... in their own case the great advantages of good education, to deny these advantages to women.
A. parody, demand
B. height, appreciate
C. height, assimilate
D. degree, appreciate
E. level, advance

98. His death ..... many tributes than have been paid at the ..... of any other human being in history.
A. brought, passing
B. directed, helm
C. delivered, description
D. invited, living
E. acknowledged, perpetuation

99. All the performances of human art, at which we look with praise or wonder, are ..... of the restless ..... of perseverence.
A. manifestations, pronouncement
B. projections, component
C. instances, force
D. proofs, humanity
E. visions, future

100. The issues could be ..... amicably only because of his ..... handling of the situation.
A. dropped, haphazard
B. raised, careful
C. discussed, enthusiastic
D. suppressed, emphatic
E. resolved, tactful

101. The only way to ensure best output from your vehicle is to provide it a ..... and ..... maintenance.
A. nurturing, expensive
B. proper, timely
C. careful, costly
D. trouble-free, everlasting
E. resolved, tactful

102. ..... your colleagues for important decision making activities ensures their ..... cooperation.
A. Counselling, wholehearted
B. Helping, occasional
C. Guiding, meagre
D. Neglecting, enthusiastic
E. Dominating, unstinted

103. The recent ..... in oil-prices has given an unexpected additional ..... to the cost-spiral.
A. slump, drawback
B. cut, blow
C. rise, twist
D. development, cut
E. deterioration, impetus

104. People ..... to work hard if you ..... certain conditions on them.
A. decide, negotiate
B. try, thrust
C. plan, invoke
D. hesitate, impose
E. volunteer, place

105. Our latest battle plan ..... some projects ..... at saving the earth's biological diversity.
A. destroys, stirring
B. covers, aimed
C. finances, looking
D. encompasses, looked
E. excludes, arriving

106. Unless the authorities adopt the principle ..... the strategies cannot become .....
A. wholeheartedly, successful
B. fully, defunct
C. mechanically, obsolete
D. legitimately, noteworthy
E. forcefully, trivial

107. Trying to ..... a team without a good and simple ..... system is like trying to drive a car without a steering wheel.
A. form, working
B. lead, exploratory
C. organise, empowering
D. run, guidance
E. achieve, developmental

108. ..... members of a group often ..... influence the outcome of a consensus forecast.
A. Permanent, exert
B. Majority, rightly
C. Vocal, legitimately
D. Minority, inadvertently
E. Dominant, unduly

109. Transforming ..... bureaucracies into dynamic, customer-driven organisations is ..... under any circumstances.
A. ideal, essential
B. lazy, undesirable
C. inefficient, challenging
D. civilized, ineffective
E. customer, unsurmountable

110. He was initially ..... at the suggestion but was soon ..... it himself.
A. frowning, rejecting
B. thrilled, propagating
C. shocked, advocating
D. impressed, negating
E. suspicious, trusting

111. The Minister felt that the ..... made by the Committee was ..... even though similar schemes had worked earlier.
A. election, acceptable
B. choice, profitable
C. decision, gainful
D. recommendation, infeasible
E. acceptance, approved

112. The officer was not ..... by the criticism and paid no ..... even when her best friend talked against her.
A. threatened, warning
B. troubled, mind
C. deterred, heed
D. bothered, attention
E. shaken, indication

113. The activities of the association have ..... from the ..... objectives set for it in the initial years.
A. emerged, total
B. deviated, original
C. grown, simple
D. details, grand
E. increased, perverse

114. The ..... imposed for non-payment was too ..... for it to bring in improvement in collection.
A. penalty, low
B. fine, severe
C. punishment, harsh
D. toll, simple
E. damage, cruel

115. Although his first few attempts were ....., ultimately he ..... .
A. fruitful, won
B. futile, succeeded
C. laborious, gave up
D. appreciable, retarded
E. thwarted, lost

116. The glaring success of the Indian Cricket team was the ..... of the ..... efforts.
A. reason, untiring
B. cause, painstaking
C. result, persistent
D. outcome, negligible
E. extent, indomitable

117. His face gave us a clear ..... that he was free from all his ..... .
A. indication, worries
B. picture, comforts
C. message, relations
D. notice, obstacles
E. impression, opportunities

118. None of the passengers was ..... of ..... was going to happen in the next two hours.
A. beware, incidence
B. knowing, that
C. anticipating, fact
D. expecting, anything
E. aware, what

119. We had to face a lot of ..... due to their ..... act which was avoidable.
A. problems, desirable
B. consequences, immeasurable
C. worries, kind
D. humiliation, disgraceful
E. disaster, merciful

120. Having accumulated enough ....., they are now thinking of ..... a bigger bungalow.
A. trouble, selling
B. patience, leaving
C. hardships, repairing
D. courage, building
E. wealth, buying

121. He was scarcely in his teens when he became completely ..... by German ..... and writing of Shakespeare.
A. harassed, army
B. engrossed, people
C. captivated, literature
D. seized, soldiers
E. broken, rules

122. As he was the century's ..... man of Science, his ..... was universally mourned.
A. wealthiest, experiment
B. greatest, death
C. happiest, accepted
D. oldest, invention
E. saddest, grief

123. In case you have ..... his feelings, though unintentionally, you must ..... to him now.
A. hurt, apologise
B. tendered, pardon
C. cajoled, appease
D. evoked, surrender
E. passioned, excuse

124. Being an incorrigible ....., he will never tell the ..... .
A. liar, truth
B. idiot, story
C. criminal, message
D. person, reason
E. offender, details

125. Your ..... will ..... all the benefits you derived from your hard work.
A. patience, delete
B. possessiveness, enhance
C. carelessness, nullify
D. apathy, increase
E. sluggishness, accumulate

126. To succeed in any ..... task, ... is needed.
A. challenging, impatience B. critical, approach
C. appropriate, strategy D. difficult, preseverance
E. competitive, anxiety

127. There are ..... instances to prove that the leader ..... courteously with everyone.
A. no, major B. treats, works
C. various, demands D. absolute, helps
E. several, behaves

128. Being a cruel task-master, he always ..... too ..... work on his servants.
A. does, much B. entrusts, difficult
C. performs, little D. imposes, much
E. assigns, little

129. If the government firms ..... to earn profits, they ought to get rid of ..... measures.
A. fail, healthy B. decide, populist
C. have, proper D. plan, planning
E. achieve, far-reaching

130. The sack was so ..... that I could ..... carry it.
A. full, hardly B. hardly, full
C. heavy, hardly D. light, easy
E. large, precisely

131. The demand to ..... the ancient monument of the town was long ..... with the state administration.
A. excavate, extinct B. maintain, maintained
C. dispose, clear D. preserve, pending
E. demolish, considered

132. Four of the ..... were hanged against whom, the Judge had ..... the verdict.
A. criminals, passed
B. thieves, entered
C. accomplices, declared
D. murderers, declared
E. murders, entered

133. Students have ..... using wrong procedures in the examinations because they are aware that these could be ..... .
A. started, false B. stopped, detected
C. detected, stopped D. tried, detected
E. detected, proved

134. Some animals can live comfortably both ..... water and ..... land.
A. into, at B. on, in
C. inside, over D. in, on
E. over, on

135. Although the ceremony was ..... scheduled for three days, yet it was ..... later to one day.
A. originally, curtailed
B. formerly, declared
C. timely, decide
D. decided, curtailed
E. therefore, curtailed

136. His ..... at work is the outcome of his ..... .
A. commitments, honesty
B. loss, commitments
C. diligence, sincerity
D. concentration, honesty
E. sincerity, diligence

137. The victory of Indian hockey team was the ..... of the ..... efforts.
A. outcome, hard B. persuation, strict
C. result, persistent D. cause, persistent
E. persistence, poor

138. None of the travellers was ..... of ..... was going to happen in the next two days.
A. beware, something B. aware, what
C. expectant, there D. aware, that
E. aware, something

139. We had to face a lot of ..... due to their ..... action that could have been avoided.
A. humiliation, disgraceful
B. disgrace, humiliate
C. pressures, poor
D. difficulties, difficult
E. difficulties, disgraceful

140. Your ..... would ..... all the benefits that you derived from your toil
A. empathy, decrease B. apathy, increase
C. carelessness, nullify D. attitude, decline
E. virtues, kill

141. There are ..... examples to prove that the PM ..... warmly with the masses.
A. various, meeting B. several, behaves
C. illustrious, charms D. many, interact
E. some, listens

142. He was scarcely an adult when he became completely ..... by the English ....., especially, by the plays of Shakespeare.
A. bewitched, poetry
B. caught, theatre
C. captivated, theatre
D. overwhelmed, poems
E. overpowered, literature

143. In order to succeed in any ..... assignment, ... is required.
A. difficult, perseverance
B. competitive, anxiety
C. critical, viewpoint
D. challenging, standpoint
E. difficult, power

144. In case you have ..... his feelings, you must ..... to him.
A. hurt, apologise
B. evoked, surrender
C. touched, talk
D. offended, appeal
E. mauled, apologise

145. Having accumulated enough ....., they are now planning to ..... a bigger office.
A. courage, sell
B. space, buy
C. wealth, purchase
D. wealth, sell
E. money, renovate

146. ..... your subordinates for vital activities ensures their ..... support.
A. Guiding, uncomplete
B. Guiding, wholehearted
C. Persuading, heartfelt
D. Pressurising, controlled
E. Coaxing, willful

147. The servants ..... to work hard if we ..... certain conditions upon them.
A. hesitate, impose
B. prefer, force
C. volunteer, impose
D. hesitate, try
E. try, revoke

148. As he was the ..... man in the field of arts, his ..... was mourned universally.
A. happiest, joy
B. finest, death
C. clever, death
D. greatest, birthday
E. greatest, wisdom

Answers

1	2	3	4	5	6	7	8	9	10
A	A	E	C	A	A	D	E	C	A
11	12	13	14	15	16	17	18	19	20
E	C	D	B	A	D	A	E	D	D
21	22	23	24	25	26	27	28	29	30
D	E	A	B	C	C	A	A	E	D
31	32	33	34	35	36	37	38	39	40
C	B	A	C	B	D	B	C	E	A
41	42	43	44	45	46	47	48	49	50
C	D	E	D	B	B	D	D	B	A
51	52	53	54	55	56	57	58	59	60
C	E	B	D	C	B	E	C	D	A
61	62	63	64	65	66	67	68	69	70
A	E	D	A	C	E	D	B	C	E
71	72	73	74	75	76	77	78	79	80
A	B	C	C	D	C	B	C	D	B
81	82	83	84	85	86	87	88	89	90
C	E	B	A	D	E	A	B	C	D
91	92	93	94	95	96	97	98	99	100
A	B	E	A	B	C	C	A	C	E
101	102	103	104	105	106	107	108	109	110
B	A	C	D	B	A	A	E	C	C
111	112	113	114	115	116	117	118	119	120
D	C	B	A	B	C	A	E	D	E
121	122	123	124	125	126	127	128	129	130
C	D	A	A	C	D	E	D	B	C
131	132	133	134	135	136	137	138	139	140
D	A	B	D	A	C	C	B	A	C
141	142	143	144	145	146	147	148		
B	C	A	A	C	B	A	B		

7

SYNONYMS

English is the most popular language in the world. It comprises thousands of words. No one can remember all the words and their meanings but everyone must try to read and learn maximum number of words and their meanings. One must keep and use a dictionary religiously.

Directions: *In the following questions, each word is followed by four options A, B, C and D. Select the option that best expresses the meaning of the given word. If no option seems correct, select 'E' as answer.*

1. USURP
A. Seize B. Precede
C. Custom D. Repress
E. None of these

2. INSCRIBE
A. Distant B. Crazy
C. Greedy D. Mark
E. None of these

3. ASTUTE
A. Cognizant B. Hostile
C. Provoke D. Shrewd
E. None of these

4. FOMENT
A. Provoke B. Abrasion
C. Extirpate D. Isolation
E. None of these

5. INSIPID
A. Delicate B. Solve
C. Stupid D. Gentle
E. None of these

6. CAJOLE
A. Doubtful B. Lure
C. Warm D. Suggest
E. None of these

7. WONT
A. Clam B. Exception
C. Rigid D. Habit
E. None of these

8. GUILE
A. Sense B. Candour
C. Deceit D. Wander
E. None of these

9. ARID
A. Accuse B. Apprehend
C. Dry D. Charge
E. None of these

10. DEXTERITY
A. Eloquent B. Rueful
C. Adroitness D. Shameful
E. None of these

11. BIZZARE
A. Eccentric B. Fair
C. Normal D. Young
E. None of these

12. FULMINATE
A. Barren B. Prodigal
C. Clamour D. Misfire
E. None of these

13. METEORIC
A. Sudden B. Cowardice
C. Mean D. False
E. None of these

14. JOCUND
A. Puzzle B. Barren
C. Gay D. Calm
E. None of these

15. YEARN
A. Release B. Crave
C. Timid D. Taunt
E. None of these

16. DON
A. Pine B. Doff
C. Blithe D. Wear
E. None of these

17. VERTIGO
A. Midst
B. Uniform
C. Steadiness
D. Dizziness
E. None of these

18. DECOY
A. Lead
B. Escape
C. Gather
D. Mislead
E. None of these

19. IMP
A. Demon
B. Fair
C. Fairy
D. Angel
E. None of these

20. APPELLATION
A. Pertinent
B. Anonymity
C. Respect
D. Designation
E. None of these

21. JARGON
A. Clear
B. Biased
C. Youth
D. Terminology
E. None of these

22. SPENDTHRIFT
A. Extravagant
B. Fallacious
C. Liberal
D. Waste
E. None of these

23. ABSONANT
A. Unnatural
B. Objectionable
C. Discordant
D. Absurd
E. None of these

24. UNLAWFUL
A. Scant
B. Elicit
C. Illicit
D. Draw
E. None of these

25. INCLINATION
A. Attitude
B. Applause
C. Aptitude
D. Aspiration
E. None of these

26. INDICT
A. Allege
B. Reprimand
C. Condemn
D. Accuse
E. None of these

27. CANNY
A. Handsome
B. Stout
C. Obstinate
D. Clever
E. None of these

28. BENEVOLENCE
A. Illness
B. Vision
C. Kindness
D. Ill-will
E. None of these

29. EXTRICATE
A. Complicate
B. Tie
C. Pull
D. Free
E. None of these

30. LUCRATIVE
A. Profitable
B. Attractive
C. Tempting
D. Amusement
E. None of these

31. TACITURNITY
A. Hesitation
B. Dumbness
C. Reserve
D. Creation
E. None of these

32. LAMENTABLE
A. Deplorable
B. Terrible
C. Upgraded
D. Unpardonable
E. None of these

33. RESTRAINT
A. Restriction
B. Hindrance
C. Repression
D. Obstacle
E. None of these

34. INCENSED
A. Enthused
B. Excited
C. Inflamed
D. Enraged
E. None of these

35. LUCID
A. Complex
B. Noble
C. Elaborated
D. Clear
E. None of these

36. STRINGENT
A. Stringy
B. Strict
C. Shrink
D. Vivid
E. None of these

37. DEIFY
A. Face
B. Flatter
C. Challenge
D. Worship
E. None of these

38. RUPTURE
A. Damage
B. Gap
C. Break
D. Distortion
E. None of these

39. DILIGENT
A. Hard-working
B. Introvert
C. Prospective
D. Progressive
E. None of these

40. LUDICROUS
A. Serious
B. Recall
C. Comic
D. Dissolve
E. None of these

41. FORAY
A. Ranger
B. Contest
C. Excursion
D. Intuition
E. None of these

42. SYCOPHANT
A. Submissive
B. Proud
C. Foppish
D. Flatterer
E. None of these

43. REFECTORY
A. Parlour B. Living Room
C. Dining Room D. Restaurant
E. None of these

44. LYNCHED
A. Killed B. Mutilated
C. Captured D. Harden
E. None of these

45. SHALLOW
A. Artificial B. Stupid
C. Worthless D. Superficial
E. None of these

46. PROPENSITY
A. Aptitude B. Quality
C. Natural tendency D. Charm
E. None of these

47. BAFFLED
A. Foiled B. Defeated
C. Thwarted D. Circumvented
E. None of these

48. RETAIN
A. Preserve B. Recall
C. Conserve D. Keep
E. None of these

49. CONNOISSEUR
A. Interpreter B. Delinquent
C. Ignorant D. Lover of art
E. None of these

50. SCANDAL
A. Disgraceful action B. Talk
C. Rumour D. Silly notion
E. None of these

51. VIGILANT
A. Ambitious B. Smart
C. Intelligent D. Watchful
E. None of these

52. VORACIOUS
A. Angry B. Insane
C. Hungry D. Quick
E. None of these

53. IMPROMPTU
A. Effective B. Impressive
C. Glamour D. Off hand
E. None of these

54. ANNIHILATED
A. Split B. Miracle
C. Secured D. Destroyed
E. None of these

55. PRECARIOUS
A. Brittle B. Cautious
C. Perilous D. Critical
E. None of these

56. GARRULOUS
A. Laughs a lot B. Talks a lot
C. Silence D. Gossip
E. None of these

57. GERMANE
A. Logic B. Relevant
C. Responsible D. Possible
E. None of these

58. GULLIBLE
A. Unrealistic B. Fallible
C. Enthusiastic D. Unsuspecting
E. None of these

59. ALLEVIATED
A. Moderated B. Removed
C. Mitigated D. Lightened
E. None of these

60. CONSEQUENCES
A. Difficulties B. Results
C. Applications D. Conclusions
E. None of these

61. FICTITIOUS
A. Unreal B. Uncamped
C. Unreliable D. Unbelievable
E. None of these

62. APPROBATION
A. Admiration B. Understanding
C. Appreciation D. Approval
E. None of these

63. TEPID
A. Cold B. Hot
C. Warm D. Frozen
E. None of these

64. SUBSEQUENT
A. Few B. Earlier
C. Many D. Later
E. None of these

65. INEBRIATE
A. Unsteady B. Dreamy
C. Drunken D. Stupefied
E. None of these

66. COMMENSURATE
A. Beginning B. Appropriate
C. Measurable D. Proportionate
E. None of these

67. OUTWITTED
A. Cheated B. Befooled
C. Defeated D. Out-manoeuvred
E. None of these

68. TIMID
A. Slow B. Medium
C. Fast D. Shy
E. None of these

69. GARNISH
A. Garner B. Abuse
C. Adorn D. Paint
E. None of these

70. CHASTE
A. Virtuous B. Dignified
C. Noble D. Honest
E. None of these

71. OBJECT
A. Disapprove B. Disobey
C. Deny D. Challenge
E. None of these

72. INDUSTRIOUS
A. Diligent B. Excellent
C. Energetic D. Prompt
E. None of these

73. CANDID
A. Explicit B. Bright
C. Apparent D. Frank
E. None of these

74. IRONIC
A. Bitter B. Inflexible
C. Disguisedly Sarcastic D. Normal
E. None of these

75. TRANSPARENT
A. Witty B. Verbose
C. Lucid D. Blocked
E. None of these

76. SCOLD
A. Repress B. Reprieve
C. Reprisal D. Reprimand
E. None of these

77. SKETCH
A. Paint B. Draw
C. Portray D. Draft
E. None of these

78. PROTOTYPE
A. Duplicate B. Triplicate
C. Substitute D. Original
E. None of these

79. SUBMISSION
A. Humility B. Surrender
C. Politeness D. Carnivorous
E. None of these

80. ERADICATE
A. Resolve B. Remove
C. Report D. Uproot
E. None of these

81. SHORT-LIVED
A. Mortal B. Tempting
C. Transient D. Truant
E. None of these

82. MELANCHOLY
A. Happy B. Malice
C. Cruelty D. Sad
E. None of these

83. OBESE
A. Officious
B. Lean and thin
C. Fat and dull-looking
D. Soft
E. None of these

84. SHREW
A. Woman of violent temper
B. A person who is dull
C. Man of violent temper
D. Rude person
E. None of these

85. FEROCIOUS
A. Angry B. Dangerous
C. Fierce D. Monstrous
E. None of these

86. VENERATION
A. Modesty B. Exhalation
C. Brave D. Adoration
E. None of these

87. NONCHALANT
A. Natural B. Hot
C. Excited D. Cool
E. None of these

88. SAGACITY
A. Swell B. Surrender
C. Wisdom D. Resolve
E. None of these

89. ATOM
A. Placid B. Whole
C. Mass D. Iota
E. None of these

90. GRATUITOUS
A. Shear B. Justified
C. Amass D. Voluntary
E. None of these

91. WAIVE
A. Silent B. Relinquish
C. Press D. Bore
E. None of these

92. WARBLING
A. Dormant B. Vigilant
C. Inert D. Active
E. None of these

93. MILD
A. Loud B. Pass
C. Discuss D. Balmy
E. None of these

94. DUBIOUS
A. Trust B. Obligatory
C. Unreliable D. Worthy
E. None of these

95. TRIVIAL
A. Peculiar B. Candid
C. Frivolous D. Serious
E. None of these

96. BEMOAN
A. Lament B. Acclaim
C. Defect D. Perfect
E. None of these

97. FRUGAL
A. Thrifty B. Prolific
C. Clamour D. Efficacious
E. None of these

98. HIDEOUS
A. Concealed B. Charming
C. Ugly D. Embarrass
E. None of these

99. INVIDIOUS
A. Placate B. Alluring
C. Unfair D. Normal
E. None of these

100. CHAGRIN
A. Solemnity B. Brave
C. Joy D. Annoyance
E. None of these

101. OSCILLATORY
A. Dancing B. Swinging
C. Running D. Kissing
E. None of these

102. SCHOOLING
A. Instruction B. Going to school
C. Coming from school D. Reading
E. None of these

103. TORTUOUS
A. Gathering B. Binding
C. Winding D. Sending
E. None of these

104. SCARCELY
A. Rigid B. Closely
C. Deficiency D. Scantily
E. None of these

105. DESIST
A. Discontinue B. Dreary
C. Desertion D. Ripeness
E. None of these

106. RENUNCIATION
A. Relinquishment B. Periodical
C. Correspondence D. Arbitration
E. None of these

ANSWERS

1	2	3	4	5	6	7	8	9	10
A	D	D	A	C	B	A	C	C	C
11	12	13	14	15	16	17	18	19	20
A	C	A	C	B	D	D	D	C	D
21	22	23	24	25	26	27	28	29	30
D	A	D	C	C	D	D	C	C	A
31	32	33	34	35	36	37	38	39	40
C	A	D	D	D	B	D	C	A	C
41	42	43	44	45	46	47	48	49	50
C	D	C	A	D	C	A	D	D	A
51	52	53	54	55	56	57	58	59	60
D	C	D	D	D	B	B	D	C	B
61	62	63	64	65	66	67	68	69	70
A	D	C	D	C	C	C	D	C	A
71	72	73	74	75	76	77	78	79	80
A	A	D	C	C	D	C	D	B	D
81	82	83	84	85	86	87	88	89	90
C	D	C	A	C	D	D	C	D	D
91	92	93	94	95	96	97	98	99	100
B	A	D	C	C	A	A	C	C	D
101	102	103	104	105	106				
B	A	C	D	A	A				

8

ANTONYMS

In English, while learning the meanings of words, learning their opposite words is also equally important for a good learner. One must learn as many as one can to score well in the exam.

Directions: *In the following questions, each word is followed by four options A, B, C and D. Select the option which looks like the antonym of the given word. If no option seems correct, select 'E' as answer.*

1. THEIST
A. Frail B. Obscure
C. Alienate D. Atheist
E. None of these

2. JOYOUS
A. Pathetic B. Cruel
C. Native D. Gay
E. None of these

3. TRANSIENT
A. Discredit B. Vague
C. Eternal D. Meek
E. None of these

4. GAIETY
A. Pleasure B. Melancholy
C. Dull D. Warm
E. None of these

5. STALE
A. Fresh B. Massive
C. Dirty D. Amiable
E. None of these

6. THRIVE
A. Decline B. Ruin
C. Favour D. Link
E. None of these

7. LUSCIOUS
A. Insipid B. Fickle
C. Retrograde D. Relish
E. None of these

8. AMATEUR
A. Amiable B. Staunch
C. Timid D. Veteran
E. None of these

9. YIELD
A. Resist B. Tasteful
C. Cheerful D. Brimful
E. None of these

10. FRAIL
A. Weak B. Delicate
C. Healthy D. Unicorn
E. None of these

11. SUBLIME
A. Unholy B. Ridiculous
C. Yielding D. Submitting
E. None of these

12. WEAN
A. Resign B. Artlessness
C. Guile D. Art
E. None of these

13. PLENTY
A. Enough B. Much
C. Less D. Lack
E. None of these

14. RELISH
A. Sublimity B. Relevant
C. Dislike D. Love
E. None of these

15. SYNTHESIS
A. Thesis B. Diagnosis
C. Analysis D. Prognosis
E. None of these

16. MEAGRE
A. Fabulous B. Hard
C. Continuous D. Small
E. None of these

17. PERENNIAL
A. Rare B. Regular
C. Frequent D. Lasting
E. None of these

18. REBUKED
A. Invited B. Awarded
C. Praised D. Received
E. None of these

19. BALANCE
A. Disbalance B. Debalance
C. Imbalance D. Misbalance
E. None of these

20. ALIEN
A. Resident B. Domiciled
C. Native D. Foreign
E. None of these

21. EXPEDITE
A. Defer B. Delay
C. Postpone D. Adjourn
E. None of these

22. STEADFAST
A. Humble B. Sincere
C. Fickle D. Brave
E. None of these

23. MAGNANIMITY
A. Meanness B. Jealousy
C. Poverty D. Enmity
E. None of these

24. EXTRAVAGANCE
A. Poverty B. Alike
C. Luxury D. Economy
E. None of these

25. MORBID
A. Cheerful B. Insipid
C. Healthy D. Applying
E. None of these

26. CELESTIAL
A. Spiritual B. Psychic
C. Internal D. Material
E. None of these

27. MALICIOUS
A. Boastful B. Kind
C. Indifferent D. Generous
E. None of these

28. HOLLOW
A. Strong B. Weak
C. Solid D. Perfect
E. None of these

29. ABHOR
A. Applaud B. Respect
C. Dislike D. Admire
E. None of these

30. IMPERTINENT
A. Smooth B. Healthy
C. Inadequate D. Respectful
E. None of these

31. PRUDENT
A. Injudicious B. Inconsiderate
C. Reckless D. Weak
E. None of these

32. CULPABLE
A. Blameless B. Careless
C. Defendable D. Restoration
E. None of these

33. MASSIVE
A. Heavy B. Short
C. Meagre D. Complete
E. None of these

34. POSSESS
A. Deny B. Agree
C. Approval D. Relinquish
E. None of these

35. SUBTRACTION
A. Multiplication B. Division
C. Addition D. Contraction
E. None of these

36. OBSESS
A. Divert B. Haunt
C. Notice D. Harass
E. None of these

37. EXTENUATE
A. Quality B. Enhance
C. Offhand D. Palliate
E. None of these

38. CORRIGIBLE
A. Covetous B. Obverse
C. Docile D. Incorrigible
E. None of these

39. ONEROUS
A. Visitor B. Feed
C. Irresistible D. Easy
E. None of these

40. WANTON
A. Total B. Revolve
C. Entire D. Discreet
E. None of these

41. JARGON
A. Slang B. Silly
C. Language D. Terminology
E. None of these

42. ABSURD
A. Adorn B. Flourish
C. Scarcity D. Rational
E. None of these

43. OSTENTATIOUS
A. Centre B. Height
C. Boastful D. Modest
E. None of these

44. MACABRE
A. Attractive B. Trash
C. Gruesome D. Splendour
E. None of these

45. FALLACY
A. Error B. Truth
C. Blunder D. Abandon
E. None of these

46. IMBECILE
A. Heretic B. Idiotic
C. Bewitched D. Clever
E. None of these

47. PALLIATE
A. Aggravate B. Extenuate
C. Miraculous D. Purchase
E. None of these

48. LOATH
A. Reluctant B. Haste
C. Willing D. Brisk
E. None of these

49. FRAGILE
A. Abrasion B. Horrid
C. Strong D. Brittle
E. None of these

50. BLOOMING
A. Mild B. Flowering
C. Fading D. Bright
E. None of these

51. PROGRESSIVE
A. Unprogressive B. Disprogressive
C. Non-progressive D. Retrograde
E. None of these

52. LASTING
A. Everlasting B. Elastic
C. Transient D. Non-elastic
E. None of these

53. FUTILITY
A. Utility B. Fertility
C. Unfertility D. Keenness
E. None of these

54. SENTIMENTAL
A. Callous B. Romantic
C. Prosaic D. Emotional
E. None of these

55. OMINOUS
A. Auspicious B. Favourable
C. Horrible D. Encouraging
E. None of these

56. VIRTUOUS
A. Corrupt B. Scandalous
C. Cunning D. Vicious
E. None of these

57. IMPASSE
A. Continuation B. Combination
C. Resurgence D. Breakthrough
E. None of these

58. EPILOGUE
A. Epigram B. Dialogue
C. Prelude D. Postscript
E. None of these

59. SQUANDERING
A. Saving B. Boarding
C. Discarding D. Caring
E. None of these

60. FLAGITIOUS
A. Vapid B. Frivolous
C. Innocent D. Ignorant
E. None of these

61. LEND
A. Borrow B. Hire
C. Pawn D. Cheat
E. None of these

62. BENIGN
A. Friendly B. Malevolent
C. Wise D. Unwise
E. None of these

63. GUILE
A. Bubble B. Growl
C. Candour D. Deceit
E. None of these

64. CONCORD
A. Bestow B. Discord
C. Consolidate D. Outline
E. None of these

65. BUCOLIC
A. Urbane B. Rustic
C. Vindictive D. Pastoral
E. None of these

66. JOVIAL
A. Sagacity B. Fixed
C. General D. Gloomy
E. None of these

67. DIDACTIC
A. Leading B. Misleading
C. Unfair D. Warbling
E. None of these

68. OFFICIOUS
A. Aloof B. Intrusive
C. Alight D. Blunt
E. None of these

69. ZEALOT
A. Moderate
B. Devotee
C. Plaint
D. Bigot
E. None of these

70. HOOT
A. Jostle
B. Tint
C. Uproar
D. Honour
E. None of these

71. CARICATURE
A. Glory
B. Fidelity
C. Prim
D. Painting
E. None of these

72. MENIAL
A. Noble
B. Notion
C. Humble
D. Servile
E. None of these

73. GLIB
A. Fluent
B. Misty
C. Ready
D. Hesitating
E. None of these

74. AXIOM
A. Angle
B. Height
C. Maxim
D. Absurdity
E. None of these

75. VIVACIOUS
A. Quickness
B. Lively
C. Nice
D. Dull
E. None of these

76. PRODIGAL
A. Preface
B. Hasty
C. Frugal
D. Reckless
E. None of these

77. IRK
A. Amuse
B. Exodus
C. Iota
D. Annoy
E. None of these

78. FABLE
A. Peevish
B. Forge
C. Fact
D. Devil
E. None of these

79. FLUX
A. Swerve
B. Motion
C. Wince
D. Stillness
E. None of these

80. SPURIOUS
A. Barren
B. Dissipate
C. Genuine
D. Weak
E. None of these

81. IMPLICATE
A. Extricate
B. Hinted
C. Involve
D. Lazy
E. None of these

82. GRUESOME
A. Grisly
B. Stern
C. Disgusting
D. Attractive
E. None of these

83. CAPRICIOUS
A. Yielding
B. Concentrate
C. Unchanging
D. Volume
E. None of these

84. ABJURE
A. Deny
B. Hate
C. Acknowledge
D. Disown
E. None of these

85. COMIC
A. Tragic
B. Fearful
C. Emotional
D. Horrible
E. None of these

86. MORTAL
A. Eternal
B. Divine
C. Immortal
D. Spiritual
E. None of these

87. DENSITY
A. Clarity
B. Intelligence
C. Rarity
D. Brightness
E. None of these

88. CERTAIN
A. Important
B. Famous
C. Fixed
D. Doubtful
E. None of these

89. DEAR
A. Worthless
B. Priceless
C. Free
D. Cheap
E. None of these

90. ENCOURAGE
A. Discourage
B. Disapprove
C. Warn
D. Dampen
E. None of these

91. MITIGATE
A. Exclusion
B. Appease
C. Aggravate
D. Innate
E. None of these

92. LUSTRE
A. Hide
B. Splendour
C. Lie
D. Gloom
E. None of these

93. OBSCURE
A. Lucid
B. Glory
C. Distinct
D. Noisy
E. None of these

94. PROFANE
A. Holy
B. Dupe
C. Divine
D. Hoary
E. None of these

95. PRESAGE
A. Rash B. Indication
C. Benefit D. Fulfilment
E. None of these

96. CATACLYSM
A. Quibble B. Deluge
C. Peace D. Conjecture
E. None of these

97. USURP
A. Custom B. Assume
C. Inherit D. Origin
E. None of these

98. TACITURN
A. Loquacious B. Unbound
C. Chattering D. Stunted
E. None of these

99. RECKLESS
A. Cautious B. Careless
C. Deprave D. Headless
E. None of these

100. ENNOBLE
A. Degrade B. Loud
C. Dignity D. Void
E. None of these

101. AID
A. Agreement B. Persuasion
C. Hindrance D. Support
E. None of these

102. TRANSPARENT
A. Vivid B. Ominous
C. Opaque D. Shaggy
E. None of these

103. CONCEALED
A. Revealed B. Secret
C. Denied D. Quiet
E. None of these

104. ADORN
A. Deform B. Decorated
C. Attraction D. Numbness
E. None of these

105. POIGNANT
A. Scarce B. Scanty
C. Frugal D. Blissful
E. None of these

106. MEEK
A. Disabuse B. Arrogant
C. Disregard D. Sharp
E. None of these

107. QUEER
A. Usual B. Chaos
C. Sage D. Admire
E. None of these

ANSWERS

1	2	3	4	5	6	7	8	9	10
D	A	C	B	A	A	A	D	A	C
11	12	13	14	15	16	17	18	19	20
A	B	D	C	C	D	A	C	C	C
21	22	23	24	25	26	27	28	29	30
B	C	A	D	A	D	D	C	D	D
31	32	33	34	35	36	37	38	39	40
C	C	C	D	C	A	B	D	D	D
41	42	43	44	45	46	47	48	49	50
C	D	D	A	B	B	A	C	C	C
51	52	53	54	55	56	57	58	59	60
D	C	A	C	A	D	D	C	A	C
61	62	63	64	65	66	67	68	69	70
A	B	C	B	A	D	B	A	D	D
71	72	73	74	75	76	77	78	79	80
B	A	D	D	D	C	A	C	D	C
81	82	83	84	85	86	87	88	89	90
A	D	C	C	A	C	C	D	D	A
91	92	93	94	95	96	97	98	99	100
C	D	A	A	D	C	C	A	A	A
101	102	103	104	105	106	107			
C	C	A	A	D	B	A			

सामान्य सचेतता (General Awareness)

हमारा भारत

भारत एक दृष्टि में

राजधानी-नई दिल्ली

क्षेत्रफल-32,87,263 वर्ग कि.मी.

क्षेत्रफल की दृष्टि से विश्व में स्थान-सातवां

स्थित-भूमध्य रेखा के उत्तर में 8°4′ और 37°6′ उत्तरी अक्षांश और 68°7′ तथा 97°25′ पूर्वी देशांतर के मध्य

विस्तार-उत्तर से दक्षिण तक 3,214 किमी., पूर्व से पश्चिम तक 2,933 किमी.

भूमि सीमा-15,200 किमी.; **समुद्री तट-**7,516.6 किमी.

सीमावर्ती देश-उत्तर-पश्चिम में पाकिस्तान और अफगानिस्तान, उत्तर में चीन, नेपाल और भूटान, पूर्व में म्यांमार और बंगलादेश, दक्षिण में मन्नार की खाड़ी और पाक-जलडमरूमध्य श्रीलंका से अलग करते हैं।

प्राकृतिक संरचना-मुख्य भूमि चार भागों में विभक्त–विस्तृत पर्वतीय क्षेत्र, सिंधु और गंगा के मैदान, रेगिस्तानी क्षेत्र, दक्षिणी प्रायद्वीप

प्रमुख नदियाँ-(क) हिमालय समूह : गंगा, यमुना, सिन्धु तथा ब्रह्मपुत्र; (ख) दक्षिणी नदियाँ : कृष्णा, कावेरी, गोदावरी, महानदी, दामोदर, भारत पुष्पा, नर्मदा, ताप्ती, पम्बा, पेरियार, पेण्णार, शरावती, नेत्रवती

जलवायु-ऊष्ण कटिबंधीय चार ऋतुएँ–शीत ऋतु, ग्रीष्म ऋतु, वर्षा ऋतु, शरद ऋतु

जीव-जंतु-लगभग 89,451 किस्म के

राष्ट्रीय उद्यान-107 (अगस्त, 2025)

वन्य जीव अभ्यारण्य-574 (अगस्त, 2025)

राजभाषा-हिन्दी, **मान्य भाषाएं-**22

उच्च न्यायालयों की संख्या-25

भारतीय संघ : राज्य व संघीय प्रदेश

संघ राज्य एवं संघीय प्रदेश	राजधानी	क्षेत्रफल (वर्ग कि॰मी॰)	भाषा
भारत	**नई दिल्ली**	**32,87,263**	**हिन्दी-राजभाषा**
आंध्र प्रदेश	अमरावती	2,75,045	तेलुगू
असम	दिसपुर	78,438	असमिया
ओडिशा	भुवनेश्वर	1,55,707	ओडिया
उत्तर प्रदेश	लखनऊ	2,40,928	हिन्दी
केरल	तिरुवनन्तपुरम्	38,863	मलयालम
गुजरात	गांधीनगर	1,96,024	गुजराती
तमिलनाडु	चेन्नई	1,30,058	तमिल
त्रिपुरा	अगरतला	10,492	त्रिपुरी, बंगला
नगालैण्ड	कोहिमा	16,579	अंग्रेजी, सेमा (सेमांग)
पंजाब	चण्डीगढ़	50,362	पंजाबी
प. बंगाल	कोलकाता	88,752	बांग्ला
बिहार	पटना	94,163	हिन्दी, मैथिली, भोजपुरी, मगही
मध्य प्रदेश	भोपाल	3,08,000	हिन्दी
महाराष्ट्र	मुम्बई	3,07,713	मराठी
मेघालय	शिलांग	22,429	खासी, गारो, अंग्रेजी
मणिपुर	इम्फाल	22,327	मणिपुरी, अंग्रेजी
राजस्थान	जयपुर	3,42,239	हिन्दी, मारवाड़ी

संघ राज्य एवं संघीय प्रदेश	राजधानी	क्षेत्रफल (वर्ग कि॰मी॰)	भाषा
हरियाणा	चण्डीगढ़	44,212	हिन्दी
हिमाचल प्रदेश	शिमला	55,673	हिन्दी, पहाड़ी
कर्नाटक	बंगलुरू	1,91,791	कन्नड़
सिक्किम	गंगटोक	7,096	लेपचा, नेपाली, हिन्दी
मिजोरम	आइजल	20,987	मिजो, अंग्रेजी
अरुणाचल प्रदेश	ईटानगर	83,743	बिस्सी, वांची
गोवा	पणजी	3,702	कोंकणी, मराठी
छत्तीसगढ़	रायपुर	1,35,191	हिन्दी
झारखण्ड	रांची	79,714	हिन्दी, संथाली, बांग्ला तथा ओडिया
उत्तराखंड	देहरादून	53,483	हिन्दी, गढ़वाली, कुमायुँनी
तेलंगाना	हैदराबाद	1,14,840	तेलुगू
जम्मू और कश्मीर	श्रीनगर / जम्मू	2,22,236*	कश्मीरी, उर्दू
लद्दाख	लेह	–	लद्दाखी, तिब्बती, हिन्दी
अण्डमान निकोबार द्वीप समूह	श्री विजय पुरम	8,249	निकोबारी, हिन्दी
चण्डीगढ़	चण्डीगढ़	114	हिन्दी, पंजाबी
दिल्ली	दिल्ली	1,483	हिन्दी, पंजाबी
दादरा और नगर हवेली तथा दमन और दीव	दमन	603	गुजराती, भीली
पुडुचेरी	पुडुचेरी	480	तमिल, हिन्दी
लक्षद्वीप	कावारत्ती	32	मलयालम

* केन्द्रशासित प्रदेश लद्दाख का क्षेत्रफल और पाकिस्तान तथा चीन द्वारा अवैध रूप से कब्जा किए गए क्षेत्र सहित।

भारत की जनगणना 2011

भारत में जनगणना का विधिवत् कार्य 1881 में आरम्भ हुआ। 2011 की जनगणना (अंतिम) के अनुसार भारत की कुल जनसंख्या 121,08,54,977 थी। जबकि 10 वर्ष पूर्व 2001 में कुल जनसंख्या 102,70,15,247 थी। वर्ष 2011 की जनगणना के प्रमुख तथ्य निम्नलिखित हैं:

कुल जनसंख्या-121,08,54,977

पुरुष-62,32,70,258

महिला-58,75,84,719

कुल जनसंख्या में पुरुषों का प्रतिशत-51.53%

कुल जनसंख्या में महिलाओं का प्रतिशत-48.46%

भारत की जनसंख्या का विश्व जनसंख्या में भाग-17.5%

दशकीय वृद्धि दर (2001-2011)-17.7%

सर्वाधिक वृद्धि दर-मेघालय 27.9%

न्यूनतम वृद्धि दर-नगालैंड–0.6%

सर्वाधिक जनसंख्या वाला राज्य-उत्तर प्रदेश (19,98,12,341)

न्यूनतम जनसंख्या वाला राज्य-सिक्किम (6,10,577)

स्त्री-पुरुष अनुपात-943 : 1000

सर्वाधिक लिंगानुपात-केरल, 1084 : 1000

न्यूनतम लिंगानुपात-हरियाणा 879 : 1000

जनसंख्या घनत्व-382 व्यक्ति प्रति वर्ग किलोमीटर

सर्वाधिक घनत्व-बिहार (1,106)

न्यूनतम घनत्व-अरुणाचल प्रदेश (17)

केन्द्रशासित प्रदेशों में सर्वाधिक घनत्व-दिल्ली (11,320)

केन्द्रशासित प्रदेशों में न्यूनतम घनत्व-अण्डमान निकोबार द्वीप समूह (46)

साक्षरता प्रतिशत-73%

पुरुष साक्षरता-80.9%

महिला साक्षरता-64.6%

सर्वाधिक साक्षरता-केरल (94%)

न्यूनतम साक्षरता-बिहार (61.8%)

विभिन्न राज्यों में मिलने वाली जनजातियां

प्रदेश	जनजातियां
उत्तर प्रदेश, उत्तराखंड	बुक्सा, थारू, बिड़कोल, भोटिया, खरवार, जौनसारी, राजी
पश्चिम बंगाल, बिहार, झारखंड	संथाल, भुइया, कोरबा, उरांव, हो, विरहोर, असुर, मुंडा, कोल
राजस्थान	मीणा, भील, गरासिया, सहरिया, सांसी, दमोर, मेव, रावत, मेरात, कोली

अण्डमान-निकोबार द्वीप समूह	ओंग, सोपन, आरबा, अण्डमानी, निकोबारी
हिमाचल प्रदेश, जम्मू एवं कश्मीर, लद्दाख	बकरवाल, गद्दी, गुर्जर, लाहौल लांबा, पंगवाला, किन्नर
असम, अरुणाचल प्रदेश, नगालैंड, मेघालय, मणिपुर	गुरूंग, रियांग, चकमा, मिनीपोंग, पासी, ग्लोंग, सिंगपो, रेंगमा, सेंगमा, यांग, नागा, गारो
मिजोरम	खासी
गुजरात	टोड़िया, भील, डाफर, रैवारी, पटेलिया, डूबला, कथोड़ी, सिद्दीस
केरल	कडर, इरुला, मुथुवन, कनिक्कर, मलनकुरावन, मलयारायन, मलावेतन, मलायन, मन्नान, उल्लातन, यूराली, पनियां, पुलायन, मल्लार, कुरुम्बा
तमिलनाडु, ओडिशा	जुवांग, खोंड, गोंड, बड़गा, बोंडो, जुआंग, परजा, भूमिज
महाराष्ट्र, आन्ध्र प्रदेश, तेलंगाना	भील, गोंड, अगरिया, असुरा, भारिया, कोया, वर्ली, कोली, डुका, बैगा, गडावास, कामर, खड़िया, खोंडा, कोल, कोलम, कोरबा, मुन्डा
मध्य प्रदेश, छत्तीसगढ़	कोरकू, भील, बैगा, गोंड, अगरिया, भारिया, कोरबा, कोल, उरांव, प्रधान, नगेशिया, हल्वा, भतरा, माड़िया, सहरिया, कमार, कंवर
त्रिपुरा	लुभाई, माग, हलम, खशिया, भूटिया, मुन्डा, संथाल, भील, जमनिया, रियांग, उचाई
कर्नाटक	गौडालू, हक्की, पिक्की, इरुगा, जेनु, कुरुव, मलाईकुड, भील, गोंड, टोडा, वर्ली, चेन्चू, कोया, अर्नादन, चेरवा, होलेया, कोरमा
पंजाब	गद्दी, स्वांगला, भोट

विशेष दर्जा प्राप्त राज्य

राज्य	विशेष दर्जा प्राप्त करने का वर्ष
असम	1969
नगालैंड	1969
हिमाचल प्रदेश	1971
मणिपुर	1972
मेघालय	1972
त्रिपुरा	1972
सिक्किम	1975-76
मिजोरम	1986-87
अरुणाचल प्रदेश	1986-87
उत्तराखंड	2001-02

भारत में प्रथम

- *नोबेल पुरस्कार प्राप्तकर्ता*–**1. साहित्यः** रवीन्द्रनाथ टैगोर (1913); **2. भौतिकीः** सी.वी. रमन (1929); **3. शान्तिः** मदर टेरेसा (1979); **4. अर्थशास्त्रः** अमर्त्य सेन (1998)
- *स्वतंत्र भारत के प्रथम एवं अंतिम भारतीय गवर्नर जनरल*–चक्रवर्ती राजगोपालाचारी
- *महिला राष्ट्रपति*–प्रतिभा पाटिल
- *महिला राज्यपाल*–श्रीमती सरोजिनी नायडू
- *सुप्रीम कोर्ट की महिला न्यायाधीश*–श्रीमती मीरा साहिब फातिमा बीबी
- *महिला प्रधानमंत्री*–श्रीमती इंदिरा गांधी
- *भारतीय सेनापति*–जनरल के. एम. करियप्पा
- *महिला मुख्यमंत्री*–श्रीमती सुचेता कृपलानी
- *संयुक्त राष्ट्र महासभा की महिला अध्यक्ष*–श्रीमती विजयालक्ष्मी पंडित (1954)
- *अंतर्राष्ट्रीय न्यायालय के भारतीय अध्यक्ष*–डॉ. नगेन्द्र सिंह
- *इंगलिश चैनल तैरकर पार करने वाली भारतीय महिला*–आरती गुप्ता
- *इंगलिश चैनल तैरकर पार करने वाला भारतीय पुरुष*–मिहिर सेन
- *ब्रिटिश पार्लियामेंट के भारतीय सदस्य*–दादा भाई नौरोजी
- *फील्ड मार्शल*–एस.एच.एफ.जे. मानेकशा
- *विक्टोरिया क्रॉस विजेता*–खुदादाद खां
- *एवरेस्ट शिखर पर चढ़ने वाला भारतीय*–शेरपा तेंजिंग (29 मई, 1953)
- *एवरेस्ट पर चढ़ने वाली भारतीय महिला*–कु. बचेन्द्रीपाल (23 मई, 1984)
- *एवरेस्ट पर दो बार विजय प्राप्त करने वाली भारतीय महिला*–संतोष यादव (मई, 1992; मई, 1993)
- *भारतीय अंतरिक्ष यात्री (पुरुष)*–राकेश शर्मा (3 अप्रैल, 1984)
- *भारतीय अंतरिक्ष यात्री (महिला)*–कल्पना चावला (19 नवम्बर, 1997)
- *भारत रत्न से विभूषित महिला*–श्रीमती इंदिरा गांधी
- *संयुक्त राष्ट्र संघ की महासभा में हिन्दी में भाषण देने वाला प्रथम भारतीय*–अटल बिहारी वाजपेयी
- *भारतीय महिला मिस यूनिवर्स*–कु. सुष्मिता सेन
- *भारतीय महिला मिस वर्ल्ड*–रीता फारिया
- *समाचार-पत्र*–बंगाल गजट (27 जनवरी, 1780)
- *डाक टिकट*–1852
- *तार लाइन*–1851 (कोलकाता-डायमंड हार्बर)
- *रेल*–16 अप्रैल, 1853 (मुम्बई-ठाणे)

- *विद्युत रेल*–1925 (बम्बई-कुर्ला)
- *उपग्रह*–आर्यभट्ट (1975)
- *रॉकेट*–रोहिणी (1967)
- *आणविक रियेक्टर*–अप्सरा (1956)
- *आणविक बिजलीघर*–तारापुर आणविक बिजलीघर (1969)
- *भारतीय वायु सेना की महिला पायलट*–हरित कौर देओल
- *फास्ट ब्रीडर आणविक रियेक्टर*–कलपक्कम
- *बिना ऑक्सीजन एवरेस्ट की चोटी पर पहुंचने वाला भारतीय*–फु दोरजी (1987)
- *मेट्रो रेलवे*–कोलकाता (1984)
- *फिल्म (मूक)*–राजा हरिश्चन्द्र (1913)
- *फीचर फिल्म (बोलती हुई)*–आलम आरा (1931)
- *इंडियन नेशनल कांग्रेस की प्रथम महिला अध्यक्ष*–श्रीमती एनी बेसेंट
- *इंडियन नेशनल कांग्रेस के प्रथम अध्यक्ष*–व्योमेशचन्द्र बनर्जी (1888)
- *आई.सी.एस. में सफल होने वाला प्रथम भारतीय*–सत्येन्द्र नाथ टैगोर
- *चीफ ऑफ डिफेंस स्टाफ (CDS)*–जनरल बिपिन रावत

भारत में सबसे बड़ा/लम्बा/ऊँचा आदि

सबसे ऊंची चोटी*-के-2

सर्वाधिक आबादी वाला शहर-मुम्बई

सबसे लम्बी नदी-गंगा (2525 कि.मी.)

सबसे बड़ा राज्य (क्षेत्रफल में)-राजस्थान

सबसे बड़ा राज्य (आबादी में)-उत्तर प्रदेश

सबसे बड़ा पुल (सड़क)-असम में लोहित नदी पर भूपेन हजारिका सेतु (9.15 कि.मी.)

सर्वाधिक जनसंख्या घनत्व वाला राज्य-बिहार (1,106 प्रति वर्ग कि.मी.)

सर्वाधिक साक्षर राज्य-केरल (साक्षरता लगभग 94%)

सबसे बड़ा अजायबघर-इण्डिया म्यूजियम, कोलकाता

सबसे लम्बा बांध-हीराकुड (ओडिशा)

सबसे लम्बी सुरंग (रेलवे)-टी–50 रेल सुरंग (12.77 किमी, जम्मू–कश्मीर)

सबसे लम्बी सुरंग (सड़क)-डॉ. श्यामा प्रसाद मुखर्जी सुरंग (9.28 किमी, जम्मू–कश्मीर)

सबसे बड़ा चिड़ियाघर-अरिगनार अन्ना जूलॉजिकल पार्क, चेन्नई, तमिलनाडु

सबसे लम्बी सड़क-राष्ट्रीय राजमार्ग (NH)-44 (3,745 किमी.)

सबसे ऊंची मीनार-कुतुबमीनार, दिल्ली (72.5 मी.)

सबसे बड़ी मस्जिद-जामा मस्जिद, दिल्ली

बहादुरी के लिए सबसे बड़ा पुरस्कार-परमवीर चक्र

सबसे बड़ा रेगिस्तान-थार (राजस्थान)

सबसे बड़ा डेल्टा-सुन्दरवन डेल्टा, (75,000 वर्ग कि.मी.)

सबसे बड़ा गुम्बज-गोल गुम्बज (बीजापुर-42 मी. व्यास)

सबसे ऊँचा दरवाजा-बुलंद दरवाजा (फतेहपुर सीकरी: 176 फीट)

सबसे बड़ी मीठे पानी की झील-वुलर झील (कश्मीर)

सबसे लम्बा प्लेटफार्म-श्री सिद्धारूढ़ा स्वामी जी रेलवे स्टेशन हुब्बल्लि, कर्नाटक

सर्वाधिक वर्षा (वार्षिक औसत)-चेरापूंजी के निकट मासिनराम (12,000 मि.मी.)

झरना, सबसे ऊँचा-कुंचिकल (कर्नाटक : 455 मी.)

सबसे बड़ा पशुओं का मेला-सोनपुर (बिहार)

सबसे बड़ा गुफा मंदिर-कैलाश मंदिर (एलोरा)

सबसे अधिक वन क्षेत्रफल वाला राज्य-मध्य प्रदेश

सबसे बड़ी कृत्रिम झील-गोविन्द सागर (भाखड़ा)

* विश्व की सबसे ऊंची चोटी मांउट एवरेस्ट है जो नेपाल में है। के-2 विश्व की दूसरी सबसे ऊँची और भारत की सबसे ऊँची (8611 मी.) चोटी है।

राष्ट्रीय प्रतीक

राष्ट्रीय ध्वज

भारत का राष्ट्रीय ध्वज **तिरंगा** है। यह आयताकार तीन पट्टियों से बना है। इसमें सबसे ऊपर केसरिया, मध्य में श्वेत और नीचे हरा रंग है। केसरिया शक्ति, श्वेत शांति और हरा समृद्धि का प्रतीक माना जाता है। झण्डे की लम्बाई-चौड़ाई का अनुपात 3 : 2 है। श्वेत पट्टी के मध्य नीले रंग का एक चक्र है। चक्र में 24 तीलियाँ हैं। झण्डा फहराने के संबंध में भारत सरकार ने कुछ नियम बनाए हैं जिनका पालन करना अति आवश्यक है। संविधान सभा ने इसे 22 जुलाई 1947 को अंगीकार किया था।

राज चिह्न

भारत का राज चिहन सारनाथ में अशोक निर्मित सिंह स्तम्भ की अनुकृति है। इस चिहन में चार सिंह हैं, जो एक दूसरे के विपरीत दिशा में घूम कर बैठे हुए हैं। इन चार में से केवल तीन सिंह दिखाई देते हैं, चौथा पीछे की ओर छिपा हुआ है और दिखाई नहीं देता। नीचे चौरस पट्टी के मध्य में उभरी हुई नक्काशी में एक चक्र है, जिसके दाईं ओर एक सांड़ और बाईं ओर एक घोड़ा है। नीचे मुण्डकोपनिषद से लिया गया सूत्र 'सत्यमेव जयते' देवनागरी लिपि में लिखा गया है। इसका अर्थ है 'सत्य की ही विजय होती है'। सरकार ने राज चिह्न को 26 जनवरी 1950 को स्वीकृत किया।

राष्ट्र गीत

श्री बंकिम चन्द्र चटर्जी द्वारा रचित गीत 'वन्दे मातरम्' को राष्ट्र गान के समकक्ष स्थान दिया गया है। उनके विख्यात उपन्यास 'आनन्द मठ' से उद्धृत यह गीत राष्ट्रीय आन्दोलन में एक महान प्रेरणा-स्रोत रहा है। इस गीत को सबसे पहले 1896 में भारतीय राष्ट्रीय कांग्रेस के अधिवेशन में गाया गया था।

राष्ट्र गान

रवीन्द्र नाथ टैगोर के गीत 'जन गण मन' को 24 जनवरी, 1950 को राष्ट्र गान के रूप में स्वीकार किया गया। यह गीत 'भारत-विधाता' शीर्षक से सर्वप्रथम 'तत्व-बोधिनी' पत्रिका के जनवरी 1912 के अंक में प्रकाशित हुआ था। यह गीत पहली बार 27 दिसम्बर 1911 को भारतीय कांग्रेस के कलकत्ता (कोलकाता) अधिवेशन में गाया गया था। पूरे गीत के 5 पद हैं। इसमें से प्रथम पद को राष्ट्र गान स्वीकार किया गया है। इसे गाने का निर्धारित समय लगभग 52 सेकण्ड है।

राष्ट्रीय पंचांग

सरकारी कार्यों में प्रयोग हेतु राष्ट्रीय पंचांग 22 मार्च, 1957 से अपनाया गया है। यह पंचांग शक संवत् पर आधारित है। 78 ई. में प्रारम्भ हुए शक संवत् का पहला महीना चैत्र है और वर्ष 365 दिन का है।

इस पंचांग के दिन स्थायी रूप से ग्रेगेरियन कैलेंडर से सम्बद्ध दिनों के अनुरूप बैठते हैं। इस प्रकार सामान्य वर्षों में इस पंचांग का पहला दिन 22 मार्च के दिन आता है और लौंद (लीप) वर्ष में 21 मार्च के दिन।

राष्ट्रीय पंचांग के माह इस प्रकार हैं:

1. चैत्र, 2. बैशाख, 3.ज्येष्ठ, 4. आषाढ़, 5. श्रावण, 6. भाद्रपद, 7. आश्विन, 8. कार्तिक, 9. मार्गशीर्ष, 10. पौष, 11. माघ, 12. फाल्गुन।

राष्ट्रीय पशु : बाघ (पैंथरा टाइग्रिस-लिन्नायस)

राष्ट्रीय पक्षी : मोर (पावो क्रिस्टेटस)

राष्ट्रीय पुष्प : कमल

हमारी पृथ्वी

पृथ्वी सूर्य के अलावा आठ अन्य ग्रहों बुध, शुक्र, पृथ्वी, मंगल, बृहस्पति, शनि, यूरेनस और नेपच्यून वाले सौर मण्डल का एक सदस्य ग्रह है। ग्रहों के पास अपना स्वयं का प्रकाश नहीं होता और शुक्र और यूरेनस के अलावा सभी ग्रह अपनी धुरी पर पश्चिम से पूर्व की ओर परिक्रमा करते हैं। अनेक उपग्रह संबंधित ग्रह की परिक्रमा करते हैं। अंतरिक्ष में हजारों पुच्छल तारे और करोड़ों उल्काएं भी मौजूद हैं। पृथ्वी का एक ही उपग्रह है 'चन्द्रमा', जबकि बुध और शुक्र का कोई भी उपग्रह नहीं है। सूर्य से पृथ्वी की औसत दूरी $1{,}496 \times 10^8$ कि.मी. है। पृथ्वी सूर्य का तीसरा सबसे निकट और पांचवाँ सबसे बड़ा ग्रह है।

पृथ्वी : तथ्य और आँकड़े

पृथ्वी का द्रव्यमान	5.882×10^{21} टन
पृथ्वी का घनत्व	पानी की अपेक्षा 5.517 गुणा
पृथ्वी का आयतन	1.083×10^{11} घन किमी.
भूमध्यरेखीय परिधि	4.007×10^4 किमी.
ध्रुवीय व्यास	12,714 किमी.
विषुवतीय व्यास	12,756 किमी.
ध्रुवीय परिधि	4.0×10^4 किमी.
अनुमानित आयु	लगभग 4600 करोड़ वर्ष
भू-पृष्ठ	148,951,000 वर्ग किमी.
जलीय सतह	361,150,000 वर्ग किमी.
भू-सतह का सबसे उच्च बिन्दु	माउंट एवरेस्ट (8,848 मीटर)
भू-सतह का सबसे निम्न बिन्दु	मृत सागर का तट (समुद्र तल से 396 मीटर नीचे)
महासागर की सर्वाधिक गहराई	फिलीपींस के पूर्व में प्रशान्त महासागर में मेरियाना ट्रेंच (समुद्र तल से 11,033 मीटर **नीचे)**

सौरमण्डल

सबसे बड़ा ग्रह	बृहस्पति (Jupiter)
सबसे छोटा ग्रह	बुध (Mercury)
पृथ्वी का उपग्रह	चन्द्रमा (Moon)
सूर्य के सबसे निकट ग्रह	बुध (Mercury)
सूर्य से सबसे दूर स्थित ग्रह	वरुण (Neptune)
पृथ्वी के सबसे निकट स्थित ग्रह	शुक्र (Venus)
सबसे अधिक चमकीला ग्रह	शुक्र (Venus)
सबसे अधिक चमकीला तारा	साइरस (Dog Star)
सबसे अधिक ठण्डा ग्रह	वरुण (Neptune)
सबसे अधिक गर्म ग्रह	शुक्र (Venus)
रात्रि में लाल दिखाई देने वाला ग्रह	मंगल (Mars)
सबसे बड़ा उपग्रह	गैनीमेड (Gannymede)
सबसे छोटा उपग्रह	डिमोस (Deimos)
नीला ग्रह	पृथ्वी (Earth)
भोर का तारा	शुक्र (Venus)
साँझ का तारा	शुक्र (Venus)
पृथ्वी की बहन	शुक्र (Venus)
हरा ग्रह	वरुण (Neptune)
विशाल लाल धब्बे वाला ग्रह	बृहस्पति (Jupiter)

पृथ्वी का आकार : पृथ्वी का आकार पूर्णरूप से वृत्तीय नहीं है बल्कि अंडाकार है। ऐसा इस वजह से है क्योंकि यह ध्रुवों पर चपटी और विषुवत पर उभरी हुई है। पृथ्वी का ध्रुवीय व्यास विषुवतीय व्यास से 42 किलोमीटर छोटा है। अत: पृथ्वी अंडाकार है।

पृथ्वी की गतियाँ : पृथ्वी अपनी धुरी पर किसी लट्टू की भांति घूमती है और 24 घंटे में **एक चक्कर पूरा कर लेती है** जबकि सूर्य की परिक्रमा

करने में उसे 365 दिन, 5 घंटे, 45 मिनट और 46 सेकेंड लगते हैं। पृथ्वी की दैनिक गति के कारण रात और दिन होते हैं जबकि वार्षिक गति (परिक्रमा) के कारण ऋतु परिवर्तन होता है। पृथ्वी गैर-ज्योतिर्मय वृत्त है। पृथ्वी का जो भाग सूर्य के सामने आ जाता है वहाँ दिन होता है और जो भाग सूर्य के सामने नहीं होता वहाँ रात होती है। पृथ्वी का आवर्तन पश्चिम से पूर्व की तरफ होता है। इसी कारणवश हमें यह प्रतीत होता है कि सूर्य, चन्द्रमा और तारे विपरीत दिशा में घूम रहे हैं।

आवर्तन के प्रभाव : (क) दिन और रात होते हैं। (ख) देशांतर और समय में अंतर आ जाता है। (ग) वायु और तरंगों की दिशा में परिवर्तन होता है। (घ) दिन में दो बार समुद्र में लहरें उठती हैं।

परिक्रमा के प्रभाव : पृथ्वी दीर्घवृत्तीय कक्षा में सूर्य की परिक्रमा करती है। पृथ्वी को एक बार सूर्य का चक्कर लगाने में 365.25 दिन लग जाते हैं। एक सामान्य वर्ष 365 दिन का होता है जबकि चार वर्षों में 5 घंटे 45 मिनट और 46 सेकेंड एक दिन बना देते हैं और हर चौथा वर्ष अधि वर्ष (लीप ईयर) बन जाता है, जिसमें 366 दिन होते हैं। ऋतु में परिवर्तन मुख्यतः परिक्रमण की वजह से ही होता है।

21 जून : इस समय उत्तरी गोलार्द्ध में ग्रीष्मकाल होता है जबकि दक्षिणी गोलार्द्ध में शरदकाल होता है। दोपहर में सूर्य की सीधी किरणें कर्क रेखा पर पड़ती हैं।

22 दिसम्बर : इस समय उत्तरी गोलार्द्ध में शरदकाल और दक्षिणी गोलार्द्ध में ग्रीष्मकाल होता है। दोपहर में सूर्य की सीधी किरणें मकर रेखा पर पड़ती हैं।

सम्पात : 21 मार्च और 23 सितम्बर को पृथ्वी का प्रत्येक भाग सूर्य के सामने आ जाता है और सूर्य ठीक भूमध्य रेखा के ऊपर होता है। इन अवस्थाओं में पृथ्वी के प्रत्येक भाग में रात और दिन बराबर होते हैं। 21 मार्च को वसन्त सम्पात (Vernal equinox) और 23 सितम्बर को शरद सम्पात (Autumnal equinox) कहते हैं।

चट्टानों का रूपान्तरण

मूल चट्टान	रूपान्तरित चट्टान
शैल	स्लेट
चूना पत्थर	संगमरमर
चॉक तथा डोलोमाइट	संगमरमर
बलुआ पत्थर	क्वार्ट्जाइट
ग्रेनाइट	नीस
बेसाल्ट	सिस्ट
स्लेट	फाइलाइट
कांग्लोमरेट	क्वार्ट्जाइट

वायुमण्डल की संरचना

मण्डल	ऊँचाई (किमी)	विशेष तथ्य
क्षोभमण्डल	0-18	मौसमी घटनाएँ होती हैं।
समतापमण्डल	18-50	वायु परिवहन होता है तथा ओजोन परत पाई जाती है।
मध्यमण्डल	50-80	ऊँचाई के साथ तापमान में गिरावट होती है।
आयनमण्डल	80-640	विद्युत आवेशित कण पाए जाते हैं। रेडियो तरंगें इसी मण्डल से वापस पृथ्वी पर लौटती हैं।
बाह्यमण्डल	640 किमी से ऊपर	तापमान 5000°C होता है।

विश्व बोध

विभिन्न देशों के राष्ट्रीय प्रतीक

देश	प्रतीक
ऑस्ट्रेलिया	कंगारू
फ्रांस	लिली
ईरान	गुलाब
जापान	गुलदाउदी
यूनाइटेट किंगडम	गुलाब
कनाडा	सफेद लिली
जर्मनी	कार्न फ्लावर
आयरलैंड	तीन पत्ती वाली घास
पाकिस्तान	अर्द्धचंद्र
यू.एस.ए.	सुनहरी छड़ी
डेनमार्क	वुलिन
भारत	सिंह स्तम्भ
इटली	सफेद लिली
स्पेन	बाज

शहरों, राज्यों एवं देशों के परिवर्तित नाम

पुराना नाम	परिवर्तित नाम
एबिसीनिया	इथियोपिया
अंगोरा	अंकारा
औरंगाबाद	संभाजी नगर
बनारस	वाराणसी
बड़ौदा	बड़ोदरा
बताविया	जकार्ता
बसुतोलैंड	लिसोथो
बेचुआनालैण्ड	बोत्सवाना
बॉम्बे	मुम्बई
ब्रिटिश गुयाना	गुयाना
बर्मा	म्यांमार
कालीकट	कोझीकोड
कलकत्ता	कोलकाता
केप केनवरल	केप केनेडी

पुराना नाम	परिवर्तित नाम
काउनपुर	कानपुर
सेंट्रल प्रोविंसेज	मध्य प्रदेश
अपर बोल्टा	बुर्कीना फासो
जुबुलपोर	जबलपुर
मेडागास्कर	मालागासी
मद्रास	चेन्नई
मलाया	मलेशिया
जुलन्धर	जालंधर
मंयुक्यो	मंचूरिया
मैसोपोटामिया	इराक
सिलोन	श्रीलंका
क्रिस्टिना	ओस्लो
जायरे	कांगो (डेमोक्रेटिक रिपब्लिक)
कांस्टेटिनपोल	इस्तान्बूल
डाका	ढाका
डच ईस्ट इंडीज	इंडोनेशिया
डच गुयाना	सूरीनाम
लोर सेई	पूर्वी तिमोर
एलिस आइसलैंड	तुवालू
फार्मोसा	ताइवान
गौहाटी	गुवाहाटी
गोल्ड कोस्ट	घाना
हालैण्ड	नीदरलैण्ड
रोडेशिया	जिम्बाब्वे
सैगोन	हो चिन मिन्ह सिटी
सेलिसबरी	हरारे
सैंडविच आइसलैंड	हवाईअन द्वीप
तंजानिका व जंजीबार	तंजानिया
सियाम	थाईलैंड
सिमला	शिमला
साउथ वेस्ट अफ्रीका	नामीबिया
न्यू हेब्रिडस	वनुआतु
उत्तरी रोडेशिया	जाम्बिया
न्यासालैण्ड	मालावी
पंजिम	पणजी
पीकिंग	बीजिंग
पर्शिया	ईरान
पूना	पुणे
तंजौर	तंजावुर
यूनाइटेड प्रोविंसेज	उत्तर प्रदेश
यू.एस.एस.आर.	सीआईएस
विशाखापट्नम	विशाखापत्तनम
यूगोस्लाविया	सर्बिया
बंगलौर	बेंगलुरु
उत्तरांचल	उत्तराखंड
पांडिचेरी	पुडुचेरी
पूर्वी पाकिस्तान	बांग्लादेश
रंगून	यंगून
उड़ीसा	ओडिशा
तुर्की	तुर्किए

महत्त्वपूर्ण सीमा रेखाएं

- **डूरंड लाइन :** यह भारत और अफगानिस्तान के बीच सीमा के विभाजन को परिलक्षित करती थी। इसका सीमांकन सर मोर्टीमर डूरंड ने 1896 में किया था। अब यह पाकिस्तान और अफगानिस्तान के बीच की सीमा रेखा है।
- **हिंडेनवर्ग लाइन :** यह वह रेखा है जहां से विश्व युद्ध के दौरान जर्मनी की सेना वापस लौट गई थी। यह रेखा पोलैण्ड और जर्मनी के बीच की सीमा रेखा है।
- **मैकमोहन रेखा :** यह भारत और चीन के बीच सीमा रेखा है जिसका सीमांकन सर हेनरी मैकमोहन ने किया था।
- **मैगिनोट रेखा :** यह फ्रांस और जर्मनी के बीच सीमा रेखा है।
- **रेडक्लिफ रेखा :** यह भारत और पाकिस्तान के बीच सीमा रेखा है जिसका सीमांकन सर सिरिल रेडक्लिफ ने किया था।
- **17वां पैरेलल :** यह उत्तरी एवं दक्षिणी वियतनाम के बीच की सीमा रेखा है।
- **38वां पैरलल :** यह उत्तर और दक्षिण कोरिया के बीच सीमा रेखा है।
- **49वां पैरलल :** यह यू.एस. और कनाडा के बीच सीमा रेखा है।
- **अदूर निसे रेखा :** यह रेखा पोलैण्ड और पूर्वी जर्मनी के बीच की सीमा रेखा है जो द्वितीय विश्व युद्ध में खींची गई थी।
- **सिंगफ्रेड रेखा :** प्रथम विश्व युद्ध में फ्रांस और जर्मनी के बीच की सीमा रेखा।

विश्व के प्रमुख जल प्रपात

जल प्रपात	स्थान	ऊँचाई (मी॰)
एंजिल	वेनेजुएला	979 (यह कैरो नदी पर स्थित संसार का सबसे ऊँचा जल प्रपात है।)
योसेमाइट	कैलिफोर्निया	739
दक्षिण-मर्डाल्फोसेन	नार्वे	655
तुगेला	द॰ अफ्रीका	614
कुकवेनन	वेनेजुएला	610
सूथरलैंड	न्यूजीलैंड	580
रिब्बोन	कैलिफोर्निया	491
ग्रेट-कामारना	गुयाना	488
डेल्ला	कनाडा	440
गवार्नी	फ्रांस	422
कुंचिकल	भारत	455
नियाग्रा	कनाडा एवं अमेरिका की सीमा	120

विश्व की प्रमुख नदियाँ

नाम	उद्‌गम स्थल	गिरने का स्थान	लम्बाई (किमी)	प्रमुख स्थान
नील (विश्व की सबसे लम्बी नदी)	विक्टोरिया झील	भूमध्य सागर	6670	आस्वान बाँध व नासिर झील स्थित है।
अमेजन (आयतन की दृष्टि से विश्व की सबसे बड़ी नदी)	एण्डीज पर्वत	अटलांटिक महासागर	6448	
मिसीसिपी मिसौरी	अलास्का झील	मैक्सिको की खाड़ी	6300	पक्षीपाद डेल्टा बनाती है।
यांग्टिसीक्यांग	तिब्बत का पठार	चीन सागर	5494	
ह्वांग हो	कुलुलुन पर्वत	चीन की खाड़ी	4840	
कांगो / जायरे	लुआलिया और लुआपुआ का संगम	अटलाण्टिक महासागर	4800	विषुवत् रेखा को दो बार काटती है।
अमूर	शिल्का रूस, आरगून का संगम	टार्टइ स्ट्रेट	4510	चीन और रूस की सीमा बनाती है।
वोल्गा	बल्डाई पठार	कैस्पियन सागर	3700	यूरोप की सबसे लम्बी नदी
डेन्यूब	ब्लैक फॉरेस्ट	काला सागर	2820	बेलग्रेड, बुखारेस्ट, बुडापेस्ट और वियना शहर स्थित है।
सेंट लारेंस	आण्टेरियो झील	सेंट-लॉरेंस की खाड़ी	3058	नियाग्रा जल प्रपात स्थित है।
कोलोरेडो	ग्रैण्ड कंट्री	कैलीफोर्निया की खाड़ी	2333	ह्यूबर बाँध स्थित
नाइजर	गिनी	गिनी की खाड़ी	4800	तेल नदी कहलाती है।
मेकांग	तिब्बत का पठार	दक्षिण चीन सागर	4023	द.पू. एशिया की सबसे लम्बी नदी।
सिन्धु	मानसरोवर झील के पास	अरब सागर	3180	
ब्रह्मपुत्र	मानसरोवर झील	बंगाल की खाड़ी	2900	
डार्लिंग-मर्रे	ऑस्ट्रेलिया आल्पस	हिन्द महासागर	3720	ऑस्ट्रेलिया की सबसे बड़ी नदी।

विश्व की प्रमुख झीलें

झील का नाम	भौगोलिक क्षेत्र	क्षेत्रफल (वर्ग.किमी.)	विशेष तथ्य
कैस्पियन सागर	पूर्व सोवियत संघ तथा ईरान	3,94,299	खारे पानी की सबसे बड़ी झील
सुपीरियर झील	संयुक्त राज्य अमेरिका एवं कनाडा	82,414	ताजे पानी की सबसे बड़ी झील
विक्टोरिया झील	केन्या, युगाण्डा तथा तंजानिया	69,485	
अरल सागर झील	कजाकिस्तान एवं उज्बेकिस्तान	64,457	
ह्यूरन झील	संयुक्त राज्य अमेरिका तथा कनाडा	59,600	
मिशीगन झील	संयुक्त राज्य अमेरिका	57,800	
बैकाल झील	रूस	31,500	यह सबसे गहरी (1940 मी.) झील है।
ग्रेट बेरियर झील	कनाडा	31,080	
ग्रेट स्लेव झील	कनाडा	28,438	
विनीपेग झील	कनाडा	24,341	
ओण्टेरियो झील	सं.रा. अमेरिका तथा कनाडा	19,529	
टिटिकाका	पेरू-बोलीविया	9,065	यह विश्व की सबसे ऊँची (3811 मी.) झील है।
आयर झील	ऑस्ट्रेलिया	9,583	

विश्व की प्रमुख खाड़ियाँ

खाड़ी	क्षेत्रफल (वर्ग.किमी.)	खाड़ी	क्षेत्रफल (वर्ग.किमी.)
मैक्सिको की खाड़ी	15,44,000	हडसन की खाड़ी	12,33,000
अरब की खाड़ी	2,38,000	सेंट लॉरेन्स की खाड़ी	2,37,000
कैलिफोर्निया की खाड़ी	1,62,000		

विश्व की प्रमुख नहरें

नाम	स्थिति	स्थान
ईरी	ईरी झील और मिशीगन झील को जोड़ती है।	अमेरिका
सू नहर	सुपीरियर झील और ह्यूइन झील को जोड़ती है।	अमेरिका
कील नहर	उत्तरी सागर को बाल्टिक सागर से जोड़ती है।	जर्मनी
पनामा नहर	कैरीबियन सागर और प्रशांत महासागर	पनामा
स्वेज नहर	लाल सागर और भूमध्य सागर	मिस्र
मैनचेस्टर नहर	मैनचेस्टर एवं लिवरपूल के बीच	ग्रेट ब्रिटेन

महासागरों की प्रमुख जलधाराएं

जलधारा का नाम	प्रकृति	विशेष विवरण	महासागर का नाम
• उत्तरी विषुवतीय जलधारा	उष्ण अथवा गर्म		अटलांटिक महासागर
• गल्फस्ट्रीम धारा	उष्ण	हेटेरस अंतरीप तक इसे फ्लोरिडा धारा कहते हैं।	अटलांटिक महासागर
• कनारी धारा	ठंडी		अटलांटिक महासागर
• फ्लोरिडा की धारा	उष्ण		अटलांटिक महासागर
• लेब्राडोर की धारा	ठंडी		अटलांटिक महासागर
• बैंगुला की धारा	ठंडी		अटलांटिक महासागर
• फाकलैंड की धारा	ठंडी		अटलांटिक महासागर
• विपरीत भूमध्यरेखीय जलधारा	गर्म	इसे गिनी की धारा भी कहते हैं।	अटलांटिक महासागर
• उत्तरी भूमध्यरेखीय जलधारा	गर्म		प्रशांत महासागर
• क्यूरोसीवो जलधारा	गर्म	जापानी लोग इसे काली धारा भी कहते हैं।	प्रशांत महासागर
• कैलिफोर्निया जलधारा	ठंडी		प्रशांत महासागर
• पूर्वी ऑस्ट्रेलिया की जलधारा	गर्म	इसे न्यू साउथवेल्स की धारा के नाम से भी जाना जाता है।	प्रशांत महासागर
• अलास्का धारा	गर्म		प्रशांत महासागर
• दक्षिणी विषुवतीय जलधारा	गर्म		हिन्द महासागर
• मोजाम्बिक धारा	गर्म		हिन्द महासागर
• अगुलहास धारा	गर्म		हिन्द महासागर
• पश्चिमी ऑस्ट्रेलिया की धारा	ठंडी		हिन्द महासागर
• ग्रीष्मकाल मानसून प्रवाह	गर्म		हिन्द महासागर
• शीतकालीन मानसून प्रवाह	परिवर्तनशील		हिन्द महासागर

विश्व की प्रमुख जनजातियाँ

जनजाति	सम्बन्धित क्षेत्र/देश	जनजाति	सम्बन्धित क्षेत्र/देश
माओरी	न्यूजीलैंड	बुशमैन	कालाहारी मरुस्थल (बोत्सवाना)
वेद्दा	श्रीलंका	बद्दू	अरब
आइनू	जापान	यूकाधिर	साइबेरिया
एस्कीमो	ग्रीनलैंड, कनाडा	मसाई	पूर्वी अफ्रीका
बोरो	ब्राजील	सेमांग	मलेशिया
जूलू	नेटाल (दक्षिण अफ्रीका)	खिरगीज	मध्य एशिया
रेड इंडियन	उ० अमेरिका	पिग्मीज	कांगो बेसिन
नीग्रो	मध्य एशिया	याइ	टुण्ड्रा प्रदेश

विश्व के प्रमुख भौगोलिक उपनाम

उपनाम	नगर/देश
एण्टीलीज का मोती	क्यूबा
गगनचुम्बी इमारतों का नगर	न्यूयॉर्क (सं.रा.अमेरिका)
एटरनल सिटी (होली सिटी)	रोम
क्वेकर सिटी	फिलाडेल्फिया
चीन का शोक	ह्वांगहो नदी (पीली नदी)
निरंतर-बाही झरनों का शहर	क्विटो (इक्वेडोर)
शुगर बाऊल ऑफ द वर्ल्ड	क्यूबा
सात पहाड़ियों का नगर	रोम (इटली)
पर्ल ऑफ दी ऑरियण्ट	सिंगापुर
गार्डन सिटी	शिकागो
पूर्व का मोती	श्रीलंका
लैंड ऑफ मॉर्निंग काम	कोरिया
लैंड ऑफ थाउजेण्ड लेक्स	फिनलैंड
भूमध्यसागर का द्वार	जिब्राल्टर
लैंड ऑफ दी थाउजैंड एलीफैन्ट्स	लाओस
स्वर्णिम पैगोडा का देश	म्यांमार
सिटी ऑफ गोल्डन गेट	सैन फ्रांसिस्को
क्वीन ऑफ एड्रियाटिक	वेनिस (इटली)
पिलर्स ऑफ हरक्यूलिस	स्ट्रेट ऑफ जिब्राल्टर
श्वेत शहर	बेलग्रेड
पूर्व का मैनचेस्टर	ओसाका (जापान)
लिली का देश	कनाडा
होली लैंड	जेरूसलम (इजरायल)
सूर्योदय का देश	जापान
कॉकपिट ऑफ यूरोप	बेल्जियम
आंसुओं का प्रवेश द्वार	बाब-अल-मंडब जलडमरूमध्य
लैंड ऑफ मिडनाइट सन	नार्वे
अरब सागर की रानी	कोच्चि (भारत)
लैंड ऑफ ह्वाइट एलीफैंट्स	थाइलैंड
दक्षिण का ब्रिटेन	न्यूजीलैंड
वेनिस ऑफ द वर्ल्ड	स्टॉकहोम (स्वीडन)
स्मारकों की नगरी	वियना (ऑस्ट्रिया)
पवनचक्कियों की भूमि	नीदरलैण्ड
आइलैंड ऑफ क्लोव्ज	जंजीवार (तंजानिया)
फॉरबिडन सिटी	ल्हासा (तिब्बत)
नील नदी का देश	मिस्र
एमराल्ड द्वीप	आयरलैंड
लैंड ऑफ थंडरवोल्ट	भूटान
मोतियों का द्वीप	बहरीन

नदियों के तट पर बसे विश्व के प्रमुख नगर

नगर	नदी
लन्दन (इंग्लैंड)	टेम्स
कैन्टन (चीन)	सीक्यांग
मास्को (रूस)	मस्कोवा
न्यूयार्क (सं.रा.अ.)	हडसन
बर्लिन (जर्मनी)	स्प्री
पेरिस (फ्रांस)	सीन
बुडापेस्ट (हंगरी)	डेन्यूब
पर्थ (ऑस्ट्रेलिया)	स्वान
वाशिंगटन	पोटोमेक
बगदाद (इराक)	टाइग्रिस
वियना (ऑस्ट्रिया)	डेन्यूब
आस्वान (मिस्र)	नील
टोकियो (जापान)	अराकावा
सेंट लुईस (अमेरिका)	मिसिसिपी
शंघाई (चीन)	यांग्टिसीक्यांग
रोम (इटली)	टाइबर
यंगून (म्यांमार)	इरावदी
प्राग	विंतावा
ओटावा (कनाडा)	सेंट लारेंस
सिडनी (ऑस्ट्रेलिया)	डार्लिंग
मैड्रिड (स्पेन)	मैजेनसेस
लिस्बन	टेगस
लिस्बन (पुर्तगाल)	टंगस
अंकारा (तुर्किये)	किजिल
लाहौर (पाकिस्तान)	रावी
मॉण्ट्रियल (कनाडा)	सेंट लारेंस
कराची (पाकिस्तान)	सिंधु
बोन (जर्मनी)	राइन
डबलिन (आयरलैंड)	लीफें
काहिरा (मिस्र)	नील
दिल्ली (भारत)	यमुना
ब्यूनस आयर्स (अर्जेंटीना)	लाप्लाटा
शिकागो (सं.रा.अ.)	शिकागो
लिवरपुल (इंग्लैंड)	मर्सी
ब्रिस्टल (इंग्लैंड)	एवन्
बसरा (इराक)	दजला एवं फरात
कीव (यूक्रेन)	नीपर

विश्व के प्रमुख घास के मैदान

घास के मैदान	सम्बन्धित देश	घास के मैदान	सम्बन्धित देश
पम्पास	अर्जेन्टीना	प्रेयरी	अमेरिका
वेल्ड	दक्षिण अफ्रीका	डाउन्स	ऑस्ट्रेलिया
केन्टरबरी	न्यूजीलैण्ड	स्टेपी	यूरेशिया

विश्व की प्रमुख भौगोलिक खोजें

1. **क्रिस्टोफर कोलम्बस**–प॰ द्वीप समूह (1492), द॰ अमेरिका (1498 ई॰)
2. **जॉन कैवेट**–न्यूफाउण्डलैण्ड (1497 ई॰)
3. **कोपरनिकस**–सौरमंडल (1540 ई॰)
4. **केपलर**–ग्रहों की गति नियम (1600 ई॰)
5. **मैगलन**–विश्व का भ्रमण, अटलांटिक के दक्षिण से प्रशांत महासागर की खोज (1519 ई॰)
6. **वास्को-डि-गामा**–केप ऑफ गुड होप होकर भारत आगमन (1498 ई॰)
7. **कैप्टन कुक**–हवाई द्वीप समूह (1770 ई॰)
8. **फ्रिड्टजौफ नानसेन**–ग्रीनलैंड एवं उत्तरी ध्रुव का पहाड़ी भाग (1888 ई॰)
9. **आर. एमण्डसन**–दक्षिणी ध्रुव पर पहुँचने वाला प्रथम व्यक्ति (1911 ई॰)
10. **रॉबर्ट पियरे**–उत्तरी ध्रुव की खोज (1909 ई॰)

विश्व के प्रसिद्ध स्थान

1. झुकी हुई मीनार : पीसा (इटली)
2. मर्डेका पैलेस : जकार्ता (इण्डोनेशिया)
3. रेड स्क्वायर, क्रेमलिन : मास्को
4. स्फिंक्स, पिरामिड : मिस्र
5. पोर्सलिन टावर : नानकिंग (चीन)
6. लोवर, एफिल टावर : पेरिस (फ्रांस)
7. पोटाला : ल्हासा (तिब्बत)
8. श्वेत डेगेन पैगोडा : यंगून
9. ओपेरा हाउस : सिडनी
10. ब्राडवे स्ट्रीट, स्टेच्यू ऑफ लिबर्टी, एंपायर स्टेट बिल्डिंग : न्यूयार्क (सं. रा. अमेरिका)
11. अल अक्सा, वेलिंग वाल, टेंपल माउंट : जेरूसलम (इजरायल)

प्रमुख देशों में स्थानान्तरित कृषि

कृषि	देश
चेन्ना	श्रीलंका
हुमा	जावा
कैगिन	फिलीपीन्स
लैडान	इण्डोनेशिया एवं मलेशिया
रोका	ब्राजील
तमाराई	थाइलैण्ड
कोनुको	वेनेजुएला

संयुक्त राष्ट्र

- **स्थापना** : 24 अक्टूबर, 1945
- **संस्थापक सदस्य** : 50
- **मुख्यालय** : न्यूयार्क
- **वर्तमान सदस्य संख्या** : 193 (इस संगठन का सदस्य बनने वाला अन्तिम देश दक्षिण सूडान है)।
- **ध्वज** : ध्वज की पृष्ठभूमि हल्की नीली है और उस पर श्वेत रंग से राष्ट्र संघ का प्रतीक बना हुआ है।
- **कार्यकारी भाषाएँ** : अंग्रेजी तथा फ्रेंच
- **अन्य मान्यता प्राप्त भाषाएँ** : रशियन, अरबी, स्पेनिश तथा चीनी।

संयुक्त राष्ट्र के लक्ष्य और उद्देश्य

संयुक्त राष्ट्र के कार्यों को तीन भागों में विभाजित किया जा सकता है, यथा–सुरक्षा, कल्याण और मानव अधिकार। संयुक्त राष्ट्र के सदस्य-राष्ट्रों से चार कर्त्तव्यों के पालन की अपेक्षा की जाती है कि–(क) वे अपने विवादों को शांतिपूर्वक ढंग से निपटायेंगे, (ख) वे सैन्यबल का प्रयोग नहीं करेंगे, (ग) घोषणा-पत्र के पालन में सहायता करेंगे और (घ) आक्रामक की सहायता नहीं करेंगे। संयुक्त राष्ट्र–जाति, भाषा, लिंग और धर्म का विचार किए बिना सब मनुष्यों के मानवीय अधिकारों को मान्यता देता है।

संयुक्त राष्ट्र के प्रमुख अंग

प्रमुख अंग 6 हैं–**1.** साधारण महासभा, **2.** सुरक्षा परिषद्, **3.** आर्थिक व सामाजिक परिषद्, **4.** अंतर्राष्ट्रीय न्यायालय, **5.** प्रन्यास परिषद्, **6.** सचिवालय

प्रमुख अंतर्राष्ट्रीय संगठन और उनके मुख्यालय

अंतर्राष्ट्रीय संगठन	मुख्यालय
संयुक्त राष्ट्र (UN)	न्यूयार्क
अंतर्राष्ट्रीय मुद्रा कोष (IMF)	वाशिंगटन
विश्व स्वास्थ्य संगठन (WHO)	जेनेवा
खाद्य एवं कृषि संगठन (FAO)	रोम
अंतर्राष्ट्रीय श्रम संगठन (ILO)	जेनेवा
यूनेस्को (UNESCO)	पेरिस
अंतर्राष्ट्रीय न्यायालय	हेग
विश्व डाक संघ (UPU)	बर्न
अंतर्राष्ट्रीय नागरिक उड्डयन संगठन (ICAO)	मांट्रियल
सं॰ रा॰ औद्यो॰ विकास संगठन (UNIDO)	वियना

अंतर्राष्ट्रीय संगठन	मुख्यालय
अंतर्राष्ट्रीय परमाणु ऊर्जा अभिकरण (IAEA)	वियना
अंतर्राष्ट्रीय वित्त निगम (IFC)	वाशिंगटन
सं॰ रा॰ विकास कार्यक्रम (UNDP)	न्यूयॉर्क
यूनिसेफ (UNICEF)	न्यूयॉर्क
अंतर्राष्ट्रीय समुद्री संगठन (IMO)	लंदन
विश्व मौसम विज्ञान संगठन (WMO)	जेनेवा
अंतर्राष्ट्रीय दूर संचार संघ (ITU)	जेनेवा
अरब लीग	काहिरा
राष्ट्रमंडल (Commonwealth)	लंदन
विश्व व्यापार संगठन (WTO)	जेनेवा
अंतर्राष्ट्रीय विकास संघ (IDA)	वाशिंगटन डी.सी.

अंतर्राष्ट्रीय संगठन	मुख्यालय
अंतर्राष्ट्रीय पुनर्निर्माण एवं विकास बैंक (विश्व बैंक) (IBRD)	वाशिंगटन
विश्व बौद्धिक संपदा संगठन (WIPO)	जेनेवा
मुस्लिम राष्ट्रों का संघ (OIC)	जेद्दा
यूरोपीय संघ (EU)	ब्रूसेल्स
रेडक्रास	जेनेवा
इंटरपोल (INTERPOL)	लियोन
एशियाई विकास बैंक (ADB)	मनीला
उत्तरी अटलांटिक संधि संगठन (NATO)	ब्रुसेल्स
आसियान (ASEAN)	जकार्ता
BRICS बैंक	शंघाई

भारत का भूगोल

प्रसिद्ध पर्वत शिखर

पर्वत शिखर	समुद्र तल से ऊंचाई (मीटर में)
1. K-2	8,611 पाकिस्तान के कब्जे में
2. कंचनजंगा	8,598
3. नंगा पर्वत	8,126
4. गशेर ब्रुम	8,068 पाकिस्तान के कब्जे में
5. ब्रॉड पीक	8,047 पाकिस्तान के कब्जे में
6. डिस्तगिल सर	7,885 पाकिस्तान के कब्जे में
7. माशेर ब्रुम (पूर्वी)	7,821
8. नंदा देवी	7,817
9. माशेर ब्रुम (पश्चिम)	7,806 पाकिस्तान के कब्जे में
10. राकापोशी	7,788 पाकिस्तान के कब्जे में

प्रमुख जल–अन्तराल

नाम	अवस्थिति
8° चैनल	मालदीव व मिनीकॉय के मध्य
9° चैनल	लक्षद्वीप व मिनीकॉय के मध्य
10° चैनल	छोटा अंडमान व कारनिकोबार के मध्य
ग्रैण्ड चैनल	सुमात्रा (इंडोनेशिया) व निकोबार के मध्य
पाक स्ट्रेट	तमिलनाडु व श्रीलंका के मध्य
डुंकन पास	दक्षिण अंडमान व लघु अंडमान के मध्य
पाक खाड़ी	तमिलनाडु व श्रीलंका के मध्य
कोको स्ट्रेट	काको द्वीप (म्यांमार) व उ. अंडमान के मध्य
मन्नार खाड़ी	द.पू. तमिलनाडु व श्रीलंका के मध्य
लक्षद्वीप सागर	लक्षद्वीप व मालाबार तट के मध्य

भारत के प्रमुख दर्रे

दर्रे	राज्य/केन्द्रशासित प्रदेश
काराकोरम	लद्दाख
माना	उत्तराखण्ड
जोजिला	लद्दाख
नीति	उत्तराखण्ड
पीरपंजाल	जम्मू-कश्मीर
नाथूला	सिक्किम
बनिहाल	जम्मू-कश्मीर
जैलेप्ला	सिक्किम
बुर्जिल	जम्मू-कश्मीर
बोम्डिला	अरुणाचल प्रदेश
शिपकी	हिमाचल प्रदेश
यांग्याप	अरुणाचल प्रदेश
रोहतांग	हिमाचल प्रदेश
दिफू	अरुणाचल प्रदेश
बड़ालाचा	हिमाचल प्रदेश
तुजु	मणिपुर
लिपुलेख	उत्तराखण्ड

पश्चिमी घाट के दर्रे

दर्रा	ऊं. (मी.)	स्थिति
थालघाट	580	नासिक एवं मुम्बई के बीच का संपर्क मार्ग
भोरघाट	520	मुम्बई एवं पुणे के बीच का संपर्क मार्ग
पालघाट	530	कोयंबटूर एवं कोचीन के बीच का संपर्क मार्ग
सिनकोट	**280**	**तिरुवनंतपुरम एवं मदुरै के बीच का संपर्क मार्ग**

भारत की महत्वपूर्ण झीलें

झीलें	राज्य/केन्द्रशासित प्रदेश	झीलें	राज्य/केन्द्रशासित प्रदेश
चिल्का	ओडिशा	कोलेरू, पुलीकट	आन्ध्र प्रदेश
लोकटक	मणिपुर	सुकना	चण्डीगढ़
लोनार	महाराष्ट्र	निजाम सागर	तेलंगाना
उमियम झील	मेघालय	नैनीताल, भीमताल	उत्तराखंड
वुलर, डल,	जम्मू-कश्मीर	पुल्ह झील	उत्तर प्रदेश
अष्टमुदी	केरल	परशुराम कुण्ड	अरुणाचल प्रदेश
पोगांग शो	लद्दाख		

भारत की प्रमुख नदियाँ

नदी	उद्गम	मुहाना	लम्बाई (किमी.)	विशेष तथ्य
सिन्धु	मानसरोवर झील (तिब्बत)	अरब सागर	3100 (भारत में 1114)	सतलज, रावी, व्यास, झेलम इसकी सहायक नदियाँ हैं। लद्दाख में यह नदी गिलगित गॉर्ज का निर्माण करती है।
सतलज	राक्षसताल	चिनाब	1450 (भारत में 1050)	भाखड़ा, नांगल व नाथपा झांकरी बाँध।
गंगा	गंगोत्री के पास गोमुख से	बंगाल की खाड़ी	2525	देव प्रयाग में भागीरथी अलकनंदा से मिलती है और संयुक्त धारा का नाम गंगा हो जाता है। फरक्का बाँध एवं भागीरथी पर टिहरी बाँध।
यमुना	यमुनोत्री के पास बंदरपूंछ से	गंगा	1376	चम्बल, बेतवा, केन सहायक नदियाँ हैं।
चम्बल	महूँ (जानपाव पहाड़ी)	यमुना	1050	गाँधीनगर, राणासागर तथा जवाहर सागर बाँध स्थित है।
गण्डक	धौलाधार पर्वत	गंगा	300	त्रिवेणी के पास बाँध
सोन	अमरकंटक पहाड़ी	गंगा	784	बाणसागर व रिहन्द बाँध
ब्रह्मपुत्र	मानसरोवर झील (तिब्बत)	बंगाल की खाड़ी	2900 (भारत में 916)	ब्रह्मपुत्र नदी अरुणाचल प्रदेश में दिहांग, तिब्बत में शांग-पो और बांग्लादेश में 'जमुना' के नाम से प्रसिद्ध।
नर्मदा	अमरकंटक	अरब सागर	1290	इंदिरा सागर, महेश्वर, सरदार सरोवर बाँध। डेल्टा के बजाए एश्चुअरी बनाती है।
ताप्ती	मुलताई (बैतूल)	खम्भात की खाड़ी	720	काकरापार व ऊकाई बाँध/यह नदी डेल्टा के बजाए एश्चुअरी बनाती है।
महानदी	सिहावा के समीप	बंगाल की खाड़ी	890	हीराकुड, तिरकपाड़ा बाँध स्थित है, डेल्टा बनाती है।
कृष्णा	पश्चिमी घाट की पहाड़ी (महाबलेश्वर के पास)	बंगाल की खाड़ी	1290	शैलम तथा नागार्जुन सागर बाँध स्थित है। डेल्टा बनाती है।
गोदावरी	त्रयम्बक गाँव की पहाड़ी	बंगाल की खाड़ी	1450	दक्षिण की गंगा कहा जाता है। एनीकट बाँध स्थित है। डेल्टा बनाती है।
कावेरी	ब्रह्मगिरि की पहाड़ी	बंगाल की खाड़ी	760	शिवसमुद्रम जल प्रपात स्थित है। डेल्टा बनाती है।
तुंगभद्रा	कर्नाटक के पश्चिमी घाट	कृष्णा	331	कुमुदवती, वर्धा, मगारी आदि सहायक नदियाँ हैं।
माही	विन्ध्याचल **पर्वत**	**खम्भात की खाड़ी**	**533**	वनकवोरी बाँध।

भारत के महत्वपूर्ण जल प्रपात

जल प्रपात	ऊँचाई (मी.)	नदी	राज्य
कुंचिकल	455	वरही	कर्नाटक
शिवसमुद्रम	90	कावेरी	कर्नाटक
गरसोप्पा	260	शरावती	कर्नाटक
हुण्डरू	–	स्वर्णरेखा	झारखण्ड
केवटी	98	महाना	मध्य प्रदेश
रकीमकुण्ड	168	गायघाट	बिहार

नदियों के किनारे बसे प्रमुख नगर

नगर	नदी	नगर	नदी
दिल्ली	यमुना	गुवाहाटी	ब्रह्मपुत्र
आगरा	यमुना	जबलपुर	नर्मदा
बद्रीनाथ	अलकनंदा	कोटा	चम्बल
प्रयागराज	गंगा, यमुना	कटक	महानदी
हरिद्वार	गंगा	नासिक	गोदावरी
कानपुर	गंगा	श्रीरंगपट्टनम	कावेरी
पटना	गंगा	जौनपुर	गोमती
श्रीनगर	झेलम	हैदराबाद	मूसी
अयोध्या	सरयु	मथुरा	यमुना
सूरत	ताप्ती	जमशेदपुर	स्वर्णरेखा
कोलकाता	हुगली	भागलपुर	गंगा
लखनऊ	गोमती	वाराणसी	गंगा
उज्जैन	क्षिप्रा		

भारत के प्रसिद्ध पर्वतीय स्थल

स्थान	राज्य/केन्द्रशासित प्रदेश
अल्मोड़ा	उत्तराखंड
माउण्ट आबू	राजस्थान
चेरापूंजी	मेघालय
मसूरी	उत्तराखंड
कोडईकनाल	तमिलनाडु
नैनीताल	उत्तराखंड
डलहौजी	हिमाचल प्रदेश
ऊटकमंड	तमिलनाडु
दार्जिलिंग	पश्चिम बंगाल
पंचमढ़ी	मध्य प्रदेश
गुलमर्ग	जम्मू और कश्मीर
रानीखेत	उत्तराखंड
कसौली	हिमाचल प्रदेश
शिलांग	मेघालय
महाबलेश्वर	महाराष्ट्र
शिमला	हिमाचल प्रदेश

प्रमुख बहुउद्देशीय नदी घाटी परियोजनाएँ

परियोजना का नाम	नदी	लाभान्वित राज्य
दामोदर घाटी परियोजना	दामोदर	झारखंड, पश्चिम बंगाल
टिहरी बाँध परियोजना	भागीरथी	उत्तराखंड
नागार्जुन सागर परियोजना	कृष्णा	आन्ध्र प्रदेश
कोसी परियोजना	कोसी	बिहार तथा नेपाल
हीराकुड बाँध परियोजना	महानदी	ओडिशा
व्यास परियोजना	व्यास	राजस्थान, पंजाब, हरियाणा, हिमाचल प्रदेश
चम्बल परियोजना	चम्बल	राजस्थान, मध्य प्रदेश
मयूराक्षी परियोजना	मयूराक्षी	पश्चिम बंगाल
तुंगभद्रा परियोजना	तुंगभद्रा	आन्ध्र प्रदेश, कर्नाटक
गण्डक परियोजना	गण्डक	बिहार, नेपाल
फरक्का परियोजना	गंगा, भागीरथी	पश्चिम बंगाल
काकरापारा परियोजना	ताप्ती	गुजरात
नागपुर शक्तिगृह परियोजना	कोराडी	महाराष्ट्र
इन्दिरा गाँधी नहर परियोजना	सतलज	राजस्थान, पंजाब तथा हरियाणा
रिहन्द परियोजना	रिहन्द	उत्तर प्रदेश
महानदी डेल्टा परियोजना	महानदी	ओडिशा
कुण्डा परियोजना	कुण्डा	तमिलनाडु
इडुक्की परियोजना	पेरियार	केरल
कोयना परियोजना	कोयना	महाराष्ट्र
सतलज परियोजना	चिनाब	जम्मू-कश्मीर
रंजीत सागर बाँध परियोजना	रावी	पंजाब
नाथपा-झाकरी परियोजना	सतलज	हिमाचल प्रदेश
शरावती परियोजना	शरावती	कर्नाटक
नर्मदा सागर परियोजना	नर्मदा	मध्य प्रदेश, गुजरात
जवाहर सागर परियोजना	चम्बल	राजस्थान
तुलबुल परियोजना	झेलम	जम्मू कश्मीर
सरदार सरोवर परियोजना	नर्मदा	गुजरात, मध्य प्रदेश, महाराष्ट्र एवं राजस्थान
दुलहस्ती परियोजना	चिनाब	जम्मू-कश्मीर
तिलैया परियोजना	बराकर	झारखंड

कृषि क्रांतियाँ

क्रांति	क्षेत्र	क्रांति	क्षेत्र
हरित क्रांति	खाद्यान्न उत्पादन	लाल क्रांति	टमाटर उत्पादन
श्वेत क्रांति	दुग्ध उत्पादन	गोल क्रांति	आलू उत्पादन
भूरी क्रांति	उर्वरक उत्पादन	रजत क्रांति	अंडा उत्पादन
नीली क्रांति	मत्स्य उत्पादन	सुनहरी क्रांति	बागवानी उत्पादन
पीली क्रांति	तिलहन उत्पादन	गुलाबी क्रांति	झींगा उत्पादन

राष्ट्रीय उद्यान और अभयारण्य

अगस्त 2025 तक हमारे देश में 107 राष्ट्रीय उद्यान और 574 वन्यजीव अभयारण्य हैं। कुछ महत्त्वपूर्ण अभयारण्यों और उद्यानों के नाम नीचे दिए गए हैं।

- कान्हा राष्ट्रीय उद्यान (म.प्र.)
- शिवपुरी राष्ट्रीय उद्यान (म.प्र.)
- जलदापाड़ा अभयारण्य (प. बंगाल)
- काजीरंगा अभयारण्य (असम)
- मानस अभयारण्य (असम)
- हजारीबाग राष्ट्रीय उद्यान (झारखंड)
- पलामू राष्ट्रीय उद्यान (झारखंड)
- डालमा वन्य जीव अभयारण्य (झारखंड)
- सेमलीपाल राष्ट्रीय पार्क (ओडिशा)
- वनकटना वन्य जीव अभयारण्य (उ.प्र.)
- भरतपुर वन्य जीव अभयारण्य (राजस्थान)
- डर्राह वन्य जीव अभयारण्य (राजस्थान)
- कॉर्बेट राष्ट्रीय उद्यान (उत्तराखंड)
- चन्द्रप्रभा अभयारण्य (उ.प्र.)
- डाचीगाम अभयारण्य (जम्मू-कश्मीर)
- दुधवा राष्ट्रीय उद्यान (उ.प्र.)
- नन्दा देवी कस्तूरी मृग वन (उत्तराखंड)
- माउंट आबू वन्य जीव अभयारण्य (राजस्थान)
- रणथम्भौर वन्य जीव अभयारण्य (राजस्थान)
- सरिस्का क्रीड़ा अभयारण्य (राजस्थान)
- रंगथिट्टू पक्षी अभयारण्य (कर्नाटक)
- बांदीपुर अभयारण्य (कर्नाटक)
- डंडेली अभयारण्य (कर्नाटक)
- महावीर अभयारण्य (गोवा-कर्नाटक सीमा)
- पेरियार अभयारण्य (केरल)
- वेदान्त-गाल पक्षी अभयारण्य (तमिलनाडु)
- गिरि वन (गुजरात)
- बोरीवल्ली राष्ट्रीय उद्यान (महाराष्ट्र)
- मोलेम क्रीड़ा अभयारण्य (गोवा)
- कोट्टीगांव क्रीड़ा अभयारण्य (गोवा)
- नागजीरा वन्य जीव अभयारण्य (महाराष्ट्र)
- वान्धवगढ़ राष्ट्रीय उद्यान (मध्य प्रदेश)
- घाट प्रभा पक्षी अभयारण्य (कर्नाटक)
- खगचन्दजेन्दा राष्ट्रीय उद्यान (सिक्किम)
- पेंच राष्ट्रीय उद्यान (महाराष्ट्र)
- रोहिया राष्ट्रीय उद्यान (हिमाचल प्रदेश)
- सुल्तानपुर सरोवर पक्षी अभयारण्य (हरियाणा)
- तोदोवा राष्ट्रीय उद्यान (महाराष्ट्र)
- मुदमलाई अभयारण्य (तमिलनाडु)
- नगर होल अभयारण्य (कर्नाटक)
- नाल सरोवर पक्षी अभयारण्य (गुजरात)
- बोंडला क्रीड़ा अभयारण्य (गोवा)
- तनसा झील वन्य जीव अभयारण्य (महाराष्ट्र)
- बनारघट्टा राष्ट्रीय उद्यान (कर्नाटक)
- ईराविकुलम राजमल्ली राष्ट्रीय उद्यान (केरल)

रक्षा

भारत की रक्षा सेनाओं का सर्वोच्च कमाण्डर भारत का राष्ट्रपति होता है। भारत की सशस्त्र सेनाओं में तीन मुख्य सेवाएं हैं–थल सेना, नौ सेना और वायु सेना।

तीनों सेनाओं के प्रमुख क्रमशः थल सेनाध्यक्ष, नौ सेनाध्यक्ष और वायु सेनाध्यक्ष होते हैं।

देश में उच्चतर रक्षा प्रबंधन में सुधार लाने के लिए चीफ ऑफ डिफेंस स्टाफ (CDS) का पद गठित किया गया है। जनरल बिपिन रावत ने देश के प्रथम सीडीएस के रूप में कार्य किया।

सेना में कमीशंड पद (Commissioned Ranks)

थल सेना

1. जनरल
2. लेफ्टिनेंट जनरल
3. मेजर जनरल
4. ब्रिगेडियर
5. कर्नल
6. लेफ्टिनेंट कर्नल
7. मेजर
8. कैप्टन
9. लेफ्टिनेंट

वायु सेना

1. एयर चीफ मार्शल
2. एयर मार्शल
3. एयर वाइस मार्शल
4. एयर कॉमोडोर
5. ग्रुप कैप्टन
6. विंग कमाण्डर
7. स्क्वाड्रन लीडर
8. फ्लाइट लेफ्टिनेंट
9. फ्लाइंग ऑफिसर

नौ सेना

1. एडमिरल
2. वाइस एडमिरल
3. रियर एडमिरल
4. कॉमोडोर
5. कैप्टन
6. कमाण्डर
7. लेफ्टिनेंट कमाण्डर
8. लेफ्टिनेंट
9. सब लेफ्टिनेंट

थल सेना कमाण्ड :

कमाण्ड	मुख्यालय
पश्चिमी कमाण्ड	चांडी मंदिर (चंडीगढ़)
पूर्वी कमाण्ड	कोलकाता
उत्तरी कमाण्ड	ऊधमपुर
दक्षिणी कमाण्ड	पुणे
मध्य कमाण्ड	लखनऊ
द.प. कमाण्ड	जयपुर
ट्रेनिंग कमाण्ड	शिमला

जल सेना कमाण्ड :

कमाण्ड	मुख्यालय
पूर्वी कमाण्ड	विशाखापट्टनम
दक्षिणी कमाण्ड	कोच्चि
पश्चिमी कमाण्ड	मुम्बई

वायु सेना कमाण्ड :

कमाण्ड	मुख्यालय
पूर्वी कमाण्ड	शिलांग
पश्चिमी कमाण्ड	नई दिल्ली
केन्द्रीय कमाण्ड	प्रयागराज
दक्षिणी कमाण्ड	तिरुअनंतपुरम
द.-प. कमाण्ड	गांधीनगर
ट्रेनिंग कमाण्ड	बेंगलुरु
मेन्टेनेन्स कमाण्ड	नागपुर

थल सेना प्रशिक्षण संस्थान :

कमाण्ड	मुख्यालय
नेशनल डिफेन्स एकेडमी (NDA)	खड़कवासला
नेशनल डिफेन्स कॉलिज	नई दिल्ली
इंडियन मिलिट्री एकेडमी (IMA)	देहरादून
डिफेन्स सर्विस स्टाफ कॉलिज	विलिंग्टन
इन्फेनटरी स्कूल	महू
आर्म्ड सेण्टर	अहमदनगर
आर्टीलरी स्कूल	देवलाली

वायु सेना प्रशिक्षण संस्थान :

कमाण्ड	मुख्यालय
एयर फोर्स एडमिनिस्ट्रेटिव कॉलिज	कोयम्बटूर
एयर फोर्स एकेडमी	हैदराबाद
पैराटूपर ट्रेनिंग स्कूल	आगरा
एयर फोर्स टेक्निकल कॉलिज	जलाहली (बेंगलुरु)
एलीमेन्ट्री फ्लाइंग स्कूल	बिदर

नौ सेना प्रशिक्षण संस्थान :

कमाण्ड	मुख्यालय
आइ.एन.एस. चिल्का	भुवनेश्वर
आइ.एन., बेन्दुरथी	कोच्चि
आइ.एन.एस. तसिरकार्स	विशाखापट्टनम
इण्डियन नेवल एकेडमी	कोच्चि
आइ.एन.एस. शिवाजी	लोनावाला

आंतरिक सुरक्षा के संगठन

संगठन	स्थापना वर्ष	मुख्यालय
असम राइफल्स	1835	शिलांग
केन्द्रीय रिजर्व पुलिस बल	1939	नई दिल्ली
भारत-तिब्बत सीमा पुलिस	1962	नई दिल्ली
सीमा सुरक्षा बल (BSF)	1965	नई दिल्ली
केन्द्रीय औद्योगिक सुरक्षा बल	1969	नई दिल्ली
तट रक्षक बल	1978	नई दिल्ली
राष्ट्रीय सुरक्षा गार्ड	1984	नई दिल्ली

कला एवं साहित्य

भारत के प्रमुख चित्रकार एवं उनकी कृतियां

अवनीन्द्र नाथ टैगोर	शाहजहाँ का ताज को देखना, बुद्ध और सुजाता, कमल के पत्ते पर अश्रुकण, वन साम्राज्ञी, औरंगजेब का बुढ़ापा, भारतमाता आदि।
गगनेन्द्र नाथ टैगोर	माँ से विदा लेते चैतन्य, कल्कि अवतार आदि।
राजा रवि वर्मा	दुष्यन्त को प्रेम-पत्र लिखती शकुन्तला, नायर लेडी, शकुन्तला वियोग आदि।
नन्द लाल बोस	उमा की तपस्या, घायल बकरी को ले जाते भगवान बुद्ध, कृष्णार्जुन, उड़ीसा की एक दुकान, प्रणाम, बसन्त, गोपिनी आदि।
के॰ वेंकटप्पा	हनुमान द्वारा लंका दहन, स्वर्ण मृग, राम और मृग तृष्णा आदि।
जॉर्ज कीट	कृष्ण जन्म, कर्ण जन्म, यम मार्कण्डेय, निराभरण गोपियाँ आदि।
भवेश चन्द्र सन्याल	आश्रयहीन लड़की, गोल मार्केट के भिखारी आदि।
मनीषी डे	नारी-शृंगार, पनघट की ओर, बंगाली शरणार्थी।
अमृता शेरगिल	एलिफेन्ट्स बाथिंग इन ग्रीन पुल, हिल साईड, भारतीय लड़कियाँ आदि।
नारायण श्रीधर बेन्द्रे	स्टेशन पर यात्री, बुद्ध पूजा आदि।

देवी प्रसाद राय चौधरी लेपचा कुमारी, भौटिया आदि।
शोभा सिंह हीर-रांझा
सतीश गुजराल काला चांद

संगीत

भारत में चार प्रकार के संगीत-साज मिलते हैं—तंतु या तार वाले, समीर या वायु वाले, अवनाद अथवा थाप से संचालित होने वाले और घन जिसमें घंटियाँ, मंजीरे, घड़ियाल आदि शामिल हैं। तंतु या तार वाले सामान्य साज हैं जैसे—वीणा, सितार, सारंगी, सरोद, दिलरुबा, इसराज, एकतारा, तानपुरा और मयूरी। वायु संचालित साज हैं शहनाई, बाँसुरी, नादस्वरम, निनकिर्नस और पोंगी। थाप अथवा संघात से संचालित होने वाले साज हैं: तबला, मृदंग, ढोलक, पखावज, घटाम तथा कंजीरा-मंजीरा। करतल, जल तरंग आदि अन्य भारतीय साज हैं। गायन के क्षेत्र में विष्णु नारायण भातखण्डे, बेगम अख्तर, बड़े गुलाम अली, हीराबाई बरोडकर, भीमसेन जोशी, केसरभाई केलकर, ओंकारनाथ ठाकुर, सिद्धेश्वरी देवी, त्यागराज, विष्णु दिगंबर पलुसकर, पंकज मलिक, एम.एस. सुब्बालक्ष्मी, पंडित जसराज, गंगूभाई हंगल, मल्लिकार्जुन मंसूर, डागर बंधु, डी.के. जयरामन, के.जे. यशुदास, गुलाम मुस्तफा खान, कुमार गंधर्व, के.एल. वसंथा कुमारी, किशोरी अमोनकर, गिरिजा देवी, वी.के. नारायण स्वामी दीक्षित, तानसेन, श्यामा शास्त्री, स्वाति तिरूनल आदि साजपरक संगीत के कुछ दिग्गज कलाकार रहे हैं।

साजपरक संगीत के कुछ दिग्गज कलाकार निम्न हैं:-

बाँसुरी—हरि प्रसाद चौरसिया, पन्नालाल घोष, टी.आर. महालिंगम, एन. रमानी, विजय राघव राव, रघुनाथ सेठ, राजेन्द्र कुलकर्णी

जंजीरा—वी. नागराजन

घटाम—टी.एच. विनयाकरम

गिटार—पंडित विष्णु मोहन भट्ट, मोहन भट्ट, बृजभूषण कालरा, श्रीकृष्ण नलिन

हारमोनियम—पुरुषोत्तम वालावाकर, एम. धौलपुरी

मृदंग—पालघात आर. रघु, यू.एस. वर्मन

पखावज—गोविन्द राव, अनोखे लाल, कंठी महाराज

रूद्रवीणा—जिया मोहिउद्दीन डागर, असद अली खान

संतूर—शिव कुमार शर्मा, तरुण भट्टाचार्य

सितार—पंडित रविशंकर, बिलायत खान, देबू चौधरी, अब्दुल हलीम, जफर खान

सरोद—अली अकबर खान, अमजद अली खान, अलाउद्दीन खान,

सरेन रानी, बज नारायण, मुकेश शर्मा, चंदन राय

शहनाई—बिस्मिल्ला खान, सुरबहार इमरत खान, दयाशंकर जगन्नाथ

वायलिन—लालगुडी जयारमण, एल. सुब्रह्मण्यम, एम.एस. गोपालकृष्णन, एस. सुब्रह्मण्यम, वी.जी. जोग, एन. राजन

तबला—अल्लारखा खां, गुदई महाराज, जाकिर हुसैन, लतीफ खाँ, किशन महाराज आदि।

नृत्य

- **भरतनाट्यम :** इस नृत्य शैली का ताल्लुक तमिलनाडु से है। यह कर्नाटक संगीत के साथ किया जाने वाला एकांतिक नृत्य है। अपने शुद्ध रूप में यह नृत्य शरीर की विभिन्न हलचलों, कोणों व घुमाव के जरिए लय-ताल का एक बेहतरीन नमूना पेश करता है।
- **ओडिसी :** इसकी उत्पत्ति ओडिशा में हुई है। यह नृत्य भरतनाट्यम के समानांतर है। 'गीत-गोविन्द' नामक काव्य की संरचना इस नृत्य शैली के काव्य तथा संगीत घटकों पर हावी रही है।
- **मणिपुरी :** यह मणिपुर का लयबद्ध नृत्य है। यह राधा-कृष्ण और गोपियों की अवधारणा के इर्द-गिर्द संकेद्रित रही है। नगाड़ों और मंजीरों पर बजने वाले कई प्रकार के ताल इस नृत्य के साथ-साथ चलते हैं।
- **कत्थक :** यह उत्तरी भारत का एक विशिष्ट शहरी नृत्य है। पूर्व में इसे दरबारों से जुड़ी नृत्य परंपरा के रूप में लिया जाता था। इस नृत्य के दौरान गायन चलता रहता है, मृदंग बजते रहते हैं तथा एक और कलाकार साज बजाता रहता है। कलाकारों का यह समूह सुर-ताल का आकर्षक नजारा पेश करता है।
- **कथकली :** यह केरल की शास्त्रीय नृत्य नाटिका है। अपने स्वरूप में यह नृत्य वर्णात्मक होने के बजाय नाट्यरूप में होता है। यह नृत्य महाकाव्यों के मिथकीय घटनाओं पर आधारित होता है जिसे अतिनाटकीय अंदाज में प्रस्तुत किया जाता है। नाटकीय कथा आँखों और भौहों के संचालन से, हाथों की भाव-भंगिमाओं से तथा शरीर के विशिष्ट संचालन से आगे बढ़ती है।
- **कुचिपुड़ी :** इस नृत्य का अभ्युदय आंध्र प्रदेश में हुआ माना जाता है। पारंपरिक रूप से यह नृत्य-नाटिका मंदिरों से संबद्ध रही है।

विभिन्न राज्यों के कुछ महत्वपूर्ण लोक-नृत्य :

- **महाराष्ट्र :** तमाशा, दही हण्डी, गोफ, दीपक, डिंडी
- **गुजरात :** गरबा, रासलीला, तिप्पनी, डांडिया
- **ओडिशा :** छऊ, माया शवरी, दलचाई
- **राजस्थान :** घूमर, कठपुतली, तेरा ताली
- **मध्य प्रदेश :** लोटा नृत्य, जवारा
- **हिमाचल प्रदेश :** दशहरा नृत्य, हिकत, नेतियो
- **पंजाब :** गिद्धा, भांगड़ा, पणिहारी
- **उत्तर प्रदेश :** रासलीला, नौटंकी, थाली, धुरंग, झुमेला, हुड़का बोल, कजरी
- **नगालैण्ड :** बांस नृत्य, केदोहोह
- **असम :** बिहू, केली गोपाल, सतरिया
- **पश्चिम बंगाल :** कीर्तन, कालत्री, असुरबध, वृता, काली नाच
- **बिहार :** छऊ, मगही, दुर्गा नृत्य
- **तमिलनाडु :** तेरुकलथु, कबलतम, कर्गम, पुली वेशम
- **केरल :** मोहिनी अट्टम, पदायुनी
- **कर्नाटक :** यक्षगान, कुजीता, कोडवास
- **जम्मू-कश्मीर :** दुम्हल, हिकत, चाकरी
- **त्रिपुरा :** हजागिरि
- **आंध्र प्रदेश, तेलंगाना :** डंडारिया, बंजारा, घण्टा मरदाला
- **गोवा :** गोडे मोदनी, ढकनी
- **मेघालय :** नोंगकरेम, बांग्ला
- **मणिपुर :** ढोल चोलम, बसंत रस
- **हरियाणा :** धमचाल, लहूर, भांगड़ा, गिद्दा
- **झारखंड :** सरहुल, सोहराई

शास्त्रीय नृत्य के कुछ प्रख्यात कलाकार

- **भरतनाट्यम** : यामिनी कृष्णमूर्ति, रुक्मिणी देवी अरुण्डेल, स्वप्न सुन्दरी, सोनल मानसिंह, वैजयंती माला, मृणालिनी साराभाई, चंद्रलेखा, इंद्राणी, राम गोपाल, बाल सरस्वती
- **कथकली** : गोपीनाथ, के.के. नायर, कुंजुकुरुप, टी.के. चंदू, शांताराव, उदयशंकर
- **कुचिपुड़ी** : स्वप्न सुंदरी, राजा रेड्डी, राधा रेड्डी, शोभा नायर, वेदांतम सत्यनारायण, विम्पत्ति चिन्ना सत्यम
- **कत्थक** : बिरजू महाराज, गोपीकृष्ण, शंभू महाराज, सितारा देवी, उमा शर्मा, दुर्गा लाल, शोभना नारायण
- **मणिपुरी** : उदय शंकर, दरोहरा झावेरी, चैतम्बि सिंह, बिपिन सिंह, सूर्यमुखी
- **ओडिसी** : केलुचरण महापात्र, इंद्राणी रहमान, माधवी मुद्‌गल, प्रोतिमा बेदी, संयुक्ता पाणिग्रही, सोनल मानसिंह, देवू दास, प्रियवंदा मोहन्ती, मिनाती दास

महत्वपूर्ण दिवस

दिवस	महत्व
9 जनवरी	प्रवासी दिवस
15 जनवरी	थल सेना दिवस
25 जनवरी	भारतीय पर्यटन दिवस
26 जनवरी	भारतीय गणतंत्र दिवस
30 जनवरी	शहीद दिवस, विश्व कुष्ठ निवारण दिवस (महात्मा गाँधी की पुण्य तिथि)
1 फरवरी	तटरक्षक दिवस, डाक जीवन बीमा दिवस
4 फरवरी	विश्व कैंसर दिवस
20 फरवरी	विश्व सामाजिक न्याय दिवस
21 फरवरी	विश्व मातृभाषा दिवस
22 फरवरी	पल्स पोलियो दिवस
28 फरवरी	राष्ट्रीय विज्ञान दिवस (रमन प्रभाव की स्मृति में)
8 मार्च	अन्तर्राष्ट्रीय महिला दिवस
15 मार्च	विश्व उपभोक्ता अधिकार दिवस, विश्व विकलांगता दिवस
21 मार्च	विश्व वानिकी दिवस, विश्व रंगभेद उन्मूलन दिवस
22 मार्च	विश्व जल दिवस
23 मार्च	शहीद दिवस, विश्व मौसम विज्ञान दिवस
24 मार्च	विश्व तपेदिक दिवस
7 अप्रैल	विश्व स्वास्थ्य दिवस
18 अप्रैल	विश्व विरासत दिवस
22 अप्रैल	विश्व पृथ्वी दिवस
1 मई	मई दिवस (अन्तर्राष्ट्रीय श्रम दिवस)
8 मई	विश्व रेडक्रॉस दिवस
9 मई	अन्तर्राष्ट्रीय थैलीसीमिया दिवस
11 मई	राष्ट्रीय प्रौद्योगिकी दिवस
24 मई	कॉमनवेल्थ दिवस
31 मई	धूम्रपान विरोध दिवस

दिवस	महत्व
1 जून	अन्तर्राष्ट्रीय बाल दिवस
5 जून	विश्व पर्यावरण दिवस
14 जून	वर्ल्ड ब्लड डोनर डे
20 जून	शरणार्थी दिवस
21 जून	विश्व योग दिवस
11 जुलाई	विश्व जनसंख्या दिवस
6 अगस्त	विश्व शांति दिवस, हिरोशिमा दिवस
10 अगस्त	अंतर्राष्ट्रीय युवा दिवस
29 अगस्त	राष्ट्रीय खेल दिवस
5 सितम्बर	शिक्षक दिवस
8 सितम्बर	विश्व साक्षरता दिवस
14 सितम्बर	हिन्दी दिवस
16 सितम्बर	विश्व ओजोन दिवस
21 सितम्बर	अन्तर्राष्ट्रीय शांति दिवस
27 सितम्बर	विश्व पर्यटन दिवस
2 अक्टूबर	गाँधी जयन्ती / अन्तर्राष्ट्रीय अहिंसा दिवस
3 अक्टूबर	विश्व पर्यावास दिवस
5 अक्टूबर	विश्व आवास दिवस
9 अक्टूबर	विश्व डाक दिवस
16 अक्टूबर	विश्व खाद्य दिवस
17 अक्टूबर	विश्व गरीबी उन्मूलन दिवस
20 अक्टूबर	राष्ट्रीय एकता दिवस, विश्व सांख्यिकी दिवस
14 नवम्बर	विश्व मधुमेह दिवस
19 नवम्बर	अन्तर्राष्ट्रीय नागरिक दिवस
26 नवम्बर	विश्व पर्यावरण संरक्षण दिवस
1 दिसम्बर	विश्व एड्स दिवस
10 दिसम्बर	अन्तर्राष्ट्रीय मानवाधिकार दिवस
18 दिसम्बर	अन्तर्राष्ट्रीय प्रवास दिवस
29 दिसम्बर	विश्व जैव विविधता दिवस

खेल जगत

खेलों से जुड़ी शब्दावली

- **एथलेटिक्स:** ऐली, स्प्रॉम, बैटन, बेंड, ब्लाइंड पास, बॉक्स, सर्किल, क्लियरेंस, क्रासबार, हीट्स, फाल्स स्टार्ट, फ्लॉप स्टाइल, फाउल, हर्डलेस, लेन, लैप, डेकाथलॉन, हैप्टेथलॉन, मैराथन, पेंटाथलोन, स्क्रैच, शॉट पुट, स्प्रिंट, स्टार्टिंग ब्लॉक स्टेपल चेज, स्ट्रेंडल, टाई, जोन।
- **बैडमिंटन:** एश, एली, बैक हैण्ड, ब्लाक, कैरी, चैकिंग द स्मैस, कोर्ट, क्रास कोर्ट, डबल हिट, ड्राप शाट, फाल्ट, फोरहैण्ड, फ्रेम, गेम प्वाइंट, किल, लोब, लव, नेट, रैकेट, रैली, सर्व, शार्ट सर्व, शटल (बर्ड भी कहते हैं) साइड आउट, अंडर हैंड।
- **बेसबॉल:** आर्म थ्रोअर, एराउंड द हार्न, बल्क, बाल, बाल हॉक, बेस ओपन बेस रनर, बैट, बैटर, कैचर, काक्ड आर्म, क्रास फायर, डाउनर, होम, हाट कार्नर, इनफील्ड फ्लाई, की स्टोन सैक, लेट अप, पेग, पिंच हिटर, पॉपी, पंच, रबर, इनअप, सिंकर, स्लाइडर, थ्री फुट लाइन।
- **बास्केट बॉल:** बैक डोर, बैंग बोर्ड, बैंक शाट, बाउंस पास, चार्ज, चेस्ट पास, कार्नर प्लेयर, कट, डेड बॉल, डबल फाउल, ड्रिबल, फेक, फील्ड गोल, फाउल, फ्री थ्रो, गोल, हेल्ड बॉल, जम्प बॉल, पायवोट, रिवाइंड, रिस्ट्रेनिंग सर्कल, टी, टैक्नीकल फाउल, थ्रो इन।
- **बिलियर्डस एंड स्नूकर:** एंगल, राउण्ड द टेबल, बल्क, बॉल, ब्रेक, ब्रिज, केनन, क्यू बॉल, कॉप, फॉलो, हजार्ड, पाकेट, पॉट, पिरामिड, रेडबॉल, रेस्ट्स, रन, सेट अप, शार्ट स्विंग, टेबल।
- **बॉक्सिंग:** स्प्रॉन, अटैक, ब्लैक पेडल, बैक हैंड पंच, ब्लाकिंग, बोली, बाउट, बट, चॉप, कम्बीनेशन, कट, डाइव, एलबोइंग, फर्स्ट ब्लड, फ्लोर, फुल काउंट, ग्लोब्स, हीलिंग, होल्डिंग, हुक, जब, माउथपीस, पंच, रिंग, स्कोरिंग, सेकेण्ड, स्पॉट, वार्निंग।
- **क्रिकेट:** ऑल राउण्डर, ऐशेज, बैकफुट, बेल्स, बॉल, बैट, बैटिंग, बैट्समैन, बीमर, बाउंसर, बाउण्ड्री, बॉलर, बॉलिंग क्रीज, बाई, कॉट एण्ड बोल्ड, कॉल, कैच, कॉट बिहाइंड, सेंचुरी, क्लीन बोल्ड, कवर प्वाइंट, क्रास बैट, कट, कटर, डेड बॉल, एक्स्ट्राज, फास्ट मीडियम, फॉलोआन, फ्रंट फुट, फुलटॉस, ग्लास, गुगली, गार्ड, गिल्ली, हाफ वॉली, हैट्रिक, हिट विकेट, हुक, इनस्वींगर, लेटकट, लेग ब्रेक, लेग साइड, मेडन, मिड ऑफ, मिड ऑन, मिड विकेट, नाइट वाचमैन, प्वांइट, ओपनर, ओवर, ओवर थ्रो, ओवर द विकेट, पिच, पुल-राउण्ड द विकेट, स्क्वायर कट, स्क्वायर लेग, स्वीप, टॉस, अम्पायर, विकेट कीपर, यार्कर।
- **गोल्फ:** एश, एड्रेस, एयर शॉट, एप्रोन, अवे, बॉल मार्क, ब्रिडी, बोगी, बाई, चिप, क्लब, कप, ड्राइव, ईगल, फ्लफ्फ, हाल्वड्, हैण्डीकैप, हजार्ड, होल, ऑनर, हुक, जिग्गर, लाई, पार, पिन, पुट, रन, स्लाइस, स्टांस, स्विंग, टी, वेज।
- **हॉकी:** बैकपास, बुली, कैरिंग द बॉल, सेंटर फारवर्ड, चार्जिंग, कार्नर, डी, डिफेंडर, ड्रिंबलिंग, फ्लिक, फारवर्ड, फाउल, फ्रीहिट, फुल बैक्स, गोल, हाब्स, हिट, हुकिंग, इंटरसेप्टिंग, लांग कार्नर, शार्ट पेनल्टी स्ट्रोक, पुश, रिवर्स स्टिक, स्कूप, सिक्सटीन यार्ड हिट, स्टिक, स्ट्राइकिंग सर्कल, टैकलिंग, थ्रू पास, ट्रैपिंग, ट्वेन्टी फाइव यार्ड लाइन, अंडरकटिंग।
- **सॉकर:** बाईसाईकिल किक, बाड़ी सर्व, बाक्स या पेनल्टी एरिया, कैरिंग, चेस्टिंग, क्लीयरिंग, कार्नर किक, कार्नर फ्लैग, क्रास, क्रास ओवर, डी, डायरेक्ट फ्री किक, डाइव, डबल फाउल, ड्रिवल, ड्राप वॉल, एक्स्ट्रा टाइम, फिनिशिंग, फ्लैंक, फाउल, गोल किक, गोल पोस्ट, गोल्स, हॉफ वॉली, हैट्रिक, हैडिंग, इनडायरेक्ट फ्री किक, इंटरसेप्सन, किक ऑफ, लाइंस मैन, लिंक मैन, लोब, मार्किंग, न्यूटमैग, ऑफ साइड, पास, पेनल्टी स्पॉट, रिवर्स पास, सीजर्स किक, शैडो मार्किंग, साइड लाइंस, स्ट्राइकर, स्वीपर, टेंकल, थ्रोइन, ड्रिपिंग, विंगर, येलो कार्ड।
- **स्क्वैश:** एंगल, बोर्ड कोर्ट, कट लाइन, ड्राइव, फुट फाउल्ट, हॉफ कोर्ट लाइन, हैमर, हैंड इन, किल, निक, पेनल्टी प्वाइंट, रैली, सर्विस बाक्स, सेट, शार्ट लाइन, वॉली, वेल्स।
- **स्वीमिंग:** बैकस्ट्रोक, बटरफ्लाई, ब्रेस्ट स्ट्रोक, कैसल, क्राउल, फाल्स स्टार्ट, फ्री स्टाइल, किकिंग, लेग, मेडले रिले, पुल, टच।
- **टेबल टेनिस:** एश, बैकहैण्ड, शॉट, ब्लेड, ब्लॉक शॉट, ड्यूस, ड्राप शॉट, गेम, ग्रिप, रैली, सर्विस, स्मैश, टॉप स्पिन, रिवर्स सेंटर लाइन।
- **टेनिस:** एश, एडवांटेज, बैक कोर्ट, बैक हैण्ड, बॉल ब्वाय या बॉल गर्ल, ब्रेक, बाई, सेंट्रल लाइन, चिप, चाप, कोर्ट, डेड, ड्यूस, डबल फाल्ट, डाउन द लाइन, ड्राप शॉट, ड्राप वॉली, इरर, फेस या रैकेट, फाउल्ट, फोर कोर्ट, फ्रेम, गेम, गेम प्वाइंट, ग्राउंड स्ट्रोक, लेट, लाइन बॉल, लोब, लव, मैच प्वाइंट, नेट, नेट बॉल, ओवर हैड, स्मैश, पासिंग शॉट, रैली रिटायर, रिटर्न, सर्व, सर्विस, सेट, सेटप्वाइंट, शार्ट बाल, स्मैश, स्ट्रोक, टॉस, अंडरहैंड, वॉली।
- **वॉलीबॉल:** एश, एड ऑन, बैकलाइन, ब्लॉक, बॉडी फाउल, कैरिंग द बॉल, चेस्टपास, कवर, क्रास कोर्ट शाट, ड्यूस, डिग, डबल हिट, फुट फाउल्ट, गेम प्वाइंट, किल, हेल्ड, बॉल, मल्टीपल टचेज, नेट, ओवर नेट, प्वाइंट, पावर सर्व, सर्व, सेट, साइड आउट, स्मैश, स्पाइकर टाइम आउट।

खेल के मैदान की माप

- **बैडमिंटन कोर्ट** : 20 फीट × 44 फीट (युगल); 17 फीट × 44 फीट (एकल)
- **बेसबॉल** : डायगोनल बेस में से निकटतम आधार के बीच की दूरी 90 फीट और 127 फीट 3⅜ इंच होती है। पिचर के सर्किल और बॉलर के बीच 60½ फीट की दूरी होती है।
- **बास्केटबॉल कोर्ट** : 85 फीट × 46 फीट।
- **बिलियर्ड्स टेबल** : 12 फीट × 6 फीट 1½ इंच।
- **बॉक्सिग रिंग** : 20 फीट वर्ग।
- **क्रिकेट** : दोनों विकेट 22 गज की दूरी पर होते हैं। बॉल का व्यास लगभग 9 से.मी. और वजन 5½ से 5¾ ओंस होता है।
- **हैंडबॉल कोर्ट** : 126 से 147 फीट लम्बा और 60 से 73 फीट चौड़ा।

- **हॉकी का मैदान** : 100 गज × 55 गज।
- **रग्बी मैदान** : यह मैदान अंडाकार होता है जिसकी अधिकतम लम्बाई 150 से 200 गज और अधिकतम चौड़ाई 120 से 170 गज होती है।
- **रोविंग** : एकल नौका चालन हेतु नौका की लम्बाई 27 फीट और युगल के लिए 34 फीट होती है। कॉक्स्ड जोड़ा 35 फीट, काक्सलेस फोर 44 फीट, कॉक्स्ड फोर 45 फीट और कॉक्स्ड एट 62 फीट होता है।
- **फुटबॉल मैदान** : 100 से 130 गज लम्बा और 50 से 100 गज चौड़ा।
- **स्क्वैश कोर्ट** : 32 फीट × 21 फीट, कट लाइन 6 फीट का और टिन 19 इंच का होता है।
- **स्वीमिंग पुल** : 50 मीटर लम्बा।
- **टेबल टेनिस** : टेबल 9 फीट × 5 फीट का होता है तथा नेट की ऊंचाई 6 इंच होती है।
- **टेनिस कोर्ट** : एकल के लिए 78 फीट × 27 फीट और युगल के लिए 78 फीट × 36 फीट।
- **वालीबॉल कोर्ट** : 18 मीटर × 9 मीटर।
- **मैराथन दौड़** : 26 मील 385 गज।

ओलंपिक

प्राचीन काल में अपने नागरिकों को स्वस्थ एवं फिट बनाए रखने के लिए यूनानवासी प्रतियोगी खेल स्पर्द्धाओं का आयोजन करते थे। जौस देवता के सम्मान में प्रथम ओलम्पिक खेलों का आयोजन ओलम्पस माउंट में ईसा पूर्व 776 में किया गया था। इसके बाद 394 ईस्वी जबकि यूनानी सभ्यता का पतन हो गया, प्रत्येक 4 वर्षों के अंतराल के बाद ओलम्पिक खेलों का आयोजन किया जाता रहा। आधुनिक समय में फ्रांस के धनकुबेर पियरे डी कुबर्टिन ने आधुनिक खेलों को पुनर्जीवित किया। प्रथम आधुनिक ओलम्पिक खेल का आयोजन 1896 में एथेंस (यूनान) में किया गया। इसके बाद से विश्व युद्धों को छोड़कर प्रत्येक 4 वर्ष के अंतराल पर ओलम्पिक खेलों का आयोजन होता रहा है। ओलम्पिक खेलों का ध्वज श्वेत रंग का है जिस पर 5 रंगीन छल्ले बने हैं। प्रत्येक रिंग एक महादेश का प्रतिनिधित्व करता है। एक ही वर्ष में ग्रीष्मकालीन और शीतकालीन ओलंपिक खेलों का आयोजन किया जाता है।

एशियाई खेल

द्वितीय विश्व युद्ध के पश्चात् अनेकों एशियाई देशों ने स्वतंत्रता प्राप्त की। ओलंपिक खेलों की तर्ज पर प्रत्येक चार वर्षों बाद एशियाई खेलों के आयोजन की योजना बनायी गई। भारत ने 1951 में नई दिल्ली में प्रथम एशियाई खेलों का आयोजन किया।

राष्ट्रमंडल खेल

राष्ट्रमंडल खेल भी प्रत्येक चार वर्ष बाद आयोजित किए जाते हैं उसी वर्ष में जिसमें एशियाई खेल आयोजित होते हैं। सभी राष्ट्रमंडल देश (ब्रिटेन के पूर्व उपनिवेश) इसमें भाग ले सकते हैं। प्रथम राष्ट्रमंडल खेल 1930 में हैमिल्टन (कनाडा) में आयोजित हुआ। पहले राष्ट्रमंडल खेल, जो 1930 में कनाडा के हैमिल्टन में आयोजित किये गये थे, को ''ब्रिटिश अम्पायर गेम'' के नाम से जाना गया। 1954 में इनका नाम बदलकर ''ब्रिटिश अम्पायर एण्ड कॉमनवेल्थ गेम्स'' कर दिया गया। 1970 में एक बार फिर इनका नाम परिवर्तन कर 'ब्रिटिश कॉमनवेल्थ गेम्स' किया गया। वर्ष 1978 से इन्हें कामनवेल्थ गेम्स अथवा राष्ट्रमंडल खेलों के नाम से जाना जा रहा है।

प्रमुख खेल एवं उससे संबंधित जानकारी

क्रिकेट : क्रिकेट खेल का जन्मदाता इंग्लैंड को माना जाता है। दुनिया का पहला क्रिकेट क्लब हैम्बल्डन में 1760 के दशक में बना और मेरिलबॉन क्रिकेट क्लब (MCC) 1787 में।

हॉकी : हॉकी का पहला संगठित क्लब 1861 में स्थापित 'ब्लैकहीथ एबी एण्ड क्लब' (इंग्लैंड) है। हॉकी की सर्वोच्च संस्था 'फेडरेशन इंटरनेशल दि हॉकी' (एफ. आई. एच.) है, जिसकी स्थापना 1884 ई. में की गयी थी। हॉकी का पहला अन्तर्राष्ट्रीय मैच 26 जून, 1895 को राइल में वेल्स एवं आयरलैंड के बीच खेला गया। ओलम्पिक में सर्वाधिक आठ बार हॉकी का खिताब भारत ने जीता है।

फुटबॉल : फुटबॉल का जन्म इंग्लैंड में हुआ। 1857 ई. में इंग्लैंड में विश्व का पहला फुटबॉल क्लब 'शेफील्ड फुटबॉल क्लब' का गठन हुआ। भारत में फुटबॉल अंग्रेजों के द्वारा लाया गया और भारत का पहला फुटबॉल क्लब 'डलहौजी क्लब' था।

टेबल टेनिस : इस खेल का जन्मदाता इंग्लैंड है। 'इंटरनेशनल टेबल टेनिस एसोसिएशन' की स्थापना 1926 ई. में की गयी थी। टेबल टेनिस विश्व चैम्पियनशिप का मैच पहली बार 1927 ई. में हुआ।

लॉन टेनिस : आधुनिक संदर्भ में इस खेल का विकास इंग्लैंड में हुआ। टेनिस की सर्वोच्च संस्था इंटरनेशनल टेनिस फेडरेशन (I.T.F.) की स्थापना 1913 ई. में पेरिस में की गई।

बास्केटबॉल : इस खेल का आविष्कार जेम्स स्मिथ ने सन् 1891 में अमेरिका में किया। इसके अन्तर्राष्ट्रीय संघ की स्थापना सन् 1932 में फेडरेशन इंटरनेशनल डे बास्केटबॉल एसोसिएशन (FIBA) के नाम से हुई। भारत में प्रथम बास्केटबॉल खेल सन् 1930 में खेला गया। इसका पहला विश्व चैम्पियन मैच 1950 ई. में आयोजित हुआ।

बैडमिंटन : आधुनिक बैडमिंटन का विकास संभवत: इंग्लैंड में हुआ था। इसकी सर्वोच्च संस्था इंटरनेशनल बैडमिंटन फेडरेशन की स्थापना 1934 में की गयी थी। विश्व बैडमिंटन चैम्पियनशिप की शुरुआत 1977 ई. में हुई थी।

पोलो : आमतौर से यह माना जाता है कि पोलो का जन्म फारस में हुआ था। फारस में 525 ई.पू. में 'पुलु' के नाम से यह खेल खेला जाता था। कुछ लोगों का मानना है कि पोलो का जन्म भारत के मणिपुर में हुआ।

एथलेटिक्स : पहला ओलंपिक जो ई.पू. 8वीं सदी में हुआ था उसमें यह एक मात्र खेल था। ई.पू. 8वीं शताब्दी में होमर द्वारा लिखित इलियड में पैदल दौड़ का वर्णन मिलता है। एथलेटिक्स इंग्लैंड में ईसा बाद 12वीं सदी में प्रारंभ हुई।

कुश्ती : ई.पू. 708 में यूनानियों ने अपने ओलंपिक में कुश्ती को शामिल कर लिया था। कुल मिलाकर कुश्ती के 50 प्रकार हैं। ओलंपिक में ग्रीको रोमन और फ्री स्टाइल कुश्ती आर्मेचर होती है।

शतरंज : सामान्यत: ऐसा माना जाता है कि भारत में यह खेल ईसा बाद 7वीं सदी में शुरू हुआ।

गोल्फ : आधुनिक गोल्फ का खेल सर्वप्रथम स्कॉटलैंड में शुरू हुआ। आधुनिक गोल्फ में पुरुषों के ग्रैंड स्लैम में चार टूर्नामेंट होते हैं। मास्टर ओपन, यूनाइटेड स्टेट्स ओपन, ब्रिटिश ओपन और प्रोफेशनल गोल्फर्स एसोसिएशन ऑफ अमेरिका (पी.जी.ए.) चैम्पियनशिप।

वाटर पोलो : यह खेल सन् 1860 ई. में इंग्लैंड में शुरू हुआ। इस खेल को शुरू करने का श्रेय मुख्यत: ग्लासगो के विलियम विल्सन को जाता है।

बेसबॉल : यह खेल 19वीं सदी के मध्य में अमेरिका में विकसित हुआ। ऐसा माना जाता है कि इसकी खोज अबनेर डबलडे ने सन् 1839 ई. में की। इस खेल के नियमों को एलेक्जेंडर कार्टराइट ने लिखा।

तैराकी : द फेडरेशन इंटरनेशनल डी नेशनल एमैच्योर (FINA) तैराकी एवं अन्य सभी गैर-पेशेवर जल-क्रीड़ाओं को संचालित करती है।

स्पोर्ट्स से जुड़े प्रमुख खिलाड़ी

- **एथलेटिक्स :** कार्ल लुईस, मौरिस ग्रीन, माइकल जानसन, लिंडफोर्ड क्रिस्टी, जैकी जायनर, मेरियन जोंस, बेन जानसन, कैल्विन स्मिथ, जेसी ओवंस, सर्गेई बुबका, सेबेस्टियन को, मिल्खा सिंह, पीटी उषा, उसैन बोल्ट, ज्योतिर्मय सिकदर।
- **बॉक्सिंग :** कैसियस क्ले (मोहम्मद अली), जो फ्रेजर, माइक टायसन, लैरी टोलम्स, फैंक ब्रूनो, हेनरी कूपर, आर्ची मूर, इवांडर होलीफील्ड, विजेंद्र कुमार, एम.सी. मैरीकॉम।
- **बैडमिंटन :** प्रकाश पादुकोण, सैय्यद मोदी, दिनेश खन्ना, जेमी पोलसन, नंदू नाटेकर, लिम स्वीकिंग, सायना नेहवाल।
- **बिलियर्ड :** गीत सेठी, माइकल फरेरा, पंकज आडवाणी।
- **शतरंज :** बोरिस स्पॉस्की, गैरी कास्परोव, अंतोली कार्पोव, विक्टर कोरकोनी, विश्वनाथन आनंद, कोनेरू हम्पी, प्रवीण थिप्से, रोहिणी खादिलकर, सूर्य शेखर गांगुली, गुकेश डी.।
- **क्रिकेट :** सुनील गावस्कर, बिशन सिंह बेदी, कपिल देव, मुहम्मद अजहरुद्दीन, सचिन तेंदुलकर, जी.आर. विश्वनाथ, लाला अमरनाथ, अजित वाडेकर, वी एस चंद्रशेखर, ईएएस प्रसन्ना, एस. वेंकटराघवन, डान ब्रेडमेन, रिचर्ड हैडली, गैरी सोबर्स, इयान बाथम, विवियन रिचर्डस, क्लाइव लायड, इमरान खान, ज्योफ बायकाट, टोनी ग्रेग, वसीम अकरम, हनीफ मोहम्मद, रिची बेनो, माल्कम मार्शल, माइकल होल्डिंग, ग्रेग चैपल, जावेद मियांदाद, विजय मांजरेकर, फैंकवारेल, बिल लॉरी, क्लाइब राइस, विराट कोहली, मार्क टेलर, जीएल गारनर, अर्जुन राणातुंगा, अरविन्द डीसिल्वा, सौरव गांगुली, विनोद कांबली, नयन मोंगिया, अजित अगरकर, जैक कालिस, इयान हिली, जान ट्राइकास, क्रेग मैकडरमोट, ब्रायन मैकलिमन, डब्ल्यू आर हैमंड, सनत जयसूर्या, ब्रायन लारा, एंडी फ्लावर, बी.वी.एस. लक्ष्मण, राहुल द्रविड़, डेनियल विटोरी, वीरेन्द्र सहवाग, एम. एस. धोनी, युवराज सिंह, रिकी पोन्टिंग।
- **हॉकी :** ध्यान चंद, अशोक कुमार, अजित सिंह, परगट सिंह, प्रीतपाल सिंह, जफर इकबाल, शंकर लक्ष्मण, चारू चार्ल्सवर्थ, बलबीर सिंह, टेरी वाल्स, किशनलाल, धनराज पिल्लै।
- **फुटबॉल :** पेले, डियागो माराडोना, फ्रेंज बेकनबोर, सोक्रेट्स, रूड गुलिट, गैरी लिनेकर, कोरेका, पी सी बनर्जी, अरुणलाल घोष, युनी गोस्वामी, इंदर सिंह, डावर सूकर, रोनाल्डो, रिवाल्डो, डिसचैम्पस, ओलिवर कॉन, लुईस फिगो, वाइचुंग भूटिया।
- **टेनिस (लान) :** ब्योन बोर्ग, जिमी कानर्स, जान मैकनरो, इवान लेंडल, पीट सम्प्रास, मार्टिना नवरातिलोवा, स्टेफी ग्राफ, स्टीफन एडवर्ग, आंद्रे अगासी, माइकल चांग, रमेश कृष्णन, बोरिस बेकर, लिएण्डर पेस, महेश भूपति, विजय अमृतराज, आनंद अमृतराज, जयदीप मुखर्जी, राड लीवर, राय इमर्सन, नरेश कुमार, प्रेमजीत लाल, मार्टिना हिंगिस, मेरी पियर्स, सेरेना विलियम्स, वीनस विलियम्स, सानिया मिर्जा, सोमदेव वर्मन, रोजर फेडरर, राफेल नडाल, मारिया शारापोवा।
- **गोल्फ :** ग्रेग नारमेन, निक प्राइस, जीव मिलखा सिंह, एस. चौधरी, आर.के. पीतांबर, विक्रमजीत सिंह, अर्जुन अटवाल।
- **जिम्नास्टिक :** नादिया कोमानिय, एल लेतीनीना, वी. कस्लावस्का, ई.जेबो, डब्ल्यू. किंम, वाई मा, श्रूसोनोवा, डेनिएला सिलीवास, ए ब्रेगलिया, वी युकारिन, एन एंद्रियानोव, सर्गेई स्पिट्ज।
- **स्वीमिंग :** आरती गुप्ता, अरुण कुमार शा, वैद्यनाथ, डाउन फ्रेजर, मिहिर सेन, आरती शाहा, मार्क स्पिट्ज, माइकल फेल्प्स।
- **कुश्ती :** दारा सिंह, भीमसेन, मुख्तार सिंह, सुदेश कुमार, चांदगी राम, सुशील कुमार।
- **निशानेबाजी:** अंजली भागवत्, राज्यवर्धन सिंह राठौर, समरेश जंग, अभिनव बिंद्रा, गगन नारंग।

विश्व के प्रसिद्ध कप और ट्राफियाँ

- अमेरिकन कप — याच रेसिंग
- एशेज — क्रिकेट (इंग्लैंड बनाम आस्ट्रेलिया)
- कनाडा कप — गोल्फ (विश्व चैम्पियनशिप)
- कोलम्बो कप — सॉकर
- चैम्पियन ट्रॉफी — हॉकी (पुरुष) विश्व की 6 श्रेष्ठ टीमों के मध्य
- कोरबिलन कप — टेबल टेनिस (महिला) विश्व कप
- डेविस कप — लॉन टेनिस (पुरुष)
- डर्बी — घुड़ दौड़ (इंग्लैंड)
- जुल्स रिमेट कप — सॉकर—विश्व कप (पुरुष)
- किंग्स कप — एयर रेसेज (इंग्लैंड)
- मर्डेका कप — सॉकर (पुरुष) (मलेशिया)
- प्रिंस ऑफ वेल्स कप — गोल्फ (इंग्लैंड)
- रोथमेंस कप — क्रिकेट
- रायडर कप — गोल्फ (इंग्लैंड)
- स्वेथलिंग कप — विश्व टेबल टेनिस (पुरुष)
- थॉमस कप — विश्व बैडमिंटन (पुरुष)
- टुंकु अब्दुल रहमान कप — बैडमिंटन
- उबेर कप — विश्व बैडमिंटन (महिला)
- वाकर कप — गोल्फ (इंग्लैंड)
- विटमैन कप — लॉन टेनिस (महिला)
- विम्बलडन कप — लॉन टेनिस (इंग्लैंड)

प्रसिद्ध खेल मैदान एवं उनसे सम्बन्धित खेल

खेल-मैदान	खेल	स्थान
इन्द्रप्रस्थ स्टेडियम	इन्डोर गेम	दिल्ली
जवाहरलाल नेहरू स्टेडियम	एथलेटिक्स	दिल्ली
अरुण जेटली स्टेडियम	क्रिकेट	दिल्ली
अम्बेडकर स्टेडियम	फुटबॉल	दिल्ली
शिवाजी स्टेडियम	हॉकी	दिल्ली
नेशनल स्टेडियम	हॉकी	दिल्ली
हेनले	रेगाटा	इंग्लैंड
नेशनल स्टेडियम	हॉकी	मुम्बई
वानखेडे स्टेडियम	क्रिकेट	मुम्बई
ब्रेबोर्न स्टेडियम	क्रिकेट	मुम्बई
ईडन गार्डन	क्रिकेट	कोलकाता
ग्रीन पार्क स्टेडियम	क्रिकेट	कानपुर
कीनन स्टेडियम	क्रिकेट	जमशेदपुर
नेहरू (चेपक) स्टेडियम	क्रिकेट	चेन्नई
वाराबती स्टेडियम	क्रिकेट	कटक
इप्सम	डर्बी घुड़दौड	ब्रिटेन

खेल-मैदान	खेल	स्थान
हेडिंग्ले मानचेस्टर	क्रिकेट	ब्रिटेन
लार्ड्स, ओवल, लीड्स	क्रिकेट	ब्रिटेन
ब्लैक हीथ	रग्बी फुटबॉल	लन्दन
विम्बलडन	लॉन टेनिस	लन्दन
वेम्बले स्टेडियम	फुटबॉल	लन्दन
ब्रुकलैण्ड	फुटबॉल	इंग्लैंड
टिबंकहम	रग्बी फुटबॉल	इंग्लैंड
पटनी मार्टलेक	नौका दौड़	इंग्लैंड
टेंट ब्रिज	क्रिकेट	इंग्लैंड
एण्ट्री	घुड़दौड़	इंग्लैंड
व्हाइट सिटी	कुत्तों की दौड	इंग्लैंड
हरलिघम	पोलो	इंग्लैंड
पर्थ, ब्रिस्बेन, मेलबोर्न	क्रिकेट	आस्ट्रेलिया
ब्रूकलिन	बेसबॉल	न्यूयार्क
फोरस्ट हिल	टेनिस	न्यूयार्क
नरेन्द्र मोदी स्टेडियम	क्रिकेट	अहमदाबाद

पुरस्कार एवं सम्मान

राष्ट्रीय पुरस्कार

- **भारत रत्न**–यह भारत का सर्वोच्च असैनिक सम्मान है। यह कला, साहित्य, विज्ञान एवं खेलकूद के क्षेत्र में अतिविशिष्ट सेवाओं तथा सार्वजनिक क्षेत्र में उत्कृष्टतम योगदान के लिए प्रदान किया जाता है। सरकारी सेवाओं में लगे व्यक्तियों को यह पुरस्कार नहीं दिया जाता है।
- **पद्म विभूषण**–यह अलंकरण सभी क्षेत्रों में उल्लेखनीय योगदान के लिए दिया जाता है। सरकारी सेवाओं में लगे व्यक्ति भी इसके पात्र माने जाते हैं।
- **पद्म भूषण**–सभी क्षेत्रों में उल्लेखनीय योगदान के लिए यह उपाधि प्रदान की जाती है। सरकारी सेवाओं में रत व्यक्ति भी इसे पाने के हकदार हैं।
- **पद्म श्री**–विविध क्षेत्रों में उत्तम कार्य करने के उपलक्ष्य में यह उपाधि प्रदान की जाती है। सरकारी सेवा में लगे लोगों को भी इस उपाधि से अलंकृत किया जा सकता है।

शौर्य पदक

- **परमवीर चक्र**–शत्रु के समक्ष दृढ़ता से वीरता-प्रदर्शन के फलस्वरूप दिया जाने वाला यह सबसे बड़ा पुरस्कार है। यह अत्यन्त वीरतापूर्ण कार्य जल, थल तथा नभ में से किसी भी सेना के कर्मचारी द्वारा किये जाने पर दिया जाता है।
- **महावीर चक्र**–यह दूसरा सर्वोच्च पदक है जो शत्रु के समक्ष अद्वितीय शौर्य प्रदर्शन के फलस्वरूप प्रदान किया जाता है। इस प्रकार का वीरतापूर्ण कार्य थल, जल एवं नभ सेनाओं में से किसी के भी द्वारा किया गया हो सकता है।
- **वीर चक्र**–यह तीसरी श्रेणी का सेना पदक है जो शत्रु के समक्ष वीरता-प्रदर्शन करने के उपलक्ष्य में प्रदान किया जाता है। यह पदक जल, थल और नभ सेना के किसी भी वर्ग के कर्मचारी को वीरतापूर्ण कार्य के लिए प्राप्त हो सकता है।
- **अशोक चक्र**–यह ऐसा पदक है जो जल, थल और नभ कहीं पर भी उत्कृष्ट वीरतापूर्ण कार्य करने अथवा आत्म-बलिदान होने के फलस्वरूप प्रदान किया जाता है। लेकिन इस प्रकार का काम शत्रु के समक्ष होना आवश्यक नहीं। गुणों के आधार पर इस पदक के तीन वर्ग हैं– प्रथम, द्वितीय तथा तृतीय। द्वितीय पदक का नाम कीर्ति चक्र तथा तृतीय पदक का नाम शौर्य चक्र है।

अन्य राष्ट्रीय पुरस्कार/सम्मान

- **ज्ञानपीठ पुरस्कार**–यह पुरस्कार सांस्कृतिक एवं साहित्यिक संस्था 'भारतीय ज्ञानपीठ' द्वारा वर्ष 1965 से प्रदान किया जाता है। प्रत्येक वर्ष यह पुरस्कार संविधान की आठवीं अनुसूची में सम्मिलित 22 भारतीय भाषाओं और अंग्रेजी में से चयनित भारतीय लेखकों को प्रदान किया जाता है। इस पुरस्कार से पुरस्कृत साहित्यकार को

21 लाख रुपए नकद, एक स्मृति चिह्न, एक प्रशस्ति-पत्र तथा वाग्देवी (सरस्वती) की प्रतिमा प्रदान की जाती है।

- **दादा साहब फाल्के पुरस्कार**–इस पुरस्कार की स्थापना भारतीय फिल्म उद्योग के संस्थापक दादा साहब फाल्के की याद में भारत सरकार के सूचना एवं प्रसारण मंत्रालय द्वारा की गई है। इस पुरस्कार की धनराशि 15 लाख रुपए है।
- **जमनालाल बजाज पुरस्कार**–यह पुरस्कार रचनात्मक सामाजिक कार्य क्षेत्र में महत्त्वपूर्ण योगदान, ग्रामीण विकास हेतु विज्ञान एवं प्रौद्योगिकी के उपयोग तथा महिलाओं एवं बच्चों के उत्थान व कल्याण कार्यों हेतु प्रदान किया जाता है। इन पुरस्कारों के तहत 10-10 लाख की पुरस्कार राशि अब प्रदान की जाती है।
- **सरस्वती सम्मान**–15 लाख रुपये का यह पुरस्कार उत्कृष्ट साहित्यिक कृति पर दिया जाता है।
- **व्यास सम्मान**–के॰ के॰ बिड़ला फाउंडेशन द्वारा स्थापित यह पुरस्कार किसी एक साहित्यिक कृति को प्रदान किया जाता है। इसके तहत एक प्रशस्ति पत्र तथा 4 लाख रुपये की धनराशि प्रदान की जाती है।
- **मेजर ध्यानचंद खेल रत्न पुरस्कार**–1992 में स्थापित यह पुरस्कार भारत सरकार द्वारा खेलों में सराहनीय प्रदर्शन करने वाले खिलाड़ियों को प्रदान किया जाता है। इसमें 25 लाख रुपये की धनराशि, एक पदक और एक प्रशस्ति पत्र प्रदान किया जाता है। पहले इस पुरस्कार का नाम राजीव गांधी खेल रत्न पुरस्कार था।
- **अर्जुन पुरस्कार**–1961 में स्थापित यह पुरस्कार भारत सरकार द्वारा विभिन्न खेलों में विशेष उपलब्धि प्राप्त करने वाले खिलाड़ियों को प्रदान किया जाता है। इसमें अर्जुन की काँस्य प्रतिमा, प्रशस्ति पत्र तथा 15 लाख रुपये की धनराशि और समारोह परिधान प्रदान किया जाता है।
- **द्रोणाचार्य पुरस्कार**–1985 में स्थापित यह पुरस्कार भारत सरकार द्वारा खेल प्रशिक्षकों द्वारा की गयी उत्कृष्ट सेवाओं के लिए प्रदान किया जाता है। यह पुरस्कार दो वर्गों आजीवन और नियमित में प्रदान किया जाता है। आजीवन वर्ग में 15 लाख रुपये तथा नियमित वर्ग में 10 लाख रुपये, गुरु द्रोणाचार्य की प्रतिमा, प्रशस्ति पत्र, तथा समारोह परिधान प्रदान किया जाता है।

अंतर्राष्ट्रीय पुरस्कार

- **नोबेल पुरस्कार**–इस पुरस्कार का प्रवर्तन सन् 1901 में डाइनामाइट के आविष्कारक अल्फ्रेड बर्नहर्ड नोबेल (1833-1896 ई॰) द्वारा व्यक्त की गई इच्छा के परिणामस्वरूप किया गया था। नोबेल पुरस्कार प्रति वर्ष रसायन शास्त्र, भौतिकी, साहित्य, चिकित्सा, शान्ति-प्रोत्साहन और अर्थशास्त्र (अर्थशास्त्र के लिए यह पुरस्कार 1969 से दिया जाना शुरू किया गया) के क्षेत्र में दिये जाते हैं। निम्न भारतीय अब तक इस पुरस्कार से सम्मानित किए जा चुके हैं: *(i)* डॉ॰ रवीन्द्रनाथ टैगोर (1913) उनकी कृति 'गीतांजलि' के लिए, *(ii)* डा॰ सी॰ वी॰ रमन (1930) भौतिकी के लिए, *(iii)* मदर टेरेसा (1979) शान्ति के लिए, *(iv)* प्रो॰ अमर्त्य सेन (1998) अर्थशास्त्र के लिए और *(v)* कैलाश सत्यार्थी (2014) शान्ति के लिए। इसके अलावा भारतीय मूल के चार लोगों सुब्रमण्यन चंद्रशेखर (भौतिक विज्ञान), हर गोविंद खुराना (चिकित्सा विज्ञान), वेंकटरामन रामकृष्णन (रसायन विज्ञान) और अभिजीत बनर्जी (अर्थशास्त्र) को भी यह पुरस्कार मिल चुका है।
- **रेमन मैग्सेसे पुरस्कार**–एशिया महाद्वीप का सबसे बड़ा पुरस्कार फिलीपीन्स के भूतपूर्व राष्ट्रपति की स्मृति में वर्ष 1957 से प्रदान किया जाता है। इसमें एक स्वर्ण पदक तथा पचास हजार डॉलर प्रदान किये जाते हैं। इसे एशिया का नोबेल पुरस्कार भी कहा जाता है।
- **शान्ति, निःशस्त्रीकरण व विकास के लिए इन्दिरा गांधी पुरस्कार**–1986 में स्थापित यह पुरस्कार भारत सरकार द्वारा अन्तर्राष्ट्रीय शान्ति, निरस्त्रीकरण एवं विकास के क्षेत्र में उल्लेखनीय योगदान हेतु प्रदान किया जाता है। पुरस्कार राशि 25 लाख रुपये नगद व साथ में एक स्मृति-चिन्ह दिया जाता है।
- **महात्मा गांधी अन्तर्राष्ट्रीय पुरस्कार**–एक करोड़ रु॰ की राशि का यह पुरस्कार भारत सरकार का सर्वोच्च असैनिक अन्तर्राष्ट्रीय पुरस्कार है जो 1995 में शुरू किया गया था। यह पुरस्कार अहिंसा के जरिए सामाजिक, आर्थिक और राजनीतिक परिवर्तन के लिए काम करने वाले व्यक्ति को दिया जाता है।
- **मैन बुकर पुरस्कार**–ब्रिटेन की संस्था बुकर मैकोनल कंपनी एंड पब्लिशर्स एसोसिएशन के द्वारा यह पुरस्कार 1969 में स्थापित हुआ। यह प्रतिवर्ष किसी लेखक को अंग्रेजी भाषा की उत्कृष्ट रचना हेतु प्रदान किया जाता हैं। इसकी पुरस्कार राशि 50,000 पाउण्ड है।
- **ऑस्कर पुरस्कार**–संयुक्त राज्य अमेरिका की 'नेशनल एकेडमी ऑफ मोशन पिक्चर आर्ट्स एण्ड साइंसेज' द्वारा फिल्म जगत का अत्यन्त प्रतिष्ठित यह पुरस्कार प्रतिवर्ष प्रदान किया जाता है।

प्रमुख देशों के सर्वोच्च सम्मान

देश	सर्वोच्च सम्मान
भारत	भारत रत्न
पाकिस्तान	निशान-ए-पाकिस्तान
कुवैत	मुबारक अल कबीर पदक
सऊदी अरब	शाह अब्दुल अजीज पदक
अर्जेन्टीना	द ऑर्डर ऑफ सॉन मार्टिन
निकारागुआ	आगस्टोसीजर सैण्डिनो ऑर्डर
हंगरी	द ऑर्डर ऑफ वैनर
वियतनाम	द ऑर्डर ऑफ द गोल्डेन स्टार
ब्रिटेन	मेम्बर ऑफ ब्रिटिश एम्पायर, विक्टोरिया क्रॉस
जापान	ऑर्डर आफ मौलोवनिश सन
डेनमार्क	आर्डर ऑफ द डैने ब्रोग
फ्रांस	लेजेण्ड ऑफ ऑनर
अमेरिका	प्रेसिडेंशियल मेडल ऑफ फ्रीडम
जर्मनी	पोर ली मैरिट आयरन क्रॉस
नीदरलैण्ड्स	नीदरलैण्ड्स लॉयन

कम्प्यूटर ज्ञान

कम्प्यूटर : एक परिचय

- कंप्यूटर एक ऐसी इलेक्ट्रॉनिक युक्ति है जो दिए गए निर्देशन समूह के आधार पर सूचना को संसाधित करती है। इस निर्देशन समूह को प्रोग्राम कहते हैं। कंप्यूटर का हिन्दी रूपांतर 'संगणक' है।
- कंप्यूटर के विकास की दिशा में प्रथम प्रयास 19वीं शताब्दी में चार्ल्स बैवेज ने किया था, इसलिए उन्हें कम्प्यूटर का पितामह कहा जाता है। विश्व के प्रथम कम्प्यूटर मार्क-I का विकास वर्ष 1944 में हार्वर्ड विश्वविद्यालय में किया गया था।
- भारत में बना पहला कम्प्यूटर सिद्धार्थ है।
- कंप्यूटर में प्रयुक्त उच्चस्तरीय भाषाएं—फोरट्रॉन, कोबोल, बेसिक, अल्गोल, पास्कल, कोमाल, लोगो, प्रोलॉग तथा फोर्थ हैं। कंप्यूटर की भाषा में जानकारी को 'डाटा' और हिदायतों को 'प्रोग्राम' कहा जाता है।

कम्प्यूटर के प्रकार

- **माइक्रो कम्प्यूटर :** ये वस्तुतः एक ही व्यक्ति द्वारा उपयोग में लाए जाने के कारण व्यक्तिगत कम्प्यूटर (PC) कहलाते हैं।
- **मिनी कम्प्यूटर :** आकार तथा कार्यक्षमता की दृष्टि से ये छोटे होते हैं तथा एक बड़ी मेज पर आ सकते हैं। इन पर एक साथ बीस-तीस टर्मिनल पर कार्य किया जाता है।
- **मेन फ्रेम कम्प्यूटर :** ये बड़े आकार के कम्प्यूटर होते हैं जिनका डिजाइन स्टील के फ्रेम में लगाकर किया जाता है। इसकी मेमोरी उपर्युक्त दोनों से अधिक होती है।
- **सुपर कम्प्यूटर :** ये कम्प्यूटर बहुत अधिक शक्तिशाली होते हैं तथा जटिल संक्रियाओं को भी बहुत शीघ्र गति से करते हैं। इसकी संग्रहण क्षमता भी अधिक होती है।

कम्प्यूटर के मुख्य घटक

कंप्यूटर के मुख्य रूप से चार घटक होते हैं—

- **हार्डवेयर :** हार्डवेयर कम्प्यूटर के वे घटक होते हैं, जिन्हें हम देख और छू सकते हैं। हार्डवेयर के अंतर्गत सेन्ट्रल प्रोसेसिंग यूनिट (CPU), डीवीडी ड्राइव, मॉनीटर, की-बोर्ड, मॉउस, स्पीकर्स आदि आते हैं।
- **सॉफ्टवेयर :** सॉफ्टवेयर कंप्यूटर के उन घटकों को कहा जाता है जिन्हें हम देख और छू नहीं सकते हैं किन्तु उनकी सहायता से कंप्यूटर के द्वारा वांछित परिणाम प्राप्त कर सकते हैं। ये निर्देशों के समुच्चय होते हैं, जिनके द्वारा कंप्यूटर एक या एक से अधिक कार्यों को सम्पन्न करता है।
- **ऑपरेटिंग सिस्टम :** कंप्यूटर के हार्डवेयर रिसोर्सेज जैसे मेमोरी, प्रोसेसर तथा इनपुट-आउटपुट डिवाइसेस को व्यवस्थित करने के लिए बनाए गए सॉफ्टवेयर को ऑपरेटिंग सिस्टम कहते हैं।
- **एप्लीकेशन प्रोग्राम :** उन सॉफ्टवेयर्स को एप्लीकेशन प्रोग्राम कहा जाता है जिनकी सहायता से हम कंप्यूटर को दिए गए किसी निश्चित आदेश का पालन करवाते हैं। उदाहरण के तौर पर वर्ड प्रोसेसर्स जैसे कि एमएस ऑफिस, एकाउंटिंग सॉफ्टवेयर्स, टैली आदि।

कम्प्यूटर के मुख्य कार्य

कंप्यूटर मुख्य रूप से चार प्रकार के कार्य करता है :

(1) डाटा का संकलन तथा निवेशन
(2) डाटा का संचयन
(3) डाटा संसाधन
(4) डाटा/इन्फॉर्मेशन का निर्गमन या पुनर्निर्गमन

कम्प्यूटर के विभिन्न भाग

- **सीपीयू (CPU):** यह सेन्ट्रल प्रोसेसिंग यूनिट का संक्षिप्त रूप है। यह कम्प्यूटर का सबसे प्रमुख भाग है, जो कि निर्देशों का उपयोग कर संपूर्ण कंप्यूटर प्रणाली को संचालित करता है। इसे कम्प्यूटर का मस्तिष्क कहा जाता है।
- **रैम (RAM):** यह रैण्डम एक्सेस मेमोरी का संक्षिप्त रूप है। यह कम्प्यूटर की मेन मेमोरी का एक महत्वपूर्ण हिस्सा होता है। कम्प्यूटर में संप्रेषित सभी डाटा रैम में ही जमा होते हैं।
- **रोम (ROM):** यह रीड ऑनली मेमोरी का संक्षिप्त रूप है। रोम स्थायी स्मृति है, जो कम्प्यूटर के निर्माण के समय ही स्थापित कर दी जाती है। इसमें मौजूद डाटा को केवल पढ़ा जा सकता है।
- **मदर बोर्ड (Mother Board):** यह सर्किट बोर्ड होता है, जिसमें कम्प्यूटर के प्रत्येक भाग को जोड़ा जाता है।
- **सीडी रोम (CD-ROM):** सीडी रोम यानी कॉम्पैक्ट डिस्क छोटे-से आकार में होते हुए भी बहुत बड़ी मात्रा में आंकड़ों एवं चित्रों को ध्वनियों के साथ संग्रहित करने में सक्षम होता है।
- **कम्प्यूटर वायरस (Computer Virus):** यह एक प्रकार का इलेक्ट्रॉनिक कोड है, जिसका उपयोग कम्प्यूटर में समाहित सूचनाओं को समाप्त करने के लिए होता है। कुछ मुख्य कम्प्यूटर वायरस हैं—माइकेल एंजेलो, डार्क एवेंजर, फिलिप, सी ब्रेन, ब्लडी आदि।

कंप्यूटर का आधुनिक विकास

- **स्मार्ट फोन :** यह एक ऐसा मोबाइल फोन है, जिसमें कंप्यूटर की क्षमता तथा फोन की सभी सुविधा एक साथ उपलब्ध है।
- **आई पैड (i-Pad):** यह टैबलेट है, जिसे Apple द्वारा डिजाइन तथा विकसित किया गया है।
- **टैबलेट :** यह एक प्रकार का लैपटॉप पीसी है जिसमें आकर्षक टूल्स तथा टच-स्क्रीन लगा होता है।
- **ब्लूटूथ :** यह एक वायरलैस तकनीक है, जिसका प्रयोग कम दूरी पर डाटा आदान-प्रदान के लिए किया जाता है।

इन्टरनेट

- दुनिया के विभिन्न स्थानों पर स्थापित टेलिफोन लाइनों अथवा उपग्रहों की सहायता से एक-दूसरे के साथ जुड़े कम्प्यूटर नेटवर्क 'इंटरनेट' कहलाते हैं।
- ई-मेल, ईलर्निंग, ई-कॉमर्स, वर्ल्ड वाइड वेब इंटरनेट की सेवाएं हैं।

नेटवर्किंग

- इसका अर्थ विभिन्न कम्प्यूटरों को आपस में जोड़ना है, जिसमें ये सर्वर से जुड़े होते हैं।
- प्रत्येक कम्प्यूटर का अपना प्रोसेसर होता है। नेटवर्किंग के अनेक लाभ हैं जैसे—डाटा का आदान-प्रदान, फाइलों का स्थानान्तरण फ्लॉपीज के बिना सम्भव होना, चिकित्सा, अभियन्त्रण आदि में स्पष्ट लाभ, डाटा, सुरक्षा, कम स्मृति संग्राहक का उपयोग आदि।
- नेटवर्किंग के मुख्यतः तीन प्रकार होते हैं—
  लैन : स्थानीय क्षेत्र (लोकल एरिया) नेटवर्क
  मैन : महानगर क्षेत्र (मेट्रोपोलिटन एरिया)
  वैन : व्यापक क्षेत्र (वाइड एरिया) नेटवर्क

जैविक कम्प्यूटर

- यह एक ऐसा कम्प्यूटर है, जिनमें इनपुट और आउटपुट दोनों ही जीवन्त हैं। डीएनए प्रयुक्त यह नैनो कंप्यूटर जीवित प्रणाली से संचालित है। इसमें डीएनए चिप का प्रयोग होता है। इजराइल स्थित वेजमान इंस्टीट्यूट ऑफ साइंस के वैज्ञानिक इहुड शोप्रियो के नेतृत्व में पहला जैविक कंप्यूटर तैयार किया गया है।

कम्प्यूटर शब्दावली

- **एप्लीकेशन प्रोग्राम** : एक ऐसा प्रोग्राम जो कोई निश्चित कार्य ही करता हो जैसे—वर्ड प्रोसेसिंस या डेटाबेस प्रबंधन अथवा एकाउंटिंग का कार्य करने वाला सॉफ्टवेयर। इनमें वर्ड प्रोसेसिंग के लिए M.S. Word, डेटाबेस प्रबंधन के लिए Visual FOX PRO, डिजायनिंग के लिए Adobe Photoshop अथवा एकाउंटिंग के लिए Tally एवं Busy प्रसिद्ध एप्लीकेशनल प्रोग्राम है।
- **बिट (Bit):** इलेक्ट्रॉनिक डेटा को मापने की एक यूनिट बिट कहलाती है। 8 बिट मिलकर एक बाइट का निर्माण करती है।
- **बूट (Boot):** कम्प्यूटर को कार्यावस्था में लाने के लिए आपरेटिंग सिस्टम द्वारा किया जाने वाला प्रारम्भिक कार्य बूट कहलाता है।
- **चिप (Chip):** प्रायः सिलिकन की बनी हुई यह एक पतली चिप्पी है, जिस पर विशेष प्रक्रिया से सर्किट बनाए जाते हैं।
- **कम्पाइलर (Compiler):** वह प्रोग्राम जो उच्चस्तरीय भाषा को मशीनी भाषा में परिवर्तित करता है, कम्पाइलर कहा जाता है।
- **कर्सर 'की' (Cursor 'Key'):** की-बोर्ड पर पाये जाने वाले वे बटन जिन पर तीर के निशान बने होते हैं, कर्सर 'की' कहलाता है।
- **एरर मैसेज (Error Message):** किसी सॉफ्टवेयर द्वारा किसी गड़बड़ी के बारे में दर्शाया जाने वाला संदेश एरर मैसेज कहलाता है।
- **फाइल (File):** डेटा का वह संग्रह जिसे किसी नाम से सेव किया जाता है, फाइल कहलाता है।
- **प्रोग्राम (Program):** कम्प्यूटर के कार्य निर्देशन के लिए निम्न या उच्चस्तरीय भाषा में लिखे गए आदेशों की श्रृंखला, कम्प्यूटर प्रोग्राम कहलाता है।

सामान्य विज्ञान

विज्ञान की विविध शाखाएं

नाम	अध्ययन	नाम	अध्ययन
एरोनॉटिक्स	वैमानिकी का अध्ययन	फिलाटेली	टिकट संग्रह कला
एनाटोमी	मानव शरीर की रचना	हार्टीकल्चर	बागवानी
आर्कियोलॉजी	पुरातत्व अध्ययन	सीस्मोलॉजी	भूकंप का अध्ययन
एकॉस्टिक	ध्वनि से संबंधित अध्ययन	ऑस्टोलॉजी	हड्डियों का अध्ययन
एस्ट्रोनामी	खगोल अध्ययन	जेनेटिक्स	आनुवंशिकी का अध्ययन
एण्टोमोलॉजी	कीटाणुओं का अध्ययन	जूलॉजी	जन्तु विज्ञान
एस्ट्रोफिजिक्स	ग्रह-मंडल का अध्ययन	बायलॉजी	प्राणी विज्ञान
कैलिस्थेनिक्स	व्यायाम विद्या का अध्ययन	जिओलॉजी	भूगर्भ की बनावट का अध्ययन
क्रोनोलॉजी	ऐतिहासिक क्रम का अध्ययन	पैथॉलाजी	रोगों का अध्ययन
बॉटनी	वनस्पति का अध्ययन	फिजिक्स	भौतिक विज्ञान
केमिस्ट्री	रसायन का अध्ययन	बायोकेमिस्ट्री	प्राणी का रासायनिक अध्ययन
सेरामिक्स	चीनी के बर्तनों के निर्माण का अध्ययन	युजेनिक्स	नस्ल सुधार का अध्ययन
इकोलॉजी	जीव एवं पर्यावरण संबंधों का अध्ययन	एन्टोमोलॉजी	कीट-पतंगों का अध्ययन

आविष्कार और आविष्कारक

आविष्कार	आविष्कारक	देश	सन्
वायुयान	ओरविल और विलबर राइट	अमेरिका	1903
बॉल-पांइट	जॉन जे॰ लाउड	अमेरिका	1888
बैरोमीटर	इवेंजलिस्ता टौरीसेली	इटली	1644
बाईसिकिल	कर्कपैट्रिक मैकमिलन	इंग्लैंड	1839-40
बाईफोकल लेंस	बेन्जामिन फ्रैंकलिन	अमेरिका	1780
बनसेन बर्नर	आर॰ विल्हेम वोन बनसेन	जर्मनी	1855
कार (पेट्रोल)	कार्ल बेन्ज	जर्मनी	1888
सीमेंट (पोर्टलैंड)	जोसेफ एस्पडिन	इंग्लैंड	1824
सिनेमा	निकोलस और जीन लूमियर	फ्रांस	1895
क्लॉक (मैकेनिकल)	आई.सिंग और लियांग लिंग-तसान	चीन	1725
डीजल इंजन	रूडोल्फ डीजल	जर्मनी	1895
डायनेमो	हाइपोलाइट पिक्सी	फ्रांस	1832
इलैक्ट्रिक लैम्प	थॉमस अल्वा एडिसन	अमेरिका	1879
सेफ्टी पिन	वाल्टर हन्ट	अमेरिका	1849
सिलाई मशीन	बार्थलेमी थिम्मोनियर	फ्रांस	1829
जहाज (भाप)	जे.सी॰ पेरियर	फ्रांस	1775
जहाज (टरबाइन)	होन॰ सर सी॰ पारसंस	इंग्लैंड	1894
स्लाइड रूल	विलियम ऑग्ट्रेड	इंग्लैंड	1621
भाप का इंजन	जेम्स वॉट	इंग्लैंड	1765
स्टेनलेस स्टील	हेरि ब्रियरले	इंग्लैंड	1913
समुद्री जहाज	डेविड बुशनेल	अमेरिका	1776
टैंक	सर अर्नस्ट स्विनटन	इंग्लैंड	1914
टेलीग्राफ	एम॰ लम्मोंड	फ्रांस	1787
टेलीग्राफ कोड	सैमुअल एफ॰ बी॰ मोर्स	अमेरिका	1837
टेलीफोन (परफैक्टेड)	अलेक्जैण्डर ग्राहम बेल	अमेरिका	1876
टेलीस्कोप	हेन्स लिप्परशे	नीदरलैंड्स	1608
टेलीविजन (मैकेनिकल)	जे.एल॰ बेयर्ड	इंग्लैंड	1926
टेलीविजन (इलेक्ट्रॉनिक)	पी.टी॰ फार्न्सवर्थ	अमेरिका	1927
थर्मामीटर	गैलिलियो गैलिली	इटली	1593
ट्रांसफार्मर	माइकल फैराडे	इंग्लैंड	1831
ट्रांजिस्टर	बरडीन, शोकले तथा ब्राट्टेन	अमेरिका	1948
टाइपराइटर	पेलेग्रिन टेर्री	इटली	1808
कपड़ा धोने की मशीन (विद्युत)	हर्ले मशीन कम्पनी	अमेरिका	1907
घड़ी	बारथोलोम्यू मैनफ्रेडी	इटली	1462

माप/तौल की इकाइयां

वॉट	बिजली की शक्ति की इकाई
ओम	विद्युत प्रतिरोध
हर्ट्ज	तरंगों की आवृत्ति
डाइन	बल की सापेक्ष इकाई
कैलोरी	ऊष्मा की इकाई
कूलम्ब	विद्युत की मात्रा
एम्पियर	विद्युत धारा
नॉट	समुद्र पोतों की गति
बार	वायुमंडलीय दाब की इकाई
डेसीबल	सापेक्ष ध्वनि की तीव्रता

एंगस्ट्रम	प्रकाश तरंगों की लम्बाई
कैरेट	बहुमूल्य पत्थर की तौल
फैदम	समुद्र की गहराई की इकाई
न्यूटन	बल
कैन्डला	ज्योति तीव्रता
प्रकाश वर्ष	आकाश के ग्रहों आदि की दूरी की इकाई

चिकित्सा विज्ञान संबंधी आविष्कार

रफ-बैटिन	इन्सुलिन (डायबिटीज के उपचार के लिए)
ब्रह्मचारी यू.एन.	काल-ज्वर बुखार की चिकित्सा
डॉ. क्रिश्चियन बर्नार्ड	हृदय प्रत्यारोपण
जी. डोमाग	सल्फा ड्रग्स
राबर्ट कोच	हैजे का टीका
डॉ. पाल मुलर	डी.डी.टी.
आइजकमेन	बेरी-बेरी की चिकित्सा
आर्थर बर्ग तथा जेम्स वाटसन	आर.एन.ए.
जेम्स वाटसन तथा क्रिक	डी.एन.ए.
ड्रेसर	एस्प्रिन
रेबी	क्लोरोक्वीन (कुनैन)
हरगोविन्द खुराना	कृत्रिम जीन
फिनले	टेरामाइसिन
ल्यूवेनहॉक	बैक्टीरिया
रोबर्थ	टायफायड के जीवाणु
रीड	पीले बुखार की चिकित्सा
फिन्सेन	अल्ट्रा वायलेट रेंज द्वारा चिकित्सा
पाल एरिक	सिफलिस की चिकित्सा
सर अलेक्जेंडर फ्लेमिंग और फ्लोरे	पेन्सिलिन
विलियम हार्वे	रक्त परिवहन (संचरण)
कार्ल लैंडस्टीनर	रक्त-आधान
हैनीमेन	होम्योपैथी की स्थापना
फंक	विटामिन
मैकुलन	विटामिन 'ए'
मैकुलन	विटामिन 'बी'
यूजोक्ट होल्कट	विटामिन 'सी'
एफ.जी. हॉपकिन्स	विटामिन 'डी'
एडवर्ड जेनर	चेचक का टीका
राबर्ट कोच	टी.बी. की चिकित्सा
लेनेक	स्टेथॉस्कोप
लार्डजोसेफ लिस्टर	एण्टीसेप्टिक द्वारा चिकित्सा
लुई पाश्चर	हाइड्रोफोबिया की चिकित्सा
डॉ. रोनेल्ड रॉस	मलेरिया की चिकित्सा
डॉ. जोन्स इ. साल्क	एण्टी पोलियो वैक्सीन
सर जेम्स हैरीसन	क्लोरोफार्म की खोज
वैक्समैन	स्ट्रेप्टोमाइसिन
हैनीमेन	होम्योपैथी

विटामिन की कमी से होने वाले रोग

विटामिन	रोग	स्रोत
विटामिन A	रतौंधी	गाजर, दूध, अंडा
विटामिन B_{12}	अरक्तता	कलेजी, अंडा
विटामिन B_1	बेरी-बेरी	दाल, अंडा, मूंगफली
विटामिन C	स्कर्वी	संतरा, टमाटर
विटामिन B_2	मुँह की त्वचा	कलेजी, दूध, मांस
विटामिन D	सूखा रोग	सूर्य का प्रकाश,
विटामिन B_6	एनीमिया और होंठ फटना	कलेजी, दूध, मांस मछली का तेल
विटामिन E	बांझपन	हरी सब्जियाँ, दूध, कलेजी
विटामिन B_3	पेलाग्रा	मछली, अंडा
विटामिन K	रक्त का थक्का जमने में कमी	हरी सब्जी

प्रमुख बीमारियों द्वारा प्रभावित अंग

बीमारी	प्रभावित अंग
निमोनिया	फेफड़े
टायफाइड	आँत
डिप्थीरिया	श्वसन नलिका
सिफलिस	जनन अंग
मेनिनजाइटिस	मस्तिष्क
आर्थाइटिस	जोड़ों की सूजन
एग्जीमा	चमड़ी
पीलिया	यकृत
अतिसार	आँत का अग्रभाग
सुजाक, श्वेत प्रदर	मूत्र मार्ग
पायरिया	दाँत तथा मसूड़े
गठिया या ट्यूमैटिज्म	जोड़ों में
टिटनेस	तंत्रिका तंत्र, मांसपेशी
कुष्ठ	त्वचा, तंत्रिकाएं
हैजा	आँत, आहार नाल
रिकेट्स	हड्डियाँ
गोइटर (गण्डमाला)	थाइराइड ग्रंथि
काली खाँसी	श्वसन तंत्र
एड्स	सम्पूर्ण शरीर
प्लेग	फेफड़े, लाल रक्त कणिकाएं
रेबीज या हाइड्रोफोबिया	तंत्रिका तंत्र
खसरा	सम्पूर्ण शरीर
कालाजार	रुधिर, प्लीहा व अस्थि मज्जा
क्षय रोग	शरीर का कोई भी अंग, विशेषकर फेफड़े
केटेरेक्ट, ग्लाइकोमा, ट्रेकोमा, मायोपिया	आँख
चेचक	सम्पूर्ण शरीर, विशेषकर चेहरा तथा हाथ-पैर

प्रमुख पाचक एन्जाइम एवं उनके कार्य

पाचक एन्जाइम	स्रोत	कार्य
टाइलिन	लार ग्रन्थि	स्टार्च का माल्टोस में परिवर्तन
एमाइलेज	लार ग्रन्थि, अग्न्याशय	पॉलीसैकेराइड का डाइसैकेराइड में परिवर्तन
पेप्सिन	आमाशय	प्रोटीन को पेप्टाइड खण्डों में तोड़ना
ट्रिप्सिन एवं काइमोट्रिप्सिन	अग्न्याशय	प्रोटीन एवं पॉलीपेप्टाइड को पेप्टाइड खण्डों में तोड़ना
लाइपेस	अग्न्याशय	ट्राइग्लिसराइड को वसीय अम्ल एवं मोनोग्लिसराइड में तोड़ना

मानव शरीर से सम्बन्धित महत्वपूर्ण तथ्य

तथ्य	स्थिति/मात्र
अस्थियों की कुल संख्या	206
सबसे छोटी अस्थि	स्टेपीज (मध्य कर्ण में)
सबसे लम्बी अस्थि	फीमर (जंघा में)
कशेरुकाओं की कुल संख्या	33
पेशियों की कुल संख्या	+639
सबसे लम्बी पेशी	सारटोरियस
बड़ी आँत की लम्बाई	1.5 मी (4.9 फीट)
छोटी आँत की लम्बाई	6.25 मी (20 फीट)
यकृत का भार (पुरुष में)	1.4-1.8 किग्रा
यकृत का भार (महिला में)	1.2-1.4 किग्रा
सबसे बड़ी ग्रन्थि	यकृत
सर्वाधिक पुनरुद्भवन की क्षमता	यकृत में
सबसे कम पुनरुद्भवन की क्षमता	मस्तिष्क में
शरीर का सबसे कठोर भाग	दाँत का इनेमल
सबसे बड़ी लार ग्रन्थि	पैरोटिड ग्रन्थि
शरीर का सामान्य तापमान	98.4°F (37°C)
शरीर में रुधिर की मात्रा	5.5 ली
हीमोग्लोबिन की औसत मात्रा (पुरुष में)	13.16 g/dl
हीमोग्लोबिन की औसत मात्रा (महिला में)	11.5-14 g/dl
श्वेत रुधिर कोशिकाओं (WBCs) की संख्या	5000-10000/cu mm
सबसे छोटी श्वेत रुधिर कोशिका	लिम्फोसाइट
सबसे बड़ी श्वेत रुधिर कोशिका	मोनोसाइट कोशिका
श्वेत रुधिर कोशिकाओं का जीवनकाल	120 दिन
लाल रुधिर कोशिकाओं (RBCs) का जीवनकाल	2-5 दिन
रुधिर का थक्का बनने का समय	3-6 मिनट
सर्वग्राही रुधिर वर्ग	AB
सर्वदाता रुधिर वर्ग	O
सामान्य रुधिर दाब	120/80 Hg
वयस्क में हृदय गति	72 बार प्रति मिनट

श्वसन अंग और उसके उदाहरण

श्वसन अंग	उदाहरण
फेफड़े	मनुष्य, मेंढक, पक्षी, छिपकली, पशु इत्यादि
त्वचा	मेंढक, केंचुआ
गिल्स	टैडपोल, मछली प्रॉन
श्वसन नाल	कीट
शरीर सतह	अमीबा, युग्लीना

जन्तु विज्ञान से सम्बन्धित महत्वपूर्ण तथ्य

विशेषता — नाम

- सबसे बड़ी स्तनी–**नीली व्हेल**
- सबसे विशाल स्थलीय स्तनी–**हाथी**
- सबसे बड़ी अस्थि–**फीमर (जंघा में)**
- सबसे बड़ा अण्डा–**शतुरमुर्ग**
- सबसे बड़ा शिरा–**इन्फीरियर वेना केवा**
- सबसे बड़ा स्थलीय पक्षी–**शतुरमुर्ग**
- विशालतम जीवित सरीसृप–**टर्टिल**
- विश्व में सबसे विषैला सर्प–**ऑस्ट्रेलिया का पेनिन्सुलर टाइगर सर्प**
- सबसे लम्बा स्तनी–**जिराफ**
- सबसे छोटी चिड़िया–**हमिंग बर्ड**
- दाँत रहित स्तनी–**चींटीखोर**
- शरीर का सबसे व्यस्त अंग–**यकृत**
- शरीर का सबसे भारी अंग–**यकृत**
- सबसे भारी कशेरुका–**लुम्बर**
- सबसे मजबूत पेशी–**जबड़े की पेशी**
- सबसे पुराना प्राइमेट–**लीमर**
- सबसे पुरानी स्तनी–***एकिडना***
- सबसे पुराना कपि–**गिब्बन**
- सबसे विषैला भारतीय सर्प–**किंग कोबरा**
- विषैली छिपकली–***हीलोडर्मा***
- विषैली मछली–**स्टोन मछली**
- अण्डा देने वाली स्तनी–***एकिडना,* डक बिल्ड प्लेटीपस**
- सबसे छोटा स्तनी–**छछुँदर**
- सबसे तेज दौड़ने वाला जन्तु–**चीता**
- सबसे बड़ा सर्प–**पाइथन**
- घोंसला बनाने वाला साँप–**किंग कोबरा**

✧✧✧✧✧

वस्तुनिष्ठ प्रश्नोत्तर

1. मोहनजोदड़ो और हड़प्पा के प्राचीन नगर अब कहाँ स्थित हैं?
A. भारत में B. पाकिस्तान में
C. बांग्लादेश में D. तिब्बत में

2. सिन्धु सभ्यता से प्राप्त मुहरें निम्नलिखित में से किससे बनी थीं?
A. लाजवर्द B. कांस्य
C. रजत D. स्टेटाइट

3. निम्नलिखित में से कौन-सा वेद गद्य एवं पद्य में रचित है?
A. ऋग्वेद B. यजुर्वेद
C. सामवेद D. अथर्ववेद

4. ऋग्वैदिककालीन आर्यों के युद्ध के देवता कौन थे?
A. मंगल B. इन्द्र
C. रुद्र D. शिव

5. महावीर स्वामी को किस स्थान पर ज्ञान प्राप्त हुआ?
A. ऋजुपालिका नदी के तट पर
B. पुनपुन नदी के तट पर
C. गंगा नदी के तट पर
D. कोसी नदी के तट पर

6. अशोक के अभिलेखों को पढ़ने का प्रथम श्रेय प्राप्त है–
A. विल्किन्स को B. विलियम जोन्स को
C. जेम्स विलियम को D. जेम्स प्रिंसेप को

7. किसने भारत में सर्वप्रथम स्वर्ण सिक्के को चलाया था?
A. कुषाण B. मौर्य
C. हिन्द यवन D. गुप्त

8. गुप्तकाल में प्रमुख गणितज्ञ एवं खगोलशास्त्री था–
A. वराहमिहिर B. आर्यभट्ट
C. रामानुजाचार्य D. उपर्युक्त सभी

9. निम्नलिखित का काल क्रम है–
1. हल्दीघाटी युद्ध 2. बैरम खाँ का पतन
3. असीरगढ़ की विजय 4. अबुल फजल की हत्या
A. 1, 2, 3, 4 B. 3, 2, 4, 1
C. 1, 4, 2, 3 D. 2, 4, 3, 1

10. विदेशी आक्रमणकारियों को ऐतिहासिक क्रम में लिखिए–
1. मुहम्मद-बिन-कासिम 2. मुहम्मद गोरी
3. महमूद गजनवी 4. चंगेज खाँ
A. 1, 3, 4, 2 B. 4, 3, 2, 1
C. 1, 3, 2, 4 D. 4, 2, 3, 1

11. किस शासक के दरबार में सर्वाधिक हिन्दू पदाधिकारी थे?
A. अकबर B. शाहजहाँ
C. जहाँगीर D. औरंगजेब

12. किस शासक ने सिंचाई कर लगाया था?
A. मुहम्मद तुगलक B. फिरोज तुगलक
C. अलाउद्दीन खिलजी D. सिकन्दर लोदी

13. कबीर की मृत्यु किस स्थान पर हुई?
A. प्रयाग B. काशी
C. मगहर D. मथुरा

14. अंग्रेजों ने सर्वप्रथम अपना व्यापारिक कारखाना लगाया था–
A. मुम्बई में B. हुगली में
C. सूरत में D. बंगलौर में

15. भारतीय राष्ट्रीय कांग्रेस के प्रथम मुस्लिम अध्यक्ष थे–
A. बदरुद्दीन तैयबजी B. मौलाना अबुल कलाम आजाद
C. सर सैयद अहमद खाँ D. मो. जिन्ना

16. ऑल इण्डिया ट्रेड यूनियन के प्रथम अध्यक्ष थे–
A. लाला लाजपत राय B. एम.एन. जोशी
C. स्वामी सदानन्द D. बाल गंगाधर तिलक

17. भारत में सर्वप्रथम टेलीग्राफ व्यवस्था प्रारम्भ हुई थी–
A. 1850 में B. 1853 में
C. 1854 में D. 1856 में

18. असहयोग आन्दोलन वापस ले लिया गया था–
A. रौलट एक्ट के बाद
B. प्रथम विश्व युद्ध के बाद
C. जलियाँवाला बाग हत्याकाण्ड के बाद
D. चौरी-चौरा घटना के बाद

19. क्रिप्स मिशन को किसने 'उत्तर तिथिय चैक' की संज्ञा दी?
A. महात्मा गांधी B. पं. जवाहर लाल नेहरू
C. राजेन्द्र प्रसाद D. मोतीलाल नेहरू

20. थियोसोफिकल सोसाइटी का अन्तर्राष्ट्रीय मुख्यालय है–
A. अड्यार B. सैनफ्रांसिस्को
C. न्यूयार्क D. जेनेवा

21. सत्यशोधक समाज की स्थापना किसने की थी?
A. गोपाल कृष्ण गोखले B. महादेव गोविन्द रानाडे
C. ज्योतिबा फूले D. गोपाल हरि देशमुख

22. तैमूर ने किसके शासनकाल में भारत पर आक्रमण किया था?
A. बलबन
B. इल्तुतमिश
C. फिरोजशाह तुगलक
D. नासिरुद्दीन महमूदशाह तुगलक

23. समुद्रगुप्त ने अपने दक्षिण अभियान में किस वेंगी शासक को हराया था?
A. नंदी वर्मन B. हस्ती वर्मन
C. देव वर्मन D. नीरू वर्मन

24. मुहम्मद-बिन-तुगलक द्वारा अपनाया गया सांकेतिक मुद्रा किस धातु का बना हुआ था?
A. कांसा B. पीतल और तांबा
C. चाँदी D. लोहा

25. अकबर के शासन काल में मुगल सेना का सेनापति कौन था?
A. राजा मान सिंह B. टोडरमल
C. भगवंत दास D. फकीर अजीउद्दीन

26. इनमें से दिल्ली के सिंहासन पर बैठने वाला पहला अफगान शासक कौन था?
A. सिकन्दर लोदी B. शेरशाह
C. बहलोल लोदी D. इनमें से कोई नहीं

27. महमूद गवाँ का सम्बन्ध निम्नलिखित में किस दक्षिण राज्य से था?
A. बीजापुर B. वारंगल
C. काकतीय D. बहमनी

28. राष्ट्रीय कांग्रेस ने किस वर्ष "पूर्ण स्वराज्य" का प्रस्ताव पारित किया?
A. 1929 में B. 1916 में
C. 1924 में D. 1930 में

29. कांग्रेस तथा मुस्लिम लीग के बीच लखनऊ समझौता कब हुआ था?
A. 1906 में B. 1916 में
C. 1924 में D. 1929 में

30. सुभाष चन्द्र बोस के राजनीतिक गुरु कौन थे?
A. चित्तरंजन दास B. अरविन्द घोष
C. महात्मा गांधी D. बाल गंगाधर तिलक

31. पाकिस्तान के प्रथम प्रधानमंत्री कौन थे?
A. मुहम्मद अली जिन्ना B. लियाकत अली खाँ
C. फीरोज खाँ नून D. मौलाना मुहम्मद अली

32. भारतीय स्वतंत्रता के समय ब्रिटेन का प्रधानमंत्री कौन था?
A. लॉर्ड एटली B. विंस्टन चर्चिल
C. रैम्से मैक्डोनाल्ड D. रॉबर्ट वॉलपोल

33. 15 अगस्त, 1947 से 26 जनवरी, 1950 तक भारत का राजनीतिक दर्जा क्या था?
A. ब्रिटिश उपनिवेश
B. ब्रिटिश न्यास क्षेत्र
C. ब्रिटिश संरक्षण प्रदेश
D. ब्रिटिश राष्ट्रमंडल का एक अधिराज्य

34. किस वायसराय ने 1878 में भारतीय भाषाओं के समाचार-पत्रों पर अंकुश लगाया था?
A. लॉर्ड रिपन B. लॉर्ड नार्थबुक
C. लॉर्ड लिटन D. लॉर्ड एलगिन

35. निम्नलिखित में से किस अधिवेशन में राष्ट्रीय कांग्रेस के नरम एवं गरम दलों का पुनः विलय हो गया?
A. लाहौर (1929) B. पुणे (1917)
C. लखनऊ (1916) D. मद्रास (1915)

36. मुस्लिम लीग द्वारा "प्रत्यक्ष कार्यवाही दिवस" कब मनाया गया था?
A. 24 मार्च, 1946 B. 30 मार्च, 1946
C. 17 जून, 1946 D. 16 अगस्त, 1946

37. सिन्धु घाटी सभ्यता के लोग किस धातु से परिचित नहीं थे?
A. लोहा B. चाँदी
C. ताँबा D. सोना

38. सिन्धु घाटी सभ्यता का वह नगर कौन-सा है जहाँ बृहत् स्नानागार (Great Bath) के अवशेष मिले हैं?
A. लोथल B. मोहनजोदड़ो
C. कालीबंगा D. हड़प्पा

39. विक्रम संवत् कब-से प्रारम्भ हुआ?
A. 38 ई.पू. B. 58 ई.पू.
C. 78 ई.पू. D. 87 ई.पू.

40. पंचमार्क सिक्के सर्वाधिक रूप से किस धातु के बने थे?
A. सोना B. चाँदी
C. ताँबा D. काँच

41. निम्नलिखित में से कौन-सा ग्रह सबसे कम समय में सूर्य का चक्कर लगाता है?
A. शुक्र B. बुध
C. पृथ्वी D. शनि

42. पृथ्वी के अलावा किस आकाशीय पिंड पर जीवन की सम्भावना है, क्योंकि वहाँ का पर्यावरण जीवन के लिए अनुकूल है–
A. बृहस्पति
B. मंगल
C. यूरोपा-बृहस्पति का चन्द्रमा
D. चन्द्रमा-पृथ्वी का चन्द्रमा

43. दो ग्रह जिनके उपग्रह नहीं हैं, वे हैं–
A. पृथ्वी एवं बृहस्पति B. बुध एवं शुक्र
C. बुध एवं शनि D. शुक्र एवं मंगल

44. मानक समय क्या होता है?
A. किसी देशान्तर का सूर्य के अनुसार समय
B. ग्रीनविच औसत का समय
C. देश के लगभग बीच से गुजरने वाले देशान्तर का स्थानीय समय
D. उपर्युक्त में से कोई नहीं

45. रात और दिन होने की प्रक्रिया में कौन-सा तथ्य सही है?
A. पृथ्वी का अक्ष का 66½° अंश का झुका होना
B. पृथ्वी का सूर्य के चारों ओर परिक्रमण
C. पृथ्वी का अपनी (अक्ष) धुरी पर घूमना
D. उपर्युक्त में से कोई नहीं

46. ओजोन पर्त अवस्थित है–
A. क्षोभमंडल में B. क्षोभसीमा में
C. समतापमंडल में D. प्रकाशमंडल में

47. विली-विली है–
A. एक प्रकार का वृक्ष जो शीतोष्ण कटिबंध में उगता है
B. एक प्रकार की हवा जो मरुस्थल में चलती है
C. उत्तर-पश्चिम आस्ट्रेलिया का उष्णकटिबंधीय चक्रवात
D. लक्षद्वीप समूह के निकट सामान्यतः पाई जाने वाली मछली का एक प्रकार

48. चावल की खेती के लिए आदर्श जलवायु परिस्थितियाँ हैं–
A. 100 सेमी. से ऊपर वर्षा और 25°C से ऊपर ताप
B. फसल की पूरी अवधि के लिए ठण्डी और नम जलवायु
C. 100 सेमी. से कम वर्षा व 25°C से कम ताप
D. पूरी फसल अवधि में कुछ गरम और शुष्क जलवायु

49. सदाबहार वर्षा वन पाए जाते हैं–
A. आस्ट्रेलिया में B. ब्राजील में
C. कनाडा में D. फ्रांस में

50. सूची-I तथा सूची-II को सुमेलित कीजिए तथा सूचियों के नीचे दिए गए कूट का प्रयोग कर सही उत्तर चुनिए–

सूची-I (अग्रणी उत्पादक देश)	**सूची-II (पदार्थ)**
(*a*) चीन	1. प्राकृतिक रबड़
(*b*) भारत	2. दूध
(*c*) सउदी अरब	3. लौह-अयस्क
(*d*) थाइलैण्ड	4. पेट्रोलियम

कूट :

	(*a*)	(*b*)	(*c*)	(*d*)
A.	1	2	3	4
B.	4	3	2	1
C.	3	2	4	1
D.	2	3	1	4

51. किस घास के मैदान में वृक्ष नहीं पाए जाते हैं?
A. लैनॉस B. पम्पास
C. सवाना D. स्टेपी

52. माओरी जनजाति का निवास स्थान है–
A. इंग्लैण्ड B. न्यूजीलैण्ड
C. ग्रीनलैण्ड D. आयरलैण्ड

53. क्षेत्रफल की दृष्टि से भारत का सबसे बड़ा राज्य है–
A. बिहार B. पंजाब
C. राजस्थान D. उत्तर प्रदेश

54. पश्चिमी घाटों के मालाबार तट पर स्थित माहे निम्नलिखित में से किसका भाग है?
A. केरल B. महाराष्ट्र
C. पुदुचेरी D. तमिलनाडु

55. निम्नलिखित में से कहाँ प्राचीन चट्टानें पाई जाती हैं?
A. अरावली B. हिमालय
C. शिवालिक D. उपर्युक्त सभी

56. भारत में 'मरुस्थल की राजधानी' किसे कहते हैं?
A. उदयपुर B. जैसलमेर
C. जयपुर D. पालामऊ

57. 'मानसून प्रस्फोट' से क्या तात्पर्य है?
A. वर्षा की कृत्रिम वैज्ञानिक प्रक्रिया
B. आकाश में बादलों का गलत सघन रूप में आच्छादित होना
C. मेघाच्छन्न मौसम, जिसमें एक लम्बे समय तक वर्षा होती रहे
D. मानसून के समय विद्युत चमकने, बादल गरजने के साथ तीव्र मूसलाधार वर्षा

58. भारत में उगाई जाने वाली अधिकतर कॉफी की किस्म है–
A. ओल्ड चिक्स B. कुर्गूस
C. अरेबिका D. केन्ट्स

59. सूची-I को सूची-II से सुमेलित कीजिए तथा सूचियों के नीचे दिए गए कूट का प्रयोग कर सही उत्तर चुनिए–

सूची-I	**सूची-II**
(*a*) कोयम्बटूर	1. तेलशोधन
(*b*) राउरकेला	2. रेल डिब्बा
(*c*) कपूरथला	3. लौह-इस्पात
(*d*) बरौनी	4. सूती वस्त्र

कूट :

	(*a*)	(*b*)	(*c*)	(*d*)
A.	4	3	2	1
B.	1	2	3	4
C.	2	3	4	1
D.	4	2	3	1

60. 'दचिगाम अभयारण्य' निम्न में से कहाँ स्थित है?
A. जम्मू कश्मीर B. महाराष्ट्र
C. हिमाचल प्रदेश D. उत्तराखण्ड

61. सड़कों की कुल लम्बाई का सर्वाधिक हिस्सा निम्नलिखित में से किस प्रांत में है?
A. पंजाब B. महाराष्ट्र
C. उत्तर प्रदेश D. बिहार

62. भारत का सुदूर दक्षिण-बिन्दु कौन है?
A. कन्याकुमारी
B. लक्षद्वीप
C. रामेश्वरम्
D. ग्रेट निकोबार स्थित इंदिरा प्वाइंट

63. 'हजार झीलों की भूमि' किसे कहा जाता है?
A. स्वीडन B. फिनलैण्ड
C. डेनमार्क D. फ्रांस

64. नागार्जुन सागर बाँध किस नदी पर बनाया गया है?
A. कृष्णा (आन्ध्र प्रदेश) B. गोदावरी (महाराष्ट्र)
C. कृष्णा (कर्नाटक) D. गोदावरी (गुजरात)

65. निम्नलिखित में से किस प्रदेश में काली मिट्टी वाले क्षेत्र में सबसे अधिक खेती होती है?
A. बिहार B. उत्तर प्रदेश
C. महाराष्ट्र D. गुजरात

66. भू-वैज्ञानिकों की दृष्टि में भारत में सबसे पुरानी पर्वतमालाएँ कौन-सी हैं?
A. विन्ध्य B. सतपुड़ा
C. हिमालय D. अरावली

67. निम्नलिखित में से कौन-सी नदी समुद्र में नहीं मिलती है?
A. गंगा B. यमुना
C. नर्मदा D. गोदावरी

68. मानसून निवर्तन से अधिकतम वर्षा कहाँ पर होती है?
A. मुम्बई B. चेन्नई
C. दिल्ली D. कोलकाता

69. प्राचीन भारतीयों को वर्मा (म्यांमार) किस नाम से ज्ञात था?
A. सुवर्णभूमि B. सुवर्णद्वीप
C. यवद्वीप D. मलयमण्डलम्

70. पृथ्वी की महाद्वीपीय भूपर्पटी की औसत मोटाई कितनी है?
A. 2.5 किमी. B. 300 किमी.
C. 30 किमी. D. 5 किमी.

71. चाय की खेती निम्नलिखित में से किसका उदाहरण है?
A. बृहत् (Extensive) कृषि
B. सघन (Intensive) कृषि
C. जीविकोपार्जन (Subsistence) कृषि
D. रोपण (Plantation) कृषि

72. मानचित्र में समुद्र तल से समान ऊँचाई वाले स्थानों को दर्शाने वाली रेखाओं को कहते हैं–
A. आइसोनेफ B. कंटूर रेखा
C. आइसोबार D. आइसोहेल

73. ब्राजील स्थित अमेजन बेसिन के वन कहलाते हैं–
A. पम्पास B. सेल्वास
C. कैम्पोस D. लानोस

74. किस महासागर में द्वीपों की संख्या सर्वाधिक है?
A. प्रशान्त महासागर में
B. हिन्द महासागर में
C. उत्तरी अटलाण्टिक महासागर में
D. दक्षिण अटलाण्टिक महासागर में

75. लूनी नदी किस राज्य में प्रवाहित होती है?
A. महाराष्ट्र B. बिहार
C. पंजाब D. राजस्थान

76. सम दिवारात्रि (Equinox) कब होता है?
A. 21 जून B. 22 दिसम्बर
C. 21 मार्च एवं 22 सितम्बर D. 21 जून एवं 22 दिसम्बर

77. दक्षिणी अमरीका के वृक्ष रहित घास के मैदान को क्या कहते हैं?
A. पम्पास B. डाउन्स
C. प्रेयरीज D. लानोस

78. मिट्टी का वैज्ञानिक एवं क्रमबद्ध अध्ययन कहलाता है–
A. विश्व रचना विज्ञान B. भौतिक भूगोल
C. मृत्तिका विज्ञान D. इनमें से कोई नहीं

79. गोबी रेगिस्तान कहाँ है?
A. पश्चिमी अफ्रीका में B. दक्षिणी अमरीका में
C. दक्षिणी आस्ट्रेलिया में D. मंगोलिया में

80. सौरमण्डल का सबसे बड़ा उपग्रह कौन-सा है?
A. टाइटन (शनि) B. गनिमेड (बृहस्पति)
C. मिरांडा (यूरेनस) D. ओबेरॉन (यूरेनस)

81. भारत की संविधान सभा का प्रथम अधिवेशन कब शुरू हुआ?
A. 10 जून, 1946 B. 9 दिसम्बर, 1946
C. 19 दिसम्बर, 1947 D. 30 जून, 1949

82. भारतीय संविधान सभा के किस अनुच्छेद में देवनागरी लिपि में हिन्दी को भारत की राजकीय भाषा के रूप में मान्यता दी गई है?
A. अनुच्छेद 343 B. अनुच्छेद 345
C. अनुच्छेद 348 D. अनुच्छेद 347

83. भारत के संविधान में अंतर्राष्ट्रीय शान्ति और सुरक्षा की अभिवृद्धि का उल्लेख है–
A. संविधान की उद्देशिका में
B. राज्य की नीति के निर्देशक तत्वों में
C. मूल कर्त्तव्यों में
D. नवीं अनुसूची में

84. सूची-I को सूची-II से सुमेलित कीजिए तथा सूचियों के नीचे दिए गए कूट का प्रयोग कर सही उत्तर चुनिए–

सूची-I	सूची-II
(*a*) अन्तर्राज्यीय परिषद्	1. अनुच्छेद 315
(*b*) वित्त आयोग	2. अनुच्छेद 280
(*c*) प्रशासनिक अधिकरण	3. अनुच्छेद 263
(*d*) संघ लोक सेवा आयोग	4. अनुच्छेद 323(ए)

कूट :

	(*a*)	(*b*)	(*c*)	(*d*)
A.	2	4	3	1
B.	3	2	1	4
C.	1	2	4	3
D.	3	2	4	1

85. राष्ट्रपति के उम्मीदवार के लिए क्या आवश्यक नहीं है?
A. आयु 35 वर्ष हो
B. पढ़ा-लिखा हो
C. सांसद चुने जाने की योग्यता रखता हो
D. देश का नागरिक हो

86. सर्वसम्मति से निर्वाचित भारत के राष्ट्रपति थे–
A. एस. राधाकृष्णन B. वी.वी. गिरि
C. एन. संजीवारेड्डी D. ज्ञानी जैल सिंह

87. संसद/विधान सभा के किसी सदस्य की सदस्यता तब समाप्त समझी जाती है, यदि वह बिना सदन को सूचित किए अनुपस्थित रहता है–
A. 60 दिन B. 90 दिन
C. 120 दिन D. 150 दिन

88. किस सभा का सभापति उसका सदस्य नहीं होता है?
A. राज्य सभा B. लोक सभा
C. विधान सभा D. विधान परिषद्

89. शिक्षा का विषय–
A. संघीय सूची में B. राज्य सूची में
C. समवर्ती सूची में है D. अवशिष्ट विषयों में है

90. सूची-I को सूची-II से सुमेलित कीजिए तथा सूचियों के नीचे दिए गए कूट का प्रयोग कर सही उत्तर चुनिए–

सूची-I (स्थापना वर्ष)	सूची-II (राज्य)
(*a*) 1960	1. सिक्किम
(*b*) 1962	2. गोआ
(*c*) 1975	3. महाराष्ट्र
(*d*) 1987	4. नागालैण्ड

कूट :

	(*a*)	(*b*)	(*c*)	(*d*)
A.	2	4	3	1
B.	3	4	1	2
C.	4	3	1	2
D.	3	4	2	1

91. प्रथम पंचायती राजव्यवस्था का उद्घाटन पं. जवाहर लाल नेहरू द्वारा 2 अक्टूबर, 1959 को किया गया था–
A. साबरमती में B. वर्धा में
C. नागौर में D. सीकर में

92. निम्नलिखित विधेयकों में से किसी एक का भारतीय संसद के दोनों सदनों द्वारा अलग-अलग विशेष बहुमत से पारित होना आवश्यक है?
A. साधारण विधेयक B. धन विधेयक
C. वित्त विधेयक D. संविधान संशोधन विधेयक

93. भाषा के आधार पर राज्यों के गठन हेतु राज्य पुनर्गठन आयोग की स्थापना कब की गई थी?
A. 1856 B. 1956
C. 1957 D. 1960

94. पंचायतों के निर्वाचन में चुनाव लड़ने के लिए उम्मीदवार की न्यूनतम आयु कितनी होनी चाहिए?
A. 21 वर्ष B. 18 वर्ष
C. 25 वर्ष D. 30 वर्ष

95. भारतीय संविधान के किस अनुच्छेद के तहत् जीवन रक्षा तथा व्यक्तिगत स्वतंत्रता का प्रावधान है?
A. अनुच्छेद 20 B. अनुच्छेद 21
C. अनुच्छेद 22 D. अनुच्छेद 23

96. संविधान निर्माण का कार्य पूरा करके संविधान सभा ने संविधान को कब स्वीकार किया?
A. 15 अगस्त, 1947 को B. 26 जनवरी, 1950 को
C. 26 नवम्बर, 1949 को D. 24 जनवरी, 1950 को

97. निम्नलिखित में से किस संविधान संशोधन के अनुसार राष्ट्रपति निर्वाचन के निर्वाचक मण्डल में पुडुचेरी तथा दिल्ली विधान सभा के निर्वाचित सदस्यों को भी रखा गया है?
A. 71वाँ B. 42वाँ
C. 73वाँ D. इनमें से कोई नहीं

98. भारतीय संविधान के किस भाग को उसकी 'आत्मा' की संज्ञा दी जाती है?
A. मौलिक अधिकारों को
B. राज्य के नीति-निर्देशक सिद्धान्तों को
C. संविधान की प्रस्तावना को
D. अनुसूचियों को

99. भारत की संचित निधि से धन का व्यय निम्नलिखित में से किस माध्यम से किया जा सकता है?
A. संसद की अनुमति से
B. नीति आयोग की अनुमति से
C. भारत के नियंत्रक एवं महालेखा परीक्षक की अनुमति से
D. राष्ट्रपति की अनुमति से

100. योजना आयोग की स्थापना हुई थी–
A. 26 नवम्बर, 1950 B. 15 जून, 1950
C. 15 मार्च, 1950 D. 15 जनवरी, 1950

101. भारत में संविधान के किस अनुच्छेद में अस्पृश्यता समाप्त की गई है?
A. अनुच्छेद 42 B. अनुच्छेद 15
C. अनुच्छेद 14 D. अनुच्छेद 17

102. वह रिट, जो भारत में उच्च न्यायालय अथवा सर्वोच्च न्यायालय द्वारा किसी व्यक्ति अथवा व्यक्ति समुदाय को आदेश देती है कि वह अपना कर्त्तव्य पालन करे, है–
A. बन्दी प्रत्यक्षीकरण रिट B. उत्प्रेक्षण रिट
C. परमादेश रिट D. इनमें से कोई नहीं

103. संविधान में जोड़ी गई दसवीं अनुसूची किससे सम्बन्धित है?
A. मिजोरम राज्य के लिए विशेष प्रावधानों से
B. दल-बदल के आधार पर अयोग्यता सम्बन्धी प्रावधानों से
C. सिक्किम के स्तर से सम्बन्धित शर्तों से
D. उपर्युक्त में से किसी से नहीं

104. राज्यसभा के सदस्यों की कुल संख्या .... हो सकती है।
A. 240 B. 260
C. 241 D. 250

105. सर्वोच्च न्यायालय के न्यायाधीशों की नियुक्ति के पूर्व मुख्य न्यायाधीश से विचार-विमर्श करना राष्ट्रपति के लिए–
A. बाध्यकारी है
B. बाध्यकारी नहीं है
C. विवेक का प्रश्न है
D. संविधान इस विषय पर मौन है

106. निम्नलिखित में से कौन-सा पदाधिकारी संसद के किसी भी सदन की कार्यवाही में भाग ले सकता है?
A. भारत का मुख्य न्यायाधीश
B. भारत का महान्यायवादी (एटॉर्नी जनरल)
C. भारत का रक्षा सचिव
D. भारत का गृह सचिव

107. 16वें वित्त आयोग के अध्यक्ष कौन हैं?
A. वाई.वी. रेड्डी B. अरविंद पनगढ़िया
C. अरविन्द सुब्रमण्यन D. राजीव कुमार

108. भारतीय संविधान की कौन-सी विशेष व्यवस्था इंग्लैंड से ली गई है?
A. संसदीय प्रणाली B. संघीय प्रणाली
C. मूल अधिकार D. सर्वोच्च न्यायपालिका

109. संविधान के किस संशोधन द्वारा सम्पत्ति के अधिकार को मूल अधिकारों की श्रेणी से निकाल दिया गया है?
A. 42वें संशोधन B. 44वें संशोधन
C. 48वें संशोधन D. 24वें संशोधन

110. भारत के राष्ट्रपति की मर्जी तक निम्नलिखित में से कौन अपने पद पर रह सकता है?
A. सर्वोच्च न्यायालय के न्यायाधीश
B. चुनाव आयुक्त
C. राज्यपाल
D. लोकसभा अध्यक्ष

111. निम्न में से किसका उपयोग ऊँचाई नापने के लिए होता है?
A. बैरोमीटर B. प्लानोमीटर
C. अल्टीमीटर D. हाइड्रोमीटर

112. फ्लक्स घनता और चुम्बकीय क्षेत्र की क्षमता का अनुपात किसी माध्यम में होता है उसका–
A. चुम्बक की घनता B. ग्रहणशीलता
C. सम्बन्धित व्याकता, D. पारगम्यता

113. ध्वनि तरंगें हैं–
A. अनुदैर्ध्य
B. अनुप्रस्थ
C. आंशिक लम्बवत्, आंशिक अनुदैर्ध्य
D. कभी-कभी अनुदैर्ध्य, कभी-कभी अनुप्रस्थ

114. कैमरे में किस प्रकार का लेन्स उपयोग में लाया जाता है?
A. उत्तल B. अवतल
C. वर्तुलाकार D. समान मोटाई का

115. एक स्वतंत्र रूप से लटका हुआ चुम्बक सदा ठहरता है (स्थिर होता है) वह दिशा है–
A. पूर्व-उत्तर B. उत्तर-पश्चिम
C. उत्तर-दक्षिण D. दक्षिण-पश्चिम

116. प्रकाश संश्लेषण में पौधे कौन-सी गैस का अवचूषण करते हैं?
A. CO_2 B. O_2
C. N_2 D. H_2

117. विद्युत मात्रा की इकाई है–
A. ऐम्पियर B. ओम
C. वोल्ट D. कूलॉम

118. 1 किग्रा. राशि का वजन है–
A. 1 न्यूटन B. 10 न्यूटन
C. 9.8 न्यूटन D. 9 न्यूटन

119. एक्स-रे के आविष्कारक थे–
A. आइन्स्टीन B. डब्ल्यू.एच. ब्रैग
C. रॉन्जन D. हेनरी बेकरेल

120. नाड़ी गति द्वारा डॉक्टर ज्ञात करता है–
A. रक्तचाप B. साँस गति
C. हृदय की धड़कन D. उपर्युक्त में से कोई नहीं

121. निम्न में से कौन आवेश की इकाई नहीं है?
A. फैराडे B. फ्रैंकलीन
C. कुलम्ब D. एम्पीयर/सेकण्ड

122. मानव शरीर में क्रोमोसोम की संख्या होती है–
A. 46 B. 48
C. 49 D. 50

123. एक प्रकाशवर्ष इससे सर्वाधिक समीप है–
A. 10^8 मीटर B. 10^{12} मीटर
C. 10^{16} मीटर D. 10^{20} मीटर

124. हवाई जहाज के 'ब्लैक बॉक्स' का क्या रंग होता है?
A. काला B. लाल
C. बैंगनी D. नारंगी

125. निम्नांकित में से कौन एक कीट के शरीर से निकला स्राव है?
A. मोती B. मूँगा
C. लाख D. गोंद

126. निम्नांकित में से कौन-सी धातु किसी नगर की वायु को, जहाँ बहुत अधिक संख्या में मोटर कारें आदि हों, प्रदूषित करती है?
A. कैडमियम B. क्रोमियम
C. सीसा D. ताँबा

127. परमाणु के नाभिक में होते हैं–
A. इलेक्ट्रॉन तथा न्यूट्रॉन B. इलेक्ट्रॉन तथा प्रोट्रॉन
C. प्रोट्रॉन तथा न्यूट्रॉन D. प्रोट्रॉन तथा रेडान

128. निम्नांकित में कौन कठोरतम है?
A. सोना B. हीरा
C. लोहा D. टंगस्टन

129. शरीर के किस भाग में पित्त का निर्माण होता है?
A. यकृत B. तिल्ली
C. पित्ताशय की थैली D. पैन्क्रियाज

130. एन्जाइम मूलतः क्या है?
A. वसा B. शर्करा
C. प्रोटीन D. विटामिन

131. मानव शरीर में सबसे छोटी ग्रन्थि कौन है?
A. एड्रीनल B. थाइरॉइड
C. पैन्क्रियाज D. पिट्यूटरी

132. रेफ्रीजरेटर में थर्मोस्टेट का कार्य है–
A. तापमान को कम करना
B. हिमायन ताप को बढ़ाना
C. एक समान तापमान को बनाए रखना
D. गलनांक को घटाना

133. सूर्य की ऊर्जा उत्पन्न होती है–
A. आयनन द्वारा B. नाभिकीय संलयन द्वारा
C. नाभिकीय विखण्डन द्वारा D. ऑक्सीकरण द्वारा

134. द्रव क्रिस्टल प्रयुक्त होते हैं–
A. कलाई घड़ियों में B. प्रदर्शन युक्तियों में
C. पॉकेट कैलकुलेटरों में D. उपर्युक्त सभी में

135. निम्नांकित में से कौन-सा उर्वरक मृदा में सर्वाधिक अम्ल छोड़ता है?
A. यूरिया B. अमोनियम सल्फेट
C. अमोनियम नाइट्रेट D. कैल्सियम अमोनियम नाइट्रेट

136. खाद्य पदार्थों के संरक्षण हेतु निम्नांकित में से कौन-सा प्रयुक्त होता है?
A. सोडियम कार्बोनेट B. एसीटिलीन
C. बेंजोइक अम्ल D. सोडियम क्लोराइड

137. कृष्ण-छिद्र सिद्धान्त को प्रतिपादित किया था–
A. सी.वी. रमन ने B. एच.जे. भाभा ने
C. एस. चन्द्रशेखर ने D. हरगोविन्द खुराना ने

138. साइनोकोबालमिन है–
A. विटामिन सी B. विटामिन बी-2
C. विटामिन बी-6 D. विटामिन बी-12

139. निम्नांकित जोड़ों में किसका सुमेल है?
A. निमोनिया-फेफड़े
B. मोतिया बिन्द-थायराइड ग्रन्थि
C. पीलिया-आँख
D. मधुमेह-यकृत

140. दूध उदाहरण है–
A. एक शिलिषि का B. एक पायस का
C. एक निलम्बन का D. एक फेन का

141. भारत के राष्ट्र ध्वज में केसरिया, सफेद और हरे रंग की तीन–
A. आड़ी पट्टियाँ हैं
B. खड़ी पट्टियाँ हैं
C. एक दूसरे को काटती हुई पट्टियाँ हैं
D. तिरछी पट्टियाँ हैं

142. हमारे राष्ट्र ध्वज की लम्बाई और चौड़ाई का अनुपात–
A. 2 : 3 है B. 3 : 4 है
C. 4 : 3 है D. 3 : 2 है

143. भारत के राष्ट्र ध्वज के बीच में एक गोल चक्र है; यह चक्र–
A. तीनों रंग की पट्टियों पर है
B. केसरिया रंग की पट्टी पर है
C. सफेद रंग की पट्टी पर है
D. हरे रंग की पट्टी पर है

144. किसी भाषा को किसी राज्य की राजभाषा के रूप में अंगीकार करने का अधिकार किसे है?
A. राष्ट्रपति B. संसद
C. राज्य विधान सभा D. राजभाषा आयोग

145. हमारे राष्ट्र ध्वज में तीन पट्टियाँ हैं; उनमें सबसे नीचे वाली पट्टी किस रंग की है?
A. केसरिया B. सफेद
C. हरे D. इनमें से कोई नहीं

146. हमारे राष्ट्रगान 'जन-गण-मन' में कुल कितने पद हैं?
A. तीन B. पाँच
C. चार D. दो

147. राष्ट्र गीत 'वन्देमातरम्', 'आनन्दमठ' नामक ग्रंथ से लिया गया है, जिसके लेखक हैं–
A. बंकिम चन्द्र चटर्जी B. रवीन्द्र नाथ टैगोर
C. व्योमेश चन्द्र बनर्जी D. सुरेन्द्रनाथ बनर्जी

148. हमारे राज चिह्न में ऊपर चार सिंह बने हैं और उनके नीचे देवनागरी लिपि में 'सत्यमेव जयते' लिखा है। यह 'सत्यमेव जयते' कहाँ से उद्धृत किया गया है?
A. भगवद्गीता से B. मुण्डक उपनिषद से
C. ऋग्वेद से D. स्कन्द पुराण से

149. भारत का राष्ट्रीय पंचांग–
A. शक् संवत् पर आधारित है
B. हिजरी संवत् पर आधारित है
C. विक्रमी संवत् पर आधारित है
D. विक्रमांक-चालुक्य संवत् पर आधारित है

150. भारत का राष्ट्रीय पशु है–
A. गाय B. हाथी
C. अश्व D. बाघ

151. होमगार्ड का गठन कब हुआ था?
A. 1972 B. 1962
C. 1968 D. 1965

152. स्थल सेना के निम्नलिखित पदों में **सबसे** छोटा कौन-सा है?
A. लेफ्टीनेंट B. ब्रिगेडियर
C. कर्नल D. कैप्टन

153. प्रादेशिक सेना का गठन कब हुआ था?
A. 1949 B. 1957
C. 1962 D. 1972

154. प्रादेशिक सेना में भर्ती होने के लिए क्या आयु होनी चाहिए?
A. 21 से 30 वर्ष B. 21 से 35 वर्ष
C. 18 से 35 वर्ष D. 20 से 35 वर्ष

155. एन.सी.सी. में कितने डिवीजन हैं?
A. चार B. पांच
C. तीन D. दो

156. एयरफोर्स अकादमी कहां है?
A. बेलगाम B. कोयम्बटूर
C. हैदराबाद D. सिकन्दराबाद

157. असम राइफल्स का मुख्यालय कहाँ है?
A. इंफाल B. आइजोल
C. दिसपुर D. शिलांग

158. हर साल 7 दिसम्बर को भारत में मनाया जाता है–
A. वायु सेना दिवस B. झंडा दिवस
C. नौसेना दिवस D. कोस्ट गार्ड दिवस

159. भारत में नौसेना दिवस किस दिन मनाया जाता है?
A. 8 अक्टूबर B. 15 जनवरी
C. 21 दिसम्बर D. 7 दिसम्बर

160. भारत की सेना के प्रथम भारतीय सेनापति थे–
A. जनरल के.एम. करियप्पा
B. फील्ड मार्शल मानेकशा
C. जनरल राजेन्द्र सिंह
D. उपरोक्त में से कोई भी नहीं

161. वीटो का अधिकार–
A. संयुक्त राष्ट्र के सभी सदस्यों को प्राप्त है
B. सुरक्षा परिषद् के सभी सदस्यों को प्राप्त है
C. सुरक्षा परिषद् के सभी स्थायी सदस्यों को प्राप्त है
D. सुरक्षा परिषद् के सभी अस्थायी सदस्यों को प्राप्त है

162. संयुक्त राष्ट्र का मुख्यालय कहाँ है–
A. वाशिंगटन B. न्यूयार्क
C. बोस्टन D. शिकागो

163. संयुक्त राष्ट्र का ध्वज किस रंग का है?
A. हल्के नीले रंग का
B. हल्के गुलाबी रंग का
C. गहरे केसरिया रंग का
D. आधा हल्के रंग का और आधा केसरिया रंग का

164. संयुक्त राष्ट्र की बैठकों में आमतौर से काम-काज किस भाषा में होता है?
A. अंग्रेजी B. रूसी
C. फ्रेंच D. अंग्रेजी और फ्रेंच

165. अंतर्राष्ट्रीय न्यायालय का मुख्यालय कहाँ है?
A. हेग B. जेनेवा
C. रोम D. बर्न

166. राष्ट्रमंडल के सदस्य वे देश हैं, जो–
A. ब्रिटेन के अधीन हैं
B. ब्रिटेन से आर्थिक सहायता पाते हैं
C. पहले ब्रिटेन के अधीन थे किन्तु अब स्वाधीन हैं
D. ब्रिटेन से अस्त्र-शस्त्र प्राप्त करते हैं

167. सार्क (दक्षिण एशियाई सहयोग संगठन) में कितने देश सदस्य हैं?
A. पांच B. छः
C. आठ D. सात

168. निम्नलिखित देशों में से कौन-सा देश सार्क (SAARC) का सदस्य नहीं है?
A. भारत B. पाकिस्तान
C. बांग्लादेश D. म्यांमार

169. पहला गुट निरपेक्ष सम्मेलन कब शुरू हुआ था?
A. 1955 में B. 1961 में
C. 1983 में D. 1976 में

170. गुट निरपेक्ष आन्दोलन के सदस्य देश–
A. शक्तिशाली देशों के गुटों से दूर रहते हैं
B. परस्पर एक-दूसरे की रक्षा के लिए वचनबद्ध हैं
C. एक दूसरे को सैनिक सहायता देते हैं
D. एक सैनिक संधि के सदस्य हैं

171. जमनालाल बजाज पुरस्कार किस क्षेत्र में सराहनीय योगदान के लिए प्रदान किया जाता है?
A. शांति व निःशस्त्रीकरण B. कृषि
C. रचनात्मक कार्य D. साहित्य

172. भारत वर्ष में प्रथम रेमन मैग्सेसे पुरस्कार विजेता कौन था?
A. सी.डी. देशमुख B. जय प्रकाश नारायण
C. डॉ. वर्गीज कुरियन D. आचार्य विनोबा भावे

173. भारतीय ज्ञानपीठ पुरस्कार किसे प्रदान किया जाता है?
A. उत्कृष्ट हिन्दी कविता के लिए
B. भारतीय साहित्य में उत्कृष्ट योगदान के लिए
C. हिन्दी साहित्य में उत्कृष्ट योगदान के लिए
D. भारतीय दर्शन की उत्कृष्ट समीक्षा के लिए

174. अध्यापकों के लिए राष्ट्रीय पुरस्कारों की घोषणा कब की जाती है?
A. 14 नवम्बर B. 5 सितम्बर
C. 30 जनवरी D. 26 जनवरी

175. निम्नलिखित में से किस विषय पर नोबेल पुरस्कार नहीं दिया जाता है?
A. चिकित्सा B. गणित
C. अर्थशास्त्र D. रसायन शास्त्र

176. बुकर पुरस्कार किस क्षेत्र में प्रदान किया जाता है?
A. कल्पना साहित्य लेखन B. औषधि
C. साहस के कार्य D. विज्ञान

177. हर गोविन्द खुराना को नोबेल पुरस्कार किस क्षेत्र में योगदान के लिए मिला था?
A. चिकित्सा शास्त्र B. भौतिक शास्त्र
C. अर्थशास्त्र D. शांति

178. सर्वोच्च शौर्य पुरस्कार 'परमवीर चक्र' के प्रथम विजेता कौन थे?
A. मेजर ध्यान सिंह B. के. गुरुवचन सिंह
C. मेजर शैतान सिंह D. मेजर सोमनाथ शर्मा

179. धन्वन्तरि पुरस्कार किस क्षेत्र में विशिष्ट योगदान के लिए दिया जाता है?
A. संगीत B. नृत्य
C. दर्शन D. चिकित्सा

180. कलिंग पुरस्कार किस क्षेत्र में दिया जाता है?
A. साहित्य के क्षेत्र में
B. विज्ञान के क्षेत्र में
C. सामाजिक कल्याण के लिए किए गए कार्य के लिए
D. अन्तर्राष्ट्रीय शान्ति एवं सद्भावना के लिए

181. नोबेल पुरस्कार का आरम्भ कब से हुआ?
A. सन् 1901 से B. सन् 1905 से
C. सन् 1896 से D. सन् 1934 से

182. अर्थशास्त्र के लिए नोबेल पुरस्कार कब से आरम्भ हुआ?
A. सन् 1969 ई. से B. सन् 1939 ई. से
C. सन् 1901 ई. से D. सन् 1935 ई. से

183. निम्नलिखित किस अफ्रीकी नेता को भारत-रत्न से सम्मानित किया गया है?
A. होस्नी मुबारक B. जोमो केन्योटा
C. अनवर सादात D. नेल्सन मंडेला

184. विज्ञान को सर्वसुलभ व सर्वोपयोगी बनाने में सर्वाधिक योगदान देने वाले व्यक्ति को भारतीय नाम वाले किस अन्तर्राष्ट्रीय पुरस्कार से सम्मानित किया जाता है?
A. कालिंजर पुरस्कार B. कलिंग पुरस्कार
C. मानवता पुरस्कार D. ऐसा कोई पुरस्कार नहीं है

185. नेहरू पुरस्कार कौन-सी संस्था प्रदान करती है?
A. इंडियन कौंसिल ऑफ कल्चरल रिलेशन्स
B. इंडो-सोवियत कल्चरल सोसाइटी
C. भारतीय राष्ट्रीय कांग्रेस
D. भारतीय ज्ञानपीठ

186. वीरता का सर्वोच्च सम्मानसूचक पदक जो शत्रु के सामने असीम शौर्य और अदम्य साहस दिखाने या आत्म-बलिदान करने पर भेंट किया जाता है, उसका क्या नाम है?
A. चक्रव्यूह B. अशोक चक्र
C. महावीर चक्र D. परमवीर चक्र

187. प्रथम मरणोपरान्त 'भारत-रत्न' अलंकरण किसे प्रदान किया गया था?
A. के. कामराज नाडार B. आचार्य विनोबा भावे
C. लाल बहादुर शास्त्री D. एम.जी. रामचन्द्रन

188. निम्नलिखित में से कौन-सा पुरस्कार केवल एशियावासियों को दिया जाता है?
A. नेहरू सद्भावना पुरस्कार
B. पुलित्जर पुरस्कार
C. इन्दिरा गांधी शान्ति पुरस्कार
D. मैग्सेसे पुरस्कार

189. अर्जुन पुरस्कार कब से प्रारम्भ हुए?
A. 1961 ई. से B. 1962 ई. से
C. 1963 ई. से D. 1964 ई. से

190. ऑस्कर अवॉर्ड जीतने वाले पहले भारतीय थे–
A. नरगिस दत्त B. शशि कपूर
C. सत्यजीत रे D. भानु अथैया

191. अपर कट शब्द किस खेल में प्रयोग किया जाता है?
A. टेनिस B. वॉलीबॉल
C. क्रिकेट D. बॉक्सिंग

192. निम्नलिखित में से कौन-सा कप/ट्रॉफी फुटबॉल से सम्बन्धित नहीं है?
A. मर्डेका कप B. डूरण्ड कप
C. सन्तोष ट्रॉफी D. दिलीप ट्रॉफी

193. फिनिस शब्द का प्रयोग किस खेल में होता है?
A. शतरंज B. ब्रिज
C. बिलियर्ड्स D. रग्बी

194. एक दिवसीय क्रिकेट तथा टेस्ट मैचों में सर्वाधिक रन बनाने का रिकॉर्ड किसके नाम है?
A. सौरभ गांगुली B. सचिन तेन्दुलकर
C. डॉन ब्रैडमैन D. ब्रायन लारा

195. निम्नलिखित में से कौन-सी अन्तर्राष्ट्रीय टेनिस खेल प्रतियोगिता घास के मैदान पर खेली जाती है?
A. यू.एस. ओपन B. फ्रेंच ओपन
C. विम्बलडन D. ऑस्ट्रेलियाई ओपन

196. 'विम्बलडन ट्रॉफी' का सम्बन्ध किस खेल से है?
A. पोलो (इंग्लैंड) से B. समुद्री दौड़ से
C. घुड़दौड़ से D. टेनिस से

197. निम्नलिखित में से किस पदक का सम्बन्ध हॉकी से नहीं है?
A. आगा खां कप B. वर्दवान ट्रॉफी
C. ध्यानचन्द ट्रॉफी D. बम्बई गोल्ड कप

198. 'रिवर्स स्विंग' एवं 'बीमर' नामक शब्दावलियां किस खेल से संबंधित हैं?
A. नौकायन B. क्रिकेट
C. फुटबॉल D. हॉकी

199. निम्नलिखित में से किस ट्रॉफी का सम्बन्ध हॉकी से है?
A. सिन्धिया गोल्ड कप B. संतोष ट्रॉफी
C. रोहिंगटन बेरिया ट्रॉफी D. सुब्रतो मुखर्जी ट्रॉफी

200. 'ज्यूल्स रिमेट ट्रॉफी का सम्बन्ध किस खेल से है?
A. फुटबॉल (विश्व) से B. गोल्फ से
C. हॉकी (भारत) से D. लॉन टेनिस (विश्व) से

201. 'मर्डेका' का सम्बन्ध किस खेल से है?
A. फुटबाल (विश्व) से
B. फुटबाल (भारत) से
C. फुटबाल (एशिया) से
D. क्रिकेट (आस्ट्रेलिया-इंग्लैंड) से

202. प्रथम ओलम्पिक खेल ओलम्पिया (ग्रीस) में कब खेले गए थे?
A. 233 ई.पू. में B. 1500 ई.पू. में
C. 500 ई.पू. में D. 776 ई.पू. में

203. 394 ई. में रोम के बाद एक सम्राट ने ओलम्पिक खेलों को बंद कर दिया था। इसको पुनः किसने शुरू किया?
A. मि. स्पोर्ट्समैन ने B. बैरन पीयरे डी कोबर्टिन ने
C. जनरल फ्रेंको ने D. अब्राहम लिंकन ने

204. सर्वप्रथम आधुनिक ओलिम्पिक ध्वज कब फहराया गया?
A. 1896 में B. 1908 में
C. 1920 में D. 1924 में

205. ग्रैंड स्लेम निम्नलिखित में से किस खेल से सम्बन्धित है?
A. फुटबॉल B. टेनिस
C. हॉकी D. पोलो

206. प्रथम आधुनिक ओलम्पिक खेल कब और कहां खेले गए?
A. रोम, 1894 ई. में B. मैड्रिड, 1840 ई. में
C. लिस्बन, 1800 ई. में D. एथेन्स, 1896 ई. में

207. आस्ट्रेलिया का राष्ट्रीय खेल क्या है?
A. हाराकीरी B. क्रिकेट
C. निप्पोन D. टोजो

208. भारत में खेल सम्बन्धी दो राष्ट्रीय इंस्टीट्यूट हैं। एक नेताजी सुभाष बोस के नाम से पटियाला में है, दूसरा किसके नाम से ग्वालियर में है?
A. राणा प्रताप B. पृथ्वीराज चौहान
C. शिवाजी D. रानी लक्ष्मीबाई

209. सबसे बड़े मैदान में खेला जाने वाला खेल कौन-सा है?
A. हॉकी B. क्रिकेट
C. पोलो D. कबड्डी

210. लॉन टेनिस जाल की ऊँचाई कितनी होती है?
A. 2 फुट 6 इंच B. 3 फुट 6 इंच
C. 4 फुट D. 2 फुट 2 इंच

211. 'ए सूटेबल ब्वाय' पुस्तक का लेखक कौन है?
A. खुशवंत सिंह B. अरुण शोरी
C. विक्रम सेठ D. उपरोक्त में से कोई नहीं

212. 'कैन्टरबरी टेल्स' पुस्तक का लेखक कौन है?
A. ज्योफरी चासर B. लियो टॉलस्टाय
C. गुन्नार मिर्डल D. विलियम शेक्सपियर

213. निम्नलिखित में से कौन-सी पुस्तक प्रेमचन्द द्वारा रचित नहीं है?
A. गोदान B. गबन
C. प्रेम पचीसी D. आनंदमठ

214. बांग्लादेश की लेखिका तस्लीमा नसरीन को किस पुस्तक से ख्याति मिली?
A. शर्म B. लज्जा
C. नारी स्वातंत्र्य D. अबला

215. 'पावर्टी एण्ड अन-ब्रिटिश रूल इन इण्डिया' का लेखक कौन है?
A. लाला लाजपत राय
B. लाला हरदयाल
C. विनायक दामोदर सावरकर
D. दादाभाई नौरोजी

216. 'मुद्राराक्षस' ग्रंथ का लेखक कौन है?
A. विशाखदत्त B. कालिदास
C. भारवि D. माघ

217. 'माई प्रेसिडेंशल ईयर्स' पुस्तक का लेखक कौन है?
A. ज्ञानी जैल सिंह B. वी.वी. गिरि
C. आर. बेंकटरमन D. डॉ. शंकर दयाल शर्मा

218. 'जय सोमनाथ' किसकी कृति है?
A. के.एम. मुंशी B. वृन्दावन लाल वर्मा
C. अमृत लाल नागर D. मदन मोहन मालवीय

219. वर्शिपिंग फाल्स गॉड्स पुस्तक के लेखक हैं–
A. विक्रम सेठ B. अरुण शौरी
C. सलमान रुश्दी D. खुशवन्त सिंह

220. निम्नलिखित पुस्तकों में से कौन-सी पुस्तक सलमान रुश्दी की है?
A. दि वर्ल्ड ऑफ फतवाज B. दि मूर्स लास्ट साई
C. दि अदर हॉफ D. फूल्स पैराडाइज

221. मार्ग्रेट थैचर द्वारा रचित पुस्तक है–
A. लांग वॉक टु फ्रीडम B. दि पाथ टु पावर
C. इमेज एंड इमेजिनेशन D. 10 डाउनिंग स्ट्रीट

222. 'फ्रीडम एट मिडनाइट' के लेखक कौन हैं?
A. जवाहरलाल नेहरू तथा डॉ. राजेन्द्र प्रसाद
B. एम.ओ. मथाई तथा फ्रैंक मोरेस
C. मैक्सिम गोर्की तथा दोस्तोवस्की
D. लैरी कॉलिन्स और डोमिनिक लापियर

223. 'अंकल टॉम्स केबिन' के लेखक का क्या नाम है?
A. एच.बी. स्टोव B. एडम स्मिथ
C. टॉल्स्टॉय D. थामस मूर

224. 'वार एण्ड पीस' और 'अन्ना कैरेनिना' दोनों एक ही अन्तर्राष्ट्रीय ख्याति प्राप्त लेखक की कृतियाँ हैं; उस लेखक का क्या नाम है?
A. ओलीवर गोल्डस्मिथ B. श्वेतलाना
C. लुई ब्रोमफील्ड D. लियो टाल्स्टॉय

225. बोरिस पास्तरनाक ने एक बहुत ही विवादास्पद पुस्तक लिखी थी। उस पुस्तक का क्या नाम है?
A. डॉन क्विक्जोट B. फॉस्ट
C. डॉक्टर्स डिलेमा D. डॉ. जिवागो

226. 'दास कैपिटल' के लेखक कौन हैं?
A. शेक्सपियर B. कौटिल्य
C. कर्नल जॉन हण्ट D. कार्ल मार्क्स

227. 'मदर' के लेखक का क्या नाम है?
A. मैक्सिम गोर्की B. पर्ल एस. बक
C. कैथराइन मेयो D. टी.एस. इलियट

228. 'कलम का सिपाही' में किसकी जीवनी प्रस्तुत की गई है?
A. शरतचन्द्र B. प्रेमचन्द
C. राहुल सांकृत्यायन D. जोश मलीहाबादी

229. 'झण्डा ऊँचा रहे हमारा' गीत किस कवि की रचना है?
A. श्यामलाल गुप्त 'पार्षद' B. मैथिलीशरण गुप्त
C. सोहनलाल द्विवेदी D. रामधारी सिंह 'दिनकर'

230. 'आइने अकबरी' का लेखक कौन था?
A. इब्न बतूता B. अकबर
C. अबुल फजल D. अकबर मुरादाबादी

231. कम्प्यूटर–
A. एक उपकरण है जो गणितीय और तार्किक संक्रियायें सम्पन्न करता है
B. एक उपकरण है, जो केवल गणितीय संक्रियायें सम्पन्न करता है
C. एक स्मृति उपकरण है
D. एक गणना उपकरण है

232. 'PC' का अर्थ है–
A. प्राइवेट कम्प्यूटर
B. पर्सनल कल्कुलेटर
C. पर्सनल कम्प्यूटर
D. प्रोफेसनल कम्प्यूटर

233. 'बाइनरी अंक प्रणाली' में अधिकतम अंक (digit) कितने होते हैं?
A. 1
B. 10
C. 2
D. 4

234. निम्नलिखित में से कौन-सा 'इनपुट' उपकरण है?
A. मॉनीटर
B. प्रिंटर
C. प्लॉटर
D. माउस

235. CPU का पूरा नाम है–
A. सेन्ट्रल प्रोग्रामिंग यूनिट
B. सेन्ट्रल प्रोसेसिंग यूनिट
C. सेन्ट्रल प्रोग्रामिंग अण्डरस्टैंडिंग
D. सेन्ट्रल प्रोसेसिंग अण्डरस्टैंडिंग

236. गणना हेतु प्रयोग में लाया गया पहला उपकरण था
A. ENIAC
B. ABACUS
C. एनालिटिकल इंजन
D. EDSAC

237. ABACUS का प्रयोग कब शुरू हुआ था?
A. 250 ई.
B. 450 ई.पू.
C. 1200 ई.पू.
D. 1200 ई.

238. किस अंग्रेज को 'कम्प्यूटर का जनक' कहा जाता है?
A. ब्लेज पास्कल
B. लेबनित्ज
C. चार्ल्स बैबेज
D. जे.पी. एकर्ट

239. निम्नलिखित में से कौन-सी कम्प्यूटर की सेकेण्डरी मेमोरी है?
A. RAM
B. ROM
C. रजिस्टर्स
D. फ्लॉपी

240. निम्नलिखित में से कौन पैकेज नहीं है?
A. BASIC
B. dBASE
C. वर्ड परफेक्ट
D. पेज मेकर

241. कौन-सा बेमेल है?
A. वर्ड स्टार
B. वर्ड परफेक्ट
C. DOS Editor
D. विण्डो

242. डाटा के समुच्चय (Set) को क्या कहते हैं?
A. फील्ड
B. रेकार्ड
C. फाइल
D. इनमें से कोई नहीं

243. Keyboard है?
A. इनपुट यूनिट है
B. आउटपुट यूनिट है
C. इनपुट यूनिट और आउटपुट यूनिट दोनों हैं
D. उपरोक्त में से कोई भी नहीं है

244. प्रिंटर–
A. आउटपुट यूनिट है
B. इनपुट यूनिट है
C. उपरोक्त दोनों हैं
D. उपरोक्त में से कोई भी नहीं है

245. फ्लॉपी–
A. इनपुट यूनिट है
B. आउटपुट यूनिट है
C. इनपुट यूनिट और आउटपुट यूनिट दोनों हैं
D. उपरोक्त में से कोई भी नहीं है

246. कम्प्यूटर की विशेषताएं हैं–
1. तेज रफ्तार
2. स्वचालन
3. कार्यशीलता
4. परिवर्तनशीलता
निम्नलिखित में से कौन-सी विशेषता सही है?
A. 1 और 2 सही हैं
B. 1, 2 और 4 सही हैं
C. 1, 2 और 3 सही हैं
D. उपरोक्त सभी सही हैं

247. 1 बाइट बराबर है–
A. 8 बिट
B. 16 बिट
C. 36 बिट
D. 64 बिट

248. असंसाधित तथ्य को क्या कहा जाता है?
A. डाटम
B. डाटा
C. फाइल
D. फील्ड

249. कम्प्यूटर–
A. सूचना ग्रहण करता है
B. सूचना को निर्दिष्ट प्रयोजन के लिए अनुकूल बनाता है
C. परिणाम प्रदर्शित करता है
D. उपरोक्त सभी बातें सही हैं

250. डाटा क्या है–
A. संसाधित तथ्य
B. असंसाधित तथ्य
C. अंक और अक्षर
D. उपरोक्त में से कोई भी नहीं

251. 'जीने की कला' (आर्ट ऑफ लिविंग) के प्रतिपादक और प्रचारक कौन हैं?
A. महर्षि महेश योगी
B. श्री श्री रवि शंकर
C. स्वामी चिन्मयानंद
D. भगवान रजनीश

252. डंकन पैसेज निम्नलिखित में से किसके बीच स्थित है?
A. दक्षिणी और लिटिल अंडमान
B. उत्तरी और दक्षिणी अंडमान
C. उत्तरी और मध्य अंडमान
D. अंडमान और निकोबार

253. MITRA स्कीम का संबंध किससे है?
A. रेलवे
B. विनिर्माण
C. टेक्सटाइल
D. स्वास्थ्य

254. रासायनिक रूप से 'मिल्क ऑफ मैग्नेशिया' क्या होता है?
A. मैग्नीशियम कार्बोनेट
B. सोडियम बाइकार्बोनेट
C. कैल्सियम हाइड्रॉक्साइड
D. मैग्नीशियम हाइड्रॉक्साइड

255. वन अनुसंधान संस्थान कहाँ स्थित है?
A. देहरादून में
B. भोपाल में
C. लखनऊ में
D. दिल्ली में

उत्तरमाला

1	**2**	**3**	**4**	**5**	**6**	**7**	**8**	**9**	**10**
B	D	B	B	A	D	C	B	A	C
11	**12**	**13**	**14**	**15**	**16**	**17**	**18**	**19**	**20**
D	B	C	C	A	A	B	D	A	A
21	**22**	**23**	**24**	**25**	**26**	**27**	**28**	**29**	**30**
C	D	B	B	C	C	D	A	B	A
31	**32**	**33**	**34**	**35**	**36**	**37**	**38**	**39**	**40**
B	A	D	C	C	D	A	B	B	B
41	**42**	**43**	**44**	**45**	**46**	**47**	**48**	**49**	**50**
B	B	B	C	C	C	C	A	B	C
51	**52**	**53**	**54**	**55**	**56**	**57**	**58**	**59**	**60**
D	B	C	C	A	B	D	C	A	A
61	**62**	**63**	**64**	**65**	**66**	**67**	**68**	**69**	**70**
B	D	B	A	C	D	B	B	A	C
71	**72**	**73**	**74**	**75**	**76**	**77**	**78**	**79**	**80**
D	B	B	A	D	C	A	C	D	B
81	**82**	**83**	**84**	**85**	**86**	**87**	**88**	**89**	**90**
B	A	B	D	B	C	A	A	C	B
91	**92**	**93**	**94**	**95**	**96**	**97**	**98**	**99**	**100**
C	D	B	A	B	C	D	C	A	C
101	**102**	**103**	**104**	**105**	**106**	**107**	**108**	**109**	**110**
D	C	B	D	A	B	B	A	B	C
111	**112**	**113**	**114**	**115**	**116**	**117**	**118**	**119**	**120**
C	B	A	A	C	A	D	C	C	C
121	**122**	**123**	**124**	**125**	**126**	**127**	**128**	**129**	**130**
D	A	C	D	C	C	C	B	A	C
131	**132**	**133**	**134**	**135**	**136**	**137**	**138**	**139**	**140**
D	C	B	D	B	C	C	D	A	B
141	**142**	**143**	**144**	**145**	**146**	**147**	**148**	**149**	**150**
A	D	C	C	C	B	A	B	A	D
151	**152**	**153**	**154**	**155**	**156**	**157**	**158**	**159**	**160**
B	A	A	C	C	C	D	B	C	A
161	**162**	**163**	**164**	**165**	**166**	**167**	**168**	**169**	**170**
C	B	A	D	A	C	C	D	B	A
171	**172**	**173**	**174**	**175**	**176**	**177**	**178**	**179**	**180**
C	D	B	B	B	A	A	D	D	B
181	**182**	**183**	**184**	**185**	**186**	**187**	**188**	**189**	**190**
A	A	D	B	A	D	C	D	A	D
191	**192**	**193**	**194**	**195**	**196**	**197**	**198**	**199**	**200**
D	D	B	B	C	D	B	B	A	A
201	**202**	**203**	**204**	**205**	**206**	**207**	**208**	**209**	**210**
C	D	B	B	B	D	B	D	C	B
211	**212**	**213**	**214**	**215**	**216**	**217**	**218**	**219**	**220**
C	A	D	B	D	A	C	A	B	B
221	**222**	**223**	**224**	**225**	**226**	**227**	**228**	**229**	**230**
B	D	A	D	D	D	A	B	A	C
231	**232**	**233**	**234**	**235**	**236**	**237**	**238**	**239**	**240**
A	C	C	D	B	B	A	C	D	A
241	**242**	**243**	**244**	**245**	**246**	**247**	**248**	**249**	**250**
D	A	A	A	C	D	A	B	D	B
251	**252**	**253**	**254**	**255**					
B	A	C	D	A					

◆◆◆◆◆

सम-सामयिक घटनाचक्र
(Current Affairs)

1. संयुक्त राष्ट्र सुरक्षा परिषद ने नवंबर 2025 में किस प्रमुख पहल का समर्थन करने के लिए प्रस्ताव 2803 को मंजूरी दी?

A. ईरान परमाणु समझौता 2.0
B. अमेरिका द्वारा प्रस्तावित गाजा शांति योजना
C. सीरिया पुनर्निर्माण रूपरेखा
D. यमन युद्धविराम रोडमैप

2. सागर डिफेंस ने दुबई एयरशो 2025 में "स्वायत्त रोबोटिक्स क्रांति को गति देना" चुनौती किस अवधारणा के लिए जीती?

A. एक स्वायत्त कार्गो ड्रोन
B. एक बहु-सेंसर युद्धक्षेत्र रडार
C. "जेनेसिस" - एक AI-संचालित बोट-इन-ए-बॉक्स मॉड्यूल
D. SAR और EO पेलोड को एकीकृत करने वाला एक उपग्रह

3. बांग्लादेश के अंतर्राष्ट्रीय अपराध न्यायाधिकरण ने 2024 के छात्र विरोध प्रदर्शनों से जुड़े मानवता के विरुद्ध अपराधों के लिए किस पूर्व प्रधानमंत्री को मृत्युदंड की सजा सुनाई है?

A. मुहम्मद यूनुस　　B. शेख हसीना
C. खालिदा जिया　　D. हुसैन मुहम्मद इरशाद

4. बीकानेर में 17-30 नवंबर 2025 तक आयोजित भारत-ब्रिटेन संयुक्त सैन्य अभ्यास के 8वें संस्करण का नाम क्या है?

A. युद्ध अभ्यास　　B. वज्र प्रहार
C. अजेय वारियर　　D. इंद्र

5. नवंबर 2025 में परमाणु ऊर्जा विभाग (DAE) द्वारा शुरू की गई भारत की पहली नाइट्रिक-ऑक्साइड-मुक्ति घाव ड्रेसिंग का नाम क्या है?

A. डर्मोक्स　　B. कोलोनोक्स
C. नाइट्रोहील　　D. BARC-ड्रेस

6. नवंबर 2025 में दुर्लभ-पृथ्वी अनुसंधान के लिए DAE द्वारा जारी स्वदेशी रूप से विकसित प्रमाणित संदर्भ सामग्री (CRM) का नाम क्या है?

A. कार्बोनेटाइट-X
B. फेरोकार्बोनेटाइट (FC) – BARC B140
C. REE-मानक 1
D. मिनरलमिक्स B210

7. विश्व मुक्केबाजी कप फाइनल 2025, 16-20 नवंबर तक कहाँ आयोजित किया गया था?

A. मुंबई　　B. ग्रेटर नोएडा
C. बेंगलुरु　　D. पुणे

8. किस भारतीय तीरंदाज ने नवंबर 2025 में लक्ज़मबर्ग के स्ट्रासेन में जीती ओपन इंडोर वर्ल्ड सीरीज 2025 में पुरुषों की कंपाउंड स्पर्धा का स्वर्ण पदक जीता?

A. अभिषेक वर्मा　　B. गणेश मणिरत्नम थिरुमुरु
C. कुशल दलाल　　D. रितुल चटर्जी

9. 17-18 नवंबर को आयोजित दुबई एयर शो 2025 में किस भारतीय विमान और टीम ने भाग लिया?

A. राफेल और गरुड़ टीम
B. मिग-29 और आकाशगंगा टीम
C. एलसीए तेजस और सूर्यकिरण एरोबैटिक टीम
D. सुखोई-30MKI और सारंग हेलीकॉप्टर टीम

10. बिहार चुनाव 2025 में किस पार्टी ने सबसे ज्यादा सीटें जीतीं?

A. जद(यू)　　B. लोजपा (रामविलास)
C. भाजपा　　D. राजद

11. 14-27 नवंबर तक नई दिल्ली में आयोजित 44वें भारत अंतर्राष्ट्रीय व्यापार मेले (IITF) 2025 का विषय क्या है?

A. डिजिटल इंडिया　　B. आत्मनिर्भर भारत
C. एक भारत-श्रेष्ठ भारत　　D. मेक इन इंडिया

12. गरुड़-2025 अभ्यास भारत और किस देश के बीच एक द्विपक्षीय हवाई अभ्यास है?

A. जर्मनी　　B. फ्रांस
C. जापान　　D. ऑस्ट्रेलिया

13. विश्व मधुमेह दिवस हर साल 14 नवंबर को सर फ्रेडरिक बैंटिंग के जन्मदिन के उपलक्ष्य में मनाया जाता है। उन्हें किस प्रमुख चिकित्सा खोज के लिए जाना जाता है?

A. एंटीबायोटिक दवाओं की खोज
B. इंसुलिन की खोज
C. रक्त समूहों की खोज
D. टीकाकरण की खोज

14. भारत में बाल दिवस (14 नवंबर) किस नेता की जयंती के उपलक्ष्य में मनाया जाता है?

A. महात्मा गांधी　　B. डॉ. बी.आर. अम्बेडकर
C. पंडित जवाहरलाल नेहरू　　D. सरदार वल्लभभाई पटेल

15. भारत और किस देश के बीच नवंबर 2025 में मित्र शक्ति-2025 अभ्यास का 11वां संस्करण आयोजित किया गया था?
A. बांग्लादेश B. श्रीलंका
C. नेपाल D. म्यांमार

16. 10-18 नवंबर, 2025 को पश्चिमी प्रशांत क्षेत्र के गुआम में आयोजित मालाबार नौसैनिक अभ्यास में किन देशों ने भाग लिया?
A. भारत, अमेरिका, जापान और ऑस्ट्रेलिया
B. भारत, अमेरिका, फ्रांस और यूके
C. भारत, जापान, सिंगापुर और ऑस्ट्रेलिया
D. भारत, अमेरिका, इंडोनेशिया और जापान

17. क्रिकेट कितने वर्षों बाद 2028 के लॉस एंजिल्स ओलंपिक खेलों में वापसी करेगा?
A. 100 वर्ष B. 112 वर्ष
C. 128 वर्ष D. 140 वर्ष

18. 2028 के लॉस एंजिल्स ओलंपिक में क्रिकेट किस प्रारूप में खेला जाएगा?
A. एक दिवसीय अंतर्राष्ट्रीय (ODI)
B. टेस्ट क्रिकेट
C. T10
D. T20 (ट्वेंटी20)

19. नवंबर 2025 में प्रोजेक्ट चीता के तहत बोत्सवाना ने भारत को कितने चीते दान किए?
A. छह B. आठ
C. दस D. बारह

20. प्रधानमंत्री नरेंद्र मोदी ने नवंबर 2025 में अपनी भूटान यात्रा के दौरान किस प्रमुख जलविद्युत परियोजना का उद्घाटन किया?
A. मंगदेछु जलविद्युत परियोजना
B. पुनात्सांगछु-II जलविद्युत परियोजना
C. कुरिछु जलविद्युत परियोजना
D. ताला जलविद्युत परियोजना

21. MoSPI के आंकड़ों के अनुसार, 2025 की जुलाई-सितंबर तिमाही में भारत की बेरोजगारी दर थी :
A. 5.4% B. 5.2%
C. 4.8% D. 6.1%

22. 10 नवंबर, 2025 को दिल्ली के लाल किला मेट्रो स्टेशन के पास हुए शक्तिशाली कार विस्फोट को किस कानून के तहत दर्ज किया गया था, जो एक संदिग्ध आतंकी पहलू की ओर इशारा करता है?
A. भारतीय दंड संहिता
B. राष्ट्रीय सुरक्षा अधिनियम
C. गैरकानूनी गतिविधियाँ (रोकथाम) अधिनियम (UAPA)
D. जन सुरक्षा अधिनियम

23. भगवान बुद्ध के पवित्र अवशेष 2025 के किस महीने में सार्वजनिक प्रदर्शन के लिए भारत से भूटान भेजे गए थे?
A. अक्टूबर B. नवंबर
C. दिसंबर D. सितंबर

24. राष्ट्रपति द्रौपदी मुर्मू नवंबर 2025 में किस अफ्रीकी देश की यात्रा करने वाली पहली भारतीय राष्ट्राध्यक्ष बनीं?
A. केन्या B. अंगोला
C. नाइजीरिया D. दक्षिण अफ्रीका

25. भारतीय हॉकी के 100 वर्ष पूरे होने के उपलक्ष्य में शताब्दी समारोह किस वर्ष आयोजित किया गया था?
A. 2024 B. 2025
C. 2026 D. 2027

26. नवंबर 2025 में 30वां संयुक्त राष्ट्र जलवायु परिवर्तन सम्मेलन (COP30) कहाँ आयोजित किया गया था?
A. पेरिस, फ्रांस
B. बेलेम, ब्राजील
C. ग्लासगो, यूनाइटेड किंगडम
D. नैरोबी, केन्या

27. 2025 में वर्जीनिया की उपराज्यपाल चुनी गईं ग़ज़ाला हाशमी का जन्म भारत के किस शहर में हुआ था?
A. मुंबई B. हैदराबाद
C. दिल्ली D. चेन्नई

28. 6 नवंबर को आयोजित बिहार विधानसभा चुनाव 2025 का पहला चरण कितने निर्वाचन क्षेत्रों में आयोजित किया गया था?
A. 100 B. 118
C. 121 D. 140

29. क्यूएस वर्ल्ड यूनिवर्सिटी रैंकिंग 2026 में किस भारतीय संस्थान ने सर्वोच्च स्थान प्राप्त किया?
A. आईआईटी बॉम्बे B. आईआईटी मद्रास
C. आईआईटी दिल्ली D. आईआईटी कानपुर

30. आईसीए वर्ल्ड कोऑपरेटिव मॉनिटर 2025 रैंकिंग में किन दो भारतीय सहकारी संस्थाओं ने शीर्ष स्थान प्राप्त किया?
A. अमूल और नेफेड B. इफको और अमूल
C. कृभको और मदर डेयरी D. अमूल और एनडीडीबी

31. प्रधानमंत्री नरेंद्र मोदी ने किस कार्यक्रम के दौरान अनुसंधान, विकास और नवाचार (RDI) योजना निधि का शुभारंभ किया?
A. वैश्विक विज्ञान कांग्रेस 2025
B. उभरते विज्ञान, प्रौद्योगिकी और नवाचार सम्मेलन (ESTIC) 2025
C. भारत नवाचार शिखर सम्मेलन 2025
D. राष्ट्रीय अनुसंधान सम्मेलन 2025

32. 1 नवंबर 2025 से भारतीय मानक ब्यूरो (BIS) के महानिदेशक के रूप में किसे नियुक्त किया गया है?

A. राजेश कुमार सिंह　B. संजय गर्ग

C. मनोज आहूजा　D. अलका उपाध्याय

33. 2025 में महिला विश्व कप का खिताब किस टीम ने जीता?

A. ऑस्ट्रेलिया　B. इंग्लैंड

C. दक्षिण अफ्रीका　D. भारत

34. निम्नलिखित में से कौन-सा भारत का सबसे भारी संचार उपग्रह (4,410 किलोग्राम) है जिसे इसरो ने 3 नवंबर 2025 को श्रीहरिकोटा से LVM3-M5 'बाहुबली' रॉकेट का उपयोग करके प्रक्षेपित किया था?

A. GSAT-7A　B. GSAT-6

C. GSAT-7R (CMS-03)　D. GSAT-9

35. यूआईडीएआई द्वारा शुरू किए गए आधार विजन 2032 फ्रेमवर्क का प्राथमिक उद्देश्य क्या है?

A. आधार को मतदाता पहचान पत्र से जोड़ना

B. उन्नत तकनीकों का उपयोग करके आधार को भविष्य के लिए तैयार करना

C. मौजूदा आधार प्रणाली को एक नए पहचान पत्र से बदलना

D. विदेशों में आधार नामांकन केंद्रों का विस्तार करना

36. आर्य समाज की स्थापना किसने की, जिसकी 150वीं वर्षगांठ 2025 में मनाई गई?

A. स्वामी श्रद्धानंद　B. स्वामी विवेकानंद

C. स्वामी दयानंद सरस्वती　D. लाला लाजपत राय

37. भारत ने सेमीफाइनल में किस टीम को हराकर महिला क्रिकेट विश्व कप 2025 के फाइनल में प्रवेश किया?

A. इंग्लैंड　B. ऑस्ट्रेलिया

C. दक्षिण अफ्रीका　D. न्यूजीलैंड

38. भारत के 53वें मुख्य न्यायाधीश (CJI) के रूप में किसे नियुक्त किया गया है?

A. न्यायमूर्ति बी.आर. गवई　B. न्यायमूर्ति डी.वाई. चंद्रचूड़

C. न्यायमूर्ति सूर्यकांत　D. न्यायमूर्ति संजीव खन्ना

39. राष्ट्रपति द्रौपदी मुर्मू ने अक्टूबर 2025 में किस वायुसेना स्टेशन से राफेल लड़ाकू विमान में उड़ान भरी?

A. हिंडन वायुसेना स्टेशन　B. अंबाला वायुसेना स्टेशन

C. ग्वालियर वायुसेना स्टेशन　D. जोधपुर वायुसेना स्टेशन

40. अक्टूबर 2025 में शुरू की गई आदर्श युवा ग्राम सभा (MYGS) पहल का उद्देश्य छात्रों में निम्नलिखित में से किसको बढ़ावा देना है?

A. वित्तीय साक्षरता और उद्यमिता

B. लोकतांत्रिक मूल्य और सहभागी शासन

C. पर्यावरण जागरूकता और डिजिटल कौशल

D. खेल और शारीरिक फिटनेस

41. भारत में HAL और रूस की यूनाइटेड एयरक्राफ्ट कॉर्पोरेशन द्वारा संयुक्त रूप से कौन-से विमान का निर्माण किया जाएगा?

A. SJ-100　B. मिग-35

C. तेजस Mk2　D. डोर्नियर 228

42. चक्रवात मोन्था 28 अक्टूबर 2025 को आंध्र प्रदेश के किस तटीय क्षेत्र के पास पहुँचा?

A. विशाखापत्तनम　B. काकीनाडा

C. नेल्लोर　D. कलिंगपट्टनम

43. 8वें केंद्रीय वेतन आयोग (CPC) के अध्यक्ष कौन हैं?

A. न्यायमूर्ति ए.के. सीकरी

B. न्यायमूर्ति रंजना प्रकाश देसाई

C. श्रीमती निर्मला सीतारमण

D. डॉ. पुलक घोष

44. अक्टूबर 2025 के मध्यावधि चुनावों में अर्जेंटीना की सत्तारूढ़ पार्टी को भारी जीत दिलाने में किसने नेतृत्व किया?

A. अल्बर्टो फर्नांडीज

B. जेवियर माइली

C. मौरिसियो मैक्री

D. क्रिस्टीना फर्नांडीज डी किर्चनर

45. 27-30 अक्टूबर, 2025 तक 8वीं अंतर्राष्ट्रीय सौर गठबंधन (ISA) सभा किस स्थान पर आयोजित की गई थी?

A. विज्ञान भवन, नई दिल्ली

B. भारत मंडपम, नई दिल्ली

C. इंडिया हैबिटेट सेंटर, नई दिल्ली

D. हैदराबाद अंतर्राष्ट्रीय सम्मेलन केंद्र

46. 27 अक्टूबर से 2 नवंबर, 2025 तक मनाए जाने वाले सतर्कता जागरूकता सप्ताह 2025 का विषय क्या था?

A. भ्रष्टाचार को ना कहें

B. ईमानदारी - जीवन जीने का एक तरीका

C. सतर्कता : हमारी साझा जिम्मेदारी

D. भविष्य के लिए पारदर्शिता

47. भारत के चुनाव आयोग द्वारा संचालित विशेष गहन पुनरीक्षण (SIR) क्या है?

A. मतदाता जागरूकता को बढ़ावा देने के लिए एक अभियान

B. चुनाव से पहले मतदाता सूची को अद्यतन और सत्यापित करने का एक विशेष अभियान

C. जनमत सर्वेक्षण आयोजित करने का एक कार्यक्रम

D. राजनीतिक दलों के प्रतीकों और पंजीकरण की समीक्षा

48. 47वां आसियान शिखर सम्मेलन 2025, 26-28 अक्टूबर तक कहाँ आयोजित किया गया था?

A. जकार्ता B. बैंकॉक
C. कुआलालंपुर D. सिंगापुर

49. 2025 में भूमि संसाधन विभाग (DoLR) द्वारा शुरू किए गए कार्यक्रम में NAKSHA का क्या अर्थ है?
A. आवास और परिसंपत्तियों के लिए राष्ट्रीय विश्लेषणात्मक ज्ञान प्रणाली
B. शहरी आवासों का राष्ट्रीय भू-स्थानिक ज्ञान-आधारित भूमि सर्वेक्षण
C. पर्यावास क्षेत्रों के लिए राष्ट्रीय हवाई कार्टोग्राफिक सर्वेक्षण
D. आवास मूल्यांकन के लिए राष्ट्रीय उन्नत ज्ञान योजना

50. राष्ट्रीय विज्ञान पुरस्कार 2025 के अंतर्गत विज्ञान रत्न पुरस्कार किस प्रख्यात वैज्ञानिक को मरणोपरांत प्रदान किया गया?
A. एस. वेंकट मोहन B. जयंत विष्णु नार्लिकर
C. के. थंगराज D. ज्ञानेंद्र प्रताप सिंह

51. भारत-तिब्बत सीमा पुलिस (ITBP) का स्थापना दिवस कब मनाया जाता है?
A. 20 अक्टूबर B. 21 अक्टूबर
C. 24 अक्टूबर D. 26 अक्टूबर

52. राष्ट्रीय एकता दिवस हर साल 31 अक्टूबर को किस राष्ट्रीय नेता की जयंती के उपलक्ष्य में मनाया जाता है?
A. महात्मा गांधी B. सरदार वल्लभभाई पटेल
C. सुभाष चंद्र बोस D. लाल बहादुर शास्त्री

53. मानवरहित गगनयान G1 मिशन कब प्रक्षेपित होने वाला है?
A. नवंबर 2025 B. दिसंबर 2025
C. जनवरी 2026 D. मार्च 2026

54. केदारनाथ और यमुनोत्री मंदिर किस त्यौहार पर शीतकाल के लिए बंद कर दिए गए थे?
A. दिवाली B. भाई दूज
C. दशहरा D. कार्तिक पूर्णिमा

55. दिल्ली सरकार ने 23 अक्टूबर 2025 को आईआईटी कानपुर के सहयोग से क्लाउड सीडिंग के माध्यम से अपना पहला कृत्रिम वर्षा परीक्षण कहाँ किया?
A. द्वारका B. बुराड़ी
C. रोहिणी D. लाजपत नगर

56. अक्टूबर 2025 में किस खिलाड़ी को प्रादेशिक सेना में लेफ्टिनेंट कर्नल की मानद उपाधि से सम्मानित किया गया?
A. पीवी सिंधु B. विराट कोहली
C. नीरज चोपड़ा D. अभिनव बिंद्रा

57. निंगोल चाकोबा उत्सव भारत के किस राज्य में मनाया जाता है?
A. असम B. त्रिपुरा
C. मणिपुर D. मेघालय

58. वैश्विक वन संसाधन आकलन (GFRA) 2025 के अनुसार, कुल वन क्षेत्र में भारत का वैश्विक स्थान क्या है?
A. 7वीं B. 8वीं
C. 9वीं D. 10वीं

59. अक्टूबर 2025 में जापान की पहली महिला प्रधानमंत्री कौन बनीं?
A. युरिको कोइके B. साने ताकाइची
C. फुमियो किशिदा D. योको कामिकावा

60. क्षेत्रीय संपर्क योजना - उड़ान (उड़े देश का आम नागरिक), जिसने 21 अक्टूबर 2025 को अपने 9 वर्ष पूरे कर लिए, किससे संबंधित है?
A. सभी प्रमुख शहरों को रेलवे से जोड़ना
B. सभी जिलों को जोड़ने के लिए सड़क मार्ग से बस सेवा
C. सभी गाँवों में ब्रॉडबैंड उपलब्ध कराना
D. हवाई यात्रा को सस्ता बनाना और छोटे शहरों और कस्बों को जोड़ना

61. FIDE शतरंज विश्व कप 2025, 31 अक्टूबर से 17 नवंबर तक कहाँ आयोजित किया गया?
A. चेन्नई B. मुंबई
C. अरपोरा, गोवा D. नई दिल्ली

62. 2025 में 125वीं भारतीय फुटबॉल संघ (IFA) शील्ड किस टीम ने जीती?
A. ईस्ट बंगाल FC
B. रियल कश्मीर FC
C. मोहन बागान सुपर जायंट
D. बेंगलुरु FC

63. अक्टूबर 2025 में अफगानिस्तान और पाकिस्तान के बीच युद्ध विराम में किन देशों ने मध्यस्थता की?
A. सऊदी अरब और ईरान
B. कतर और तुर्की
C. चीन और रूस
D. अमेरिका और यूएई

64. बोलीविया का 2025 का राष्ट्रपति चुनाव किसने जीता?
A. इवो मोरालेस B. जॉर्ज टूटो क्विरोगा
C. रोड्रिगो पाज D. एडमैन लारा

65. पुलिस स्मृति दिवस हर साल 21 अक्टूबर को किस ऐतिहासिक घटना के उपलक्ष्य में मनाया जाता है?
A. कारगिल युद्ध
B. 26/11 मुंबई हमला
C. लद्दाख में हॉट स्प्रिंग्स की घटना (1959)
D. ऑपरेशन ब्लू स्टार

66. भारतीय हॉकी टीम अक्टूबर 2025 में मलेशिया में आयोजित किस अंतर्राष्ट्रीय टूर्नामेंट के फाइनल में पहुँची?

A. एशिया कप B. हॉकी चैंपियंस ट्रॉफी

C. सुल्तान जोहोर कप D. नेशंस कप

67. तेजस LCA Mk1A लड़ाकू विमान का विकास किस संगठन ने किया?

A. DRDO

B. ISRO

C. भारत डायनेमिक्स लिमिटेड

D. हिंदुस्तान एयरोनॉटिक्स लिमिटेड (HAL)

68. राष्ट्रीय सुरक्षा गार्ड (NSG) का स्थापना दिवस हर साल 16 अक्टूबर को मनाया जाता है। एनएसजी की स्थापना किस वर्ष हुई थी?

A. 1980 B. 1982

C. 1984 D. 1986

69. अंतर्राष्ट्रीय गरीबी उन्मूलन दिवस हर साल मनाया जाता है :

A. 15 अक्टूबर B. 17 अक्टूबर

C. 20 अक्टूबर D. 24 अक्टूबर

70. नौसैनिक अभ्यास 'समुद्र शक्ति' के पाँचवें संस्करण में कौन-से दो देश भाग ले रहे हैं?

A. भारत और जापान B. भारत और इंडोनेशिया

C. भारत और श्रीलंका D. भारत और ऑस्ट्रेलिया

71. 2030 राष्ट्रमंडल खेलों की मेजबानी कौन-सा भारतीय शहर करेगा?

A. नई दिल्ली B. अहमदाबाद

C. मुंबई D. बेंगलुरु

72. रक्षा मंत्रालय ने भारतीय सेना की किस राइफल को उन्नत रात्रि दृष्टि से लैस करने के लिए अक्टूबर 2025 में ₹659.47 करोड़ के अनुबंध पर हस्ताक्षर किया हैं?

A. INSAS B. AK-203

C. SIG716 D. Tavor

73. "अक्टूबर 2025 में, वरिष्ठ नक्सली कार्यकर्ताओं ने गढ़चिरौली में आत्मसमर्पण किया। उनमें से कौन केंद्रीय नक्सल समिति का पोलित ब्यूरो सदस्य था?"

A. मल्लूजोला वेणुगोपाल राव उर्फ भूपति

B. गणेश पाटिल

C. रमेश यादव

D. सुरेश सिंह

74. अक्टूबर 2025 में प्रकाशित "रेडी, रेलेवेंट एंड रिसर्जेंट II : शेपिंग ए फ्यूचर रेडी फोर्स" नामक पुस्तक के लेखक कौन हैं?

A. राजनाथ सिंह B. जनरल अनिल चौहान

C. जनरल बिपिन रावत D. अशोक कुमार

75. अक्टूबर 2025 में भारत-दक्षिण कोरिया नौसैनिक द्विपक्षीय अभ्यास का उद्घाटन कहाँ हुआ था?

A. विशाखापत्तनम B. बुसान

C. चेन्नई D. सियोल

76. नए डीडीपी तंत्र के तहत भारत से अमेरिका को भेजे जाने वाले शिपमेंट पर एकसमान सीमा शुल्क क्या है?

A. घोषित एफओबी मूल्य का 25%

B. घोषित एफओबी मूल्य का 40%

C. घोषित एफओबी मूल्य का 50%

D. घोषित एफओबी मूल्य का 60%

77. अमेरिका के बाहर Google का सबसे बड़ा AI और डेटा इंफ्रास्ट्रक्चर हब किस भारतीय शहर में स्थापित होगा?

A. बेंगलुरु B. हैदराबाद

C. विशाखापत्तनम D. पुणे

78. नवाचार और "रचनात्मक विनाश" पर अपने कार्य के लिए 2025 का अर्थशास्त्र का नोबेल पुरस्कार किसे मिला?

A. पॉल क्रुगमैन, मिल्टन फ्रीडमैन और बेन बर्नान्के

B. जोएल मोकिर, फिलिप अघियन और पीटर हॉविट

C. साइमन जॉनसन, जेम्स रॉबिन्सन और डैरन ऐसमोग्लू

D. राग्नार फ्रिस्क, जान टिनबर्गेन और निकोलास टिनबर्गेन

79. मंगोलिया के राष्ट्रपति कौन हैं जिन्होंने अक्टूबर 2025 में भारत का दौरा किया?

A. खाल्तमागीन बत्तुल्गा B. खुरेलसुख उखना

C. लवसनमस्रेन ओयुन-एर्डीन D. त्साखियागीन एल्बेगदोर्ज

80. अक्टूबर 2025 में, केंद्रीय रेल मंत्री अश्विनी वैष्णव ने घोषणा की कि रेलवे सुरक्षा बल (RPF) के लिए हर साल भर्ती आयोजित की जाएगी। इस भर्ती का संचालन किस संगठन को सौंपा गया है?

A. संघ लोक सेवा आयोग (UPSC)

B. रेलवे भर्ती बोर्ड (RRB)

C. कर्मचारी चयन आयोग (SSC)

D. राष्ट्रीय भर्ती एजेंसी (NRA)

81. भारत और ऑस्ट्रेलिया के बीच 13-26 अक्टूबर 2025 तक पर्थ में आयोजित अभ्यास ऑस्ट्राहिंड 2025 का नेतृत्व भारतीय सेना की किस रेजिमेंट ने किया था?

A. राजपूत रेजिमेंट B. सिख रेजिमेंट

C. गोरखा राइफल्स D. मद्रास रेजिमेंट

82. अफगानिस्तान के विदेश मंत्री मावलवी अमीर ख़ान मुत्ताकी की 9-16 अक्टूबर 2025 तक की भारत यात्रा, 2021 के बाद तालिबान की पहली मंत्रिस्तरीय यात्रा थी। भारतीय मुसलमानों तक पहुँच बनाने के लिए उन्होंने अपने प्रवास के दौरान किस धार्मिक संस्थान का दौरा किया?

A. अलीगढ़ मुस्लिम विश्वविद्यालय
B. जामिया मिलिया इस्लामिया
C. दारुल उलूम देवबंद
D. नदवतुल उलमा, लखनऊ

83. भारत द्वारा आयोजित संयुक्त राष्ट्र सैन्य योगदान देने वाले देशों (UNTCC) के प्रमुखों का सम्मेलन 2025 किस शहर में आयोजित किया गया?
A. मुंबई B. बेंगलुरु
C. नई दिल्ली D. हैदराबाद

84. 2025 में नोबेल शांति पुरस्कार जीतने वाली मारिया कोरिना मचाडो किस देश की राजनीतिक नेता हैं?
A. ब्राजील B. कोलंबिया
C. वेनेजुएला D. अर्जेंटीना

85. असम के गुवाहाटी में आयोजित BWF विश्व जूनियर चैंपियनशिप 2025 में भारत ने किस स्पर्धा में कांस्य पदक जीता?
A. पुरुष एकल B. महिला युगल
C. मिश्रित टीम स्पर्धा D. पुरुष युगल

86. अक्टूबर 2025 में भारतीय दूतावास के उन्नयन से पहले, काबुल में भारत की राजनयिक उपस्थिति की प्रकृति क्या थी?
A. कोई राजनयिक मिशन नहीं
B. एक पूर्ण दूतावास
C. एक सीमित तकनीकी मिशन
D. एक वाणिज्य दूतावास कार्यालय

87. 2025 का साहित्य का नोबेल पुरस्कार किसे मिला?
A. ओरहान पामुक B. सलमान रुश्दी
C. लास्ज़लो क्रास्जनाहोरकाई D. काज़ुओ इशिगुरो

88. अक्टूबर 2025 में इजराइल-हमास शांति योजना के पहले चरण पर कहाँ हस्ताक्षर किए गए थे?
A. जिनेवा, स्विट्जरलैंड B. शर्म अल-शेख, मिस्र
C. दोहा, कतर D. यरुशलम, इजराइल

89. 2025 का रसायन विज्ञान का नोबेल पुरस्कार किसे मिला?
A. जॉन क्लार्क, मिशेल डेवोरेट और जॉन मार्टिनिस
B. सुसुमु कितागावा, रिचर्ड रॉबसन और उमर एम. याघी
C. कैरोलिन बर्टोजी, मोर्टेन मेल्डल और के. बैरी शार्पलेस
D. इमैनुएल चार्पेंटियर, जेनिफर डूडना और फेंग झांग

90. यूनाइटेड किंगडम के वर्तमान प्रधानमंत्री कौन हैं जिन्होंने अक्टूबर 2025 में भारत का दौरा किया था?
A. ऋषि सुनक B. कीर स्टारमर
C. बोरिस जॉनसन D. लिज़ ट्रस

91. विश्व मानसिक स्वास्थ्य दिवस हर साल कब मनाया जाता है?
A. 5 अक्टूबर B. 10 अक्टूबर
C. 15 अक्टूबर D. 20 अक्टूबर

92. 2025 का भौतिकी का नोबेल पुरस्कार किसे मिला?
A. पीटर हिग्स, फ्रांस्वा एंगलर्ट और जेम्स पीबल्स
B. जॉन क्लार्क, मिशेल डेवोरेट और जॉन मार्टिनिस
C. रोजर पेनरोज, एंड्रिया गेज़ और रीनहार्ड जेन्जेल
D. एलेन एस्पेक्ट, जॉन क्लॉसर और एंटोन जीलिंगर

93. भारतीय वायु सेना दिवस प्रतिवर्ष कब मनाया जाता है?
A. 26 जनवरी B. 15 अगस्त
C. 8 अक्टूबर D. 4 दिसंबर

94. नवी मुंबई अंतर्राष्ट्रीय हवाई अड्डा कहाँ स्थित है?
A. पनवेल B. उल्वे, नवी मुंबई
C. ठाणे D. बेलापुर

95. बिहार विधानसभा चुनाव 2025 में मतदान की तिथियां क्या थी?
A. 1 और 5 नवंबर B. 4 और 9 नवंबर
C. 6 और 11 नवंबर D. 8 और 12 नवंबर

96. 7 से 9 अक्टूबर 2025 तक मुंबई में आयोजित ग्लोबल फिनटेक फेस्ट 2025 का विषय क्या है?
A. सभी के लिए डिजिटल वित्त
B. विकास के लिए फिनटेक नवाचार
C. एआई द्वारा संचालित एक बेहतर दुनिया के लिए वित्त का सशक्तिकरण
D. सतत और समावेशी फिनटेक

97. 2025 का फिजियोलॉजी या मेडिसिन का नोबेल पुरस्कार किसे मिला?
A. विक्टर एम्ब्रोस, गैरी रुवकुन और मैरी ब्रुनकोव
B. मैरी ई. ब्रुनकोव, फ्रेड रैम्सडेल और शिमोन सकागुची
C. शिमोन सकागुची, तासुकु होंजो और जेम्स एलिसन
D. विक्टर एम्ब्रोस, गैरी रुवकुन और शिमोन सकागुची

98. विश्व पैरा एथलेटिक्स चैंपियनशिप 2025 में भारत ने समग्र रैंकिंग में कौन-सा स्थान हासिल किया?
A. शीर्ष-3 स्थान B. शीर्ष-5 स्थान
C. शीर्ष-10 स्थान D. शीर्ष-15 स्थान

99. अक्टूबर 2025 में भारत का नया एकदिवसीय कप्तान किसे नियुक्त किया गया है?
A. रोहित शर्मा B. श्रेयस अय्यर
C. शुभमन गिल D. केएल राहुल

100. अभ्यास कोंकण-2025 किन दो देशों के बीच एक द्विपक्षीय नौसैनिक अभ्यास है?
A. भारत और फ्रांस
B. भारत और यूनाइटेड किंगडम
C. भारत और जापान
D. भारत और संयुक्त राज्य अमेरिका

101. बच्चों के लिए आधार बायोमेट्रिक अपडेट अनिवार्य रूप से किस उम्र में आवश्यक है?

A. 3 वर्ष और 10 वर्ष B. 5 वर्ष और 15 वर्ष
C. 6 वर्ष और 12 वर्ष D. 7 वर्ष और 17 वर्ष

102. केंद्रीय मंत्रिमंडल ने 1 जुलाई 2025 से केंद्र सरकार के कर्मचारियों और पेंशनभोगियों के लिए महंगाई भत्ते (DA) और महंगाई राहत (DR) में कितनी वृद्धि की है?

A. 2% (55% से 57%) B. 3% (55% से 58%)
C. 4% (55% से 59%) D. 5% (55% से 60%)

103. 2026-27 विपणन सत्र के लिए ₹160 प्रति क्विंटल की वृद्धि के बाद गेहूँ का MSP क्या है?

A. ₹ 2,425 प्रति क्विंटल B. ₹ 2,585 प्रति क्विंटल
C. ₹ 2,650 प्रति क्विंटल D. ₹ 2,510 प्रति क्विंटल

104. भारत को अक्टूबर 2025 में किस उपलब्धि के लिए ISSA पुरस्कार 2025 से सम्मानित किया गया?

A. शिक्षा में उत्कृष्ट उपलब्धि
B. सामाजिक सुरक्षा में उत्कृष्ट उपलब्धि
C. डिजिटल नवाचार में उत्कृष्टता
D. वैश्विक व्यापार में नेतृत्व

105. SSC ने अपनी परीक्षाओं में पारदर्शिता सुनिश्चित करने के लिए अक्टूबर 2025 में कौन-सा प्रमुख सुधार पेश किया है?

A. केवल उत्तर कुंजी प्रकाशित करना
B. अभ्यर्थियों को अपने प्रश्न पत्र, उत्तर और सही उत्तर देखने की अनुमति देना
C. निःशुल्क कोचिंग कक्षाएं प्रदान करना
D. नकारात्मक अंकन हटाना

106. अक्टूबर 2025 में भारतीय रिजर्व बैंक (RBI) का नया डिप्टी गवर्नर किसे नियुक्त किया गया है?

A. एम. राजेश्वर राव B. शिरीष चंद्र मुर्मू
C. टी. रबी शंकर D. स्वामीनाथन जे

107. 2025 में गाजा के लिए 20 सूत्रीय शांति योजना का प्रस्ताव किसने रखा?

A. जो बिडेन B. बेंजामिन नेतन्याहू
C. डोनाल्ड ट्रम्प D. एंटोनियो गुटेरेस

108. आईसीसी महिला एकदिवसीय विश्व कप 2025, सितंबर 2025 में किस देश में आयोजित किया गया?

A. इंग्लैंड B. ऑस्ट्रेलिया
C. भारत D. दक्षिण अफ्रीका

109. सितंबर 2025 में, भारत ने किस देश के साथ अपनी पहली सीमा पार रेलवे परियोजना स्थापित करने पर सहमति व्यक्त की है?

A. नेपाल B. बांग्लादेश
C. भूटान D. म्यांमार

110. भारत ने सितंबर 2025 में दुबई में आयोजित एशिया कप के फाइनल में किस देश को हराकर खिताब जीता?

A. श्रीलंका B. पाकिस्तान
C. बांग्लादेश D. अफगानिस्तान

111. भारत का शीत मरुस्थल जैवमंडल आरक्षित क्षेत्र, जिसे सितंबर 2025 में यूनेस्को के विश्व जैवमंडल आरक्षित क्षेत्र नेटवर्क में शामिल किया गया है, किस राज्य में स्थित है?

A. उत्तराखंड B. हिमाचल प्रदेश
C. सिक्किम D. अरुणाचल प्रदेश

112. भारतीय वायु सेना ने सितंबर 2025 में किस दिग्गज लड़ाकू विमान को आधिकारिक तौर पर विदाई दी?

A. जगुआर B. मिराज 2000
C. मिग-21 D. तेजस

113. सितंबर 2025 में शुरू की गई मुख्यमंत्री महिला रोजगार योजना के तहत, बिहार भर में 75 लाख महिलाओं को पहले चरण में प्रत्येक को कितनी वित्तीय सहायता मिली?

A. ₹ 5,000 B. ₹ 7,500
C. ₹ 10,000 D. ₹ 25,000

114. यूएई ने दुबई वर्ल्ड कांग्रेस फॉर सेल्फ-ड्राइविंग ट्रांसपोर्ट (24–25 सितम्बर 2025) में अपना पहला *सॉवरेन मोबिलिटी क्लाउड* लॉन्च किया। इस पहल को कौन-सा वैश्विक टेक्नोलॉजी प्लेटफॉर्म संचालित कर रहा है?

A. अमेजन वेब सर्विसेज B. गूगल क्लाउड
C. माइक्रोसॉफ्ट अज्योर D. ओरेकल क्लाउड

115. 24 सितम्बर 2025 को लद्दाख में राज्य का दर्जा और छठी अनुसूची में शामिल करने की मांग को लेकर हुए प्रदर्शन किस शहर में हिंसक हो गए?

A. कारगिल B. लेह
C. श्रीनगर D. जम्मू

116. 25-28 सितंबर 2025 तक वर्ल्ड फूड इंडिया 2025 कहाँ आयोजित किया गया है?

A. प्रगति मैदान, नई दिल्ली
B. भारत मंडपम, नई दिल्ली
C. इंडिया एक्सपो मार्ट, ग्रेटर नोएडा
D. BIEC, बेंगलुरु

117. 24 सितंबर 2025 को, केंद्रीय मंत्रिमंडल ने योजना के नए चरण के तहत सरकारी मेडिकल कॉलेजों में कितनी MBBS सीटें जोड़ने की मंजूरी दी?

A. 3,000 B. 5,023
C. 7,500 D. 10,000

118. सितंबर 2025 में, मंत्रिमंडल की नियुक्ति समिति ने मई 2026 तक चीफ ऑफ डिफेंस स्टाफ (CDS) के रूप में किस अधिकारी के सेवा विस्तार को मंजूरी दी?

A. जनरल मनोज पांडे B. जनरल अनिल चौहान
C. जनरल बिपिन रावत D. जनरल दीपक कपूर

119. संयुक्त राष्ट्र महासभा (UNGA) के 80वें सत्र (2025) की थीम क्या है?

A. 21वीं सदी में वैश्विक शांति और सुरक्षा
B. बेहतर साथ : शांति, विकास और मानवाधिकारों के लिए 80 साल और आगे
C. एक सतत और समावेशी भविष्य की ओर
D. वैश्विक विकास के लिए बहुपक्षवाद को सुदृढ़ करना

120. 23 सितम्बर 2025 को रक्षा मंत्री राजनाथ सिंह ने टाटा एडवांस्ड सिस्टम्स लिमिटेड (TASL) की एक रक्षा उत्पादन इकाई का उद्घाटन किस देश में किया?

A. मिस्र B. मोरक्को
C. केन्या D. दक्षिण अफ्रीका

121. सितंबर 2025 में 7 वर्ष पूरे करने वाली दुनिया की सबसे बड़ी सरकारी-वित्तपोषित स्वास्थ्य बीमा योजना का नाम क्या है?

A. आयुष्मान भारत - प्रधानमंत्री जन आरोग्य योजना (PMJAY)
B. राष्ट्रीय स्वास्थ्य बीमा योजना
C. जननी सुरक्षा योजना
D. प्रधानमंत्री सुरक्षा बीमा योजना

122. वर्ष 2023 के लिए 71वें राष्ट्रीय फिल्म पुरस्कारों में सर्वश्रेष्ठ फीचर फिल्म का पुरस्कार किस फिल्म को मिला?

A. कथल : अ जैकफ्रूट मिस्ट्री
B. 12th फेल
C. रॉकी और रानी की प्रेम कहानी
D. मिसेज चैटर्जी वर्सेस नॉर्वे

123. 10वाँ राष्ट्रीय आयुर्वेद दिवस कब मनाया गया?

A. 21 सितंबर 2025 B. 22 सितंबर 2025
C. 23 सितंबर 2025 D. 24 सितंबर 2025

124. नए जीएसटी सुधारों (22 सितंबर 2025 से लागू) के तहत कितने मुख्य कर स्लैब हैं?

A. 3 (5%, 12%, 18%)
B. 4 (5%, 12%, 18%, 28%)
C. 2 (5% और 18%)
D. केवल 1 (5%)

125. 21 सितंबर 2025 को किन तीन देशों ने औपचारिक रूप से फिलिस्तीन राज्य को मान्यता दी?

A. यूके, कनाडा, ऑस्ट्रेलिया
B. यूके, फ्रांस, जर्मनी
C. कनाडा, अमेरिका, ऑस्ट्रेलिया
D. यूके, इजराइल, बेल्जियम

126. दादासाहेब फाल्के पुरस्कार 2023 से किसे सम्मानित किया गया?

A. ममूटी B. मोहनलाल
C. रजनीकांत D. कमल हासन

127. H-1B वीजा क्या है, जिसकी फीस सितंबर 2025 में बढ़ाकर 1,00,000 डॉलर कर दी गई?

A. अमेरिका में अल्पकालिक यात्रा के लिए टूरिस्ट वीजा
B. विशिष्ट क्षेत्रों में कुशल विदेशी पेशेवरों के लिए वर्क वीजा
C. अमेरिका में उच्च शिक्षा के लिए स्टूडेंट वीजा
D. स्थायी निवास कार्ड (ग्रीन कार्ड)

128. 21 सितंबर 2025 को मनाए गए अंतर्राष्ट्रीय शांति दिवस की थीम क्या है?

A. शांति के लिए सेतु निर्माण
B. अभी कार्य करें एक शांतिपूर्ण विश्व के लिए
C. जलवायु कार्रवाई शांति के लिए
D. सामंजस्य के लिए युवा

129. भारतीय सेना ने सितंबर 2025 में किस युद्ध की हीरक जयंती मनाई?

A. कारगिल युद्ध
B. 1971 भारत-पाकिस्तान युद्ध
C. 1965 भारत-पाकिस्तान युद्ध
D. द्वितीय विश्व युद्ध

130. सितंबर 2025 में केंद्रीय औद्योगिक सुरक्षा बल (CISF) के नए महानिदेशक के रूप में किसे नियुक्त किया गया?

A. राहुल रसगोत्रा B. प्रवीर रंजन
C. प्रवीण कुमार D. राजविंदर सिंह भट्टी

131. प्रवीण कुमार अक्टूबर 2025 से किस अर्धसैनिक बल का नेतृत्व करेंगे?

A. सीआरपीएफ B. बीएसएफ
C. आईटीबीपी D. सीआईएसएफ

132. सितंबर 2025 में 7 प्राकृतिक धरोहर स्थलों के जुड़ने के बाद, यूनेस्को की अस्थायी सूची में भारतीय स्थलों की कुल संख्या कितनी हो गई है?

A. 59 B. 65
C. 69 D. 72

133. सितंबर 2025 में आयोजित जापाद-2025 में भारत के अलावा किन देशों ने भाग लिया?

A. ईरान, बांग्लादेश, बुर्किना फासो, कांगो, माली
B. चीन, नेपाल, श्रीलंका, भूटान
C. अमेरिका, ब्रिटेन, फ्रांस, जर्मनी
D. जापान, दक्षिण कोरिया, वियतनाम, थाईलैंड

134. सितंबर 2025 में, डाक विभाग (DoP) और बीएसएनएल ने पूरे भारत में मोबाइल कनेक्टिविटी बढ़ाने के लिए एक समझौता ज्ञापन (MoU) पर हस्ताक्षर किए। यह कैसे पूरा किया जाएगा?
A. ग्रामीण क्षेत्रों में नए टेलीकॉम टावर लगाकर
B. बीएसएनएल सिम कार्ड और रिचार्ज सेवाओं की बिक्री के लिए डाकघरों का उपयोग करके
C. पूरे देश में संयुक्त 5G नेटवर्क शुरू करके
D. डाकियों के माध्यम से मुफ्त इंटरनेट कनेक्शन उपलब्ध कराकर

135. 2025 में भारत-अमेरिका के व्यापारिक रिश्तों में तनाव का मुख्य कारण क्या था?
A. आईटी सेवाओं पर विवाद
B. रूसी कच्चे तेल के आयात से जुड़ी भारतीय वस्तुओं पर 50% शुल्क
C. कृषि निर्यात पर प्रतिबंध
D. बौद्धिक संपदा विवाद

136. सितम्बर 2025 में टीम इंडिया का नया मुख्य प्रायोजक किसे घोषित किया गया है?
A. ड्रीम11 B. अपोलो टायर्स
C. बायजूस D. पेटीएम

137. विश्व मुक्केबाजी चैंपियनशिप 2025 में 48 किग्रा और 57 किग्रा भार वर्ग में स्वर्ण पदक किसने जीता?
A. निकहत जरीन और लवलीना बोरगोहेन
B. मिनाक्षी हूडा और जैस्मिन लाम्बोरिया
C. मैरी कॉम और सवीती बूरा
D. नीतू घंघस और सरिता देवी

138. सितंबर 2025 में प्रधानमंत्री मोदी द्वारा भारत की पहली बाँस-आधारित बायो-रिफाइनरी का उद्घाटन कहाँ किया गया?
A. डिब्रूगढ़, असम B. नूमालीगढ़, असम
C. गुवाहाटी, असम D. सिलचर, असम

139. 2025 से CBSE द्वारा कक्षा 10 और 12 की बोर्ड परीक्षाओं में शामिल होने के लिए न्यूनतम उपस्थिति कितनी अनिवार्य कर दी गई है?
A. 60% B. 65%
C. 70% D. 75%

140. भारत ने 14 सितम्बर 2025 को एशिया कप 2025 में दुबई में पाकिस्तान को 7 विकेट से हराया। प्लेयर ऑफ द मैच किसे चुना गया?
A. हार्दिक पंड्या B. शाहीन अफरीदी
C. कुलदीप यादव D. सूर्यकुमार यादव

141. 12 सितम्बर 2025 को नेपाल की पहली महिला प्रधानमंत्री कौन बनीं?
A. विद्या देवी भंडारी B. सुशीला कार्की
C. ओंसारी घर्ती मगर D. सुजाता कोइराला

142. सितम्बर 2025 में उद्घाटित मिज़ोरम की पहली रेल संपर्क लाइन का नाम क्या है?
A. सिलचर-आइजोल लाइन B. बैराबी-सैरांग लाइन
C. अगरतला-आइजोल लाइन D. गुवाहाटी-सैरांग लाइन

143. मॉरीशस के प्रधानमंत्री डॉ. नवीनचंद्र रामगुलाम, जिन्होंने 9–16 सितम्बर 2025 तक भारत का दौरा किया, उनकी पैतृक जड़ें भारत के किस राज्य से जुड़ी हैं?
A. उत्तर प्रदेश B. बिहार
C. गुजरात D. तमिलनाडु

144. फिच रेटिंग्स ने सितम्बर 2025 में भारत की GDP वृद्धि दर का वित्त वर्ष 2025 के लिए अनुमान किससे संशोधित किया?
A. 6.0% से 6.5% B. 6.5% से 6.9%
C. 6.8% से 7.2% D. 7.0% से 7.5%

145. एशिया कप 2025 का 17वां संस्करण 9–28 सितम्बर 2025 तक किस देश में खेला गया?
A. भारत
B. पाकिस्तान
C. संयुक्त अरब अमीरात (UAE)
D. श्रीलंका

146. *आदि* संस्कृति - दुनिया का पहला डिजिटल जनजातीय विश्वविद्यालय किस मंत्रालय ने शुरू किया?
A. संस्कृति मंत्रालय B. जनजातीय कार्य मंत्रालय
C. शिक्षा मंत्रालय D. कौशल विकास मंत्रालय

147. सितंबर 2025 में भारत के 15वें उपराष्ट्रपति के रूप में किसे चुना गया?
A. न्यायमूर्ति बी. सुदर्शन रेड्डी
B. सी. पी. राधाकृष्णन
C. जगदीप धनखड़
D. वेंकैया नायडू

148. 9 सितंबर 2025 को नेपाल के प्रधानमंत्री पद से किसने इस्तीफा दिया?
A. पुष्प कमल दहल B. शेर बहादुर देउबा
C. के. पी. शर्मा ओली D. रमेश लेखक

149. 2025 में भारतीय फुटबॉल टीम के नए मुख्य कोच कौन नियुक्त हुए?
A. इगोर स्तीमाक B. खालिद जमील
C. स्टीफन कॉन्स्टेंटाइन D. क्लिफर्ड मिरांडा

150. सितंबर 2025 में काठमांडू, नेपाल में 'Gen Z' द्वारा बड़े पैमाने पर विरोध प्रदर्शन हुए। उनकी मुख्य माँग क्या थी?

A. भंग संसद की बहाली

B. सोशल मीडिया प्रतिबंध वापस लेना

C. ईंधन की कीमतों में कमी

D. प्रधानमंत्री का इस्तीफा

151. 22 अप्रैल 2025 के घातक पहलगाम हमले में संलिप्तता के कारण जुलाई 2025 में संयुक्त राज्य अमेरिका द्वारा किस संगठन को विदेशी आतंकवादी संगठन (FTO) घोषित किया गया था?

A. जैश-ए-मोहम्मद B. द रेजिस्टेंस फ्रंट (TRF)

C. हिज्बुल मुजाहिद्दीन D. इंडियन मुजाहिद्दीन

152. स्वच्छ सर्वेक्षण 2024-25 में लगातार 8वें वर्ष किस शहर को भारत का सबसे स्वच्छ शहर घोषित किया गया?

A. अहमदाबाद B. सूरत

C. इंदौर D. नवी मुम्बई

153. जुलाई 2025 में शुभांशु शुक्ला को अंतर्राष्ट्रीय अंतरिक्ष स्टेशन (ISS) ले जाने वाले मिशन का नाम क्या है?

A. चंद्रयान-3

B. गगनयान-1

C. एक्सिओम-4 (आकाश गंगा)

D. मिशन पृथ्वी

154. किस फुटबॉल क्लब ने 2025 में पहला फीफा क्लब विश्व कप जीता?

A. पेरिस सेंट-जर्मेन B. बायर्न म्यूनिख

C. मैनचेस्टर सिटी D. चेल्सी

155. जुलाई 2025 में उद्घाटन किए जाने वाले भारत के दूसरे सबसे लम्बे केबल-स्टेड ब्रिज का नाम क्या है?

A. बांद्रा-वर्ली सी लिंक B. शरावती ब्रिज

C. सिंगदूर ब्रिज D. कलसावल्ली ब्रिज

156. विम्बल्डन 2025 पुरुष एकल का खिताब किसने जीता?

A. नोवाक जोकोविच B. कार्लोस अल्काराज

C. जननिक सिनर D. डेनियल मेदवेदेव

157. विम्बल्डन 2025 महिला एकल का खिताब किसने जीता?

A. आर्याना सबालेंका B. अमांडा अनिसिमोवा

C. इगा स्विएटेक D. ऐलेना रयबाकिना

158. जुलाई 2025 में किस भारतीय धरोहर स्थल को 44वें यूनेस्को विश्व धरोहर स्थल के रूप में अंकित किया गया?

A. राजस्थान के पहाड़ी किले

B. भारत के मराठा सैन्य परिदृश्य

C. अजंता की गुफाएँ

D. चोल मंदिर

159. जुलाई 2025 में भारतीय सेना द्वारा शुरू किए गए ऑपरेशन शिवा 2025 का प्राथमिक उद्देश्य क्या है?

A. लद्दाख में सीमा निगरानी

B. बाढ़ प्रभावित क्षेत्रों में बचाव अभियान

C. श्री अमरनाथ यात्रा का सुरक्षित संचालन सुनिश्चित करना

D. विदेशी सेनाओं के साथ संयुक्त सैन्य अभ्यास करना

160. विमान दुर्घटना जाँच ब्यूरो (AAIB) की रिपोर्ट के अनुसार, एयर इंडिया की उड़ान संख्या AI 171 के दुर्घटनाग्रस्त होने का क्या कारण था?

A. पक्षी का टकराना

B. मौसम की गड़बड़ी

C. इंजनों को ईंधन की आपूर्ति बंद हो गई थी

D. इंजन में आग लग गई थी

161. 30 जुलाई 2025 को प्रक्षेपित नासा-इसरो सिंथेटिक अपर्चर रडार (NISAR) उपग्रह की क्या विशेषता है?

A. यह भारत का पहला उपग्रह है

B. यह मानव को ले जाने वाला पहला उपग्रह है

C. यह द्वि-आवृत्ति रडार (L-बैंड और S-बैंड) का उपयोग करता है

D. यह चंद्र अभियानों के लिए डिजाइन किया गया है

162. जुलाई 2025 में थाईलैंड-कम्बोडिया सीमा संघर्ष को सुलझाने के लिए किस देश के प्रधानमंत्री ने मध्यस्थता की और युद्धविराम की घोषणा की?

A. थाईलैंड B. कम्बोडिया

C. वियतनाम D. मलेशिया

163. FIDE महिला विश्व कप 2025 किसने जीता?

A. कोनेरू हम्पी B. हरिका द्रोणावल्ली

C. दिव्या देशमुख D. तानिया सचदेव

164. 1 जुलाई 2025 को लॉन्च किए गए नए भारतीय रेलवे ऐप का नाम क्या है?

A. रेलकनेक्ट B. रेलवन

C. रेलमेट D. यूटीएस ऑन मोबाइल

165. 1 जुलाई 2025 को यंतर शिपयार्ड, कलिनिनग्राद, रूस में कमीशन किए गए उन्नत स्टील्थ फ्रिगेट का नाम क्या है?

A. INS विक्रांत B. INS तलवार

C. INS तमाल D. INS शिवालिक

166. भारत ने जुलाई 2025 में अपना पहला इक्विन डिजीज-फ्री कम्पार्टमेंट (EDFC) कहाँ स्थापित किया है?

A. पुणे B. बीकानेर

C. मेरठ छावनी D. चेन्नई

167. जुलाई 2025 में नरेंद्र मोदी को त्रिनिदाद और टोबैगो से मिलने वाले पुरस्कार का नाम क्या है?

A. ऑर्डर ऑफ द कैरेबियन

B. नेशनल हीरो अवार्ड

C. ऑर्डर ऑफ द रिपब्लिक ऑफ त्रिनिदाद और टोबैगो

D. वेस्ट इंडीज मेडल ऑफ ऑनर

168. 2025 में BWF वर्ल्ड टूर खिताब जीतने वाले पहले भारतीय कौन बने?

A. लक्ष्य सेन B. किदांबी श्रीकांत
C. आयुष शेट्टी D. प्रणय एच.एस.

169. नाटो शिखर सम्मेलन 2025 कहाँ आयोजित किया गया था?

A. ब्रुसेल्स, बेल्जियम B. द हेग, नीदरलैंड
C. बर्लिन, जर्मनी D. पेरिस, फ्रांस

170. जून 2025 में संघर्ष के दौरान ईरान से भारत द्वारा शुरू किए गए निकासी मिशन का नाम क्या है?

A. ऑपरेशन वंदे भारत B. ऑपरेशन समुद्र सेतु
C. ऑपरेशन सिंधु D. ऑपरेशन सुरक्षा

171. जून 2025 में किस डायमंड लीग इवेंट में पुरुषों की भाला फेंक स्पर्धा में नीरज चोपड़ा ने जीत हासिल की?

A. दोहा डायमंड लीग B. ज्यूरिख डायमंड लीग
C. पेरिस डायमंड लीग D. रोम डायमंड लीग

172. QS वर्ल्ड यूनिवर्सिटी रैंकिंग 2026 में कौन-सा विश्वविद्यालय शीर्ष पर रहा?

A. स्टैनफोर्ड यूनिवर्सिटी
B. यूनिवर्सिटी ऑफ ऑक्सफोर्ड
C. मैसाचुसेट्स इंस्टीट्यूट ऑफ टेक्नोलॉजी (MIT)
D. हार्वर्ड यूनिवर्सिटी

173. 11वें अंतर्राष्ट्रीय योग दिवस (IDY) 2025 का विषय क्या है?

A. वैश्विक शांति के लिए योग
B. स्वास्थ्य और सद्भाव के लिए योग
C. एक पृथ्वी, एक स्वास्थ्य के लिए योग
D. जलवायु और समुदाय के लिए योग

174. किस भारतीय एनिमेटेड फिल्म ने एनेसी 2025 में सर्वश्रेष्ठ एनिमेटेड फिल्म के लिए जूरी पुरस्कार जीता?

A. द जंगल बुक B. माइटी लिटिल भीम
C. देसी ऊन D. हनुमान

175. भारत के अधिकांश हिस्सों में आगामी राष्ट्रीय जनगणना के लिए संदर्भ तिथि कब है?

A. 1 अक्टूबर, 2026 B. 1 जनवरी, 2026
C. 1 मार्च, 2027 D. 1 अप्रैल, 2027

176. ICC विश्व टेस्ट चैम्पियनशिप फाइनल 2025 किस टीम ने जीता?

A. ऑस्ट्रेलिया B. इंग्लैंड
C. भारत D. दक्षिण अफ्रीका

177. 12 जून 2025 को एयर इंडिया लंदन फ्लाइट क्रैश में किस प्रकार का विमान शामिल था?

A. एयरबस A320
B. बोइंग 777
C. बोइंग 737 मैक्स
D. बोइंग 787-8 ड्रीमलाइनर

178. पुस्तकों की सस्ती डिलीवरी के लिए जून 2025 में डाक विभाग द्वारा शुरू की गई नई डाक सेवा का नाम क्या है?

A. बुक पोस्ट B. ज्ञान सेतु
C. ज्ञान पोस्ट D. शिक्षा मेल

179. जून 2025 में ईरान के परमाणु और सैन्य स्थलों को निशाना बनाकर किए जाने वाले इजरायल के सैन्य अभियान का नाम क्या है?

A. डेजर्ट थंडर B. आयरन शील्ड
C. राइजिंग लायन D. स्टॉर्म फाल्कन

180. जून 2025 में ICC हॉल ऑफ फेम में किस भारतीय क्रिकेटर को शामिल किया गया?

A. विराट कोहली B. राहुल द्रविड़
C. एमएस धोनी D. सचिन तेंदुलकर

181. फ्रेंच ओपन 2025 में पुरुष एकल का खिताब किसने जीता?

A. नोवाक जोकोविच B. जैनिक सिनर
C. लोरेंजो मुसेट्टी D. कार्लोस अल्काराज

182. फ्रेंच ओपन 2025 में महिला एकल का खिताब किसने जीता?

A. आर्यना सबालेंका B. सेरेना विलियम्स
C. कोको गॉफ D. इगा स्विएटेक

183. इंडियन प्रीमियर लीग (आईपीएल) 2025 का खिताब किसने जीता?

A. पंजाब किंग्स B. चेन्नई सुपर किंग्स
C. रॉयल चैलेंजर्स बेंगलुरू D. गुजरात टाइटन्स

184. जून 2025 में संयुक्त राष्ट्र महासभा के अध्यक्ष के रूप में किसे चुना गया?

A. हेल्गा श्मिड B. फिलेमोन यांग
C. एनालेना बेयरबॉक D. एंटोनियो गुटेरेस

185. निम्नलिखित में से कौन-सा पुल दुनिया का सबसे ऊँचा रेलवे आर्च ब्रिज है, जिसका उद्घाटन प्रधानमंत्री मोदी ने जून 2025 में किया?

A. हावड़ा ब्रिज B. अंजी खड्ड ब्रिज
C. पंबन ब्रिज D. चिनाब ब्रिज

186. 30 मई 2025 को कौन-सा भारतीय राज्य राष्ट्रीय रूप से निर्धारित 95% पूर्ण साक्षरता के मानदंड को पार करने वाला दूसरा राज्य बना?

A. केरल B. गोवा
C. तमिलनाडु D. हिमाचल प्रदेश

187. एशियाई एथलेटिक्स चैंपियनशिप 2025 कहाँ आयोजित की गई थी?

A. टोक्यो, जापान B. गुमी, दक्षिण कोरिया
C. बैंकॉक, थाईलैंड D. बीजिंग, चीन

188. निम्नलिखित में से किसे लोक संगीत में उनके योगदान के लिए मई 2025 में मरणोपरांत पद्म विभूषण मिला?

A. बिबेक देबरॉय B. शारदा सिन्हा
C. कोलीन गैंटजर D. अजय भट्ट

189. मई 2025 में F42 भाला फेंक श्रेणी में नया विश्व रिकॉर्ड किसने बनाया?

A. सुमित अंतिल B. रॉबर्टो फ्लोरियानी एडेनिलसन
C. महेंद्र गुर्जर D. नीरज चोपड़ा

190. प्रधानमंत्री नरेंद्र मोदी ने मई 2025 में नए लोकोमोटिव विनिर्माण संयंत्र का उद्घाटन कहाँ किया?

A. वडोदरा, गुजरात B. सूरत, गुजरात
C. दाहोद, गुजरात D. राजकोट, गुजरात

191. 15 मई 2025 को 78वें कान फिल्म महोत्सव मई 2025 को "पाल्मे डी ओर" किसने जीता?

A. हयाकावा ची B. सुजुकी यूई
C. जाफर पनाही D. असगर फरहादी

192. नीति आयोग के वर्तमान सीईओ (मई 2025 तक) कौन हैं?

A. अमिताभ कांत B. परमेश्वरन अय्यर
C. बी.वी. सुब्रह्मण्यम D. राजीव कुमार

193. मई 2025 में हुए एक समझौते में ब्रिटेन ने मॉरीशस को कौन-से द्वीप लौटाए?

A. मालदीव B. लक्षद्वीप
C. चागोस द्वीप D. सेशेल्स

194. मई 2025 में अमेरिकी राष्ट्रपति द्वारा घोषित गोल्डन डोम शील्ड का प्राथमिक उद्देश्य क्या है?

A. GPS के लिए उपग्रहों को लॉन्च करना
B. लंबी दूरी की मिसाइल खतरों का पता लगाना और उन्हें रोकना
C. अमेरिकी नौसेना रक्षा प्रणालियों को बदलना
D. साइबर हमलों को रोकना

195. 2025 में गुजरात की 16वीं शेर जनगणना में कितने एशियाई शेर दर्ज किए गए?

A. 721 B. 817
C. 891 D. 956

196. दक्षिण एशियाई फुटबॉल महासंघ (SAFF) अंडर-19 फुटबॉल चैम्पियनशिप 2025 किसने जीती?

A. नेपाल B. बांग्लादेश
C. भारत D. श्रीलंका

197. मई 2025 में 59 सांसदों वाले सात समूहों को 32 देशों में भेजने का मुख्य उद्देश्य क्या है?

A. भारतीय पर्यटन और संस्कृति को बढ़ावा देना
B. अंतर्राष्ट्रीय व्यापार समझौतों पर हस्ताक्षर करना
C. ऑपरेशन सिंदूर के तहत आतंकवाद के खिलाफ एकजुट रुख पेश करना
D. संयुक्त राष्ट्र सुरक्षा परिषद में भारत की स्थायी सीट के लिए अभियान चलाना

198. जगद्गुरु रामभद्राचार्य को किस भाषा के साहित्य में उनके योगदान के लिए 58वें ज्ञानपीठ पुरस्कार से सम्मानित किया गया?

A. हिंदी B. उर्दू
C. संस्कृत D. तमिल

199. खेलो इंडिया यूथ गेम्स 2025 में कौन-सा राज्य ओवरऑल चैंपियन बनकर उभरा?

A. हरियाणा B. राजस्थान
C. उत्तर प्रदेश D. महाराष्ट्र

200. 2025 में 78वें कान फिल्म महोत्सव के उद्घाटन पर मानद पाल्मे डी'ओर किसे मिला?

A. लियोनार्डो डिकैप्रियो B. जूलियट बिनोचे
C. रॉबर्ट डी नीरो D. अनुपम खेर

201 वेनेजुएला में लोकतांत्रिक आंदोलन का नेतृत्व करने की साहस के लिए किसे 2025 के नोबेल शांति पुरस्कार से सम्मानित किया गया?

A. मारिया रेशा B. नर्गिस मोहम्मदी
C. मारिया कोरिना मचाडो D. मलाला यूसुफजई

202. किस लेखक को उनके दूरदर्शी मध्य यूरोपीय गद्य के लिए साहित्य में 2025 का नोबेल पुरस्कार मिला?

A. जॉन फॉसे B. लास्जलो क्रास्जनाहोरकाई
C. हारुकी मुराकामी D. सलमान रुश्दी

203. दिसंबर 2025 में, पशु कल्याण के लिए ग्लोबल ह्यूमैनिटेरियन अवार्ड प्राप्त करने वाले सबसे कम उम्र के और पहले एशियाई कौन बने?

A. रतन टाटा B. अनंत अंबानी
C. सुंदर पिचाई D. डॉ. जेन गुडॉल

204. सुसुमु कितागावा, रिचर्ड रॉबसन और उमर एम. याघी को 2025 का रसायन विज्ञान का नोबेल पुरस्कार किसके विकास के लिए दिया गया?

A. क्वांटम डॉट्स
B. मेटल-ऑर्गेनिक फ्रेमवर्क (MOFs)
C. क्लिक केमिस्ट्री
D. लिथियम-आयन बैटरी

205. ''मैक्रोस्कोपिक क्वांटम मैकेनिकल टनलिंग'' से संबंधित खोजों के लिए भौतिकी में 2025 का नोबेल पुरस्कार किसने जीता?

A. जॉन एम. मार्टिनिस, मिशेल एच. डेवरेट और जॉन क्लार्क

B. एलेन एस्पेक्ट और जॉन क्लॉसर

C. पियरे एगोस्टिनी और फेरेंक क्रॉज

D. मौंगी बावेंडी और लुई ब्रूस

206. फिजियोलॉजी या मेडिसिन में 2025 का नोबेल पुरस्कार किस खोज के लिए दिया गया?

A. mRNA टीके

B. माइक्रोआरएनए (MicroRNA)

C. पेरिफेरल इम्यून टॉलरेंस (Peripheral immune tolerance)

D. हेपेटाइटिस सी वायरस

207. आर्थिक विज्ञान में 2025 सेवरिग्स रिक्सबैंक पुरस्कार के विजेता कौन थे?

A. क्लाउडिया गोल्डिन और जोशुआ एंग्रिस्ट

B. जोएल मोकिर, फिलिप एघियन और पीटर हॉविट

C. बेन बर्नानके और डगलस डायमंड

D. अभिजीत बनर्जी और एस्तेर डुफ्लो

208. किस भारतीय व्यक्तित्व को प्रेरणा और कार्रवाई श्रेणी में 2025 संयुक्त राष्ट्र ''चैंपियंस ऑफ द अर्थ'' पुरस्कार से सम्मानित किया गया?

A. सुप्रिया साहू B. अफरोज शाह

C. नरेंद्र मोदी D. सुनीता नारायण

209. भारत में आयोजित 2025 ICC महिला क्रिकेट ODI विश्व कप किस टीम ने जीता?

A. ऑस्ट्रेलिया B. इंग्लैंड

C. भारत D. दक्षिण अफ्रीका

210. 2025 महिला क्रिकेट विश्व कप में किसे ''प्लेयर ऑफ द टूर्नामेंट'' नामित किया गया?

A. स्मृति मंधाना B. दीप्ति शर्मा

C. लौरा वोल्वाईट D. शेफाली वर्मा

211. दिसंबर 2025 में, कौन-सी भारतीय क्रिकेटर T20 अंतर्राष्ट्रीय मैचों में 4,000 रन पार करने वाली पहली भारतीय महिला बनीं?

A. हरमनप्रीत कौर B. शेफाली वर्मा

C. स्मृति मंधाना D. जेमिमा रोड्रिग्स

212. दिसंबर 2025 में किस राज्य ने अपना पहला सैयद मुश्ताक अली ट्रॉफी (SMAT) खिताब जीता?

A. महाराष्ट्र B. हरियाणा

C. झारखंड D. तमिलनाडु

213. लगातार पांचवां खिताब सुरक्षित करते हुए 2025 F1 वर्ल्ड ड्राइवर्स चैंपियनशिप किसने जीती?

A. लुईस हैमिल्टन B. मैक्स वेरस्टैपेन

C. लैंडो नॉरिस D. चार्ल्स लेक्लर

214. विश्व बैंक के वर्तमान अध्यक्ष कौन हैं?

A. अजय बंगा B. डेविड मालपास

C. क्रिस्टालिना जॉर्जीवा D. जेनेट येलेन

215. नवंबर 2025 में भारत के नए नियंत्रक और महालेखा परीक्षक (CAG) के रूप में किसे नियुक्त किया गया?

A. गिरीश चंद्र मुर्मू B. के. संजय मूर्ति

C. टी.वी. सोमनाथन D. शक्तिकांत दास

216. किसने 2024 के अंत/2025 की शुरुआत में भारत के 51वें मुख्य न्यायाधीश (CJI) के रूप में शपथ ली, और मई 2025 तक अपना कार्यकाल जारी रखा?

A. न्यायमूर्ति डी.वाई. चंद्रचूड़

B. न्यायमूर्ति संजीव खन्ना

C. न्यायमूर्ति बी.आर. गवई

D. न्यायमूर्ति सूर्यकांत

217. दिसंबर 2025 में एयरटेल इंडिया के MD और CEO के रूप में किसे नियुक्त किया गया?

A. गोपाल विट्टल B. शाश्वत शर्मा

C. सुनील मित्तल D. अनंत गोयनका

218. किस भारतीय न्यायाधीश को WIPO (विश्व बौद्धिक संपदा संगठन) के न्यायाधीशों के सलाहकार बोर्ड के अध्यक्ष के रूप में चुना गया?

A. न्यायमूर्ति प्रतिभा एम. सिंह

B. न्यायमूर्ति इंदु मल्होत्रा

C. न्यायमूर्ति हिमा कोहली

D. न्यायमूर्ति नागरत्ना

219. भारत के 29वें महालेखा नियंत्रक (CGA) के रूप में किसे नियुक्त किया गया?

A. एस.एस. दुबे B. टी.सी.ए. कल्याणी

C. भारती दास D. सोनाली सिंह

220. अक्टूबर 2025 में किस भारतीय स्टार एथलीट को प्रादेशिक सेना में ''मानद लेफ्टिनेंट कर्नल'' के पद से सम्मानित किया गया?

A. एमएस धोनी B. नीरज चोपड़ा

C. अभिनव बिंद्रा D. सचिन तेंदुलकर

221. दिसंबर 2025 में, ISRO ने डायरेक्ट-टू-स्मार्टफोन कनेक्टिविटी के लिए किस अगली पीढ़ी के वाणिज्यिक उपग्रह को लॉन्च करने के लिए अपने LVM3 रॉकेट का उपयोग किया?

A. GSAT-24

B. ब्लू बर्ड ब्लॉक-2 (BlueBird Block-2)

C. वनवेब जेन-2 (OneWeb Gen-2)

D. स्टारलिंक-V3

222. 2025 की शुरुआत में सफलतापूर्वक प्रदर्शित भारत के पहले स्पेस डॉकिंग मिशन का नाम क्या है, जिसने 2025 के अंत में अंतरिक्ष स्टेशन मॉड्यूल का मार्ग प्रशस्त किया?

A. गगनयान-2 B. स्पैडेक्स (SpaDeX)

C. चंद्रयान-4 D. एस्ट्रोडॉक

223. किस कंपनी ने दिसंबर 2025 में LEO (लो अर्थ ऑर्बिट) में अब तक का सबसे बड़ा वाणिज्यिक संचार उपग्रह लॉन्च किया?

A. स्पेसएक्स (SpaceX)

B. ब्लू ओरिजिन (Blue Origin)

C. एएसटी स्पेरामोबाइल (AST SpaceMobile)

D. वनवेब (OneWeb)

224. नवंबर 2025 में, कौन-सा देश "एआई कैबिनेट मंत्री" नियुक्त करने वाला पहला देश बना?

A. एस्टोनिया B. अल्बानिया

C. यूएई D. दक्षिण कोरिया

225. केंद्रीय बजट 2025 का विषय (थीम) क्या है, जिसने 2025 के अंत में अर्थव्यवस्था को महत्वपूर्ण रूप से प्रभावित किया?

A. आत्मनिर्भर भारत

B. सबका विकास

C. विकसित भारत 2047

D. डिजिटल इंडिया

226. दिसंबर 2025 में 11वें भारत अंतर्राष्ट्रीय विज्ञान महोत्सव (IISF) की मेजबानी किस भारतीय शहर ने की?

A. बेंगलुरु B. पुणे

C. पंचकुला D. लखनऊ

227. "वक्फ (संशोधन) अधिनियम 2025", है का नाम बदलकर क्या रखा गयाः

A. वक्फ सुधार अधिनियम

B. उमीद (UMEED) एक्ट

C. एकीकृत ट्रस्ट अधिनियम

D. वक्फ पारदर्शिता अधिनियम

228. मई 2025 में, भारत ने "ऑपरेशन सिंदूर" चलाया। इसका प्राथमिक उद्देश्य क्या था?

A. सूडान से भारतीयों की निकासी

B. आतंकी शिविरों पर सटीक हमले

C. गाजा को मानवीय सहायता

D. नेपाल में भूकंप राहत

229. किस राज्य सरकार ने दिसंबर 2025 में अपनी तरह का पहला "गिग वर्कर्स वेलफेयर एक्ट" पारित किया?

A. राजस्थान B. कर्नाटक

C. झारखंड D. तेलंगाना

230. अक्टूबर 2024 में हरियाणा के 11वें मुख्यमंत्री के रूप में किसने शपथ ली?

A. भूपिंदर सिंह हुड्डा B. नायब सिंह सैनी

C. अनिल विज D. दुष्यंत चौटाला

231. अक्टूबर 2024 में, किस वैश्विक नेता ने अमेरिकी राष्ट्रपति चुनाव जीता (दूसरे कार्यकाल के लिए सत्ता में वापसी)?

A. जो बाइडेन B. कमला हैरिस

C. डोनाल्ड ट्रम्प D. रॉन डेसेंटिस

232. 2025 के अंत (नवंबर/दिसंबर) में G20 शिखर सम्मेलन की मेजबानी किस देश ने की?

A. ब्राजील B. दक्षिण अफ्रीका

C. भारत D. अमेरिका

233. नवंबर 2025 में, किस राष्ट्र के नेता विक्टर ओर्बन ने रूस और अमेरिका के बीच एक उच्च स्तरीय शांति वार्ता की मध्यस्थता की?

A. पोलैंड B. हंगरी

C. ऑस्ट्रिया D. तुर्किये

234. COP30 जलवायु शिखर सम्मेलन (नवंबर 2025) की मेजबानी किस देश द्वारा की गई थी?

A. यूएई B. अजरबैजान

C. ब्राजील D. ऑस्ट्रेलिया

235. बॉलीवुड के "ही-मैन" के रूप में जाने जाने वाले किस अनुभवी भारतीय अभिनेता का नवंबर 2025 में निधन हो गया?

A. कादर खान B. धर्मेंद्र

C. महेंद्र नाथ D. ऋषि कपूर

236. 2025 के अंत में जारी "ग्लोबल इनोवेशन इंडेक्स 2025" में भारत का रैंक क्या है?

A. 35वां B. 38वां

C. 40वां D. 42वां

237. "विश्व मृदा दिवस" किस दिन मनाया जाता है?

A. 1 दिसंबर B. 5 दिसंबर

C. 10 दिसंबर D. 16 अक्टूबर

238. "स्टैच्यू ऑफ यूनिटी" ने अक्टूबर में अपनी वर्षगांठ मनाई। यह गुजरात के किस जिले में स्थित है?

A. नर्मदा B. अहमदाबाद

C. सूरत D. वडोदरा

239. किस अंतर्राष्ट्रीय संगठन ने 24 अक्टूबर 2025 को अपनी 80वीं वर्षगांठ मनाई?

A. विश्व बैंक B. आईएमएफ

C. संयुक्त राष्ट्र D. डब्ल्यूएचओ

240. 2025 के अंत की रिपोर्ट के अनुसार, भारत दुनिया की ____ सबसे बड़ी अर्थव्यवस्था बन गया है।

A. तीसरी B. चौथी
C. पांचवीं D. छठी

241. "प्रतिभूति बाजार संहिता विधेयक 2025" का उद्देश्य किस निकाय को नियंत्रित करने वाले कानूनों को समेकित करना है?

A. आरबीआई (RBI)
B. सेबी (SEBI)
C. आईआरडीएआई (IRDAI)
D. पीएफआरडीए (PFRDA)

242. किस बैंक ने विशेष रूप से महिलाओं के लिए "अवनी" (Avni) बचत खाता लॉन्च किया?

A. एचडीएफसी बैंक B. आईसीआईसीआई बैंक
C. बंधन बैंक D. एसबीआई

243. दिसंबर 2025 में किस संगठन ने "टैक्स प्रज्ञा" (Tax Pragya) नामक एक एआई-संचालित टैक्स रिसर्च प्लेटफॉर्म लॉन्च किया?

A. केपीएमजी (KPMG) B. डेलॉयट इंडिया
C. ईवाई (EY) D. पीडब्ल्यूसी (PWC)

244. 2025 के अंत में भारत के पूर्वी तट से टकराने वाले "चक्रवात दाना" (Cyclone Dana) का नाम किस देश ने रखा था?

A. ओमान B. कतर
C. सऊदी अरब D. यूएई

245. भारत का कौन-सा राष्ट्रीय उद्यान नवंबर 2025 में पांच चीता शावकों के सफल जन्म के लिए चर्चा में था?

A. जिम कॉर्बेट B. कूनो नेशनल पार्क
C. काजीरंगा D. गिर नेशनल पार्क

246. किस राज्य सरकार ने 2025 के अंत में "मुख्यमंत्री मैया सम्मान योजना" शुरू की?

A. पश्चिम बंगाल B. ओडिशा
C. झारखंड D. बिहार

247. "ग्लोबल बायोडायवर्सिटी फ्रेमवर्क" बैठक (COP16) 2024 के अंत/2025 में किस शहर में हुई?

A. कैली, कोलंबिया B. मॉन्ट्रियल, कनाडा
C. कुनमिंग, चीन D. पेरिस, फ्रांस

248. 2025 के अंत में यूनेस्को द्वारा किस भारतीय शहर को "साहित्य का शहर" (City of Literature) के रूप में मान्यता दी गई थी?

A. ग्वालियर B. कोझिकोड
C. जयपुर D. वाराणसी

249. 2025 राष्ट्रमंडल शासनाध्यक्षों की बैठक (CHOGM) की मेजबानी किसके द्वारा की गई थी?

A. रवांडा B. समोआ
C. भारत D. यूके

250. "वाइब्रेंट गुजरात ग्लोबल समिट" 2025 का विषय (थीम) क्या था?

A. गेटवे टू द फ्यूचर
B. आत्मनिर्भर गुजरात
C. इन्वेस्टिंग इन टुमारो
D. ग्रीन ग्रोथ

उत्तरमाला

1	2	3	4	5	6	7	8	9	10
B	C	B	C	B	B	B	C	C	C
11	**12**	**13**	**14**	**15**	**16**	**17**	**18**	**19**	**20**
C	B	B	C	B	A	C	D	B	B
21	**22**	**23**	**24**	**25**	**26**	**27**	**28**	**29**	**30**
B	C	B	B	B	B	B	C	C	B
31	**32**	**33**	**34**	**35**	**36**	**37**	**38**	**39**	**40**
B	B	D	C	B	C	B	C	B	B
41	**42**	**43**	**44**	**45**	**46**	**47**	**48**	**49**	**50**
A	B	B	B	B	C	B	C	B	B
51	**52**	**53**	**54**	**55**	**56**	**57**	**58**	**59**	**60**
C	B	B	B	B	C	C	C	B	D
61	**62**	**63**	**64**	**65**	**66**	**67**	**68**	**69**	**70**
C	C	B	C	C	C	D	C	B	B
71	**72**	**73**	**74**	**75**	**76**	**77**	**78**	**79**	**80**
B	C	A	B	B	C	C	B	B	C

81	82	83	84	85	86	87	88	89	90
C	C	C	C	C	C	C	B	B	B
91	**92**	**93**	**94**	**95**	**96**	**97**	**98**	**99**	**100**
B	B	C	B	C	C	B	C	C	B
101	**102**	**103**	**104**	**105**	**106**	**107**	**108**	**109**	**110**
B	B	B	B	B	B	C	C	C	B
111	**112**	**113**	**114**	**115**	**116**	**117**	**118**	**119**	**120**
B	C	C	C	B	B	B	B	B	B
121	**122**	**123**	**124**	**125**	**126**	**127**	**128**	**129**	**130**
A	B	C	C	A	B	B	B	C	B
131	**132**	**133**	**134**	**135**	**136**	**137**	**138**	**139**	**140**
C	C	A	B	B	B	B	B	D	C
141	**142**	**143**	**144**	**145**	**146**	**147**	**148**	**149**	**150**
B	B	B	B	C	B	B	C	B	B
151	**152**	**153**	**154**	**155**	**156**	**157**	**158**	**159**	**160**
B	C	C	D	C	C	C	B	C	C
161	**162**	**163**	**164**	**165**	**166**	**167**	**168**	**169**	**170**
C	D	C	B	C	C	C	C	B	C
171	**172**	**173**	**174**	**175**	**176**	**177**	**178**	**179**	**180**
C	C	C	C	C	D	D	C	C	C
181	**182**	**183**	**184**	**185**	**186**	**187**	**188**	**189**	**190**
D	C	C	C	D	B	B	B	C	C
191	**192**	**193**	**194**	**195**	**196**	**197**	**198**	**199**	**200**
C	C	C	B	C	C	C	C	D	C
201	**202**	**203**	**204**	**205**	**206**	**207**	**208**	**209**	**210**
C	B	B	B	A	C	B	A	C	B
211	**212**	**213**	**214**	**215**	**216**	**217**	**218**	**219**	**220**
C	C	C	A	B	B	B	A	B	B
221	**222**	**223**	**224**	**225**	**226**	**227**	**228**	**229**	**230**
B	B	C	B	B	C	B	B	C	B
231	**232**	**233**	**234**	**235**	**236**	**237**	**238**	**239**	**240**
C	B	B	C	B	B	B	A	C	B
241	**242**	**243**	**244**	**245**	**246**	**247**	**248**	**249**	**250**
B	C	B	B	B	C	A	B	B	A

●●●